Data Mining

R, SAS, MS-SQL을 활용한

데이터마이닝

이정진 지음

자유아카데미

이 책을 어머님께 드립니다.

이 책을 어머님께 드립니다.

머리말

금세기 들어서 급속도로 발전한 컴퓨터공학과 네트워크공학은 우리들이 사는 세계를 점점 더 복잡하고 다양한 정보화 사회를 이루어 내고 있습니다. 이러한 정보화 사회에서는 어떻게 다량의 정보를 적절하게 만들고 또 사용하느냐에 따라 각 개인, 단체, 기업, 나아가 국가의 성패가 달려 있습니다. 데이터마이닝은 정보화 사회의 발전과 더불어 발전된 학문으로서 다량의 정보를 처리하여 분석하는 기법을 연구합니다. 향후 정보화 사회가 더 진전되면 데이터마이닝 분야의 중요성은 더욱 강조될 것입니다.

최근 10여 년 동안 대학 또는 대학원에서 데이터마이닝 과목을 강의하면서 적절한 교재를 찾지 못해 항상 고민하였습니다. 국내 서적의 경우에는 간단한 입문서나 SAS/E-Miner를 응용하는 책이 몇 권 있습니다. 외국 서적의 경우에는 이론이나 응용 등 각각에 중점을 둔 다양한 책들이 있지만 한 권의 책만으로는 부족하여 여러 권의 책들 중에서 필요한 이론이나 응용을 발췌한 후 교육을 하는 불편함이 있었습니다. 이 책은 그동안의 강의 경험을 바탕으로 대학교 고학년이나 대학원 석사과정의 학생들이 데이터마이닝 이론과 응용을 R 및 SAS를 활용하여 적절히 실습할 수 있도록 설계된 책입니다. 너무 쉽지도 않고 또 너무 복잡한 이론을 소개해 어렵지 않도록 고심했습니다. 학부에서 미적분학이나 통계학을 수강한 사람이면 전반전인 흐름을 이해할 수 있을 것입니다. 하지만 데이터마이닝 이론에 대한 자세한 이해는 수리통계나 다변량분석의 지식을 필요로 합니다. 이 책의 저술에 많이 참고한 문헌은 1.6절을 참조하기 바랍니다.

데이터마이닝 기법의 실습을 위해서는 소프트웨어가 반드시 필요합니다. 이 책에서 연구하는 데이터마이닝 기법을 활용할 수 있는 소프트웨어는 R, SPSS, SAS 등이 있으나, 각 패키지가 모든 데이터마이닝 기법을 포함하고 있지는 않습니다. 기업체에서 많이 이용되는 기본 데이터마이닝 기법은 SAS/E-Miner에 있으나 너무 고가이고 최근 기법은 많이 없습니다. 최근에 발전된 데이터마이닝 기법은 무료 소프트웨어인 R이 다양한 프로그램을 보유하고 있습니다. 이 책에서는 각 장의 마지막 절에서 R과 SAS/E-Miner를 이용하여 데이터마이닝 기법을 실습합니다. 이밖에 데이터베이스의 실습을 위해 마이크로소프트사의 MS-SQL을 소개합니다. 부록에 R, SAS, 그리고 MS-SQL의 설치방법과 간단한 운용방법을 소개합니다.

이 책은 다음과 같은 순서로 공부하기를 권합니다.

- 1장의 데이터마이닝 소개를 읽어 전반적인 내용을 파악합니다.
- 부록 A.1절의 R과 A.2절의 SAS의 기본운용 방법을 숙지합니다.
- 2장의 탐색적 데이터분석은 기초통계학을 공부한 사람이면 누구나 이해할 수 있는 기법입니다. 2장을 공부한 후 R 및 SAS의 실습을 합니다.
- 부록 A.3절에서 MS-SQL의 기본운용 방법을 숙지하고, 3장의 데이터베이스 시스템을 연구합니다.
- 4장의 연관분석, 5장과 6장의 분류분석, 7장의 군집분석은 필요에 따라 순서를 바꾸어 연구할 수 있습니다.
- 8장의 특이 데이터 탐색을 연구합니다.
- 9장의 데이터마이닝 응용분야를 연구합니다.

이 책을 준비하는 동안 본인에게 데이터마이닝 과목을 수강하거나, 교정을 보면서 다양한 제안과 아이디어를 제공해 준 숭실대학교 통계학과 학부 및 대학원 학생들에게 감사드립니다. 번잡한 여러 작업에도 불구하고 이 책의 출판을 지원해 준 자유아카데미 관계자에게도 감사의 뜻을 전합니다.

2011년 8월 상도동에서
지은이 씀

차 례

1장 데이터마이닝

2장 탐색적 데이터 분석

3장 데이터베이스 시스템과 다차원분석

4장 연관분석

5장 분류분석 I

6장 분류분석 II

7장 군집분석

8장 특이데이터 탐색

9장 데이터마이닝의 응용

부록

1장

데이터마이닝

Data Mining

데이터마이닝(Data Mining)이란 대량의 데이터를 분석하여 중요한 정보를 얻어 현실에 응용하는 기법을 의미한다.

이 장에서는

- 데이터마이닝의 정의, 응용 분야, 역사, 데이터마이닝을 하는 과정을 소개한다.
- 이 책의 전반적인 구성을 소개한다.
- 데이터마이닝 소프트웨어 및 시스템에 대해서 연구한다.
- 데이터마이닝 관련 참고문헌과 학술회의를 소개한다.

1.1 데이터마이닝이란?

컴퓨터와 네트워크 기술의 발전과 더불어 정보화 사회가 급진전하면서 개인, 정부기관 그리고 대기업 같은 조직들은 매일 **대량의 데이터**(massive data)를 만들고 이를 축적시키고 있다. 대량의 데이터는 관측 데이터의 수가 많다는 의미와 더불어, 데이터의 속성변수도 많다는 의미도 포함하고 있다. 대표적인 예로는 인터넷에 접속하여 홈페이지를 열어볼 때마다 서버에 기록되는 웹로그(web log) 데이터, 은행 자동화기기(ATM)를 이용할 때마다 생성되는 은행거래 데이터가 있다. 그리고 슈퍼마켓에서 상품을 구입할 때 상품의 바코드(bar code)를 판독하여 생성되는 개인별 구입상품 목록 데이터가 있으며, 현대인의 필수품으로 많이 보급된 핸드폰의 통화기록 데이터 등이 있다. 이와 같이 생성되는 데이터의 양은 우리가 상상할 수 없을 만큼 큰 규모인데, 어느 정도나 되는지 다음의 예를 살펴보자.

예제 1.1.1 웹로그 데이터

우리나라에는 인터넷이 연결된 PC가 적어도 1천만대 이상 보급되어 있다고 한다. 만약 각각의 PC에서 적어도 하루에 한 번 인터넷을 접속하여 웹페이지(web page) 100여 곳을 방문한다고 하면 이 접속 정보를 관장하는 서버에는 어느 정도의 웹로그(web log) 데이터의 양이 형성되는지 알아보자.

풀이 한 사람이 인터넷에 접속하여 어느 웹사이트(website)의 한 페이지를 방문하였다면 이 PC를 관장하는 서버에는 컴퓨터 식별번호(IP address), 접속한 시간, 웹페이지 주소, 웹브라우저(browser) 종류, 응답코드 등이 적어도 100개 이상의 문자로서 기록된다. 웹페이지 100곳을 방문한다고 하면, 이러한 정보가 각각 기록되므로 우리나라 전체에서 매일 생성되는 웹로그 데이터의 양은 적어도 다음과 같다.

(100문자)/페이지 * (100페이지)/일 * (1000만 PC) = (1000억 문자)/일

만일 1000억 개의 문자를 저장하려면 100기가(giga=10^9) 바이트(byte; 바이트는 컴퓨터의 한 문자 저장단위임)의 컴퓨터 저장장소가 필요하게 된다. 이 데이터를 종이에 인쇄하여 보관할 경우 A4 용지 한 장에 1만개의 바이트를 적는다고 할 때 약 1000만 장의 A4 용지가 필요하다. 이를 보관하기 위해서는 엄청난 크기의 창고가 필요하여 종이 인쇄 보관은 감히 생각하기 힘들다. 현재 웹로그 데이터는 각 기관별로 관장하는 서버의 하드디스크에 분산하여 보관하는데, 워낙 많은 양이 매일 생성되기 때문에 대개는 수개월 정도 보관하다가 폐기한다.

위의 예제는 기가(giga=10^9) 바이트 정도의 데이터이지만 요즈음에는 테라(tera=10^{12}) 바이트 또는 페토(peto=10^{15}) 바이트의 대량 데이터도 많이 출현하고

있다. 워낙 데이터의 양이 방대하여 종이로 인쇄하여 보관하였다가 이를 필요시에 꺼내서 살펴보는 전통적인 문서보관 방법은 거의 불가능하다. 이와 같은 대량의 데이터는 전통적인 데이터 분석방법으로 분석하는 것이 불가능하거나 혹은 의미가 없는 경우가 많다. 그래서 하드디스크와 같은 전자 저장매체에 보관하여 놓고 이를 빠르게 처리하고 분석하는 데이터마이닝이라는 새로운 분야가 출현하게 되었다.

1.1.1 데이터마이닝

데이터마이닝(data mining)이란 대량의 데이터를 분석하여 중요한 정보를 얻어 현실에 응용하는 기법을 의미한다. 예를 들어, 웹로그 데이터의 분석은 젊은 사람들이 제일 많이 이용하는 웹사이트는 무엇이며, 이 웹사이트 중에서 어떠한 웹페이지가 가장 많은 관심의 대상인지 파악하여, 이들을 대상으로 하는 광고 전략을 세울 수 있다. 슈퍼마켓의 유통 데이터를 분석하면 고객들이 어떠한 상품의 구매에 관심이 많은지, 또는 구매할 때 서로 연관이 있는 상품이 어떤 것인지 알 수 있다. 이 결과를 활용하면 상품의 진열을 매출이 증가하도록 재배치하거나, 마케팅 전략의 수립, 재고관리 등에 활용할 수 있다.

대량의 데이터에서 중요한 정보를 얻기 위해서 전통적인 데이터 처리기술이나 통계적 분석방법을 시도해 볼 수 있다. 하지만 워낙 데이터의 양이 커서 기존의 방법은 사용할 수 없거나 별로 의미가 없는 경우가 많다. 데이터마이닝은 전통적인 데이터 분석기법에 대량의 데이터 처리기법 등을 가미하여 발전시킨 데이터 분석기법을 의미한다. **마이닝**(mining)이란 '광산에서 광물을 채광'한다는 뜻인데, 데이터마이닝은 '대량 데이터라는 거대 광산에서 유용한 보물(정보)을 찾는다'라는 비유로 사용된 단어이다. 이러한 비유적인 단어 대신에 '**지식발견**(knowledge discovery)'이라는 용어를 쓰기도 한다. 데이터마이닝은 대량의 데이터에 숨겨져 있는 유용한 정보를 추출하여 의사결정에 이용하기도 하고, 고객의 행동에 대한 예측을 가능하게 하기도 하며, 이미 과거에 분석했던 데이터를 다시 조명해보는 기회를 제공하기도 한다.

데이터마이닝은 여러 학문 분야와 연관이 되어있는데 〈그림 1-1〉은 데이터마이닝의 주요 연관분야를 그림으로 표시한 것이다.

데이터마이닝은 크게 보아서 데이터 분석 및 예측모형이라 할 수 있으므로 제일 많이 사용되는 기법들은 전통적인 통계학에서의 분석 방법인 표본론(sampling), 추정(estimation), 가설검정(hypothesis test), 다변량분석(multivariate analysis) 모형 등이다. 최근 컴퓨터의 발전과 더불어 통계학에서 새롭게 연구된 붓스트랩 및 CART(classification analysis and regression tree) 기법도 많이 이용된다.

데이터마이닝에서는 통계적 분석기법 이외에 다량의 데이터에 대한 효율적인

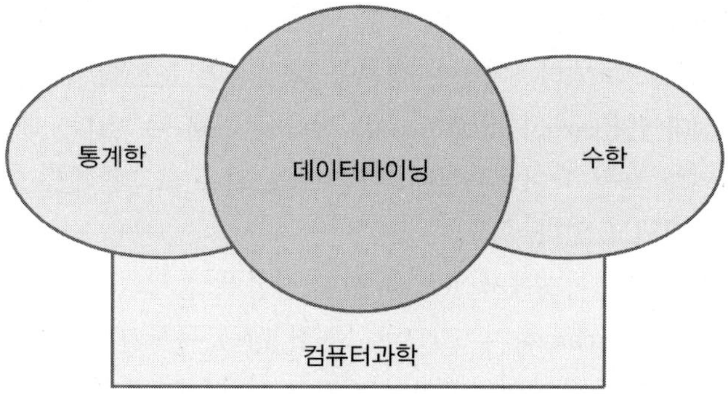

그림 1-1 데이터마이닝의 주요 연관분야

처리를 위해 컴퓨터과학의 데이터베이스시스템(database system), 분산 컴퓨팅(distributed computing)과 병렬 컴퓨팅(parallel computing) 이론이 중요한 역할을 한다. 이 밖에도 인공지능(artificial intelligence), 로봇비전(robot vision), 패턴인식(pattern recognition) 등에 활용되는 기계학습(machine learning) 이론이 많이 이용된다. 그리고 수학의 최적화이론(optimization theory), 통신학의 신호처리이론(signal processing theory), 정보이론(information theory), 도서관학의 정보검색(information retrieval), 경영정보시스템(management information system: MIS), 생물학의 유전이론(genetics) 등 여러 분야의 이론들이 접목되어 있다.

데이터마이닝은 복합된 학문 분야의 이론들이 서로 접목되어 있어서 통계학자나 컴퓨터학자 또는 경영학자들이 서로 자기 분야라고 주장하기도 한다. 모두 맞는 말이다. 현시대에 우리에게 주어진 '대량의 데이터 분석'이라는 공통적인 과제를 해결하기 위하여 여러 학문분야의 사람들이 협력하여 데이터마이닝이라는 새로운 분야를 만들었다.

1.1.2 데이터마이닝 응용분야

데이터마이닝은 대표적인 여러 학문의 협력분야로서 이용분야도 기업의 경영, 생명공학에 의한 질병치료, 신약의 개발, 기타 과학이나 공학 등 매우 다양하다. 다음의 예를 살펴보자.

가. 기업의 경영

데이터마이닝이 많이 응용된 주된 이유 중의 하나는 마케팅 분야의 **고객관계경영**(customer relation management: CRM)이라 할 수 있다. 대형 슈퍼마켓이나 백화점의 경우 고객에 대한 자체 신용카드를 발급하고 있다. 신용카드 이용현황을 분석하면 고객의 성별, 나이, 직장, 주소 등 개인의 정보와 고객의 상품 구매성향 정보를 얻을 수 있다. 이러한 정보를 분석하면 특정한 부류의 고객만을 대상으로 하는 **표적마케팅**(target marketing) 전략을 세울 수 있다. 최근에 인터넷이 활성화되어 인터넷 쇼핑이 대중화됨에 따라 이와 같은 고객관계를 이용한 마케팅 전략이 더욱 중요시되고 있다.

대형 슈퍼마켓에서 쇼핑을 하면 상품에 표시되어 있는 바코드(barcode)를 계산대에서 스캔(scan)하여 고객이 구매한 상품 목록과 총 구매액수를 계산한다. 이 슈퍼마켓 데이터를 데이터마이닝 기법을 이용하여 분석하면 고객들이 어떠한 상품의 구매에 관심이 많은지 또는 구매할 때 서로 연관이 있는 상품이 어떤 것인지 알 수 있는데, 이를 **장바구니분석**(market basket analysis)이라 한다. 실제로 미국의 한 슈퍼마켓에서는 장바구니분석을 하여 전혀 연관이 없을 것 같은 맥주와 기저귀(diaper)가 같이 판매되는 경우가 많음을 알아내었다. 슈퍼마켓의 매니저는 이 결과를 활용하여 두 상품을 같은 장소에 진열하였는데, 그 이후 두 상품의 매출이 많이 증가하였다.

위의 예와 같이 데이터마이닝 결과를 이용하면 마케팅 전략이나 재고관리 등에 사용될 수 있다.

나. 유전자 분석

생명정보학(bioinformatics)은 인간의 복잡한 **유전자**(gene) 정보를 연구하는 학문이다. 유전자는 4진법으로 표시되는 수억 개의 데이터로 표시될 수 있는데, 이를 분석하여 각 유전자의 기능과 구조를 이해하고자 한다. 과거에는 한 실험에 몇 개의 유전자에 대해서만 연구할 수 있었으나, 최근 **미세배열**(micro array) 기술의 발달로 동시에 수천 개의 유전자 행동을 여러 상황에서 비교할 수 있게 되었다. 이와 같은 연구의 결과로 특정한 병의 원인이 되는 유전자를 찾아 질병치료에 이용한다. 이러한 유전자 데이터는 다차원이어서 이를 분석하기 위해 데이터마이닝의 기법이 이용되고 있다. 이 밖에도 단백질 구조의 분석에도 데이터마이닝이 이용되기도 한다.

다. 지구과학

현재 지구 궤도에는 여러 나라에서 발사한 과학위성들이 돌고 있다. 이러한 위성들은 지구표면이나 바다 그리고 대기권을 관찰한 이미지 데이터를 끊임없이 지구로 전송하고 있는데, 이처럼 **공간적**(spatial)이고 **시간적**(temporal)으로 주기성을 갖는 데이터는 그 양이 워낙 방대하여 과거의 분석방법을 적용하기가 쉽지 않다. 예를 들어, 농작물 지역의 색으로서 작황을 예측한다든지, 바다 표면의 색으로서 장마나 홍수를 예측하는 문제를 들 수 있다. 이러한 지구과학 문제를 해결하기 위해 새로운 데이터마이닝 분석기법이 계속 연구되고 있다.

라. 정보과학

대학의 도서관이나 공공도서관에 가면 수많은 책이나 참고 자료가 있고 사용자는 이 가운데 필요한 것을 찾고자 한다. 전통적인 방법은 도서관이 모든 자료를 주제나 저자 등으로 분류하여 목록을 만들어 놓고, 사용자는 일일이 이 목록을 찾아 원하는 자료를 얻는 방식이었다. 최근에는 컴퓨터가 활성화되면서 이러한 자료가 모두 디지털 문서화되었다. 사용자가 찾고자 하는 정보의 주요 단어를 시스템에 입력하면 컴퓨터는 이 단어를 포함하는 문서나 책을 검색해 주는데 이를 **키워드**(key word) **정보검색**(information retrieval)이라 한다. 하지만 디지털 문서의 양이 워낙 많아지면서 단순한 키워드 검색은 너무 많은 문서를 검색해주기 때문에 불필요한 문서가 많이 포함되는 불편함이 발생하고 있다. 예를 들어, 네이버나 야후에도 비슷한 키워드 검색으로 웹문서를 찾아주는데, 어느 경우에는 검색된 웹문서가 수천 개에 이르러 사용자가 어느 문서가 유용한지 혼돈될 경우도 있다. 최근에 좀 더 효율적인 방법으로 본인이 원하는 정보를 검색하는 방법이 많이 연구되고 있는데, 이를 **텍스트마이닝**(text mining)이라 한다.

최근에는 디지털 문서가 영상, 오디오, 비디오 등 멀티미디어 데이터 등으로 점차 다양해지고 대량화되면서 이에 맞는 정보검색 방법도 다양하게 연구되고 있다.

1.2 데이터마이닝 역사

데이터마이닝은 컴퓨터 기술의 급격한 발전과 더불어 자연스럽게 발전해온 분야라 할 수 있다. 컴퓨터가 세상에 처음 나타난 것은 1940년대이지만 우리 사회 전반에 응용되기 시작한 것은 1960년대라고 볼 수 있다. 컴퓨터의 응용은 먼저 사람들이 하는 단순작업을 빠르게 처리하는데 도입되었다. 예를 들면, 기업의 회계업무나 공장의 재고관리업무 등에 컴퓨터가 도입되어 많은 효과를 볼 수 있었다. 이 당시의 컴퓨터 프로그램은 단순히 데이터를 수집하여 파일(file)을 만들고, 이를 컴퓨터로 계산 처리하는 **파일처리 시스템**(file processing system) 수준이었다.

1970년대 이후 점차 수집되는 데이터의 양이 많고 종류도 다양해지면서 전체 데이터를 효과적으로 관리하고, 유사한 데이터가 중복되어 만들어지지 않도록 하기 위한 **데이터베이스 관리 시스템**(database management system)이 만들어지게 되었다. 그 이후 데이터베이스 관리 시스템은 단순한 데이터 관리뿐만 아니라 다양한 형태의 데이터를 처리할 수 있도록 진화하였다. 즉, 트랜색션(transaction) 데이터의 처리가 가능하게 되고(3장 참조), 데이터의 정렬(sorting)이나 결합(merging)을 용이하게 하기 위한 기능이 추가되었다. 대량의 데이터베이스를 효율적으로 관리하기 위하여 데이터의 구조에 대한 연구가 발전되었는데, 계층적 데이터베이스(hierarchical database) 구조, 네트워크형 데이터베이스(network database) 구조, 그리고 요사이 표준이 된 **관계형 데이터베이스**(relational database) 구조 등이 연구되었다. 컴퓨터 전문가가 아닌 일반 사용자의 데이터베이스 이용을 위해 **질의언어**(query language)가 개발되기도 하였다.

대개의 데이터베이스 시스템은 도수분포나 평균과 같은 간단한 통계량을 구해줄 수 있다. 1960년대에는 데이터에 숨어있는 정보를 얻기 위해 고급 통계분석을 할 수 있는 SPSS와 같은 **통계패키지**(statistical package)가 처음 개발되었다. 그리고 이어서 데이터베이스와 연동될 수 있는 SAS와 같은 통계패키지도 개발되었다.

1980년대 중반 이후 컴퓨터 기술의 비약적인 발전과 개인용 컴퓨터의 보급이 확산됨에 따라 강력한 데이터베이스 시스템에 관한 연구와 개발이 급증하였다. 데이터베이스 자료구조의 표준이 된 관계형 자료구조도 더 발전하여 확장 관계형(extended relational) 자료구조로 진화하게 되었고, **객체지향**(object oriented) 데이터 모델이나 프로그래밍 등이 연구 개발되었다. 데이터의 형태도 공간 데이터(spatial data), 시간 데이터(temporal data), 멀티미디어 데이터(multimedia data) 등이 나타나게 되었다. 또한 www(world wide web)와 같은 인터넷 기반의 정보시스템과 연관된 다량의 데이터도 출현하였고, 이에 따라 관련된 **정보검색**(information retrieval) 기술이 급속도로 발전하였다. 통계학에서는 대량 데이터를 효과적으로 이용하여 분석할 수 있는 기법이 연구되었다. 리샘플링(resampling) 기법을 이용하는 붓스트랩(bootstrap) 추정법이나, 분류나무(classification tree) 기법 등이 데이터마이닝에 많이 사용된다.

1990년대 이후에는 대규모의 국내조직이나 국제적인 조직을 갖춘 다국적기업이 등장한다. 이러한 기업에서는 효율적인 의사결정을 위해 여러 개의 이질적인 데이터베이스를 잘 설계된 **데이터 웨어하우스**(data warehouse)에 배치하여 분석을 하게 되었다. 웨어하우스의 데이터를 효과적으로 분석하기 위한 **OLAP**(On-Line Analytical Processing)이라는 도구가 등장하여 다차원 데이터의 요약, 집계, 합병 등 다양한 분석을 도와주게 되었다. 그리고 인공신경망(neural network) 등 다양하고 복잡한 대량의 데이터에 대한 분석기법이 연구되었으며 상업적 데이터마이닝 프로그래밍인 SAS/E-Miner, SPSS/Clementine과 같은 프로그램이 등장하였다.

1.3 데이터마이닝 과정

데이터마이닝의 최종 목적인 대량의 데이터에서 유용한 정보를 찾기 위해서는 일반적으로 〈그림 1-2〉와 같은 과정이 필요하다.

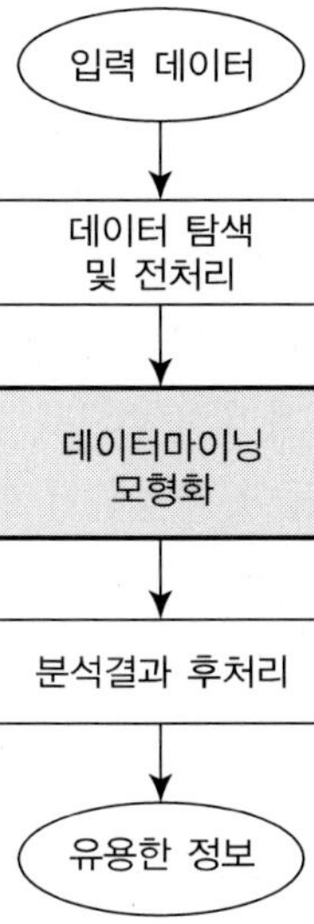

그림 1-2 데이터마이닝의 과정

입력 데이터는 여러 가지 형태가 될 수 있다. 텍스트 파일이나 스프레드시트 파일일 수도 있고, 여러 개의 데이터베이스에 흩어져 있는 데이터일 수도 있다.

데이터 탐색 및 전처리(preprocessing)는 데이터를 탐색하고 데이터마이닝을 위해 적당한 형태로 변환시켜 주는 것이다. 전처리 작업은 잡음(noise) 데이터나 중복 데이터를 제거하기도 하고, 여러 곳에 흩어져 있는 데이터를 통합하기도 하며, 필요한 경우 정규화(normalization), 이산형화(discretization) 또는 수학적 변환(transformation)을 한다. 그리고 데이터마이닝에 적합한 특징을 갖는 일부 데이터만 추출하기도 하고(feature selection), 차원 축소(dimension reduction) 변환을 하기도 한다. 이 작업은 전체 데이터마이닝 작업 중에서 지루하고 시간이 걸리는 일이지만 사전처리 작업을 잘 해야 유용한 정보를 얻을 수 있다.

데이터마이닝 모형화(modeling) 과정은 주어진 문제에 적합한 분석방법이 무엇인지 결정하고 이에 필요한 OLAP 등의 다차원분석이나, 연관분석(association analysis), 분류분석(classification analysis), 군집분석(clustering analysis) 등의 모형을 수립한다. 이러한 모형의 평가도 같이 이루어진다.

분석결과 후처리(postprocessing)는 데이터마이닝 결과를 의사결정에 효율적으로 사용하기 위하여 시각화(visualization)하거나 의미 있는 분석결과만 추출, 요약, 설명하는 작업이다. 이 과정에서 통계적인 방법이 적용될 수 있다.

1.4 이 책의 구성

데이터마이닝은 1.1절에서 설명하였듯이 수학, 통계학(statistics), 컴퓨터과학(computer science), 정보과학(information science), 경영정보학(management information system), 생명정보학(bioinformatics) 등 여러 분야의 학문들이 서로 다양하게 연관되어 있다. 그리고 사용되는 기법들도 연관된 응용분야와 데이터의 종류 등에 따라 여러 가지 방법으로 나눌 수 있다.

데이터마이닝 기법들이 다양하기 때문에 데이터마이닝에 관련된 책들을 살펴보면 저자의 전공분야에 따라 강조하는 면이 서로 다르다. 컴퓨터학자가 서술한 책은 대개 대량의 데이터 처리를 위한 데이터베이스나 데이터 웨어하우스에 관한 개념이 강조되고, 경영학자가 서술한 책은 마케팅 등의 응용을 강조한 경우가 많다. 하지만 이와 같은 책들은 데이터마이닝에 관한 주요 이론을 간단히 설명하는데 그치고 있어 데이터마이닝의 자세한 이론에 흥미를 갖는 사람에게는 도움이 되지 못한다. 이 책은 데이터마이닝의 여러 기법을 가능한 모두 소개하면서 통계적, 수학적 모형의 주요 이론에 대한 설명을 쉽게 하고자 한다. 그리고 각각의 기법을 MS-SQL, R 및 SAS와 같은 소프트웨어로 실습할 수 있도록 도와주고자 한다. 이 책의 전반적인 구성은 〈그림 1-3〉과 같다.

2장에서는 대량의 데이터에 대한 탐색적인 분석을 알아본다. 전체 데이터마이닝 과정에서 데이터의 전처리(preprocessing)를 위한 잡음 데이터나 중복 데이터를 제거하는 방법을 살펴보고, 필요한 데이터의 변환, 차원의 축소 등을 연구한다. 그리고 그림이나 도수분포, 평균, 분산 같은 간단한 통계량을 이용해 데이터를 탐색하는 방법을 연구한다.

3장에서는 대량의 데이터를 분석하는데 반드시 필요한 **데이터베이스 시스템**(database system)과 질의언어 SQL(structured query language)에 대하여 연구한다. 그리고 다차원 데이터의 효율적인 분석을 위하여 OLAP(On-Line Analytic Processing)에 대하여 연구한다. 여러 가지 데이터베이스 관리 시스템이 있으나 이 책에서는 마이크로소프트사에서 개발한 MS-SQL 시스템을 이용한다. 그밖에 ORACLE 등 많이 사용되는 시스템이 있으나 사용자가 이용하는 기본적인 질의어 SQL은 동일하다.

4장에서는 데이터에서 빈번하게 발생하는 속성변수 값(attribute value)들을 찾아

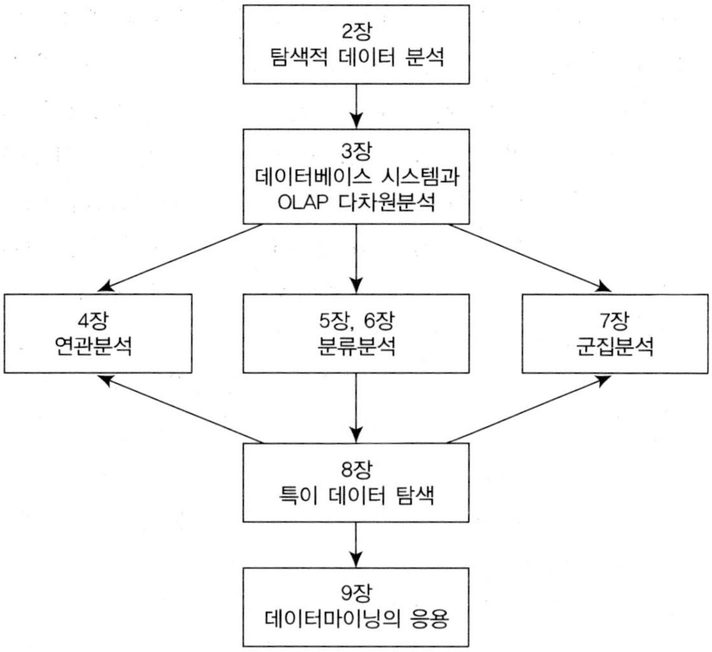

그림 1-3 이 책의 구성

내고, 이들 사이에 있는 연관규칙(association rule)을 발견하는 **연관분석**(association analysis)에 대해 연구한다. 예를 들면 전자제품 매장에서 상품을 구매하는 고객들의 데이터를 조사하였을 때 '(나이 30대) ∧ (월수입 300만원) ⇒ (노트북 구매)'라는 연관규칙을 발견할 수 있다. 이를 이용하여 표적 고객집단을 대상으로 하는 마케팅 전략을 수립할 수 있다.

5장과 6장에서는 수집된 데이터가 속해 있는 집단을 아는 경우, 이 데이터들의 분석을 통하여 새로운 데이터를 속성이 가장 유사한 집단으로 분류하는 **분류분석**(classification analysis)에 대하여 연구한다. 어느 질병을 가진 환자들의 각종 검사 데이터와 건강한 사람들의 데이터를 이용하여 한 사람의 질병 여부를 판별하는 것이 분류분석의 한 예이다. 분류분석을 기계학습 학자들은 **지도학습**(supervised learning)이라고도 한다. 의사결정나무(decision tree), 베이지안분류(Bayesian classification), 신경망(neural network), 인접이웃(nearest neighbor), 지지벡터기계(support vector machine) 등 다양한 모형을 연구한다.

7장에서는 여러 집단의 데이터들이 섞여있고 각 데이터의 소속집단을 모르는 경우 유사한 속성을 갖는 데이터를 군집화하는 **군집분석**(clustering analysis) 방법에 대하여 연구한다. 예를 들어, 백화점 카드회사에서 고객들에 대한 여러 가지 상품구매 정보를 토대로 유사한 구매패턴을 갖는 고객 군집으로 나누는 것이 필요하다. 이러한 군집을 이용하면 표적 마케팅 전략을 세울 수 있다. 이를 기계학습 학자들은 **비지도학습**(unsupervised learning)이라고도 한다. 군집내의 데이터는 서로 유사하게, 군집간의 데이터는 서로 다르게 군집을 형성하고자 하며, 계층적 군집, K-평균 군집, 밀도기반 군집, 그래프기반 군집 등 여러 가지 모형에 대하여 연구한다.

데이터들 중에는 대부분의 데이터와는 속성이 다르거나 모형을 따르지 않는 것들이 있을 수 있는데, 이를 **특이 데이터**(outlier) 또는 **극단값**(extreme value)이라 한다. 8장에서는 이를 탐색하는 방법에 대하여 연구한다. 일반적으로 특이값이나 극단값은 잡음(noise)으로 간주하여 무시하고 버리지만, **사기탐지**(fraud detection)와 같은 응용분야에서는 더 흥미로운 연구대상이 될 수 있다. 예를 들어, 신용카드 회사에서 고객의 거래가 평소보다 갑자기 많아지는 것을 탐지한다면 혹시 도난사고가 발생하였는지 주의 깊게 관찰할 필요가 있을 수 있다.

9장에서는 데이터마이닝의 여러 응용분야에 대하여 연구한다. 텍스트 데이터마이닝, 웹 데이터마이닝, 멀티미디어 데이터마이닝, 시계열 데이터마이닝, 공간 데이터마이닝 등을 간략히 소개한다.

1.5 데이터마이닝 시스템

데이터마이닝이 대량의 데이터에 대한 분석을 해서 유용한 정보를 얻는 과정이라면 이를 위한 소프트웨어를 데이터마이닝 시스템이라 한다. 데이터마이닝 시스템은 다음과 같은 기능을 갖는 것이 바람직하다.

1) 대량의 데이터를 다룰 수 있는 데이터베이스 시스템 또는 데이터 웨어하우스 시스템이 있어야 한다.
2) 대량의 데이터에 대한 탐색적 데이터분석을 할 수 있는 모듈이 있어야 한다. 이 모듈은 그림 분석이나 기초 통계량 등을 산출할 수 있고, 필요한 자료변환을 용이하게 할 수 있어야 한다.
3) 데이터마이닝 기법, 즉 연관분석(association analysis), 분류분석(classification analysis), 군집분석(clustering analysis)을 할 수 있어야 하며, 이와 관련된 평가 모듈이 있어야 한다.
4) 데이터마이닝 결과를 사용자에게 쉽게 전달할 수 있는 시각화 모듈이나 효율적인 결과보고 모듈을 가져야 한다.

이러한 기능을 모두 갖춘 데이터마이닝 시스템은 그리 많지 않다. ORACLE이나 MS-SQL과 같은 데이터베이스 시스템은 대량의 데이터를 처리할 수 있는 1)과 2)

의 기능을 갖추었으나 고급 데이터마이닝 기능이 약하다. 이러한 데이터베이스 시스템은 데이터베이스의 질의어 SQL을 확장하여 마이닝을 쉽게 하기 위한 DMQL (data mining query language)을 일부 포함하여 다차원분석을 용이하게 해주는 장점이 있다. 반면에 R 및 SAS와 같은 통계패키지는 3)과 4)의 고급 데이터마이닝 기능은 갖추었으나 대량의 데이터 처리 및 변환 능력이 부족하다.

통계분석 소프트웨어의 모임인 통계패키지는 1960년대에 SPSS(Statistical Package for Social Science)가 최초로 출현하였다. 1970년대에는 SAS(Statistical Analysis System)라는 패키지가 출현하였는데 통계분석과 더불어 데이터베이스 시스템의 기능을 보유하고 있어 많은 기업에서 사용하게 되었다. 그 이후 컴퓨터 환경 및 시스템의 변화에 따라 BMDP, S, R, MINITAB, STATISTICA 등 여러 종류의 통계패키지가 특화된 기능을 가지고 출현하였으나, 현재도 SAS와 SPSS가 가장 많이 사용되고 있다. 이 책에서 연구하는 데이터마이닝의 응용 프로그램은 SPSS, SAS, R 등을 포함하고 있으나, 각 패키지가 모든 데이터마이닝 기법을 포함하고 있지는 않다. 기업체에서 많이 이용되는 기본 데이터마이닝 기법은 SAS에 있으나, 최근에 발전된 데이터마이닝 기법은 공개 프로그램인 R이 다양한 프로그램을 보유하고 있다.

이와 같이 모든 기능을 완벽하게 갖춘 데이터마이닝 소프트웨어는 거의 없다. 본 저서에서는 대량의 데이터 처리에 대한 실습을 위해 마이크로소프트사의 MS-SQL, 통계분석 및 고급 데이터마이닝 기법의 실습을 위해서는 R 또는 SAS를 이용하는 방법을 소개한다. 부록에 R, SAS, MS-SQL의 설치방법과 간단한 운용방법이 소개되어 있고, 각 장의 끝에 필요한 실습을 설명한다.

1.6 데이터마이닝 참고문헌 및 학술회의

데이터마이닝이 여러 학문분야와 연관이 있기 때문에 데이터마이닝에 대한 서적은 상당히 다양하다. 입문서로는 다음과 같은 책들이 많이 이용된다.

- 이태림, 구자용, 박헌진, 이긍희, 최대우. 데이터마이닝. 한국방송대학교 출판부, 2004.
- Jiawei Han and Micheline Kamber. Data Mining: Concepts and Techniques. Academic Press, 2000.
- D. J. Hand, H. Mannila, and P. Smyth. Principles of Data Mining. MIT Press, 2001.
- R. Roiger and M. Geatz. Data Mining: A Tutorial Based Primer. Addison-Wesley, 2002.

- P. N. Tan, M. Steinbach, and V. Kumar. Introduction to Data Mining. Addison-Wesley, 2002.

데이터마이닝의 통계학 및 수학적인 고급 이론을 자세히 설명하는 책들은 다음과 같다.

- C. M. Bishop. Pattern Recognition and Machine Learning. Springer, 2nd Edition, 2007.
- T. Hastie, R. Tibshirani, and J. H Friedman. The Elements of Statistical Learning: Data Mining, Inference, Prediction. Springer, 2nd Edition, 2009.
- R. O. Duda, P. E. Hart, and D. G. Stork. Pattern Classification. Wiley-Interscience, 2nd Edition, 2000.
- M. Kantardzic. Data Mining: Concepts, Models, Methods, and Algorithms. Wiley-IEEE Press, 2002..
- T. Mitchell. Machine Learning. McGraw-Hill, 1997.
- S. Theodoridis and K. Koutroumbas. Pattern Recognition. 4th Edition, Academic Press, 2008.
- A. R. Webb. Statistical Pattern Recognition. Wiley, 2nd Edition, 2002.

데이터마이닝 응용분야에 관한 서적은 다음과 같다.

- (비즈니스) 강현철 외. 고객관계관리(CRM)를 위한 데이터마이닝 방법론. 자유아카데미, 2006.
- (비즈니스) 전성해, 김승환, 전홍석. 데이터마이닝과 CRM. 자유아카데미, 2008.
- (비즈니스) 최종후, 소선하. 사례로 배우는 데이터마이닝. 자유아카데미, 2005.
- (비즈니스) M. J. A. Berry and G. Lionoff. Data Mining Techniques: For Marketing, Sales, and Customer Relationship Management. Wiley Computer Publishng, 2nd edition, 2004.
- (비즈니스) P. Giudici. Applied Data Mining: Statistical Methods for Business and Industry(Statistics in Practice), Wiley, 2003.
- (비즈니스) O. Parr Rud. Data Mining Cookbook: Modeling Data for Marketinig, Risk and Customer Relationship Management. Wiley, 2000.
- (비즈니스) D. Pyle. Business Modeling and Data Mining. Morgan Kaufmann, 2003.
- (비즈니스) G. Shmueli, N. R. Patel and P. C. Bruce. Data Mining for Business Intelligence: Concepts, Techniques, and Applications in Microsoft Office Excel with XLMiner. Wiley, 2nd Edition 2010.
- (과학 및 공학) R. L. Grossman, C. Kamath, P. Kegelmeyer, V. Kumar,

and R. Namburu, Data Mining for Scientific and Engineering Applications. Springer, 2001.

- (생명공학) J. T. L. Wang, M. J. Zaki, H. Toivonen, and D. E. Shasha, editors. Data Mining in Bioinformatics. Springer, September 2004.
- (웹마이닝) 최승배 외. WISELOG를 이용한 웹 로그데이터 분석. 자유아카데미, 2008.
- (웹마이닝) S. Chakrabarti. Mining the Web: Discovering Knowledge from Hypertext Data. Morgan Kaufmann, 2002.
- (웹마이닝) Z. Markov and D. Larose. Data Mining the Web: Uncovering Patterns in Web Content, Structure, and Usage, Wiley, 2007.
- (시각화: Visualization) U. M. Fayyad, G. G. Grinstein, and A. Wierse, Information Visualization in Data Mining and Knowledge Discovery. Morgan Kaufmann ,2001.

데이터마이닝의 발전에 공헌을 많이 한 주요 학술회의는 다음과 같다.

- ACM International Conference on Knowledge Discovery and Data Mining
- IEEE International Conference on Data Mining
- SIAM International Conference on Data Mining
- European Conference on Principles and Practice of Knowledge Discovery in Database
- Pacific-Asia Conference on Knowledge Discovery and Data Mining
- International Conference on Very Large Data Bases

데이터마이닝 분야의 주요 학술지는 다음과 같은 것이 있다.

- IEEE Transactions on Knowledge and Data Engineering
- Data Mining and Knowledge Discovery
- Knowledge and Information Systems
- Intelligent Data Analysis
- Information Systems
- Journal of Intelligent Information Systems

데이터마이닝에 관한 중요한 정보는 다음의 인터넷 사이트에서 얻을 수 있다.

- www.kdnuggets.com
- www.information-management.com

이 장에서 설명하였듯이 통계학과 데이터마이닝은 깊은 관련이 있는 학문이다. 두 분야의 연관성 및 차이를 잘 설명해 주는 논문에는 다음과 같은 것이 있다.

- J. H. Friedman. Data Mining and Statistics: What's the connection? Unpublished. www-star.stanford.edu/~jhf/ftp/dm-stat.ps, 1997.
- D. J. Hand. Data Mining: Statistics and More? The American Statistician, 52(2):112-118, 1998.
- D. Lambert. What Use is Statistics for Massive Data? In ACM SIGMOD Workshop on Reseach Issue in Data Mining and Knowledge Discovery, pages 54-62, 2000.
- C. Glymour, D. Madigan, D. Pregibon, and P. Symth. Statistical Themes and Lessons for Data Mining. Data Mining and Knowledge Discovery, 1(1):11-28, 1997.

R에 관한 참고문헌은 다음과 같다.

- W. J. Braun and D. J. Murdoch. A First Course in Statistical Programming with R. Cambridge University Press, 2008.
- M. J. Crawley. Statistics - An Introduction Using R. John Wiley & Sons, 2005.
- M. L. Rizzo. Statistical Computing with R. Chapman and Hall/CRC, 2007.

SAS의 Enterprise Miner를 이용한 참고문헌은 다음과 같다.

- 최종후 외 4인. SAS Enterprise Miner를 이용한 데이터마이닝. 자유아카데미, 2000.

1.7 이 책에 사용된 데이터 기호의 설명

데이터마이닝의 이론을 설명하기 위해서는 많은 수학적인 기호가 필요하다. 가능한 중복을 피하기 위하여 이 책에서는 다음과 같은 기호를 일관되게 사용한다.

- 한 사물이나 사건의 속성을 변수(variable) 또는 속성변수라 하며 x로 표시한다. 통계적 모형의 경우에는 확률변수(random variable)라 하며 X로 표시하고, 그 관측값은 x로 표시.
- 통계적 모형의 경우 m개의 확률변수를 $X_1, X_2, \ldots, X_m$, 이 확률변수로 이루어진 확률벡터는 $\boldsymbol{X} = (X_1, X_2, \ldots, X_m)$, 확률벡터의 $\boldsymbol{X}$의 분포함수는 $f(\boldsymbol{x})$로 표시.
- m개의 확률변수의 관측값은 $x_1, x_2, \ldots, x_m$으로 표시하고, 관측값 벡터 $\boldsymbol{x} = (x_1, x_2, \ldots, x_m)$로 표시.
- 수학적 모형의 경우도 m개의 속성변수를 위와 같이 $x_1, x_2, \ldots, x_m$로 표시.
- 변수의 수가 m인 데이터가 n개 관찰되었다면 각각의 데이터 x_{ij}은 다음과 같은

$n \times m$ 행렬로 표시.

$$\begin{bmatrix} x_{11}\ x_{12} \dots x_{1m} \\ x_{21}\ x_{22} \dots x_{2m} \\ \cdots \\ x_{n1}\ x_{n2} \dots x_{nm} \end{bmatrix} \text{ 또는 } \{x_{ij},\ j=1,2,\dots,m,\ i=1,2,\dots,n\}$$

- 분류분석의 경우 집단의 수나, 군집분석에서 군집의 수는 K로 표시하고, 각 집단은 $G_1, G_2, \dots, G_K$, 각 집단의 확률분포는 $f_1(\boldsymbol{x}), f_2(\boldsymbol{x}), \dots, f_K(\boldsymbol{x})$ 로 표시하고, 표본 추출된 데이터 수는 $n_1, n_2, \dots, n_K$로 표시.
- 분류분석의 경우 속성변수의 수가 m이고, 집단변수가 y인 데이터가 n개 관찰되었다면 각 데이터를 다음과 같이 표시.

$$\{(x_{i1}, x_{i2}, \dots, x_{im}, y_i),\ i=1,2,\dots,n\} \text{ 또는 } \{(\boldsymbol{x}_i, y_i),\ i=1,2,\dots,n\}$$

연습문제

1 데이터마이닝이 발전해온 단계를 설명하라.

2 우리 주변에서 데이터마이닝이 필요한 현실 문제의 예를 들고, 이 문제를 해결하는데 왜 데이터마이닝이 필요한지 설명하라.

3 데이터마이닝을 통해 지식발견을 하는 과정을 설명하라.

4 연관분석, 분류분석, 군집분석을 설명하고 우리 주변의 예를 들라.

5 데이터마이닝 소프트웨어는 어떠한 것이 있는지 설명하라.

2장

탐색적 데이터 분석

Exploratory Data Analysis

탐색적 데이터분석(exploratory data analysis)은 대량 데이터의 전반적인 형태를 조사하고 필요한 데이터의 변환과 축약을 한다.

● 이 장에서는

- 그림이나 표 또는 통계량을 이용한 데이터 탐색을 연구한다.
- 통계분포를 이용한 데이터 모형을 연구한다.
- 데이터의 전처리로서 데이터 변환 및 차원축약 방법을 연구한다.
- 데이터와 데이터간의 유사성 및 변수와 변수간의 유사성 측도를 연구한다.

데이터마이닝의 첫 단계는 데이터의 수집과정을 면밀히 검토하고, 데이터가 정확한지, 결측값은 없는지, 특이값은 없는지를 탐색한다(2.1절). 그리고 데이터의 전반적인 형태, 구조, 특징을 조사하여 데이터의 변환이나 축약이 필요한가를 검토하는데, 이를 **탐색적 데이터 분석**(exploratory data analysis)이라 한다. 탐색적 데이터 분석은 크게 그림을 이용한 탐색(2.2절)과 통계표 또는 통계량을 이용한 탐색(2.3절)으로 나눌 수 있다. 탐색한 데이터는 통계분포 모형이 적용가능한지를 살펴보고(2.4절), 필요하면 적절한 변환을 한다(2.5절). 그밖에 변수와 변수 사이의 유사성, 관찰대상 사이의 유사성을 살펴본다(2.6절).

2.1 데이터의 탐색

데이터의 탐색을 위해서는 먼저 어떠한 종류의 데이터인지 분류를 할 필요가 있다. 분류된 데이터는 데이터의 특징을 잘 나타낼 수 있는 그림이나 표, 측도 등을 이용하는 적절한 통계적인 기법을 활용하여 데이터를 요약할 수 있다. 분류된 데이터를 적절한 방법으로 요약한 후에는 이 데이터들이 정확한지, 결측값은 없는지, 특이값은 없는지 등 데이터의 품질을 탐색할 필요가 있다. 이 절에서는 데이터의 분류와 데이터의 품질 등에 대하여 알아본다.

2.1.1 데이터의 분류

데이터는 관심의 대상이 되는 사람이나 사물, 사건의 속성을 일정한 규칙에 의해 관찰한 결과이거나 측정한 값들이다. 이러한 사물이나 사건의 **속성**(attribute)을 **변수**(variable), **특징**(feature) 또는 **항목**(item)이라고도 한다. 예를 들어, 백화점에서 옷을 구입하는 고객의 성별과 신장을 관찰할 수 있는데, 성별에 대한 관찰값은 '남자' 또는 '여자' 이고, 신장에 대한 측정값은 180cm, 175cm, ... 와 같은 형태일 것이다. 이와 같이 변수의 측정된 값들은 숫자일 수도 있고, 혹은 문자나 기호일 수도 있다.

변수는 일반적으로 **이산형 변수**(discrete variable)와 **연속형 변수**(continuous variable)로 구분된다. 이산형 변수는 '성별' 또는 '불량품의 수' 등과 같이 모든 가능한 측정값이 유한개이거나 셀 수 있는 변수를 뜻하며, 이러한 변수들의 데이터를 **이산형 데이터**(discrete data)라고 한다. 데이터 값이 유한개의 범주로 표시될 경우 이를 **범주형 데이터**(categorical data)라고 한다. 이산형 데이터는 대개 '남자가 몇 명, 여자가 몇 명' 등과 같이 측정값이 같은 것이 몇 개이고, 그 백분율이 얼마인가를 조사한다. **연속형 변수**는 신장, 체중과 같이 모든 측정값의 종류를 셀 수 없는 것이고, 이러한 변수들의 데이터를 **연속형 데이터**(continuous data)라고 한다. 필요한 경우 연속형 데이터는 적당한 구간으로 나누어 **이산형화**(discretization) 할 수도 있다.

데이터는 측정하는 방법에 따라 명명식, 순서식, 구간식, 비율식 데이터의 네 가지로 구분하기도 한다. **명명식**(nominal) 데이터는 성별에 대한 조사와 같이 측정값이 '남', '여' 등의 이름으로 명명될 수 있는 데이터를 뜻한다. 명명식 데이터는 통계분석의 편의상 남자=1, 여자=2와 같이 숫자화하기도 하지만, 여기서 '1' 이 '2'보다 좋다든가 하는 우열을 나타내는 것은 아니다.

순서식(ordinal) 데이터는 관심의 대상이 되는 사물이나 사건을 순서에 의해 측정한 데이터이다. 예를 들면, 개인의 월수입을 구체적으로 몇 만원 하지 않고 고소득, 중간소득, 저소득으로 구분하여 측정하는 것이다. 즉, 한 대상이 다른 것보다 크거나 작은 것만 구별하는 데이터이다.

구간식(interval) 데이터는 순서식 데이터처럼 한 대상이 다른 것보다 크고 작은 것을 구별할 뿐만 아니라, 온도와 같이 얼마나 크고 작은지 측정하는 데이터이다. 구간식 데이터는 한 측정값을 다른 측정값으로 나눈 값(비율)에 의미가 없다. 즉, 어제의 온도가 10°이고, 오늘의 온도가 20°일 때 오늘이 10° 더 따뜻하다고 할 수는 있지만, 어제보다 두 배 따뜻하다고 할 수 없다는 것이다.

비율식(ratio) 데이터는 구간식 데이터처럼 한 대상이 다른 것보다 얼마나 크고 작은지 구체적으로 측정할 뿐 아니라, 무게, 길이와 같이 두 측정된 값의 비율이 의미가 있는 것이다. 예를 들어, 어느 남자의 체중이 60Kg이고, 그 아들이 30Kg이라면, 아버지의 체중이 아들의 두 배라고 할 수 있다. 구간식 데이터인 온도와 비율식 데이터인 무게의 근본적인 차이는 절대 영점이 있느냐(무게), 없느냐(온도)의 차이이다. 무게가 0이라는 것은 무게가 없는 것이지만, 온도가 0이라도 온도가 없는 것은 아니다. 구간식이나 비율식으로 측정할 수 있는 데이터라도 어느 경우에는 순서

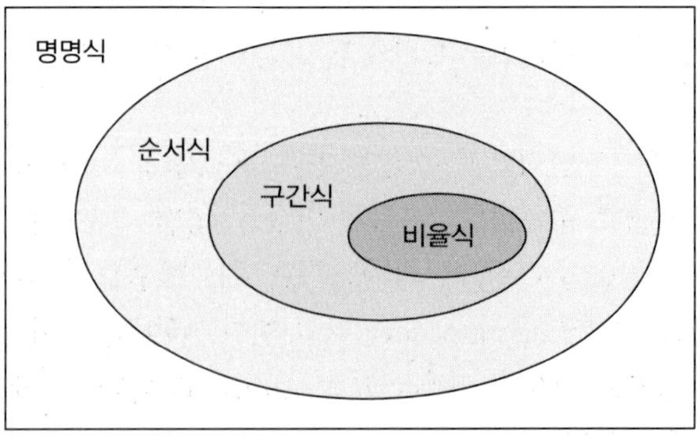

그림 2-1 명명식, 순서식, 구간식, 비율식 데이터의 포함관계

식으로 측정하기도 한다. 따라서 이들 네 가지 데이터의 형태는 〈그림 2-1〉과 같이 집합의 포함관계로 나타낼 수 있다.

데이터는 대개 한 개인이나 관찰 대상을 행(row)으로 하고, 변수를 일정한 수의 열(column)로 표시하는 것이 일반적인 데이터 형태이다. 하지만 변수의 수가 일정하지 않은 경우도 있는데, 4장에서 다루는 트랜색션(transaction) 데이터가 대표적인 예이다.

예제 2.1.1 한 신용카드 회사에서 표본 추출된 30명 고객들의 개인 정보와 이번 달 구매한 액수 데이터가 [표 2.1]과 같다. 이 데이터의 변수를 분류하라.

풀이 [표 2.1]에서 카드번호와 성명은 개인을 식별하기 위한 데이터로서 분석의 대상이 아니다. 성별, 지역 및 직업은 전형적인 이산형 변수로서 명명식으로 측정된 데이터이다. 나이, 월수입 및 구매액은 연속형 변수로서 비율식으로 측정된 데이터이다. 나이는 '20대', '30대', '40대', '50대'로 측정할 수 있는데 이 경우 순서식 데이터이다.

[표 2.1] 한 신용카드 회사의 고객 데이터

카드번호	성명	성별	나이	지역	직업	월수입 (단위: 만원)	구매액 (단위: 만원)
2132001	김하나	여	25	서울	회사원	150	20
2132002	이우리	남	32	부산	공무원	200	30
2132003	정민국	남	41	광주	자영업	500	150
2132004	박대한	남	57	광주	회사원	400	120
2132005	김현지	여	21	서울	학생	70	30
2132006	이수창	남	33	서울	회사원	300	200
2132007	김대현	남	47	부산	자영업	500	150
2132008	장대호	남	35	서울	회사원	330	150
2132009	김영주	여	53	부산	공무원	350	100
2132010	김선규	남	20	부산	학생	70	20
2132011	김기문	남	50	광주	자영업	600	300
2132012	이수진	여	55	서울	자영업	700	200
2132013	박준일	남	34	서울	회사원	270	70
2132014	김성경	여	40	서울	공무원	450	50
2132015	홍현일	남	38	서울	회사원	400	100
2132016	이경은	여	35	광주	공무원	300	110
2132017	김승현	남	28	서울	회사원	250	120
2132018	이재균	남	25	서울	학생	50	15
2132019	김종선	남	42	부산	회사원	500	150

[표 2.1] 한 신용카드 회사의 고객 데이터(계속)

카드번호	성명	성별	나이	지역	직업	월수입 (단위: 만원)	구매액 (단위: 만원)
2132020	김영미	여	45	부산	자영업	250	50
2132021	이동원	남	36	부산	회사원	330	70
2132022	이학기	남	32	광주	회사원	250	100
2132023	김정옥	여	32	부산	회사원	200	30
2132024	정미영	여	25	광주	회사원	170	30
2132025	최세영	여	31	서울	자영업	350	200
2132026	김은호	여	44	서울	자영업	200	50
2132027	박주희	여	45	서울	자영업	350	50
2132028	이재준	남	39	부산	회사원	330	30
2132029	김해철	남	37	서울	회사원	450	150
2132030	이관종	남	35	서울	공무원	250	30

2.1.2 데이터의 품질

데이터마이닝을 위해 수집된 데이터들은 통계학의 실험계획이나 여론조사와 같이 미리 계획하여 수집된 데이터가 아니므로, 데이터 품질을 높이기 위한 정제 작업이 필요한 경우가 많다. 정제되지 않은 데이터들은 사람의 실수에 기인한 오차, 측정도구의 결함, 측정과정의 비정확성, 결측값(missing), 특이값(outlier), 데이터의 중복 등 여러 가지 문제점이 포함되어 있을 수 있다. 이 절에서는 데이터의 문제점을 파악하기 위한 데이터 품질의 측도와 문제점의 개선방법에 대해서 알아보자.

가. 정확도(Accuracy), 오차(Error) 및 정밀도(Precision)

데이터의 품질을 나타내는 측도에는 여러 가지가 있다. 일반적인 용어로서 한 사물의 속성변수에 대한 실제 값과 측정된 값의 가까운 정도를 **정확도**(accuracy)라고 한다. 정확도에 대한 측도의 하나는 **측정오차**(measurement error)로서 기구 등을 통하여 데이터의 값을 측정하는 과정에서 발생하는 오차를 의미하는데, 단순히 **오차**(error)라고 부르기도 한다. 이러한 측정오차를 줄이기 위해서는 기구의 교체나 실험환경의 개선 등이 필요하다. **정밀도**(precision)는 한 속성변수 값을 반복적으로 측정하였을 때 이 값들이 서로 얼마나 가까운지를 나타내는 측도로서 대개 데이터의 표준편차 등이 이용된다. **편향**(bias)은 측정된 값들의 조직적인 **변이도**(variation)에 대한 측도로서, 측정값과 측정된 값의 평균과의 차이를 이용한다.

데이터 **수집오차**(collection error)는 인위적인 실수로 데이터의 수집과정에서 나타나는 오차이다. 키보드를 통해 데이터를 입력하는 경우 실수로 한 레코드를 생략한다든가, 중복해서 입력하는 경우 수집오차가 발생한다. 인위적인 수집오차는 사람이 조금 더 주의를 기울이고 수집된 데이터를 재점검하면서 개선할 수 있다.

나. 결측값(Missing Value)

데이터에서 하나 또는 그 이상의 변수 값이 **결측**(missing)인 경우가 자주 나타날 수 있다. 결측값은 정보가 수집되지 않은 경우도 있고, 또 어느 경우에는 응답자가 거부하여 발생할 수 있다. 데이터마이닝 기법 중에는 결측값의 유무에 관계없이 적용할 수 있는 모형도 있다. 하지만 결측값이 있으면 적용할 수 없는 모형은 적절한 방법으로 결측값을 추정하여야 한다.

데이터의 수가 충분한 경우 간단한 방법은 결측값을 포함하는 데이터를 제거하는 것이다. 결측 데이터가 많지 않은 경우에 사용할 수 있는 방법이지만, 유용한 정보의 손실이 많기 때문에 주의하여야 한다. 다른 방법은 결측값을 예측하는 것이다. 예측에는 해당 변수의 평균이나 중앙값을 이용할 수도 있다. 또는 결측 데이터의 나머지 변수 값과 같은 데이터들만 찾아낸 후, 이 데이터들의 변수 값의 평균이나 중앙값을 이용할 수 있다.

다. 특이값(Outlier)

특이값(outlier)은 한 데이터가 나머지 대부분의 데이터의 변수와 속성이 매우 다르거나, 변수 값이 통상 기대되는 값의 범위를 벗어나는 경우를 의미한다. 특이값과 **잡음**(noise) 데이터를 혼동할 수 있는데 특이값은 적법한 데이터로서 변수 값이 다른 데이터와 많이 다른 것을 의미하고, 잡음 데이터는 측정기구의 잘못이라든가 인위적인 실수 등에 의해 나타난 이상한 변수 값을 의미한다.

데이터마이닝 기법 중에는 이러한 특이 데이터를 찾아내는 분석기법도 있는데, 8장에서 연구한다. 특이 데이터의 탐색이 유용한 예로는 신용카드 사용자 데이터에서 최근 사용액이나 사용 횟수가 갑자기 증가한 사용자를 찾아내 혹시 도난카드인지 살펴보는 **사기탐지**(fraud detection)를 들 수 있다.

2.2 그림을 이용한 데이터 탐색

데이터에 대해 전반적인 형태나 구조를 파악하는 제일 좋은 방법은 그림을 그려보는 것이다. 그림을 이용한 데이터 탐색은 크게 한 변수, 두 변수 그리고 다중 변수에 대한 그림분석으로 구분할 수 있다.

2.2.1 한 변수에 대한 그림

한 변수의 분석을 위해 많이 사용되는 그림은 이산형 변수의 경우에 막대그림과 원그림이 있으며, 연속형 변수에 히스토그램 등이 있다.

가. 막대그림

막대그림(bar chart)은 이산형 변수의 모든 데이터 값에 대한 빈도수(frequency; 간단히 도수라고 함)의 분포를 한 눈에 비교할 수 있도록 각 데이터 값의 도수(또는 상대도수)를 같은 폭의 막대 크기로 나타낸 것이다(〈그림 2-2〉). 이산형 변수라는 것을 강조하기 위하여 막대 사이의 간격을 띄우는데 막대그림은 수직형과 수평형 그리고 그룹변수가 있을 경우에는 분리형, 쌓는형, 나란형, 양쪽형 등 다양한 변형 형태가 있다. 연속형 변수의 경우 히스토그램을 이용한다.

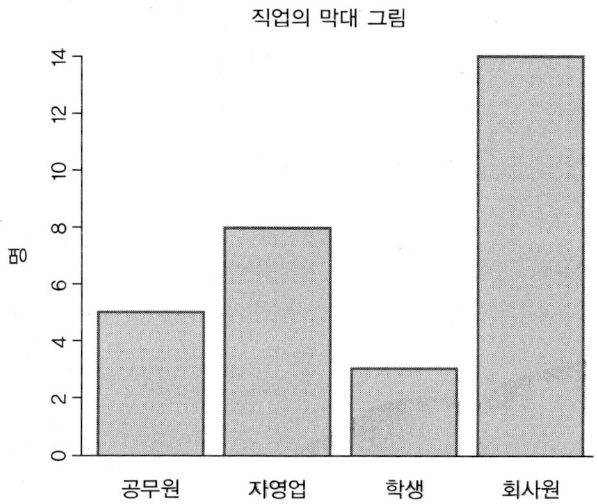

그림 2-2 [표 2.1] 데이터에서 직업에 대한 막대그림

나. 원그림

원그림 또는 **파이그림**(pie chart)은 신문이나 잡지에서 많이 볼 수 있는 그림으로, 한 원을 변수 값의 도수에 비례하게 몇 개의 조각으로 나누어 그린 그림이다. 각 조각에 해당 변수 값과 상대도수를 기입하기도 한다.

원그림은 대개 상대도수의 크기가 큰 변수 값부터 작은 변수 값까지 순서대로 조각을 나눈다(〈그림 2-3〉). 원그림은 이산형 변수에 적합한 그림인데, 연속형 변수인 경우는 변수 값을 구간으로 적절히 나눈 후 원그림을 그린다.

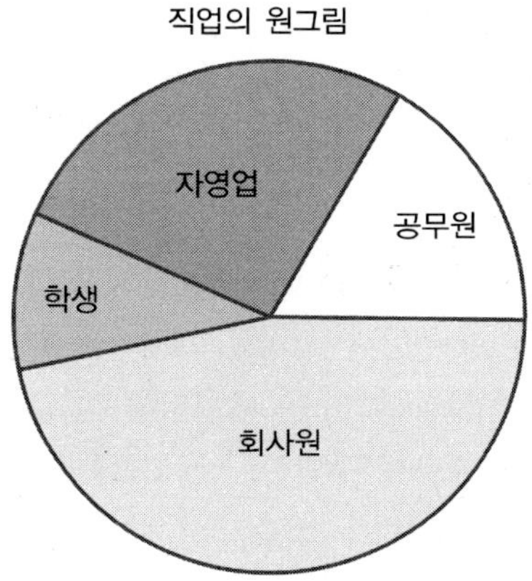

그림 2-3 [표 2.1] 데이터에서 직업에 대한 원그림

다. 히스토그램

나이, 월수입과 같은 연속형 변수는 변수 값의 종류가 너무 많아 막대그림을 그리면 무의미하다. 이런 경우 여러 개의 계급구간을 나누어 도수분포표를 작성한 후 이에 대한 막대그림(막대 사이에 간격이 없는)을 그리는데, 이를 **히스토그램**(histogram)이라 부른다. 히스토그램의 Y축은 〈그림 2-4〉와 같이 도수를 이용하기도 하나, 전체 면적이 1이 되도록 확률분포 형태로 그리기도 한다. 이를 위해 Y축의 높이는 해당 구간의 비율을 구간의 너비로 나눈다.

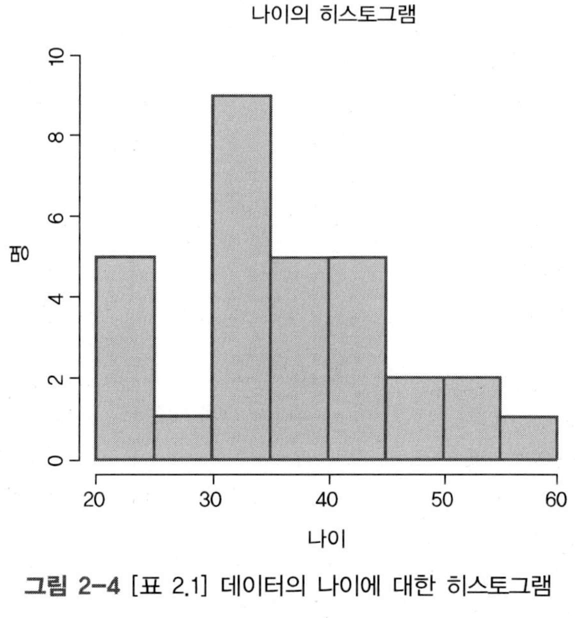

그림 2-4 [표 2.1] 데이터의 나이에 대한 히스토그램

2.2.2 두 변수의 그림

두 변수가 모두 연속형일 경우 선그림이나 산점도를 이용하여 두 변수의 관련성을 조사할 수 있다.

가. 선그림 및 시계열그림

선그림(line graph)과 **시계열그림**(time series plot)은 한 변수를 X축좌표, 다른 변수를 Y축좌표로 하여 모든 데이터를 선으로 이어주는 그림이다. 다만 선 그림은 X축변수에 대한 대소를 구별하지 않고 데이터 순서대로 그려주고, 시계열그림은 X축 시간변수의 크기에 따라 점들을 연결해 준다. 이 그림을 관찰하면 변수가 시간에 따라 어떠한 추세를 보이는지 또는 주기성을 가지고 있는지 알 수 있다.

[표 2.2]는 우리나라 총인구에 대한 데이터이고 〈그림 2-5〉는 이에 대한 시계열그림이다. 그림을 관찰하면 태평양전쟁과 한국전쟁의 여파로 인구가 감소되었다가 전후 급격히 증가한 후 1980년 이후에는 완만한 증가추세를 보이고 있음을 알 수 있다.

[표 2.2] 우리나라 총인구

연도	인구수
1925	19,020,030
1930	20,438,108
1935	22,208,102
1940	23,547,465
1944	25,120,174
1949	20,166,756
1955	21,502,386
1960	24,989,241
1966	29,159,640
1970	31,435,252
1975	34,678,972
1980	37,406,815
1985	40,419,652
1990	43,390,374
1995	44,553,710
2000	45,985,289
2005	47,041,434

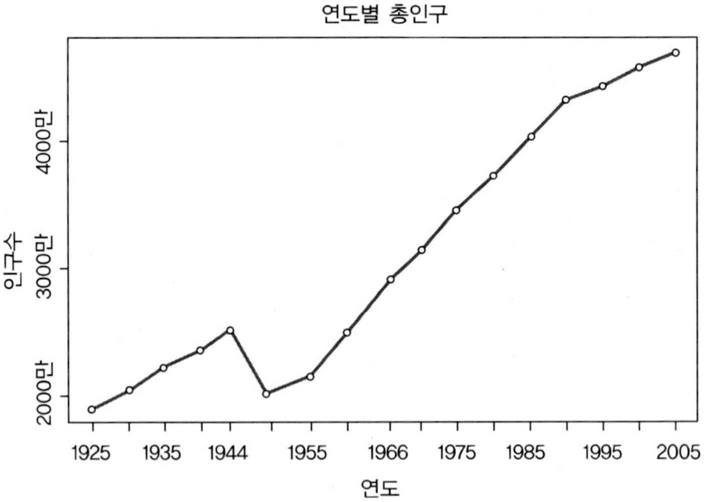

그림 2-5 연도별 우리나라 총인구의 시계열그림

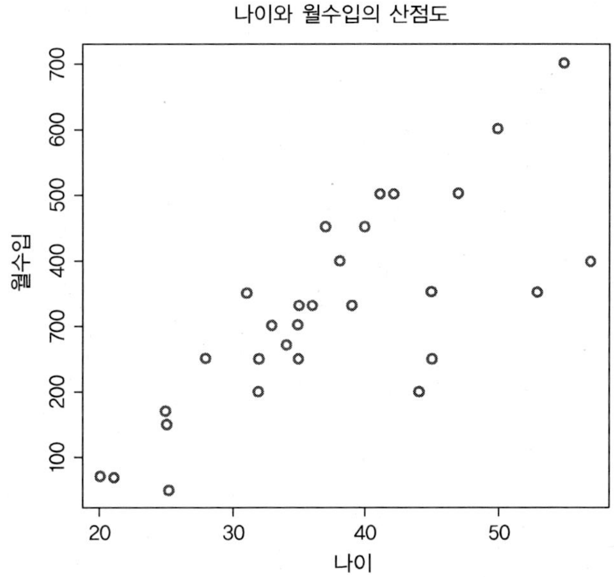

그림 2-6 [표 2.1] 데이터에서 나이와 월수입의 산점도

나. 산점도

산점도(scatter plot)는 한 변수를 X축, 다른 변수를 Y축으로 하여 각각의 관찰 값을 XY 평면상의 좌표 값으로 하여 점으로 나타낸다(〈그림 2-6〉). 산점도는 두 개의 연속형 변수의 관계를 분석하는데 매우 효율적인데, 만일 두 변수가 관련이 있다면 점들은 한 직선이나 곡선 주위에 위치하게 되어 눈으로 관련성을 관찰할 수 있다.

산점도 그림을 보면 나이가 증가할 경우 월수입이 대체로 증가하는 것을 관찰할 수 있어 두 변수는 상관이 있음을 알 수 있다. 하지만 나이가 많을 경우 월수입의 산포는 커진다.

2.2.3 다중 변수의 그림

연속형 변수의 수가 여러 개일 경우 산점도를 확장한 산점도행렬, 레이더차트, 평행좌표그림을 이용할 수 있고, 이산형 변수의 경우는 모자이크그림을 이용할 수 있다.

가. 산점도행렬

산점도행렬(scatter plot matrix)은 여러 개의 X축변수와 여러 개의 Y축변수에 대한 산점도를 한 화면에 보여 준다(〈그림 2-7〉). X축변수와 Y축변수가 교차되는 부분에서 두 변수가 같으면 산점도 대신 그 변수에 대한 히스토그램을 그려주기도 한다.

산점도행렬을 보면 나이와 월수입은 양의 상관을 보이나 나이와 구매액의 상관은 그리 높지 않다. 월수입과 구매액도 상당한 상관을 보여 준다.

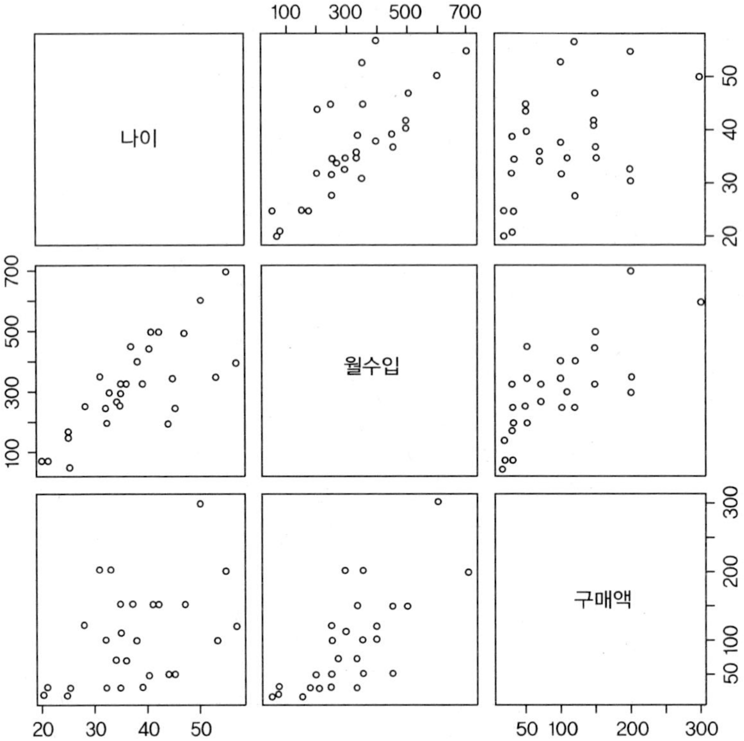

그림 2-7 [표 2.1] 데이터에서 나이, 월수입, 구매액의 산점도행렬

나. 레이더차트

레이더차트(radar chart) 또는 **별그림**(star chart)은 각 데이터가 변수별로 전체 데이터 중에서 최대 최소값과 비교하여 어느 정도의 위치에 있는지 살펴보는 그림이다. 원을 그린 후 그 안에 분석변수의 개수만큼 원중심에서 선을 그린 다음, 전체 변수의 최소값을 원중심, 최대값을 직선과 원이 만나는 점으로 하여 관찰 데이터가 상대적으로 위치하여 있는 점을 표시한 후 변수별로 연결하여 준다.

[표 2.3]은 2007년 12월의 5대 광역시의 상품성질별 소비자 물가지수이고, 〈그림 2-8〉은 이를 이용한 레이더차트 예이다. 도시별로 큰 차이가 나지는 않아 선이 겹쳐 보인다.

[표 2.3] 도시별 소비자 물가지수

도시	농축수산물	공업제품	집세	공공서비스	개인서비스
서울특별시	102.4	106.3	103.8	108.6	106.7
부산광역시	102.4	106.9	100.1	106.9	106.6
대구광역시	101.5	106.5	102.3	107.9	106.7
광주광역시	98.9	106.7	102.8	108.1	108.1
대전광역지	101.1	107.1	101.1	108.0	108.0

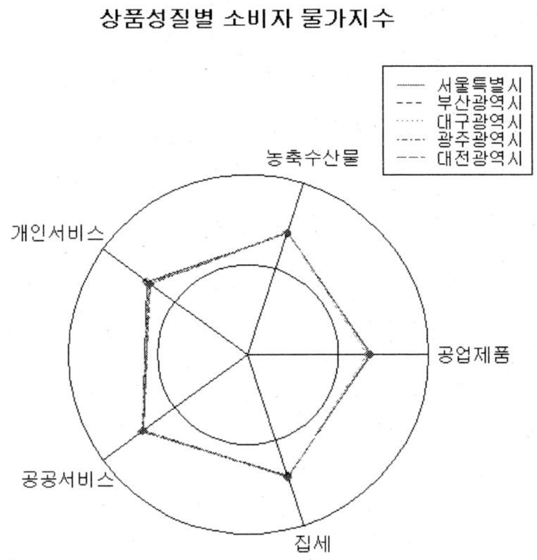

그림 2-8 도시별 소비자 물가지수의 레이더차트

다. 평행좌표그림

평행좌표그림(parallel coordinate plot)은 여러 개의 연속형 변수를 동시에 관찰하여 연관성을 알아보는데 효과적인 그림이다. 변수의 수만큼 평행 좌표선을 만들고 각 변수의 관측값을 해당 좌표선에 점으로 표시한 후 이들을 선으로 연결한다.

〈그림 2-9〉는 [표 2.1] 데이터에서 나이, 월수입, 구매액에 대한 평행좌표그림의 예이다. 나이가 적은(많은) 사람은 월수입도 적고(많고), 구매액도 적음(많음)을 관찰할 수 있다.

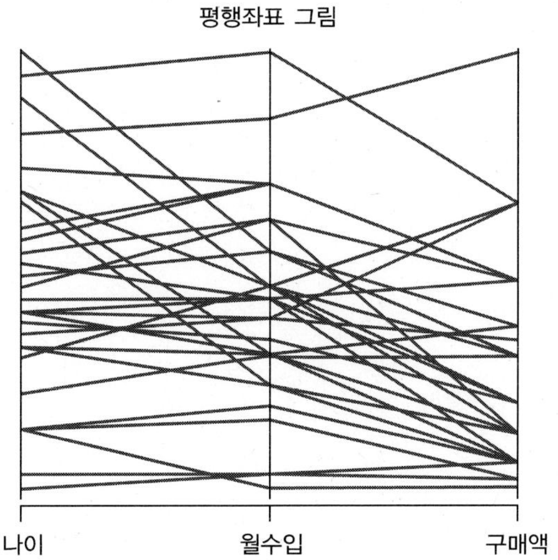

그림 2-9 [표 2.1] 데이터에서 나이, 월수입, 구매액의 평행좌표그림

라. 모자이크그림

모자이크그림(mosaic plot)은 이산형 데이터의 다차원 도수분포표를 각 변수별로 비교가 가능하게 디자인한 그림이다. [표 2.4]는 타이타닉호 침몰 시 승객의 성별 * 어른/아이별 * 객실종류별 * 생존여부에 대한 4차원 도수분포표이고, 〈그림 2-10〉은 이를 모자이크그림으로 나타낸 것이다.

[표 2.4] 타이타닉호 침몰시 승객의 성별 * 어른/아이별 * 객실종류별 * 생존여부

성별:선실종류 \ 나이:생존여부			성인(adult)		아이(child)		합계
			생존	사망	생존	사망	
성별 (Sex)	남자 (male)	1등실(1st)	57	118	5	0	1731
		2등실(2nd)	14	154	11	0	
		3등실(3rd)	75	387	13	35	
		선원실(Crew)	192	670	0	0	
	여자 (female)	1등실(1st)	140	4	1	0	470
		2등실(2nd)	80	13	13	0	
		3등실(3rd)	76	89	14	17	
		선원실(Crew)	20	3	0	0	
합계			2092		109		2201

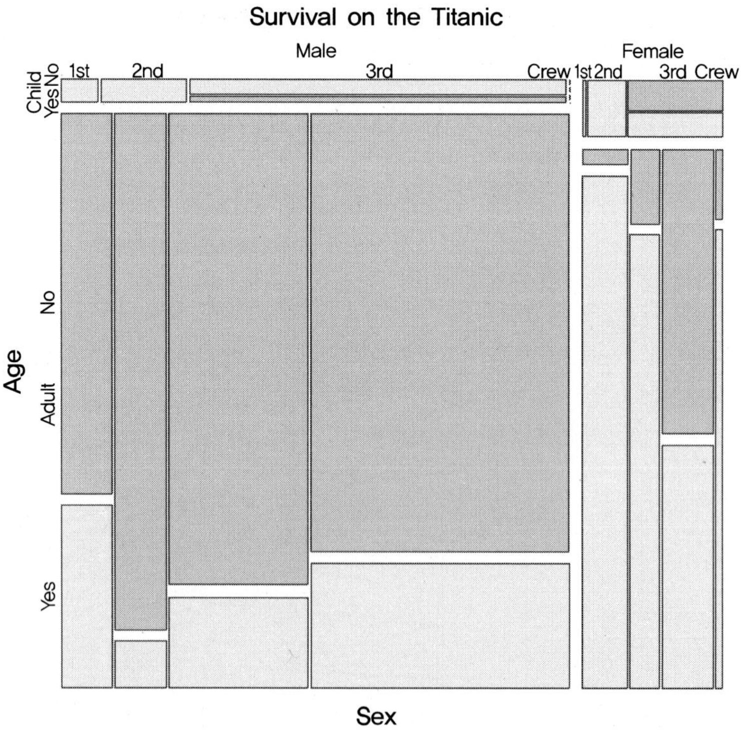

그림 2-10 타이타닉호 침몰 시 승객의 생존여부에 대한 모자이크그림

마. 체르노프 안형그림

체르노프 안형그림(Chernoff face diagram)은 체르노프(Chernoff, H., 1973)에 의하여 제안된 것으로, 한 관찰대상에 대한 다차원 데이터 변수 각각을 사람 얼굴의 윤곽, 코, 입, 귀, 눈동자, 눈썹 등에 대응시켜, 사람 얼굴의 표정으로서 표현하고자 하는 그림이다. 이 그림을 이용하면 얼굴 표정 비교로 데이터에 대한 특성 비교가 가능하며 데이터의 군집화 경향도 살펴볼 수 있다.

<그림 2-11>은 [표 2.1] 데이터에서 나이, 월수입과 구매액에 대한 체르노프 안형그림이다.

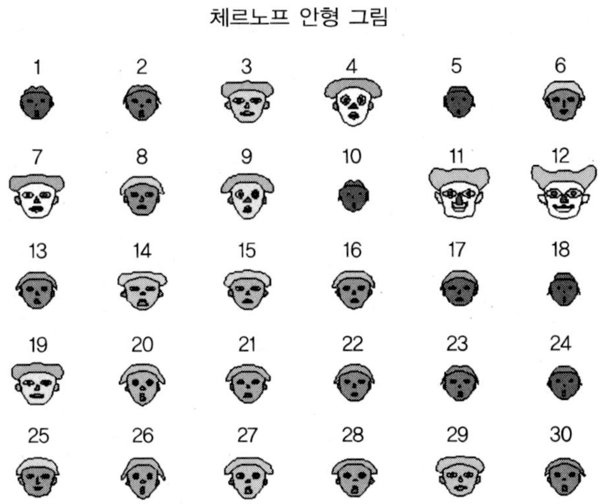

그림 2-11 [표 2.1] 데이터의 나이, 월수입, 구매액에 대한 체르노프 안형그림

2.3 통계표/통계량을 이용한 데이터 탐색

그림은 대량 데이터의 전반적인 형태를 알아보는데 좋은 수단이다. 하지만 구체적인 데이터의 속성을 알기 위해서는 통계표나 통계량을 이용한다. 특히 연속형 데이터에 대한 그림을 그리기 위해서는 구간의 수 또는 구간의 너비 등과 같이 작성자의 주관적인 판단이 작용될 수 있는데, 통계량은 객관적으로 데이터를 분석할 수 있다.

2.3.1 한 변수의 통계표/통계량

한 변수의 요약을 위해 이산형 데이터의 경우는 도수분포표가 이용되고, 연속형인 경우는 데이터의 중심위치, 데이터의 산포, 데이터의 왜도 및 첨도 등의 측도를

[표 2.5] [표 2.1] 데이터에서 성별 도수분포표

성별	도수	백분율	누적백분율	유효백분율	누적유효백분율
남자	18	60.0%	60.0%	60.0%	60.0%
여자	12	40.0%	100.0%	40.0%	100.0%
결측값	0	0.0%	100.0%	0.0%	100.0%
합계	30	100.0%		100.0%	

이용한다.

가. 도수분포표

도수분포표(frequency table)는 한 변수의 측정값이 나타나는 빈도수(frequency, 간략히 도수라고도 함)를 정리한 것이다. 여기에 도수를 결측값을 포함한 전체 데이터의 개수로 나눈 값인 상대도수(relative frequency, 간략히 백분율이라고도 함; %), 상대도수를 측정값 순서대로 누적한 누적상대도수(cumulative relative frequency), 그리고 도수를 결측값을 제외한 전체 데이터의 개수로 나눈 값인 유효백분율과 누적백분율도 같이 보여 주기도 한다. [표 2.1] 데이터에 대한 성별 도수분포표가 [표 2.5]와 같다.

나. 중심위치의 측도

중심위치의 측도(measure of central tendency)에는 평균, 중앙값, 최빈값 등이 있는데, 이 중 가장 많이 사용되는 것이 **평균**(mean)이다. 관측한 변수의 값들을 $x_1, x_2, \cdots, x_n$ (n은 데이터의 수)이라 표기할 때 평균은 다음과 같이 정의된다.

$$\text{평균} = \frac{1}{n}\{x_1 + x_2 + \cdots + x_n\} = \frac{1}{n}\sum_{i=1}^{n} x_i \tag{2.1}$$

주어진 데이터가 모집단일 때의 평균을 **모평균**(population mean)이라 하고 보통 μ(그리스 문자로 '뮤'라고 읽음)로 표시하며, 데이터가 표본일 때의 평균을 **표본평균**(sample mean)이라 하고 $\bar{x}$('엑스 바아'라고 읽음)로 표시한다. 평균은 어느 한 데이터 값이 다른 데이터 값들보다 아주 크거나 작을 때 이 값의 영향을 많이 받는다.

중앙값(median)은 데이터를 크기 순서로 나열할 때 중앙에 놓이는 값이다. 데이터의 수를 n이라 할 때 n이 홀수이면 $(n+1)/2$번째의 값을 중앙값으로, n이 짝수이면 $n/2$번째와 $(n+2)/2$번째 데이터 값의 평균을 중앙값으로 정의한다. 중앙값은 극단값이 있는 경우에도 민감하지 않아 평균보다 중심위치의 측도로 더 자주 쓰인다.

최빈값(mode)은 데이터 중 가장 빈도가 높은 값을 말한다. 이 최빈값은 이산형 데이터일 경우 도수분포표만 살펴보면 쉽게 구할 수 있다. 하지만 연속형 데이터일 경우 거의 대부분의 데이터 값들이 한 번만 나타나기 때문에 단순히 빈도수가 많은 값을 최빈값으로 정하는 것은 불합리하다. 그러나 이런 경우 데이터를 몇 개의 계급구간으로 나누어서 가장 도수가 높은 계급구간의 중간값을 최빈값으로 정하기도 한다.

다. 산포의 측도

데이터가 흩어진 정도의 측도를 **산포의 측도**(measure of dispersion)라 한다. 많이 쓰이는 산포의 측도는 분산 및 표준편차이고, 변이계수, 범위, 사분위수범위 등이 있다.

분산(variance)이란 각 데이터 값과 평균과의 거리를 제곱하여 합을 구한 후 이를 데이터의 수로 나눈 것이다. 따라서 데이터가 평균을 중심으로 많이 흩어져 있으면 분산이 커지고, 데이터가 평균 주위에 몰려 있으면 분산이 작게 된다. 모집단의 분산을 **모분산**(population variance)이라 부르며 σ^2('시그마 제곱' 이라고 읽음)으로 표시하고, 표본의 분산을 **표본분산**(sample variance)이라 부르며 s^2('에스 제곱'이라고 읽음)으로 표시한다. 모분산과 표본분산의 계산 공식은 아래와 같이 약간의 차이가 있다.

모분산 $$\sigma^2 = \frac{1}{N}\sum_{i=1}^{N}(x_i - \mu)^2 \quad (N\text{: 모집단 데이터 수}) \tag{2.2}$$

표본분산 $$s^2 = \frac{1}{n-1}\sum_{i=1}^{n}(x_i - \bar{x})^2 \quad (n\text{: 표본 데이터 수}) \tag{2.3}$$

표준편차(standard deviation)는 분산의 제곱근으로 정의되며, 데이터의 평균에서의 평균거리를 의미한다. 모집단의 표준편차를 모표준편차라 부르고 σ로 표시하며, 표본의 표준편차를 표본표준편차라고 부르며 s로 표시한다.

모표준편차 $$\sigma = \sqrt{\sigma^2} \tag{2.4}$$

표본표준편차 $$s = \sqrt{s^2} \tag{2.5}$$

데이터의 수나 측정단위가 다른 두 개 이상의 데이터에 대한 표준편차를 비교하는 것은 무의미하다. 이러한 경우에 사용하는 측도가 표준편차를 평균으로 나눈 **변이계수**(coefficient of variation)이다. 변이계수는 평균에 대비한 표준편차의 비율로서 백분율로 표시되며, 두 변수의 측정단위가 다르더라도 비교가 가능하다.

$$변이계수(모집단)\quad C=\frac{\sigma}{\mu}\times 100 \quad (단위\ \%) \tag{2.6}$$

$$변이계수(표본)\quad C=\frac{s}{\bar{x}}\times 100 \quad (단위\ \%) \tag{2.7}$$

범위(range)는 데이터의 최대값에서 최소값을 뺀 차이를 나타낸다. 범위는 계산하기가 간편하나 극단점이 있을 경우 올바른 산포의 측도가 되지 못한다.

$$범위 = 최대값 - 최소값 \tag{2.8}$$

범위의 단점을 보완한 것이 **사분위수범위**(interquartile range, IQR로 표시)인데 먼저 백분위수를 정의하자. p **백분위수**(percentile)는 데이터를 작은 것부터 큰 것까지 순서대로 늘어놓았을 때 대략 p%번째 데이터를 뜻하는데 정확한 정의는 다음과 같다.

p 백분위수 = 자기값 이하(값포함)로 적어도 p%의 관측값이 있고,
자기값 이상(값포함)으로 적어도 $(100-p)$%의 관측값이
있는 수 (2.9)

데이터가 적을 경우 한 관측 값이 여러 개의 백분위수에 해당될 수도 있다. 백분위수 중 25% 백분위수를 **일사분위수**(1st quartile, Q_1으로 표시), 50% 백분위수를 **이사분위수**(2nd quartile, Q_2로 표시) 또는 중앙값(m으로 표시), 75% 백분위수를 **삼사분위수**(3rd quartile, Q_3로 표시)라 부른다. 사분위수범위는 삼사분위수에서 일사분위수를 뺀 값이다.

$$사분위수범위(IQR) = Q_3 - Q_1 \tag{2.10}$$

상자그림(box-whisker plot)은 사분위수 등을 이용하여 데이터에 대한 요약그림을 그리는 것으로서 최근에 많이 사용된다. 먼저 x좌표선상에 일사분위수(Q_1)와 삼사분위수(Q_3)를 네모상자로 연결한 다음 중앙값을 상자 안에 표시하고, 사분위수범위 (IQR = $Q_3 - Q_1$)를 계산한 후 (Q_1 − 1.5 × IQR)와 (Q_3 + 1.5 × IQR)를 경계로 하여 상자와 선으로 연결한다. 이 경계내의 최대값과 최소값을 상자와 굵은 선으로 연결하고, 경계 밖의 값은 극단점으로 표시한다(〈그림 2-12〉). 극단점 표시는 생략하기도 한다.

상자그림을 이용하면 데이터 분포의 대칭성, 데이터의 중심위치, 산포의 정도, 극단점 등을 잘 알아볼 수 있다. 상자그림은 여러 집단의 비교에 많이 이용된다. 최근에는 상자의 높이에 표준편차를 도입한 변형된 형태의 상자그림도 많이 이용되는

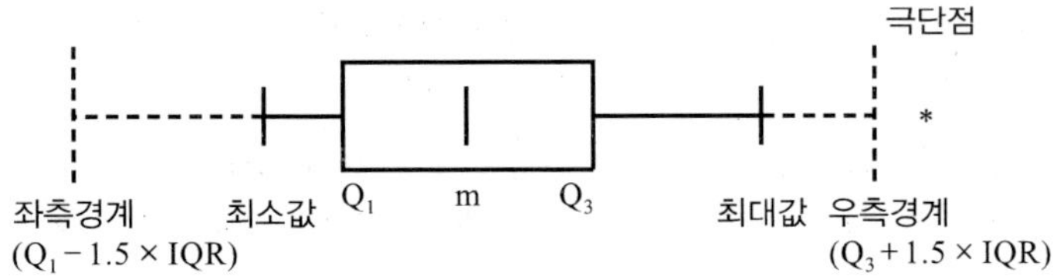

그림 2-12 상자그림의 작성 방법

데, 바이올린 형태의 상자그림을 그리기도 한다.

라. 왜도 및 첨도(skewness and kurtosis)

데이터의 형태는 크게 좌우가 대칭(symmetric)인 형태와 평균을 중심으로 보아 우측으로 꼬리가 긴(skewed to the right) 형태, 또 평균에서 좌측으로 꼬리가 긴(skewed to the left) 형태의 세 가지로 나눌 수 있다. 표본 데이터의 대칭성을 측정하기 위해서는 아래의 **왜도**(skewness)라는 측도를 사용한다.

$$\text{왜도: } \beta_3 = \frac{n}{(n-1)(n-2)} \sum_{i=1}^{n} \left(\frac{x_i - \bar{x}}{s} \right)^3 \tag{2.11}$$

왜도의 계산은 각 데이터에서 평균까지의 거리인 $(x_i - \bar{x})$의 세제곱을 사용하였기 때문에 평균에서 오른쪽 데이터들은 $(x_i - \bar{x})$값이 양수이고, 평균에서 왼쪽 데이터들은 $(x_i - \bar{x})$값이 음수가 된다. 따라서 데이터가 대칭일 경우 β_3는 0 이고, 평균에서 오른쪽으로 꼬리가 길면 양수, 평균에서 왼쪽으로 꼬리가 길면 음수가 된다. 표준편차(s)의 세제곱으로 나누는 이유는 두 개 이상의 데이터에 대한 왜도를 비교할 때 데이터의 개수나 측정단위가 서로 다를 수 있기 때문에 표준화를 시켜주는 것이다.

표본 데이터가 정규분포와 비교하여 봉오리가 얼마나 높거나 낮은지를 알아보는 측도에는 다음과 같은 **첨도**(kurtosis)를 사용한다.

$$\text{첨도: } \beta_4 = \left\{ \frac{n(n+1)}{(n-1)(n-2)(n-3)} \sum_{i=1}^{n} \left(\frac{x_i - \bar{x}}{s} \right)^4 \right\} - \frac{3(n-1)^2}{(n-2)(n-3)} \tag{2.12}$$

정규분포의 첨도는 0이다. 그러므로 정규분포보다 더 높은 봉오리을 갖는 분포는 β_4가 양수이고, 정규분포보다 더 납작한 봉을 갖는 분포는 β_4가 음수이다. β_4는 데이터가 이봉분포(二峯分布)에 대해서 얼마나 단봉분포(單峯分布)에 가까이 있느냐 하는 측도로 사용될 수도 있다.

예제 2.3.1 [표 2.1]의 데이터에서 구매액에 대한 기초통계량을 구하라. 그리고 남녀별로 구분하여 기초통계량을 구하고 상자그림을 그려 비교하라.

풀이 R을 이용하여 구매액에 대한 기초통계량과 남녀별로 구분하여 구매액의 기초통계량을 구한 것이 [표 2.6]과 같다. 〈그림 2-13〉은 구매액에 대한 상자그림이다.

[표 2.6] 구매액의 기초통계량

	Min	Q1	Median	Mean	Q3	Max
전체	15.00	30.00	85.00	95.83	150.00	300.00
남	15.00	40.00	110.00	108.60	150.00	300.00
여	20.00	30.00	50.00	76.67	102.50	200.00

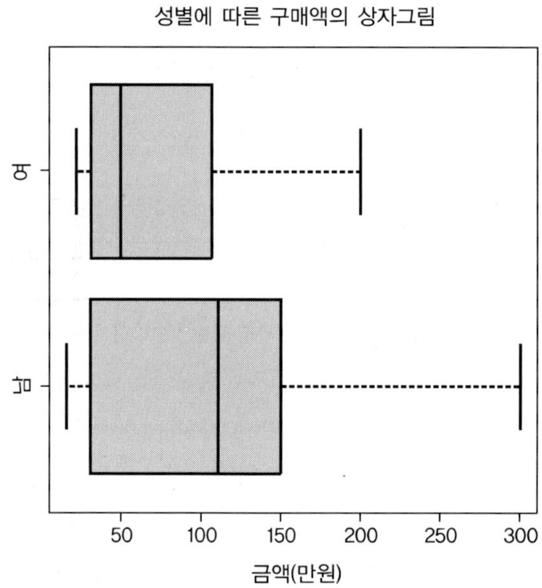

그림 2-13 [표 2.1] 데이터에서 성별 구매액에 대한 상자그림

2.3.2 두 변수의 통계표/통계량

두 변수의 요약을 위해 이산형 데이터의 경우는 교차표가 이용되고, 연속형인 경우에 중심위치는 평균벡터, 산포도는 공분산 및 상관계수 측도를 이용한다.

가. 교차표

교차표(cross table) 또는 **속성표**(contingency table)는 두 개의 이산형 변수를 정리하여 그 연관된 특성을 연구하는데 매우 효과적인 도표로서, 한 변수의 도수분포표와 유사하다. 교차표는 두 변수의 가능한 값을 행과 열로 나누어 행변수의 속성과 열변수의 속성이 교차하는 부분에 칸(cell)을 만든 후, 각 데이터마다 행변수와

[표 2.7] [표 2.1]의 데이터에서 성별과 지역별 교차표

성별 \ 지역	광주	부산	서울	합계
남자	4	6	8	18
여자	2	3	7	12
합계	6	9	15	30

열변수의 데이터 값을 조사하여 해당되는 칸에 속하는 데이터의 빈도수를 적은 것이다. 대개 분석을 용이하게 하기 위해 각 칸의 빈도수 밑에 행의 합에 대한 백분율, 열의 합에 대한 백분율 그리고 전체 백분율을 표시하는데 꼭 필요한 백분율만 선택하여 넣기도 한다. [표 2.1]의 데이터에서 성별과 지역별 교차표를 구하면 [표 2.7]과 같다.

나. 공분산, 상관계수

공분산(covariance)은 두 변수 X와 Y의 상호관계를 나타내는 측도로서 **모집단공분산**(population covariance)은 $Cov(X, Y)$로 나타낸다. 두 변수에 대한 n개의 표본 $(x_1, y_1), (x_2, y_2), \ldots, (x_n, y_n)$이 주어졌을 때 이들 표본을 이용한 모집단공분산의 추정값인 **표본공분산**(sample covariance) s_{XY}는 다음과 같이 정의된다.

$$s_{XY} = \frac{1}{n-1}\sum_{i=1}^{n}(x_i - \overline{x})(y_i - \overline{y}) \tag{2.13}$$

표본공분산의 의미를 파악하기 위해 x가 증가할 때 y 역시 증가하는 경우를 생각하여 보자. 이 경우 $\overline{x}$보다 큰 x값에 대응하는 y값 역시 $\overline{y}$보다 크고, $\overline{x}$보다 작은 x값에 대응하는 y값 역시 $\overline{y}$보다 작아지므로 $(x-\overline{x})(y-\overline{y})$는 항상 양수 값을 가지며, 이들의 평균인 공분산 역시 양수 값을 가진다. 이와는 반대로 한 변수의 값이 증가할 때 다른 변수의 값이 감소하면 표본공분산의 값은 음수가 된다. 따라서 표본공분산을 계산함으로써 양의 상관(즉, 한 변수의 값이 증가하면 다른 변수의 값도 증가)이나 음의 상관(즉, 한 변수의 값이 증가하면 다른 변수의 값은 감소)을 알 수 있다.

공분산은 X와 Y의 단위에 의존하여 다른 데이터와 비교할 때 불편하다는 단점이 있다. 변수의 종류나 특정단위에 관계없는 측도로서 공분산을 X와 Y의 표준편차인 σ_X와 σ_Y의 곱으로 나누어 표준화한다. 이를 **모집단상관계수**(population correlation coefficient)라 부르고 ρ('로우'라고 읽음)라고 표시한다.

$$\text{모집단상관계수: } \rho = \frac{Cov(X, Y)}{\sigma_X \sigma_Y} \tag{2.14}$$

모집단상관계수 ρ는 다음과 같이 해석된다.

1) ρ는 −1과 +1 사이의 값을 가지며, ρ의 값이 +1에 가까울수록 강한 양의 선형관계를, −1에 가까울수록 강한 음의 상관관계를 나타내며, ρ의 값이 0에 가까울수록 선형관계는 약해진다.
2) X와 Y에 대응되는 모든 값들이 한 직선상에 위치하면 ρ의 값은 −1(직선의 기울기가 음인 경우)이나 +1(직선의 기울기가 양인 경우)의 값을 갖는다.
3) ρ는 단지 두 변수의 선형관계만을 나타내는 측도이다. 따라서 $\rho = 0$ 인 경우 두 변수의 선형상관관계는 없지만 다른 관계는 가질 수 있다.

두 변수에 대한 n개의 표본을 이용한 모집단 상관계수 ρ의 추정값을 **표본상관계수**(sample correlation coefficient)라 부르며 r로 나타낸다. 표본상관계수는 표본공분산 s_{XY}를 각 변수의 표본표준편차 s_X와 s_Y로 나눈 값이다.

$$r = \frac{s_{XY}}{s_X s_Y} = \frac{\sum_{i=1}^{n}(x_i - \overline{x})(y_i - \overline{y})}{\sqrt{\sum_{i=1}^{n}(x_i - \overline{x})^2 \sum_{i=1}^{n}(y_i - \overline{y})^2}} \tag{2.15}$$

2.3.3 다중 변수의 통계표 및 통계량

다중 변수의 요약을 위해 이산형 데이터의 경우는 다차원 도수분포표가 이용되고, 연속형인 경우 중심위치는 평균벡터를 사용하며, 산포도는 공분산행렬과 상관계수행렬을 이용한다.

가. 다차원 도수분포표

다차원 도수분포표(multi-dimensional table)는 두 개 이상의 이산형 변수에 대한 교차표이다. 변수의 수가 4개까지는 [표 2.8]과 같이 2차원 교차표를 확장할 수 있지만, 그 이상이 되면 [표 2.9]와 같은 형태의 다차원 도수분포표를 이용한다. 3장에서 연구할 OLAP(on-line analytical processing)은 이와 같은 다차원 도수분포표를 저차원으로 보기 쉽게 하는 소프트웨어이다.

[표 2.8] 성별, 교육정도, 지역, 결혼여부에 대한 4차원 도수분포표 예

<table>
<tr><th colspan="3" rowspan="2">교육정도
성별</th><th colspan="2">고졸 이하</th><th colspan="2">대졸 이상</th><th rowspan="2">합계</th></tr>
<tr><th>미혼</th><th>결혼</th><th>미혼</th><th>결혼</th></tr>
<tr><td rowspan="4">성별</td><td rowspan="2">남자</td><td>도시</td><td>150</td><td>350</td><td>100</td><td>100</td><td rowspan="2">1100</td></tr>
<tr><td>농촌</td><td>100</td><td>100</td><td>150</td><td>50</td></tr>
<tr><td rowspan="2">여자</td><td>도시</td><td>200</td><td>200</td><td>50</td><td>150</td><td rowspan="2">900</td></tr>
<tr><td>농촌</td><td>100</td><td>100</td><td>50</td><td>50</td></tr>
<tr><td colspan="2">합계</td><td></td><td colspan="2">1300</td><td colspan="2">700</td><td>2000</td></tr>
</table>

[표 2.9] 성별, 교육정도, 지역, 결혼여부에 대한 4차원 도수분포표 예

성별	교육정도	지역	결혼여부	도수	백분율
남자	고졸이하	도시	미혼	150	7.5%
남자	고졸이하	도시	결혼	350	12.5%
남자	고졸이하	농촌	미혼	100	5.0%
남자	고졸이하	농촌	결혼	100	5.0%
…	…	…	…	…	…

나. 공분산행렬, 상관계수행렬

m개의 변수 $X_1, X_2, \ldots, X_m$가 있을 때 모든 두 변수 사이의 모집단공분산을 구하여 다음과 같이 $(m \times m)$ **모집단공분산행렬**(covariance matrix)로 표시한다.

$$\Sigma = \begin{bmatrix} Cov(X_1,X_1) & Cov(X_1,X_2) & \ldots & Cov(X_1,X_m) \\ Cov(X_2,X_1) & Cov(X_2,X_2) & \ldots & Cov(X_2,X_m) \\ \cdots & \cdots & \cdots & \cdots \\ Cov(X_m,X_1) & Cov(X_m,X_2) & \ldots & Cov(X_m,X_m) \end{bmatrix} \tag{2.16}$$

확률벡터 $\boldsymbol{X} = (X_1, X_2, \ldots, X_m)$의 n개의 표본 $\boldsymbol{x_1}, \boldsymbol{x_2}, \ldots, \boldsymbol{x_n}$이 다음과 같다고 할 때 **표본평균벡터**(sample mean vector)는 아래와 같이 정의된다.

$$\boldsymbol{x_1} = \begin{bmatrix} x_{11} \\ x_{21} \\ \cdots \\ x_{m1} \end{bmatrix}, \ \boldsymbol{x_2} = \begin{bmatrix} x_{12} \\ x_{22} \\ \cdots \\ x_{m2} \end{bmatrix}, \ \ldots, \ \boldsymbol{x_n} = \begin{bmatrix} x_{1n} \\ x_{2n} \\ \cdots \\ x_{mn} \end{bmatrix}$$

$$\overline{\boldsymbol{x}} = \begin{bmatrix} \overline{x}_1 \\ \overline{x}_2 \\ \cdots \\ \overline{x}_m \end{bmatrix}, \ \overline{x}_i = \frac{\sum_{k=1}^{n} x_{ik}}{n} \tag{2.17}$$

$(m \times m)$ **표본공분산행렬**(sample covariance matrix)은 다음과 같다.

$$S=\begin{bmatrix} s_1^2 & s_{12} & \dots & s_{1m} \\ s_{21} & s_2^2 & \dots & s_{2m} \\ \dots & \dots & \dots & \dots \\ s_{m1} & s_{m2} & \dots & s_m^2 \end{bmatrix},\ s_{ij}=\frac{1}{n-1}\sum_{k=1}^{n}(x_{ik}-\overline{x}_i)(x_{jk}-\overline{x}_j) \tag{2.18}$$

여기서 $s_{ij}=s_{ji}$이므로 S는 대칭행렬이다. 표본공분산행렬을 이용한 **표본상관계수행렬**(sample correlation matrix)은 다음과 같다.

$$R=\begin{bmatrix} 1 & r_{12} & \dots & r_{1m} \\ r_{21} & 1 & \dots & r_{2m} \\ \dots & \dots & \dots & \dots \\ r_{m1} & r_{m2} & \dots & 1 \end{bmatrix},\ r_{ij}=\frac{s_{ij}}{s_i s_j} \tag{2.19}$$

예제 2.3.2 [표 2.1]의 데이터에서 나이, 월수입, 구매액에 대한 표본공분산행렬과 표본상관계수행렬을 구하라.

풀이 R을 이용하여 나이, 월수입, 구매액에 대한 표본공분산행렬과 표본상관계수행렬을 구하면 [표 2.10]과 같다.

[표 2.10] 나이, 월수입, 구매액에 대한 표본공분산행렬과 표본상관계수행렬

〈표본공분산행렬〉

	나이	월수입	구매액
나이	92.68506	1138.805	319.9425
월수입	1138.80460	23613.333	8169.5402
구매액	319.94253	8169.540	4969.1092

〈표본상관계수행렬〉

	나이	월수입	구매액
나이	1.0000000	0.7697784	0.4714415
월수입	0.7697784	1.0000000	0.7541881
구매액	0.4714415	0.7541881	1.0000000

2.4 통계분포를 이용한 데이터 모형

그림이나 통계량을 이용하여 데이터의 전반적인 형태를 살펴보면 통계학에서 연구된 분포함수를 적용할 수 있는 데이터가 있다. 이러한 경우 통계분포 모형을 이용하면 데이터를 분석하는데 효과적일 수 있다. 이 절에서는 많이 이용되는 통계분포 모형을 간략히 살펴본다. 자세한 내용은 관련 통계서적을 참고하기 바란다.

데이터가 통계적 실험의 결과로서 관측 또는 측정된 값이라 하자. 통계적 실험의 모든 가능한 결과의 집합을 **표본공간**(sample space)이라 하고 S로 표시한다. 표본공간의 부분집합을 **사건**(event)이라 하고, 한 사건 A가 발생할 가능성을 0 과 1 사이의 실수로서 표시한 것을 **확률**(probability)이라 한다. 한 사건의 확률을 구하여 응용하는 것은 통계학의 중요한 분야이다. 하지만 통계학에서는 표본공간의 각 원소에 실수값을 대응시키고 이 실수값이 나올 확률을 구하여 많이 응용한다.

표본공간의 각 원소에 하나의 실수값을 대응시켜 주는 함수를 **확률변수**(random variable)라 하며 대개 대문자 X로 표시한다. 확률변수가 가질 수 있는 값 x에 대한 확률을 함수형태로 정리하여 놓은 것을 **확률분포함수**(probability distribution function)라 하고 $P(X=x)$ 또는 $f_X(x)$, 간단히 $f(x)$로 표시한다. 확률분포함수는 분포경향을 살피기 위해 평균($E(X)$로 표시)과 분산($V(X)$로 표시)으로써 요약하기도 하는데 이산형일 경우 계산 공식은 다음과 같다. 연속형일 경우는 Σ를 적분기호로 바꾸면 된다.

$$E(X) = \mu = \sum_{x \in S} x\, f(x) \tag{2.20}$$

$$V(X) = \sigma^2 = \sum_{x \in S} (x-\mu)^2\, f(x) \tag{2.21}$$

2.4.1 한 변수의 통계분포

이산형 데이터인 경우 많이 이용되는 이항분포와 연속형 데이터인 경우 많이 이용되는 정규분포에 대해서 알아보자.

가. 이항분포

현실에서 자주 발생하는 통계적 실험에서 표본공간의 원소가 두 개인 경우가 있다. 예를 들면, 동전을 하나 던지는 실험의 경우 그 결과는 '앞' 또는 '뒤'이고, 공장에서 제품을 하나 만들 때 이 제품은 '우량' 또는 '불량'으로 그 결과를 표시할 수 있다. 이와 같이 표본공간의 원소가 2개인 통계적 실험을 **베르누이시행**(Bernoulli trial)이라 한다. 사건 '앞(우량)' 또는 '뒤(불량)'를 1과 0으로 표시하는 확률변수 X를 생각하여 보자. '앞'을 '성공'이라는 사건으로 부르고, '성공'의 확률을 p라 하자. 이 확률변수의 분포를 **베르누이분포**(Bernoulli distribution)라 하며 분포함수는 다음과 같다.

$$f(x) = p^x (1-p)^{1-x}, \quad x = 0, 1 \tag{2.22}$$

베르누이분포의 평균은 $E(X) = p$이고, 분산은 $V(X) = p(1-p)$이다.

현실에서는 베르누이시행을 n번 반복하여 '성공'이 나타나는 수가 우리의 관심일 경우가 많다. '성공의 횟수'를 확률변수 X라 할 때 이 확률변수에 대한 분포함수를 **이항분포**(binomial distribution)라 한다. 일반적으로 성공의 확률이 p인 베르누이시행을 n번 독립적으로 반복 시행하였을 때 '성공의 횟수'가 x일 확률은 다음과 같다.

$$f(x) = {}_nC_x\, p^x (1-p)^{n-x}, \quad x = 0,1,2,\ldots,n \tag{2.23}$$

이항분포의 평균은 $E(X) = np$이고, 분산은 $V(X) = np(1-p)$이다.

나. 정규분포

신장이나 체중 같은 연속형 데이터의 히스토그램을 그려보면 데이터들이 평균 근처에 많이 모여 있고, 평균에서 멀어질수록 데이터들의 수가 적으며, 평균을 중심으로 좌우로 대칭인 경우가 많다. 이와 같은 형태를 지니는 함수는 영국의 수학자 드므와브르(Abraham de Moivre(1667-1754))에 의해 처음 발견되었고, 그 후 독일의 수학자 가우스(Carl Friedrich Gauss(1777-1855))에 의해 물리학과 천문학 등에 폭넓게 응용되었다. 이를 **가우스분포**(Gauss distribution) 또는 **정규분포**(normal distribution)라고 부르는데 그 함수는 다음과 같다.

$$f(x) = \frac{1}{\sqrt{2\pi}\,\sigma} exp[-\frac{(x-\mu)^2}{2\sigma^2}], \quad -\infty < x < \infty \tag{2.24}$$

정규분포는 $N(\mu,\sigma^2)$로 표시하며 평균은 $E(X) = \mu$이고, 분산은 $V(X) = \sigma^2$이다. 〈그림 2-14〉는 정규분포의 그림이다.

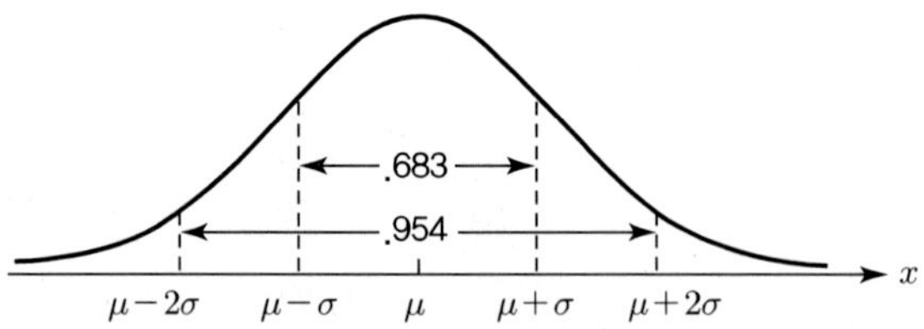

그림 2-14 평균이 μ이고 표준편차가 σ인 정규분포 그림

정규분포의 특징을 요약하면 다음과 같다.

1) 종모양의 연속함수이다.
2) 평균 μ에 관해 서로 대칭이다. 따라서 평균의 좌측과 우측의 확률은 각각 0.5 이다.

3) μ나 σ의 값에 따라 정규분포는 무한히 많이 있을 수 있다.
4) x축의 구간 $[\mu-\sigma,\ \mu+\sigma]$의 확률은 0.683, 구간 $[\mu-2\sigma,\ \mu+2\sigma]$의 확률은 0.954, 구간 $[\mu-3\sigma,\ \mu+3\sigma]$의 확률은 0.997이 된다. 즉, 정규확률변수는 평균주위에 대부분의 값을 가지며, 평균에서 좌우로 표준편차의 3배 이상 떨어진 값은 매우 적다(〈그림 2-14〉).

2.4.2 다중 변수의 통계분포

두 연속형 변수가 서로 상관이 많이 있을 경우, 두 변수에 대한 3차원 히스토그램을 그려 보면 두 변수의 평균을 중심으로 한 주변에 데이터가 몰려 있는 경우가 많이 있다. 즉, 종을 한쪽으로 구부려 놓은 형태인데 이러한 데이터의 모형으로는 **다변량정규분포**(multivariate normal distribution)가 많이 이용된다. m개의 변수에 대한 확률변수 $\boldsymbol{X}=(X_1,X_2,\ldots,X_m)$의 평균이 $\boldsymbol{\mu}=(\mu_1,\mu_2,\ldots,\mu_m)$이고 $m\times m$ 공분산행렬이 $\boldsymbol{\Sigma}$인 다변량정규분포함수 $f(\boldsymbol{x})$는 아래와 같다.

$$f(\boldsymbol{x})=\frac{1}{(2\pi)^{m/2}|\boldsymbol{\Sigma}|^{1/2}}e^{-\frac{1}{2}(\boldsymbol{x}-\boldsymbol{\mu})'\boldsymbol{\Sigma}^{-1}(\boldsymbol{x}-\boldsymbol{\mu})},\quad -\infty<x_j<\infty,\ j=1,2,\ldots,m \tag{2.25}$$

다변량정규분포는 $N(\boldsymbol{\mu},\boldsymbol{\Sigma})$로 표시하며, 평균은 $E(\boldsymbol{X})=\boldsymbol{\mu}$이고, 공분산행렬은 $V(\boldsymbol{X})=\boldsymbol{\Sigma}$이다. 〈그림 2-15〉는 2차원 정규분포 그림의 예이다.

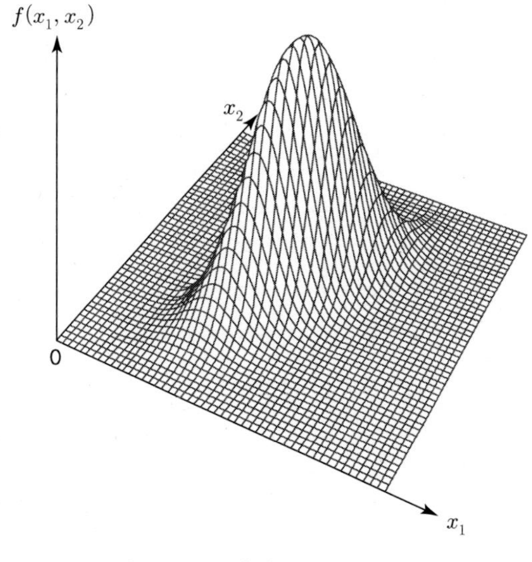

그림 2-15 2차원 정규분포 그림

2.4.3 분포함수의 추정

표본 데이터 $x_1, x_2, \ldots, x_n$이 주어졌을 때 이 데이터가 속하는 미지의 모집단 분포에 대한 추정방법은 크게 **모수적 방법**(parametric estimation)과 **비모수적 방법**(nonparametric estimation)으로 나눈다. 모수적 추정방법은 모집단의 분포함수 형태 $f(\boldsymbol{x})$를 가정하고, 이 분포함수의 **모수**(parameter) $\boldsymbol{\theta}$는 표본 데이터를 이용하여 추정한다. 대표적인 모수적 추정방법은 **최우추정법**(maximum likelihood estimation: MLE)이다. 표본 데이터가 확률변수 $X_1, X_2, \ldots, X_n$의 관측값이라 하고, 이 확률변수들이 서로 독립이고 동일한 모수 $\boldsymbol{\theta} = (\theta_1, \theta_2, \ldots, \theta_k)$를 갖는 확률분포 $f(\boldsymbol{x} : \boldsymbol{\theta})$라 가정하자. 이 경우 표본 데이터 $x_1, x_2, \ldots, x_n$가 나타날 확률은 다음과 같다.

$$f(x_1, x_2, \ldots, x_n : \boldsymbol{\theta}) = f(x_1 : \boldsymbol{\theta}) f(x_2 : \boldsymbol{\theta}) \cdots f(x_n : \boldsymbol{\theta}) \tag{2.26}$$

이를 **가능도함수**(likelihood function)라고 하는데 모수 $\boldsymbol{\theta} = (\theta_1, \theta_2, \ldots, \theta_k)$에 대한 함수이다. 가능도함수가 최대가 되는 모수 $\boldsymbol{\theta} = (\theta_1, \theta_2, \ldots, \theta_k)$를 찾아서 분포함수를 추정하는 방법을 최우추정법이라 한다. 가능도함수의 최대값은 $\boldsymbol{\theta} = (\theta_1, \theta_2, \ldots, \theta_k)$에 관해 미분을 하여 0으로 놓은 후 연립방정식을 푼다. 분포함수가 로그를 취하였을 때 미분이 쉬우면 로그가능도함수의 미분을 한 후 0으로 놓고 연립방정식을 푼다.

$$\frac{\partial f(x_1, x_2, \ldots, x_n : \boldsymbol{\theta})}{\partial \boldsymbol{\theta}} = 0 \tag{2.27}$$

또는

$$\frac{\partial [\ln f(x_1, x_2, \ldots, x_n : \boldsymbol{\theta})]}{\partial \boldsymbol{\theta}} = 0 \tag{2.28}$$

가능도함수의 최대값을 $\hat{\boldsymbol{\theta}}$라 할 때 추정된 분포함수는 $f(\boldsymbol{x} : \hat{\boldsymbol{\theta}})$이다.

예제 2.4.1 한 제품에 대한 세 표본을 검사한 결과가 '우량', '불량', '우량'이었다. 모집단의 분포를 '우량'과 '불량'의 베르누이분포로 가정하고 최우추정법으로 분포함수를 추정하라.

풀이 제품을 검사한 결과가 '우량'이면 1, '불량'이면 0으로 표시하고, '우량'의 확률을 p라 하자. 모집단의 분포함수가 베르누이분포일 경우 세 표본 x_1, x_2, x_3의 가능도함수는 다음과 같다.

$$f(x_1, x_2, x_3 : p) = p^{x_1}(1-p)^{(1-x_1)} \times p^{x_2}(1-p)^{(1-x_2)} \times p^{x_3}(1-p)^{(1-x_3)} \tag{2.29}$$

표본이 1, 0, 1이므로 이 경우의 가능도함수는 다음과 같다.

$$f(1,0,1:p) = p \times (1-p) \times p = p^2(1-p) \tag{2.30}$$

- 이 함수를 p에 관해 미분하면 다음과 같다.

$$f'(1,0,1:p) = 2p(1-p) + p^2(-1) = 2p - 3p^2 \tag{2.31}$$

이 미분함수는 $p=0$ 또는 $p=2/3$일 때 0이 되는데 가능도함수 (2.30)의 최대값은 $p=2/3$인 경우이다. 표본 검사한 세 제품 중 '우량' 제품이 2개이므로 '우량'의 확률이 2/3라는 직관과 일치한다. 따라서 최우추정법으로 추정된 베르누이분포는 다음과 같다.

$$f(x) = \left(\frac{2}{3}\right)^x \left(1-\frac{2}{3}\right)^{1-x}, \quad x=0,1 \tag{2.32}$$

일변수 표본 데이터가 $x_1, x_2, \ldots, x_n$일 경우 정규분포 $N(\mu, \sigma^2)$에 대해 최우추정법으로 추정한 모수는 다음과 같음을 보일 수 있다.

$$\hat{\mu} = \frac{1}{n}\sum_{i=1}^{n} x_i, \quad \widehat{\sigma^2} = \frac{1}{n}\sum_{i=1}^{n} (x_i - \bar{x})^2 \tag{2.33}$$

다변량 표본 데이터가 $\boldsymbol{x}_1, \boldsymbol{x}_2, \ldots, \boldsymbol{x}_n$일 경우 정규분포 $N(\boldsymbol{\mu}, \boldsymbol{\Sigma})$에 대해 최우추정법으로 추정한 모수는 다음과 같음을 보일 수 있다.

$$\hat{\boldsymbol{\mu}} = \frac{1}{n}\sum_{i=1}^{n} \boldsymbol{x}_i, \quad \hat{\boldsymbol{\Sigma}} = \frac{(n-1)}{n}\boldsymbol{S}, \text{ 여기서 } \boldsymbol{S}\text{는 표본의 공분산행렬} \tag{2.34}$$

그 밖의 모수적 추정방법에는 **적률법**(method of moments)과 베이지안 추정법(Bayesian estimation method) 등이 있는데, 자세한 내용은 관련 통계학 서적을 참고하기 바란다.

모집단의 분포함수를 가정하지 않는 비모수적 추정방법에는 히스토그램 추정법, **커널밀도함수 추정법**(kernel density estimation) 등이 있는데, 7.6절에서 간략히 소개한다.

2.5 데이터의 변환

마이닝을 위해 수집된 데이터를 탐색한 후에는 데이터마이닝 기법을 적용하기에 적합한 데이터로 정제할 필요가 있다. 이를 **전처리**(preprocessing)라고 하는데 데이터의 변환(transformation)과 차원의 축소(dimension reduction)로 구분할 수 있다.

2.5.1 데이터의 변환(Transformation)

데이터마이닝은 사용하는 분석 방법에 따라 적절한 데이터의 변환이 필요하다. 하지만 데이터 변환은 원래 데이터가 가지고 있는 속성이 변하는 것이므로 주의하여야 한다. 몇 가지 주요 데이터 변환 방법에 대해서 알아보자.

가. 수학적 변환

연속형 데이터의 경우 데이터마이닝 모형을 사용하기 위해 수학함수를 이용한 변환을 이용한다. 예를 들어, 신경망과 같은 마이닝 모형은 여러 변수들의 단위가 다를 경우 같은 단위로 만들기 위해 [0−1]변환이나 표준화변환 같은 수학적 변환을 사용한다. **[0−1]변환**은 변수의 값 x를 0과 1 사이의 값으로 변환하는 것이다. min을 데이터의 최소값, max를 데이터의 최대값이라 할 때 [0−1]변환은 데이터의 최소값과 최대값 사이의 상대적인 위치를 의미한다.

$$[0-1]\text{ 변환: } y = \frac{x - min}{max - min} \tag{2.35}$$

표준화변환(standardization)은 원 데이터를 평균이 0이고 분산이 1인 데이터로 변환하여 주는 것이다. 한 변수의 각 데이터에서 평균을 뺀 후 그 변수의 표준편차로 나누는 변환으로 z**변환**이라고도 한다. 즉, 데이터의 표본평균을 $\overline{x}$, 표준편차를 s라 하였을 때 표준화변환은 다음과 같다.

$$z\text{ 변환: } z = \frac{x - \overline{x}}{s} \tag{2.36}$$

마이닝을 위한 모형은 통계적인 가정을 하는 경우가 많이 있는데, 이를 데이터가 만족하지 않을 수 있다. 이러한 경우에는 **지수변환**($\exp(x)$), **로그변환**($\log(x)$), **역함수변환**($1/x$), **제곱근변환**($\sqrt{x}$) 또는 다음과 같은 **박스−콕스변환**(Box−Cox transformation) 등이 이용된다.

$$\text{박스−콕스(Box−Cox)변환: } y = \begin{cases} \dfrac{x^p - 1}{p}, & p \neq 0 \\ \log(x), & p = 0 \end{cases} \quad (\text{모수 } p\text{는 주어진 값}) \tag{2.37}$$

나. 집계(Aggregation)

대량의 데이터를 분석하는 경우 수집된 데이터를 이용하는 것보다 어느 경우에는 일부분씩 집계하여 분석하는 것이 좋을 수 있다. 예를 들면, 전국적인 체인(chain)을 가지고 있는 대형 슈퍼마켓의 경우 모든 고객의 구매상품에 대한 데이터가 만들어 진다. 이러한 데이터를 직접 분석할 수도 있으나 최고 경영자의 의사결정을 위해 이 데이터를 일별 매출액의 합계를 낸다든지 각 상품별 일별 판매 개수를 합계할 수 있다. 이렇게 데이터에 대한 합계나 평균 같은 **집계**(aggregation)를 하면 데이터의 수를 줄이면서도 필요한 마이닝 분석을 용이하게 할 수 있다. 그리고 일별 데이터와 같은 하위의 개념보다 월별 또는 연간별 데이터와 같은 상위의 개념에서 의사결정을 할 수 있다. 이러한 집계에 도움을 주는 소프트웨어가 OLAP(On-Line Analytical Processing)인데 3장에서 연구한다.

하지만 집계는 데이터를 가공하는 것이기 때문에 개별 데이터에서 나타나는 실제 변화를 감지하지 못할 위험성이 있어 주의하여야 한다.

다. 이산형화(Discretization)

연관분석이나 분류분석 모형 중에는 데이터가 범주형 변수인 경우에만 적용할 수 있는 모형이 있다. 이러한 경우는 연속형 변수를 범주형 변수로 변환하여야 하는데 이를 데이터의 **이산형화**(discretization)라 한다. 예를 들면, 나이변수를 10대, 20대, ... 등과 같이 범주형 데이터로 변환시켜 주는 것을 이산형화라 한다.

연속형 변수를 범주형 데이터로 변환할 때 제일 중요한 문제는 '몇 개의 범주로 나누느냐?' 하는 것이다. 범주의 수가 너무 적어도 또는 너무 많아도 분석에 어려움이 있을 수 있다. 대개는 분석자가 데이터의 분포를 살핀 후 범주의 수를 정하는데, 범주의 구간을 같은 간격(equal width)으로 하는 방법과 같은 빈도수(equal frequency)로 하는 방법이 있다. 그리고 구간의 수를 일단 많이 하여 나눈 후 인접 구간과 하나씩 합치는 방법도 생각할 수 있다.

의사결정나무(decision tree)와 같은 분류분석 모형에는 **엔트로피계수**(entropy coefficient)와 같은 불확실성 측도를 이용하여 구간을 나누는 통계적 방법을 적용하기도 한다. 자세한 내용은 5.4.4절을 참조하기 바란다.

라. 이항변수화(Binarization)

연관분석 모형 중에는 데이터가 이항변수인 경우에만 적용할 수 있는 모형이 있다. 이 경우는 연속형이나 두 개 이상의 값이 있는 범주형 변수를 여러 개의 이항변수로 변환하여야 하는데, 이를 **이항변수화**(binarization)라 한다. 연속형 변수의 경우에 엔트로피계수를 이용하여 최적의 구간분할을 하여 이항변수를 만들 수 있다(5.4.4절 참조). 범주형 변수의 경우에는 인접 변수를 묶어서 이항변수화 할 수 있다.

각각의 범주를 하나의 이항변수로 만드는 방법도 많이 이용된다. 나이가 '20대', '30대', '40대', '50대 이상' 의 네 종류의 범주일 경우에는 [표 2.11]과 같이 네 개의 이항변수를 만든다. 하지만 이러한 이항변수화는 아주 많은 이항변수가 생성되기 때문에 계산의 복잡성이 너무 커질 위험성이 있다.

[표 2.11] 범주형 데이터의 이항 데이터 변환

트랜색션	범주형 변수	이항변수 1	이항변수 2	이항변수 3	이항변수 4	…
		나이=20대	나이=30대	나이=40대	나이=50 이상	
1	50대	0	0	0	1	…
2	30대	0	1	0	0	
3	20대	1	0	0	0	
4	30대	0	1	0	0	
5	40대	0	0	1	0	
…	…	…	…	…	…	

2.5.2 데이터 차원의 축소(Dimension Reduction)

데이터마이닝에 사용되는 데이터는 워낙 대량이어서 가장 최신의 컴퓨터를 이용하더라도 데이터 처리의 시간이 오래 걸릴 수 있고, 마이닝 모형을 사용할 경우 변수의 수가 너무 많아 모형을 적용할 수 없는 경우도 있다. 이러한 경우에는 적절한 데이터 수의 표본추출이나, 불필요한 변수를 버리거나, 주성분 분석을 이용하여 변수 수의 축소 방법을 고려할 수 있다. 이 밖에도 원시 데이터를 압축하는 방법도 있다.

가. 데이터 수의 축소 – 표본추출(Sampling)

통계학에서는 전체 모집단을 알 수 없어서 표본을 이용하여 모집단의 특성을 연구한다. 하지만 데이터마이닝에서는 사용되는 데이터 모집단은 알지만 워낙 크기가 커서 데이터 처리의 시간과 경비를 줄이려는 목적에서 전체 데이터의 일부 데이터를 **표본추출**(sampling)하여 분석하는 경우가 있다. 그리고 탐색적 데이터 분석을 할 경우에도 전체 데이터를 모두 사용하지 않고 일부만 추출하여 전체 데이터의 경향을 파악할 수도 있다. 데이터마이닝에서 좋은 표본추출 방법은 전체 데이터를 충분히 잘 대표하며 비슷한 특성을 지니는 표본을 추출하는 것이다. 여러 가지 추출방법이 있지만 데이터마이닝에서 많이 사용되는 두 가지 기본적인 표본추출 방법만 설명한다.

단순확률추출법(simple random sampling)은 통계학에서 많이 사용되는 기본적인 추출법으로 모집단의 모든 데이터가 표본으로 뽑힐 확률이 같도록 표본을 추출하는 방법이다. 한 번 추출한 데이터를 다시 모집단에 포함시키는 **복원추출**(with replacement)이나, 추출된 데이터를 다시 모집단에 넣지 않는 **비복원추출**(without replacement) 모두 가능하다. 하지만 실제 거의 모든 표본추출은 비복원추출로 이루어진다. 모집단의 각 데이터가 표본으로 뽑힐 확률이 같도록 하기 위해서는 난수표(random number table)를 많이 사용한다. 난수표란 0에서 9까지의 숫자를 특별한 규칙성이나 편중성이 없이 흩어 놓은 표인데, 대부분의 프로그래밍 언어에서 함수로서 제공한다.

층화추출법(stratified sampling)은 모집단을 적당한 개수의 동질적인 층(strata)으로 분할하여 각 층에서 정해진 크기의 표본을 추출하는 방법이다. 예를 들어, 남자와 여자로 구성된 모집단에서 평균임금에 관심이 있다면 모집단을 남자와 여자의 두 개의 층으로 나누어 각 층에서 단순확률추출로 표본을 뽑아 전체 평균임금을 추정하는 방법이다. 이 추출법에서 각 층 내의 데이터들이 될 수 있는 대로 동질적이 되도록 하는 것이 좋으며, 이 경우 추정값의 분산이 단순확률추출 때보다 작아지고 추출비용도 감소하는 장점이 있다.

나. 변수 수의 축소 – 주성분분석(Principle Component Analysis)

변수들의 개수가 많은 경우에 이 변수들 모두를 분석하려면 여러 가지 어려운 문제가 나타날 수 있다. 이러한 경우 변수들의 상관관계를 이용하여 적은 수의 새로운 변수를 만들어 이용하면 분석이 간단해지고, 변수들 사이의 새로운 관계를 찾을 수도 있게 된다. **주성분분석**(principal component analysis)은 변수들의 공분산행렬이나 상관행렬을 이용하여 변수들의 선형결합으로 적은 차원의 새로운 변수, 즉 **주성분**(principal component)이라고 부르는 서로 상관되어 있지 않은 새로운 변수를 찾아낸다.

확률벡터 $\boldsymbol{X}=(X_1, X_2, \ldots, X_m)$가 평균벡터 $\boldsymbol{\mu}$와 공분산행렬 $\boldsymbol{\Sigma}$를 갖는다고 가정하자. $\boldsymbol{\Sigma}$의 대각원소는 각 확률변수의 분산 $\sigma_1^2, \sigma_2^2, \ldots, \sigma_m^2$이다. 공분산행렬 $\boldsymbol{\Sigma}$의 m개 고유값(eigen value)을 내림차순으로 $\lambda_1, \lambda_2, \ldots, \lambda_m$라 하고, 각 고유값에 대응되는 고유벡터(eigen vector)를 $\boldsymbol{e}_1, \boldsymbol{e}_2, \ldots, \boldsymbol{e}_m$라 하자. 이들 m개의 고유벡터들을 열로 하는 $m \times m$ 행렬을 $\boldsymbol{E}=[\boldsymbol{e}_1, \boldsymbol{e}_2, \ldots, \boldsymbol{e}_m]$라 하면 선형결합 $\boldsymbol{Y}=\boldsymbol{EX}$는 새로운 m개의 변수 $Y_1, Y_2, \ldots, Y_m$를 생성하는데, 이들을 주성분이라 부른다. 즉, 주성분들은 고유벡터들의 원소를 계수로 갖는 선형결합이다.

주성분변수 $\boldsymbol{Y}=(Y_1, Y_2, \ldots, Y_m)$의 공분산행렬은 고유값과 고유벡터의 성질에 의해 다음과 같음을 보일 수 있다.

$$\mathrm{Cov}(\boldsymbol{Y})=\boldsymbol{E}'\boldsymbol{\Sigma}\boldsymbol{E}=\boldsymbol{\Lambda}, \quad \boldsymbol{\Lambda}=\begin{pmatrix} \lambda_1 & 0 & 0 \ldots & 0 \\ 0 & \lambda_2 & 0 \ldots & 0 \\ \ldots & & & \\ 0 & 0 & 0 \ldots & \lambda_m \end{pmatrix} \tag{2.38}$$

여기서 $\boldsymbol{\Lambda}$는 $\boldsymbol{\Sigma}$의 고유값 $\lambda_1, \lambda_2, \ldots, \lambda_m$를 대각원소로 하는 대각행렬이다. 위의 식은 주성분 $Y_1, Y_2, \ldots, Y_m$는 서로 독립이고, 기하학적으로 이들 주성분들은 원래의 축을 직교 회전한 것임을 의미한다. 그리고 주성분 Y_j의 분산이 λ_j임을 나타내는데, 고유값들을 $\lambda_1 \geq \lambda_2 \geq \cdots \geq \lambda_m$로 가정했으므로 첫째 주성분 Y_1은 변수 $X_1, X_2, \ldots X_m$의 선형결합 중에서 가장 큰 분산을 갖고, 마지막 주성분 Y_m는 가장

작은 분산을 갖는 선형결합임을 의미한다.

$\boldsymbol{X}$의 공분산행렬 Σ의 대각원소들의 합(즉, X_i 분산들의 합)은 모든 고유값들의 합(즉, 주성분 Y_i 들의 분산의 합)과 같음을 보일 수 있다.

$$\sigma_1^2 + \sigma_2^2 + \cdots + \sigma_m^2 = \lambda_1 + \lambda_2 + \cdots + \lambda_m \qquad (2.39)$$

고유값은 크기순으로 정렬되어 있기 때문에 주성분의 분산 몇 개가 전체 변수들의 분산합의 많은 부분을 설명할 수도 있음을 의미한다. 즉, 소수 k개의 주성분 $Y_1, Y_2, \cdots, Y_k$의 분산만으로 전체 m개의 X_i의 분산을 잘 설명할 수 있다는 뜻이다.

주성분분석은 공분산행렬보다 상관행렬을 이용하는 경우가 많다. 만일 X_i 변수들을 표준화하였다면 $\boldsymbol{X} = (X_1, X_2, \ldots, X_m)$의 공분산행렬은 상관행렬이 되고, 이때 주성분 $Y_1, Y_2, \ldots, Y_m$의 분산의 합은 m이 된다. 이 경우 주성분의 분산(고유값)이 1보다 크면 이 주성분의 공헌도가 평균 1보다 큼을 알 수 있다. 전체 $X_1, X_2, \ldots, X_m$ 개의 변수 대신 공헌도가 1보다 큰 적은 수의 주성분 $Y_1, Y_2, \cdots, Y_k$로 차원을 축소하여 분석을 한다.

다. 데이터 압축 – 웨이블렛 변환(Wavelet Transformation)

데이터 압축이란 대량의 원시데이터를 적절한 압축변환을 하여 적은 공간에 저장하였다가 필요하면 다시 원 데이터를 재생하는 것을 의미한다. 압축변환을 할 때 가능하면 정보의 손실(loss)이 적도록 압축한 후 필요할 때 원 데이터를 재생할 수 있으면 유용하다. 많이 이용되는 데이터 압축방법은 **푸리에 변환**(Fourier transformation)과 **웨이블렛 변환**(wavelet transformation)인데, 웨이블렛 변환이 정보손실이 적어 더 많이 이용된다.

웨이블렛 변환은 서로 정규직교(orthonomal)하는 웨이블렛 기저함수(basis function)들의 결합을 이용하여 원래의 데이터를 표시하는 방법이다. 기저함수에는 하르(Haar), 심렛(Symmlet) 등 여러 종류가 있다(〈그림 2-16〉). 기저함수를 많이 사용하여 조합하면 원래의 데이터를 잘 재현할 수 있다. 웨이블렛 변환은 신호처리(signal processing) 등에 많이 이용된다. 자세한 내용은 이 책의 수준을 넘으므로 참고문헌을 참조하기 바란다.

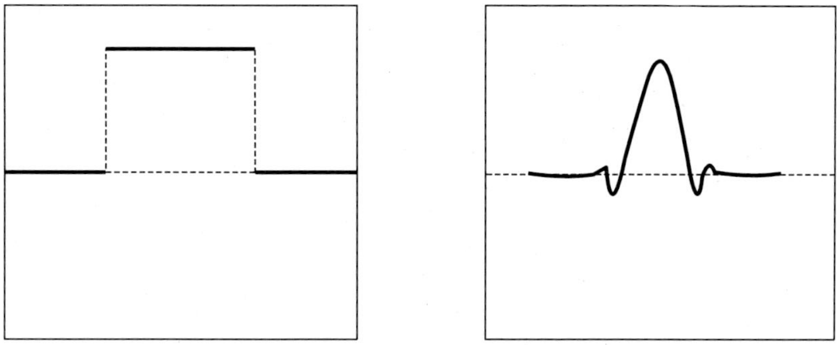

하르(Haar) 기저함수의 기본형태　　심렛(Symmlet) 기저함수의 기본형태

그림 2-16 웨이블렛(Wavelet) 기저함수의 형태

2.6 데이터의 유사성 측도

데이터는 그림이나 표 또는 통계량 측도를 이용하여 데이터의 전반적인 형태나 구조를 탐색할 수 있다. 다른 한 가지 탐색방법은 데이터와 데이터 사이의 **유사성**(similarity) 또는 **비유사성**(dissimilarity)을 조사하여 어떠한 데이터들이 서로 유사한지를 살펴보는 것이다. 7장의 군집분석은 데이터의 유사성/비유사성에 근거하여 비슷한 데이터를 군집화하는 방법이다. 비유사성은 우리가 일반적으로 생각하는 거리(distance) 개념이다. 데이터의 유사성/비유사성을 조사하기 위한 측도를 알아보자.

2.6.1 한 변수의 유사성/비유사성 측도

변수값 x와 y의 유사성/비유사성은 데이터의 속성형태에 따라 [표 2.12]와 같이 요약할 수 있다. 비유사성 측도는 일종의 거리이므로 $d(x,y)$ 또는 간단히 d로 표시하고 유사성은 s로 표시하자.

2.6.2 다중 변수의 비유사성 측도

m개의 변수를 갖는 데이터 $\boldsymbol{x}=(x_1,x_2,\ldots,x_m)$와 $\boldsymbol{y}=(y_1,y_2,\ldots,y_m)$의 비유사성 측도는 데이터의 속성형태에 따라 [표 2.13]과 같이 요약할 수 있다. 비유사성 측도는 일종의 거리이므로 $d(\boldsymbol{x},\boldsymbol{y})$로 표시한다. 이러한 측도는 데이터와 데이터 사이의 측도뿐만 아니라 변수와 변수 사이의 거리 측도로 이용할 수 있다.

만일 m개의 변수를 갖는 데이터가 n개($\boldsymbol{x}_1,\boldsymbol{x}_2,\ldots,\boldsymbol{x}_n$으로 표시) 있다면 데이터 사이의 거리는 다음과 같이 $n\times n$ 행렬로 표시할 수 있다. 여기서 d_{ij}는 [표 2.13]

[표 2.12] 한 변수의 유사성/비유사성 측도

데이터 속성형태	비유사성(Dissimilarity) 또는 거리(Distance)	유사성(Similarity)
명명식(Nominal)	$d=\begin{cases}0 & \text{if } x=y \\ 1 & \text{if } x\neq y\end{cases}$	$s=\begin{cases}1 & \text{if } x=y \\ 0 & \text{if } x\neq y\end{cases}$
순서식(Ordinal)	$d=\frac{\lvert x-y\rvert}{n-1}$, n은 전체 데이터의 수. 순서식 데이터 x, y는 1에서 n까지의 값이라 가정한다. 따라서 d는 0 에서 1 사이의 정수 값이다.	$s=1-d$
구간식(Interval) 또는 비율식(Ratio)	$d=\lvert x-y\rvert$	$s=-d$ $s=\frac{1}{1+d}$ $s=e^{-d}$ $s=1-\frac{d-\text{min}d}{\text{max}d-\text{min}d}$

[표 2.13] 다중 변수의 비유사성 측도

데이터 속성형태	비유사성(Dissimilarity) 또는 거리(Distance)
명명식(Nominal)	• 단순일치계수(Simple Matching Coefficient, SMC) $d(\boldsymbol{x},\boldsymbol{y})$ = (일치되는 변수의 수) / (변수의 수) $= \frac{f_{11}+f_{00}}{f_{00}+f_{01}+f_{10}+f_{11}}$ 여기서 f_{00} : $x_i=0$ 이고 $y_i=0$, $i=1,2,\dots,m$인 변수의 수 f_{01} : $x_i=0$ 이고 $y_i=1$, $i=1,2,\dots,m$인 변수의 수 f_{10} : $x_i=1$ 이고 $y_i=0$, $i=1,2,\dots,m$인 변수의 수 f_{11} : $x_i=1$ 이고 $y_i=1$, $i=1,2,\dots,m$인 변수의 수 • 자카드 계수(Jaccard Coefficient, J) $d(\boldsymbol{x},\boldsymbol{y}) = \frac{f_{11}}{f_{01}+f_{10}+f_{11}}$
순서식(Ordinal)	• 순위상관계수(Rank Correlation Coefficient) $d(\boldsymbol{x},\boldsymbol{y}) = 1-\frac{6}{m(m^2-1)}\sum_{j=1}^{m}(x_j-y_j)^2$

[표 2.13] 다중 변수의 비유사성 척도 (계속)

데이터 속성형태	비유사성(Dissimilarity) 또는 거리(Distance)
구간식(Interval) 또는 비율식(Ratio)	• 민코우스키(Minkowski) 거리 $d(\boldsymbol{x},\boldsymbol{y}) = \left(\sum_{j=1}^{m} \lvert x_j - y_j \rvert^r\right)^{1/r}$ 만일 $r=1$이면, L_1 거리 또는 맨하탄(Manhattan or City block) 거리 $d(\boldsymbol{x},\boldsymbol{y}) = \sum_{j=1}^{m} \lvert x_j - y_j \rvert$ 만일 $r=2$이면, L_2 거리 또는 유크리드(Euclid) 거리 $d(\boldsymbol{x},\boldsymbol{y}) = \left(\sum_{j=1}^{m} \lvert x_j - y_j \rvert^2\right)^{1/2}$ 만일 $r=\infty$이면, L_∞ 거리 또는 최대 거리 $d(\boldsymbol{x},\boldsymbol{y}) = \max \lvert x_j - y_j \rvert$ • 확장 자카르드 계수(Extended Jaccard Coefficient) $d(\boldsymbol{x},\boldsymbol{y}) = EJ(\boldsymbol{x},\boldsymbol{y}) = \dfrac{\boldsymbol{x}\cdot\boldsymbol{y}}{\lVert\boldsymbol{x}\rVert^2 + \lVert\boldsymbol{y}\rVert^2 - \boldsymbol{x}\cdot\boldsymbol{y}}$ • 코사인(Cosine) 거리 $d(\boldsymbol{x},\boldsymbol{y}) = \cos(\boldsymbol{x},\boldsymbol{y}) = \dfrac{\boldsymbol{x}\cdot\boldsymbol{y}}{\lVert\boldsymbol{x}\rVert\,\lVert\boldsymbol{y}\rVert} = \dfrac{\sum_{j=1}^{m} x_j y_j}{\sqrt{\sum_{j=1}^{m} x_j^2}\sqrt{\sum_{j=1}^{m} y_j^2}}$ • 상관계수(Correlation Coefficient) $d(\boldsymbol{x},\boldsymbol{y}) = \dfrac{\sum_{j=1}^{m}(x_j-\bar{x})(y_j-\bar{y})}{\sqrt{\sum_{j=1}^{m}(x_j-\bar{x})^2}\sqrt{\sum_{j=1}^{m}(y_j-\bar{y})^2}}$ • 브레그만 거리(Bregman Divergence) $d(\boldsymbol{x},\boldsymbol{y}) = \phi(\boldsymbol{x}) - \phi(\boldsymbol{y}) - \langle \nabla\phi(\boldsymbol{y}), \lvert\boldsymbol{x}\rvert - \lvert\boldsymbol{y}\rvert \rangle$ 만일 한 변수이고 $\phi(t)=t^2$이면, $d(x,y) = x^2 - y^2 - 2y(x-y) = (x-y)^2$ • 마하라노비스(Mahalanobis) 거리 $d(\boldsymbol{x},\boldsymbol{y}) = (\boldsymbol{x}-\boldsymbol{y})'\,\Sigma^{-1}(\boldsymbol{x}-\boldsymbol{y})$

의 어느 거리 측도라도 될 수 있다. 이러한 거리행렬을 이용하여 군집분석 등을 할 수 있다.

$$D = \begin{bmatrix} d_{11}\ d_{12}\ \ldots\ d_{1n} \\ d_{21}\ d_{22}\ \ldots\ d_{2n} \\ \ldots\ \ldots\ \ldots\ \ldots \\ d_{n1}\ d_{n2} \cdots\ d_{nn} \end{bmatrix} \tag{2.40}$$

2.7 R 및 SAS 실습

이 절에서는 R 및 SAS를 이용하여 [표 2.1]의 데이터에 대한 탐색적 데이터분석을 실습한다.

2.7.1 R을 이용한 실습

R을 다운로드하여 설치하는 방법과 기본적인 운용방법은 부록의 A.1절을 참조하기 바란다. [표 2.1]의 데이터가 다음과 같은 형태로 C:₩Rwork₩Ex211.txt 파일에 저장되어 있다고 하자. 변수와 변수 사이는 공백으로 구분되어 있다.

```
카드번호    성명    성별 나이  지역    직업    월수입  구매액
2131001    김하나   여   25   서울   회사원   150     20
2132002    이우리   남   32   부산   공무원   200     30
2132003    정민국   남   41   광주   자영업   500    150
2132004    박대한   남   57   광주   회사원   400    120
...
```

데이터 파일을 읽기 위해서는 R의 주메뉴에서 '파일' => '디렉토리변경' => '내컴퓨터' - '로컬 디스크(C:)' - 'Rwork' 폴더를 선택한 후 '확인' 버튼을 클릭한다. Ex211.txt 파일을 읽어서 card라는 데이터프레임을 만드는 R 명령어는 다음과 같다.

```
> card <- read.table("ex211.txt", header=T)
> card
   카드번호  성명    성별 나이 지역   직업 월수입 구매액
1   2131001 김하나   여   25 서울 회사원    150     20
2   2132002 이우리   남   32 부산 공무원    200     30
3   2132003 정민국   남   41 광주 자영업    500    150
4   2132004 박대한   남   57 광주 회사원    400    120
...
```

R 시스템으로 불러온 데이터는 다음과 같이 attach( ) 함수를 사용하면 차후 분석

에 변수명을 직접 사용할 수 있다.

```
> attach(card)
```

2장에서 연구한 표, 통계량, 그림에 필요한 R 명령어는 다음과 같다.

가. 도수분포표와 교차표

도수분포표와 교차표는 table( ) 명령어를 이용한다.

```
> table(성별)                    # 1차원 도수분포표
 성별
 남 여
 18 12
> table(성별, 지역)              # 2차원 도수분포표
      지역
 성별 광주 부산 서울
   남    4    6    8
   여    2    3    7
> table(지역, 직업, 성별)        # 3차원 도수분포표
 , , 성별 = 남
       직업
 지역    공무원 자영업 학생 회사원
   광주      0      2    0      2
   부산      1      1    1      3
   서울      1      0    1      6
 , , 성별 = 여
       직업
 지역    공무원 자영업 학생 회사원
   광주      1      0    0      1
   부산      1      1    0      1
   서울      1      4    1      1
```

나. 기초통계량

'구매액'에 대한 평균, 중앙값, 분산 등의 기초통계량의 계산은 다음과 같은 R 명령어를 이용한다.

```
> mean(구매액)          # 평균
 [1]  95.83333
> median(구매액)        # 중앙값
 [1]  85
> var(구매액)           # 분산
 [1] 4969.109
> sd(구매액)            # 표준편차
 [1] 70.49191
> range(구매액)         # 범위
 [1] 15   300
```

```
> summary(구매액)    # 요약 통계량
  Min.   1st Qu.  Median   Mean   3rd Qu.  Max.
  15.00  30.00    85.00    95.83  150.00   300.00
> M <- card[성별=="남", "구매액"]        # 남자의 구매액 데이터
> F <- card[성별=="여", "구매액"         # 여자의 구매액 데이터
> summary(M)                            # 남자 구매액의 요약 통계량
  Min.   1st Qu.  Median   Mean   3rd Qu.  Max.
  15.0   40.0     110.0    108.6  150.0   300.0
> summary(F)                            # 여자 구매액의 요약 통계량
  Min.   1st Qu.  Median   Mean   3rd Qu.  Max.
  20.00  30.00    50.00    76.67  102.50  200.00
```

다. 막대그림

데이터프레임 card의 '직업'에 대한 막대그림은 **plot( )** 명령어를 이용한다. 선택사항의 main은 그림의 주제목, ylab은 y축의 레이블을 지정해 주고, ylim은 y축의 도수에 대한 최소값과 최대값이다.

```
> plot(직업, main="직업의 막대그림", ylab="명", ylim=c(0,15))
```

라. 원그림

데이터프레임 card의 '직업'에 대한 원그림은 먼저 **table( )** 명령어를 이용하여 도수분포를 구하여 한 벡터에 저장한 후, 이 벡터를 이용하여 **pie( )** 명령어를 이용한다.

```
> freq <- table(직업)     # card의 직업에 대한 도수분포를 벡터 freq에 저장
> freq                   # freq에 저장되어 있는 도수 출력
  공무원 자영업  학생 회사원
     5      8     3     14
> pie(freq, main="직업의 원그림")  # main은 그림의 주제목
```

마. 히스토그램

데이터프레임 card의 '나이'에 대한 히스토그램은 **hist( )** 명령어를 이용한다. 선택사항 col는 막대의 색을 지정해 주고, ylim은 y축의 도수에 대한 최소값과 최대값이다.

```
> hist(나이, col="lightgray", ylim=c(0,10), main="나이의 히스토그램",
  ylab="명")
```

바. 산점도와 산점도행렬

'나이'와 '월수입'의 산점도는 **plot( )** 그리고 '나이', '월수입', '구매액'의 산점도행렬은 **pairs( )** 명령어를 이용한다.

```
> plot(나이, 월수입, main="나이와 월수입의 산점도")              # 산점도
> pairs(~ 나이 + 월수입 + 구매액, data=card)                    # 산점도행렬
```

사. 평행좌표그림

평행좌표그림을 그리기 위해서는 MASS라는 패키지를 먼저 설치하여야 한다. 패키지의 설치는 R의 주메뉴에서 '패키지' => '패키지 불러오기'를 선택하여 'Select one' 이라는 창이 나타날 때, 여기서 'MASS'를 선택하고 'OK'를 클릭한다. 패키지의 설치는 부록 A.1.2절의 '사. 패키지의 이용'을 참조하기 바란다.

'나이', '월수입', '구매액'에 대한 평행좌표그림의 R 명령어는 parcoord( )를 이용한다.

```
> parcoord(card[, c("나이", "월수입", "구매액")], main="평행좌표그림")
```

아. 체르노프 안형그림

체르노프 안형그림을 그리기 위해서는 aplpack이라는 패키지를 먼저 설치하여야 한다. 패키지의 설치는 R의 주메뉴에서 '패키지' => '패키지 인스톨'을 선택하면 'CRAN mirror'라는 창이 나타난다. 여기서 'Korea'를 선택하고 'OK'를 클릭한다. 이어서 'Packages'라는 창이 나타나면 'aplpack'를 선택하고 'OK'를 클릭한다. 패키지 인스톨이 완료되면 '패키지' => '패키지 불러오기'를 선택하여 'aplpack'를 선택하면 된다. 패키지의 설치는 부록 A.1.2절의 '사. 패키지의 이용'을 참조하기 바란다.

'나이', '월수입', '구매액'에 대한 체르노프 안형그림의 R 명령어는 faces( )를 이용한다.

```
> card1 <- card[c(4, 7, 8)]      # card의 4, 7, 8번째 변수를 card1에 저장
> faces(card1[1:30,],face.type=1, main="체르노프 안형그림")
```

자. 시계열그림

우리나라 총인구([표 2.2])에 대한 데이터는 텍스트 파일을 만들어 R시스템으로 입력할 수 있으나, 데이터가 많지 않은 경우라서 다음과 같이 벡터에 입력하여도 된다.

```
> x <- c(1925, 1930, 1935, 1940, 1944, 1949, 1955, 1960, 1966, 1970,
        1975,, 1980, 1985, 1990, 1995, 2000, 2005)
        # 1925부터 2005까지 x에 저장
> pop <-c(19020030, 20438108, 22208102, 23547465, 25120174,
          20166756, 21502386, 24989241, 29159640, 31435252,
          34678972, 37406815, 40419652, 43390374, 44553710,
          45985289, 47041434)
```

시계열그림은 plot( ) 명령어를 이용한다. 선택사항의 main은 그림의 주제목, xlab과 ylab은 x축과 y축의 레이블을 지정해 준다. 그리고 points를 이용해 점을 그리고, axis로 그래프 테두리를 그리는데 첫째 파라메터는 테두리의 상하좌우를 나타낸다(1=하, 2=좌, 3=상, 4=우).

```
> plot(x, pop, type = "l", main = "연도별 총인구", xlab="연도", ylab="인구수",
  axes = F)                    # 각 (연도, 인구) 좌표를 연결하는 선을 그림
> points(x, pop, cex=1.0)      # 각 (연도, 인구) 좌표에 포인트 그려 넣기
> axis(1, at= c(0,x, 3000), labels = c(0, 1925, 1930, 1935, 1940, 1944,
    1949, 1955, 1960, 1966, 1970, 1975, 1980, 1985, 1990, 1995, 2000,
    2005, 3000))
                               # 그래프의 하측 테두리와 레이블
> z = seq(10000000, 60000000, length = 6)
> axis(2, at = c(0, z, 10^8), labels = c(0, "1000만", "2000만", "3000만",
      "4000만", "5000만", "6000만", 10^8))
                               # 그래프의 좌측 테두리와 레이블
> axis(3, at = c(0,3000))      # 그래프의 상측 테두리
> axis(4, at = c(0,10^8))      # 그래프의 우측 테두리
```

차. 레이더차트

[표 2.3]의 상품성질별 소비자 물가지수 데이터가 cpi.txt 파일에 저장되어 있다고 하자. 이 파일을 읽어 레이더차트를 그리는 R 명령어는 stars( )이다.

```
> cpi <- read.table ("cpi.txt", header=T, sep=",")         # 데이터 불러오기
> attach(cpi)
> stars(cpi[, 2:6], locations=c(0,0), radius=T, key.loc=c(0,0),
  main="상품성질별 소비자 물가지수"
```

카. 모자이크그림

모자이크그림을 위해서는 stats라는 패키지를 먼저 설치하여야 한다. 패키지의 설치는 R의 주메뉴에서 '패키지' => '패키지 불러오기'를 선택하면 'Select one'이라는 창이 나타날 때 'stats'를 선택하고 'OK'를 클릭하면 된다. 자세한 패키지의 설치방법은 부록 A.1.2절의 '사. 패키지의 이용'을 참조하기 바란다.

모자이크그림의 R 명령어는 mosaicplot( )을 이용한다.

```
> mosaicplot(~ Sex + Age + Class + Survived, data = Titanic, main =
"Survival on the Titanic", col=hcl(c(240, 1)), off=2)
```

2.7.2 SAS를 이용한 실습

SAS의 설치방법과 기본적인 운용방법은 부록 A.2절을 참조하기 바란다.

E-Miner를 이용한 데이터 탐색은 2.7.3절에서 설명한다. [표 2.1]의 데이터가 텍스트 형태로 C:₩SASwork₩Ex211sas.txt 파일에 저장되어 있다고 하자. 변수와 변수 사이는 공란으로 구분되어 있고, 한 행에 8개의 변수값이 30행이 있다. 이 파일을 읽어 My 라이브러리에 Card라는 SAS 데이터 세트를 만드는 방법은 다음과 같이 INFILE과 INPUT을 이용하여 확장 편집기에 입력을 한 후 실행하면 된다. 자세한 내용은 부록의 A.2.2절에서 '라. SAS에서 엑셀 파일 및 기타 외부 파일 불러오기'를 참조하기 바란다.

```
DATA My.Card;
     * 변수와 변수 사이는 공란으로 구분된 파일;
     INFILE 'C:₩SASwork₩Ex211sas.txt';
     * 문자형 변수 뒤에 $표시를 한다;
     INPUT Cardnum Name$ Sex$ Age City$ Job$ Sal Pur @@;
RUN;
```

가. 도수분포표와 교차표

도수분포표와 교차표는 FREQ 프로시져를 이용한다.

```
* 1. 성별에 따른 1차원 도수 분포표;
PROC FREQ DATA=My.Card;
     TABLE Sex;
RUN;
* 2. 성별과 지역에 따른 2차원 도수 분포표;
PROC FREQ DATA=My.Card;
     TABLE Sex*City;
RUN;
* 3. 지역, 직업, 성별에 따른 3차원 도수 분포표;
PROC FREQ DATA=My.Card;
     TABLE Sex*City*Job;
RUN;
```

나. 기초통계량

구매액에 대한 평균, 중앙값, 분산 등의 기초통계량의 계산은 UNIVARIATE 프로시져를 이용한다.

```
PROC UNIVARIATE DATA=My.Card;
     VAR Pur;
RUN;
```

성별에 따른 구매액에 대한 평균, 중앙값, 분산 등의 기초통계량의 계산은 다음과 같은 SAS 명령어를 이용한다.

다. 막대그림

라이브러리 MY에 있는 데이터 세트 card의 직업 변수(Job)에 대한 막대그림은 GCHART 프로시져를 이용한다. HTML 창으로 결과를 보기 위해 ODS HTML 옵션을 사용하였다.

```
ODS HTML;            /* html 결과창 띄우기 */
ODS GRAPHICS ON; /* ods graphics 켜기 */
PROC GCHART DATA=My.Card;
      * 가로 막대그림 : VBAR, 세로 막대그림 : HBAR;
      VBAR Job / TYPE = FREQ;
RUN;
ODS GRAPHICS OFF;
ODS HTML CLOSE;
```

라. 원그림

데이터 세트 card의 직업 변수(Job)에 대한 원그림을 그리기 위해서 GCHART 프로시져의 PIE 실행문을 이용한다. 만약 결과를 HTML에서 보고 싶다면 '다.막대그림'의 ODS 옵션문을 사용하면 된다.

```
PROC GCHART DATA=My.Card;
      PIE Job;
RUN;
```

마. 히스토그램

데이터 세트 card의 나이 변수(Age)에 대한 히스토그램은 GCHART 프로시져와 UNIVARIATE 프로시져를 이용할 수 있다.

```
PROC GCHART  DATA=My.Card;
      * 중앙값을 20 30 40 50 60으로 설정;
      VBAR Age / MIDPOINTS=20 30 40 50 60;
RUN;

PROC UNIVARIATE DATA=My.Card;
      VAR Age;
      HISTOGRAM / MIDPOINTS=20 30 40 50 60;
RUN;
PROC UNIVARIATE DATA=My.Card;
      VAR Pur;
      CLASS Sex;
RUN;
```

바. 산점도와 상관계수 행렬

나이와 월수입의 산점도는 PLOT 프로시져를, 그리고 나이, 월수입, 구매액의 상관계수 행렬은 CORR 프로시져를 이용한다.

```
* 산점도;
PROC PLOT DATA=My.Card;
     PLOT Age*Sal;
RUN;

PROC CORR DATA=My.Card;
  VAR Age Sal Pur;
RUN;
```

사. 시계열그림

우리나라 총인구([표 2.2])에 대한 데이터가 C:₩SASwork₩popsas.txt에 텍스트 파일로 저장되어 있다고 하자. 이 파일을 My 라이브러리의 Pop이라는 데이터 세트로 불러온 후 GPLOT 프로시져를 이용하여 시계열그림을 그린다.

```
DATA My.Pop;
     INFILE 'C:₩SASwork₩popsas.txt';
     INPUT Year Pop @@;
RUN;

PROC GPLOT DATA=MY.pop;
     * I=선의 종류, V=포인트의 종류, H=포인트의 크기;
     SYMBOL I=SPLINE V=CIRCLE H=2;
     PLOT Pop * Year;
RUN;
```

아. 레이더차트

[표 2.3]의 소비자 물가지수 데이터가 c:₩SASwork₩cpisas.txt 파일에 저장되어 있다고 하자. 이 파일을 My 라이브러리의 Cpi라는 데이터 세트로 불러온 후 레이더 차트를 그리는 SAS 프로시져는 다음과 같다.

```
DATA My.Cpi;
     INFILE 'C:₩SASwork₩cpisas.txt';
     INPUT City$ Agri Indus House Public Private @@;
RUN;

PROC GRADAR DATA=My.Cpi;
     CHART Agri Indus House Public Private / OVERLAY=City;
RUN;
```

2.7.3 SAS/E-Miner를 이용한 데이터 탐색

SAS/E-Miner에는 데이터에 대한 탐색을 위한 여러 가지 노드가 있다. 이 중에서 많이 이용되는 'Insight', 'Transform Variable', 'Replacement', 'Variable Selection' 노드에 대해서 알아보자.

가. 데이터 탐색 – Insight 노드

'Insight'는 대화식으로 운용되는 도구로서 막대그림, 히스토그램, 상자그림, 모자이크 그림, 선그림, 산점도, 기초통계량 및 확률분포의 추정, 다변량 상관계수 등을 수행할 수 있다. 모든 분석이 유사한 방식을 사용하므로 MY.CARD를 이용하여 산점도를 그려보는 실습을 하자.

1) SAS의 주메뉴에서 '솔루션(S)' => '분석(S)' => 'Enterprise Miner(E)'를 선택하면 주메뉴가 바뀌고 E-Miner의 작업영역이 나타난다. 바뀐 주메뉴에서 '파일(F)' => '새로 만들기(N)' => '프로젝트(J)'를 선택하여 'Create new project' 화면이 나타나면, 프로젝트 'Name:'으로 Chapter211, 'Location:'으로 C:₩SASwork₩ Chap211 폴더를 선택한 후(이 폴더를 미리 만들어 놓아야 함) 'Create' 버튼을 클릭한다.

2) 프로젝트 탐색기에서 분석흐름도 이름 'Untitled'를 마우스 우측 버튼 메뉴의 'Rename'을 이용하여 'Ex211'로 변경한다. 툴바에서 'Input Data Source'와 'Insight' 노드를 작업영역으로 끌어온 후 아래와 같은 분석흐름도를 작성한다. 'Input Data Source'를 더블클릭하여 MY.CARD를 지정한다.

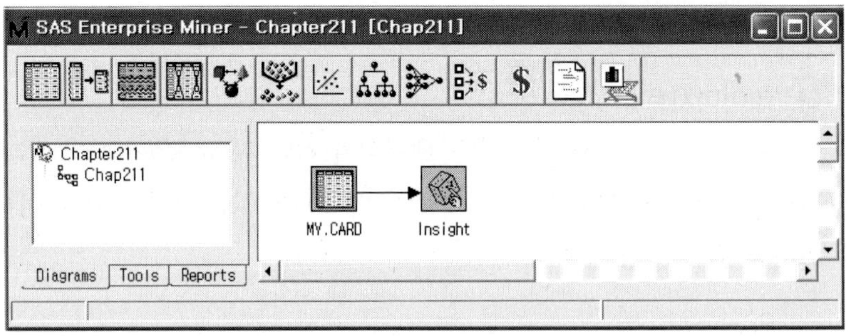

3) 'Insight' 노드에 마우스 우측 버튼을 클릭하여 나타나는 팝업 메뉴에서 'run'을 실행하면 아래와 같은 데이터 화면이 나타나면서 주메뉴가 바뀐다.

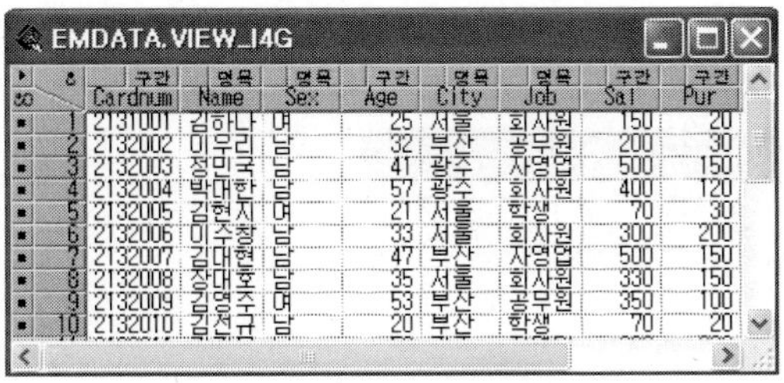

EMDATA.VIEW_I4G

	Cardnum	Name	Sex	Age	City	Job	Sal	Pur
1	2131001	김하나	여	25	서울	회사원	150	20
2	2132002	이우리	남	32	부산	공무원	200	30
3	2132003	정민국	남	41	광주	자영업	500	150
4	2132004	박대한	남	57	광주	회사원	400	120
5	2132005	김현지	여	21	서울	학생	70	30
6	2132006	이주창	남	33	서울	회사원	300	200
7	2132007	김대현	남	47	부산	자영업	500	150
8	2132008	장대호	남	35	서울	회사원	330	150
9	2132009	김영주	여	53	부산	공무원	350	100
10	2132010	김전규	남	20	부산	학생	70	20

4) 아래 좌측의 주메뉴에서 '분석' => '산점도'를 선택하면 우측과 같은 대화상자가 나타난다.

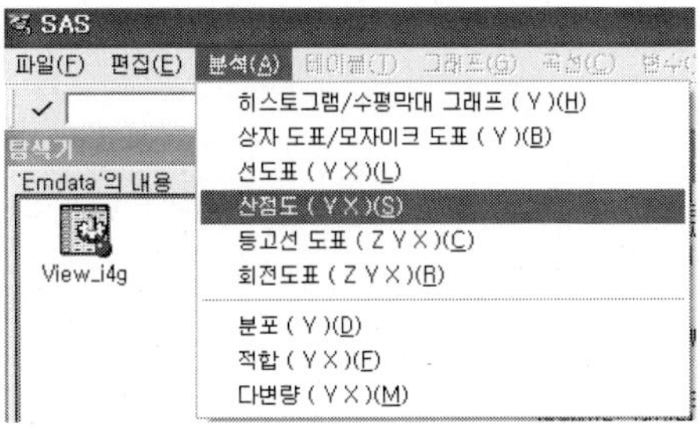

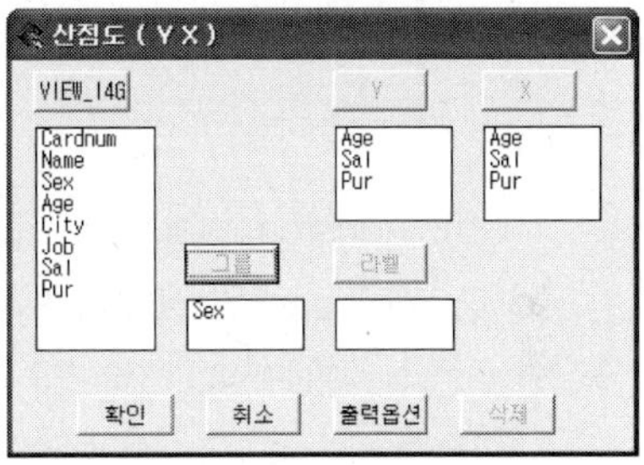

5) Ctrl키를 누른 상태에서 'Age', 'Sal', 'Pur'를 선택하고 'Y' 버튼을 클릭한다. 같은 변수를 'X' 변수로도 선택하고, 'Sex'를 그룹 변수로 선택한 후 '확인' 버튼을 클릭하면 다음과 같은 남녀별 산점도 행렬이 나타난다.

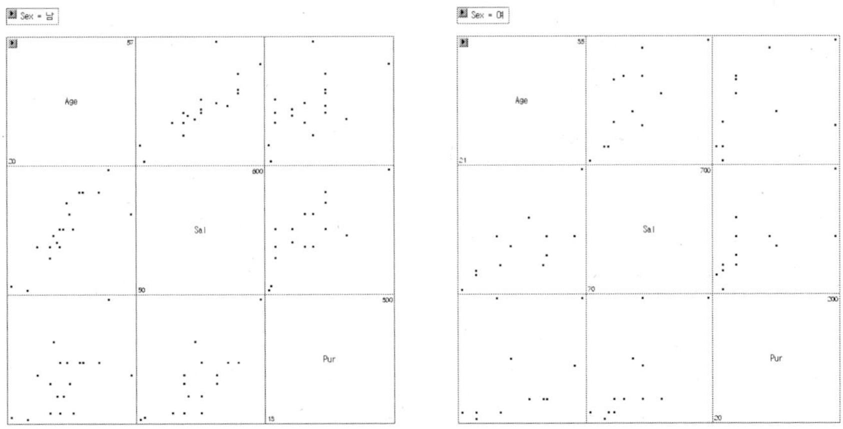

나. 변수값 변환 – Transform Variable 노드

'Transform Variable' 노드는 변수들의 정규분포화 또는 그룹화 등 적절한 변환을 탐색할 수 있다. 다음은 데이터의 정규분포화 변환에 대한 실습이다.

1) 프로젝트 탐색기에서 'Transform Variable' 노드를 작업영역으로 끌어온 후 아래와

같은 분석흐름도를 작성한다.

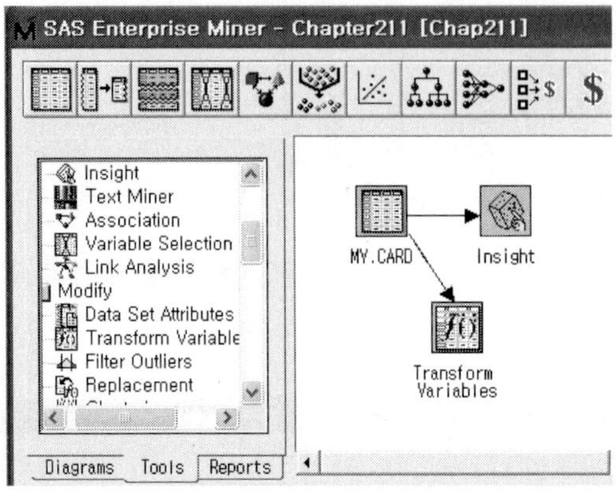

2) 'Transform Variable' 노드에 마우스 우측 버튼을 클릭하여 나타나는 팝업 메뉴에서 'open'을 선택하면 아래 좌측과 같은 'Transform Variables' 창이 나타난다. 변수 'PUR'에 마우스 우측 버튼을 클릭하여 나타나는 팝업 메뉴에서 'View Distribution of PUR'을 선택하면 아래 우측과 같은 막대그래프가 나타난다. 변수 'PUR'는 왼쪽으로 데이터가 치우쳐 있고, 우측 끝에 극단점이 있음을 관찰할 수 있다.

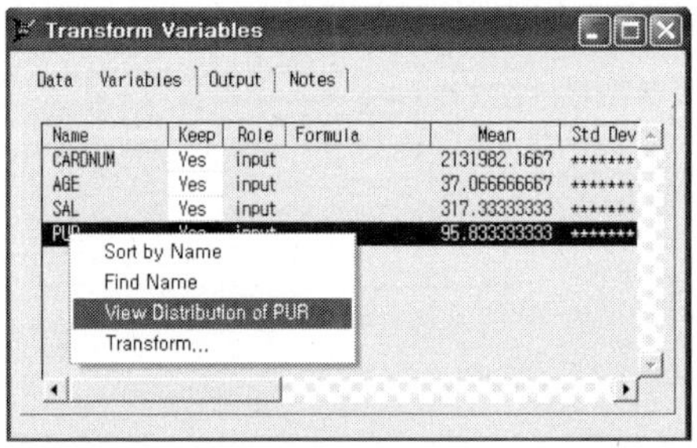

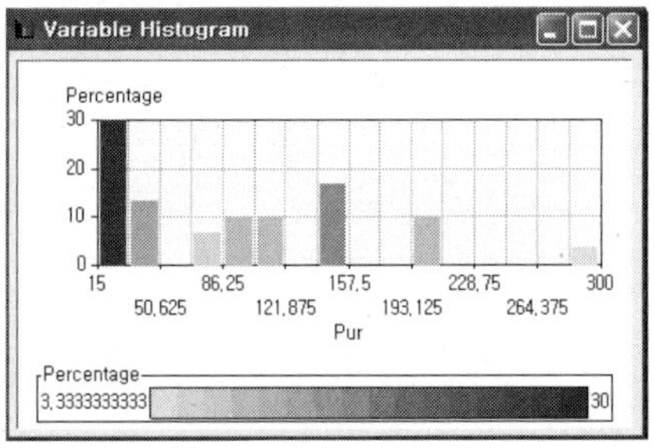

3) 정규분포에 가까운 데이터로 변환을 원할 경우에는 'Transform Variables' 창에서 변수 'PUR'에 마우스 우측 버튼을 클릭하여 나타나는 팝업 메뉴에서 'Transform'을 선택한다. 아래와 같은 메뉴가 나타나면 'Maximize Normality'을 선택한다. 이 변환은 멱변환(power transformation) 중에서 가장 정규분포에 가까운 데이터로 변환시켜 준다.

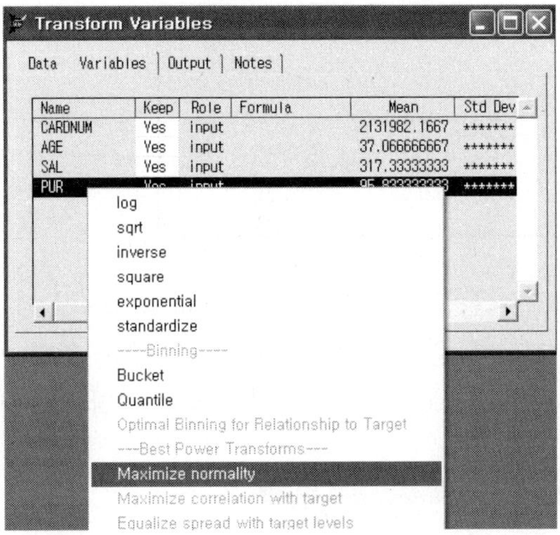

4) 아래 좌측과 같이 'Transform Variables' 창에 변환된 변수 'PUR_2T7D'이 나타나면 마우스 우측 버튼을 클릭하여 'View Distribution...'을 선택하면 아래 우측과 같은 막대그래프가 나타난다. 단계 2)의 그래프보다는 정규분포에 가까운 것을 관찰할 수 있다.

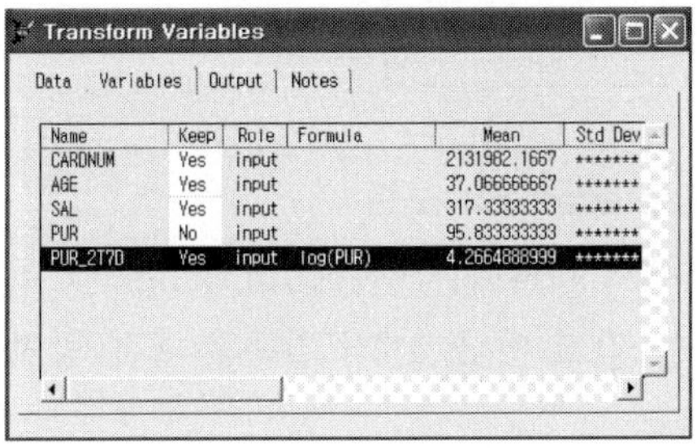

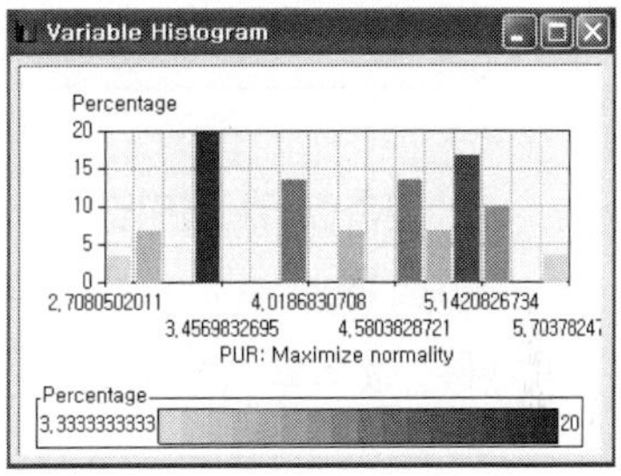

정규화 변환 이외에 자주 사용되는 변환은 연속형 변수의 그룹화(binning) 변환이다. 'Transform Variable' 노드는 세 가지 그룹화 변환을 할 수 있다.

- 등 구간(Bucket): 연속형 변수값을 등 간격으로 나누어 그룹화 한다.
- 등 개수(Quantile): 각 그룹에 동일한 개수의 데이터가 할당되도록 한다.
- 최적그룹화(Optimal Binning): 목표변수와의 연관성을 고려하여 최적 그룹화를 한다.

다음은 'AGE' 변수의 등 구간 그룹화 변환에 대한 실습이다.

5) 'Transform Variables' 창에서 변수 'AGE'에 마우스 우측 버튼을 클릭하여 나타나는 팝업 메뉴에서 'Transform'을 선택한다. 'Bucket'의 개수를 묻는 대화상자가 나타나면 원하는 그룹의 수 4를 입력하고 'close' 버튼을 클릭한다.

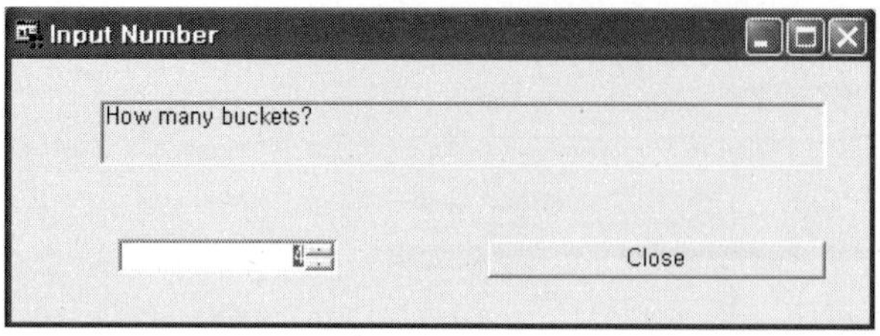

6) 나이를 4개의 그룹으로 나눈 것을 보여 주는 'Select values' 창이 나타난다. 여기서 슬라이드바(slide bar)를 움직여서 구간을 변경할 수도 있다. 이 창을 닫으면 새로운 그룹화 변수가 'Variable' 탭에 나타나는 것을 관찰할 수 있다.

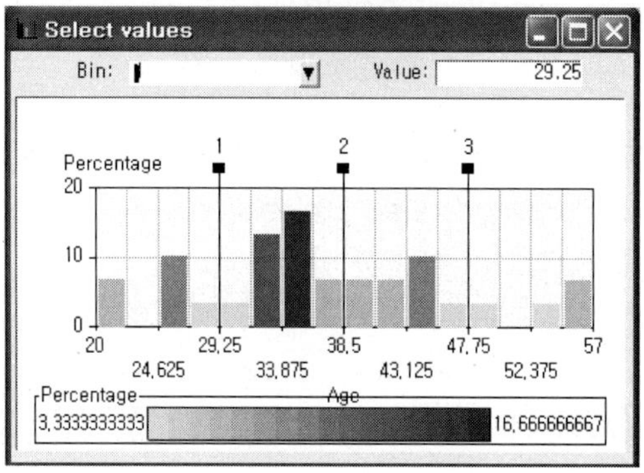

다. 결측값 및 특이값 처리 – Replacement 노드

'Replacement' 노드는 데이터에서 나타나는 결측값(missing) 및 특이값(outlier)을 다른 값으로 대체해 주는 기능을 갖고 있다. 먼저 결측값 대체 방법에 대해서 살펴보자.

1) 'Input Data Source' 노드와 'Replacement' 노드를 연결하여 분석흐름도를 만든 후 'Replacement' 노드를 더블 클릭하면 아래와 같은 화면이 나타난다.

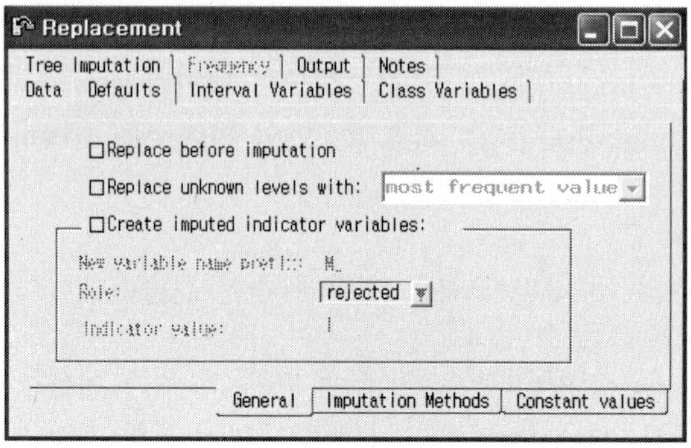

2) 연속형 변수인 경우 'Interval Variables' 탭을 클릭하고 결측값 처리를 원하는 변수를 선택한 후 'Imputation Method'에 마우스 우측 버튼을 클릭하면 팝업 메뉴가 나타난다. 'Selection Method...'를 선택하면 아래와 같은 대체 방법 메뉴가 나타난다. 평균(mean), 중앙값(median), 범위의 중간값(midrange), 분포에 기반한 값(distribution-based) 등의 변수의 대표값을 이용하여 대체하거나, 의사결정나무를 이용한 대체, 절사중간값(mid-minimum spacing), Tukey 또는 Hubers의 로버스트 통계량을 이용한 대체, 상수값을 이용한 대체 등을 선택할 수 있다.

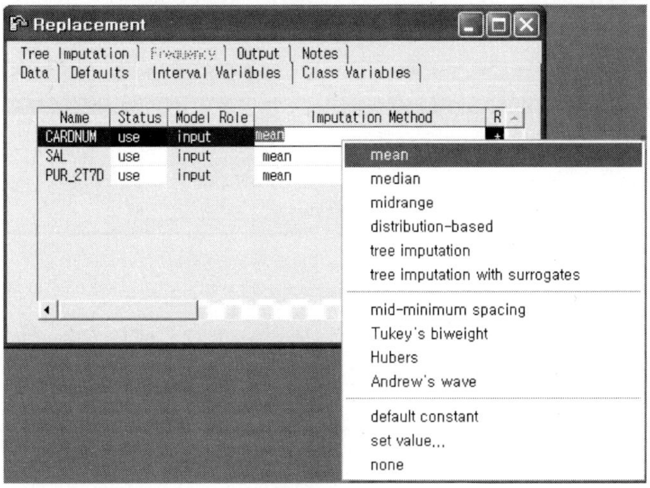

3) 범주형 변수인 경우 'Class Variables' 탭을 클릭하고 결측값 처리를 원하는 변수를 선택한 후 'Imputation Method'에 마우스 우측 버튼을 클릭하면 팝업 메뉴가 나타난다. 'Selection Method...'를 선택하면 아래와 같은 대체 방법 메뉴가 나타난다. 최빈값(most frequent value), 분포에 기반한 값(most frequent value) 등의 대표값을 이용하여 대체하거나 의사결정나무를 이용한 대체, 상수값을 이용한 대체 등을 선택할 수 있다.

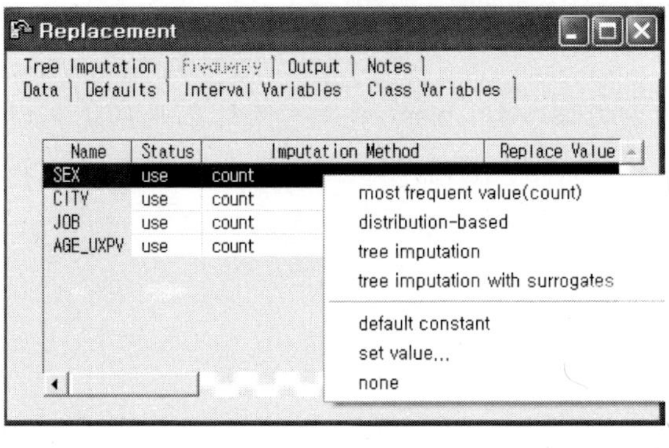

특이값(outlier)은 예측 모형의 정확도에 많은 영향을 줄 수 있는데 'Transform Variable' 노드에서 살펴본 그룹화도 특이값의 영향을 줄일 수 있는 좋은 방법이다. 일정한 값 이하 또는 이상의 특이값을 대체하는 방법은 다음과 같다.

4) 연속형 변수인 경우 'Interval Variables' 탭을 클릭하고 특이값 처리를 원하는 변수를 선택한 후 'Replace <' 열에 마우스 우측 버튼을 클릭하면 아래와 같은 팝업 메뉴가 나타난다.

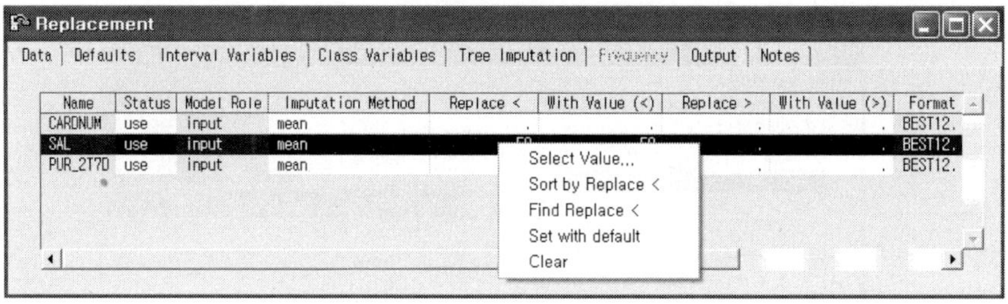

5) 'Select Value...'을 선택한 후 나타나는 창에서 'continue'를 선택하면 다음과 같은 창이 나타나는데, 여기에 Value 값을 입력한다. 이 예는 SAL 변수의 값이 150보다 적으면 150으로 대체하도록 지정한 것이다. 유사한 방법으로 'Replace >' 열을 이용할 수 있다.

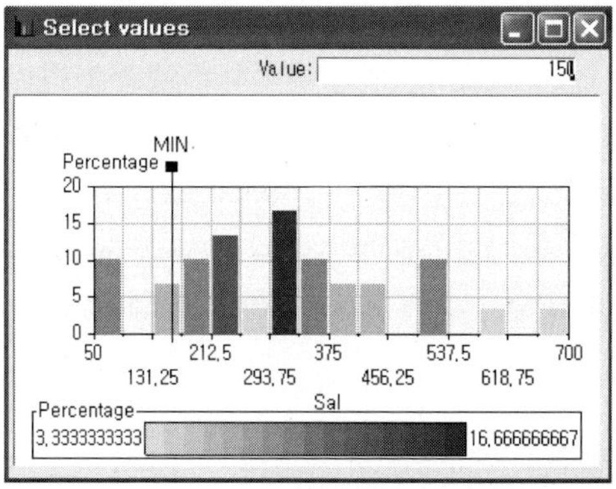

6) 범주형 변수인 경우 'Class Variables' 탭을 클릭하고 특이값 처리를 원하는 변수를 선택한 후 'Replace Value' 열에 마우스 우측 버튼을 클릭한다. 'Specify Value' 대화상자에서 각 범주를 대체할 값을 입력한다.

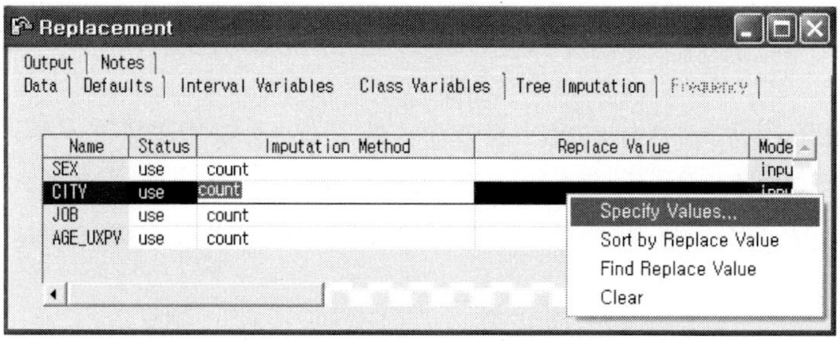

라. 유용한 변수의 선택 – Variable Selection 노드

'Variable Selection' 노드는 변수의 수가 많을 경우 유용한 변수를 선택할 수 있도록 도와 준다.

1) 'Input Data Source' 노드와 'Variable Selection' 노드를 연결하여 분석흐름도를 만든다. 'Variable Selection' 노드를 더블 클릭하여 'Target Association' 탭을 클릭하면 아래와 같은 화면이 나타난다. R^2나 카이제곱 통계량을 이용하여 변수를 선택할 수 있다. 'General' 탭에서는 결측값이 많은 변수를 제거할 수 있다.

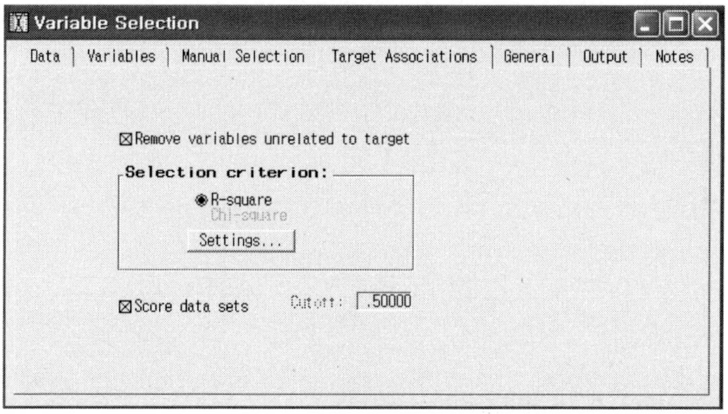

연습문제

1 한 표본 설문조사에서 25명의 성인에 대한 생활수준과 학력을 조사한 결과가 아래와 같다. 생활수준에서 1은 '고소득', 2는 '보통', 3은 '저소득'이고, 학력에서 1은 중졸이하, 2는 고졸, 3은 대졸 및 이상을 뜻한다(필요한 경우 R 또는 SAS 이용).

일련번호	생활수준	학력
1	3	3
2	1	1
3	2	2
4	3	3
5	1	3
6	3	3
7	1	3
8	2	3
9	2	2
10	3	3
11	2	2
12	1	1
13	3	3
14	2	2
15	2	3
16	2	3
17	3	3
18	3	3
19	1	1
20	2	2
21	1	1
22	1	2
23	2	3
24	3	1
25	1	2

1) 이 데이터의 두 속성변수를 분류하라.
2) 생활수준과 학력 각각에 대한 도수분포표를 작성하라.
3) 생활수준과 학력 각각에 대한 막대그림과 원그림을 그려라.
4) 생활수준과 학력의 교차표를 작성하라.
5) 유크리드 제곱거리를 이용하여 처음 10명에 대한 각 개인별 거리 행렬을 구하라.

2 다음의 데이터는 어느 도시의 8월 하루 중 최고온도를 기록한 것이다. 이 데이터에 대하여 기초통계량을 구하고 히스토그램과 상자그림을 그려라(R 또는 SAS 이용).

(단위: ˚C)
29, 29, 34, 35, 35, 31, 32, 34, 38, 34, 33, 31, 31, 30, 34, 35,
34, 32, 32, 29, 28, 30, 29, 31, 29, 28, 30, 29, 29, 27, 28

3 어느 회사에서 신입사원을 선발하기 위해 입사시험을 본 성적이 아래와 같다. 이 데이터를 이용하여 남녀별 히스토그램과 상자그림을 R 또는 SAS를 이용하여 그리고 분석하라.

남자:									
49	86	40	45	48	93	97	58	58	98
58	82	52	56	50	85	80	60	62	80
62	72	65	60	64	70	78	67	69	88
여자:									
60	72	66	65	75	78	62	64	74	58
68	72	67	61	62	72	79	71	74	73

4 표본 추출한 10명의 타자수들이 일정량의 문서들을 컴퓨터에 입력하는데 소요된 시간(X)과 오타수(Y)를 관측한 결과가 아래와 같다.

성별	X(속도, 단위: 초)	Y(오타수)
남	65	6
남	60	9
여	70	2
여	73	4
남	55	9
남	65	3
남	61	7
남	59	1
여	75	4
남	64	2

1) 타자속도와 오타수의 관계를 보여 주는 산점도를 R 또는 SAS를 이용하여 그려라. 이를 성별로 구분하라.
2) 타자속도와 오타수의 평균 및 분산을 구하라.
3) 타자속도와 오타수의 공분산 및 상관계수를 구하라.
4) 두 변수를 이용하여 각 개인별 유크리드 제곱거리 행렬을 구하라.

5 어느 회사의 최근 10년간 연간 매출액과 순이익이 아래와 같다. 이 데이터의 선그림을 그려라(R 또는 SAS 이용).

연 도	매출액	순이익 (억원)
1985	210	10
1986	235	11
1987	280	25
1988	350	20
1989	355	18
1990	360	20
1991	450	30
1992	560	40
1993	600	45
1994	620	40

6 6개의 광역시 중 어느 곳이 살기 좋은지를 평가하기 위하여 다음과 같은 4가지 기준에 대하여 조사하였다. 레이더그림을 그려 6개의 도시를 비교하라(R 또는 SAS 이용).

도시명	안전/치안	생활편의	여가/문화	환경/공해
A	70	90	95	50
B	80	80	80	85
C	90	85	70	60
D	75	70	75	55
E	95	85	85	97
F	90	75	80	90

7 한 백화점의 어느 상품매장을 방문하는 10명의 나이와 구매여부(Y:구매, N:비구매)를 조사하니 아래와 같다.

나이:	23	29	34	44	58	50	46	21	22	30
구매여부:	Y	N	Y	Y	N	Y	Y	Y	N	N

1) 이들 10명의 나이에 대하여 30살 미만과 30살 이상 그리고 40살 미만과 40살 이상으로 구분하여 구매여부에 대한 교차표를 작성하라.
2) 위의 두 가지 구간분할 중에서 어떠한 구간분할이 더 좋은지 결정하라.

참고문헌

강근석외 6인, S-Link/CATS로 쉽게 배우는 통계학. 자유아카데미, 2003.

강현철외. 고객관계관리(CRM)를 위한 데이터마이닝 방법론. 자유아카데미, 2006.

전성해, 김승환, 전홍석. 데이터마이닝과 CRM. 자유아카데미, 2008.

최종후 외 4인. SAS Enterprise Miner를 이용한 데이터마이닝. 자유아카데미, 2000.

W. J. Braun and D. J. Murdoch. A First Course in Statistical Programming with R. Cambridge University Press, 2008.

M. J. Crawley. Statistics – An Introduction Using R. John Wiley & Sons, 2005.

R. V. Hogg and E. A. Tanis, Probability and Statistical Inference, Prentice Hall, 8th edition, 2009.

R. A. Johnson and D. W. Wichern, Applied Multivariate Statistical Analysis, Prentice Hall, 6th edition, 2007.

M. L. Rizzo. Statistical Computing with R. Chapman and Hall/CRC, 2007.

P. N. Tan, M. Steinbach, and V. Kumar, Introduction to Data Mining, Addison-Wesley, 2005.

3장

데이터베이스 시스템과 다차원분석

Database System and Multidimensional Analysis

대량의 데이터의 기초적인 데이터마이닝을 위해서는 데이터베이스 시스템(database system)의 이해와 이를 운용할 수 있는 SQL의 이용이 필수적이다.

이 장에서는

- 데이터베이스 시스템에 대해서 연구하고 사용자 관점에서 어떻게 이용할 수 있는지 살펴본다.
- 최근 데이터베이스 자료구조에 표준이 된 관계형 데이터베이스를 연구하고 그 구조를 설명한다.
- 많이 이용되는 질의언어(SQL)를 연구하여 다차원 교차표를 작성할 수 있도록 한다.
- 다차원분석과 온라인 분석처리 시스템 OLAP을 연구한다.
- 마이크로소프트사의 MS-SQL을 이용한 실습을 한다.

3.1 데이터베이스 시스템(Database System)

컴퓨터 기술의 급격한 발전과 더불어 컴퓨터는 자연스럽게 우리 사회 전반에 응용되어 왔다. 컴퓨터를 사용하기 시작한 60년대의 응용은 사람들이 하는 단순작업을 빠르게 처리하는데 먼저 도입되었다. 예를 들면, 기업의 회계업무나 공장의 재고관리업무 등에 컴퓨터가 도입되어 많은 효과를 볼 수 있었다. 이 당시의 컴퓨터 프로그램은 단순히 데이터 수집을 하여 파일(file)을 만들고, 이를 각각 업무에 맞게 컴퓨터로 계산 및 처리하는 **파일처리 시스템**(file processing system)이었다.

1970년대 이후 수집되는 데이터의 양과 종류가 증가하면서 각각의 파일처리 시스템이 유사한 데이터를 중복하여 처리하는 경우가 많이 발생하게 되었다. 그 결과 불필요한 저장 공간을 많이 차지하는 문제점도 나타나고, 여러 데이터를 통합하여 중요한 경영 정보를 구할 필요성도 발생하게 되었다. 이를 해결하기 위해 여러 데이터를 한 곳에 모아 유사한 데이터의 중복을 피하도록 잘 설계해서 저장하여 놓은 것을 **데이터베이스**(database: DB)라 한다. 그리고 데이터베이스에 있는 데이터들의 생성이나 삭제, 수정 등을 관리하는 소프트웨어를 **데이터베이스 관리 시스템**(database management system: DBMS)이라고 한다. 실제 업무를 처리하는 데 사용되는 **응용 프로그램**(applied program)은 DBMS가 관리하는 데이터를 사용하게 되는데, 이 경우 데이터의 잘못된 수정이나 삭제를 방지하기 위해 반드시 DBMS의 통제를 받아야 한다. 데이터베이스, 데이터베이스 관리 시스템 그리고 응용 프로그램을 합쳐서 **데이터베이스 시스템**(database system)이라고도 한다(〈그림 3-1〉).

데이터베이스 시스템의 예를 살펴보자. 자체 신용카드를 발급하는 백화점에는 신용카드를 가지고 있는 모든 고객의 신상 데이터, 백화점에서 판매되는 모든 상품의 가격 데이터, 현재 재고 현황 데이터 그리고 매장에서 이를 판매하는 사원들의 데이터 등이 데이터베이스에 저장되어 있다. 고객이 여러 개의 상품을 구입하면 데이터베이스에 있는 데이터를 이용하여 전체 구매 가격을 계산해 주는 프로그램이 필요한데, 이 소프트웨어를 응용 프로그램이라 한다. 이 소프트웨어는 상품의 가격 데이터, 현재 재고 데이터, 판매사원 데이터 등을 이용하여야 한다. 월말이 되면 백화점은 각 고객별로 지난 달 신용카드를 사용한 내역을 자세히 작성하여 고객에게 청구서를 보내야 하는데, 이를 위한 다른 응용 프로그램이 필요하다. 응용 프로그램을 만드는 과정에서 여러 데이터가 혼란 없이 수정되고 추가되려면 DBMS와 같은 시스템의 도움이 반드시 필요하다.

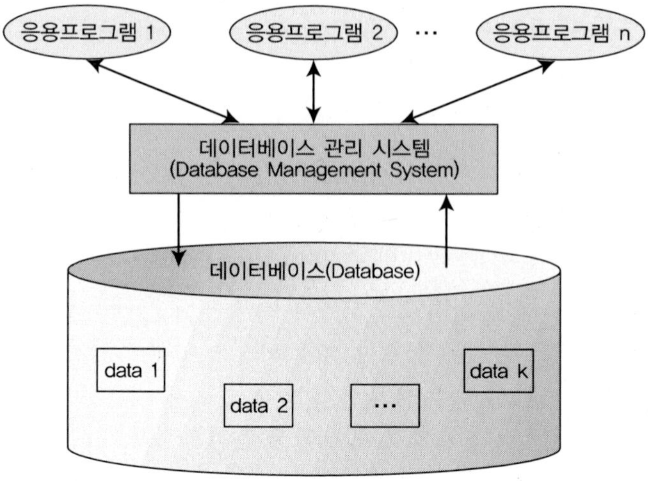

그림 3-1 데이터베이스 시스템(Database System)의 구성

이 장에서는 사용자의 관점에서 어떻게 데이터베이스를 이용할 수 있는가에 초점을 맞추어 설명하고자 한다. 3.1.1절에서는 DBMS가 무엇인지 살펴보고 3.1.2절에서는 데이터 웨어하우스에 대해서 알아본다. 3.2절에서는 관계형 데이터베이스 구조를 설명하고, 3.3절에서는 DBMS의 공통 질의언어인 SQL 사용방법을 설명한다. 3.4절에서는 다차원분석 및 OLAP를 소개한다.

3.1.1 데이터베이스 관리 시스템(Database Management System)

1970년대 이후 데이터베이스 관리 시스템(DBMS)은 단순한 데이터 관리 뿐만 아니라 다양한 기능이 추가되며 진화하였다. 예를 들면, 트랜색션(transaction) 데이터(〈그림 3-7〉참조)의 처리가 가능하게 되었고, 정렬(sorting)이나 혼합(merging)을 용이하게 하기 위한 **인덱싱**(indexing)이라는 기법이 추가되었다. 대량의 데이터베이스를 효율적으로 관리하기 위한 데이터의 구조로 **관계형 데이터베이스 구조**(relational database structure)가 연구되어 현재 운용되는 대부분의 DBMS의 표준이 되었다(3.2절 참조). 그리고 컴퓨터 전문가가 아닌 일반 사용자도 DBMS를 이용할 수 있도록 **질의언어**(query language)도 개발되었다(3.3절 참조).

현재 우리 사회 곳곳에 구축해 놓은 데이터베이스 시스템은 그 수나 양이 엄청나다. 이러한 데이터베이스 시스템이 잘못 작동되는 경우에는 일반 사용자가 많은 피해를 보게 된다. 그래서 대규모 데이터베이스 시스템을 가지고 있는 기업이나 조직은 이 시스템을 전문적으로 관리하는 관리자를 두고 있다. 일반 사용자들은 단지 이 데이터베이스 시스템에 구축되어있는 응용 프로그램을 이용하면 된다(〈그림 3-2〉).

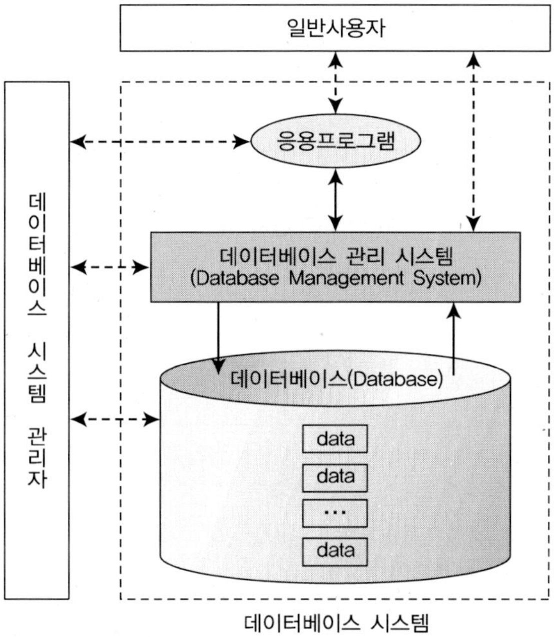

그림 3-2 데이터베이스 시스템과 관리자 및 일반 사용자와의 관계

현재 전 세계적으로 많이 사용되고 있는 DBMS에는 오라클(Oracle), 마이크로소프트사의 MS-SQL, IBM의 DB2, 그밖에 MySQL 등이 있다. DBMS의 종류는 많지만 사용하는 **질의언어** SQL은 표준화되어 거의 동일하다. 이러한 DBMS들은 복잡하고 다양한 기능을 갖고 있어 DBMS의 관리는 전문가에게 맡기는 것이 좋다. 하지만 DBMS의 사용은 질의언어 SQL을 알면 그리 어려운 것은 아니다. 3.3절에서는 사용자의 관점에서 DBMS의 공통 질의언어인 SQL 사용방법을 설명한다. 마이크로소프트사의 MS-SQL을 이용하여 설명하고, 데이터의 검색, 도수분포나 평균과 같은 간단한 통계량을 구하는 기초적인 데이터마이닝 방법에 대해서 살펴본다.

3.1.2 데이터 웨어하우스(Data Warehouse)

정보화 시대의 발전과 더불어 전 세계적인 조직을 가지고 있는 다국적 기업이 점차 많아지고 있다. 우리나라도 삼성이나 LG와 같은 대기업은 국제적인 생산 및 판매 조직을 갖추고 있다. 국제적인 조직을 가지고 있는 기업의 최고 경영자는 전 세계에 있는 자회사들의 종합적인 경영현황을 파악하고, 앞으로 회사가 나아갈 전략을 세워야 한다. 하지만 각 지역의 자회사에 대한 경영 데이터의 통합된 정보를 수집하기는 쉽지 않다. 효율적인 의사결정을 위해 각 지역의 이질적인 데이터베이스

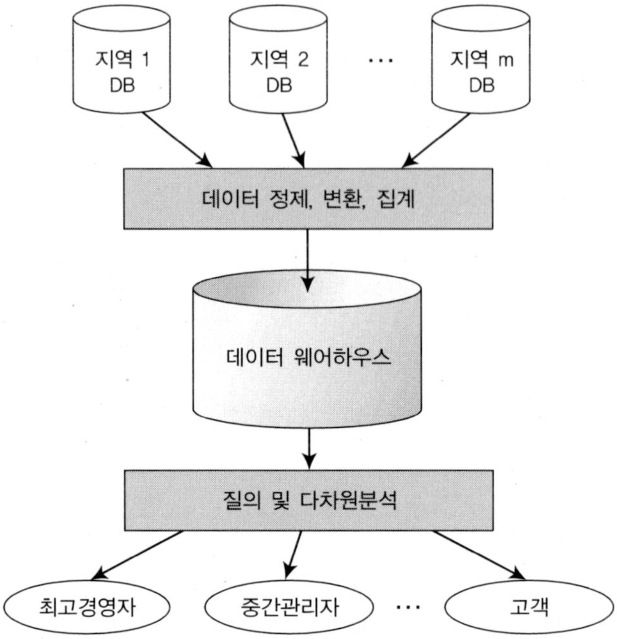

그림 3-3 데이터 웨어하우스의 구축 및 활용

를 수집한 후 정제(cleaning), 변환(transformation), 통합(integration)하여 하나의 통일된 형식으로 저장한 데이터베이스들을 **데이터 웨어하우스**(data warehouse)라고 한다(〈그림 3-3〉).

데이터 웨어하우스는 최고 경영자의 의사 결정을 용이하게 하기 위하여 고객의 관점, 경영자의 관점, 제품의 관점, 공급자의 관점 그리고 시간적 변화의 관점 등으로 구분하여 조직적으로 데이터를 정리한다. 데이터 웨어하우스는 판매 트랜색션과 같은 세부 데이터를 저장하는 것이 아니라 각 지역별 또는 제품별 판매액과 같은 상위 수준의 요약 정보를 저장하는 것이 일반적이다.

데이터 웨어하우스는 대개 다차원 데이터베이스 구조로 설계되는데, 여기에서 각 차원은 하나의 속성변수나 속성변수의 집합이다. 예를 들면, [표 3.1]은 한 다국적 회사의 2010년 매출액을 분기별(1분기, 2분기, 3분기, 4분기), 지역별(미국의 뉴욕, LA 및 중국의 북경, 상해), 상품별(TV, PC, 에어콘, 냉장고)로 구분하여 조사한 4차원 교차표이다.

[표 3.1]의 교차표는 〈그림 3-4〉와 같이 6면체(cube)로 나타낼 수 있는데, 이를 **다차원 데이터 큐브**라 한다. 최근의 DBMS들은 데이터 웨어하우스의 다차원 데이터 큐브를 효과적으로 분석하기 위한 명령어를 내장하고 있다. 복잡한 다차원 분석을 도와주기 위한 **온라인 분석처리 시스템**(On-Line Analytical Processing: OLAP)이라는 소프트웨어도 출현하였다. OLAP은 다차원 데이터의 요약, 집계, 합병 등 다양

[표 3.1] 한 다국적 회사의 2010년 분기별, 지역별, 상품별, 판매액의 4차원 교차표

지역	미국								중국							
	뉴욕				LA				북경				상해			
분기 \ 상품	TV	PC	에어콘	냉장고	TV	PC	에어콘	냉장고	TV	PC	에어콘	냉장고	TV	PC	에어콘	냉장고
1분기																
2분기																
3분기																
4분기																

한 분석을 도와주는데 3.4절에서 자세히 알아보자.

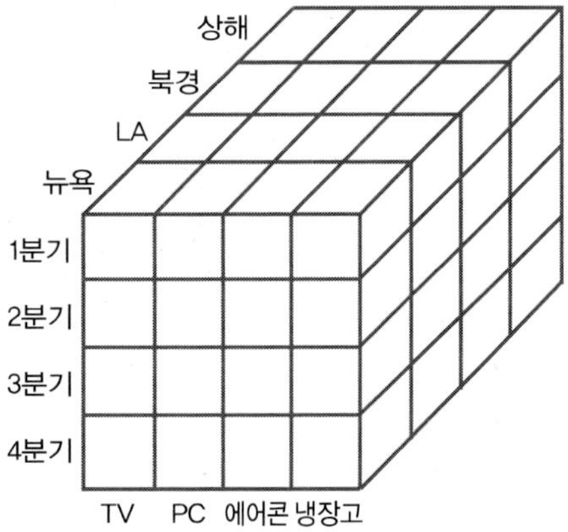

그림 3-4 분기별, 지역별, 상품별, 판매액의 4차원 큐브(cube)

3.2 관계형 데이터베이스(Relational Database)

1970년대 이후 점차 수집되는 데이터의 양이 많고 여러 종류의 데이터가 만들어지면서 비슷한 정보가 중복되어 불필요한 저장 공간을 많이 차지하는 문제점이 나타나게 되었다. 그리고 여러 데이터를 통합하여 중요한 경영 정보를 구할 필요성도 발생하였다. 이를 해결하기 위해서는 여러 데이터를 통합하여 한 곳에 모으고 유사한 데이터가 중복되어 만들어지지 않도록 잘 설계하고, 효과적으로 관리하여야 한다. 그래서 데이터베이스에 있는 데이터들의 구조를 효율적으로 하는 연구가 많이 되었는데, 현재 표준이 되어 이용되고 있는 구조모형이 1970년 E. F. Codd에 의해 제안된 **관계형 데이터베이스**(relational database)이다. 대부분의 DBMS들은 이 관계형 데이터 구조를 채택하고 있다. 이 절에서는 데이터베이스에서 사용하는 일반

적인 데이터의 구조를 알아보고 관계형 데이터베이스에 대해서 살펴보자.

3.2.1 데이터의 구조(Data Structure)

데이터는 관심의 대상이 되는 사람이나 사물, 사건의 속성을 일정한 규칙에 의해 관찰한 결과이거나 측정한 값들이다. 데이터베이스에서는 사람이나 사건 등을 **개체**(entity)라고 하고, 관찰값이나 측정값을 개체의 **속성**(attribute), 한 속성이 가지는 모든 가능한 값들의 집합을 그 속성의 **도메인**(domain)이라 부른다. 데이터들을 데이터베이스에 저장할 때는 일정한 형식으로 저장하는데, 일반적으로 각각의 개체를 행으로 하고 각 개체의 속성을 열로 하는 구조로 저장한다. 데이터베이스에서 행은 일반적으로 **레코드**(record) 또는 **튜플**(tuple)이라 부르고, 열은 **필드**(field) 또는 **아이템**(item)이라 부른다.

예를 들어, 백화점 신용카드 고객 데이터의 속성은 카드번호, 성명, 성별, 나이, 직업, 전화번호 등을 생각할 수 있는데, <그림 3-5>과 같은 형태로 표현한다.

속성(attribute) 또는 필드(field)

개체(entity) 또는 레코드(record)

카드번호	성명	성별	나이	직업	전화번호
2132001	김하나	여	25	회사원	821-0102
2132002	이우리	남	32	공무원	427-3687
2132003	정민국	남	41	자영업	534-2671
2132004	박대한	남	57	회사원	820-0102
…	…	…	…	…	…

그림 3-5 데이터베이스의 데이터 구조 – 개체(entity)와 속성(attribute)

위와 같은 데이터 구조로 정리된 데이터는 텍스트(text) 데이터이든 엑셀(Excel) 데이터이든 DBMS 시스템으로 불러올 수 있다. 데이터베이스에 데이터를 입력하는 경우에 데이터가 많지 않은 경우는, 스프레드시트 형태의 엑셀을 이용하여 데이터를 입력하면 눈으로 관찰할 수 있고 오류를 쉽게 점검할 수도 있다.

3.2.2 관계형 데이터베이스(Relational Database)

데이터베이스에는 여러 개의 데이터가 있을 수 있는데, 용어의 혼동을 피하기 위해 <그림 3-5>와 같은 개체-속성 구조로 정리된 데이터를 **테이블**(table)이라 한다. 테이블의 첫 행에는 각 속성의 이름(필드명이라 함)이 있다. 데이터베이스에 있는 여러 개의 테이블들은 서로 연관이 있을 수 있다. 예를 들어, 백화점이 가지고 있는 데이터베이스에는 <그림 3-5>와 같은 고객 테이블, 각 고객이 이번 달에 구매한 상품 테이블, 전체 상품목록 테이블 등이 있는데, 이들 테이블들의 **관계**(relation)를 〈그림 3-6〉과 같이 표시할 수 있다.

고객 테이블(table)

카드번호	성명	성별	나이	직업	전화번호
2132001	김하나	여	25	회사원	821-0102
2132002	이우리	남	32	공무원	427-3687
2132003	정민국	남	41	자영업	534-2671
2132004	박대한	남	57	회사원	820-0102
…	…	…	…	…	…

구매상품 테이블(table)

카드번호	구매일자	상품번호
2132003	08.05.01	$i2$
2132002	08.05.01	$i3$
2132001	08.05.02	$i2$
2132004	08.05.02	$i2$
…	…	…

상품목록 테이블(table)

상품번호	상품이름	가격	재고
$i1$	시계 브랜드 xxx	200,000	30
$i2$	컴퓨터 브랜드 xxx	1,500,000	10
$i3$	노트북 브랜드 xxx	2,000,000	12
$i4$	신사복 브랜드 xxx	600,000	20
…	…	…	…

그림 3-6 백화점 데이터베이스 안에 있는 세 테이블의 관계

고객 테이블과 구매상품 테이블은 개체들 사이에 관계가 있고 이 관계는 카드번호라는 속성이 연결해 주고 있는데, 이를 **키**(key)라고 한다. 구매상품 테이블과 상품목록 테이블의 관계는 상품번호라는 속성이 키가 된다. 이렇게 테이블과 테이블 간에 관계가 있고, 이를 키로 연결되도록 설계된 데이터베이스를 **관계형 데이터베이스**(relational database)라 한다.

〈그림 3-7〉은 한 고객이 여러 개의 상품을 구입한 경우 이를 나타내는 데이터이다. 이러한 형태의 레코드를 **트랜색션**(transanction)이라고 하는데, 각 레코드의 필드 수가 서로 다르다. 최근의 DBMS들은 트랜색션 테이블을 일반 사용자들이 복잡하지 않게 내부적으로 처리하는 기능을 갖고 있다.

구매상품 테이블(table)

카드번호	구매일자	구매상품 목록
2132003	08.05.01	$i1$, $i2$, $i4$
2132002	08.05.01	$i1$, $i3$, $i5$, $i7$
2132001	08.05.02	$i2$, $i4$, $i5$, $i6$,
2132004	08.05.02	$i1$, $i2$
…	…	…

그림 3-7 구매상품의 트랜색션(transaction) 데이터 테이블

관계형으로 설계된 데이터베이스는 여러 가지 장점이 있다. 〈그림 3-6〉의 데이터베이스에서 고객 테이블과 상품목록 테이블은 평소에 만들어 놓은 테이블이다. 구매상품 테이블은 고객이 상품을 구매할 때마다 각각의 레코드가 만들어진다. 신용카드 구매는 월 말에 각 개인별 청구서가 만들어 지는데 이때 세 테이블은 키(카드번호와 상품번호)를 이용하여 〈그림 3-8〉과 같이 결합된다(SQL의 JOIN 명령어를 이용하면 가능함).

결합된 구매상품 테이블(table)

카드번호	성명	구매일자	상품번호	상품명	가격
2132001	김하나	08.05.02	$i2$	컴퓨터	1,500,000
2132002	이우리	08.05.01	$i3$	노트북	2,000,000
2132003	정민국	08.05.01	$i2$	컴퓨터	1,500,000
2132004	박대한	08.05.02	$i2$	컴퓨터	1,500,000
…	…	…	…	…	…

그림 3-8 백화점 데이터베이스의 세 테이블을 JOIN 한 테이블

매번 결합된 테이블을 만드는 것보다 필요시 합치면 평소에는 데이터를 저장하는데 많은 용량이 필요하지 않다.

하나의 큰 테이블 대신에 적절하게 테이블을 구분해 놓으면 새로운 작업을 할 경우 쉽게 할 수 있다. 재고관리를 위한 응용 프로그램을 별도로 만든다든지 또는 개인별 구매성향을 파악하는 데이터마이닝 분석을 하는 경우, 각 테이블에서 필요한 필드만 선택하여 새로운 테이블을 구성할 수 있다. 관계형 데이터베이스는 향후 사용을 위해 설계가 매우 중요하다.

3.2.3 관계형 테이블(Table)과 키(Key)

각각의 테이블은 향후 이용을 위해 각 속성의 데이터 형태와 최대 길이를 표로 만

드는 것이 좋다. 〈그림 3-9〉는 〈그림 3-6〉의 고객 테이블의 속성과 데이터 형태의 예이다. 속성의 데이터 형태에서 char은 문자열을 의미하고, int는 정수를 의미하며, 길이는 최대 자릿수를 의미한다. 이러한 구분은 각 속성 값들을 비교함으로써 각각의 레코드를 구별하기 원하기 때문이다.

속성	속성명	데이터 형태	길이	제약사항
카드번호	CardNo	char	15	PK
성명	Name	char	10	
성별	Sex	char	2	
나이	Age	int		
직업	Occupation	char	10	
전화번호	TelNo	char	12	

그림 3-9 고객 테이블의 속성과 데이터 형태

〈그림 3-9〉에서 카드번호 속성의 '제약사항'이 PK(primary key)로 표시되어 있는데, 이는 한 테이블에서 각각의 레코드를 식별할 수 있는 속성이라는 의미이다. 데이터베이스에서 한 테이블의 모든 레코드는 적어도 하나 이상의 속성 값이 서로 다른 것을 가정한다. 그 이유는 같은 정보를 두 개 저장할 이유가 없기 때문인데, 대개 두 개의 레코드가 동일하다면 그중 하나는 실수일 가능성이 높다. 만일 신용카드 고객테이블에 두 사람의 레코드가 동일하다면 월말 청구서를 어느 사람에게 보낼 것인지 확실하지 않다. 한 테이블에서 레코드를 유일하게 식별할 수 있는 속성을 **키**(key)라고 부르는데, 두 개 이상의 속성들이 키가 되는 경우도 있다. 위의 고객테이블에서 전화번호가 고객마다 모두 다르다면 카드번호와 전화번호 둘 다 키가 될 수 있다. 이 중의 하나를 선정해서 **기본키**(primary key: PK)라 하며, 나머지를 **대체키**(alternative key)라 한다. 관계형 데이터베이스에서는 기본키를 이용하여 레코드를 검색하거나 다른 테이블과 합치는 작업을 하기 때문에 올바른 키를 갖고 있는 것이 매우 중요하다.

〈그림 3-6〉의 구매상품 테이블에서 '상품번호'는 반드시 상품목록 테이블의 '상품번호'에 나타나야 필요시 결합할 수 있다. 이런 경우 구매상품 테이블의 '상품번호'를 **외래키**(foreign key)라고 부른다. 외래키를 지정해 놓으면 연관된 테이블 상호간에 데이터의 오류를 방지할 수 있다.

3.3 데이터베이스 언어 - SQL

대규모 데이터베이스 시스템을 가지고 있는 기업이나 조직은 시스템에 오류가 발생할 경우 수많은 이용자들이 피해를 입을 수 있기 때문에 시스템을 전문적으로 관리하는 관리자를 두고 있다. 데이터베이스 시스템을 종합적으로 관리하는 것은 쉽지 않다. 하지만 단지 사용자의 관점에서 만들어진 데이터베이스를 이용하는 것은 그리 어려운 일은 아니다. 거의 모든 DBMS의 공통 질의언어인 SQL(structured query language)을 알면 도수분포나 평균과 같은 간단한 통계량을 구하는 기초적인 데이터마이닝을 할 수 있다. 이 절에서는 SQL의 기본적인 사용 방법을 알아보고 3.5절에서는 마이크로소프트(Microsoft)사의 DBMS인 MS-SQL을 이용하여 실습한다.

SQL은 1970년대 IBM의 산호세(San Hose) 연구소에서 제일 처음 개발되었다. 그 이후 서로 다른 회사에서 개발된 DBMS에 사용되는 SQL은 ANSI(American National Standards Institute)와 ISO(International Standard Organization)의 표준 규정을 따르고 있다. 따라서 Oracle, MS-SQL, Sybase 등의 DBMS에 사용되는 SQL의 사용법 및 기능은 거의 차이가 없다. SQL은 일반인이 DBMS를 쉽게 사용할 수 있도록 대화식 언어로 설계되었고, 기초적인 영어 문장과 흡사한 단순한 구조를 가지고 있어 배우기가 쉽다. 한 SQL 질의어는 데이터베이스 전체 레코드에 적용되어 필요한 작업을 레코드 집합단위로 처리한다. SQL은 테이블이나 데이터를 정의하기도 하고, 레코드의 삽입, 수정 및 검색을 가능하게 하여 주며, 여러 데이터의 혼합 및 조작을 도와 준다. SQL 명령어는 크게 데이터의 정의문(definition statement), 제어문(control statement), 조작문(manipulation statement), 함수(function) 등으로 구분할 수 있다. 이 절에서는 실습환경으로 마이크로소프트(Microsoft)사의 DBMS인 MS-SQL을 이용하기 때문에 이에 준해서 주요 SQL문을 설명한다.

3.3.1 데이터베이스 및 테이블 정의문(Definition Statement)

정의문(definition statement)은 시스템에 새로운 데이터베이스를 정의하거나, 기존 데이터베이스를 제거할 때 또는 테이블의 생성, 변경, 제거에 사용되는 문장이다.

가. 데이터베이스의 정의

시스템에 새로운 데이터베이스를 생성하기 위해서는 CREATE DATABASE 문을 사용한다.

```
CREATE DATABASE  데이터베이스이름
```

여기서 '데이터베이스이름'은 사용자가 영문으로 임의로 정한다. 만들어진 데이터베이스를 제거하기 위해서는 DROP DATABASE 문을 사용한다.

```
DROP DATABASE  데이터베이스이름
```

나. 테이블 정의

데이터베이스의 테이블을 생성하기 위해서는 CREATE TABLE 문을 사용한다. 테이블의 모든 필드에 대한 필드이름, 데이터형태 및 제약조건 등에 대한 설명을 한다. 한 데이터베이스에서 테이블 이름은 유일하여야 한다.

```
CREATE TABLE  테이블이름
(
   필드이름  데이터형태  [제약조건]  [, ... n]
   [(제약조건)]
)
```

이 문장에서 '테이블이름' 다음의 내용은 여는 괄호 '(' 로 시작하고 닫는 괄호 ')' 로 끝난다. 보기 좋게 하기 위하여 괄호를 한 줄씩 표시하였지만 공란은 무시되기 때문에 모두 한 줄에 적을 수도 있다. [ ]로 표시된 부분은 생략이 가능하고 [, ... n]은 한 필드에 대한 설명, 즉 '필드이름 데이터형태 [제약조건]'이 필드의 개수만큼 반복될 수 있음을 의미한다. 한 테이블에서 필드이름은 유일하여야 한다. 끝 부분의 [(제약조건)]은 문장의 마지막 부분에서 별도로 표시할 수 있음을 의미한다. 이 문에서 '테이블이름'과 '필드이름'은 영문자로서 사용자가 임의로 정할 수 있지만, '데이터형태'와 '제약조건'은 DBMS에서 정한 일정한 형식을 반드시 따라야 한다.

'데이터형태'는 크게 숫자와 문자로 구분되고 다시 숫자는 정수형과 실수형으로 구분된다. MS-SQL에서 많이 사용되는 '데이터형태'는 [표 3.2]와 같다. '크기'는 컴퓨터 저장 장소인 바이트(byte) 수를 의미한다. 바이트 수가 정해져 있는 int, float, datetime 등은 테이블을 생성할 때 크기를 명시할 필요가 없지만, char나 binary 등은 크기를 명시하여야 한다.

[표 3.2] MS-SQL에서 많이 사용되는 데이터형태

구분		데이터형태	크기	비고
숫자형	정수	int smallint bit	4 2 1	
	고정 소수	numeric decimal	2 ~ 17	큰 정수 또는 소수이하 자리수가 고정된 수
	실수	float real	8 4	
	이진	binary image	0 ~ 8000 0 ~ 2GB	이진 수 그림
	날짜	datetime smalldatetime	8 4	
문자형	문자	char, varchar nchar, nvarchar text	0 ~ 8000 0 ~ 4000 0 ~ 2GB	

[표 3.3]은 필드의 '제약조건'에 사용할 수 있는 단어이다.

[표 3.3] 제약조건의 종류

제약조건	비고
PRIMARY KEY	기본키 설정
FOREIGN KEY (필드이름) REFERENCES 테이블이름(필드이름)	외래키 설정
NOT NULL	널(null) 값을 허용하지 않을 때
UNIQUE	동일한 데이터 입력 방지
DEFAULT '기본 값'	기본 값 설정

예제 3.3.1 〈그림 3-6〉의 고객 테이블을 생성하는 SQL 문을 작성하라.

풀이 6개의 필드로 이루어져 있는 고객 테이블 Customer의 생성을 위한 SQL 문은 다음과 같다.

```
CREATE TABLE  Customer
(
          CardNo    char(7)     PRIMARY KEY,
          Name      char(10)    NOT NULL,
          Sex       char(2)     NOT NULL,
          Age       int
```

```
        Job          char(10)     NOT NULL,
        TelNo        char(10)     NOT NULL
)
```

다. 테이블에 데이터 입력

생성된 테이블에 데이터를 입력하기 위해서는 'INSERT INTO 테이블이름 VALUES'를 사용한다. 예를 들어, [예제 3.3.1]에서 생성한 Customer 테이블에 두 개의 레코드의 입력은 아래와 같다.

```
INSERT INTO Customer (CardNo, Name, Sex, Age, Job, TelNo)
VALUES
('2132001','김하나','여',25,'회사원',' 821-0102'),
('2132002','이우리','남',32,'공무원',' 427-3687'),
```

라. 테이블 변경

테이블을 생성한 후에 새로운 필드를 추가하거나, 불필요한 필드의 제거 또는 어느 필드의 데이터형태나 크기를 변경해야 될 경우가 있다. 이러한 경우 사용하는 SQL 문은 다음과 같다.

- 필드 추가

```
ALTER TABLE  테이블이름
(
   ADD 필드이름  데이터형태  [, ... n]
)
```

- 필드 제거

```
ALTER TABLE  테이블이름
(
   DROP COLUMN 필드이름 [, ... n]
)
```

- 데이터형태 및 크기 변경

```
ALTER TABLE  테이블이름
(
   ALTER COLUMN 필드이름  데이터형태
)
```

예제 3.3.2 [예제 3.3.1]의 Customer 테이블에서 고객의 이름을 최대 20개의 문자까지 늘리는 SQL 문을 작성하라.

풀이

```
ALTER TABLE Customer
 (
    ALTER COLUMN Name char(20)
 )
```

마. 테이블 제거

이미 만들어진 테이블을 제거하기 위한 SQL 문은 다음과 같다.

```
DROP TABLE  테이블이름
```

테이블은 필요한 경우 언제든지 제거할 수 있지만 기본키나 외래키를 포함하고 있는 테이블은 삭제 순서에 주의하여야 한다. 외래키에 의해 참조되고 있는 기본키를 포함한 테이블은 DROP TABLE 문으로 제거할 수 없고, 먼저 외래키를 가지고 있는 테이블을 삭제한 후에야 제거할 수 있다.

3.3.2 데이터 조작문(Manipulation Statement)

데이터베이스를 검색하여 필요한 레코드들을 찾거나 필요한 레코드를 추가, 수정 또는 삭제하는 SQL 문을 **조작문**(manipulation statement)이라 한다.

가. 한 테이블의 데이터 검색

데이터베이스를 검색하여 필요한 레코드들을 찾는 작업은 데이터마이닝의 초보적인 작업이다. SELECT 문을 이용하여 원하는 레코드를 검색할 수 있는데, 일반적인 형식은 다음과 같다.

```
SELECT [DISTINCT] 필드리스트          * 검색하고자 하는 테이블의 필드이름
FROM 테이블이름                       * 검색하고자 하는 테이블의 이름
[WHERE 조건]                          * 검색할 데이터의 검색조건
[GROUP BY 필드리스트]                 * 그룹화하고자 하는 필드 이름들
[HAVING 조건]                         * GROUP BY의 그룹에 대한 검색조건
[ORDER BY 필드리스트] [ASC|DESC]      * 정렬하고자 하는 기준 필드 이름
```

[ASC|DESC]는 정렬방법의 [오름차순|내림차순](ascending|descending)을 의미한다. SELECT 문의 다양한 이용방법을 다음의 예를 통하여 살펴보자.

예제 3.3.3 한 백화점의 고객에 관한 Customer 테이블이 여섯 개의 필드, 즉 카드번호(CardNo), 이름(Name), 성별(Sex), 나이(Age), 직업(Job), 전화번호(TelNo)로 구성되어 있고, 고객 10명의 데이터가 [표 3.4]와 같다. SELECT 문을 이용하여 아래 작업을 하라.

1) (일부 필드만 검색) 카드번호와 이름, 직업 필드를 검색하라.
2) (WHERE 조건 검색) 직업이 '회사원'인 고객의 카드번호, 이름, 성별을 검색하라.
3) (GROUP BY 그룹화 검색) 성별 빈도수를 조사하라.
4) (ORDER BY 정렬 검색) 고객을 나이의 오름차순으로 정렬하여 검색하라.
5) (처리 레코드 수 제한) 나이가 많은 상위 3명의 고객을 검색하라.

[표 3.4] 고객 테이블 데이터

테이블 Customer

CardNo	Name	Sex	Age	Job	TelNo
2132001	김하나	여	25	회사원	821-0102
2132002	이우리	남	32	공무원	427-3687
2132003	정민국	남	41	자영업	534-2671
2132004	박대한	남	57	회사원	820-0102
2132005	이나리	여	23	학생	2640-1132
2132006	김영한	남	45	공무원	633-3167
2132007	김용태	남	36	회사원	330-7890
2132008	이용화	여	33	주부	2130-1334
2132009	이영옥	여	42	주부	574-3179
2132010	김장섭	남	42	회사원	368-5678

풀이

1) (일부 필드만 검색) 카드번호와 이름, 직업 등 일부 필드만을 검색하는 SELECT 문과 검색 결과는 다음과 같다.

```
SELECT CardNo, Name, Job FROM Customer
```

검색결과:

CardNo	Name	Job
2132001	김하나	회사원
2132002	이우리	공무원
2132003	정민국	자영업
2132004	박대한	회사원
2132005	이나리	학생
2132006	김영한	공무원
2132007	김용태	회사원
2132008	이용화	주부
2132009	이영옥	주부
2132010	김장섭	회사원

만일 전체 필드를 검색하려면 모든 필드 이름을 사용해도 되나 다음과 같이 * (와일드 카드)를 이용할 수 있다.

```
SELECT * FROM Customer
```

DISTINCT는 레코드를 검색할 때 중복되는 레코드를 한 번만 나타나게 하여준다. 만일 카드번호에 혹시 중복이 있을 때 중복을 제거하고 검색하는 SELECT 문은 다음과 같다.

```
SELECT DISTINCT CardNo  FROM Customer
```

2) (WHERE 조건 검색) 직업(Job)이 '회사원'인 고객의 카드번호, 이름, 성별을 검색하는 SELECT 문과 검색 결과는 다음과 같다.

```
SELECT CardNo, Name, Sex, Age, Job, TelNo FROM Customer
WHERE Job='회사원'
```

검색결과:

CardNo	Name	Sex	Age	Job	TelNo
2132001	김하나	여	25	회사원	821-0102
2132004	박대한	남	57	회사원	820-0102
2132007	김용태	남	36	회사원	330-7890
2132010	김장섭	남	42	회사원	368-5678

WHERE 조건문은 다음의 비교 연산자를 이용하여 만들 수 있다.

[표 3.5] SQL의 조건문에 사용 가능한 비교 연산자

비교 연산자	비교 내용
=	같다(equal)
>	크다(greater than)
>=	크거나 같다(greater than equal)
<	작다(less than)
<=	작거나 같다(less than equal)
<>	같지 않다(not equal)

WHERE 조건문은 논리 연산자를 이용하여 2개 이상의 조건문을 결합할 수 있다.

[표 3.6] SQL의 조건문에 사용 가능한 논리 연산자

논리 연산자	비교 내용
AND	두 개 조건을 동시에 만족
OR	적어도 하나 이상의 조건을 만족
NOT	조건의 부정

예를 들어, 직업이 회사원이면서 나이가 30대인 사람의 검색을 위한 SELECT 문은 다

음과 같다.

```
SELECT CardNo, Name, Sex FROM Customer
WHERE Job='회사원' AND Age>=30 AND Age<40
```

WHERE 조건문은 LIKE 문과 결합하여 특정 패턴의 문자열을 가지고 있는 레코드를 검색할 수 있는데, 이때 와일드카드 %를 사용할 수 있다. 예를 들어, 김씨 성을 가진 고객의 고객번호, 이름, 성별을 검색하는 SELECT 문은 다음과 같다.

```
SELECT CardNo, Name, Sex FROM Customer
WHERE Name LIKE '김%'
```

여러 조건의 집합을 만족하는 레코드를 검색할 경우 논리적 연산자를 이용하여 할 수도 있으나, WHERE 조건문을 IN 문과 결합하면 편리하다. 예를 들어, '회사원'과 '공무원'인 고객의 고객번호, 이름, 성별을 검색하는 SELECT 문은 다음과 같다.

```
SELECT CardNo, Name, Sex FROM Customer
WHERE Job IN ('회사원', '공무원')
```

3) (GROUP BY 그룹화 검색) GROUP BY 문은 특정 필드 값에 따라 데이터를 그룹화하는 문으로서, 대개 SQL에서 제공하는 함수와 함께 사용한다. 성별 빈도수를 조사하는 SELECT 문과 검색 결과는 다음과 같다.

```
SELECT Sex, count(*) as freq FROM Customer
GROUP BY Sex
```

검색결과:

Sex	freq
남	6
여	4

위의 예에서 count(*) as freq 는 검색된 레코드의 수를 freq 라는 이름으로 정의하자는 의미이다. count() 함수 이외에 평균을 구하는 avg() 함수도 많이 이용되는데, 남녀별 평균나이를 구하는 SELECT 문은 다음과 같다.

```
SELECT Sex, avg(Age) as mean FROM Customer
GROUP BY Sex
```

GROUP BY 문을 이용하면서 다시 각 그룹에 대한 검색 조건을 명시해야 될 필요가 있는 경우가 있다. 예를 들어, 성별로 그룹화하면서 나이가 30 이상인 사람만 검색하는 SELECT 문은 다음과 같다.

```
SELECT Sex, count(*) as freq FROM Customer
GROUP BY Sex HAVING Age>=30
```

4) (ORDER BY 정렬 검색) ORDER BY 문은 질의에 의해 검색된 결과를 오름차순(ASC)이나 내림차순(DESC)으로 정렬하여 준다. 고객을 나이의 오름차순으로 정렬하여 검색하는 SELECT 문과 검색 결과는 다음과 같다.

```
SELECT CardNo, Name, Age FROM Customer
ORDER BY Age ASC
```

검색결과:

CardNo	Name	Age
2132005	이나리	23
2132001	김하나	25
2132002	이우리	32
2132008	이용화	33
2132007	김용태	36
2132003	정민국	41
2132009	이영옥	42
2132010	김장섭	42
2132006	김영한	45
2132004	박대한	57

5) (처리 레코드 수 제한) SELECT TOP 문은 검색된 결과에서 상위 몇 개 또는 상위 몇 %의 레코드를 보여주는데 일반적인 형식은 다음과 같다. [ASC|DESC]는 정렬방법의 [오름차순|내림차순]을 의미한다.

```
SELECT TOP n [PERCENT] [WITH TIES] 필드리스트
FROM 테이블이름
[WHERE 조건]
[ORDER BY 필드 리스트 [ASC|DESC]
```

검색된 결과에 동점자가 있을 때 이를 선택하고 싶으면 WITH TIES 를 사용한다. 나이가 많은 상위 3명의 고객을 검색하는 SELECT 문과 검색 결과는 다음과 같다.

```
SELECT TOP 3 WITH TIES *  FROM Customer
[ORDER BY Age DESC
```

검색결과:

CardNo	Name	Age
2132004	박대한	57
2132006	김영한	45
2132010	김장섭	42
2132009	이영옥	42

나. 두 개 이상의 테이블에서 데이터 검색

위에서는 하나의 테이블에서 SELECT 문을 이용하여 데이터 검색을 하는 방법을 알아보았는데, 여기에서는 두 개 이상의 테이블에서 JOIN을 이용하여 데이터를 검색하는 방법을 설명한다. JOIN의 일반적인 형식은 다음과 같다.

```
SELECT 필드리스트
FROM 테이블이름
[join type] JOIN 테이블이름
ON 조건                    * 테이블 간의 연결관계를 키를 이용하여 지정
[WHERE 조건]
[ORDER BY 필드리스트] [ASC|DESC]
```

JOIN의 형식에는 INNER JOIN, OUTER JOIN, CROSS JOIN이 있다. INNER JOIN은 기본적인 JOIN으로서 결합하고자 하는 테이블을 연결하는 필드의 값이 같은 레코드를 선택한다. OUTER JOIN은 하나의 기준 테이블을 설정하고 기준 테이블의 모든 레코드와 다른 테이블에서 조건을 만족하는 레코드를 결합하여 준다. 기준 테이블의 위치에 따라 LEFT JOIN, RIGHT JOIN 그리고 이 JOIN을 합친 FULL JOIN으로 나눌 수 있다. CROSS JOIN은 각 테이블에서 조인 조건을 만족하는 모든 레코드에 대해 가능한 모든 조합을 결합하여 주는데 그리 많이 사용되지 않는다.

예제 3.3.4 [예제 3.3.3]의 Customer 테이블에 이메일 주소가 포함되어 있지 않아 카드번호(CardNo), 이메일 주소(email) 두 개 필드로 구성되어 있는 [표 3.7]과 같은 EmailAddress 테이블을 만들었다. 모든 고객이 이메일 주소는 가지고 있지 않고 5명만의 데이터가 있다. 여기서 카드번호(CardNo)는 키로서 [예제 3.3.3]의 Customer 테이블의 카드번호와 동일하다.

1) Customer 테이블과 EmailAddress 테이블을 연결하여 이메일 주소가 있는 사람들의 고객번호, 이름, 이메일 주소를 검색하고, 고객번호 순으로 검색하는 SELECT 문을 작성하라.
2) Customer 테이블의 모든 고객과 EmailAddress 테이블을 연결하여 고객번호, 이름, 이메일 주소를 검색하는데, 이메일 주소가 없는 경우 Null로 표시하는 SELECT 문을 작성하라.

[표 3.7] 이메일 주소 테이블 데이터

테이블 EmailAddress

CardNo	Email
2132001	hana@hanmail.net
2132003	jeong@hanmail.net
2132004	parkdh@yahoo.co.kr
2132006	yhkim@hotmail.net
2132009	youngok@yahoo.co.kr

풀이

1) Customer 테이블과 EmailAddress 테이블을 연결하여 고객번호, 이름, 이메일 주소를 검색하고, 고객번호 순으로 검색하는 SELECT 문과 검색결과는 다음과 같다.

```
SELECT Customer.CardNo, Name, Email FROM Customer
INNER JOIN EmailAddress
ON Customer.CardNo=EmailAddress.CardNo
ORDER BY Customer.CardNo
```

검색결과:

CardNo	Name	Email
2132001	김하나	hana@hanmail.net
2132003	정민국	jeong@hanmail.net
2132004	박대한	parkdh@yahoo.co.kr
2132006	김영한	yhkim@hotmail.net
2132009	이영옥	youngok@yahoo.co.kr

2) Customer 테이블을 기준 테이블로 하고 EmailAddress 테이블을 연결하는 SELECT 문과 검색결과는 다음과 같다.

```
SELECT Customer.CardNo, Name, Email FROM Customer
LEFT JOIN EmailAddress    ON Customer.CardNo=EmailAddress.CardNo
```

LEFT JOIN 문장은 ON 문에 *= 연산자를 이용하여 다음과 같이 할 수도 있다. 여기서 AS 문은 테이블의 이름이 길어 불편할 때 이름을 간편하게 줄이는 명령어다.

```
SELECT Customer.CardNo, Name, Email
FROM Customer AS C, EmailAddress AS E ON C.CardNo *= E.CardNo
```

검색결과:

CardNo	Name	Email
2132001	김하나	hana@hanmail.net
2132002	이우리	NULL
2132003	정민국	jeong@hanmail.net
2132004	박대한	parkdh@yahoo.co.kr
2132005	이나리	NULL
2132006	김영한	yhkim@hotmail.net
2132007	김용태	NULL
2132008	이용화	NULL
2132009	이영옥	youngok@yahoo.co.kr
2132010	김장섭	NULL

RIGHT JOIN도 유사한 결과를 가져다 주는데 연산자 =*를 이용할 수도 있다.

JOIN 이외에 두 개 이상의 테이블을 연결하여 검색하는 질의어에 UNION이 있다. UNION은 각각의 테이블을 검색한 결과들의 합집합으로서 일반적인 형식은 다음과 같다.

```
SELECT 필드리스트 FROM 테이블이름
UNION
SELECT 필드리스트 FROM 테이블이름
```

두 개의 테이블을 검색할 때 한 테이블에서 어떤 조건을 만족하는 레코드를 다른 테이블에서 검색할 수 있다. WHERE 문에 IN이나 EXISTS를 사용하여 다른 SELECT 문을 중첩하여 넣으면 가능하다. 예를 들어, EmailAddress 테이블에 주소가 있는 또는 없는 고객들만 Customer 테이블에서 검색하는 SELECT 문은 다음과 같다.

```
SELECT Customer.CardNo, Name FROM Customer
WHERE CardNo IN ( SELECT CardNo FROM EmailAddress )
SELECT Customer.CardNo, Name FROM Customer
WHERE CardNo NOT EXISTS ( SELECT CardNo FROM EmailAddress )
```

다. 데이터의 추가, 수정 및 삭제

기존의 테이블에 새로운 레코드를 추가할 때는 INSERT 문을 이용한다.

```
INSERT [INTO] 테이블이름 [ ( [필드이름 [, ... n] ) ]
VALUES ( [데이터 [, ... n] )
```

테이블에 있는 레코드의 값을 수정할 때는 UPDATE 문을 이용한다.

```
UPDATE 테이블이름
SET (필드이름=데이터 [, ... n] )
[WHERE 조건]
```

테이블에 있는 레코드를 완전히 삭제할 때는 DELETE 문을 이용한다.

```
DELETE 테이블이름
[WHERE 조건]
```

예제3.3.5 1) 이우리 고객(카드번호 2132002)의 이메일 주소가 woori@yahoo.co.kr임을 알았다. EmailAddress 테이블에 이 정보를 입력하라.
2) 위의 이우리 고객의 이메일 주소를 woori@hanmail.net로 수정하라.

풀이

1) EmailAddress 테이블에 새로운 레코드를 추가하는 SQL문은 다음과 같다.

```
INSERT INTO EmailAddress (CardNo Email)
VALUES ('2132002', 'woori@yahoo.co.kr')
```

2) 이메일 주소를 수정하는 SQL문은 다음과 같다.

```
UPDATE EmailAddress
SET Email='woori@hanmail.net'
WHERE (CardNo='2132002')
```

3.3.3 함수(Function)

앞 절에서 count()라는 **함수**(function)를 이미 사용하였는데 이 절에서는 SQL 함수에 관해 설명한다. 함수는 크게 수학적인 변환이나 문자열을 조절하는 **스칼라함수**(scalar function)와 통계관련 **집계함수**(aggregate function)로 나눌 수 있다. 이러한 함수는 필드 단위로 변환이 이루어진다.

가. 스칼라 함수

데이터의 수학적인 변환을 위한 SQL 함수는 [표 3.8]과 같고, 문자 데이터의 변환을 위한 함수는 [표 3.9], 날짜와 시간을 처리하기 위한 함수는 [표 3.10]과 같다.

[표 3.8] SQL 수학함수

함수명	설명
ABS(numeric 형) EXP(float 형) LOG(float 형) LOG10(float 형) POWER(numeric 형, length) SQRT(float 형)	절대값 지수 자연로그, 상용로그 승 제곱근
SIN(float 형), ASIN(float 형) COS((float 형), ACOS(float 형) TAN(float 형), ATAN(float 형)	사인, 역사인 코사인, 역코사인 탄젠트, 역탄젠트
ROUND(numeric 형, length) CEILING(numeric 형) FLOOR(numeric 형)	반올림 올림 내림
RAND([seed])	0과 1 사이의 난수

[표 3.9] SQL 문자함수

함수명	설명
LEFT(string 형, int 형) RIGHT(string 형, int 형)	문자열의 왼쪽에서 int 수만큼 문자를 취함 문자열의 오른쪽에서 int 수만큼 문자를 취함
LEN(string 형) LTRIM(char 형) RTRIM(char 형) LOWER(char 형) UPPER(char 형)	문자열의 개수 문자열의 좌측 공백 제거 문자열의 우측 공백 제거 소문자로 변환 대문자로 변환
REPLACE(expr1, expr2, expr3)	expr1에서 expr2 문자열을 찾아 expr3로 바꿈

[표 3.10] SQL 날짜함수

함수명	설명
YEAR(date 형) MONTH(date 형) DAY(date 형)	날짜에서 연을 취함 날짜에서 월을 취함 날짜에서 일을 취함
GETDATE()	시스템의 날짜와 시각을 구함
DATEDIFF(datepart, date1, date2) DATEADD(datepart, number, date)	두 날짜의 차이를 구함 datepart 자리에 number를 더함

예제 3.3.6 1) Customer 테이블의 나이(Age)를 자연로그 변환하여 LogAge라는 필드를 만들어라.
2) 0과 1 사이의 난수를 생성하여 RandomNo라는 필드를 만들어라.

풀이

1) 나이(Age)를 자연로그 변환하여 LogAge 라는 필드를 생성하는 SQL 문은 다음과 같다.

```
SELECT CardNo, LOG(Age) as ,LogAge FROM Customer
```

2) 난수를 생성하여 RandomNo라는 필드를 생성하는 SQL 문은 다음과 같다.

```
SELECT RAND() AS RandomNo
```

나. 통계함수

통계관련 SQL 함수는 [표 3.11]과 같은데 해당 필드의 레코드 수, 최소값, 최대값, 합계, 평균, 표준편차를 계산하여 준다.

[표 3.11] 통계관련 집계 함수

함수명	설명
COUNT(*)	테이블에 있는 전체 레코드의 수
COUNT(필드이름)	해당 필드의 null 이 아닌 레코드의 수
SUM(필드이름)	합계
AVG(필드이름)	평균
MIN(필드이름)	최소값
MAX(필드이름)	최대값
STDEV(필드이름)	표본표준편차
STDEVP(필드이름)	모표준편차

예제 3.3.7 Customer 테이블의 레코드 수, 나이(Age)의 평균, 표본표준편차를 구하는 SQL 문을 작성하라.

풀이 레코드 수, 나이(Age)의 평균, 표본표준편차를 구하는 SQL 문은 다음과 같다.

```
SELECT COUNT(*) AS RecordNo,
         AVG(Age) AS AgeMean,
         STDEV(Age) AS AgeStdev
FROM Customer
```

3.3.4. 데이터베이스 객체(Object)

사용자가 데이터베이스를 편리하게 이용하기 위한 SQL 명령어를 객체라고 하는데, 여기서는 VIEW, PROCEDURE, TRIGGER를 소개한다.

가. VIEW

앞 절에서 살펴본 SELECT 문은 하나의 테이블 또는 두 개 이상의 테이블에서 필요한 레코드와 필드를 검색하여 주는 유용한 SQL 질의언어이다. 이렇게 검색된 레코드와 필드를 차후에 다시 이용하기 쉽도록 가상 테이블을 만들어 주는 것이 뷰(VIEW)인데, 뷰의 생성과 제거 형식은 다음과 같다. 이러한 VIEW에 의해 만들어진 가상 테이블은 ALTER 문을 이용하여 변경할 수 없다.

```
CREATE VIEW 뷰이름 [ ( 필드이름 [, ... n ] ) ]
   AS SELECT 문
   [WITH CHECK OPTION]
```

```
DROP VIEW 뷰이름
```

예제 3.3.8 Customer 테이블에서 직업(Job)이 회사원으로 이루어진 OfficeCustomer라는 VIEW를 생성하라. 이 VIEW에는 CardNo, Name, Sex, Age 필드만 포함하라.

풀이

```
CREATE VIEW OfficeCustomer (CardNo, Name, Sex, Age)
  AS SELECT CardNo, Name, Sex, Age
  FROM Customer
  WHERE Job='회사원'
  WITH CHECK OPTION
```

여기에서 WITH CHECK OPTION 문은 VIEW의 정의조건(Job='회사원')을 확인해야 된다는 것을 의미한다.

나. PROCEDURE

한 번 작성한 SQL 명령어는 다음에 다시 사용하는 경우가 많다. 이렇게 자주 사용하는 명령어는 PROCEDURE를 만들어 저장하여 놓으면 다시 데이터베이스를 이용할 때 간편한데, PROCEDURE의 생성과 제거는 다음과 같다.

```
CREATE PROCEDURE 프로시저이름
   AS SQL 문
```

```
DROP PROCEDURE 프로시저이름
```

예를 들어, [예제 3.3.7]의 Customer 테이블의 레코드 수, 나이(Age)의 평균, 표본표준편차를 구하는 SQL 문에 대한 PROCEDURE를 작성하면 다음과 같다.

```
CREATE PROCEDURE SaveProc
   AS SELECT COUNT(*) AS RecordNo,
        AVG(Age) AS AgeMean,
        STDEV(Age) AS AgeStdev
        FROM Customer
```

다. TRIGGER

한 데이터베이스에 여러 개의 테이블이 있는 경우, 어느 한 테이블의 레코드를 삭제하는 경우 다른 테이블에서도 같은 레코드를 동시에 삭제할 필요가 있다. 이와 같은 삭제, 입력, 업데이트 작업을 동시에 하기 위한 SQL 명령어가 TRIGGER인데 일반적인 형식은 다음과 같다.

```
CREATE TRIGGER 트리거이름
ON 테이블이름
FOR { [INSERT] [,] [DELETE] [,] [UPDATE] }
AS SQL 문
```

```
DROP TRIGGER 트리거이름
```

예를 들어, Customer 테이블에 있는 레코드를 삭제할 때 EmailAddress 테이블에 있는 같은 카드번호를 갖는 레코드를 삭제하도록 하는 TRIGGER의 생성은 다음과 같다.

```
CREATE TRIGGER DeleteTrigger
ON Customer
FOR DELETE
AS DELETE EmailAddress
    WHERE CardNo IN ( SELECT CardNo FROM Customer )
```

3.4 다차원분석 및 OLAP

이 절에서는 여러 개의 필드를 갖는 테이블이 있을 경우 다차원분석 방법과 이를 위한 소프트웨어인 OLAP에 대해서 살펴본다.

3.4.1 다차원분석(Multi-dimensional Analysis)

한 다국적 회사의 2010년도 매출액 데이터가 [표 3.12]와 같이 연도(year), 분기(quarter), 월(month), 국가(country), 도시(city), 상품(item), 매출액(sales) 필드로 구분되어 있는 테이블 BranchSales에 저장되어 있다. 각 필드의 속성 값은 다음과 같다.

- 연도(year): 2010년
- 분기(quarter): 1분기 - 4분기
- 월(month): 1월, 2월, ... , 12월
- 국가(country): 미국, 중국
- 도시(city): 뉴욕, LA, 북경, 상해
- 상품(item): TV, PC, 에어컨, 냉장고
- 매출액(sales): 판매액, 단위 억원

[표 3.12] 각 지사의 판매액 데이터

테이블 BranchSales (단위: 백만불)

year	quarter	month	country	city	item	sales
2010	1	1	미국	뉴욕	TV	12
2010	1	2	미국	뉴욕	TV	9
2010	1	3	미국	뉴욕	TV	10
2010	2	4	미국	뉴욕	TV	15
2010	2	5	미국	뉴욕	TV	13
2010	2	6	미국	뉴욕	TV	10
2010	3	7	미국	뉴욕	TV	16
...	...	...	...	...	...	...
2010	4	12	중국	상해	냉장고	9

[표 3.13]은 국가별 각 상품의 매출액을 조사한 2차원 교차표이다. 이 교차표의 각 셀에 대한 매출액을 구하기 위한 SQL 문은 다음과 같다.

```
SELECT country, item, sum(sales) as totsales  FROM BranchSales
GROUP BY country, item
```

[표 3.13] 국가별 * 상품에 대한 매출액의 2차원 교차표

상품 \ 국가	미국	중국	합계
TV	281	314	595
PC	283	301	584
에어컨	349	304	653
냉장고	328	260	588
합계	1241	1179	2420

하지만 위의 SQL 문은 각 국가별 매출액의 합계나 각 상품별 매출액의 합계는 구하지 않는다. 이러한 합계를 위해서는 ROLLUP이나 CUBE 문을 사용하여야 한다. 아래 SQL 문에서 ROLLUP은 국가별 합계를 계산하고, CUBE는 국가별 합계와 함께 상품별 합계도 계산하여 준다.

```
SELECT country, item, sum(sales) as totsales  FROM BranchSales
GROUP BY country, item WITH ROLLUP
```

```
SELECT country, item, sum(sales) as totsales  FROM BranchSales
GROUP BY country, item WITH CUBE
```

[표 3.14]는 국가별, 도시별, 상품별 매출액의 3차원 교차표이다. 이 교차표를 위해서는 다음과 같은 SQL 문이 필요하다.

```
SELECT country, city, item, sum(sales) as totsales  FROM BranchSales
GROUP BY country, city, item WITH CUBE
```

[표 3.14] 국가별 * 도시별 * 상품에 대한 매출액의 3차원 교차표

상품 \ 국가	미국		중국		합계
	뉴욕	LA	북경	상해	
TV	142	139	182	132	595
PC	135	148	163	138	584
에어컨	176	173	139	165	653
냉장고	167	161	137	123	588
	620	621	621	558	
합계	1241		1179		2420

[표 3.15]는 국가별, 도시별, 분기별, 상품별 매출액의 4차원 교차표이다. 이 교차표를 위해서는 다음과 같은 SQL 문이 필요하다.

```
SELECT country, city, item, quarter sum(sales) as totsales
FROM BranchSales
GROUP BY country, city, item, quarter WITH CUBE
```

일반적으로 이와 같은 교차표를 **다차원 교차표**(multi-dimensional cross table 또는 contingency table)라고 하는데 SELECT 문의 GROUP BY와 ROLLUP, CUBE를 이용하여 구할 수 있다.

[표 3.15] 국가별 * 도시별 * 상품별 * 분기별에 대한 매출액의 4차원 교차표

지역	미국								중국							
	뉴욕				LA				북경				상해			
분기 \ 상품	TV	PC	에어컨	냉장고	TV	PC	에어컨	냉장고	TV	PC	에어컨	냉장고	TV	PC	에어컨	냉장고
1분기	41	41	41	52	30	26	46	49	39	44	32	26	34	37	38	34
2분기	28	26	40	47	37	49	35	37	52	42	24	35	25	22	47	28
3분기	41	29	45	31	38	29	42	37	41	45	42	27	25	38	41	18
4분기	32	39	50	37	34	44	50	38	50	32	41	49	48	41	39	43

3.4.2 온라인 분석 시스템(OLAP)

만일 [표 3.15]의 4차원 교차표와 같이 분기별 매출액이 아니라 [표 3.14]와 같이 연도별 매출액으로 집계하여 볼 필요가 있을 때, 이를 시간의 상위개념으로 **롤업**(roll up)한다고 한다. 반대로 [표 3.16]과 같은 매출액을 월별로 세분하여 볼 필요가 있을 수 있는데, 이를 시간의 하위개념으로 **드릴다운**(drill down)한다고 한다.

온라인 분석처리 시스템(On-Line Analytical Processing: OLAP)이란 롤업이나 드릴다운 같은 다차원분석을 데이터베이스와 연결하여 용이하게 하여 주는 소프트웨어이다. OLAP은 다차원분석을 용이하게 하여 주고, 여러 가지 그림을 이용한 시각화를 가능하게 하며, 보고서를 쉽게 작성할 수 있도록 도와주는 기능을 갖고 있다. OLAP 소프트웨어 제품으로는 Arbor Software의 Essbase와 오라클의 Express Server 등이 있다.

[표 3.16] [표 3.15]의 분기별 데이터를 월별로 드릴 다운(drill down)한 4차원 교차표

	지역	미국								중국							
		뉴욕				LA				북경				상해			
분기	월 \ 상품	TV	PC	에어컨	냉장고	TV	PC	에어컨	냉장고	TV	PC	에어컨	냉장고	TV	PC	에어컨	냉장고
1분기	1월																
	2월																
	3월																
2분기	4월																
	5월																
	6월																
3분기	7월																
	8월																
	9월																
4분기	10월																
	11월																
	12월																

3.5 MS-SQL 실습

MS-SQL Server 2008 R2가 컴퓨터에 설치되어 있다고 가정하자. 소프트웨어 설치방법은 부록 A.3를 참조하라. [표 3.4]의 데이터에 대한 Customer 테이블과 [표 3.7]의 EmailAddress 테이블을 포함하는 Department 데이터베이스의 생성은 다음과 같다.

가. 데이터베이스의 생성 및 삭제

1) 컴퓨터 주화면에서 '시작 => 모든 프로그램 => Microsoft SQL Server 2008 R2 => SQL Server Management Studio'를 실행하면 다음과 같은 주화면이 나타난다.

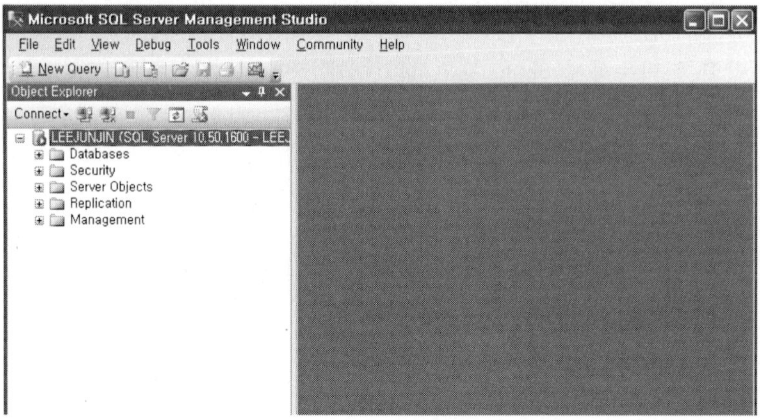

2) 화면 좌측에 있는 객체탐색기('Object Explorer')의 'Database'에 마우스 우측 버튼을 클릭하여 아래와 같은 팝업 메뉴가 나타나면 'New Database'를 선택한다. 이어서 'New Database' 창이 나타나면 'Database Name:'으로 Department를 입력하고 'OK'를 클릭한다. 객체탐색기의 'Databases'를 확인하면 'Department'라는 데이터베이스가 나타난 것을 확인할 수 있다.

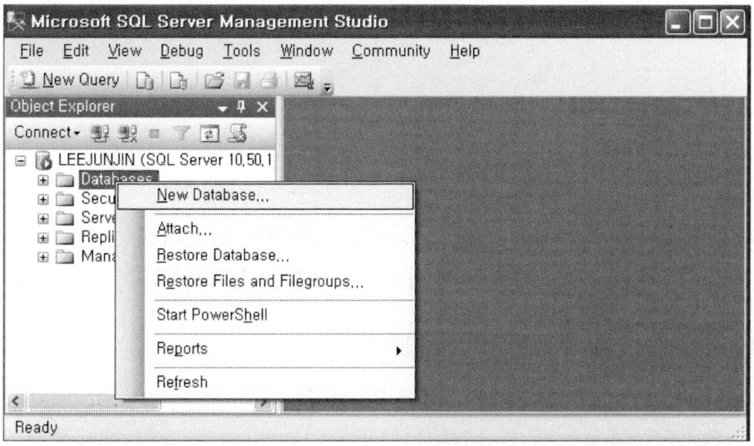

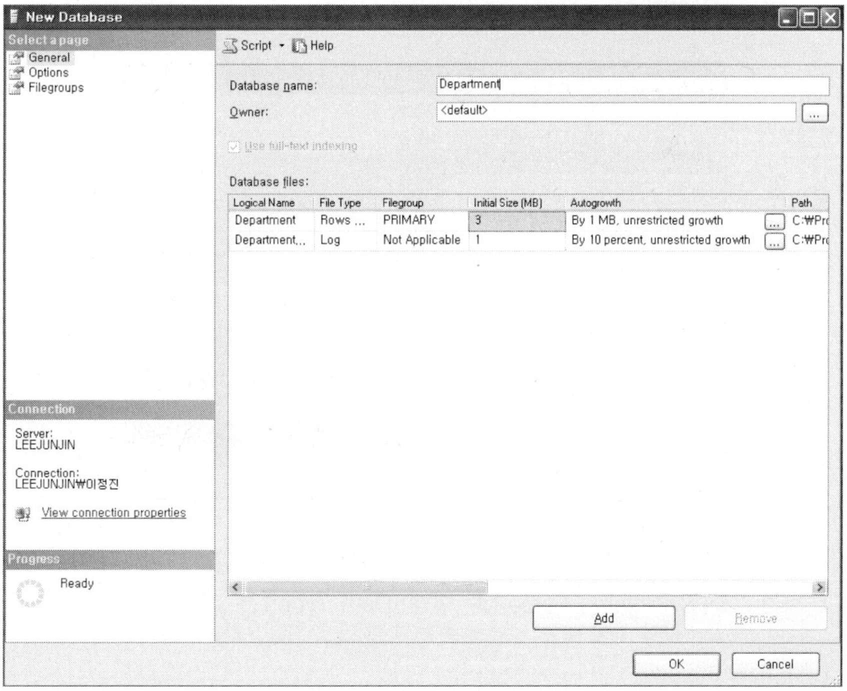

3) 객체탐색기의 'Databases'의 'Department' 위의 마우스 우측 버튼을 클릭한 후 나타나는 팝업 메뉴에서 'Properties'를 선택하면 아래와 같은 속성을 관찰할 수 있

다. 좌측의 'Select a page' 메뉴에서 파일형식, 파일그룹, 처음크기, 자동증가사용의 유무 및 단위, 경로를 설정할 수 있다.

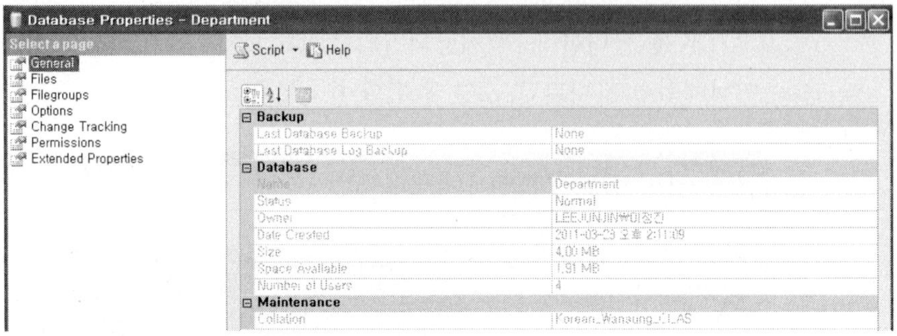

4) 데이터베이스를 삭제하려면 객체탐색기에서 삭제하려는 데이터베이스 위에 마우스 우측 버튼을 클릭하여 나타나는 팝업 메뉴에서 'Delete'를 선택한다.

나. 테이블의 생성 및 데이터 입력

1) 테이블을 생성하려면 데이터베이스('Department')를 더블클릭한 후 'Tables'를 선택하고, 마우스 우측 버튼을 클릭하여 나타나는 팝업 메뉴에서 'New Table...'을 선택한다.

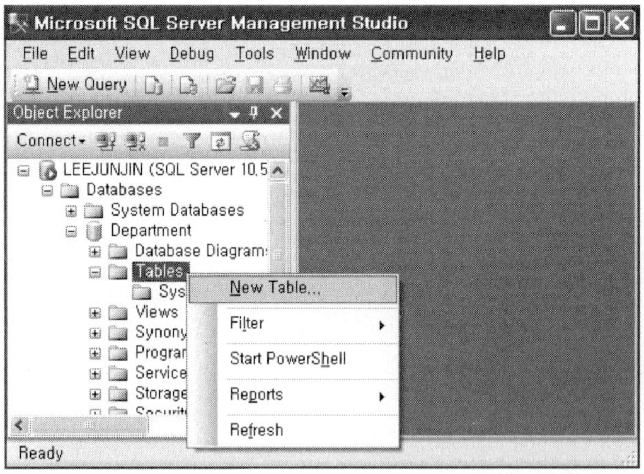

2) 아래와 같은 창이 나타나면 [예제 3.3.1]의 Customer 테이블과 같이 각 속성의 이름('Column Name')과 형태('Data Type')를 지정한다.

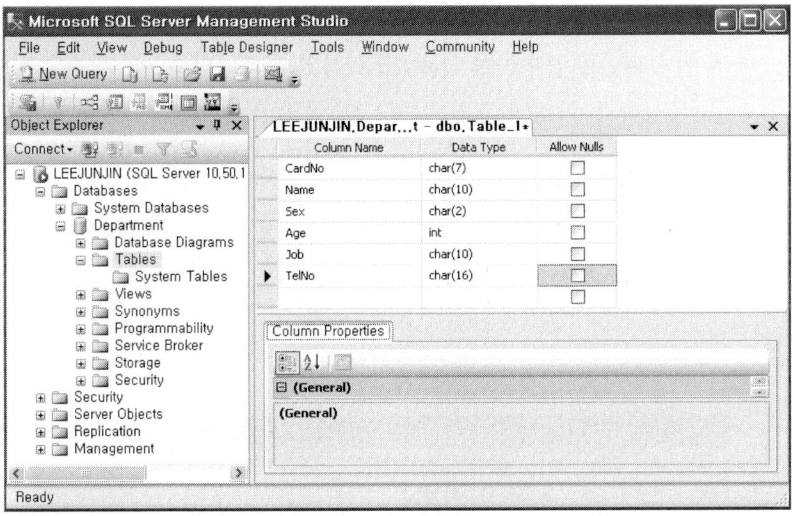

3) 메뉴의 ‘File => Save Table 1’을 선택(툴바에서 저장버튼을 클릭하여도 됨)하여 나타나는 창에 테이블 이름 ‘Customer’를 입력하고 ‘OK’를 클릭하여 저장한다.

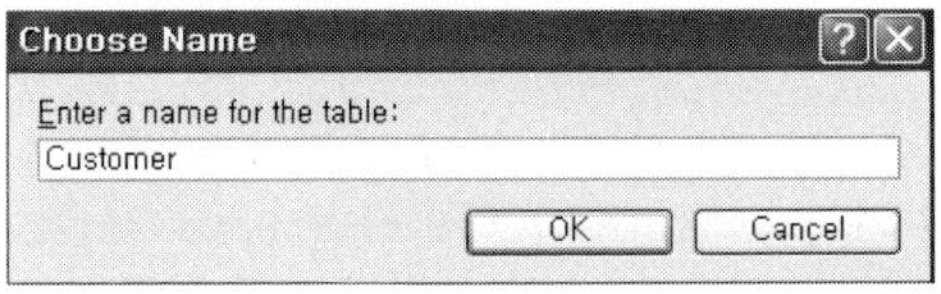

4) 객체탐색기에서 데이터베이스 ‘Department’의 하위 폴더를 열어서 ‘Tables’ 안의 ‘dbo.Customer(Customer table)’를 선택한 후 마우스 우측 버튼을 클릭하여 나타나는 팝업 메뉴에서 ‘Edit top 200Rows’를 선택한다. 아래와 같은 테이블이 나타나면 여기에 레코드를 하나씩 입력한다.

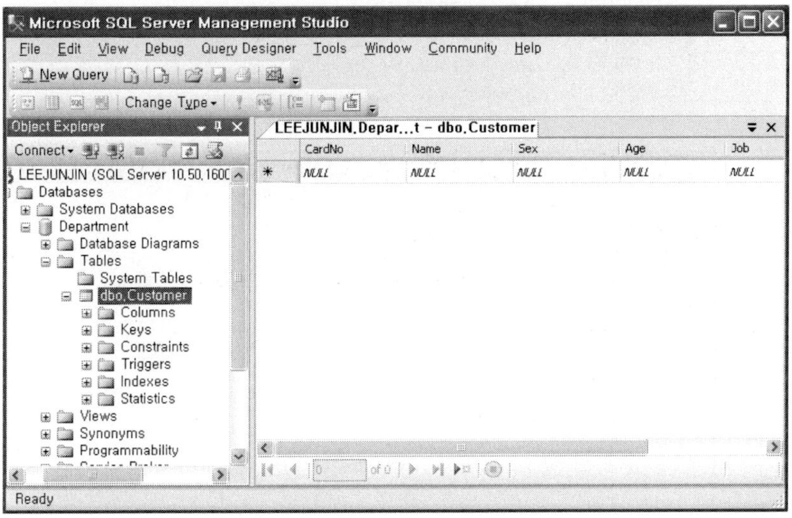

5) 위와는 다르게 Query 입력창을 이용하여 EmailAddress 테이블을 생성하여 보자. 'New Query'를 클릭하여 Query 입력창이 나타나면 [표 3.7]의 EmailAddress 테이블을 생성하기 위해 아래와 같이 입력하고 'Execute' 버튼을 클릭한다.

```
USE Department
CREATE TABLE EmailAddress
(
    CardNo     char(7)     PRIMARY KEY,
        Email       char(30)    NOT NULL,
)
```

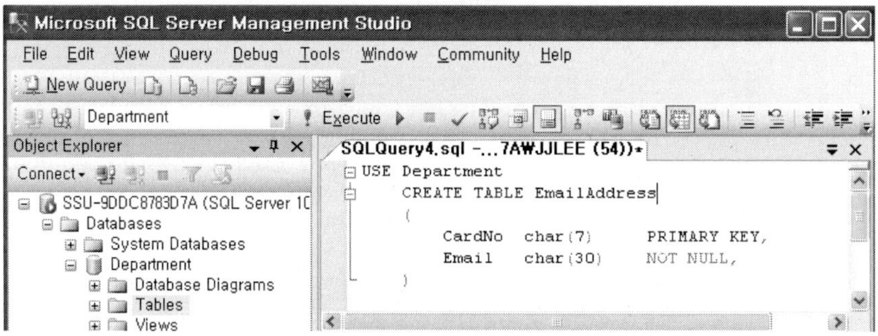

6) 'New Query'를 클릭하여 Query 입력창이 나타나면 EmailAddress 테이블에 [표 3.4]의 레코드를 아래와 같이 입력하고 'Execute' 버튼을 클릭한다.

```
USE Department;
GO
INSERT INTO EmailAddress
VALUES
('2132001','hana@hanmail.net'),
('2132003','jeong@hanmail.net'),
('2132004','parkdh@yahoo.co.kr'),
('2132006','yhkim@hotmail.net'),
('2132009','youngok@yahoo.co.kr');
```

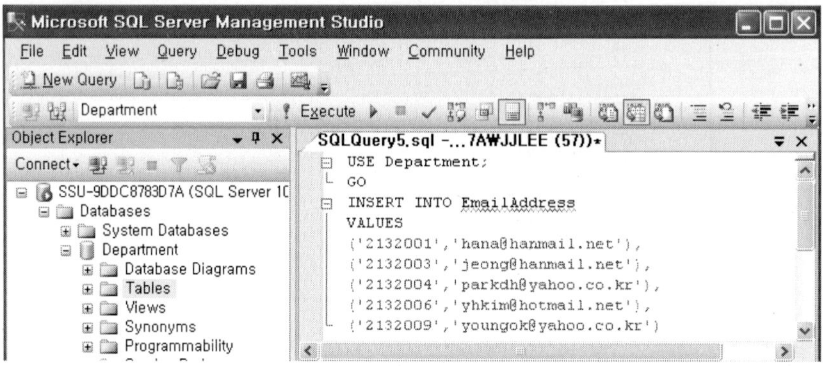

다. 데이터 조작문

데이터베이스 Department에 만들어진 테이블 Customer와 EmailAddress를 이용하면 3.3절의 데이터 조작을 위한 SQL 문을 실습할 수 있다. 예를 들어, [예제 3.3.3]에서 Customer 테이블의 일부 필드인 CardNo, Name, Job의 검색을 위한 SELECT 문의 실습은 다음과 같다. 'New Query'를 클릭하여 Query 입력창이 나타나면 아래와 같이 입력하고 'Execute' 버튼을 클릭한다.

```
USE Department;
GO
SELECT CardNo Name, Job FROM Customer
```

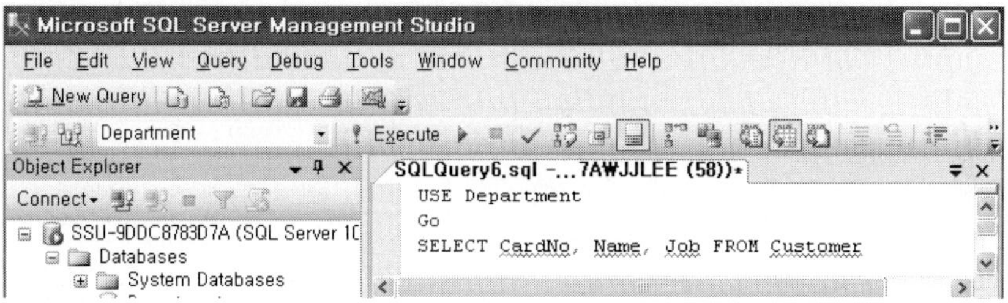

검색된 결과는 다음과 같다.

Results | Messages

	CardNo	Names	Job
1	2132001	김하나	회사원
2	2132002	이우리	공무원
3	2132003	정민국	자영업
4	2132004	박대한	회사원
5	2132005	이나리	학생
6	2132006	김영한	공무원
7	2132007	김용태	회사원
8	2132008	이용화	주부
9	2132009	이영옥	주부
10	2132010	김창섭	회사원

기타 데이터 조작을 위한 SQL 문의 실습은 위의 예와 유사하여 생략한다.

연습문제

1 데이터베이스 시스템을 설명하라.

2 데이터 웨어하우스가 왜 필요한지 설명하라.

3 관계형 데이터베이스와 키의 역할에 대해 설명하라.

4 한 대학의 성적관리에 필요한 관계형 데이터베이스를 대략 설계하라.

5 어느 대학의 통계학과 학생 10명에 대한 테이블이 아래와 같이 학번(StudentID), 이름(Name), 성별(Sex), 지역(Area), 전화번호(TelNo)로 구성되어 있다.

StudentID	Name	Sex	Area	TelNo
2011001	김하나	여	서울	010-3821-0102
2011002	이우리	여	부산	010-3427-3887
2011003	정대한	남	서울	011-3534-2671
2011004	박민국	남	광주	010-2820-0102
2011005	이나라	남	부산	010-2264-1132
2011006	김영한	남	서울	010-2633-3167
2011007	김용태	남	서울	010-3333-7890
2011008	이용화	여	광주	010-2130-1334
2011009	이영옥	여	서울	010-2574-3179
2011010	김장섭	남	부산	010-2368-5678

1) 각 필드에 적합한 데이터 형태를 설계하라. 학번은 기본키로 사용된다.
2) 위에서 설계한 데이터 형태를 이용하여 StudentDB라는 데이터베이스를 생성하는 SQL 문을 작성하라.
3) 2)번의 데이터베이스에 필요한 테이블을 정의하는 SQL 문을 작성하라.
4) 데이터를 입력하는 SQL 문을 작성하라.

생성된 테이블로 SELECT 문을 이용하여 다음 작업을 하라.

5) 학번, 이름 및 지역 필드를 검색하라.
6) 여학생의 학번, 이름, 전화번호를 검색하라.
7) 성별 빈도수를 조사하라.
8) 학생들을 학번의 내림차순으로 정렬하라.

6 문제 5의 통계학과 학생 중 5명에 대한 취미생활 데이터가 다음과 같다.

StudentID	Hobby
2010002	축구
2010003	축구
2010005	영화감상
2010006	테니스
2010010	테니스

1) 각 필드에 적합한 데이터 형태를 설계하라. 학번은 기본키로 사용된다.
2) 위에서 설계한 데이터 형태를 이용하여 HobbyDB라는 데이터베이스를 생성하는 SQL 문을 작성하라. 그리고 테이블을 정의하는 SQL 문을 작성하라.
3) 위의 데이터를 입력하는 SQL 문을 작성하라.

7 문제 5의 StudentDB와 문제 6의 HobbyDB를 이용하여 다음 작업을 하라.

1) 두 테이블을 결합하여 학번, 이름, 성별, 취미 필드를 검색하기 위한 SQL 문을 작성하라.
2) 두 테이블을 결합하여 취미가 축구인 학생을 검색하는 SQL 문을 작성하라.

참고문헌

성윤정. 한번에 이해되는 MS SQL Server 2008. 인피니티북스, 2010.
이영걸. SQL Server 2008. 길벗, 2010.
한경수, 최숙희, 안정용. 통계분석을 위한 데이터베이스의 이해. 자유아카데미, 2002.
Mike Hotek, 김도균역, Microsoft SQL Server 2008. 정보문화사, 2010.

4장

연관분석

Association Analysis

연관분석(association analysis)은 데이터에 빈발하는 속성을 찾아내고 이 중에서 서로 연관이 있는 규칙을 발견하는 기법을 의미한다.

이 장에서는

- 이항 데이터에서 연관규칙을 찾아내는 선험적 알고리즘과 연관규칙의 평가방법을 연구한다.
- 범주형 및 연속형 데이터의 연관분석을 연구한다.
- 항목 출현순서(sequence)의 탐색, 비빈발패턴(infrequent pattern)의 탐색을 연구한다.

4.1 연관분석(Association Analysis)의 기본개념

정보화 사회가 급진전하면서 국가나 기관 그리고 기업들은 대량의 데이터를 매일 축적하고 있다. 이 대량의 데이터를 잘 분석하면 해당 조직에 많은 도움을 줄 수 있는 정보를 구할 수 있다. 예를 들면, 대형 슈퍼마켓에서는 매일 고객들이 구매하는 물품들에 대한 정보가 축적되고 있는데, [표 4.1]은 5명의 고객이 상품을 구입한 목록의 한 예이다. 고객마다 구입한 상품의 수와 종류가 다른데 한 고객이 구입한 상품 모두에 대한 컴퓨터 처리를 하였을 때, 이를 **트랜색션**(transaction) 데이터를 하나 처리하였다고 한다. 슈퍼마켓의 사장은 고객들이 어떠한 상품의 구매에 관심이 많은지 또는 구매할 때 서로 연관이 있는 상품이 있는지에 대한 관심이 있을 수 있는데, 이를 **장바구니분석**(market basket analysis)이라 한다. 이 결과를 활용하면 고객의 구매 가능성을 높이기 위해 상품의 진열을 조정할 수 있고, 마케팅 전략에 활용할 수 있으며, 재고관리 또는 **고객관계경영**(customer relation management) 등에 이용할 수 있다.

[표 4.1] 한 수퍼마켓의 5명의 고객이 구입한 상품 목록 데이터

고객 번호	상품명
1	{사과, 빵, 버터, 계란}
2	{우유, 빵, 버터, 콜라}
3	{사과, 우유}
4	{사과, 우유, 빵, 버터}
5	{사과, 우유, 빵, 콜라}

이 장에서는 대량 데이터에 숨어있는 **연관규칙**(association rule)을 찾는 **연관분석**(association analysis)을 소개한다. [표 4.1]에서 나타날 수 있는 연관규칙의 예를 들면 다음과 같다.

{빵} → {버터}

이 규칙은 두 상품 {빵}와 {버터}가 관련이 높음을 나타내는 것으로서 {빵}를 사는 고객들이 {버터}도 구입할 가능성이 많은 것을 나타낸다. 슈퍼마켓의 사장은 이 연관규칙 정보를 이용하여 두 상품을 동시에 한 곳에 진열하는 판매 전략을 생각할 수 있다.

슈퍼마켓 예제에서 모든 상품들의 항목집합을 $I=\{i_1, i_2, \cdots, i_m\}$라 하고 모든 고객 트랜색션들의 집합을 $T=\{t_1, t_2, \cdots, t_N\}$라 하자. [표 4.1]의 데이터는 각 상품의

구매여부를 1과 0으로 표시하여 [표 4.2]와 같이 **이항 데이터**(binary data)로 나타낼 수 있다. 이 예제에서는 상품의 구매(값 1)가 더 비중이 있는 이항 데이터임에 유의하라. 장바구니 데이터를 구매여부에 대한 이항 데이터로 표시하는 것은 가장 간단한 형태로서, 상품의 개수나 구매한 상품의 가격과 같은 정보는 포함하고 있지 않다. **비이항 데이터**(non-binary data)를 다루는 방법은 4.4절에서 논의한다.

[표 4.2] 한 수퍼마켓의 5명의 고객이 구입한 상품의 이항 데이터 표시

고객 번호	사과(i_1)	우유(i_2)	빵(i_3)	버터(i_4)	계란(i_5)	콜라(i_6)
t_1	1	0	1	1	1	0
t_2	0	1	1	1	0	1
t_3	1	1	0	0	0	0
t_4	1	1	1	1	0	0
t_5	1	1	1	0	0	1

X와 Y를 서로 공통원소가 없는 항목들의 집합(즉, $X \cap Y = \varnothing$)이라 할 때 연관규칙은 $X \rightarrow Y$로 표시한다. $n(X)$를 전체 트랜색션 중에서 항목집합 X를 포함하는 트랜색션의 수라 하고 집합기호로 다음과 같이 정의한다.

$$n(X) = |\{t_i \mid X \subseteq t_i,\ t_i \in T\}| \tag{4.1}$$

전체 트랜색션의 수가 N일 때 연관규칙 $X \rightarrow Y$의 평가는 다음과 같은 **지지도**(support)와 **신뢰도**(confidence)로서 나타낸다.

$$\text{지지도: } s(X \rightarrow Y) = \frac{n(X \cap Y)}{N} \tag{4.2}$$

$$\text{신뢰도: } c(X \rightarrow Y) = \frac{n(X \cap Y)}{n(X)} \tag{4.3}$$

지지도는 전체 트랜색션에서 연관규칙에 해당하는 데이터의 비율을 의미하고, 신뢰도는 항목 X를 포함하는 트랜색션 중에서 항목 Y도 포함하는 트랜색션의 비율을 의미한다.

예제 4.1.1 [표 4.1]에서 연관규칙 '{우유, 빵} → {버터}'의 지지도와 신뢰도를 구하라.

풀이 [표 4.1]에서 {우유, 빵} ∪ {버터} = {우유, 빵, 버터}를 모두 포함하고 있는 트랜색션은 고객 2와 고객 4의 2명이므로 지지도는 2/5 = 0.4이다. {우유, 빵}를 포함하고 있는 트랜색션은 고객 2, 고객 4, 고객 5의 3명이므로 신뢰도는 2/3 = 0.67이다.

지지도가 낮은 연관규칙은 여러 트랜색션에 적용되지 않는 규칙이어서 우연히 발생할 수 있는 규칙 또는 흥미가 없는 규칙일 가능성이 많다. 대개 **최소지지도**(minimum support)를 정하여 그 이하의 규칙은 버린다. 지지도는 좋은 규칙을 찾거나 흥미 없는 규칙을 버릴 때의 기준으로 사용된다. 반면에 신뢰도는 연관규칙의 신뢰성에 대한 측도이다. 주어진 연관규칙 $X \rightarrow Y$가 있을 때 신뢰도가 높을수록 항목 X를 포함하는 트랜색션은 항목 Y도 포함할 가능성이 많게 된다. 분석자가 지정하는 최소지지도를 minsupport, 최소신뢰도를 minconfidence라 할 때 연관규칙을 탐색하는 일반적인 원칙은 최소지지도보다 크면서 또 최소신뢰도보다 큰 연관규칙을 찾는 것이다.

연관규칙 탐색 원칙

지지도 $\geq$ minsupport, 신뢰도 $\geq$ minconfidence인 모든 가능한 연관규칙을 찾는다.

하지만 모든 가능한 연관규칙을 찾기 위한 경우의 수가 너무 많아서, 효율적인 탐색 알고리즘에 대한 연구가 계속되어 왔다. 연관규칙 $X \rightarrow Y$의 지지도와 신뢰도는 $n(X \cup Y)$ 와 관련 있는데, 이 숫자가 작으면 연관규칙이 될 가능성이 거의 없다. 연관규칙을 탐색하는 일반적인 전략은 지지도가 높은 빈발항목집합을 먼저 찾은 후, 이 중에서 신뢰도가 높은 연관규칙을 찾는 것이다.

연관규칙 탐색 전략

단계 1: 빈발항목집합의 생성(Frequent Item Set Generation)
최소지지도(minsupport)를 만족하는 모든 빈발항목집합을 찾는다.

단계 2: 연관규칙의 생성(Rule Generation)
단계 1에서 찾은 빈발항목집합에서 최소신뢰도(minconfidence)가 높은 모든 연관규칙을 찾는다.

연관규칙 탐색 전략에서 단계 1의 빈발항목집합 생성은 단계 2의 연관규칙 생성보다 많은 계산을 필요로 하여 효율적인 알고리즘이 많이 연구되었다. 4.2절에서는 기본적인 선험적 알고리즘(apriori algorithm)과 이를 이용한 연관규칙 생성방법을 알아본다. 4.3절에서는 연관규칙에 대한 여러 가지 평가방법에 대하여 알아본다. 4.4절에서는 범주형 및 연속형 데이터의 연관분석에 대해 알아본다. 4.5절에서는 항목들이 나타나는 출현순서에 대한 연관분석을 알아보고, 4.6절에서는 비빈발패턴의 탐색을 알아본다.

4.2 이항 데이터의 연관분석 – 선험적 알고리즘(Apriori Algorithm)

최소지지도 이상을 갖는 항목집합을 **빈발항목집합**(frequent item set)이라 한다. 트랜색션에 나타나는 모든 항목들의 집합을 $I=\{i_1, i_{2,} \cdots, i_m\}$라 할 때 모든 가능한 부분집합의 수는 공집합을 제외하고 $M=2^m-1$이다. 예를 들어, 네 원소 항목집합 $I=\{\text{a,b,c,d}\}$의 모든 가능한 항목집합은 2^4-1 = 15 경우가 있는데, 이를 격자 형태로 그리면 〈그림 4-1〉과 같다. 여기서 {a}, {b}, {c}, {d}와 같이 한 항목으로 이루어진 집합을 1-항목집합, {a,b}, {a,c}, ... , {c,d}와 같이 두 항목으로 이루어진 집합을 2-항목집합, {a,b,c}, {a,b,d}, ... , {b,c,d}와 같이 세 항목으로 이루어진 집합을 3-항목집합이라 한다. 일반적으로 k개의 항목으로 이루어진 집합을 k-항목집합이라 한다.

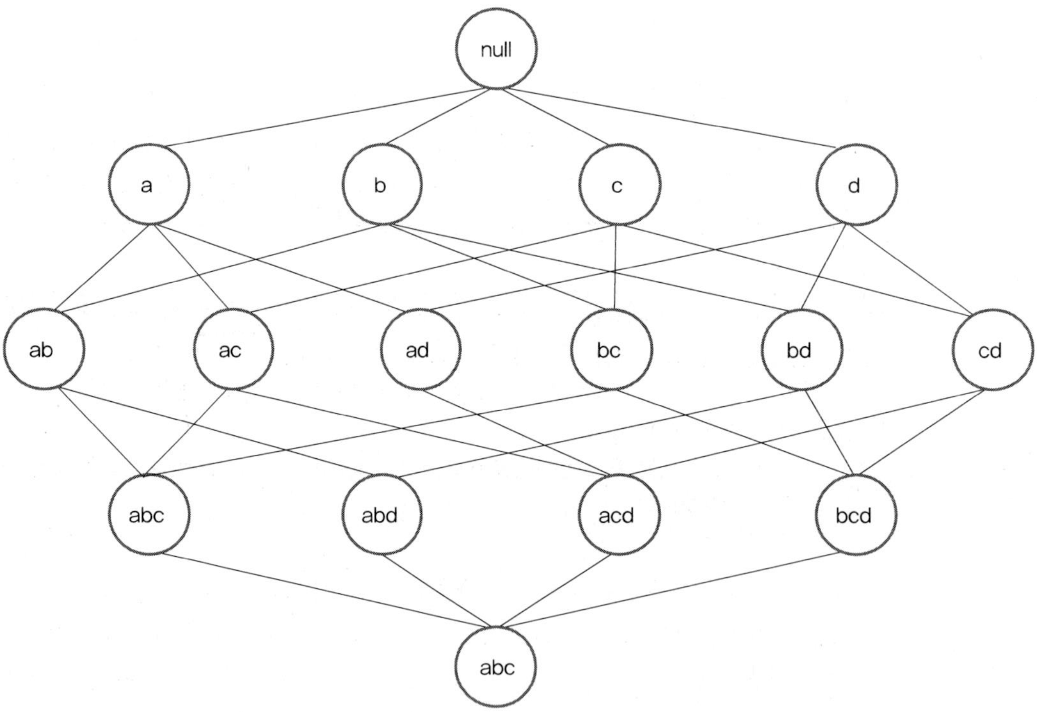

그림 4-1 네 원소 항목집합에 대한 모든 가능한 항목집합의 격자 형태 그림

원시적으로 연관규칙을 찾기 위해서는 모든 가능한 부분집합에 대해 전체 트랜색션에 대한 지지도를 계산하여야 한다. 즉, 각각의 트랜색션에서 모든 가능한 항목들의 부분집합이 있는지 일일이 비교하여 빈도수를 조사하고, 이 중에서 어떠한 부분집합이 빈발항목인지 알아보아야 한다. N을 트랜색션의 수라 하고 w를 한 트랜색션의 최대 항목수라 할 때, 모든 가능한 부분집합의 지지도를 계산하는 작업은

(NMw)에 비례하여 많은 비교가 필요하다. 그리고 항목의 수 m은 실제 응용에서 매우 클 수가 있는데, m에 지수적으로 비례해서 증가하는 부분집합의 수 $M = 2^m - 1$ 때문에 전체 지지도 계산은 더욱 많은 비교를 필요로 한다. 이와 같은 원시적인 빈발항목집합 생성방법의 문제점을 줄이기 위해서 다음과 같은 두 가지 접근방식에 의해 여러 가지 연구가 진행되어 왔다.

1) 모든 가능한 항목집합의 수(M)를 줄이는 방식

선험적(apriori)인 규칙을 이용하여 지지도 계산이 불필요한 항목집합을 제거하는 방식으로 4.2.1절에서 설명한다.

2) 비교하는 수를 줄이는 방식

자료구조를 효율적으로 하여 각각의 항목집합을 각각의 트랜색션과 일일이 비교하는 수를 줄이는 방식으로, FP-성장 알고리즘이 여기에 속한다. 자세한 내용은 참고문헌을 살펴보기 바란다.

4.2.1 선험적 규칙(Apriori Principle)

모든 항목집합에 대한 지지도를 계산하지 않고 원하는 빈발항목집합을 찾아내는 데 이용되는 선험적 규칙은 다음과 같다.

정리 4.1 빈발항목집합 추출의 선험적 규칙(Apriori Principle)

1) 한 항목집합이 빈발하다면 이 항목집합의 모든 부분집합은 역시 빈발항목집합이다.
2) 한 항목집합이 비빈발하다면 이 항목집합을 포함하는 모든 집합은 비빈발항목집합이다.

예를 들어, 모든 항목들의 집합을 $I = \{a,b,c,d\}$라 하자. 만일 {b,c,d}가 빈발항목집합이라면 이 항목의 부분집합 {b,c}, {b,d}, {c,d}, {b}, {c}, {d}는 역시 빈발항목집합이 되는데(〈그림 4-2〉의 우측 상단 참조), 이를 선험적 규칙이라 한다. 만일 {a,b}가 최소지지도 기준을 넘지 못한 비빈발항목집합이라면 이 집합을 포함하는 {a,b,c}, {a,b,d}, {a,b,c,d}는 빈발항목집합이 될 수 없다(〈그림 4-2〉의 좌측 하단 참조). 이 사실을 이용하면 최소지지도 기준을 넘지 못하는 항목집합들을 쉽게 가지치기할 수 있는데, 이를 선험적 규칙을 이용한 빈발항목집합 추출 알고리즘이라 한다.

선험적 알고리즘(apriori algorithm)을 이용한 빈발항목집합의 생성은 먼저 1-항목으로 이루어진 집합(1-항목집합)에 대하여 지지도를 계산한다. 만일 1-항목집합의 지지도가 최소지지도를 넘지 못하면 모두 버린다. 최소지지도를 넘는 1-항목 빈발항목집합을 이용하여 불필요한 2-항목집합(2개의 항목으로 이루어진 집합)에 대

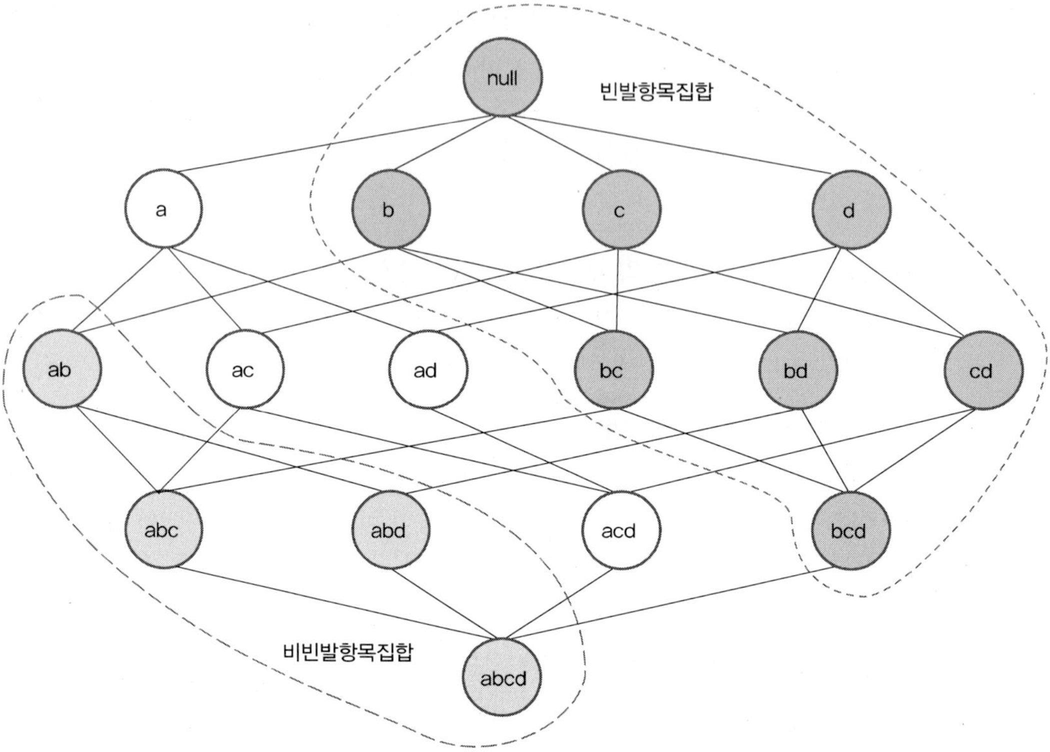

그림 4-2 네 원소 항목집합의 모든 가능한 부분집합의 격자형태 그림
{우측 상단은 {b,c,d}가 빈발항목집합인 경우 동시에 빈발항목집합이 되는 부분집합들이고,
좌측 하단은 {a,b}가 비빈발항목집합인 경우 동시에 비빈발항목집합이 되는 집합들}

한 가지치기를 하고, 2-항목 빈발항목집합 후보를 생성한다. 이 빈발항목집합 후보들 중에서 최소지지도 기준을 넘는 2-항목 빈발항목집합을 확정하고, 이들을 이용하여 불필요한 3-항목집합(3개의 항목으로 이루어진 집합)에 대한 가지치기를 하고 3-항목 빈발항목집합 후보를 생성한다. 같은 방법을 k-항목 빈발항목집합을 확정할 때까지 반복한다. 이러한 과정을 정리하면 [알고리즘 4.1]과 같다.

선험적 알고리즘의 특성은 1-항목집합, 2-항목집합, ... , k-항목집합 등 각 수준별(level-wise)로 접근하는 방식이다. 각 수준에서 빈발항목집합 후보를 생성하고, 이 후보들이 지지도를 만족하는지 시험한다(generate-and-test). 알고리즘에서 C_k는 k-빈발항목집합 후보를 의미하고 F_k는 k-빈발항목집합을 의미한다.

- [알고리즘 4.1]은 먼저 1-항목집합 전체에 대하여 지지도를 계산하고 모든 1-항목 빈발항목집합 F_1을 찾는다(단계 1~2).
- 알고리즘은 반복적으로 $(k-1)$-빈발항목집합 F_{k-1}을 이용하여 k-빈발항목집합 후보 C_k를 생성한다(단계 5). 이 단계는 4.2.2절에서 자세히 설명한다.

알고리즘 4.1 선험적 알고리즘(Apriori Algorithm)

단계 1: $k=1$, $I=$ 전체항목집합
2: $F_1=$ 모든 1 − 항목 빈발항목집합
3: repeat
4: $k=k+1$.
5: $C_k=$ apriori–gen(F_{k-1}) {$(k-1)$–빈발항목집합으로 k–빈발항목집합 후보 생성}
6: for each transaction $t \in T$ do
7: $C_t=$ subset(C_k, t) {트랜색션에 있는 모든 k–빈발항목집합 후보를 찾음}
8: for each candidate itemset $c \in C_t$ do
9: $n(c)=n(c)+1$ {지지도를 증가}
10: end for
11: end for
12: $F_k=\{c \mid c \in C_k$ and $n(c) \geq N \times$ minsupport$\}$ {k–항목 빈발항목집합 추출}
13: until $F_k=\varnothing$
14: 전체 빈발항목집합 = $\cup F_k$

- 빈발항목집합 후보 C_k의 각 부분집합에 대하여 모든 트랜색션을 조사해 지지도를 계산한다(단계 6~10). 여기에 사용된 subset 함수에 대해서는 4.2.3절에서 자세히 설명한다.
- 최소지지도(minsupport)를 넘지 못하는 빈발항목집합 후보를 제거하고 k−항목 빈발항목집합 F_k를 확정한다(단계 12).
- 새로운 빈발항목집합이 안 나올 때까지($F_k=\varnothing$) 반복한다(단계 13).

예제 4.2.1 [표 4.1]의 데이터에 대해 선험적 알고리즘으로 지지도가 60% 이상인 빈발항목집합을 구하라.

풀이 [표 4.1]의 데이터는 5개의 트랜색션이 있으므로 최소지지도를 60%로 정하면 각 집합을 포함하고 있는 트랜색션이 3개 이상 되어야 빈발항목집합이 될 수 있다. 1−항목집합에 대해 도수를 계산해 보면 {계란}과 {콜라}가 각각 1과 2로서 비빈발항목집합이다. 즉, 1−항목 빈발항목집합은 다음과 같다.

F_1 = {사과, 우유, 빵, 버터}

다음 1−항목 빈발항목집합들로서 2−항목 빈발항목집합들의 후보를 생성한다. 1−항목 빈발항목집합이 4개가 있으므로 생성할 수 있는 2−항목 빈발항목집합 후보의 수는 다음과 같이 ${}_4C_2=6$개이다.

C_2 = {{사과, 우유}, {사과, 빵}, {사과, 버터}, {우유, 빵}, {우유, 버터}, {빵, 버터}}

이들의 도수를 조사해 보면 {사과, 버터}, {우유, 버터}가 2이므로 비빈발항목집합이어서 제외한다. 즉, 2-항목 빈발항목집합은 다음과 같다.

F_2 = {{사과, 우유}, {사과, 빵}, {우유, 빵}, {빵, 버터}}

2-항목 빈발항목집합에서 3-항목 빈발항목집합 후보를 생성할 경우 비빈발 2-항목집합이 들어 있으면 3-항목 빈발항목집합의 후보가 될 수 없다. 3-항목 빈발항목집합 후보를 생성해 보면 다음과 같다.

C_3 = {{사과, 우유, 빵}}

이 3-항목 빈발항목집합 후보는 지지도가 2이므로 빈발항목집합이 될 수 없다. 즉, $F_3 = \varnothing$이다. 이와 같은 선험적 알고리즘을 그림으로 정리하면 〈그림 4-3〉과 같다.

1-항목집합	도 수	비 고
{사과}	4	
{우유}	4	
{빵}	4	
{버터}	3	
{계란}	1	비빈발
{콜라}	2	비빈발

2-항목집합	도 수	비 고
{사과, 우유}	3	
{사과, 빵}	3	
{사과, 버터}	2	비빈발
{우유, 빵}	3	
{우유, 버터}	2	비빈발
{빵, 버터}	3	

3-항목집합	도 수	비 고
{사과, 우유, 빵}	2	비빈발

그림 4-3 [표 4.1] 데이터에 대한 선험적 알고리즘 적용 예

4.2.2 선험적 알고리즘에서 빈발항목집합 후보의 생성

k-항목 빈발항목집합 후보 C_k를 생성하는 방법은 여러 가지가 있을 수 있다. 전체 항목의 수가 m일 때 모든 가능한 k-항목 빈발항목집합 후보들의 수는 ${}_mC_k$이고, k항목까지 가능한 빈발항목집합 후보의 수는 ${}_mC_1 + {}_mC_2 + \cdots + {}_mC_k$이다. 모든 경우의 수에 대하여 지지도를 계산하여 비빈발항목집합 후보를 제거하는 원시적인 방법은 수많은 계산이 필요하게 된다. 이 문제를 개선하기 위해 선험적 규칙으로

효율적인 빈발항목집합 후보를 생성하는 여러 가지 연구가 진행되어 왔다.

선험적 알고리즘 (단계 5)의 apriori-gen() 함수는 $(k-1)$-항목 빈발항목집합 F_{k-1}을 이용하여 k-항목 빈발항목집합 후보 C_k를 생성한다. 하지만 모든 가능한 후보를 생성만 하는 것이 아니라 불필요한 후보는 가지치기를 하여 제거한다. k-항목 빈발항목집합 후보를 $X=\{i_1,i_2,\cdots,i_k\}$라 하자. 알고리즘은 이 후보의 모든 $(k-1)$-항목 부분집합, $X-\{i_j\}, j=1,2,\cdots,k$가 빈발항목집합인지 조사하여 만일 하나라도 비빈발항목집합이라면 선험적 규칙에 의거 제거한다.

선험적 규칙으로 $(k-1)$-항목 빈발항목집합 F_{k-1}을 이용하여 k-항목 빈발항목집합 후보 C_k를 생성하는 방법에도 여러 가지가 있다. 한 가지 방법은 $(k-1)$-항목 빈발항목집합 F_{k-1} 각각에 1-항목 빈발항목집합 F_1을 추가하여 조사하는 $F_{k-1}\times F_1$ 이다. 예를 들어, 〈그림 4-3〉에서 3-항목집합 후보를 생성하기 위해서는 2-항목 빈발항목집합에 1-항목 빈발항목집합을 추가하는 $F_2\times F_1$을 생각할 수 있다(〈그림 4-4〉). 하지만 이 방법은 동일한 후보 집합이 여러번 생성될 수 있는 문제가 있다. 이러한 문제점들 때문에 선험적 알고리즘에서는 $F_{k-1}\times F_{k-1}$ 방법을 채택하고 있다.

2-항목 빈발항목집합 F_2		1-항목 빈발항목집합 F_1		3-항목 빈발항목집합 후보 C_3
{사과, 우유}	×	{사과}	⇒	{사과, 우유, 빵}
{사과, 빵}		{우유}		{사과, 우유, 버터}
{우유, 빵}		{빵}		{사과, 빵, 버터}
{빵, 버터}		{버터}		{우유, 빵, 버터}

그림 4-4 [표 4.1] 데이터에 대한 $F_2\times F_1$ 적용 예

가. $F_{k-1}\times F_{k-1}$ 빈발항목집합 후보 생성방법

이 방법에서는 $(k-1)$-항목 빈발항목집합에서 처음 $(k-2)$ 항목이 같은 항목들만 혼합하여 k-항목 빈발항목집합 후보를 생성한다. 예를 들면, C_3를 생성하기 위해 2-항목 빈발항목집합 중 첫 항목이 {사과}인 {사과, 우유}와 {사과, 빵}만을 혼합한다(〈그림 4-5〉). 이 방법에서는 {사과, 우유}와 {우유, 빵}를 혼합할 필요는 없다. $(k-1)$-항목 빈발항목집합 $A=\{a_1,a_2,\ldots,a_{k-1}\}$와 $B=\{b_1,b_2,\ldots,b_{k-1}\}$가 있을 때 두 집합은 다음 조건을 만족할 때만 혼합하게 되어 불필요한 후보 생성을 줄일 수 있다.

$$a_i=b_i \quad (i=1,2,\ldots,k-2), \quad a_{k-1}\neq b_{k-1} \tag{4.4}$$

하지만 생성된 후보의 $(k-2)$-항목 부분집합이 모두 빈발항목집합인지는 조사하여야 한다.

2-항목 빈발항목집합 F_2
{사과, 우유}
{사과, 빵}
{우유, 빵}
{빵, 버터}

×

2-항목 빈발항목집합 F_2
{사과, 우유}
{사과, 빵}
{우유, 빵}
{빵, 버터}

⇒

3-항목 빈발항목집합 후보 C_3
{사과, 우유, 빵}

그림 4-5 [표 4.1] 데이터에 대한 $F_2 \times F_2$ 적용 예

4.2.3 빈발항목집합을 이용한 연관규칙 생성

빈발항목집합을 찾아낸 후 효율적으로 연관규칙을 추출하는 방법을 알아보자. 빈발항목집합 F의 항목들을 공집합이 아닌 두 개의 서로 다른 부분집합 X와 Y로 나누어($X \cap Y = \varnothing$, $F = X \cup Y$) 하나의 연관규칙 $X \rightarrow Y$를 만들었다고 하자. k-항목 빈발항목집합 F는 최대 $2^k - 2$($\varnothing$와 전체집합 제외됨)개의 연관규칙을 만들 수 있다. 빈발항목집합 F를 이용하여 만든 모든 연관규칙은 이미 최소지지도를 만족시키기 때문에 이 중에서 최소신뢰도를 만족하는 연관규칙을 찾아야 한다.

예제 4.2.2 연관규칙의 생성

$F = \{1,2,3\}$을 빈발항목집합이라 할 때 가능한 연관규칙을 나열하라.

풀이 3-항목 빈발항목집합이므로 다음과 같은 $2^3 - 2 = 6$개의 연관규칙이 가능하다. {1,2} → {3}, {1,3} → {2}, {2,3} → {1}, {1} → {2,3}, {2} → {1,3}, {3} → {1,2}. 각각의 연관규칙 지지도는 X의 지지도와 같다.

선험적 알고리즘에서는 연관규칙의 신뢰도를 구하기 위한 추가 계산은 필요 없다. 위의 예에서 연관규칙 $\{1,2\} \rightarrow \{3\}$의 신뢰도를 구하기 위해서는 $n(\{1,2\})$와 $n(\{3\})$이 필요한데, 이는 선험적 알고리즘에서 이미 계산되었다. $F = \{1,2,3\}$는 빈발항목집합이므로 집합 $\{1,2\}$와 집합 $\{3\}$은 당연히 최소지지도를 넘는 빈발항목집합이다.

k-항목 빈발항목집합이 최대 $2^k - 2$개의 연관규칙을 생성할 수 있는데 그 중에서 최소신뢰도를 만족시키지 않는 연관규칙은 생성할 필요가 없다. 이때 다음의 신

뢰도에 대한 선험적 규칙을 이용하면 불필요한 연관규칙을 생성하지 않을 수 있다.

정리 4.2 연관규칙 생성의 선험적 규칙(Apriori Principle)

빈발항목집합 F에 대하여 연관규칙 $X \to Y$ ($X \cap Y = \varnothing$, $F = X \cup Y$)가 최소신뢰도 기준을 만족하지 않으면 X의 어떠한 부분집합 X'에 대한 연관규칙 $X' \to F - X'$도 최소신뢰도 기준을 만족할 수 없다.

위의 정리는 $X' \subset X$이므로 $n(X') \geq n(X)$가 되므로 신뢰도의 정의에 의해 쉽게 증명할 수 있다. 빈발항목집합이 {a,b,c,d}라고 하고 연관규칙 {b,c,d} → {a}가 원하는 신뢰도 수준을 만족하지 않는다고 하자. 그러면 {b,c,d}의 부분집합 {b,c}, {b,d}, {c,d}, {b}, {c}, {d}를 포함하는 연관규칙들은 위의 정리에 의해 최소신뢰도를 만족하지 않으므로 고려 대상에서 제외한다(〈그림 4-6〉).

연관규칙의 생성을 위한 선험적 알고리즘은 단계별로 진행된다. 먼저 〈그림 4-6〉과 같이 연관규칙의 우측 항목이 하나인 규칙들을 생성한다. 이 중에서 최소신뢰도를 만족하지 않는 연관규칙이 있다면 제거하고, [정리 4.2]에 의하여 연관규칙 좌측 항목의 모든 부분집합들을 고려되는 연관규칙 후보에서 제외한다. 최소신뢰도를 만족하는 연관규칙들은 새로운 후보규칙을 만드는데 이용된다. 예를 들어, {a,c,d} → {b}와 {a,b,d} → {c}가 신뢰도를 만족한다면 두 연관규칙 결과를 섞어 {a,d} → {b,c} 연관규칙을 생성한다. 이 연관규칙 생성방법을 정리하면 [알고리즘 4.2]와 같은데 빈발항목집합 생성 알고리즘과 유사함을 알 수 있다. 다른 점은 후보규칙의 지지도를 계산할 필요가 없고 각 규칙의 신뢰도를 구한다는 것이다.

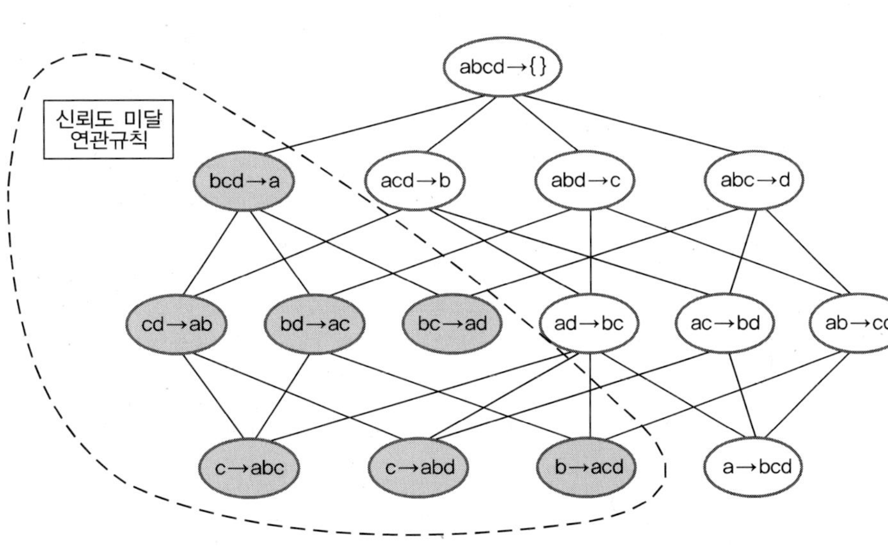

그림 4-6 연관규칙의 생성 및 신뢰도 미달 연관규칙의 제거

알고리즘 4.2 연관규칙 생성을 위한 선험적 알고리즘(Apriori Algorithm)

단계

```
for 각 k-항목 빈발항목집합 f_k, k ≥ 2 do
    H_1 = {i | i∈f_k}          {연관규칙의 우측항이 1-항목인 규칙}
    call ap-genrule(f_k, H_1)  {연관규칙의 생성 프로시저}
end for
```

알고리즘 4.3 Procedure ap-genrule(f_k, H_m)

단계

```
k = 빈발항목집합의 크기
m = 연관규칙 우측 항목의 크기
if k > m+1 then
    H_{m+1} = apriori-gen(H_m)
    for each h_{m+1} ∈ H_{m+1} do
        confidence = n(f_k)/n(f_k - h_{m+1})
        if confidence ≥ minconfidence
            output the rule (f_k - h_{m+1}) → h_{m+1}
        else
            delete h_{m+1} from H_{m+1}
        end if
    end for
    call ap-genrule(f_k, H_{m+1})
end if
```

4.3 연관규칙의 평가

트랜색션의 연관분석은 수많은 연관규칙을 생성할 가능성이 많다. 예를 들면, [표 4.1]과 같은 단지 여섯 개의 트랜색션에서도 수십 개의 최소지지도와 최소신뢰도를 갖는 연관규칙이 만들어질 수 있다. 트랜색션의 양이 많아지면 수천 또는 수만 개의 연관규칙이 생성될 수도 있는데, 이들 중 상당수는 별로 흥미가 없는 규칙일 수도 있다. 하지만 한 사람에게 흥미 없는 연관규칙이라도 다른 사람에게는 보물 같은 연관규칙이 될 수 있어 흥미 있는 연관규칙을 가려내는 일은 쉬운 일이 아니다. 그러므로 일반적으로 받아들일 수 있는 연관규칙의 평가기준을 설정하는 일은 매우 중요하다.

평가기준은 객관적인 관점에서 통계량에 의거하여 설정할 수 있다. 한 연관규칙이 서로 독립적인 항목들을 포함한다면 이는 흥미가 없는 규칙일 가능성이 높다. 이와 같은 규칙들은 여러 통계량에 근거한 객관적 **흥미측도**(interestingness measure)를 적용하여 제거하는 것이 바람직하다. 객관적인 흥미측도는 4.3.1절에서 자세히 살펴본다.

평가기준은 주관적 관점에서 설정할 수 있다. 만일 한 연관규칙이 분석자에게 기대하지 않았던 정보를 준다면 이는 주관적인 관점에서 흥미가 있는 규칙이 된다. 예를 들면, {빵} → {버터} 라는 연관규칙은 너무 당연하게 알려져 있는 규칙이어서 아무리 높은 지지도와 신뢰도를 가지고 있더라도 별로 흥미가 없을 수 있다. 반면에 {기저귀} → {맥주} 라는 연관규칙은 전혀 기대하지 않았던 정보여서 두 상품을 같이 판매하는 마케팅 전략의 수립이 가능한 흥미 있는 규칙이 될 수 있다. 하지만 이러한 주관적 관점을 연관규칙의 평가기준으로 하기 위해서는 많은 사전 연구가 필요한 어려운 작업이다. 주관적인 지식을 연관규칙의 평가에 적용하기 위해서는 적절한 주관적 흥미측도를 개발하여야 한다.

4.3.1 객관적 흥미측도 – 두 항목의 경우

연관규칙 $A \to B$에서 A와 B가 각각 한 개의 항목으로 이루어져 있을 때 사용되는 객관적인 흥미측도는 두 항목이 각 트랜색션에 있는지(=1) 없는지(=0) 조사하는 [표 4.3]과 같은 2×2 교차표에 근거한다.

[표 4.3] 연관규칙 $A \to B$를 평가하기 위한 2×2 교차표

		항목 B		행의 합
		$B=1$	$B=0$	
항목 A	$A=1$	f_{11}	f_{10}	$f_{1\bullet}$
	$A=0$	f_{01}	f_{00}	$f_{0\bullet}$
열의 합		$f_{\bullet 1}$	$f_{\bullet 0}$	N

이 표에서 f_{11}은 전체 트랜색션 N개 중에서 항목 A와 B가 동시에 나타난 트랜색션의 수이고, f_{01}은 전체 트랜색션 N개 중에서 항목 A는 없고 B만 있는 트랜색션의 수를 의미하고, f_{10}와 f_{00}도 같은 방법으로 정의된다. 항목 A가 있는 모든 트랜색션 수의 합 $f_{1\bullet}$는 항목 A의 지지도 도수를 의미하고, $f_{\bullet 1}$은 항목 B의 지지도 도수를 의미한다. 위의 두 항목 이항변수의 2×2 교차표에서 일반적인 연관규칙은 두 항목이 동시에 나타난 도수 f_{11}을 중시하기 때문에 **비대칭 이항변수**(asymmetric binary variable)의 연관규칙이라 한다. 이와는 다르게 한 항목이 있고 없는 것이 동일한 비중으로 생각되는 **대칭 이항변수**(symmetric binary variable)도 생각할 수 있다.

연관규칙의 흥미측도들은 크게 나누어서 **대칭적 측도**(symmetric measure)와 **비대칭적 측도**(asymmetric measure)로 구분할 수 있다. 대칭적 측도 μ는 $\mu(A \to B) = \mu(B \to A)$를 만족하는 측도이다. 신뢰도 $c(A \to B)$는 비대칭적 측도로서 $c(A \to B)$

와 $c(B \to A)$는 항상 같지는 않다. 일반적으로 대칭적 측도는 항목집합을 평가하는데 많이 이용되고, 비대칭적 측도는 연관규칙을 설명하는데 적합하다.

선험적 알고리즘에서는 연관규칙의 평가를 지지도와 신뢰도를 가지고 하였다. 즉, 최소지지도와 최소신뢰도를 넘지 못하는 항목집합은 빈발항목집합이 될 수 없었다. 일반적으로 연관규칙의 신뢰도는 높을수록 좋다. 하지만 지지도가 충분치 않으면 그 연관규칙은 흥미가 없을 수 있다. 다음의 예를 살펴보자.

예제 4.3.1 100명의 사람들의 커피와 차의 선호여부를 조사하였더니 [표 4.4]와 같다. 연관규칙 {차} → {커피}에 대한 지지도와 신뢰도를 구하고 이 연관규칙이 의미가 있는지 분석하라.

[표 4.4] 100명에 대한 연관규칙 {차} → {커피}의 2×2 교차표

		커피 B		행의 합
		$B=1$	$B=0$	
차 A	$A=1$	15	5	20
	$A=0$	65	15	80
열의 합		80	20	100

풀이 [표 4.4]에서 {차, 커피} 를 모두 좋아하는 사람은 15명이므로 지지도는 15/100, 즉 15%이고, 신뢰도는 15/20, 즉 75%이므로 상당히 높다. 하지만 차를 마시는 사람의 비율이 20%밖에 되지 않으므로 차를 좋아하는 사람 중 커피를 마시는 사람의 비율, 즉 신뢰도 75%는 별로 큰 의미가 없다. 그러므로 연관규칙 {차} → {커피}는 신뢰도가 높음에도 불구하고 흥미 없는 연관규칙이 된다.

위의 예제의 문제점은 지지도와 신뢰도를 함께 고려하지 못해서 발생한 것이다. 이를 해결하기 위해 지지도와 신뢰도를 함께 고려하는 다양한 흥미측도들이 연구되었다. 하지만 어느 한 가지 측도가 모든 경우에 다 좋은 측도가 될 수는 없기 때문에 여러 가지 측도를 같이 분석하여 연관규칙을 평가하여야 한다. 많이 이용되는 측도인 리프트, 파이계수, IS측도와 기타 측도에 대하여 알아보자.

가. 리프트

연관규칙 $A \to B$의 지지도와 신뢰도를 동시에 고려하는 측도에 **리프트**(lift)가 많이 이용된다. 리프트 $Lift(A,B)$는 **향상도**(lift)라고도 하는데, 연관규칙의 신뢰도 $(c(A \to B))$를 연관규칙 결과에 대한 지지도$(s(B))$로 나눈 것이다.

$$Lift(A,B) = \frac{c(A \to B)}{s(B)} \tag{4.5}$$

여기서 $s(B)$는 항목 B의 지지도로서 전체 트랜색션에서 항목 B가 출현하는 데이터의 비율이다. 만일 연관규칙이 [표 4.3]과 같은 두 항목이라면 이 리프트는 다음과 같이 정리된다. 즉, 리프트는 대칭적 측도이다.

$$Lift(A,B) = \frac{f_{11}/f_{1\bullet}}{f_{\bullet 1}/N} = \frac{Nf_{11}}{f_{1\bullet}f_{\bullet 1}} \tag{4.6}$$

리프트는 전체 트랜색션에서 항목 B가 출현하는 비율(지지도)에 대비하여, 항목 A를 가지고 있는 트랜색션에서 항목 B도 출현하는 트랜색션의 비율(신뢰도)이 얼마나 향상되었는지를 측정하는 것이다. 만일 항목 A와 B가 서로 독립이라면 [표 4.3]의 교차표에서 다음 관계식이 성립된다.

$$\frac{f_{11}}{N} = \frac{f_{1\bullet}}{N} \times \frac{f_{\bullet 1}}{N} \ , \text{ 즉 } \ Nf_{11} = f_{1\bullet} \times f_{\bullet 1} \tag{4.7}$$

따라서 항목 A와 B가 서로 독립이라면 리프트는 1이 되는데 향상이 없다는 의미이다. 만일 항목 A와 B가 양의 상관을 보이면 $Lift > 1$이고, 음의 상관을 보이면 $Lift < 1$이 된다. [예제 4.3.1]의 데이터에 대해 리프트를 계산하면 $Lift(\text{차}, \text{커피}) = 0.15/(0.2 \times 0.8) = 0.9375$로서 차와 커피는 거의 독립인 경우로서 약한 음의 상관을 보인다.

일반적으로 연관규칙의 리프트는 높을수록 좋다. 하지만 리프트에도 문제점이 있을 수 있는데 다음의 예를 살펴보자.

예제 4.3.2 **텍스트 마이닝**

신문기사와 같은 텍스트 데이터에서는 두 관련 있는 단어가 여러 문서에 나타날 수 있다. 100개의 문서를 조사하여 단어집합 $\{p,q\}$와 $\{r,s\}$가 나타난 도수를 조사해보니 [표 4.5]와 같다. 두 단어집합의 리프트를 조사하여 비교하라.

[표 4.5] 100개의 문서를 조사하여 단어집합 $\{p,q\}$와 $\{r,s\}$가 나타난 도수의 교차표

		단어 p		행의 합
		p=1	p=0	
단어 q	q=1	88	5	93
	q=0	5	2	7
열의 합		93	7	100

		단어 r		행의 합
		r=1	r=0	
단어 s	s=1	2	5	7
	s=0	5	88	93
열의 합		7	93	100

풀이 단어 $\{p,q\}$와 $\{r,s\}$에 대한 리프트는 다음과 같다.

$$Lift(p,q) = \frac{0.88}{0.93 \times 0.93} = 1.02 \tag{4.8}$$

$$Lift(r,s) = \frac{0.02}{0.07 \times 0.07} = 4.08 \tag{4.9}$$

따라서 단어 $\{r,s\}$의 리프트가 높다. 단어 $\{p,q\}$가 동시에 나타난 문서가 88%임에도 불구하고 리프트는 1에 가까워 두 단어가 독립이라는 의미가 된다. 반면에 단어 $\{r,s\}$가 동시에 나타난 문서는 단지 2%임에도 불구하고 리프트가 높다. 이는 리프트 하나만으로 연관규칙의 좋고 나쁨을 판단해서는 안 된다는 예를 보여 준다. 이 경우 규칙 $p \rightarrow q$ 의 신뢰도(88/93 = 94.6%)는 규칙 $r \rightarrow s$ 의 신뢰도(2/7 = 28.6%)보다 월등히 높아 신뢰도가 더 적절한 측도가 될 수 있다.

나. 파이계수

두 연속형 변수의 관련성은 상관계수를 이용하여 측정한다. 하지만 두 이항변수의 관련성은 **파이계수**(phi coefficient)를 이용하여 측정한다.

$$\phi = \frac{f_{11}f_{00} - f_{01}f_{10}}{\sqrt{f_{1\bullet}f_{\bullet 1}f_{0\bullet}f_{\bullet 0}}} \tag{4.10}$$

파이계수도 −1과 1 사이의 값을 가지며 ϕ = −1은 완전 음의 상관, ϕ = 1은 완전 양의 상관을 의미하고, ϕ = 0이면 두 이항변수가 독립이다. [예제 4.3.1]의 차와 커피 데이터는 −0.0625로서 차와 커피는 거의 독립이라 볼 수 있다.

[예제 4.3.2]의 단어집합 $\{p,q\}$와 $\{r,s\}$에 대해 파이계수를 구하면 $\phi(p,q)$ = $\phi(r,s)$ = 0.232로 같다. 단어집합 $\{p,q\}$가 단어집합 $\{r,s\}$보다 더 많은 문서에서 나타났음에도 불구하고, 파이계수가 같은 이유는 대칭적 측도(symmetric measure)이기 때문이다. 즉, 단어의 출현과 비출현이 동일한 비중으로 여겨진다. 따라서 파이계수는 대칭적 이항변수에 대해 적합한 측도이다.

다. *IS* 측도

IS(Interest-Support) **측도**는 비대칭적(asymmetric) 이항변수인 경우 적합한 측도로서 연관규칙 $A \rightarrow B$에 대해 다음과 같이 정의된다.

$$IS(A,B) = \sqrt{Lift(A,B) \times s(A,B)} = \frac{s(A,B)}{\sqrt{s(A)s(B)}} \tag{4.11}$$

IS 측도는 리프트와 지지도의 곱에 대한 제곱근으로서 리프트와 지지도가 모두 높을 때 큰 값을 갖게 된다. [예제 4.3.2]에서 단어집합 $\{p,q\}$와 $\{r,s\}$에 대하여 *IS* 측도를 구하면 $IS(p,q)$ = 0.946, $IS(r,s)$ = 0.286이다. 리프트나 파이계수와는

달리 IS 측도는 단어집합 $\{p,q\}$의 연관성이 $\{r,s\}$보다 높음을 보여주어 우리의 직관과 일치한다.

IS 측도는 두 이항변수의 신뢰도의 기하평균으로 표시할 수 있다.

$$IS(A,B) = \sqrt{\frac{s(A,B)}{s(A)} \times \frac{s(A,B)}{s(B)}} = \sqrt{c(A \rightarrow B) \times c(B \rightarrow A)} \tag{4.12}$$

두 수의 기하평균은 항상 작은 수에 가까운 값을 갖기 때문에 IS 측도는 연관규칙 $A \rightarrow B$와 $B \rightarrow A$ 중에서 하나의 신뢰도가 작을 때 값이 작게 된다.

만일 두 이항변수 A, B가 독립일 때 $IS(A,B)$는 다음과 같다.

$$IS(A,B) = \frac{s(A,B)}{\sqrt{s(A)s(B)}} = \frac{s(A) \times s(B)}{\sqrt{s(A)s(B)}} = \sqrt{s(A) \times s(B)} \tag{4.13}$$

두 이항변수 A, B가 독립일 때 IS 측도는 지지도 $s(A)$와 $s(B)$에 좌우되어 두 변수가 상관이 없거나, 음의 상관을 갖더라도 커질 수 있는 문제점이 있다.

라. 기타 측도

위에서 설명한 흥미측도 이외에도 연관규칙의 평가를 위한 여러 가지 측도가 연구되어 왔다. 일반적으로 대칭적 측도는 항목집합을 평가하는데 많이 이용되고, 비대칭적 측도는 연관규칙을 설명하는데 적합하다. [표 4.6]은 두 항목집합 $\{A, B\}$에 대한 대칭적 측도의 예이고, [표 4.7]은 연관규칙 $A \rightarrow B$에 대한 비대칭적 측도의 예이다.

[표 4.6] 두 항목집합 $\{A, B\}$에 대한 대칭적 측도

측도	정의
오즈비(odds ratio)	$\alpha = \dfrac{f_{11}f_{00}}{f_{10}f_{01}}$
카파(kappa)	$\kappa = \dfrac{Nf_{11} + Nf_{00} - f_{1\bullet}f_{\bullet 1} - f_{0\bullet}f_{\bullet 0}}{N^2 - f_{1\bullet}f_{\bullet 1} - f_{0\bullet}f_{\bullet 0}}$
피아테츠키-샤피로 (Piatetsky-Shapiro)	$PS = \dfrac{f_{11}}{N} - \dfrac{f_{1\bullet}f_{\bullet 1}}{N^2}$
자카르드(Jaccard)	$\zeta = \dfrac{f_{11}}{\sqrt{f_{1\bullet} + f_{\bullet 1} - f_{11}}}$

[표 4.7] 연관규칙 $A \to B$에 대한 비대칭적 측도

측도	정의
굿맨-크루스칼(Goodman-Kruskal)	$\lambda = \frac{\sum_j (\max_k f_{jk} - \max_k f_{\bullet k})}{N - \max_k f_{\bullet k}}$
상호정보(mutual information)	$M = \frac{\sum_i \sum_j \frac{f_{ij}}{N} log \frac{N f_{ij}}{f_{i\bullet} f_{\bullet j}}}{-\sum_i \frac{f_{i\bullet}}{N} log \frac{f_{i\bullet}}{N}}$
J-측도(J-measure)	$J = \frac{f_{11}}{N} log \frac{N f_{11}}{f_{1\bullet} f_{\bullet 1}} + \frac{f_{10}}{N} log \frac{N f_{10}}{f_{1\bullet} f_{\bullet 0}}$
라프라스(Laplace)	$L = \frac{f_{11} + 1}{f_{1\bullet} + 2}$
설득도(conviction)	$V = \frac{f_{11} f_{\bullet 0}}{N f_{10}}$

한 연관규칙에 대하여 여러 가지 흥미측도들을 적용하였을 때 비슷한 결과를 낼 것인지 궁금할 수 있다. 만일 몇 가지 측도들이 한 연관규칙에 대하여 유사한 흥미 순서를 보인다면 그중 어느 하나를 사용해도 무방할 것이다. 그렇지 않다면 어떠한 측도가 어떠한 연관규칙의 흥미도 평가에 적합한 것인지 결정하여야 한다. 결론적으로 말하면 [표 4.6]과 [표 4.7]의 측도들은 여러 연관규칙에 대해 동일한 순서의 흥미도 평가를 갖지 않는다. 각 측도별로 장단점이 있어 분석자의 판단에 의해 결정할 수밖에 없는데, 이를 위해 여러 가지 측도들을 적용해 보는 것이 바람직하다.

4.3.2 객관적 흥미측도 – 두 항목 이상의 경우

앞 절에서 연구한 흥미측도들은 두 항목의 연관규칙과 관련된 측도들이었다. 이 중에서 지지도나 전체 신뢰도 같은 측도는 여러 개의 항목집합에 대해서도 적용할 수 있다. IS, PS측도 등은 다차원 도수분포표를 이용해 확장할 수 있다.

세 항목집합 $\{A, B, C\}$에 각 항목의 출현여부에 따른 도수를 $f_{000}, f_{001}, \cdots, f_{111}$라 표시하자. 이를 3차원 도수분포표로 정리하면 [표 4.8]과 같다.

만일 세 항목이 독립이라면 다음의 식을 만족한다.

$$\frac{f_{111}}{N} = \frac{f_{1\bullet\bullet}}{N} \times \frac{f_{\bullet 1 \bullet}}{N} \times \frac{f_{\bullet\bullet 1}}{N} \quad (4.14)$$

[표 4.8] 세 항목집합 $\{A, B, C\}$에 대한 3차원 도수분포표

		항목 B				행의 합
		$B=1$		$B=0$		
		$C=1$	$C=0$	$C=1$	$C=0$	
항목 A	$A=1$	f_{111}	f_{110}	f_{101}	f_{100}	$f_{1\bullet\bullet}$
	$A=0$	f_{011}	f_{010}	f_{001}	f_{000}	$f_{0\bullet\bullet}$
열의 합		$f_{\bullet 11}$	$f_{\bullet 10}$	$f_{\bullet 01}$	$f_{\bullet 01}$	N
		$f_{\bullet 1\bullet}$		$f_{\bullet 0\bullet}$		

$f_{\bullet\bullet 1} = f_{\bullet 11} + f_{\bullet 01},\ f_{\bullet\bullet 0} = f_{\bullet 10} + f_{\bullet 00}$

이와 같은 기호를 확장하여 m개의 항목집합 $\{i_1, i_2, ..., i_m\}$의 도수를 $f_{i_1 i_2 \cdots i_m}$로 표시할 때 항목들이 서로 독립이라면 다음의 식을 만족한다.

$$\frac{f_{i_1 i_2 \cdots i_m}}{N} = \frac{f_{i_1 \bullet \cdots \bullet} \times f_{\bullet i_2 \bullet \cdots \bullet} \times \cdots \times f_{\bullet\bullet \cdots \bullet i_m}}{N^m} \tag{4.15}$$

항목들이 독립인 경우 리프트($Lift$)는 다음과 같이 정리된다.

$$Lift = \frac{N^{m-1} \times f_{i_1 i_2 \cdots i_m}}{f_{i_1 \bullet \cdots \bullet} \times f_{\bullet i_2 \bullet \cdots \bullet} \times \cdots \times f_{\bullet\bullet \cdots \bullet i_m}} \tag{4.16}$$

독립성을 이용하는 피아테츠키-샤피로(Piatetsky-Shapiro) 측도는 유사한 방법으로 확장할 수 있다.

다른 방법으로는 여러 개의 항목들을 두 항목씩 쌍으로 하여 흥미측도를 구한 후 이들의 최대값, 최소값 또는 평균을 구하여 여러 항목의 측도로 하기도 한다. 고급 통계분석 기법으로는 로그선형모형 등이 있는데, 이 책의 범주를 벗어나기 때문에 생략한다.

4.3.3 객관적 흥미측도 – 항목들의 지지도가 매우 다를 경우

이 절에서는 데이터의 항목들의 지지도가 매우 다를 때, 즉 대부분의 항목에 대한 지지도가 매우 낮거나 중간 정도이고, 일부 몇 항목의 지지도는 매우 높은 경우의 흥미측도에 대해서 알아보자.

예를 들어, 항목이 2000개가 있을 때 지지도가 1% 미만인 항목이 1600개, 1%에서 90%까지가 380개, 90% 이상이 20개 있다면 항목들의 지지도가 매우 다른 경우이다. 항목들의 지지도가 매우 다르면 빈발항목집합을 결정하기 위한 최소지지도

기준을 정하기가 쉽지 않다. 만일 최소지지도를 20%로 하면 대부분의 항목이 제거되어 흥미 있는 연관규칙을 놓칠 가능성이 있다. 어느 백화점에서 지지도가 매우 낮은 상품들은 귀금속 같은 고가의 상품일 수 있는데, 최소지지도가 낮다면 고가의 상품을 사는 고객에 대해 흥미 있는 연관규칙을 발견하지 못할 수 있다. 반대로 최소지지도 기준을 너무 낮춘다면 너무 많은 연관규칙이 생성되어 계산이 증가하고, 기억장치도 많이 필요하게 된다. 그리고 우유와 같이 지지도가 매우 높은 항목과 캐비어(cavier) 같이 지지도가 매우 낮은 항목이 결합되어 의미 없는 연관규칙이 만들어질 수 있다.

항목집합 $X=\{i_1, i_2, ..., i_m\}$에 대해 의미 없는 연관규칙의 생성을 방지하기 위하여 다음과 같은 **교차지지도**(cross support) $r(X)$를 이용한다.

$$r(X)=\frac{\min\{s(i_1), s(i_2), ..., s(i_m)\}}{\max\{s(i_1), s(i_2), ..., s(i_m)\}} \tag{4.17}$$

교차지지도는 최대지지도에 대한 최소지지도의 비율을 의미하는 것으로, 이 비율이 매우 작으면 항목집합 X에서 생성되는 연관규칙이 의미가 없을 가능성이 높다. 교차지지도가 사용자가 정의한 수준을 넘으면 교차지지 연관규칙이라 한다.

예제 4.3.3 교차지지 연관규칙

우유의 지지도가 70%이고, 설탕의 지지도가 10%, 캐비어의 지지도가 0.04%일 때 {우유, 설탕, 캐비어}의 교차지지도를 구하라.

풀이 세 항목의 교차지지도는 다음과 같다.

$$r=\frac{\min\{0.7,\ 0.1,\ 0.0004\}}{\max\{0.7,\ 0.1, 0.0004\}}=\frac{0.0004}{0.7}=0.00058 \tag{4.18}$$

교차지지도가 낮다는 것은 지지도의 최소와 최대 격차가 크다는 것을 의미한다. 교차지지도 0.058%는 1%에도 못 미치므로 세 항목집합 {우유, 설탕, 캐비어}에서 나타나는 연관규칙은 의미 없는 규칙일 가능성이 높다.

교차지지도와 유사한 측도로서 항목집합 X의 지지도를 각 항목들의 최대지지도로 나눈 h-**신뢰도**(h-confidence)가 있다.

$$h\text{-신뢰도} = \frac{s(\{i_1, i_2, ..., i_k\})}{\max\{s(i_1), s(i_2), ..., s(i_k)\}} \tag{4.19}$$

h-신뢰도는 교차지지도보다 항상 작음을 증명할 수 있다. h-신뢰도가 높으면 항목집합에 있는 항목들 사이에는 서로 강한 연관이 있다. 만일 항목집합 X의 h-신뢰도가 80%라고 하면, 한 트랜색션이 항목집합 X의 한 항목을 포함하고 있을 때 X의 나머지 항목도 포함하고 있을 가능성이 적어도 80% 이상이라고 볼 수 있다.

4.4 범주형 및 연속형 데이터의 연관분석

4.2절에서 연구한 연관분석은 항목들이 트랜색션에 '있다' 아니면 '없다'를 조사한 이항 데이터에 대한 것이었다. 그리고 항목이 트랜색션에 '있다'가 더 중요하다고 가정하는 비대칭적 이항 데이터로서, 이들에 대한 빈발항목집합을 찾고 흥미측도를 연구하였다. 이 절에서는 범주형 및 연속형 데이터의 연관분석에 대해 살펴보자.

4.4.1 범주형 데이터의 연관분석

[표 4.9]와 같은 인터넷 여론조사 데이터에서 성별(속성변수 값이 '남', '여')은 이항 데이터이고, 교육정도(속성변수 값이 '중졸', '고졸', '대졸')나 출신지역(속성변수 값이 '서울', '경기', ...)은 범주형 데이터이다.

[표 4.9] 범주형 데이터가 있는 인터넷 여론조사 데이터

성별	교육정도	출신지역	인터넷 쇼핑	인터넷 채팅
여	고졸	서울	함	함
남	고졸	경기	안함	함
남	대졸	대구	함	함
여	고졸	광주	함	안함
여	중졸	대전	안함	함
…	…	…	…	…

범주형 데이터에서 찾고자 하는 연관규칙의 예는 다음과 같다.

{교육정도 = 대졸} → {인터넷 쇼핑 = 함}

범주형 데이터에 대한 연관분석은 [표 4.9]의 데이터를 [표 4.10]과 같은 이항 데이터로 변환하여 이항 데이터의 연관분석 방법을 적용한다.

[표 4.10] 범주형 데이터의 이항 데이터 변환

성별 =남	성별 =여	교육 정도 =대졸	교육 정도 =고졸	교육 정도 =중졸	출신 지역 = 서울	출신 지역 = …	인터넷 쇼핑 =함	인터넷 쇼핑 =안함	인터넷 채팅 =함	인터넷 채팅 =안함
0	1	0	1	0	1		1	0	1	0
1	0	0	1	0	0		0	1	1	0
1	0	1	0	0	0	…	1	0	1	0
0	1	0	1	0	0		1	0	0	1
0	1	0	0	1	0		0	1	1	0
…	…	…	…	…	…		…	…	…	…

이항 데이터로 변환된 범주형 데이터를 분석할 때는 다음을 유의하여야 한다.

1) 출신지역같이 범주가 많은 변수는 한 변수 값의 빈도수가 매우 작을 수 있다. 이 경우 최소지지도를 낮추면 너무 많은 빈발항목집합이 나타날 수 있어 문제가 될 수 있다. 한 가지 해결 방법은 전체 지역을 중부권, 영남권, 호남권 등 유사한 변수 값으로 그룹화하는 것이다. 다른 방법은 변수 값이 빈발하지 않은 것만 묶어서 하나의 범주로 만들 수도 있다.
2) 각각의 변수를 이항 데이터로 변환하는 경우에는 한 변수 값이 너무 많이 나타나서 불필요한 연관규칙이 많이 만들어질 가능성이 있다. 이 경우에는 관련된 연관규칙이 의미 있는 정보를 가지고 있기가 힘들다. 이러한 경우에는 연관분석을 하기 전에 한 변수 값이 너무 많이 나타난 변수를 제거하는 것이 바람직하다.
3) 많은 변수들이 범주형인 경우에는 컴퓨터 계산 시간이 엄청나게 늘어날 수 있다. 계산 시간을 줄이기 위해서는 같은 변수의 서로 다른 값이 나타나는 빈발항목집합 후보를 제거하는 방법이 있다. 예를 들어, {출신지역 = 서울}, {출신지역 = 대구}는 동시에 나타날 수 없으므로 빈발항목집합에서 제거하는 것이 타당하다.

4.4.2 연속형 데이터의 연관분석

연관분석을 원하는 데이터에는 나이, 월수입, 쇼핑횟수 등과 같은 연속형 변수가 포함되어 있을 수 있다. 연속형 데이터에서는 '나이가 30대이고 월수입이 300만원 이상인 사람이 인터넷 쇼핑을 월 3회 이상 한다'와 같은 **정량적 연관규칙**(quantitative association rule)을 기대할 수 있다. 연속형 데이터의 연관분석은 이산형화 기반(discretization based) 방법과 통계량 기반(statistics based) 방법이 있다.

가. 이산형화 기반 방법

연속형 변수에 대한 **이산형화**(discretization)에 많이 사용되는 방법은 인접한 연속형 값을 유한개의 구간으로 나누는 것이다. 예를 들면, 나이는 20대, 30대 등의 10살 간격으로 나눌 수 있다. 구간을 나눌 때는 같은 너비로 나누는 방법, 같은 도수로 나누는 방법, 엔트로피 기반(entropy based)으로 나누는 방법(5.4.4절) 또는 군집화하여 나누는 방법 등을 생각할 수 있다. 이산형화한 후에는 범주형 데이터와 같이 [표 4.11]처럼 이항 데이터로 변환하여 4.2절의 연관분석 알고리즘을 적용할 수 있다.

[표 4.11] 연속형 데이터의 이항 데이터 변환

나이 =20대	나이 =30대	나이 =40대	나이 =50대	…
0	0	0	1	
0	1	0	0	
1	0	0	0	…
0	1	0	0	
0	0	1	0	
…	…	…	…	

이산형화의 제일 중요한 문제는 '몇 개의 구간으로 나누느냐?' 라는 것이다. 만일 구간의 수가 너무 적으면 신뢰도가 작아져 의미 있는 연관규칙을 잃어버릴 수 있다. 구간의 수가 너무 많으면 지지도가 작아져 역시 의미 있는 연관규칙을 잃어버릴 수 있다. 한 가지 방법은 구간의 수를 일단 많이 나눈 후 인접 구간과 하나씩 합쳐서 의미 있는 연관규칙을 찾아내는 것이다. 하지만 이 방법은 너무 많은 구간에 대한 경우의 수가 발생되어 컴퓨터 계산이 많아질 수 있고 불필요한 규칙이 많아질 수 있다.

나. 통계량 기반 방법

통계량 기반 연관규칙은 규칙의 결과를 통계량으로 찾는 것으로서 다음의 예와 같다.

{월수입 > 300만원, 인터넷 쇼핑 = 함} → {나이: 평균 = 38세}

통계량 기반 연관규칙을 생성하기 위해서는 나이와 같은 목표변수를 정해놓고, 나머지 변수를 이항변수로 변환하여 빈발항목집합을 찾는다. 각각의 빈발항목집합은 전체 데이터를 분할하게 되고, 각 분할된 데이터의 평균 등의 통계량을 구하여 연관규칙을 완성한다. 통계량 기반 연관규칙의 수는 전체 빈발항목집합의 수와 동일하다.

통계량 기반 연관규칙에서 지지도는 정의되지 않기 때문에 새로운 연관규칙의 평가방법이 필요하다. 통계량 기반 연관규칙이 흥미 있기 위해서는 연관규칙에 의해

설명되는 데이터의 통계량과 이 연관규칙과 관계가 없는 나머지 데이터의 통계량이 서로 유의하게 달라야 한다. 예를 들면, 연관규칙 {월수입 > 300만원, 인터넷 쇼핑 = 함} → {나이: 평균=38세} 가 흥미가 있으려면 {월수입 > 300만원, 인터넷 쇼핑 = 함}이라는 조건을 만족하지 않는 데이터들에 대한 나이의 평균이 30세라고 하자. 이 나이의 차이가 의미 있는지 합리적으로 결정하는 방법은 통계적 가설검정이다.

통계량 기반 연관규칙을 $A \rightarrow \{t : \mu_1\}$라 하자. 여기서 A는 빈발항목집합을 의미하고, t는 연속형 목표변수이고, μ_1은 A에 속하는 데이터들의 모집단 평균이다. A에 속하지 않는 데이터들의 모집단 평균을 μ_2라 하자(편의상 $\mu_1 > \mu_2$로 가정). 연관규칙이 흥미가 있다는 것은 $\mu_1 - \mu_2$가 분석자가 정한 Δ 보다 클 때인데, 이를 통계적 가설로 표시하면 다음과 같다.

$$H_0 : \mu_1 - \mu_2 \le \Delta \qquad (4.20)$$
$$H_1 : \mu_1 - \mu_2 > \Delta$$

빈발항목집합 A의 조건을 만족하는 데이터의 수를 n_1, 평균을 $\overline{X}_1$, 분산을 s_1^2이라 하고, 빈발항목집합 A의 조건을 만족하지 않는 데이터의 수를 n_2, 평균을 $\overline{X}_2$, 분산을 s_2^2이라 하자. 두 데이터의 수가 충분히 크다면 가설 (4.20)은 다음과 같은 Z 통계량을 이용하여 검정할 수 있다.

$$Z = \frac{\overline{X}_1 - \overline{X}_2 - \Delta}{\sqrt{\frac{s_1^2}{n_1} + \frac{s_2^2}{n_2}}} \qquad (4.21)$$

귀무가설 H_0가 참일 때 위의 통계량은 정규분포를 따르므로 유의수준 α에 대한 정규분포 기준값이 Z_α일 때 가설검정을 위한 의사결정기준은 다음과 같다.

'만일 $Z > Z_\alpha$이면 H_0를 기각한다.' (4.22)

예제 4.4.1 통계량 기반 연관규칙 '{월수입 > 300만원, 인터넷 쇼핑 = 함} → {나이: 평균=32 세}' 을 만족하는 데이터가 50개 있고, 나이의 평균이 32, 표준편차가 3이다. {월수입 > 300만원, 인터넷 쇼핑 = 함}을 만족하지 않는 데이터는 100개 있고, 나이의 평균은 25, 표준편차는 5이다. 두 집단의 나이 평균차가 5세 이상일 때 흥미 있는 연관규칙이라고 할 때, 위의 연관규칙이 흥미 있는지 유의수준 5%로 가설검정하라.

풀이 이 문제에 대한 가설은 다음과 같다.

$$H_0 : \mu_1 - \mu_2 \le 5 \qquad (4.23)$$
$$H_1 : \mu_1 - \mu_2 > 5$$

(식 4.21)의 검정통계량과 유의수준 5%일 때의 정규분포 기준값은 다음과 같다.

$$Z = \frac{32-25-5}{\sqrt{\frac{3^2}{50}+\frac{5^2}{100}}} = 3.050 \qquad (4.24)$$

$$Z_{0.05} = 1.645 \qquad (4.25)$$

따라서 $Z > Z_{0.05}$ 이므로 귀무가설 H_0는 기각된다. 즉, '연관규칙은 흥미가 있다'라고 결론 내릴 수 있다.

4.5 항목 출현순서의 연관분석

지금까지의 연관분석은 한 트랜색션에 포함되어 있는 항목들의 있고 없음을 가지고 연관성을 분석하였다. 하지만 트랜색션에 포함되어 있는 항목들은 시간에 관련되어 있을 수 있는데, 다음의 예들을 살펴보자.

- 한 슈퍼마켓 방문자의 상품 구입순서
  〈 {우유}, {쥬스}, {소고기}, {생선}, {설탕}, {라면} 〉
- 어느 인터넷 쇼핑 웹사이트 방문자의 웹페이지 방문순서
  〈 {홈페이지}, {전자제품}, {디지털카메라}, {구매}, {주문확인}, {홈페이지} 〉

위의 예에서 슈퍼마켓 데이터는 고객들이 물품을 사는 순서와 같은 정보가 들어 있다. 인터넷 쇼핑 웹사이트의 방문자 데이터는 각각의 이용자들이 '어떠한 순서로 웹페이지를 방문하였는가?'라는 정보가 있다. **출현순서패턴**(sequence pattern)의 분석은 항목들의 출현 구조를 알아볼 수 있으며, 어떠한 항목이 미래에 나타날 것인지 예측도 가능하게 하여 준다. 항목 출현순서패턴의 기본 개념과 이 패턴을 찾는 알고리즘에 대하여 살펴보자.

4.5.1 출현순서패턴의 기본개념

여러 고객의 슈퍼마켓 데이터를 [표 4.12]와 같이 일자별로 구입한 상품목록으로 정리할 수 있다. 이 데이터는 5명의 고객이 일자별로 구입한 13개의 상품 구매 트랜색션이 있으며 구입상품 종류는 5개이다.

[표 4.12] 5명의 고객의 일자별 구입 상품 데이터의 예

고객명	일자	구입 상품
A	1	a, b, d
A	2	b, c
A	3	e
B	1	a, b
B	2	b, c, d
C	1	a, b
C	2	b, c, d
C	3	b, d, e
D	1	b
D	2	c, d
D	3	d, e
E	1	a, c
E	2	b, d, e

각각의 고객에 대한 일자별 구입상품 트랜색션의 집합을 **출현순서**(sequence)라 하고, $s = < e_1, e_2, \ldots, e_n >$으로 표시한다. 여기서 출현순서 s의 각 **원소**(element) e_j는 항목들의 집합으로 $e_j = \{i_1, i_2, \ldots, i_k\}$이다. 예를 들어, [표 4.12]의 출현순서는 5개로 다음과 같다.

고객 A: 〈 {a,b,d}, {b,c}, {e} 〉
고객 B: 〈 {a,b}, {b,c,d} 〉
고객 C: 〈 {a,b}, {b,c,d}, {b,d,e} 〉
고객 D: 〈 {b}, {c,d}, {d,e} 〉
고객 E: 〈 {a,c}, {b,d,e} 〉

이 출현순서 데이터에서는 고객 중에 상품 1과 상품 2를 같이 구입한 적이 몇 번이나 있는지가 궁금할 수 있는데, 5명의 고객 중 3명이 있다. 이를 **부출현순서**(subsequence)라 하고 〈 {a,b} 〉로 표시한다. 부출현순서 〈 {a,b} 〉의 지지도는 3/5, 즉 60%가 된다. 첫째 날은 상품 {a}, 둘째 날은 상품 {b}를 구입한 고객이 몇 명이나 있는지 궁금할 수 있는데, 이를 부출현순서 〈 {a}, {b} 〉로 표시하고 지지도는 4/5, 즉 80%이다. 부출현순서의 지지도가 최소 기준값을 넘으면 **빈발출현순서**(frequent sequence) 또는 **출현순서패턴**(sequence pattern)이라 한다. [표 4.13]은 지지도 기준을 50%로 하였을 때의 빈발출현순서의 예이다.

[표 4.13] [표 4.12]의 데이터에 대해 지지도 기준을 50%로 했을 때 출현순서패턴

빈발출현순서	지지도
〈 {a,b} 〉	60%
〈 {b,c} 〉	60%
〈 {b,d} 〉	80%
〈 {c},{e} 〉	80%
〈 {a},{b} 〉	80%
〈 {b},{b} 〉	60%
〈 {a},{b,c} 〉	60%
〈 {b},{b,c} 〉	60%
〈 {a,b},{b,c} 〉	60%

4.5.2 출현순서패턴 탐색 알고리즘

출현순서패턴의 원시적인 탐색은 모든 가능한 부출현순서들을 하나씩 살펴보고 각각의 지지도를 조사하는 것이다. m개의 항목집합 $\{i_1, i_2, ..., i_m\}$이 있을 때 가능한 출현순서를 1항목-출현순서, 2항목-출현순서, 3항목-출현순서 등으로 나열해 보면 다음과 같이 많은 경우의 수가 있다.

1-항목: $\langle \{i_1\} \rangle$, $\langle \{i_2\} \rangle$, ... , $\langle \{i_m\} \rangle$
2-항목: $\langle \{i_1, i_2\} \rangle$, $\langle \{i_1, i_3\} \rangle$, ... , $\langle \{i_{m-1}, i_m\} \rangle$,
$\langle \{i_1\},\{i_1\} \rangle$, $\langle \{i_1\},\{i_2\} \rangle$, ... , $\langle \{i_{m-1}\},\{i_m\} \rangle$
3-항목: $\langle \{i_1, i_2, i_3\} \rangle$, $\langle \{i_1, i_2, i_4\} \rangle$, ... , $\langle \{i_1, i_2\},\{i_1\} \rangle$, ... ,
$\langle \{i_1\},\{i_1, i_2\} \rangle$, ... , $\langle \{i_1\},\{i_1\},\{i_1\} \rangle$, ... , $\langle \{i_m\},\{i_m\},\{i_m\} \rangle$

빈발 출현순서패턴의 탐색에도 **선험적 규칙**(apriori principle)이 적용될 수 있다. 즉, k-항목 출현순서는 반드시 $(k-1)$-항목 출현순서를 포함하여야 하는데, 이를 이용하여 출현순서패턴을 찾는 선험적 알고리즘을 만들 수 있다([알고리즘 4.4]). 이 알고리즘은 4.1절의 선험적 알고리즘과 유사하게 반복적으로 빈발 k-항목 출현순서 후보를 생성하고, 비빈발 $(k-1)$-항목 출현순서를 가지치기한 후 출현순서 후보의 지지도를 계산하여 빈발출현순서패턴을 결정한다.

가. k-항목 출현순서패턴 후보 생성

4.2절의 선험적 알고리즘에서는 빈발 $(k-1)$-항목집합을 이용해서 빈발 k-항목집합 후보를 생성할 때, 중복된 후보생성을 피하기 위해 처음 $(k-1)$-항목이 동일한 항목집합만을 결합하였다. k-항목 출현순서패턴 후보 생성을 할 때도 유사한 방

법을 사용한다. 출현순서패턴 s_1과 s_2의 혼합은 s_1의 첫 번째 항목집합을 뺀 출현순서와 s_2의 마지막 항목집합을 뺀 출현순서가 동일할 때 s_1과 s_2의 마지막 항목집합을 혼합한다. 만일 s_2의 마지막 두 개의 항목집합이 서로 다른 집합이라면 s_2의 마지막 항목만 s_1과 결합하고, 만일 서로 같은 집합에 속해 있다면 s_2의 마지막 항목은 s_1의 마지막 항목집합의 원소가 된다.

나. 후보들의 가지치기

k-항목 출현순서패턴 후보에서 모든 가능한 $(k-1)$-항목 부출현순서를 조사하여 적어도 하나 이상이 출현순서패턴이 아니라면 그 k-항목 출현순서는 가지치기한다.

4.6 비빈발패턴 탐색

지금까지 연구해 온 연관분석은 트랜색션에 나타나는 최소지지도(minsupport)를 넘는 빈발항목집합을 찾는 방법이었다. 따라서 데이터에서 빈발하게 나타나지 않는 패턴은 무관심하게 여기고 제거하였다. 이러한 **비빈발패턴**(infrequent pattern)들은 대개 무의미한 경우가 많으나 어느 경우에는 유용할 수도 있다. 예를 들면, 한 전자제품 매장에서 DVD와 VCR을 동시에 구매하는 사람은 거의 없기 때문에 비빈발패턴이다. DVD의 판매가 늘면 VCR의 판매는 줄어들 가능성이 많은데, 이를 서로 음의 상관이 있는 비빈발패턴이라 한다. 음의 상관이 있는 비빈발패턴을 조사하면 어떠한 제품들이 서로 경쟁하고 있는지 알 수 있다. 차와 커피, 버터와 마아가린, 책상용 컴퓨터와 노트북 등도 음의 상관이 있는 경쟁제품의 예이다.

비빈발패턴 탐색의 주요 이슈는 '어떻게 흥미 있는 비빈발패턴을 정의하느냐?' 라는 문제(4.6.1절)와 '어떻게 효율적으로 대량 데이터에서 비빈발패턴을 탐색하느냐' 라는 문제(4.6.2절)이다.

4.6.1 흥미 있는 비빈발패턴의 정의

흥미 있는 비빈발패턴의 탐색을 위해 필요한 용어를 정의하자.

1) 항목들의 집합을 $\{i_1, i_2, \ldots, i_m\}$이라 하고 한 트랜색션에 항목 i_k가 있을 때 이를 **양의 항목**(positive item), 이 항목이 없을 때 $\overline{i}_k$라 표시하고 **음의 항목**(negative item)이라 하자. 만일 항목집합 X가 양의 항목집합 A와 음의 항목집합 $\overline{B}$의 합

집합이고, X의 지지도가 최소지지도보다 클 때 이를 **음의 항목집합**(negative item set)이라 한다.

$$X = A \cup \overline{B},\ s(X) \geq \text{minsupport}. \tag{4.29}$$

2) 음의 항목집합에서 최소지지도와 최소신뢰도를 만족하는 연관규칙을 **음의 연관 규칙**(negative association rule) 또는 **음의 패턴**(negative pattern)이라 한다. 예를 들어, 음의 패턴 {차} → $\{\overline{\text{커피}}\}$는 '차를 마시는 사람은 커피를 마시지 않는다'는 연관규칙을 의미한다.

3) $X = \{x_1, x_2, \ldots, x_m\}$를 m-항목집합이고 $P(X)$를 한 트랜색션이 X를 포함할 확률이라 하면 확률 $P(X)$의 추정값은 지지도 $s(X)$이다. 항목 x_j의 지지도가 $s(x_j)$일 때 모든 항목들이 독립이면 $s(X) = s(x_1)s(x_2)\cdots s(x_m)$이다. 만일 m-항목집합 X가

$$s(X) < \prod_{j=1}^{m} s(x_j) = s(x_1) \times s(x_2) \times \cdots \times s(x_m) \tag{4.30}$$

를 만족하면 X를 **음의 상관 항목집합**(negatively correlated itemset)이라 한다. 즉, 항목집합의 지지도가 각 항목들이 독립일 때의 지지도보다 작으면 그 항목집합은 음의 상관이다. $s(X)$가 작으면 작을수록 음의 상관이 강한 패턴이 된다.

4) 항목집합 X와 Y가 서로 공통된 항목이 없을 때 연관규칙 $X \rightarrow Y$가

$$s(X \cup Y) < s(X)s(Y) \tag{4.31}$$

를 만족할 때 **음의 상관 연관규칙**(negatively correlated association rule) 또는 **음의 상관 패턴**(negatively correlated pattern)이라 한다. 항목집합 X와 Y에 대한 음의 항목집합을 $\overline{X}$와 $\overline{Y}$라 하면 식 (4.31)은 다음과 같이 표현할 수도 있다.

$$s(X \cup Y)s(\overline{X} \cup \overline{Y}) < s(X \cup \overline{Y})s(\overline{X} \cup Y) \tag{4.32}$$

위에서 정의한 비빈발패턴, 음의 패턴, 음의 상관 패턴은 서로 밀접한 관련이 있는 개념인데, 이들의 관계를 알아보자.

첫째, 만일 $X \cup Y$가 비빈발항목집합이고 최소지지도가 높지 않을 경우 항목집합 X, Y와 관련된 음의 항목집합이 있을 가능성이 높다. [표 4.17]은 항목집합 X와 Y에 대한 교차표로서 네 가지 형태의 집합에 대한 지지도를 보여 주고 있다. 만일 $X \cup Y$가 비빈발항목집합이라면 $s(X \cup Y)$가 작은 값이고 상대적으로 $s(X \cup \overline{Y})$,

$s(\overline{X} \cup Y)$ 또는 $s(\overline{X} \cup \overline{Y})$ 중의 하나가 최소지지도보다 커야 된다.

[표 4.17] 연관규칙 $X \rightarrow Y$에 대한 교차표

	Y	$\overline{Y}$	
X $\overline{X}$	$s(X \cup Y)$ $s(\overline{X} \cup Y)$	$s(X \cup \overline{Y})$ $s(\overline{X} \cup \overline{Y})$	$s(X)$ $s(\overline{X})$
	$s(Y)$	$s(\overline{Y})$	1

둘째, 음의 상관 패턴은 관련된 음의 패턴을 가지고 있다. 항목집합 X와 Y가 강한 음의 상관을 가진다면 부등식 (4.32)의 좌측은 우측보다 매우 작은 값을 갖는다. 따라서 X와 Y가 강한 음의 상관을 가진다면 $s(X \cup \overline{Y})$나 $s(\overline{X} \cup Y)$ 또는 두 지지도 모두가 높아야 하므로 음의 패턴과 연관이 있게 된다.

셋째, $X \cup Y$의 지지도가 낮으면 낮을수록 음의 상관이 높은 패턴이 될 가능성이 있게 되고, 비빈발 음의 상관 패턴들은 흥미 있는 패턴이 될 가능성이 높다. 〈그림 4-7〉는 비빈발패턴과 음의 패턴, 음의 상관패턴의 집합관계를 보여 준다.

4.6.2 비빈발패턴의 탐색방법

음의 패턴을 찾는 간단한 방법은 모든 항목들을 두 개의 양의 항목과 음의 항목으로 이항변수화하는 것이다. [표 4.18]은 네 개의 항목에 대한 다섯 개의 트랜색션을 음의 패턴을 찾기 위해 이항변수화 한 예이다. 데이터를 이와 같이 변환하면 기존의 선험적 알고리즘으로 모든 음의 빈발항목집합을 찾을 수 있다.

[표 4.18] 음의 패턴을 찾기 위해 트랜색션을 대칭적인 이항변수화 한 예

TID	항목
1	{A,B}
2	{A,B,C}
3	{C}
4	{B,C}
5	{B,D}

$\Rightarrow$

TID	A	$\overline{A}$	B	$\overline{B}$	C	$\overline{C}$	D	$\overline{D}$
1	1	0	1	0	0	1	0	1
2	1	0	1	0	1	0	0	1
3	0	1	0	1	1	0	0	1
4	0	1	1	0	1	0	0	1
5	0	1	1	0	0	1	1	0

하지만 이와 같은 음의 패턴 탐색방법은 항목의 수가 많을 경우 모든 항목에 대해 이항변수화를 하면 너무 데이터의 양이 커지고, 계산의 복잡도가 커져 패턴 탐색이 어려울 수도 있다. 그 이유는 한 항목 A에 대한 지지도가 빈발하지 않으면 반대로 음의 항목 $\overline{A}$가 빈발하게 되기 때문이다. 따라서 최소지지도를 50%로 하더라도 전

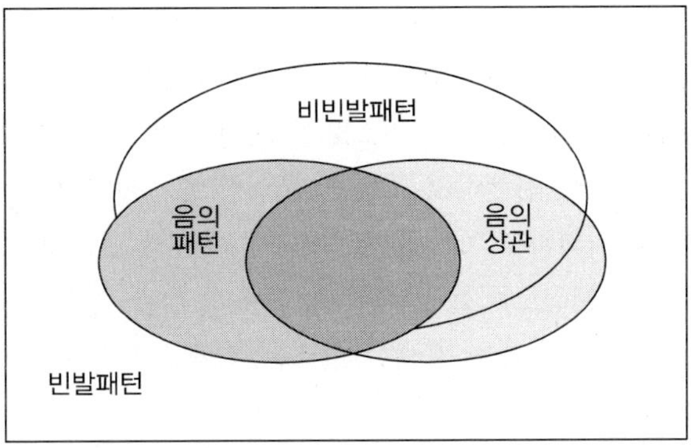

그림 4-7 비빈발패턴과 음의 상관패턴의 집합관계

체 이항변수의 반 이상이 빈발하게 된다. 항목의 수가 많은 경우 일부만을 이항변수화하는 방법이 있을 수는 있다. 예를 들면, 항목 y가 빈발인 경우에만 음의 항목 $\overline{y}$를 흥미 있는 항목으로 간주하는 방법이 있다.

음의 패턴을 찾는 다른 방법은 양의 항목집합의 지지도를 이용하여 음의 항목집합의 지지도를 구하는 것이다. 예를 들면, 항목집합 $\{p, \overline{q}, \overline{r}\}$의 지지도는 다음과 같이 구할 수 있다.

$$s(\{p, \overline{q}, \overline{r}\}) = s(\{p\}) - s(\{p, q\}) - s(\{p, r\}) + s(\{p, q, r\}) \tag{4.33}$$

위의 식을 일반화하면 항목집합 $X \cup \overline{Y}$의 지지도는 다음과 같다.

$$s(X \cup \overline{Y}) = s(X) + \sum_{i=1}^{n} \sum_{Z \subset Y, |Z| = i} \{(-1)^i \times s(X \cup Z)\} \tag{4.34}$$

위의 식에서 Z는 Y의 부분집합이고 $|Z|$는 이 부분집합의 원소수이다. 이 방법에서도 집합 $\overline{Y}$를 양의 항목이 빈발한 것으로 제한하면 음의 항목집합 후보를 많이 줄일 수 있다.

4.7 R 및 SAS 실습

[표 4.1]의 데이터를 이용한 연관분석의 R 실습과 SAS 실습을 살펴보자.

4.7.1 R 실습

R을 이용한 연관분석을 위해서는 arules이라는 R 패키지를 설치하여야 한다. 이

패키지는 http://stat.ethz.ch/CRAN 사이트에서 arules_1.0-3.zip 파일을 직접 다운로드하여 설치할 수도 있고, R의 메뉴를 이용하여 설치할 수 있다. R의 주메뉴에서 '패키지' => '패키지 인스톨'을 선택하면 'CRAN mirror'라는 창이 나타난다. 여기서 'Korea'를 선택하고 'OK'를 클릭한 후, 이어서 'Packages'라는 창이 나타나면 'arules'를 선택하고 'OK'를 클릭한다. 패키지 인스톨이 완료되면 메뉴에서 '패키지' => '패키지 불러오기'를 선택하여 'Select one' 창이 나타나면 'arules'를 선택한다. 패키지의 설치에 대한 자세한 설명은 부록 A.1.2 절의 '사. 패키지의 이용'을 참조하기 바란다.

가. 연관분석

1) [표 4.1]의 트랜색션 데이터를 R로 실습하기 위해서는 아래와 같이 이항변수화하여 텍스트 파일을 만들어야 한다. 변수와 변수 사이는 공백으로 구분되어 있고, 이 데이터가 C:\Rwork\Ex421.txt 파일에 저장되어 있다고 하자.

```
사과 우유 빵 버터 계란 콜라
1    1    0   0    0    0
1    1    0   1    1    0
0    1    1   1    0    1
1    1    1   1    0    0
1    1    1   0    0    1
```

2) 연관분석의 실습을 위해 R의 기본 작업폴더를 C:\Rwork로 변경한 후 파일 Ex421.txt를 불러온다.

```
> asso <- read.table('Ex421.txt',header=T)
> asso
  사과 우유 빵 버터 계란 콜라
1 1    1    0   0    0    0
2 1    0    1   1    1    0
3 0    1    1   1    0    1
4 1    1    1   1    0    0
5 1    1    1   0    0    1
```

3) 데이터프레임 asso를 matrix 자료로 변환한다.

```
> trans <- as.matrix(asso,"Transaction")
```

4) 최소지지도(support)가 0.4, 최소신뢰도(confidence)가 0.6 이상인 규칙들을 apriori 알고리즘으로 연관규칙을 구하는 명령어는 다음과 같다.

```
> rules1 <- apriori(trans,parameter =
list(supp=0.4,conf=0.6,target="rules"))
parameter specification:
 confidence minval smax arem  aval originalSupport support minlen
maxlen target   ext
        0.6    0.1    1 none FALSE         TRUE     0.4     1      10
ules FALSE
algorithmic control:
 filter tree heap memopt load sort verbose
    0.1 TRUE TRUE  FALSE TRUE    2    TRUE
apriori - find association rules with the apriori algorithm
version 4.21 (2004.05.09)        (c) 1996-2004   Christian Borgelt
set item appearances ...[0 item(s)] done [0.00s].
set transactions ...[6 item(s), 5 transaction(s)] done [0.00s].
sorting and recoding items ... [5 item(s)] done [0.00s].
creating transaction tree ... done [0.00s].
checking subsets of size 1 2 3 done [0.00s].
writing ... [28 rule(s)] done [0.00s].
```

5) 생성된 규칙은 inspect( ) 명령어를 이용하여 관찰할 수 있는데, 대개 지지도에 대한 내림차순 sort 명령어와 같이 이용한다.

```
> inspect(sort(rules1))     # rules1 의 규칙을 지지도의 내림차순으로 정렬
   lhs          rhs       support confidence      lift
1  {}        => {우유}      0.8    0.8000000 1.0000000
2  {}        => {사과}      0.8    0.8000000 1.0000000
```

```
3  {}        => {빵}        0.8    0.8000000 1.0000000
4  {}        => {버터}      0.6    0.6000000 1.0000000
5  {버터}    => {빵}        0.6    1.0000000 1.2500000
6  {빵}      => {버터}      0.6    0.7500000 1.2500000
7  {우유}    => {사과}      0.6    0.7500000 0.9375000
8  {사과}    => {우유}      0.6    0.7500000 0.9375000
9  {우유}    => {빵}        0.6    0.7500000 0.9375000
10 {빵}      => {우유}      0.6    0.7500000 0.9375000
11 {사과}    => {빵}        0.6    0.7500000 0.9375000
12 {빵}      => {사과}      0.6    0.7500000 0.9375000
...
```

6) 최소지지도가 0.6인 규칙만 추출하여 관찰하는 명령어는 다음과 같다.

```
> rules2 <- apriori(trans,parameter = list(suppor=0.6))
> inspect(sort(rules2))
```

7) 좌측 항목집합에 버터가 들어 있고 규칙의 리프트가 0.6 이상인 규칙만을 추출하여 관찰하는 명령어는 다음과 같다.

```
> rules.sub_1 <- subset(rules1,subset = lhs %pin% "버터" & lift>0.6)
> inspect(sort(rules.sub_1[1:2]))
  lhs          rhs     support confidence       lift
1 {버터} => {우유}       0.4  0.6666667 0.8333333
2 {버터} => {사과}       0.4  0.6666667 0.8333333
```

8) 우측 항목집합에 빵이 들어 있고 규칙의 리프트가 0.6 이상인 규칙만을 추출하여 관찰하는 명령어는 다음과 같다.

```
> rules.sub_2 <- subset(rules1,subset = rhs %pin% "빵" & lift>0.6)
> inspect(sort(rules.sub_2[1:4]))
  lhs        rhs    support confidence   lift
1 {}      => {빵}      0.8        0.80 1.0000
2 {버터} => {빵}      0.6        1.00 1.2500
3 {우유} => {빵}      0.6        0.75 0.9375
4 {콜라} => {빵}      0.4        1.00 1.2500
```

4.7.2 SAS 실습

연관분석은 SAS Enterprise Miner를 이용하여야 하는데 SAS와 E-Miner의 기본운용은 부록 A.2절을 참조하기 바란다. 일반적인 연관분석과 시차 연관분석의 실습을 하여보자.

가. 연관분석

[표 4.1]의 데이터를 이용해 연관분석을 실습하기 위해서 다음과 같이 엑셀 파일을 만들었다. 첫 행은 SAS의 변수명을 의미한다. 이 파일을 C:₩SASwork₩EX421.xls로 저장하고 SAS의 My 라이브러리의 EX421이라는 데이터 세트로 저장하자. 엑셀 파일을 SAS로 불러오는 방법은 부록 A2.2.2절의 '마. SAS에서 엑셀파일 불러오기'를 참조하기 바란다.

	A	B	C
1	ID	TIME	PRODUCT
2	1	1	빵
3	1	2	우유
4	2	1	빵
5	2	2	기저귀
6	2	3	맥주
7	2	4	계란
8	3	1	우유
9	3	2	기저귀
10	3	3	맥주
11	3	4	콜라
12	4	1	빵
13	4	2	우유
14	4	3	기저귀
15	4	4	맥주
16	5	1	빵
17	5	2	우유
18	5	3	기저귀
19	5	4	콜라

1) SAS의 주메뉴에서 '솔루션(S)' => '분석(S)' => 'Enterprise Miner(E)'를 선택하면 주메뉴가 바뀌고 E-Miner의 작업영역이 나타난다. 바뀐 주메뉴에서 '파일(F)' => '새로 만들기(N)' => '프로젝트(J)'를 선택하여 아래와 같은 'Create new project' 화면이 나타나면, 프로젝트 Name으로 Chapter421, Location으로 C:₩SASwork₩Chap421 폴더를 선택한 후 (이 폴더를 미리 만들어 놓아야 함) 'Create' 버튼을 클릭한다.

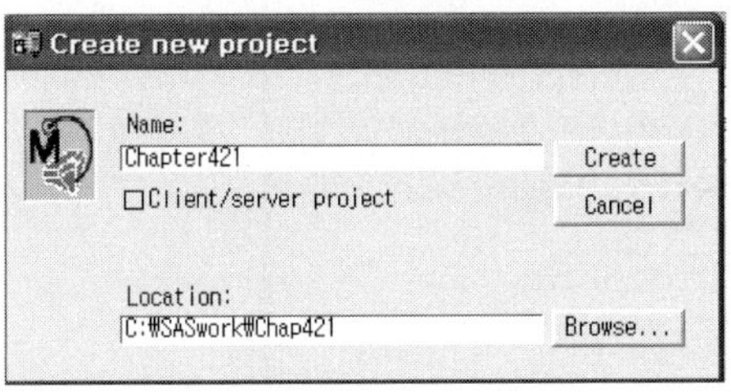

2) 프로젝트 탐색기에서 분석흐름도 이름 'Untitled'를 마우스 우측 버튼 메뉴의 'Rename'을 이용하여 'Ex421'로 변경한다. 툴바에서 'Input Data Source'와 'Association' 노드를 작업영역으로 끌어온 후 아래와 같은 분석흐름도를 작성한다.

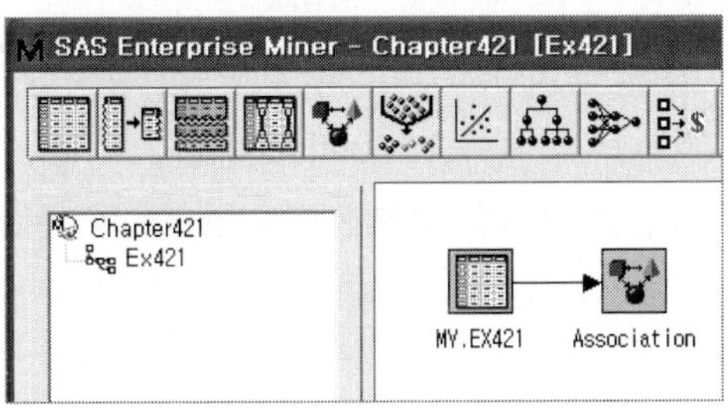

3) 'Input Data Source' 노드를 더블클릭하여 'Data' 탭에서 MY라이브러리의 EX421 데이터 세트로 지정한다. 'Variables' 탭에서 ID의 역할을 id로, TIME의 역할을 input으로, PROUDUCT의 역할을 target으로 설정한다. 이 창을 닫으면서 내용을 저장하고 나온다.

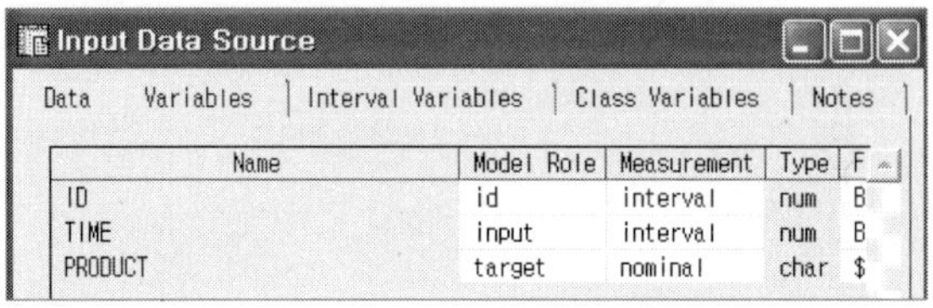

4) 'Association' 노드를 더블클릭하여 'General' 탭에서 'Minimum Transaction Frequency to Support Associ.'(연관규칙 발견을 위한 최소 트랜색션 도수)를 기본 5%로 선택하고, 'Maximum number of items in an association'(연관규칙 발견에 포함될 최대 항목 수)의 개수를 2로, 'Minimum confidence for rule generation'(연관규칙의 정의에 필요한 최소 신뢰도)을 기본인 10%로 설정한다. 이 창을 닫으면서 내용을 저장하고 작업영역으로 나온다.

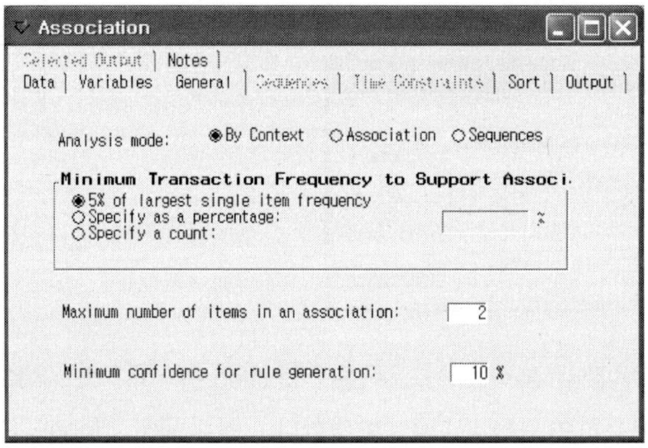

5) 'Association' 노드에 마우스 우측 버튼을 클릭하여 나타나는 팝업 메뉴에서 'Run'을 실행하면 아래와 같은 두 항목('Relations'=2) 연관규칙과 각 규칙의 향상도('Lift'), 지지도('Support(%)'), 신뢰도('Confidence(%)') 및 트랜색션 도수('Transaction Count') 화면이 나타난다. 기본적으로 지지도의 내림차순으로 정렬되어 있는데, 다른 평가 기준으로 정렬을 원하면 해당 기준에 마우스 우측 버튼을 클릭하여 나타나는 팝업 메뉴에서 'Sort'를 선택하면 된다.

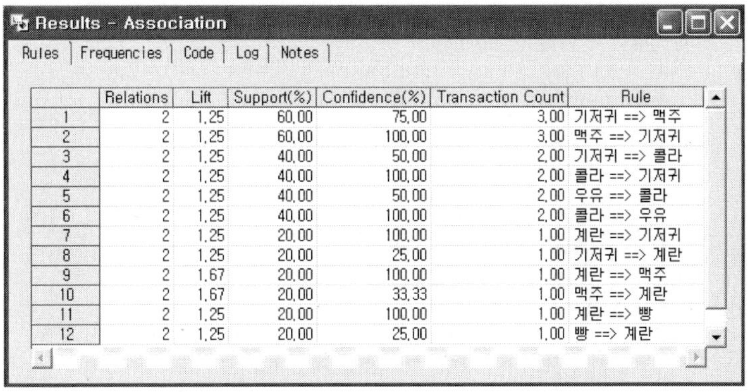

	Relations	Lift	Support(%)	Confidence(%)	Transaction Count	Rule
1	2	1.25	60.00	75.00	3.00	기저귀 ==> 맥주
2	2	1.25	60.00	100.00	3.00	맥주 ==> 기저귀
3	2	1.25	40.00	50.00	2.00	기저귀 ==> 콜라
4	2	1.25	40.00	100.00	2.00	콜라 ==> 기저귀
5	2	1.25	40.00	50.00	2.00	우유 ==> 콜라
6	2	1.25	40.00	100.00	2.00	콜라 ==> 우유
7	2	1.25	20.00	100.00	1.00	계란 ==> 기저귀
8	2	1.25	20.00	25.00	1.00	기저귀 ==> 계란
9	2	1.67	20.00	100.00	1.00	계란 ==> 맥주
10	2	1.67	20.00	33.33	1.00	맥주 ==> 계란
11	2	1.25	20.00	100.00	1.00	계란 ==> 빵
12	2	1.25	20.00	25.00	1.00	빵 ==> 계란

6) 연관규칙 결과 화면이 있는 상태에서 주메뉴의 '보기(V)' => '그래프(G)'를 선택하면 다음과 같은 연관규칙 전체를 지지도와 신뢰도 수준에 의해 살펴볼 수 있다.

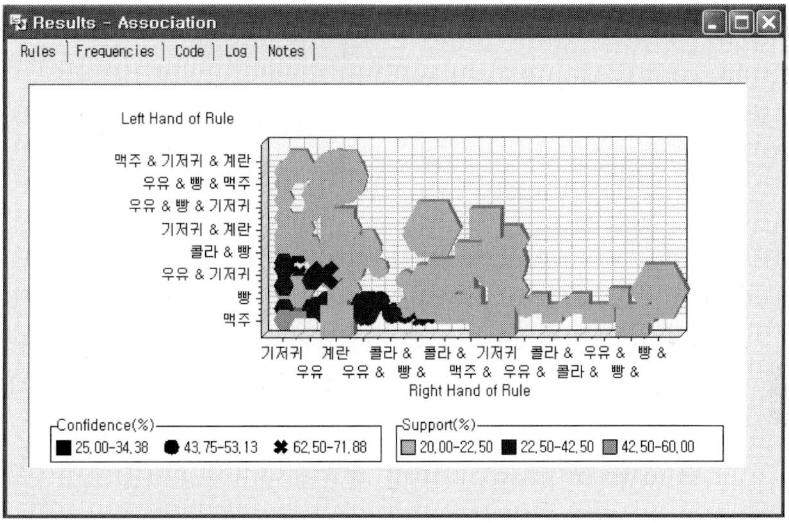

나. 출현순서 연관분석

[표 4.12]의 데이터를 이용해 출현순서 연관분석을 실습하기 위해서 다음과 같이 엑셀 파일을 만들었다. 첫 행은 SAS의 변수명을 의미한다. 이 파일을 C:₩SASwork₩EX451.xls로 저장하고 SAS의 My 라이브러리의 EX451이라는 데이터 세트로 저장하자. 엑셀 파일을 SAS로 불러오는 방법은 부록 A2.2.2절의 '마. SAS에서 엑셀파일 불러오기'를 참조하기 바란다.

	A	B	C
1	CUSTOMER	TIME	PRODUCT
2	A	1	1
3	A	1	2
4	A	1	4
5	A	2	2
6	A	2	3
7	A	3	5
8	B	1	1
9	B	1	2
10	B	2	2
11	B	2	3
12	B	2	4
13	C	1	1
14	C	1	2
15	C	2	2
16	C	2	3
17	C	2	4
18	C	3	2
19	C	3	4
20	C	3	5
21	D	1	2
22	D	2	3
23	D	2	4
24	D	3	4
25	D	3	5
26	E	1	1
27	E	1	3
28	E	2	2
29	E	2	4
30	E	2	5

1) SAS의 주메뉴에서 '솔루션(S)' => '분석(S)' => 'Enterprise Miner(E)'를 선택하면 주메뉴가 바뀌고 E-Miner의 작업영역이 나타난다. 바뀐 주메뉴에서 '파일(F)' => '새로 만들기(N)' => '프로젝트(J)'를 선택하여 아래와 같은 'Create new project' 화면이 나타나면, 프로젝트 Name으로 Chapter451, Location으로 C:₩SASwork₩Chap451 폴더를 선택한 후 (이 폴더를 미리 만들어 놓아야 함) 'Create' 버튼을 클릭한다.

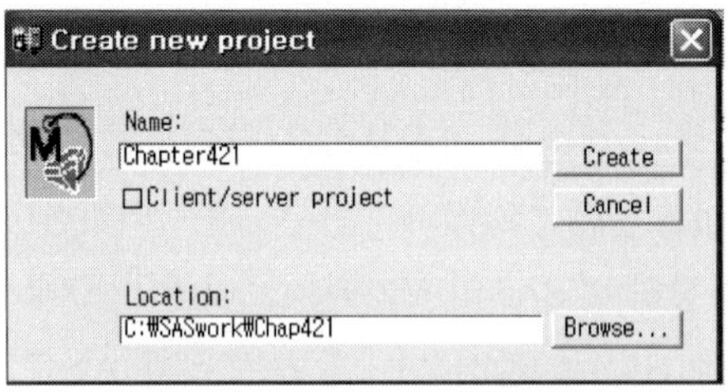

2) 프로젝트 탐색기에서 분석흐름도 이름 'Untitled'를 마우스 우측 버튼 메뉴의 'Rename'을 이용하여 'Ex451'로 변경한다. 툴바에서 'Input Data Source'와 'Association' 노드를 작업영역으로 끌어온 후 아래와 같은 분석흐름도를 작성한다.

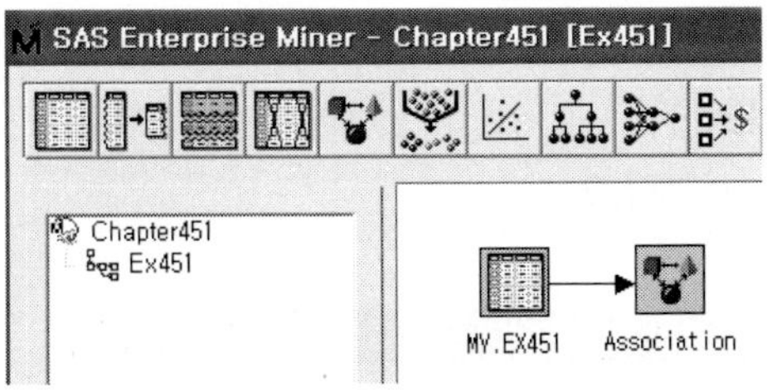

3) 'Input Data Source' 노드를 더블클릭하여 'Data' 탭에서 MY라이브러리의 EX451 데이터 세트로 지정한다. 'Variables' 탭에서 CUSTOMER의 역할을 id로, TIME의 역할을 sequence로, PROUDUCT의 역할을 target으로 설정한다. 이 창을 닫으면서 내용을 저장하고 나온다.

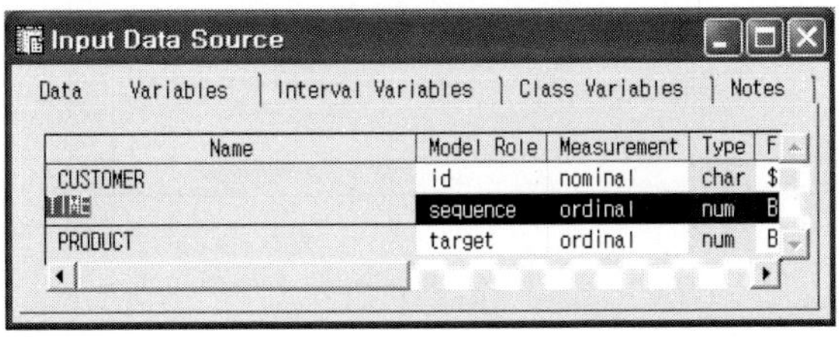

4) 'Association' 노드를 더블클릭하면 일반 연관분석과 달리 'Sequence' 탭이 나타난다. 'Minimum Transaction Frequency to Support Sequence'(출현순서 연관규칙 발견을 위한 최소 트랜색션 수)를 기본 2%로 선택하고, 'Number of items in longest chain'(가장 긴 출현순서에 나타날 최대 항목 수)의 개수를 기본인 3으로 설정한다. 이 창을 닫으면서 내용을 저장하고 작업영역으로 나온다.

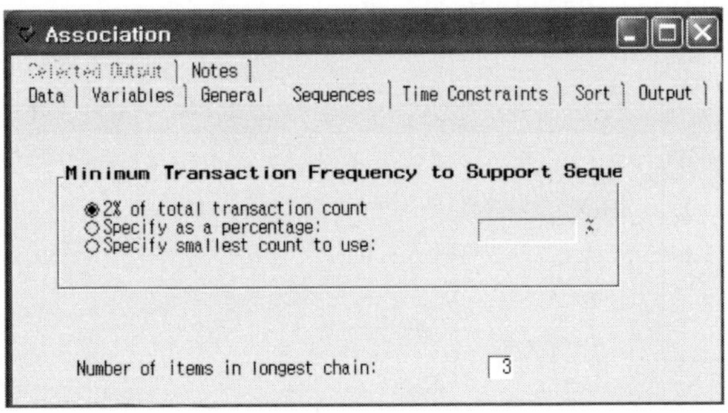

5) 'Association' 노드에 마우스 우측 버튼을 클릭하여 나타나는 팝업 메뉴에서 'Run'을 실행하면 아래와 같은 출현순서 연관규칙과 각 규칙의 지지도('Support(%)'), 신뢰도('Confidence(%)') 및 트랜색션 도수('Transaction Count') 화면이 나타난다. 기본적으로 지지도의 내림차순으로 정렬되어 있는데, 다른 평

가 기준으로 정렬을 원하면 해당 기준에 마우스 우측 버튼을 클릭하여 나타나는 팝업 메뉴에서 'Sort'를 선택하면 된다. 이 예제에서는 출현순서 '3 ==> 5'가 제일 많이 나타났음을 알 수 있다.

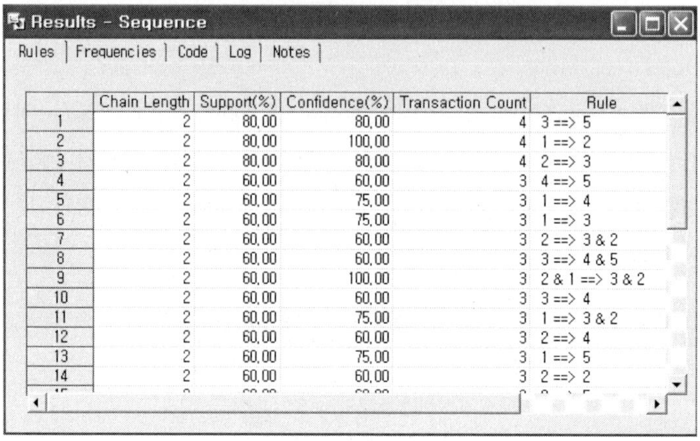

	Chain Length	Support(%)	Confidence(%)	Transaction Count	Rule
1	2	80.00	80.00	4	3 ==> 5
2	2	80.00	100.00	4	1 ==> 2
3	2	80.00	80.00	4	2 ==> 3
4	2	60.00	60.00	3	4 ==> 5
5	2	60.00	75.00	3	1 ==> 4
6	2	60.00	75.00	3	1 ==> 3
7	2	60.00	60.00	3	2 ==> 3 & 2
8	2	60.00	60.00	3	3 ==> 4 & 5
9	2	60.00	100.00	3	2 & 1 ==> 3 & 2
10	2	60.00	60.00	3	3 ==> 4
11	2	60.00	75.00	3	1 ==> 3 & 2
12	2	60.00	60.00	3	2 ==> 4
13	2	60.00	75.00	3	1 ==> 5
14	2	60.00	60.00	3	2 ==> 2

6) 'Results - Sequence' 창의 'Rules' 탭에서 마우스 우측 버튼을 클릭하여 나타나는 팝업 메뉴에서 'Where'를 선택하면 아래와 같은 대화상자가 나타난다. 여기에 원하는 연관규칙만을 보기 위한 조건을 입력하여 살펴볼 수 있다. 예를 들면 'Available Columns' 메뉴에서 'Chain Item 1'을 선택하고, 'Operators'에서 'EQ', 다시 메뉴의 '<LOOKUP distinct values>'에서 '2'를 선택한다. 원하는 조건이 더 있으면 'Operators'에서 'AND'를 선택한 후 같은 방법으로 다른 'Chain Item'에 대해서도 조건을 선택한다. 이렇게 하면 Chain Item 1 EQ '2' AND Chain Item 2 EQ '3' 등과 같은 문장이 만들어 질 것이다.

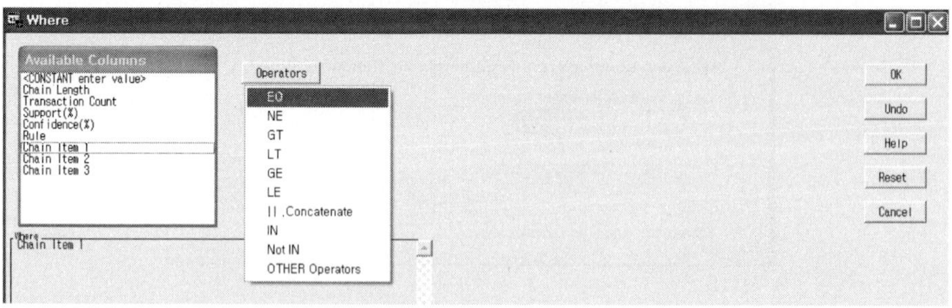

7) 'OK' 버튼을 클릭하면 첫 번째 항목이 2이고 두 번째 항목이 3인 연관규칙들만 나타난다.

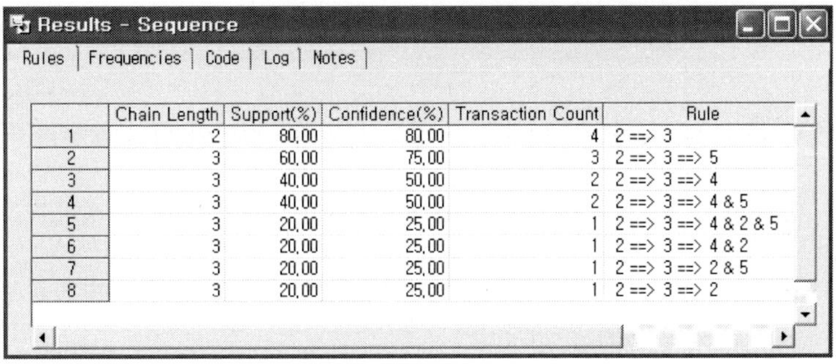

Results - Sequence

Rules | Frequencies | Code | Log | Notes

	Chain Length	Support(%)	Confidence(%)	Transaction Count	Rule
1	2	80.00	80.00	4	2 ==> 3
2	3	60.00	75.00	3	2 ==> 3 ==> 5
3	3	40.00	50.00	2	2 ==> 3 ==> 4
4	3	40.00	50.00	2	2 ==> 3 ==> 4 & 5
5	3	20.00	25.00	1	2 ==> 3 ==> 4 & 2 & 5
6	3	20.00	25.00	1	2 ==> 3 ==> 4 & 2
7	3	20.00	25.00	1	2 ==> 3 ==> 2 & 5
8	3	20.00	25.00	1	2 ==> 3 ==> 2

연습문제

1 5개의 항목 {a, b, c, d, e}에 대한 3-항목 빈발항목집합이 다음과 같다.

{a, b, c}, {a, b, d}, {a, b, e}, {a, c, d}, {a, c, e}, {b, c, d}, {b, c, e}, {c, d, e}

1) 1-항목집합은 모두 빈발 항목이라고 가정할 때 $F_{k-1} \times F_1$ 방법을 이용하여 4-항목 빈발항목집합 후보를 생성하라.
2) $F_{k-1} \times F_{k-1}$ 방법을 이용하여 4-항목 빈발항목집합 후보를 생성하라.

2 한 슈퍼마켓에서 고객 5명이 구입한 상품이 다음과 같다.

고객 번호	상품명
1	{a,b,c}
2	{a,c,d}
3	{b,c}
4	{a,b,d}
5	{a,b,c,d}

1) 모든 가능한 항목집합의 격자형태 그림을 그려라.
2) 최소지지도가 20%일 때 선험적 알고리즘으로 빈발항목집합을 찾아라.
3) 최소신뢰도가 30%일 때 위의 빈발항목집합을 이용하여 연관규칙을 찾아라.

3 한 슈퍼마켓에서 고객 10명이 구입한 상품이 다음과 같다.

고객 번호	상품명
1	{a,b,c}
2	{a,b,d,e}
3	{b,c,e}
4	{a,b,c,d,e}
5	{a,b,d,e}
6	{a,c,d}
7	{b,c}
8	{c,d}
9	{a,d,e}
10	{a,b,e}

1) 모든 가능한 항목집합의 격자형태 그림을 그려라.
2) 최소지지도가 30%일 때 선험적 알고리즘으로 빈발항목집합을 찾아라.
3) 최소신뢰도가 30%일 때 위의 빈발항목집합을 이용하여 연관규칙을 찾아라.

4 어느 슈퍼마켓에서 고객 10명이 구입한 상품을 생각해 보자.

고객 번호	상품명
1	{a,b,d,e}
2	{b,c,d}
3	{a,b,d,e}
4	{a,c,d,e}
5	{b,c,d,e}
6	{b,d,e}
7	{c,d}
8	{a,b,c}
9	{a,d,e}
10	{b,d}

1) 다음의 연관규칙 평가에 필요한 교차표를 위의 데이터를 이용하여 구하라.

{b}→{c}, {a}→{d}, {b}→{d}, {e}→{c}, {c}→{a}

2) 아래 각각의 측도에 대해 1)번의 연관규칙을 평가하고 측도값의 내림차순으로 정렬하라.

① 지지도(support)
② 신뢰도(confidence)
③ 리프트(lift)
④ 파이계수((ϕ-coefficient)
⑤ *IS*(Interest-Support) 측도

5 최근 일주일 동안 어느 도시에서 발생한 교통사고에 대해서 당시의 날씨, 운전자의 음주여부, 신호위반, 안전벨트 착용여부, 사고의 중대성 등을 조사한 데이터가 [표 4.22]와 같다.

나이	날씨	음주여부	교통법규위반	안전벨트	사고정도
23	좋음	음주	과속	착용	중상
35	흐림	정상	없음	비착용	경상
43	비	정상	신호위반	착용	경상
34	좋음	정상	정상	착용	경상
25	안개	음주	신호위반	비착용	중상
36	좋음	정상	과속	착용	경상
47	비	정상	정상	착용	경상
58	좋음	정상	정상	비착용	경상
29	안개	음주	신호위반	착용	중상
21	좋음	정상	과속	착용	중상
31	좋음	음주	과속	착용	중상
22	비	정상	신호위반	착용	중상

1) 나이를 20대, 30대, 40대, 50대로 구분한 후 이 데이터 집합을 이항 데이터로 변환하라.

2) 최소지지도 기준을 30%로 하였을 때 빈발항목집합을 구하라.
3) 나이를 '30세 미만'과 '30세 이상', 날씨를 '좋음'과 '안좋음'(흐림, 비, 안개)으로, 교통법규 위반을 '없음'과 '있음'(과속, 신호위반)으로 하는 이항 데이터로 변환하라.
4) 3)의 이항 데이터에 대해 최소지지도 기준을 30%로 하였을 때 빈발항목집합을 구하라.
5) 2)와 4)의 결과를 비교하라.

6 나이별 주당 컴퓨터 이용시간을 조사한 교차표가 [표 4.23]과 같다.

나이	주당 컴퓨터 이용시간			
	0 – 10	10 – 20	20 – 30	30 – 40
10 – 20	5	5	13	7
20 – 30	7	10	10	3
30 – 40	15	10	3	2
40 – 50	20	5	3	2

1) 다음의 연관규칙 조합 중 신뢰도가 가장 높은 규칙을 찾아라.
① '20 < 나이 < 30' → '10 < 이용시간 < 20'
'10 < 나이 < 30' → '10 < 이용시간 < 20'
'10 < 나이 < 40' → '10 < 이용시간 < 20'
② '20 < 나이 < 30' → '10 < 이용시간 < 20'
'20 < 나이 < 30' → '0 < 이용시간 < 20'
'20 < 나이 < 30' → '0 < 이용시간 < 30'
③ '20 < 나이 < 30' → '10 < 이용시간 < 20'
'10 < 나이 < 30' → '0 < 이용시간 < 30'
2) 20대의 주당 컴퓨터 이용시간에 대한 평균을 근사적으로 구하라. 이와 관련된 평균기반 연관규칙을 구하라.
3) 20대와 30대의 주당 평균 컴퓨터 이용시간이 같은지 통계적 검정을 하라.

7 다음의 데이터 집합에서 최소지지도가 50% 이상인 출현순서패턴을 모두 찾아라. 시간제약은 없다고 가정하자.

고객명	일자	구입 상품
A	1	1, 2
	2	3
	3	4, 5
	4	3
B	1	1, 2
	2	3, 4
	3	5
C	1	2
	2	1
	3	2
	4	4, 5
D	1	3
	2	4, 5
	3	3
	4	5
E	1	2
	2	1
	3	2, 3
	4	1, 4

참고문헌

강현철외. 고객관계관리(CRM)를 위한 데이터마이닝 방법론. 자유아카데미, 2006.

이태림, 구자용, 박헌진, 이긍희, 최대우. 데이터마이닝. 한국방송대학교 출판부, 2004.

전성해, 김승환, 전홍석. 데이터마이닝과 CRM. 자유아카데미, 2008.

최종후 외 4인. SAS Enterprise Miner를 이용한 데이터마이닝. 자유아카데미, 2000.

R. C. Agarwal, C. C. Aggarwal, and V. V. V. Prasad. A Tree Projection Algorithm for Generation of Frequent Itemsets. Journal of Parallel and Distributed Computing(Special Issue on High Performance Data Mining), 61(3):350- 371, 2001.

R. C. Agarwal and J. C. Shafer. Parallel Mining of Association Rules. IEEE Transactions on Knowledge and Data Engineering, 8(6):962-969, Dec. 1996.

C. C. Aggarwal and P. S. Yu. Mining Large Item sets for Association Rules. Data Engineering Bulletin, 21(1):23-31, March 1998

C. C. Aggarwal and P. S. Yu. Mining Associations with the Collective Strength Approach. IEEE Trans. on Knowledge and Data Engineering, 13(6):863-873, Nov./Dec. 2001.

A. A. Freitas. Understanding the crucial differences between classification and discovery of association rules - a position paper. ACM SIGKDD Explorations Newsletter, 2(1):65-69, June 2000.

J. Han and Y. Fu. Mining Multiple-Level Association Rules in Large Databases. IEEE Trans. on Knowledge and Data Engineerings, 11(5):1041-4347, Sep/Oct. 1999.

R. J. Hilderman and H. J. Hamilton. Knowledge Discovery and Measures of Interest. Kluwer Academic Publishers, 2001.

C. M. Kuok, A. Fu, and M. H. Wong. Mining Fuzzy Association Rules in Databases. ACM SIGMOD Record, 27(1):41-46, March 1998.

H. Mannila, H. Toivonen, and A. I. Verkamo. Discovery of Frequent Episodes in Event Sequences. Data Mining and Knowledge Discovery, 1(3):259-289, November 1997.

J. S. Park, M. S. Chen, and P. S. Yu. An effective hash-based algorithm for mining association rules. SIGMOD Record, 24(2):175-186, May 1995.

G. Piatetsky-Shapiro. Discovery, Analysis and Presentation of Strong Rules. In G. Piatetsky-Shapiro and W. Frawley, editors, Knowledge Discovery in Databases, pages 229-248. MIT Press, Cambridge, MA, 1991.

A. Silberschatz and A. Tuzhilin. What makes patterns interesting in knowledge discovery systems. IEEE Trans. on Knowledge and Data Engineering, 8(6):970-974, December 1996.

C. Silverstein, S. Brin, and R. Motwani. Beyond market baskets: Generalizing association rules to dependence rules. Data Mining and Knowledge Discovery, 26(2): 39-68, June 1997.

P. N. Tan, M. Steinbach, and V. Kumar. Introduction to Data Mining. Addison-Wesley, 2002.

X. Wu, C. Zhang, and S. Zhang. Mining Both Positive and Negative Association Rules. ACM Trans. on Information Systems, 22(3):381–405, July 2004.

5장

분류분석 I

Classification Analysis I

분류분석(classification analysis)은 소속집단을 알고 있는 데이터를 이용하여 모형을 만들어 소속집단을 모르는 데이터의 집단을 결정하는 기법이다.

이 장에서는

- 분류분석의 기본개념을 소개하고 통계적 이론에 기반을 둔 분류분석 모형을 소개한다.
- 통계적 분류분석의 기본인 베이즈분류(Bayes classification) 모형을 연구한다.
- 그밖에 통계적 방법인 로지스틱회귀(logistic regression), 의사결정나무(decision tree) 모형을 연구한다.
- 분류모형의 평가방법을 연구한다.

5.1 분류분석의 기본개념

분류분석(classification analysis)은 소속집단을 알고 있는 데이터를 이용하여 모형을 만들어서 소속집단을 모르는 데이터들의 집단을 결정하는 기법이다(〈그림 5-1〉). 통계학에서는 이를 **판별분석**(discriminant analysis)이라 부르고, **기계학습**(machine learning)을 연구하는 사람들은 **계획된 기계학습**(supervised learning)이라고 한다.

그림 5-1 분류분석은 소속집단을 모르는 데이터를 모형에 의해 한 집단으로 결정

이와는 달리 소속집단을 모르는 데이터를 이용하여 유사한 데이터들의 집단을 결정하는 기법을 **군집분석**(cluster analysis) 또는 **비계획된 기계학습**(unsupervised learning)이라 하며 7장에서 연구한다. 분류분석은 다양한 분야에 응용되고 있는데 의사가 환자를 진찰하여 그 진찰기록으로 어느 병인지 분류하는 일, 이메일 제목을 이용하여 스팸메일을 가려내는 일, 백화점의 매장을 방문한 고객이 상품을 구매할 고객인지 구별하는 일 등이 그 예이다.

소속집단을 모르는 데이터를 어느 한 집단으로 분류하는 상식적인 방법은 그 데이터에서 가장 '가까운' 집단으로 분류하는 방법일 것이다. 한 데이터에서 집단까지 '가깝다'고 정의하는 측정방법은 여러 가지가 있을 수 있다. 예를 들면, 데이터에서 각 집단의 평균까지의 유클리드(Euclid) 거리, 민코우스키(Minkowski) 거리 또는 데이터의 분산을 고려한 통계적 측도인 마하라노비스(Mahalanobis) 거리를 이용할 수 있다. 확률적인 접근 방법을 생각하면 각 집단의 분포함수를 추정하고 소속집단을 모르는 데이터가 속할 확률이 높은 집단으로 분류하는 방법이 있을 수 있다.

여러 가지 합리적인 기준에 의해 많은 분류모형이 있는데, 이 장에서는 통계적 이론에 근거한 베이즈분류(Bayes classification) 모형, 로지스틱회귀(logistic regression) 모형 그리고 최근에 많이 이용되는 의사결정나무(decision tree)를 연구한다. 6장에서는 그 밖의 분류모형으로 규칙기반분류(rule based classification), 인접이웃(nearest neighbor), 신경망(neural network), 지지벡터기계(support vector machine) 모형과 여러 분류모형의 통합기법인 앙상블(ensemble) 모형을 연구한다.

5.1.1 분류분석의 절차

분류 집단(group 또는 class)이 K개 있다고 가정하고 이를 $G_1, G_2, \dots, G_K$ 또는 단순히 $1, 2, \dots, K$로 표시하자. m개의 속성에 대한 확률변수 $\boldsymbol{X} = (X_1, X_2, \cdots, X_m)$에 대해 관측된 데이터를 $\boldsymbol{x} = (x_1, x_2, \cdots, x_m)$이라 하고, 각 집단에서 $n_1, n_2, \cdots, n_K$개의 데이터가 관측되었다고 하자. 〈그림 5-2〉는 분류분석의 일반적인 절차를 보여 준다.

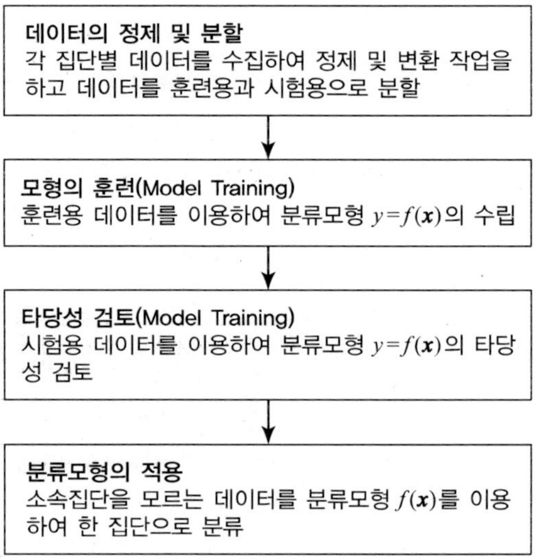

그림 5-2 분류분석의 일반적인 절차

먼저 데이터를 수집하여 정제하고 분석에 알맞게 변환하는 작업을 한다. 그리고 각 집단에서 관측된 데이터에서 일부를 훈련용(training) 데이터, 나머지를 시험용(testing) 데이터로 분할한다. 훈련용 데이터를 이용하여 분류모형 $y = f(\boldsymbol{x})$를 수립한 후, 시험용 데이터를 이용하여 모형이 타당한지 조사한다. 여기서 y는 집단을 의미하는 추정되어야 할 **목표변수**(target variable)이다. 만일 이 모형이 만족스럽지 않으면 다시 다른 모형을 수립하여 타당성 검토를 한다. 여러 분류모형을 비교하여 제일 만족스러운 분류모형을 선택한 후 이 모형을 이용하여 소속집단을 모르는 데이터에 적용하여 어떤 집단으로 분류할 것인지를 결정한다.

만일 각 집단을 표시하는 변수 y를 종속변수로 하고, 각 집단을 분류하는데 이용되는 변수 $\boldsymbol{x}$를 독립변수로 생각하면 분류분석은 회귀분석과 유사하다. 그러나 회귀분석에서의 경우 종속변수는 정규분포를 따르는 확률변수이고 독립변수들의 수준은 주어진 상수라고 가정하지만, 분류분석에서는 이러한 가정을 하지 않기 때문에 모형의 차이가 있다.

5.1.2 분류분석을 위한 데이터의 준비

분류분석을 위한 데이터는 분류의 정확성(accuracy), 효율성(efficiency) 그리고 확장 적용성(scalability) 등을 향상시키기 위하여 다음과 같은 사전 준비를 하여야 한다.

가. 데이터 정제

데이터에 잡음(noise)이 있으면 이를 제거하여 주고, 결측값(missing value) 이 있으면 해당 변수의 평균 또는 최빈값 등을 사용하여 미리 전처리를 해 주는 것이 좋다. 전처리를 하면 모형의 훈련단계에서 혼동을 줄일 수 있다.

나. 관련성 분석

데이터의 변수 중에는 분류와 관련이 없는 변수가 있을 수 있거나, 변수들이 중복되었을 수 있다. 관련성 분석을 하여 관련이 없는 변수나 중복된 변수들을 제거하면 분류모형의 효율과 정확성을 높일 수 있다.

다. 데이터 변환

분류를 위해서는 연속형 데이터를 이산형화하여야 될 경우가 있다. 그리고 신경망 모형이나 거리측도를 이용하는 분류모형은 데이터를 -1.0에서 1.0 또는 0.0에서 1.0과 같이 변수 값의 단위를 변환하기도 한다.

5.1.3 분류모형의 평가 측도

만일 두 개의 집단 G_1, G_2가 있고 n개의 소속집단을 아는 데이터가 있다면 분류모형을 이용하여 각 데이터를 분류한 후, 실제 집단과 모형에 의해 분류된 집단을 비교하여 그 결과를 [표 5.1]과 같이 요약할 수 있다.

[표 5.1] 데이터의 실제집단과 분류된 집단의 결과 교차표

		분류된 집단	
		G_1	G_2
실제 집단	G_1	f_{11}	f_{12}
	G_2	f_{21}	f_{22}

여기서 f_{ij}는 집단 G_i의 데이터가 집단 G_j로 분류된 수를 의미하는 것으로, 예를 들면 f_{12}는 집단 1의 데이터가 집단 2로 잘못 분류된 수를 의미한다. 전체 n개의 데이터 중에서 올바로 분류된 데이터의 수는 $(f_{11}+f_{22})$이고, 잘못 분류된 데이터의

수는 $(f_{12}+f_{21})$이다. 분류모형의 **정확도**(accuracy)는 전체 데이터의 수 중 올바로 분류된 수의 비율로 정의하고, **오류율**(error rate)은 전체 데이터 중에서 오분류된 수의 비율로 정의한다.

$$\text{정확도 } (accuracy) = \frac{f_{11}+f_{22}}{n} \tag{5.1}$$

$$\text{오류율 } (error\ rate) = \frac{f_{12}+f_{21}}{n} \tag{5.2}$$

일반적으로 분류모형은 정확도를 최대화하거나 또는 오류율을 최소로 하는 알고리즘을 찾기 위해 노력한다. 정확도와 오류율은 각 데이터가 반드시 하나의 집단에 속한다는 가정하에서 합리적인 기준이다. 하지만 한 데이터가 두 개 이상의 집단에 속할 가능성이 있을 수 있는데, 이 경우는 집단에 속할 확률을 예측하는 것이 합리적이다.

분류모형을 평가하기 위해서는 정확도나 오류율 이외에도 여러 가지 측도가 있고, 여러 분류모형의 비교 및 평가를 위해서는 리프트차트, ROC 그래프, 통계적인 분석방법을 이용하는데 5.5절에서 자세히 설명한다.

5.1.4 훈련용과 시험용 데이터의 분할 방법

분류모형의 객관적인 평가를 위해서는 일반적으로 전체 데이터 집합을 **훈련용 데이터**(training data)와 **시험용 데이터**(testing data)로 분할한다. 훈련용 데이터를 이용하여 모형을 수립하고, 시험용 데이터를 이용하여 모형의 정확도를 평가한다. 데이터가 충분할 경우에는 모형의 성능을 개선하는데 사용하는 **검증용 데이터**(validating data)를 별도로 두기도 한다(SAS에서는 검증용을 구분). 이 절에서는 많이 이용되는 훈련용과 시험용 데이터의 분할방법을 소개한다.

가. 예비법(Holdout Method)과 랜덤부표집(Random Subsampling)

예비법(holdout method)은 먼저 전체 데이터 집합을 서로 겹치지 않는 두 개의 데이터 집합으로 분할하여 그중 하나를 훈련용 데이터, 나머지를 시험용 데이터로 예비(holdout)하여 둔다. 예비법은 훈련용 데이터를 이용하여 분류모형을 수립하고, 이 모형을 시험용 데이터에 적용하여 정확도(또는 오류율)를 측정하는 방법으로 많이 이용된다. 어느 정도의 비율로 훈련용과 시험용 데이터를 분할하는지는 분석자의 판단에 달려 있는데, 대개 (1/2 훈련용 : 1/2 시험용) 또는 (2/3 훈련용 : 1/3 시험용)으로 분할하는 방법이 많이 이용된다. 결정한 비율로 데이터를 추출할 때는 편향(bias)를 줄이기 위해 **비복원**(without replacement) **단순확률추출**(simple random sampling) 방법을 이용한다.

예비법의 사용에는 다음을 주의하여야 한다.

1) 집단을 알고 있는 전체 데이터의 일부를 시험용 데이터로 예비하였기 때문에 분류모형을 수립하는 훈련용 데이터의 절대적인 수가 적어질 위험성이 있다. 이 경우 훈련용 데이터만으로 만든 분류모형은 전체 데이터를 모두 사용하여 만든 모형보다 좋지 않을 수 있다.
2) 어떻게 훈련용과 시험용 데이터를 분할하는가에 따라 분류모형이 달라질 수 있다. 일반적으로 훈련용 데이터의 수가 적을수록 모형의 정확도에 대한 분산은 더 커지게 된다. 반면 훈련용 데이터의 수가 커지면 시험용 데이터에서 추정된 정확도는 신뢰도가 떨어지게 된다.
3) 훈련용과 시험용 데이터는 전체 데이터 집합의 부분집합이므로 서로 독립이 아니다.

위와 같은 문제점을 해결하고 분류모형의 정확도에 대한 신뢰도를 높이기 위해 예비법을 반복하여 실시할 수 있다. 각각의 비복원추출된 표본을 **부표집**(subsampling)이라 부르고, 이를 반복하여 추출하는 방법을 **랜덤부표집**(random subsampling) 방법이라 한다. i번째 부표집에 의한 분류모형의 정확도를 $(accuracy)_i$라고 하고, 이 실험을 r번 반복한다면 전체 분류모형의 정확도 $(accuracy)$는 각 정확도의 평균으로 정의한다.

$$\text{전체 정확도 } (accuracy) = \frac{1}{r}\sum_{i=1}^{r}(accuracy)_i \tag{5.3}$$

랜덤부표집법은 예비법과 마찬가지로 전체 데이터 집합을 모두 사용하는 것은 아니기 때문에 예비법이 가지고 있는 문제점을 아직 가지고 있다. 하지만 반복해서 모형의 정확도를 추정하기 때문에 신뢰도를 높일 수 있다.

나. 교차타당성(Cross Validation) 방법

교차타당성(cross validation) 방법은 랜덤부표집의 문제점을 해결하려는 방법이다. 예비법과 같이 먼저 전체 데이터 집합을 훈련용과 시험용으로 나눈다. 훈련용 데이터로서 모형을 만들고 시험용 데이터를 이용하여 모형이 정확히 분류한 데이터의 수를 기록한다. 그리고 시험용 데이터를 훈련용으로, 훈련용 데이터는 시험용으로 역할을 교환하여 정확히 분류된 데이터의 수를 합산한다. 이를 **2중**(two-fold) **교차타당성 방법**이라 하는데 모형의 정확도는 전체 데이터에서 정확히 분류된 데이터의 수로서 계산한다. 같은 방법으로 실험을 r번 반복하여 평균 정확도를 구한다.

이 방법에서는 각각의 데이터가 훈련용으로도 한 번 사용하고, 다시 시험용으로도 사용되어 랜덤부표집법의 문제점을 어느 정도 해결할 수 있다.

2중 교차타당성법을 확장하면 **k중**(k-fold) **교차타당성 방법**을 만들 수 있다. 이 방법은 전체 데이터 집합을 k개의 같은 크기의 부분집합으로 나눈 후, 이 중 한 부분집합을 시험용 데이터로 예비하여 두고 나머지 데이터를 훈련용으로 하여 분류함수를 구하는 것이다. 이 방법을 k번 반복하여 각 데이터 부분집합이 한 번씩 시험용으로 사용될 수 있도록 한다. 분류모형의 정확도는 k번 측정된 정확도의 평균으로 한다.

k중 교차타당성 방법에서 전체 데이터의 수를 k로 하는 특별한 경우, 즉 시험용 데이터가 1개인 경우를 **한 데이터 예비법**(leave-one-out)이라 한다. 이 방법은 훈련용 데이터를 최대로 할 수 있고, 시험용 데이터가 서로 겹치지 않으면서 모든 데이터를 시험해보는 장점이 있다. 하지만 각 시험용 데이터가 단지 1개의 데이터만을 포함하고 있기 때문에 추정된 정확도의 분산이 커지는 단점이 있고, 실험을 데이터의 수만큼 반복하여야 하기 때문에 시간이 많이 걸린다.

다. 붓스트랩(Bootstrap) 방법

앞에서 설명한 방법들은 전체 데이터 집합에서 비복원추출로 훈련용 데이터 집합을 추출하기 때문에 훈련용과 시험용 데이터에 서로 같은 데이터가 없다. **붓스트랩**(bootstrap) **방법**은 훈련용 데이터를 **복원추출**(with replacement)한다. 즉 한번 추출된 데이터를 전체 데이터 집합에서 빼지 않고 다음 데이터를 추출한다. 전체 데이터의 수가 N일 때 붓스트랩 방법으로 N개의 데이터를 추출하면 대략 전체 데이터의 63.2% 정도가 훈련용 데이터로 추출된다. 이는 각 데이터가 붓스트랩 표본으로 추출될 확률이 $1-(1-1/N)^N$이고, 이 확률은 N이 충분히 클 때 점근적으로 $1-e^{-1}=0.632$에 수렴하기 때문이다. 붓스트랩 방법으로 추출되지 않은 표본은 시험용 데이터로 사용된다. 복원추출된 데이터 집합을 훈련용으로 하여 분류모형을 수립하고, 이 모형을 시험용 데이터에 적용하여 정확도를 조사한다. 유사한 실험을 r번 반복하여 측정한 정확도들의 평균을 전체 모형의 정확도로 한다.

5.2 베이즈분류(Bayes Classification) 모형

베이즈분류(Bayes classification) 모형은 각 집단으로 분류되는 **사전확률**(prior probability)과 집단별 **가능도확률**(likelihood probability)을 알 때, 소속집단을 모르는 데이터에 대하여 베이즈정리(Bayes theorem)를 이용한 **사후확률**(posterior probability)을 구하여 그 확률이 높은 집단으로 분류하는 방법이다. 먼저 한 변수일 경우의 베이즈분류 모형(5.2.1절)을 살펴보고, 다중변수일 경우의 베이즈분류 모형(5.2.2절)으로 확장하여 보자.

5.2.1 한 변수일 경우의 베이즈분류

먼저 사전확률의 정의와 사전확률에 의한 분류 개념을 살펴보자.

예제 5.2.1 **사전확률에 의한 분류**

백화점의 한 상품매장을 방문한 20명을 조사하였더니 상품을 구매한 사람이 8명이었고, 12명은 구매를 하지 않았다. 어느 날 이 매장을 방문한 사람이 상품을 구매할 사람인지 아닌지 분류하라.

풀이 상품매장을 방문한 사람 20명 중 8명(40%)만이 상품을 구입하였고, 12명(60%)은 구입하지 않았다. 이와 같이 과거 데이터를 조사하여 구매집단의 확률이 40%이고, 비구매집단의 확률이 60%라는 정보를 **사전확률**(prior probability)이라 한다. 사전확률을 근거로 의사결정을 한다면 어느 날 방문한 사람이 상품을 구입하지 않을 가능성이 더 크므로 상품을 구입하지 않을 사람으로 분류하는 것이 타당하다.

위의 예와 같이 사전확률을 비교하여 소속집단을 모르는 데이터를 확률이 높은 집단으로 분류하는 것을 사전확률에 의한 분류라 한다. 상품의 구매집단을 G_1, 비구매집단을 G_2라 하고, 각 집단의 사전확률을 $P(G_1)$, $P(G_2)$라 하면 사전확률에 의한 분류규칙은 다음과 같다.

사전확률에 의한 분류규칙

'$P(G_1) \geq P(G_2)$이면 데이터를 집단 G_1으로 분류하고, 아니면 G_2로 분류' **(5.4)**

가. 한 이산형 변수일 경우의 베이즈분류

만일 구매집단과 비구매집단의 나이에 관한 분포를 구할 수 있으면 구매여부를 판단할 수 있는 유용한 정보가 될 수 있다. 이를 **가능도확률분포**(likelihood probability distribution) 또는 **집단별확률분포**(class probability distribution)라 한다. 이 경우 **베이즈정리**(Bayes theorem)를 이용하여 각 집단의 사후확률을 구할 수 있고, 이 사후확률을 이용한 분류를 **베이즈분류**(Bayes classification)라 한다. 다음의 예제를 살펴보자.

예제 5.2.2 베이즈분류 – 한 이산형 변수의 경우

[예제 5.2.1]의 사전확률에 의한 분류는 구매집단과 비구매집단의 확률이라는 단순한 정보를 이용하여 의사결정을 하였다. 추가로 더 구할 수 있는 정보 중의 하나는 방문고객의 나이에 따른 상품 구입여부이다. 만일 방문고객 20명 중 20대와 30대가 각각 10명씩이고, 구매집단 8명 중 20대가 2명이고 30대가 6명이라는 사실을 알았다고 하자. 어느 날 이 상품 매장을 방문한 고객이 20대라면 이 고객이 상품을 구매할 사람인지 아닌지 사후확률을 구하여 분류하라.

풀이 방문고객의 나이와 상품 구매여부를 구매집단(G_1)과 비구매집단(G_2)으로 나누어 표로서 정리하면 다음과 같다.

[표 5.2] 구매집단(G_1)과 비구매집단(G_2)의 나이별 분포

나이	구매집단(G_1)	비구매집단(G_2)
20대	2	8
30대	6	4
합계	8명	12명

이 표를 보면 구매집단(G_1)에는 30대의 비율이 더 많은 것을 알 수 있고, 비구매집단(G_2) 중에는 20대의 비율이 더 많은 것을 알 수 있다. 각 집단의 나이분포를 가능도확률분포라 한다. 나이 20대를 x로 표시할 때 구매집단 중 20대의 확률은 2/8이고, 이를 조건부 확률 $P(x|G_1)$으로 표시한다. 비구매집단 중 20대의 확률은 8/12이고, 이를 $P(x|G_2)$로 표시한다. 어느 날 방문한 고객이 20대이었다면 이 고객이 상품을 구매할 확률을 구매집단의 사후확률이라 하고 $P(G_1|x)$로 표시한다. 이 사후확률은 베이즈(Bayes)정리에 의해 다음과 같이 구할 수 있다.

$$P(G_1|x)=\frac{P(G_1)\times P(x|G_1)}{P(G_1)\times P(x|G_1)+P(G_2)\times P(x|G_2)}=\frac{\frac{8}{20}\times\frac{2}{8}}{\frac{8}{20}\times\frac{2}{8}+\frac{12}{20}\times\frac{8}{12}}=0.2 \quad (5.5)$$

여기서 분모는 전체 20대의 확률 $P(x)$=10/20을 구한 것이고, 분자는 20대 중 상품을 구매한 사람의 비율 2/20을 의미한다. 같은 방법으로 20대 중 상품을 구매하지 않을 사후확률은 $P(G_2|x)$로, 표시하고 베이즈(Bayes)정리에 의해 다음과 같이 구한다.

$$P(G_2|x)=\frac{P(G_2)\times P(x|G_2)}{P(G_1)\times P(x|G_1)+P(G_2)\times P(x|G_2)}=\frac{\frac{12}{20}\times\frac{8}{12}}{\frac{8}{20}\times\frac{2}{8}+\frac{12}{20}\times\frac{8}{12}}=0.8 \quad (5.6)$$

따라서 20대 고객이 비구매집단에 속할 사후확률이 0.8로서 구매집단에 속할 사후확률 0.2보다 크므로 이 고객은 비구매집단으로 분류한다. 결과적으로 방문자가 20대라는 추가 정보를 얻었을 때 이 사람이 상품 구매집단일 확률 0.2는 사전확률 0.4보다 더 낮음을 알 수 있다.

방문한 사람이 20대라는 사실을 알았을 때 이 사람이 상품 구매집단(G_1)에 속할 사후확률 $P(G_1|x)$과 비구매집단(G_2)에 속할 사후확률 $P(G_2|x)$를 계산하여 사후확률이 높은 집단으로 분류하는 것을 **베이즈분류**(Bayes classification)라 한다. 사후확률에 의한 베이즈분류규칙은 다음과 같이 요약할 수 있다.

사후확률에 의한 베이즈분류규칙

'$P(G_1|x) \geq P(G_2|x)$ 이면 데이터 x를 G_1으로 분류하고, 아니면 G_2로 분류' (5.7)

여기서 $P(G_1|x)$와 $P(G_2|x)$는 식 (5.5)와 (5.6)의 사후확률을 구하는 계산에서 분모가 같으므로 식 (5.7)의 분류규칙은 다음과 같이 적을 수 있다.

사후확률에 의한 베이즈분류규칙

'$\dfrac{P(x|G_1)}{P(x|G_2)} \geq \dfrac{P(G_2)}{P(G_1)}$ 이면 데이터 x를 G_1으로 분류하고, 아니면 G_2로 분류' (5.8)

나. 한 연속형 변수일 경우의 베이즈분류

식 (5.7)과 (5.8)의 베이즈분류규칙은 연속형 변수일 경우에도 적용할 수 있다. 이 경우 가능도확률분포의 형태에 따라 다양한 분류규칙이 나타날 수 있다.

예제 5.2.3 베이즈분류 – 한 연속형 변수의 경우

[예제 5.2.2]에서 구매집단과 비구매집단의 나이변수에 대한 분포는 이산형 도수분포 형태이었다. 만일 나이변수가 연속형이고 구매집단은 평균이 35세, 표준편차가 2세인 정규분포이며 비구매집단은 평균이 25세, 표준편차가 2세인 정규분포라 가정하자. 어느 날 이 상품매장을 방문한 고객이 30세라면 이 고객이 상품을 구매할 사람인지 아닌지 사후확률을 구하여 분류하라.

풀이 구매집단(G_1)과 비구매집단(G_2)의 사전확률은 각각 $P(G_1)=0.4$와 $P(G_2)=0.6$이다. 구매집단의 가능도확률분포 $N(35,2^2)$와 비구매집단의 가능도확률분포 $N(25,2^2)$의 함수식은 다음과 같다.

$$P(x|G_1) = \frac{1}{\sqrt{2\pi}\,2} exp\left\{-\frac{(x-35)^2}{2\times 2^2}\right\},\quad P(x|G_2) = \frac{1}{\sqrt{2\pi}\,2} exp\left\{-\frac{(x-25)^2}{2\times 2^2}\right\} \tag{5.9}$$

따라서 식 (5.8)의 베이즈분류규칙은 다음과 같다.

'$\exp\left\{-\dfrac{(x-35)^2}{8}+\dfrac{(x-25)^2}{8}\right\} \geq \dfrac{0.6}{0.4}$ 이면 데이터 x를 G_1으로 분류하고,

아니면 G_2로 분류' (5.10)

위 식에 로그를 취하여 정리하면 분류규칙은 다음과 같다.

'$x \geq 30.16$이면 데이터 x를 G_1으로 분류하고, 아니면 G_2로 분류' (5.11)

그러므로 30세 고객은 비구매집단(G_2)으로 분류한다.

5.2.2 다중변수의 베이즈분류

5.2.1절의 한 변수에 대한 베이즈분류 모형은 쉽게 m개의 확률변수 $\boldsymbol{X}=(X_1, X_2, \ldots, X_m)$인 경우로 확장할 수 있다. K개의 집단 $G_1, G_2, \ldots, G_K$의 사전확률을 $P(G_1), P(G_2), \ldots, P(G_K)$라 하고, 각 집단별 가능도확률분포함수를 $P(\boldsymbol{X}|G_1), P(\boldsymbol{X}|G_2), \ldots, P(\boldsymbol{X}|G_K)$라 하자. 분류를 위한 관측 데이터 $\boldsymbol{x}$가 주어졌을 때 이 데이터가 집단 G_i에서 나왔을 사후확률 $P(G_i|\boldsymbol{x})$은 다음과 같다.

$$P(G_i|\boldsymbol{x}) = \frac{P(G_i)P(\boldsymbol{x}|G_i)}{P(G_1)P(\boldsymbol{x}|G_1)+P(G_2)P(\boldsymbol{x}|G_2)+\cdots+P(G_K)P(\boldsymbol{x}|G_K)} \tag{5.12}$$

사후확률을 이용한 **베이즈분류규칙**은 다음과 같다.

베이즈분류규칙 – 여러 집단의 경우

K개의 집단 $G_1, G_2, \ldots, G_K$의 사전확률을 $P(G_1), P(G_2), \ldots, P(G_K)$라 하고, 각 집단별 가능도확률분포를 $P(\boldsymbol{X}|G_1), P(\boldsymbol{X}|G_2), \ldots, P(\boldsymbol{X}|G_K)$인 경우 베이즈분류규칙은 다음과 같다.

'데이터 $\boldsymbol{x}$는 사후확률 $P(G_1|\boldsymbol{x}), P(G_2|\boldsymbol{x}), \ldots, P(G_K|\boldsymbol{x})$가 가장 큰 집단으로 분류' (5.13)

각 집단별 가능도확률분포함수를 간단히 $f_i(\boldsymbol{x})$라 표시하자. 식 (5.12)의 사후확률 계산에서 분모는 공통이므로 식 (5.13)의 베이즈분류규칙은 다음과 같이 표시할 수 있다.

베이즈분류규칙 – 여러 집단의 경우

'모든 $k \neq i$에 대하여 $P(G_k)\, f_k(\boldsymbol{x}) \geq P(G_i)\, f_i(\boldsymbol{x})$ 이면 x를 집단 G_k로 분류' (5.14)

만일 두 개의 집단 G_1과 G_2만 있을 경우에는 베이즈분류규칙은 다음과 같이 표시된다.

베이즈분류규칙 – 두 집단의 경우

'$\frac{f_1(x)}{f_2(x)} \geq \frac{P(G_2)}{P(G_1)}$ 이면 데이터 x를 G_1으로 분류하고, 아니면 G_2로 분류' (5.15)

베이즈분류규칙은 표본 데이터가 있을 경우 각 집단별 가능도확률분포 $f_i(x)$를 추정할 수 있다면 분류함수를 구할 수 있다. 식 (5.15)의 베이즈분류규칙은 가능도확률분포의 추정방법에 따라 많은 변형 형태의 분류규칙이 나타날 수 있다. 표본을 이용한 확률분포의 추정은 모수적 방법인 최우추정법(maximum likelihood estimation) 및 다양한 비모수적 방법이 이용될 수 있다. 자세한 내용은 관련 참고문헌을 참고하기 바란다.

가능도확률분포 $f_i(x)$의 형태에 대한 가정은 많이 있을 수 있으나 이산형 데이터인 경우 표본에서 추정한 다차원분포가 많이 이용되고, 연속형 데이터인 경우 다변량정규분포가 많이 이용된다.

가. 이산형 다차원분포의 단순베이즈분류

두 개 이상의 이산형 변수가 있는 경우 변수들이 서로 독립인 경우의 베이즈분류를 **단순베이즈분류**(naive Bayes classification)라 한다.

예제 5.2.4 단순베이즈분류 – 세 변수의 경우

[예제 5.2.3]에서 방문고객 20명에 대한 나이(X_1) 및 월수입(X_2)에 관한 정보 이외에 신용상태(X_3)에 대한 정보가 [표 5.3]과 같다. 나이를 20대와 30대, 월수입을 200만원 미만과 200만원 이상으로 이산형화하여 다차원도수분포를 구하라.

어느 날 이 상품매장을 방문한 사람이 33세고 월수입은 190만원, 신용상태는 양호하다면 이 사람이 상품을 구매할 사람인지 아닌지 사후확률을 구하여 분류하라.

풀이 [표 5.3]을 살펴보면 분류대상과 같은 33세이며 월수입은 190만원, 신용상태가 양호인 사람은 없다. 데이터가 적기도 하지만 나이(X_1)와 월수입(X_2)은 연속형 자료이기 때문에 이러한 상황이 발생하기도 한다. 이 경우 나이를 '20대'와 '30대'로 월수입을 '200만원 미만', '200만원 이상' 으로 이산형화(discretize)하여 간접적인 분류방법을 사용한다. 연속형 변수의 구간을 나누는 방법은 5.4.4절을 참조하라.

[표 5.3]의 데이터를 이산형화하여 구매집단(G_1)과 비구매집단(G_2)별로 각 변수의 가능도확률분포 $P(X_1|G_i)$, $P(X_2|G_i)$, $P(X_3|G_i)$를 정리하면 [표 5.4]와 같고, 세 변수 $\boldsymbol{X}=(X_1,X_2,X_3)$를 종합한 다차원도수분포 $P(\boldsymbol{X}|G_i)$는 [표 5.5]와 같다.

[표 5.3] 각 고객의 나이, 월수입, 신용상태별 상품 구입여부

번호	나이(X_1)	월수입(X_2) (단위: 만원)	신용상태(X_3)	상품 구매여부(y)
1	25	150	양호	구매
2	34	220	우수	비구매
3	27	210	양호	비구매
4	28	250	양호	구매
5	21	100	나쁨	비구매
6	31	220	양호	비구매
7	36	300	우수	구매
8	20	100	양호	비구매
9	29	220	우수	비구매
10	32	250	양호	구매
11	37	400	우수	구매
12	24	120	양호	비구매
13	33	350	양호	비구매
14	30	180	양호	구매
15	38	350	우수	구매
16	32	250	양호	비구매
17	28	240	나쁨	비구매
18	22	220	나쁨	비구매
19	39	450	우수	구매
20	26	150	양호	비구매

[표 5.4] 각 고객의 나이, 월수입, 신용상태별 상품 구입여부

나이(X_1)	구매집단(G_1)	비구매집단(G_2)
20대	2	8
30대	6	4
총합계	8	12

월수입(X_2)	구매집단(G_1)	비구매집단(G_2)
200만원 미만	2	4
200만원 이상	6	8
총합계	8	12

신용상태(X_3)	구매집단(G_1)	비구매집단(G_2)
나쁨		3
양호	4	7
우수	4	2
총합계	8	12

[표 5.5] 변수 나이, 월수입, 신용상태별 상품 구입여부 교차표

나이(X_1)	월수입(X_2)	신용상태(X_3)	구매집단(G_1)	비구매집단(G_2)
20대	200만원 미만	나쁨		1
		양호	1	3
		우수		
	200만원 이상	나쁨		2
		양호	1	1
		우수		1
30대	200만원 미만	나쁨		
		양호	1	
		우수		
	200만원 이상	나쁨		
		양호	1	3
		우수	4	1
총합계			8	12

상품매장을 방문한 고객을 $\boldsymbol{x}=(x_1$=30대, x_2=200만원 미만, x_3=양호)로 표시하면 구하고자 하는 사후확률은 이 고객이 구매집단(G_1)에 속할 확률 $P(G_1|\boldsymbol{x})$와 비구매집단(G_2)에 속할 확률 $P(G_2|\boldsymbol{x})$이다. 하지만 [표 5.5]의 세 변수에 대한 다차원도수분포에서 30대이며, 200만원 미만의 월수입, 신용상태가 양호한 고객의 확률을 구하면 $P(\boldsymbol{x}|G_1)=1/8$이고 $P(\boldsymbol{x}|G_2)=0$이다. 표본의 수가 충분하지 못할 경우 가능도확률분포의 올바른 추정이 되기 힘들다.

위와 같이 표본이 충분치 않아 가능도확률분포를 구하기가 쉽지 않은 경우나, 변수 X_1, X_2, X_3가 서로 독립이라고 가정을 할 수 있는 경우는 다음과 같이 각각의 변수의 분포를 이용하여 근사적으로 집단별 분포 $P(\boldsymbol{X}|G_i)$를 구한다.

$$P(\boldsymbol{X}=(X_1,X_2,X_3)|G_i) \approx P(X_1|G_i)P(X_2|G_i)P(X_3|G_i) \tag{5.16}$$

이 문제의 경우 고객 $\boldsymbol{x}=(x_1$=30대, x_2=200만원 미만, x_3=양호)의 근사적인 가능도확률은 다음과 같다.

$$P[\boldsymbol{x}=(30\text{대},200\text{만원미만},\text{양호})|G_1] \approx \frac{6}{8}\times\frac{2}{8}\times\frac{4}{8}=0.0938 \tag{5.17}$$

$$P[\boldsymbol{x}=(30\text{대},200\text{만원미만},\text{양호})|G_2] \approx \frac{4}{12}\times\frac{4}{12}\times\frac{7}{12}=0.0648 \tag{5.18}$$

따라서 각 집단별 사후확률은 다음과 같다.

$$P(G_1|\boldsymbol{x})=\frac{P(G_1)\times P(\boldsymbol{x}|G_1)}{P(G_1)\times P(\boldsymbol{x}|G_1)+P(G_2)\times P(\boldsymbol{x}|G_2)}$$

$$= \frac{0.4 \times 0.0938}{0.4 \times 0.0938 + 0.6 \times 0.0648} = 0.4911 \tag{5.19}$$

$$P(G_2|\boldsymbol{x}) = \frac{P(G_2) \times P(\boldsymbol{x}|G_2)}{P(G_1) \times P(\boldsymbol{x}|G_1) + P(G_2) \times P(\boldsymbol{x}|G_2)}$$

$$= \frac{0.6 \times 0.0648}{0.4 \times 0.0938 + 0.6 \times 0.0648} = 0.5089 \tag{5.20}$$

비구매집단에 속할 사후확률이 0.5089로서 구매집단에 속할 확률 0.4911보다 크므로 방문한 사람은 비구매집단으로 분류한다.

위의 예와 같이 각각의 변수를 서로 독립이라고 가정하고, 근사적으로 집단별 분포를 구하여 사후확률을 구한 후 분류하는 방법을 **단순베이즈분류**(naive Bayes classification)라 한다. 단순베이즈분류는 변수들이 모두 서로 독립이라는 가정을 하기 때문에 현실성이 떨어지지만 근사적인 분류방법으로 많이 이용된다. 하지만 변수들이 서로 연관이 있을 때는 단순베이즈분류는 정확치 않은 분류결과를 보일 수 있다.

모든 변수가 서로 독립이라는 가정의 문제점을 보완하기 위해 변수의 부분집합들이 서로 독립이라고 가정하고 가능도확률분포를 구할 수 있는데, 이러한 분류모형을 **베이즈 신뢰네트워크**(Bayes belief network)라 한다. 이 방법에서는 어떠한 변수들이 서로 연관되고 어떠한 변수들이 서로 독립인지 먼저 조사하는 작업이 필요하다. 자세한 내용은 참고문헌을 참조하기 바란다.

나. 연속형 다변량정규분포의 베이즈분류

두 개의 집단 G_1과 G_2가 있을 경우 각 집단별 가능도확률분포 $f_1(\boldsymbol{x})$와 $f_2(\boldsymbol{x})$가 다변량정규분포 $N(\boldsymbol{\mu}_1, \boldsymbol{\Sigma}_1)$와 $N(\boldsymbol{\mu}_2, \boldsymbol{\Sigma}_2)$를 따른다면 식 (5.15)의 분류규칙은 다음과 같다.

베이즈분류규칙 – 두 집단이 다변량정규분포이고 공분산이 다른 경우

'$d^Q(\boldsymbol{x}) = -\frac{1}{2} ln \frac{|\Sigma_2|}{|\Sigma_1|} - \frac{1}{2}(\boldsymbol{x}-\boldsymbol{\mu}_1)' \boldsymbol{\Sigma}_1^{-1}(\boldsymbol{x}-\boldsymbol{\mu}_1) + \frac{1}{2}(\boldsymbol{x}-\boldsymbol{\mu}_2)' \boldsymbol{\Sigma}_2^{-1}(\boldsymbol{x}-\boldsymbol{\mu}_2) \geq \ln \frac{P(G_2)}{P(G_1)}$

이면 데이터 $\boldsymbol{x}$를 G_1으로 분류하고, 아니면 G_2로 분류' (5.21)

$d^Q(\boldsymbol{x})$은 **이차분류함수**(quadratic classification function)이다. 만일 집단 G_1과 G_2의 공분산이 같다면(즉, $\boldsymbol{\Sigma}_1 = \boldsymbol{\Sigma}_2 = \boldsymbol{\Sigma}$) $d^Q(\boldsymbol{x})$는 다음과 같은 **선형분류함수**(linear classification function) $d^L(\boldsymbol{x})$가 되는데 연속형 데이터의 분류에 많이 이용된다.

베이즈분류규칙 – 두 집단이 다변량정규분포이고 공분산이 같은 경우

'$d^L(\boldsymbol{x}) = (\mu_1 - \mu_2)'\boldsymbol{\Sigma}^{-1}[\boldsymbol{x} - \frac{1}{2}(\mu_1 + \mu_2)] \geq \ln\frac{P(G_2)}{P(G_1)}$이면 데이터 $\boldsymbol{x}$를 G_1으로 분류하고, 아니면 G_2로 분류' **(5.22)**

식 (5.22)에서 두 모집단의 평균 μ_1, μ_2와 공분산행렬 $\boldsymbol{\Sigma}$는 일반적으로 알 수 없으므로, 각 모집단에서 추출한 표본의 평균 $\overline{\boldsymbol{x}}_1, \overline{\boldsymbol{x}}_2$과 공분산행렬 $\boldsymbol{S}$를 이용한 추정 분류함수를 이용하게 된다.

베이즈분류규칙 – 두 집단이 다변량정규분포이고 공분산이 같은 경우 표본이용 분류규칙

'$\widehat{d^L}(\boldsymbol{x}) = (\overline{\boldsymbol{x}}_1 - \overline{\boldsymbol{x}}_2)'\boldsymbol{S}^{-1}[\boldsymbol{x} - \frac{1}{2}(\overline{\boldsymbol{x}}_1 + \overline{\boldsymbol{x}}_2)] \geq \ln\frac{P(G_2)}{P(G_1)}$이면 데이터 $\boldsymbol{x}$를 G_1으로 분류하고, 아니면 G_2로 분류' **(5.23)**

표본에서 추정한 통계량을 이용한 분류함수 $\widehat{d^L}(\boldsymbol{x})$식에 대한 통계적인 특성은 다변량분석에 관한 책을 참조하기 바란다.

예제 5.2.5 **베이즈분류 – 다변량정규분포인 경우**

[예제 5.2.4]의 [표 5.3] 데이터에서 연속형 변수인 나이(X_1)와 월수입(X_2)과 상품구매여부(y) 데이터만을 정리한 것이 [표 5.6]이다. 이 연속형 변수들이 공분산이 같은 다변량정규분포라 가정하자. 어느 날 상품매장을 방문한 33세이고 월수입은 200만원인 사람이 구매집단인지 비구매집단인지 베이즈분류를 하라.

풀이 모집단의 나이와 월수입의 추정값인 각 집단별 표본평균 $\overline{\boldsymbol{x}}_1$과 $\overline{\boldsymbol{x}}_2$, 표본공분산행렬 $\boldsymbol{S}$를 구하면 다음과 같다.

$$\overline{\boldsymbol{x}}_1 = \begin{pmatrix} 33.1250 \\ 291.2500 \end{pmatrix} \quad \overline{\boldsymbol{x}}_2 = \begin{pmatrix} 27.2500 \\ 200.0000 \end{pmatrix} \quad \boldsymbol{S} = \begin{pmatrix} 31.6211 & 470.1053 \\ 470.1053 & 9129.2105 \end{pmatrix} \tag{5.24}$$

사전확률을 $P(G_1)$=0.4, $P(G_2)$=0.6으로 하였을 때 식 (5.23)의 선형분류함수는 다음과 같다.

'만일 (0.2081)*(나이) + (0.0024)*(월수입) – 7.2740 > 0.4055이면,
데이터를 구매집단으로 분류하고, 아니면 비구매집단으로 분류' **(5.25)**

방문고객의 정보 나이=33, 월수입=200을 위의 분류식에 삽입하면 다음과 같다.

(0.2081)*(33) – (0.0024) * (200) – (7.2740) = 0.0697 **(5.26)**

[표 5.6] 각 고객의 나이, 월수입별 상품 구매여부

번호	나이(X_1)	월수입(X_2) (단위: 만원)	상품 구매여부(y)
1	25	150	구매
2	34	220	비구매
3	27	210	비구매
4	28	250	구매
5	21	100	비구매
6	31	220	비구매
7	36	300	구매
8	20	100	비구매
9	29	220	비구매
10	32	250	구매
11	37	400	구매
12	24	120	비구매
13	33	350	비구매
14	30	180	구매
15	38	350	구매
16	32	250	비구매
17	28	240	비구매
18	22	220	비구매
19	39	450	구매
20	26	150	비구매

따라서 방문고객은 비구매집단으로 분류한다.

5.2.3 변수의 선택 – 단계적 분류분석

베이즈분류는 변수들이 연속형이든 이산형이든 적절한 확률분포를 추정할 수 있으면 적용이 가능하다. 만일 연속형 변수와 이산형 변수가 혼합된 경우에는 [예제 5.2.4]와 같이 연속형 변수를 이산형화하여 베이즈분류를 적용할 수 있다. 두 개의 집단만 있는 경우에는 5.3절의 로지스틱 회귀모형을 적용할 수도 있다.

변수가 많이 있는 경우 모든 데이터에 베이즈분류를 적용하기보다는 집단의 분류에 도움이 되는 변수만을 선택해서 적용하는 것이, 모수 예측의 문제점을 줄이고 정확도를 높이는데 도움을 줄 수 있다. 적절한 변수를 단계적으로 선택하여 분류하는 방법을 **단계적 분류분석**(stepwise classification analysis)이라 한다.

변수의 선택은 일반적으로 집단변수를 가장 잘 설명할 수 있는 변수, 즉 집단간의 **판별력**(discriminatory power)이 큰 변수를 사용한다. 예를 들면, 집단간 평균의 비교를 위한 분산분석을 하였을 때 F값(두 집단인 경우에는 t값)이 큰 변수들을 선택한다. 이와 같은 변수의 선택은 하나의 변수도 선택되지 않은 상태에서 판별력이 큰 변수를 하나씩 추가하는 **전진선택법**(forward selection)과 모든 변수를 다 선택한 후 판별력이 약한 변수를 하나씩 제거하는 **후진소거법**(backward elimination)이 있다. 전진선택법으로 변수를 선택하되 이미 선택된 변수들이 제거될 수 있는지를 검토하면서 선택하는 **단계적방법**(stepwise method)도 있다. 하지만 어떠한 방법을 사용하더라도 '최적'의 변수 선택을 하였는지는 검증하기가 쉽지 않다. 자세한 내용은 참고문헌을 참조하기 바란다.

5.2.4 베이즈분류의 특성

베이즈분류의 특성을 요약하면 다음과 같다.

1) 베이즈분류는 각 집단의 사전확률과 가능도확률분포를 이용한 사후확률로 분류를 하기 때문에 모형의 과적합 위험성이 적고 견고(robust)하다.
2) 베이즈분류는 불완전한 데이터나 특이값 및 결측값이 있는 경우에도 안정된 분류를 할 수 있다.

5.3 로지스틱회귀(Logistic Regression) 모형

선형회귀(linear regression) 모형은 m개의 독립변수(또는 설명변수) X_1, $X_2, \ldots, X_m$와 목표변수(또는 종속변수) Y와의 관계를 다음과 같은 선형결합식으로 표현하는 모형이다.

$$Y = \beta_0 + \beta_1 X_1 + \cdots + \beta_m X_m + \epsilon \tag{5.27}$$

여기서 오차항 ϵ는 평균이 0이고 분산이 σ^2인 정규분포를 가정한다. 만일 목표변수 Y가 두 집단을 나타내는 0과 1의 값을 갖는다고 하면 위와 같은 회귀 모형은 적합하지 않다. 예를 들어, 월수입 X에 따라 상품 구매여부 Y(1: 구매, 0: 비구매)를 판단하기 위한 단순선형회귀 모형을 생각해 보자.

$$Y = \alpha + \beta X + \epsilon \tag{5.28}$$

표본 데이터를 이용하여 모수 α, β를 추정하고 실제 시험용 데이터에 위의 식을 적용하여 보면 집단 Y의 예측값은 연속형 숫자가 되고, [0, 1]의 범위를 벗어나는 경우도 발생하게 된다. 이러한 선형회귀 모형의 문제점을 두 집단의 분류에 적합하도록 변형한 것이 **로지스틱회귀**(logistic regression) 모형이다.

로지스틱회귀 모형은 목표변수가 1과 0의 값을 갖는 경우, 각 $X=x$값에서 $Y=1$일 확률 $P(Y=1|x)$과 $Y=0$일 확률 $P(Y=0|x)$의 비율인 **오즈비**(odds ratio)의 로그값을 아래와 같이 선형회귀식으로 표현한 것이다. 여기서 log는 자연로그이고 $P(Y=0|x) = 1-P(Y=1|x)$이다.

$$\log\frac{P(Y=1|x)}{1-P(Y=1|x)}=\alpha+\beta x \tag{5.29}$$

로지스틱회귀 모형 (5.29)의 좌측 식에서 $P(Y=1|x)$를 $P(Y=0|x)$으로 하면 회귀계수의 절대값은 바뀌지 않고 부호만 바뀌어 추정된다.

만일 주어진 변수 x에서 관찰되는 $Y=1$인 데이터의 비율을 $\bar{p}$라고 하고 오즈비의 로그값을 다음과 같이 p^*라 하자.

$$p^*=\log(\bar{p}/(1-\bar{p})) \tag{5.30}$$

이 경우 식 (5.29)의 모형은 다음과 같이 단순선형회귀 모형이 된다.

$$p^*=\alpha+\beta x \tag{5.31}$$

이 회귀 모형의 계수 α와 β의 추정은 최소제곱법을 이용할 수 있다. 분류를 원하는 데이터 x가 주어지면 먼저 식 (5.30)에 의해 p^*를 추정한다. p^*는 $\log[P(Y=1|x)/(1-P(Y=1|x)]$이므로 $P(Y=1|x)$를 다음과 같이 추정할 수 있다.

$$\hat{P}(Y=1|x)=\frac{\exp(p^*)}{1+\exp(p^*)}=\frac{\exp(\alpha+\beta x)}{1+\exp(\alpha+\beta x)} \tag{5.32}$$

추정된 확률 $\hat{P}(Y=1|x)$를 로지스틱회귀 모형의 **사후확률**(posterior probability)이라 한다. 이 사후확률 값이 분석자가 선정한 기준값보다 크면 집단 1로 분류하고 아니면 집단 0으로 분류한다.

로지스틱회귀 모형의 계수 β에 대한 추정은 위에서 설명한 $Y=1$인 데이터의 비율을 이용한 방법 이외에 최대가능도추정법(maximum likelihood estimation)을 이용할 수 있다. 자세한 방법은 참고문헌을 참조하기 바란다.

5.3.1 프로빗 모형과 곰페르츠 모형

식 (5.29)의 좌측 식은 **로짓함수**(logit function) $f(z) = \log(z/(1-z))$에 확률 $P(Y=1|x)$를 대입한 것으로 로지스틱회귀 모형을 간단히 로짓모형이라고 한다. 이 로짓함수를 **연결함수**(link function)라고 부른다. 많이 이용되는 연결함수에는 로짓함수 이외에도 **프로빗함수**(probit function) $f(z) = \Phi^{-1}(z)$와 **곰페르츠함수**(Gompertz function) $f(z) = \log[-\log(1-z)]$가 있다. 여기서 Φ^{-1}은 누적표준정규분포함수의 역함수를 의미한다. 이들 함수를 이용한 프로빗 모형과 곰페르츠 모형은 다음과 같다.

$$\text{프로빗 모형: } \Phi^{-1}[P(Y=1|x)] = \alpha + \beta x \tag{5.33}$$

$$\text{곰페르츠 모형: } \log[-\log(1-P(Y=1|x))] = \alpha + \beta x \tag{5.34}$$

이와 같은 프로빗 모형과 곰페르츠 모형을 이용해서도 $P(Y=1|x)$를 추정하여 로지스틱회귀 모형과 유사하게 데이터를 분류할 수 있다.

5.3.2 다변수 로지스틱회귀 모형

변수가 1개인 식 (5.29)의 단순 로지스틱회귀 모형은 변수가 m개 있을 경우 다음과 같이 확장할 수 있다.

$$\log\frac{P(Y=1|x_1,x_2,\cdots,x_m)}{1-P(Y=1|x_1,x_2,\cdots,x_m)} = \beta_0 + \beta_1 x_1 + \cdots + \beta_m x_m \tag{5.35}$$

식 (5.35)를 $P(Y=1|x_1,\cdots,x_m)$에 대하여 정리하면 다음과 같다.

$$P(Y=1|x_1,\cdots,x_m) = \frac{\exp(\beta_0 + \beta_1 x_1 + \cdots + \beta_m x_m)}{1+\exp(\beta_0 + \beta_1 x_1 + \cdots + \beta_m x_m)} \tag{5.36}$$

분류를 원하는 데이터의 변수 값이 주어지면, 식 (5.35)의 모형 식에서 추정된 회귀계수 $\beta_0, \beta_1, \ldots, \beta_m$로 식 (5.36)를 이용하여 로지스틱회귀 모형의 사후확률 $\hat{P}(Y=1|x_1,\cdots,x_m)$을 추정한다. 추정된 사후확률이 분석자가 선정한 기준값보다 크면 집단 1로 분류하고 아니면 집단 0으로 분류한다.

5.3.3 오즈비 증가비율

로지스틱회귀 모형에서 독립변수 X_i가 집단의 분류에 미치는 영향을 살펴보자.

다른 모든 변수가 일정하고 변수값 x_i만 1단위 증가한다면(x_i+1) **오즈비 증가비율**(incremental odds ratio)은 다음과 같다.

$$\text{오즈비 증가비율} = \frac{\exp[\beta_0+\beta_1 x_1+\cdots+\beta_i(x_i+1)+\cdots+\beta_m x_m]}{\exp[\beta_0+\beta_1 x_1+\cdots+\beta_i(x_i)+\cdots+\beta_m x_m]} \quad (5.37)$$

$$= \exp(\beta_i) \quad (5.38)$$

따라서 변수 X_i가 1단위 증가할 경우, β_i가 양수이면 오즈비 증가비율이 1보다 크게 되므로 $P(Y=1|x_1,\cdots,x_m)$도 증가하게 된다. 반대로 β_i가 음수이면 오즈비 증가비율이 1보다 작게 되므로 $P(Y=1|x_1,\cdots,x_m)$는 감소하게 된다. 예를 들어 월수입을 독립변수 X(단위 백만 원)로 하고, 상품의 구매여부(1=구매, 0=비구매)를 목표변수 Y라 할 때 추정된 로지스틱회귀 모형이 다음과 같다고 하자.

$$\log\frac{\hat{P}(Y=1|x)}{1-\hat{P}(Y=1|x)} = 0.21+1.34X \quad (5.39)$$

이 경우 월수입 X가 1단위(백만 원) 증가하면 오즈비 증가비율은 식 (5.38)에 의해 $\exp(1.34)=3.82$가 된다. 즉, 월수입이 100만원 증가하면 상품을 구매하지 않을 확률에 대한 구매할 확률의 비율이 3.82배 증가한다는 의미이다.

5.3.4 변수의 선택

로지스틱회귀 모형은 독립변수가 많을 경우 목표변수를 가장 잘 설명할 수 있는 변수의 선택을 하여야 한다. 변수선택을 위해서는 여러 모형을 비교할 수 있는 모형 선택의 기준이 필요한데, 일반적으로 아카이케정보기준(Akaike Information Criteria, AIC)을 많이 사용한다. 구체적인 선택방법에는 베이즈분류의 변수선택과 같이 전진선택법(forward selection), 후진소거법(backward elimination), 단계적 방법(stepwise method) 등이 있는데, 자세한 내용은 관련 통계학 서적을 참조하기 바란다.

예제 5.3.1 [예제 5.2.4]의 데이터에 대해 상품 구매여부를 목표변수로, 나이, 월수입, 신용상태를 독립변수로 하는 로지스틱회귀 모형을 구하라.

풀이 SAS를 이용하여 나이, 월수입, 신용상태를 독립변수로 하는 로지스틱 회귀분석을 하면 [표 5.7]과 같은 결과를 얻는다. 여기서 Estimate는 회귀모형의 계수 β_i이고 Standard Error는 계수의 표준오차, Wald Chi-Square는 회귀계수에 대한 검정 $H_o:\beta_i=0$, $H_1:\beta_i\neq 0$의 통계량 값이고 Pr > ChiSq는 이 검정의 p-값을 의미한다. 따라서 세 변수를 모두 설명변수로 하는 로지스틱 모형의 모든 회귀계수는 5% 유의수준에서 유의하지 않다.

[표 5.7] 나이, 월수입, 신용상태별 상품 구입여부의 로지스틱회귀 결과

Analysis of Maximum Likelihood Estimates					
Parameter	DF	Estimate	Standard Error	Wald Chi-Square	Pr 〉 ChiSq
Intercept	1	−5.2205	7.9079	0.4358	0.5091
x1 (나이)	1	0.1607	0.2757	0.3400	0.5598
x2 (월수입)	1	0.0033	0.0130	0.0656	0.7978
x3 (신용상태)	1	−0.4665	1.2836	0.1321	0.7163

나이, 월수입, 신용상태 각 변수 하나씩에 대해 로지스틱회귀 분석을 한 결과는 [표 5.8]과 같다. 유의수준 5%에서 월수입과 신용상태의 경우 로지스틱 회귀모형은 유의하지 않고, 나이의 경우 모형은 유의하다. $p^* = -8.0323 + 0.2521x$ 이므로 나이가 1세 증가함에 따라 오즈비의 로그값 p^*은 0.2521만큼씩 증가한다.

[표 5.8] 각각의 나이, 월수입, 신용상태별 상품 구입여부의 로지스틱 회귀모형

Analysis of Maximum Likelihood Estimates					
Parameter	DF	Estimate	Standard Error	Wald Chi-Square	Pr 〉 ChiSq
Intercept	1	−8.0323	3.7887	4.49	0.0340
x1 (나이)	1	0.2521	0.1220	4.27	0.0388

Analysis of Maximum Likelihood Estimates					
Parameter	DF	Estimate	Standard Error	Wald Chi-Square	Pr 〉 ChiSq
Intercept	1	−3.5130	1.7335	4.1066	0.0427
x2 (월수입)	1	0.0129	0.0068	3.5432	0.0598

[표 5.8] 각각의 나이, 월수입, 신용상태별 상품 구입여부의 로지스틱 회귀모형(계속)

Analysis of Maximum Likelihood Estimates					
Parameter	DF	Estimate	Standard Error	Wald Chi-Square	Pr 〉 ChiSq
Intercept	1	2.5316	1.6645	2.3133	0.0340
x3 (신용상태)	1	−1.6460	0.9121	3.2564	0.0711

식 (5.32)를 이용하여 $\hat{P}(Y=1|x)$을 구하면 다음과 같다.

$$\hat{P}(Y=1|x) = \frac{\exp(-8.0323+0.2521x)}{1+\exp(-8.0323+0.2521x)} \tag{5.40}$$

예를 들어, 나이가 20세일 때 상품을 구매할 확률은 다음과 같다.

$$\hat{P}(Y=1|x=20)=\frac{\exp(-8.0323+0.2521\times 20)}{1+\exp(-8.0323+0.2521\times 20)}=0.048 \tag{5.41}$$

따라서 나이가 20세인 고객은 비구매 고객으로 분류한다.

5.4 의사결정나무(Decision Tree) 모형

의사결정나무(decision tree)는 분류함수를 **의사결정규칙**(decision rule)으로 이루어진 〈그림 5-3〉과 같은 나무 모양으로 그리는 것이다. 의사결정나무는 분류방법 및 결과에 대한 설명을 이해하기 쉬운 장점이 있어 많이 이용된다.

위의 나무그림에서 타원은 변수에 대한 검사를 의미하는 것으로 **노드**(node)라 하는데, 최상위 노드는 **뿌리노드**(root node)라 부른다. 〈그림 5-3〉에서는 신용도가 뿌리노드이고, 나이와 성별은 변수에 대한 검사를 위한 노드이다. 노드에서 나온 **가지**(branch)는 검사한 변수의 값을 의미하며, 직사각형은 최종 분류된 집단을 나타내는 것으로 **잎**(leaf)이라 한다. 뿌리노드인 신용도에서는 우수, 양호, 나쁨을 가지고 있고, 신용도가 나쁨인 경우의 분류된 소속집단은 비구매라는 잎으로 표시되었다.

소속집단을 모르는 데이터를 분류하기 위해서는 해당 데이터의 변수 값들을 뿌리노드에서 잎까지 경로를 따라 조사한다. 예를 들어, 〈그림 5-3〉에서 신용도가 양호하고 남자이며 30대인 사람은 구매집단으로 분류된다.

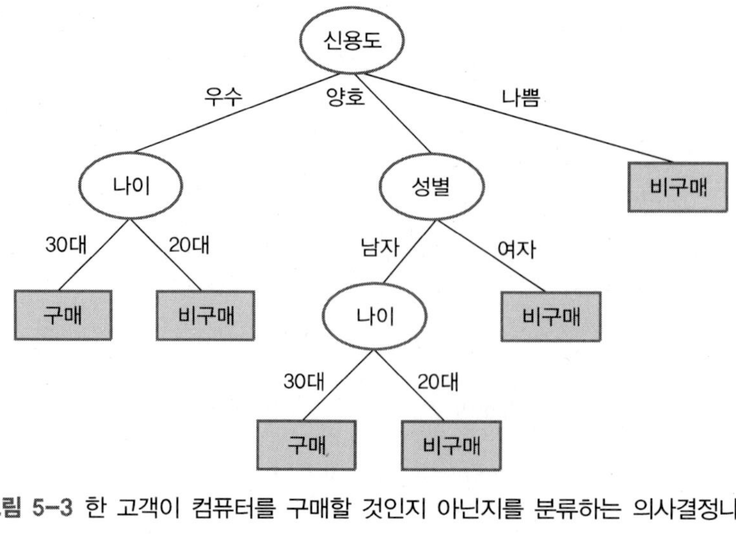

그림 5-3 한 고객이 컴퓨터를 구매할 것인지 아닌지를 분류하는 의사결정나무

위의 예와 같이 목표변수가 구매집단 또는 비구매집단인 이산형인 경우에 분류를 위한 나무를 의사결정나무라고 한다. 연속형 목표변수인 경우에도 회귀모형에 기초하여 유사한 의사결정나무를 그릴 수 있는데, 이를 **회귀나무**(regression tree)라로 부른다. 자세한 내용은 Breiman 등의 CART(classification analysis and regression tree)책을 참고하기 바란다.

의사결정나무 모형은 1964년 Sonquist와 Morgan에 의해 처음 시도되었고, 1973년 Morgan과 Messenger에 의해 THAID라는 알고리즘으로 일반인도 많이 이용하게 되었다. 1980년 Kass는 카이제곱 적합성검정에 근거한 CHAID라는 알고리즘을 소개하였는데 현재까지 많이 사용되고 있다. 1982년 컴퓨터 학자 Quinlan은 ID3라는 의사결정나무 알고리즘을 소개하였고, 후에 이를 발전시켜 C4.5라는 알고리즘을 구현하였다. 1984년 Breiman 등은 CART를 통해 의사결정나무의 성장 및 가지치기 등의 이론을 정립하였다. C4.5와 CART는 비모수적인 분류방법인데 1988년 Loh와 Vanichetaku는 모수적인 접근 방식의 FACT를 소개하였다.

최근에는 하나의 의사결정나무로서 데이터를 분류하는 방법보다 붓스트랩(bootstrap) 방법으로 표본을 여러 개 추출한 후 이 표본에 근거한 여러 개의 의사결정나무 분류를 통합하는 앙상블(ensemble) 모형을 많이 이용한다. 앙상블 모형에 대해서는 6장에서 연구한다.

5.4.1 의사결정나무 알고리즘

의사결정나무를 만드는 전체 경우의 수는 변수의 수와 각 변수 값의 수에 지수적으로 비례하므로 많은 경우의 수가 있다. 이 중에 어떤 것은 분류의 정확도가 다른 것에 비해 높을 수도 있고, 또 어떤 것은 정확도는 높지만 시간이 너무 많이 걸릴 수 있다. 그래서 '어떻게 하면 정확도가 높으며 계산시간이 합리적인 알고리즘을 찾을 수 있는가?' 라는 질문에 답을 구하기 위해 많은 사람들이 연구하여 왔다. 합리적인 알고리즘은 각 노드의 의사결정 지점에서 어느 변수를 사용할 것인지 결정할 때 국지적으로 최적인 의사결정(locally optimum decision)으로 데이터 집합을 분할한다. 이 방법을 분할된 데이터 집합에 대해서 연속적으로 적용하여 모든 데이터 집합을 분할할 수 있는 의사결정나무를 완성한다.

이 절에서는 귀납적 순환형태의 [알고리즘 5.1]을 소개한다. 알고리즘의 입력은 훈련용 데이터 E와 변수집합 F이다. 알고리즘의 단계 7에서 데이터 집합의 가지분할을 위한 최적의 변수가 선택되며(find_best_split), 단계 11과 단계 12에서 나무가 확장(TreeGrowth)된다. 이 과정이 단계 1의 정지규칙(stopping condition)을 만족할 때까지 반복된다. 알고리즘의 전 과정은 5.4.3절의 예제를 통하여 알아본다.

알고리즘 5.1 귀납적 순환형태의 의사결정나무 알고리즘

```
TreeGrowth (E,F)
단계
if stopping_condition(E,F) = true then
    leaf = creatNode().
    leaf.label = Classify(E).
    return leaf.
else
    root = creatNode().
    root.test_condition = find_best_split(E,F).
    let V = {v|v is a possible outcome of root.test_condition}.
    for each v ∈ V do
        E_v ={ {root.test_condition(e) = v} ∩ {e ∈ E} }
        child = TreeGrowth(E_v,F)
        add child as descendent of root and label the edge(root → child) as v
    end for
end if
return root
```

5.4.2 가지분할을 위한 변수의 선택

의사결정나무를 이용한 분류에서 각 노드에 어떠한 변수를 선택하여야 하는 문제는 더 좋은 분류를 위해 매우 중요하다. 최적의 가지분할을 위한 변수의 선택에 대해 여러 가지 측도가 연구되어 왔다. 여러 변수 중에서 한 변수를 선택하는 상식적인 방법은 그 변수가 선택되어 가지를 쳤을 때 각 가지 별로 분류가 더 정확히되는 변수를 선택하는 방법일 것이다. 다음의 예제를 살펴보자.

예제 5.4.1 한 백화점의 어느 상품매장을 방문한 20명을 조사해 보니 구매집단(G_1)이 8명(40%)이고 비구매집단(G_2)이 12명(60%)이었다. 이들 20명의 성별과 신용상태를 분석하여 교차표를 작성하여 보니 [표 5.9]와 같다. 의사결정나무에서 어떠한 변수의 가지분할이 더 좋은 것인지 알아보자.

[표 5.9] 한 상품 구매집단과 비구매집단의 성별 및 신용상태 교차표의 예

성별	구매집단 G_1	비구매집단 G_2	합계
남	4	6	10
여	4	6	10
합계	8	12	20

신용상태	구매집단 G_1	비구매집단 G_2	합계
양호	7	3	10
불량	1	9	10
합계	8	12	20

풀이 성별과 신용상태에 대한 교차표를 이용한 의사결정나무는 〈그림 5-4〉와 같다. 의사결정나무에서 어떠한 가지분할이 더 좋은 것인지 알아보기 위해 두 교차표를 비교해 보면, 성별 변수의 경우 남자이든 여자이든 구매집단과 비구매집단의 비율이 4대 6(40%대 60%)으로 전체 20명의 구매집단과 비구매집단 비율과 같다.

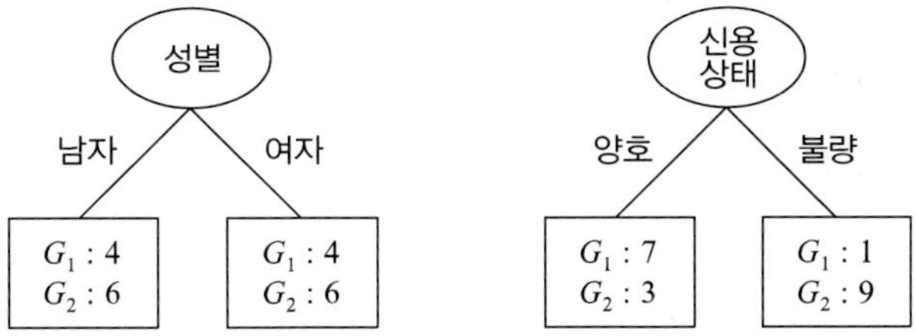

그림 5-4 구매집단과 비구매집단의 성별 및 신용상태 의사결정나무

신용상태 변수의 경우 신용상태가 불량인 경우는 비구매자가 90%이고, 양호인 경우는 구매자가 70%로, 불량인 경우와 양호인 경우의 구매 또는 비구매 비율의 차이가 많다. 즉, 어느 고객의 신용상태가 불량이라면 비구매집단에 속할 가능성이 크고, 양호하다면 구매집단일 가능성이 커서 신용상태를 파악하게 되면 구매집단과 비구매집단을 어느 정도 구별할 수 있다. 따라서 좀 더 정확한 분류를 위해 의사결정나무에서 가지치기를 위한 변수로 두 변수 중 하나를 선택하여야 한다면, 당연히 신용상태라는 변수를 선택하는 방법이 합리적이다. 일반적으로 분류를 위한 정보를 많이 가지고 있는 변수를 선택한다.

위의 예와 같은 합리적인 변수의 선택을 어떠한 통계적인 방법으로 할 수 있는가에 대해 많은 연구들이 진행되어 왔다. 현재 의사결정나무의 변수 선택에 많이 이용되는 방법은 카이제곱 독립성검정(chi-square independence test), 엔트로피계수(entropy coefficient), 지니계수(Gini coefficient), 분류오류율(classification error rate) 등이 있다.

가. 카이제곱 독립성검정(Chi-square Independence Test)

카이제곱 독립성검정은 각 변수에 대한 집단의 분포가 독립인지 검정하는 것이다. [예제 5.4.1]에서는 성별변수와 구매여부가 독립인지 검정한다. [표 5.10]의 2×2 교차표와 같은 관찰된 도수가 있을 때 구매집단 G_1과 비구매집단 G_2의 비율 ($n_{\bullet 1}/n_{\bullet\bullet}$ $n_{\bullet 2}/n_{\bullet\bullet}$)이 변수 A의 변수 값 A_1과 A_2에서 동일하게 유지되기 위한 기대도수 E_{ij}는 [표 5.11]과 같이 계산할 수 있다.

[표 5.10] 2×2 교차표에서 관찰도수 n_{ij}

변수 A \ 집단	구매집단 G_1	비구매집단 G_2	행의 합
변수 값 A_1	n_{11}	n_{12}	$n_{1\bullet}$
변수 값 A_2	n_{21}	n_{22}	$n_{2\bullet}$
열의 합	$n_{\bullet 1}$	$n_{\bullet 2}$	$n_{\bullet\bullet}$

[표 5.11] 2×2 교차표에서 변수가 독립일 때의 기대도수 E_{ij}

변수 A \ 집단	구매집단 G_1	비구매집단 G_2	행의 합
변수 값 A_1	$E_{11}=n_{1\bullet}\times\frac{n_{\bullet 1}}{n_{\bullet\bullet}}$	$E_{12}=n_{1\bullet}\times\frac{n_{\bullet 2}}{n_{\bullet\bullet}}$	$n_{1\bullet}$
변수 값 A_2	$E_{21}=n_{2\bullet}\times\frac{n_{\bullet 1}}{n_{\bullet\bullet}}$	$E_{22}=n_{2\bullet}\times\frac{n_{\bullet 2}}{n_{\bullet\bullet}}$	$n_{2\bullet}$
열의 합	$n_{\bullet 1}$	$n_{\bullet 2}$	$n_{\bullet\bullet}$

독립성검정을 위한 2×2 교차표의 카이제곱 통계량은 각 셀에서의 관찰도수와 기대도수의 차이에 대한 제곱을 기대도수로 나눈 후 모두 합친 것이다.

$$\chi^2=\sum_{i=1}^{2}\sum_{j=1}^{2}\frac{(n_{ij}-E_{ij})^2}{E_{ij}} \tag{5.42}$$

이 통계량은 자유도가 1인 카이제곱(χ^2) 분포를 따른다. 각 변수 값에서의 집단별 분포가 전체 집단의 분포와 동일하다면 카이제곱 통계량은 0 이 되어 변수와 집단은 서로 독립이라는 결론을 내린다. 각 변수 값에서의 집단별 분포가 전체 집단의 분포와 많이 다르다면 카이제곱 통계량은 매우 커지게 되어 변수와 집단이 독립이라는 귀무가설이 기각된다. 기각의 정도가 강할수록 가지분할을 위한 더 좋은 변수라 할 수 있다.

예제 5.4.2 [예제 5.4.1]에서 성별 및 신용상태에 대해 카이제곱 독립성검정으로 어느 변수가 가지분할에 더 좋은지 살펴보자.

풀이 성별 변수와 구매여부 교차표에서 전체 데이터의 (구매집단 : 비구매집단) 분포와 남자 또는 여자별 (구매집단 : 비구매집단) 분포가 동일하므로 카이제곱 통계량은 0이다. 따라서 성별변수와 구매여부는 서로 독립이다.

신용상태 변수와 구매여부 교차표에서 각 신용등급별 기대도수는 역시 (4 : 6)의 비율이므로 카이제곱 통계량은 다음과 같다.

$$\chi^2_{신용상태} = \frac{(7-4)^2}{4} + \frac{(3-6)^2}{6} + \frac{(1-4)^2}{4} + \frac{(9-6)^2}{6} = 7.5 \qquad (5.43)$$

따라서 자유도가 1인 카이제곱분포에서 유의수준 5%의 기준값 3.841보다 크므로 신용상태 변수와 구매여부는 독립이 아니다. 즉, 신용상태를 알면 구매집단과 비구매집단에 대한 정보가 많이 포함되어 있다. 따라서 가지분할은 성별 변수보다 신용상태 변수를 선택하게 된다.

일반적으로 변수 A가 a개의 변수 값이 있고, K개의 집단의 수가 있는 교차표의 카이제곱 통계량은 다음과 같고 자유도가 $(a-1)(K-1)$인 카이제곱 분포를 따른다.

$$\chi^2 = \sum_{i=1}^{a}\sum_{j=1}^{K} \frac{(n_{ij}-E_{ij})^2}{E_{ij}}, \quad E_{ij} = n_{i\bullet} \times \frac{n_{\bullet j}}{n_{\bullet\bullet}} \qquad (5.44)$$

의사결정나무에서 분할할 변수를 선택할 때는 p값을 이용하는데 p값이 더 적은 변수를 선택한다.

나. 엔트로피계수, 지니계수, 분류오류율

엔트로피계수(entropy coefficient), **지니계수**(Gini coefficient), **분류오류율**(classification error rate)은 분포함수에 대한 불확실성(uncertainty) 또는 순수성(purity)을 측정하는 서로 유사한 개념의 측도이다. 분류하고자 하는 집단이 $G_1, G_2, \cdots G_K$이고, 그 집단의 확률이 $p_1, p_2, \cdots, p_K$일 때 각 측도는 다음과 같이 정의된다.

$$엔트로피계수 = -\sum_{i=1}^{K} p_i \times \log_2 p_i \quad (0 \times \log_2 0\text{는 0으로 정의}) \qquad (5.45)$$

$$지니계수 = 1 - \sum_{i=1}^{K} p_i^2 \qquad (5.46)$$

$$분류오류율 = 1 - \max\{p_i,\ p_2,\ \cdots,\ p_K\} \qquad (5.47)$$

이 세 가지 측도를 이해하기 위해 집단이 2개만 있는 경우를 살펴보자. 집단 1의 확률이 만일 p라면 집단 2의 확률은 $1-p$가 되는데 이 경우 세 측도는 다음과 같고, 이를 p의 값에 따라 그림을 그리면 〈그림 5-5〉와 같다.

$$엔트로피계수 = -p \times \log_2 p - (1-p) \times \log_2 (1-p) \qquad (5.48)$$

$$지니계수 = 1 - p^2 - (1-p)^2 \qquad (5.49)$$

$$분류오류율 = 1 - \max(p, 1-p) \qquad (5.50)$$

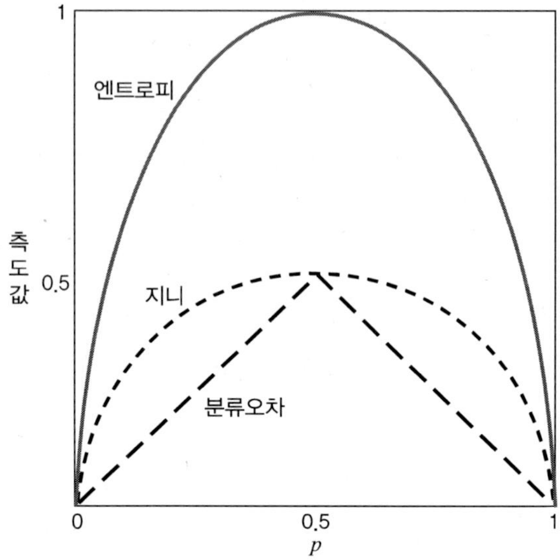

그림 5-5 분류집단이 두 개인 경우의 엔트로피계수, 지니계수, 분류오차 측도

그림을 보면 세 측도 모두 $p=0.5$(이 경우 $1-p=0.5$이므로 균등분포가 됨)인 경우 최대값을 갖고 $p=1$ 또는 $p=0$인 경우 최소값 0을 갖는다. 즉, 두 집단의 확률이 같은 경우($p=0.5$) 어느 집단으로 분류될지 모르기 때문에 불확실성(uncertainty)이 커지는데, 이때 각 측도는 최대값을 갖는다. 그 반대로 어느 한 집단의 확률이 1이라면 불확실성이 없으므로, 즉 분류의 확실성이 100%이므로 각 측도는 최소값 0을 갖는다. 따라서 가지분할은 불확실성이 적은 변수를 선택하게 된다.

예제5.4.3 [예제 5.4.1]에서 구매집단(G_1)과 비구매집단(G_2)의 비율 40%와 60%에 대한 엔트로피계수, 지니계수, 분류오류율을 구하라. 그리고 성별 및 신용상태의 각 변수에 대한 엔트로피계수, 지니계수, 분류오류율을 구하고, 어느 변수로 가지분할을 하는 것이 좋은지 살펴보라.

풀이 구매집단(G_1)과 비구매집단(G_2)의 확률분포 (0.4, 0.6)에 대한 엔트로피계수, 지니계수, 분류오류율은 [표 5.12]와 같고, 성별 변수 값에 대한 측도는 [표 5.13], 신용상태 변수 값에 대한 측도는 [표 5.14]와 같다.

[표 5.12] 구매집단과 비구매집단의 불확실성 측도

	구매집단 G_1	비구매집단 G_2	합계	불확실성 측도	
집단별 분포	8	12	20	엔트로피	$= -0.4\times\log_2 0.4-0.6\times\log_2 0.6$ = 0.9710
				지니	$= 1-0.4^2-0.6^2$ = 0.4800
				분류오류율	$= 1-\max(0.4, 0.6)$ = 0.4000

[표 5.13] 성별 변수에 대한 구매집단과 비구매집단의 불확실성 측도

성별	구매 집단 G_1	비구매집단 G_2	합계	불확실성 측도
남	4	6	10	엔트로피 $= -0.4\times\log_2 0.4 - 0.6\times\log_2 0.6$ = 0.9710 지니 $= 1-0.4^2-0.6^2$ = 0.4800 분류오류율 $= 1-\max(0.4,0.6)$ = 0.400
여	4	6	10	엔트로피 $= -0.4\times\log_2 0.4 - 0.6\times\log_2 0.6$ = 0.9710 지니 $= 1-0.4^2-0.6^2$ = 0.4800 분류오류율 $= 1-\max(0.4,0.6)$ = 0.4000

[표 5.14] 신용상태 변수에 대한 구매집단과 비구매집단의 불확실성 측도

신용 상태	구매 집단 G_1	비구매집단 G_2	합계	불확실성 측도
양호	7	3	10	엔트로피 $= -0.7\times\log_2 0.7 - 0.3\times\log_2 0.3$ = 0.8813 지니 $= 1-0.7^2-0.3^2$ = 0.4200 분류오류율 $= 1-\max(0.7,\ 0.3)$ = 0.3000
불량	1	9	10	엔트로피 $= -0.1\times\log_2 0.1 - 0.9\times\log_2 0.9$ = 0.4690 지니 $= 1-0.1^2-0.9^2$ = 0.1800 분류오류율 $= 1-\max(0.1,0.9)$ = 0.1000

두 변수에 대한 불확실성을 살펴보면 신용상태의 각 속성이 상대적으로 성별 속성보다 적으므로 신용상태를 이용한 가지치기가 합리적이다.

K개의 집단 $G_1, G_2, \cdots G_K$가 있고, 변수 A는 a개의 변수 값 $A_1, A_2, \cdots, A_a$을 가지며, 변수 값 A_i의 집단 G_j에 대한 관찰도수를 [표 5.15]와 같이 n_{ij}라 하자. 그리고 각 변수 값 A_i에 대한 관찰도수의 합을 $n_{i\bullet}$, 불확실성을 $I(A_i)$, 집단 G_j에 대한 관찰도수의 합을 $n_{\bullet j}$라 하고, 전체 데이터의 수는 $n_{\bullet\bullet}$라 하자.

[표 5.15] $a\times K$ 교차표에서 관찰도수와 각 변수 값의 불확실성

변수 값 \ 집단	집단 G_1	집단 G_2	…	집단 G_K	행의 합	각 변수 값의 불확실성
A_1	n_{11}	n_{12}	…	n_{1c}	$n_{1\bullet}$	$I(A_1)$
A_2	n_{21}	n_{22}	…	n_{2c}	$n_{2\bullet}$	$I(A_2)$
…	…	…	…	…	…	…
A_a	n_{a1}	n_{a2}	…	n_{ac}	$n_{a\bullet}$	$I(A_a)$
열의 합	$n_{\bullet 1}$	$n_{\bullet 2}$	…	$n_{\bullet c}$	$n_{\bullet\bullet}$	변수 A의 불확실성 $I(A)$

현 노드 T의 불확실성 $I(T)$는 각 집단의 비율 $n_{\bullet j}/n_{\bullet\bullet}$에 대한 불확실성 측도이다. 엔트로피계수인 경우 $I(T)$는 다음과 같다.

$$I(T) = -\sum_{j=1}^{K}\left(\frac{n_{\bullet j}}{n_{\bullet\bullet}}\right)\log_2\left(\frac{n_{\bullet j}}{n_{\bullet\bullet}}\right) \tag{5.51}$$

변수 A의 **기대불확실성**(expected uncertainty) $I(A)$는 각 변수 값의 불확실성 $I(A_i)$를 관찰도수 $n_{i\bullet}$의 비율 $n_{i\bullet}/n_{\bullet\bullet}$를 가중치로 하여 계산한 기대값이다.

$$I(A) = \frac{n_{1\bullet}}{n_{\bullet\bullet}} \times I(A_1) + \frac{n_{2\bullet}}{n_{\bullet\bullet}} \times I(A_2) + \cdots + \frac{n_{a\bullet}}{n_{\bullet\bullet}} \times I(A_a) \tag{5.52}$$

의사결정나무에서 가지분할을 위한 변수의 선택은 현 노드의 불확실성 $I(T)$와 어느 변수로 가지분할을 했을 때 얻어지는 기대불확실성 $I(A)$의 차이가 많은 변수를 선택한다. 이 차이를 **정보이득**(information gain)이라 하고 Δ로 표시한다. 현 노드 T에서 변수 A로 가지분할했을 경우의 정보이득은 다음과 같다.

$$\Delta = I(T) - I(A) \tag{5.53}$$

한 변수의 정보이득이 더 많다는 것은 이 변수로 가지분할을 하면 불확실성을 더 많이 제거함으로써 분류를 더 정확히 할 수 있다는 것을 의미한다.

엔트로피계수나 지니계수를 이용하여 구한 정보이득은 변수 값의 수가 많은 변수를 선호하는 경향이 있다. 이 문제를 극복하기 위해 CART와 같은 알고리즘에서는 정보이득을 현재 노드 T의 불확실성으로 나눈 **정보이득비율**(gain ratio)을 가지분할의 기준으로 한다.

$$\text{정보이득비율} = \frac{\Delta}{I(T)} \tag{5.54}$$

예제 5.4.4 [예제 5.4.3]에서 성별과 신용상태 변수의 각 측도별 정보이득을 구하라.

풀이 [예제 5.4.3]에서 계산된 각 측도별 불확실성 값을 이용하여 성별 변수에 대한 각 측도별 정보이득은 다음과 같다.

$$\text{엔트로피 정보이득} = 0.9710 - \left(\frac{10}{20}\times 0.9710 + \frac{10}{20}\times 0.9710\right) = 0.0000 \tag{5.55}$$

$$\text{지니 정보이득} = 0.4800 - \left(\frac{10}{20}\times 0.4800 + \frac{10}{20}\times 0.4800\right) = 0.0000 \tag{5.56}$$

$$\text{오류율 정보이득} \quad = 0.4000 - \left(\frac{10}{20}\times 0.4000 + \frac{10}{20}\times 0.4000\right) = 0.0000 \tag{5.57}$$

즉, 성별 변수는 현재 노드와 같은 불확실성을 갖고 있으므로 가지분할해서 얻을 수 있는 분류에 대한 정보이득이 없다는 것이다. 신용상태에 대한 정보이득은 다음과 같다.

$$\text{엔트로피 정보이득} = 0.9710 - \left(\frac{10}{20}\times 0.8813 + \frac{10}{20}\times 0.4690\right) = 0.2958 \tag{5.58}$$

$$\text{지니 정보이득} \quad = 0.4800 - \left(\frac{10}{20}\times 0.4200 + \frac{10}{20}\times 0.1800\right) = 0.1800 \tag{5.59}$$

$$\text{오류율 정보이득} \quad = 0.4000 - \left(\frac{10}{20}\times 0.3000 + \frac{10}{20}\times 0.1000\right) = 0.2000 \tag{5.60}$$

따라서 어느 측도를 이용하든지 성별보다는 신용상태 변수가 더 정보이득이 많으므로, 현재 노드에서 가지분할을 위해서는 신용상태 변수가 더 좋다고 말할 수 있다.

'세 가지 불확실성 측도 중에 어떠한 것이 더 좋은가?'라는 의문에 대한 비교연구도 많이 있다. 결론은 세 측도가 모두 비슷하게 불확실성을 측정하는 측도이기 때문에 특별히 '어느 측도가 더 좋다'라고 이야기 할 수 없다.

5.4.3 의사결정나무의 예

다음의 예를 이용하여 의사결정나무를 만드는 알고리즘을 자세히 살펴보자.

예제 5.4.5 G_2한 백화점의 상품매장을 방문한 20명을 조사해 보니 구매집단(G_1)이 8명(40%)이고 비구매집단()이 12명(60%)이었다. 이들 20명의 성별, 나이, 월수입, 신용상태를 조사한 결과가 [표 5.16]과 같다. 의사결정나무를 이용한 분류모형을 구하라. 변수 선택은 엔트로피계수를 이용하고, 각 잎에서의 데이터 수가 5개 이하이면 더 이상 분할하지 않는다. 만일 각 잎의 데이터가 한 집단으로 분류되면 역시 분할하지 않는다. 각 잎의 집단에 대한 결정은 다수결로 한다.

이 상품매장을 방문한 한 고객이 33세인 남자, 월수입은 220만원, 신용상태는 양호하였다면 이 사람이 상품을 구매할 사람인지 아닌지 의사결정나무 모형을 이용하여 분류하라.

풀이 [알고리즘 5.1]에서 데이터 집합 E는 [표 5.16]의 데이터이고, 변수 집합은 F={성별, 나이, 월수입, 신용상태}이다. 각 변수 값은 성별={남자, 여자}, 나이={20대, 30대}, 월수입={$<200, \geq 200$}, 신용상태={우수, 양호, 나쁨}이며 분류를 위한 목표변수는 구매여부={구매, 비구매}의 두 집단이 있다. 의사결정나무의 정지규칙(stopping condition)은 '각 잎에서의 데이터의 수가 5개 이하이면 더 이상 분할하지는 않는다'와 '모두 한 집단으로 분류되면 잎을 해당 집단으로 하여 정지한다'이다.

[표 5.16] 한 백화점 상품매장 고객의 성별, 나이, 월수입, 신용상태, 구매여부

고객번호	성별	나이	월수입	신용상태	구매여부
1	남자	20대	<200	양호	구매
2	여자	30대	≥ 200	우수	비구매
3	여자	20대	≥ 200	양호	비구매
4	여자	20대	≥ 200	양호	구매
5	여자	20대	<200	나쁨	비구매
6	여자	30대	≥ 200	양호	비구매
7	여자	30대	≥ 200	우수	구매
8	남자	20대	<200	양호	비구매
9	여자	20대	≥ 200	우수	비구매
10	남자	30대	≥ 200	양호	구매
11	여자	30대	≥ 200	우수	구매
12	여자	20대	<200	양호	비구매
13	남자	30대	≥ 200	양호	비구매
14	남자	30대	<200	양호	구매
15	여자	30대	≥ 200	우수	구매
16	여자	30대	≥ 200	양호	비구매
17	여자	20대	≥ 200	나쁨	비구매
18	남자	20대	≥ 200	나쁨	비구매
19	남자	30대	≥ 200	우수	구매
20	남자	20대	<200	양호	비구매

현재 데이터 집합 E의 데이터 수는 20개 이므로 단계 1의 stopping.conditon(E,F)은 false이므로 단계 6으로 간다. 뿌리노드 T의 creatNode()를 위해 구매집단(G_1)과 비구매집단(G_2)의 분포 (8/20, 12/20)에 대한 엔트로피계수 $I(T)$는 다음과 같다.

$$I(T) = -0.4\times\log_2 0.4 - 0.6\times\log_2 0.6 = 0.9710 \tag{5.61}$$

단계 7의 최적가지분할 find_best_split()을 찾기 위해 각 변수별×집단별 교차표를 구하고 엔트로피계수로 변수에 대한 기대정보와 정보이득($\Delta = I(T) -$기대정보)을 구하면 [표 5.17]과 같다. 신용상태의 정보이득이 제일 크므로 뿌리노드는 신용상태가 되고 단계 8의 신용상태 변수 값 집합은 V={우수, 양호, 나쁨} 이 된다. 신용상태에 따른 단계 10의 $E_{우수}$, $E_{양호}$, $E_{나쁨}$을 의사결정나무 형태로 그리면 〈그림 5-6〉과 같다.
R이나 SAS와 같은 패키지에서는 각 변수 값에 해당되는 데이터의 수가 너무 적을 경우 인접 변수 값과 합쳐서 가지치기를 결정하기도 한다.

각각의 데이터 집합은 정지규칙이 만족될 때까지 TreeGrowth() 알고리즘이 반복되어 적용된다(단계 11). 이 중에서 신용상태가 나쁜 3명의 데이터 집합 $E_{나쁨}$은 모두 비구매집단이어서 정지규칙을 만족시키므로, 더 이상 분할되지 않고 잎을 비구매집단으로 표시한다.

[표 5.17] 각 변수별 기대정보와 정보이득

변수		구매집단 G_1	비구매집단 G_2	합계	엔트로피계수	정보이득 Δ
성별	남자	4	4	8	1.0000	
	여자	4	8	12	0.9183	
				기대정보	0.9510	0.0200
나이	20대	2	8	10	0.7219	
	30대	6	4	10	0.9710	
				기대정보	0.8464	0.1246
월수입	<200	2	4	6	0.9183	
	≥200	6	8	14	0.9852	
				기대정보	0.9651	0.0059
신용상태	우수	4	2	6	0.9183	
	양호	4	7	11	0.9457	
	나쁨	0	3	3	0.0000	
				기대정보	0.7956	0.1754

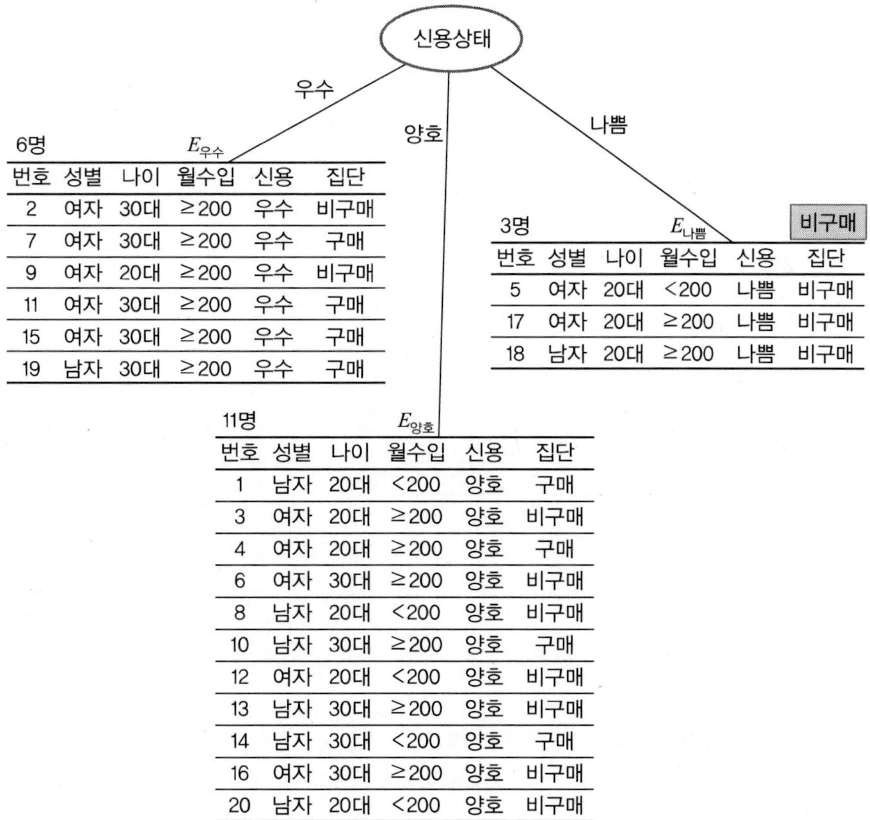

6명 $E_{우수}$

번호	성별	나이	월수입	신용	집단
2	여자	30대	≥200	우수	비구매
7	여자	30대	≥200	우수	구매
9	여자	20대	≥200	우수	비구매
11	여자	30대	≥200	우수	구매
15	여자	30대	≥200	우수	구매
19	남자	30대	≥200	우수	구매

3명 $E_{나쁨}$

번호	성별	나이	월수입	신용	집단
5	여자	20대	<200	나쁨	비구매
17	여자	20대	≥200	나쁨	비구매
18	남자	20대	≥200	나쁨	비구매

11명 $E_{양호}$

번호	성별	나이	월수입	신용	집단
1	남자	20대	<200	양호	구매
3	여자	20대	≥200	양호	비구매
4	여자	20대	≥200	양호	구매
6	여자	30대	≥200	양호	비구매
8	남자	20대	<200	양호	비구매
10	남자	30대	≥200	양호	구매
12	여자	20대	<200	양호	비구매
13	남자	30대	≥200	양호	비구매
14	남자	30대	<200	양호	구매
16	여자	30대	≥200	양호	비구매
20	남자	20대	<200	양호	비구매

그림 5-6 신용상태에 따라 가지분할된 의사결정나무

신용상태가 우수한 6명의 데이터 집합 $E_{우수}$에 대해 구매집단(G_1)과 비구매집단(G_2)의 분포 (4/6, 2/6)에 대한 엔트로피계수는 다음과 같다.

$$-(4/6)\times\log_2(4/6)-(2/6)\times\log_2(2/6)\ =\ 0.9183 \tag{5.62}$$

6명의 $E_{우수}$에 대해 최적가지분할 find_best_split()을 찾기 위해 각 변수별×집단별 교차표를 구하고, 엔트로피계수로 변수에 대한 기대정보와 정보이득을 구하면 [표 5.18]과 같다. 즉, 신용상태가 우수한 집단의 경우 나이의 정보이득이 제일 크므로 가지분할을 위한 노드가 되어 〈그림 5-7〉과 같은 의사결정나무가 형성된다. 그림을 보면 신용상태가 우수한 사람 중에서 나이가 20대인 사람은 1명으로 비구매집단이므로 정지규칙에 의해 비구매집단이 된다. 30대인 사람은 5명으로 그중 4명이 구매집단에 속하므로 다수결에 의해 구매집단이 된다.

[표 5.18] 신용상태가 우수한 $E_{우수}$에 대한 각 변수별 기대정보와 정보이득

변수		구매집단 G_1	비구매집단 G_2	합계	엔트로피계수	정보이득 Δ
성별	남자	1	0	1	0.0000	
	여자	3	2	5	0.9710	
				기대정보	0.8091	0.1092
나이	20대	0	1	1	0.0000	
	30대	4	1	5	0.7219	
				기대정보	0.6016	0.3167
월수입	<200	0	0	0	0.9183	
	≥ 200	4	2	6	0.9183	
				기대정보	0.9183	0.0000

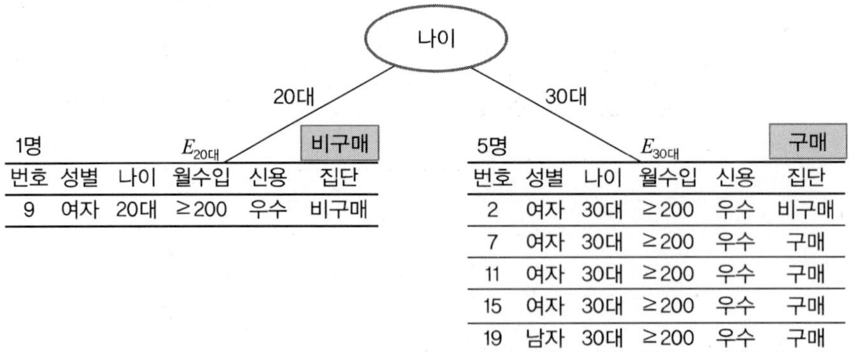

그림 5-7 신용상태가 우수인 $E_{우수}$에 대하여 나이로 분할된 의사결정나무

신용상태가 양호한 11명의 데이터 집합 $E_{양호}$에 대해 구매집단(G_1)과 비구매집단(G_2)의 분포 (4/11, 7/11)에 대한 엔트로피계수는 다음과 같다.

$$-(4/11)\times\log_2(4/11)-(7/11)\times\log_2(7/11)\ =\ 0.9457 \tag{5.63}$$

최적가지분할을 찾기 위해 각 변수별×집단별 교차표를 구하고 엔트로피계수로 변수에 대한 기대정보와 정보이득을 구하면 [표 5.19]와 같다. 신용상태가 양호한 집단의 경우 성별의 정보이득이 제일 크므로 가지분할을 위한 노드가 되고 〈그림 5-8〉과 같은 의사결정나무가 형성된다.

[표 5.19] 신용상태가 양호한 11명 $E_{양호}$에 대한 각 변수별 기대정보와 정보이득

변수		구매집단 G_1	비구매집단 G_2	합계	엔트로피계수	정보이득 Δ
성별	남자	3	3	6	1.0000	
	여자	1	4	5	0.7219	
				기대정보	0.8736	0.0721
나이	20대	2	4	6	0.9183	
	30대	2	3	5	0.9710	
				기대정보	0.9422	0.0034
월수입	<200	2	3	5	0.9710	
	≥ 200	2	4	6	0.9183	
				기대정보	0.9422	0.0034

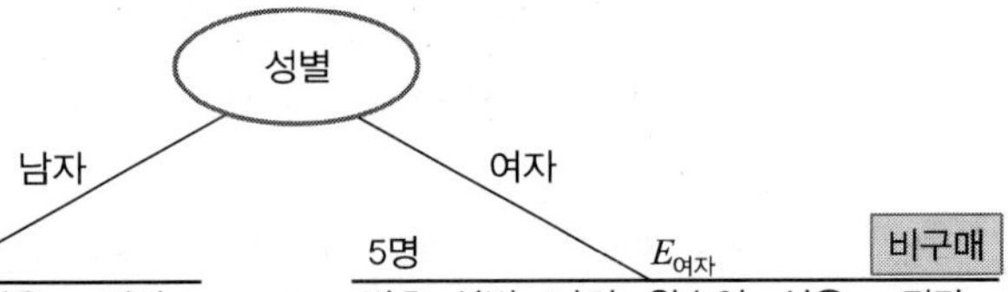

6명 $E_{남자}$

번호	성별	나이	월수입	신용	집단
1	남자	20대	<200	양호	구매
8	남자	20대	<200	양호	비구매
10	남자	30대	≥200	양호	구매
13	남자	30대	≥200	양호	비구매
14	남자	30대	<200	양호	구매
20	남자	20대	<200	양호	비구매

5명 $E_{여자}$

번호	성별	나이	월수입	신용	집단
3	여자	20대	≥200	양호	비구매
4	여자	20대	≥200	양호	구매
6	여자	30대	≥200	양호	비구매
12	여자	20대	<200	양호	비구매
16	여자	30대	≥200	양호	비구매

그림 5-8 신용상태가 양호한 $E_{양호}$에 대하여 성별로 분할된 의사결정나무

〈그림 5-8〉에서 신용상태가 양호하며 남자인 6명의 데이터 집합 $E_{남자}$에 대해 구매집단(G_1)과 비구매집단(G_2)의 분포 (3/6, 3/6)에 대한 엔트로피계수는

$$-(3/6)\times\log_2(3/6)-(3/6)\times\log_2(3/6) = 1 \tag{5.64}$$

이다. 최적가지분할을 찾기 위해 각 변수별×집단별 교차표를 구하고 엔트로피계수로 변수에 대한 기대정보와 정보이득을 구하면 [표 5.20]과 같다. 즉, 신용상태가 양호하며 남자인 경우 나이의 정보이득이 제일 크므로 가지분할을 위한 노드가 되고 〈그림 5-9〉와 같은 의사결정나무가 형성된다. 여기서 20대와 30대는 3명씩이므로 더 이상 분할되지 않고 20대는 숫자가 많은 비구매집단 잎이 되며, 30대는 구매집단 잎이 된다.

[표 5.20] 신용상태가 양호한 $E_{남자}$에 대한 각 변수별 기대정보와 정보이득

변수		구매집단 G_1	비구매집단 G_2	합계	엔트로피계수	정보이득 Δ
나이	20대	1	2	3	0.9183	
	30대	2	1	3	0.9183	
				기대정보	0.9183	0.0817
월수입	<200	2	2	4	1.0000	
	≥200	1	1	2	1.0000	
				기대정보	1.0000	0.0000

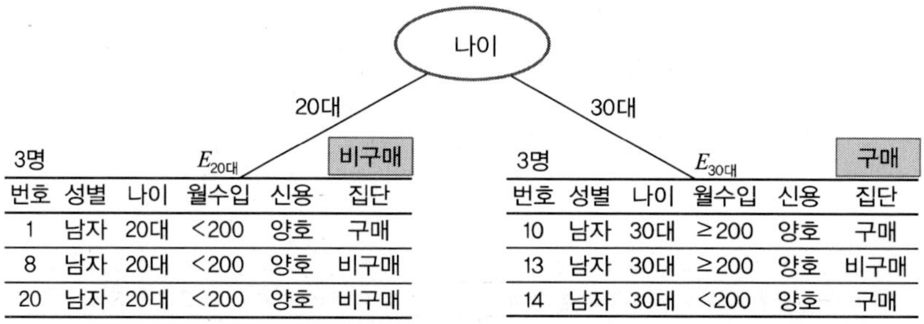

그림 5-9 신용상태가 양호한 $E_{남자}$에 대하여 나이로 분할된 의사결정나무

이상을 종합하면 〈그림 5-10〉과 같은 의사결정나무가 완성된다. 따라서 백화점을 방문한 33세 남자, 월수입 220만원, 신용상태가 양호인 사람은 구매집단으로 분류한다.

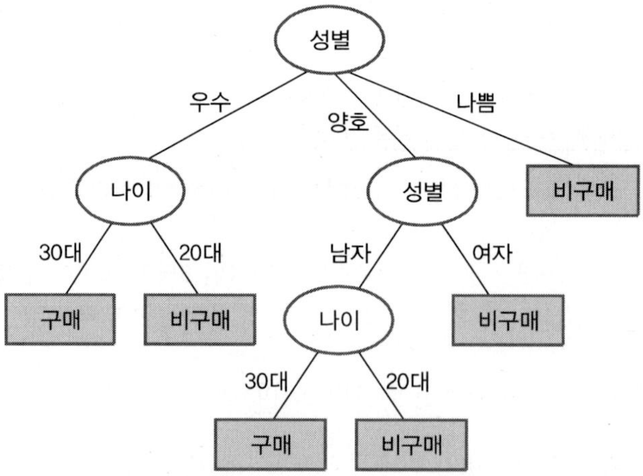

그림 5-10 한 고객이 상품을 구매할 것인지 아닌지를 분류하는 의사결정나무

5.4.4 연속형 변수의 가지분할

연속형 변수는 범주형으로 변환하여 의사결정나무 모형에 적용할 수 있다. 예를 들면, 월수입 변수를 '200만원 이상'과 '200만원 미만'의 두 집단으로 나눌 수 있다. 이 경우 '어떠한 경계값으로 연속형 값을 나누어야 좋은가?' 라는 문제가 발생한다. 경계값의 결정이 더 정확한 분류를 위한 것이라면, 즉 '분류의 확실성을 줄이자'는 것이라면 이 문제에도 앞에서 연구한 불확실성 측도들을 이용하여 분류의 확실성을 높이는 경계값을 찾을 수 있다.

예제 5.4.6 한 백화점의 어느 상품매장을 방문하는 사람 10명에 대해 상품 구매여부와 월수입을 조사해 보니 [표 5.21]과 같다. 구매하는 사람을 Y집단, 구매하지 않는 사람을 N집단으로 표시하고 월수입을 오름차순으로 정렬하였다. 의사결정나무 모형을 적용하기 위해 월수입을 두 개의 집단으로 나누고자 한다. 어떠한 경계값으로 나누어야 좋은가?

[표 5.21] 한 백화점 상품매장을 방문한 사람들의 월수입과 구매여부 조사

구매여부	N	N	N	Y	Y	Y	N	N	N	N
월수입	100	120	160	180	186	190	210	250	270	300

풀이 경계값을 설정하기 위해서는 문제에서 주어진 10개의 숫자 중간값을 경계로 하였을 때 분류가 어떻게 되는지 살펴본 후 이 중에서 '불확실성 측도'가 가장 적은 경계값을 선택하는 것이 합리적이다. 모든 값의 중간값에 대해 좌측을 N집단, 우측을 Y집단으로 분류한 교차표를 만들면 [표 5.22]와 같다. 최소값보다 작거나 최대값보다 큰 경우는 분할의 의미가 없어 대상에서 제외한다. 불확실성 측도로 지니계수를 이용하면 중간값 110에 대한 교차표의 기대 지니계수는 다음과 같다.

$$\frac{1}{10}\times\left\{1-\left(\frac{0}{1}\right)^2-\left(\frac{1}{1}\right)^2\right\}+\frac{9}{10}\times\left\{1-\left(\frac{3}{9}\right)^2-\left(\frac{6}{9}\right)^2\right\}=\ 0.4000 \tag{5.65}$$

[표 5.22] 연속형 변수인 월수입의 분할 경계값 조사

상품구매	N	N	N	Y	Y	Y	N	N	N	N
월수입	100	120	160	180	186	190	210	250	270	300

중간값	110		135		170		183		188		200		230		260		285	
	≤	>	≤	>	≤	>	≤	>	≤	>	≤	>	≤	>	≤	>	≤	>
Y분류	0	3	0	3	0	3	1	2	2	1	3	0	3	0	3	0	3	0
N분류	1	6	2	5	3	4	3	4	3	4	3	4	4	3	5	2	6	1
지니계수	0.400		0.375		0.343		0.417		0.400		0.300		0.343		0.375		0.400	

같은 방법으로 나머지 중간값에 대해 지니계수를 구하면 불확실성이 최소인 분할 경계값은

200만원임을 알 수 있다.

위와 같은 연속형 변수의 경계값 설정방법은 많은 계산을 필요로 한다. 만일 몇 가지 경계값에 대한 후보가 있다면, 유사한 방법으로 이 중에서 어떠한 경계값이 좋은지 결정할 수 있다.

예제 5.4.7 한 백화점의 어느 상품매장을 방문하는 20명을 조사해 보니 구매하는 사람(G_1)이 7명(35%)이고 구매하지 않는 사람(G_2)이 13명(65%)이었다. 이들 20명의 나이에 대하여 25세 미만과 25세 이상 그리고 35세 미만과 35세 이상으로 구분하는 방법을 비교하려고 교차표를 작성하여 보니 [표 5.23]과 같다. 어떠한 구간분할이 더 좋은 것인지 엔트로피 정보이득을 이용하여 결정하라.

[표 5.23] 두 가지 구간분할에 따른 구매여부 교차표

(구간분할 1)	구매집단 G_1	비구매집단 G_2	합계
25세 미만	1	5	6
25세 이상	6	8	14

(구간분할 2)	구매집단 G_1	비구매집단 G_2	합계
35세 미만	3	12	15
35세 이상	4	1	5

풀이 어떠한 구간분할이 더 좋은 것인지 알아보기 위해 두 교차표를 비교해 보자. (구간분할 1)은 두 구간 모두 비구매집단이 많다. (구간분할 2)는 35세 미만의 수가 15명으로 많고 이 구간에는 비구매집단의 비율이 높으며, 35세 이상에서는 구매집단의 비율이 높다. 따라서 두 가지 구간분할 방법에서는 (구간분할 2)가 구매여부에 대한 더 많은 정보를 주고 있음을 알 수 있다.

정보이득을 구하기 위해 구간을 분할하기 전에 구매집단과 비구매집단 7명과 13명의 비율에 대한 엔트로피계수를 구하면 다음과 같다.

$$-\frac{7}{20}log_2(\frac{7}{20})-\frac{13}{20}log_2(\frac{13}{20})=0.9341 \tag{5.66}$$

두 가지 구간분할에 대한 구간별 엔트로피와 기대엔트로피 그리고 정보이득을 계산하면 [표 5.24] 및 [표 5.25]와 같다.

[표 5.24] 구간분할 (1)에 따른 구매여부 교차표

(구간분할 1)	구간별 엔트로피	기대엔트로피와 정보이득
25세 미만	$-\frac{1}{6}log_2(\frac{1}{6})-\frac{5}{6}log_2(\frac{5}{6})=0.6500$	$\frac{6}{20}\times 0.6500+\frac{14}{20}\times 0.9852$ = 0.8847 정보이득 = 0.9341 − 0.8847 = 0.0494
25세 이상	$-\frac{6}{14}log_2(\frac{6}{14})-\frac{8}{14}log_2(\frac{8}{14})=0.9852$	

[표 5.25] 구간분할 (2)에 따른 구매여부 교차표

(구간분할 2)	구간별 엔트로피	기대엔트로피와 정보이득
35세 미만	$-\frac{3}{15}log_2(\frac{3}{15})-\frac{12}{15}log_2(\frac{12}{15})=0.7219$	$\frac{15}{20}\times 0.7219+\frac{5}{20}\times 0.7219$ = 0.7219 정보이득 = 0.9341 − 0.7219 = 0.2121
35세 이상	$-\frac{4}{5}log_2(\frac{4}{5})-\frac{1}{5}log_2(\frac{1}{5})=0.7219$	

정보이득이 35세 미만과 35세 이상으로 나누는 (구간분할 2)가 크므로 이 구간분할을 선택한다.

범주형 변수의 값이 여러 가지인 경우에 범주의 수를 축소하고자 할 때도 위와 같은 방법을 적용될 수 있다. 예를 들어, 범주형 변수 값이 3개(A_1, A_2, A_3)이고 이를 두 개로 축소하고자 한다면 3가지 가능한 조합$(A_1, A_2 : A_3)$, $(A_1, A_3 : A_2)$, $(A_2, A_3 : A_1)$에 대하여 정보이득을 조사하여 최대가 되는 조합을 선택한다.

5.4.5 의사결정나무의 가지치기

의사결정나무 모형은 훈련용 데이터는 잘 분류하지만 시험용 데이터는 잘 분류하지 못하는 **과잉적합**(overfitting) 문제가 발생할 수 있다. **가지치기**(pruning)는 과잉적합 문제를 해결하는 하나의 방법으로 **사전가지치기**(preprunning)와 **사후가지치기**(postprunning)가 있다. 사전가지치기는 의미 없는 분할이 계속되지 않도록 카이제곱검정, 정보이득 등을 이용하여 분할의 적합성을 조사하는 것이다. 어떤 방법을 적용하든 임계값을 설정하여야 하는데 이는 분석자가 결정하여야 한다. 임계값이 너무 높으면 간단한 나무가 될 것이고 반대로 너무 낮으면 복잡한 나무가 형성될 수 있다.

사후가지치기는 완성된 나무에서 가지를 제거해 나가는 방법이다. 예를 들면, 각 노드에 대해 하위 나무들을 가지치기 하였을 때 예상 오류율을 계산해서 이 값이 최대 예상 오류율인 경우 하위 나무들은 유지되고 그렇지 않으면 가지치기 한다. 사전가지치기와 사후가지치기는 서로 혼합하여 사용하기도 한다.

5.4.6 회귀나무 모형

지금까지 연구한 의사결정나무는 독립변수를 이용하여 목표변수가 범주형인 집단을 예측하는 분류모형이다. 하지만 목표변수가 범주형인 아닌 연속형 변수일 경우도 생각할 수 있다. 여러 개의 변수를 이용하여 연속형 목표변수를 예측하는 방법으로는 회귀분석(regression analysis)이 많이 이용된다. 회귀모형을 이용하여 의사결정나무를 만들어 분류하는 방법을 **회귀나무**(regression tree) 모형이라 부르는데, 1984년 Breiman 등에 의해 이론이 정립되었다.

회귀나무 모형은 앞에서 살펴본 의사결정나무 모형과 유사한 과정을 거쳐 만들어진다. 다만 가지분할에 의사결정나무에 사용된 불확실성 측도 대신에 각 노드의 목표변수들의 관측값에 대한 분산을 사용하여 초기 회귀나무 모형을 구축한다. 이어서 가지치기와 교차검증을 통해 최종 모형을 선택한다. 자세한 내용은 Breiman의 책을 참고하기 바란다.

5.4.7 의사결정나무 모형의 특성

의사결정나무 분류모형의 중요한 특성을 요약하면 다음과 같다.

1) 의사결정나무 모형은 각 집단의 분포함수를 가정하지 않는 비모수적 방법이다.
2) 의사결정나무 모형의 결과는 누구에게나 설명이 용이하다. 모형의 정확도도 다른 분류모형에 뒤지지 않는다.
3) 의사결정나무를 만드는 방법은 계산적으로 복잡하지 않기 때문에 대량 데이터에 대해서도 빠르게 만들 수 있다. 한 번 의사결정나무를 만들면 소속집단을 모르는 데이터를 한 집단으로 분류하는 작업은 매우 빠르다.
4) 의사결정나무 알고리즘은 비정상적인 잡음 데이터에 대해서도 별로 민감함이 없이 분류가 가능하다.
5) 한 변수와 매우 상관이 높은 다른 불필요한 변수가 있더라도 의사결정나무는 크게 영향을 받지 않는다. 하지만 불필요한 변수가 많아지면 의사결정나무가 너무 커질 위험성이 있다. 이런 위험성을 방지하기 위하여 분류를 하기 전에 불필요한 변수를 제거하는 작업이 필요하다.
6) 한 데이터에서 만들어질 수 있는 의사결정나무의 수는 매우 많기 때문에 이 중에서 최적 의사결정나무를 찾는 방법은 쉽지 않다. 대개의 의사결정나무 알고리즘은 탐색적 방법(heuristic search)으로 최적 나무를 찾는데, [알고리즘 5.1]도 하향식 반복분할 전략으로 의사결정나무를 확대해 나간다.
7) 대부분의 의사결정나무 알고리즘은 하향식 반복분할 알고리즘이기 때문에 전체 데이터 집합을 계속 작은 데이터 집합으로 분할해 나간다. 이 작업을 반복해 나가면 어느 잎에는 데이터 수가 너무 적어 통계적으로 의미 있는 분류 결정을 내릴 수가 없다. 이를 방지하기 위해 한 노드의 데이터 숫자가 일정한 수보다 작으면 더 이상 분할을 하지 않도록 하는 정지규칙을 만들 필요가 있다.
8) 전체 의사결정나무에는 같은 형태를 갖는 소규모 나무(subtree)가 여러 노드에 나타날 수 있어 의사결정나무를 복잡하게 만들 수 있다.

9) 의사결정나무는 한 노드에서 한 변수에 대한 조건만 조사한다. 따라서 의사결정 나무의 분류규칙은 전체 의사결정 공간을 좌표 축(변수)에 평행인 직선으로 분할하게 된다(〈그림 5-11〉).

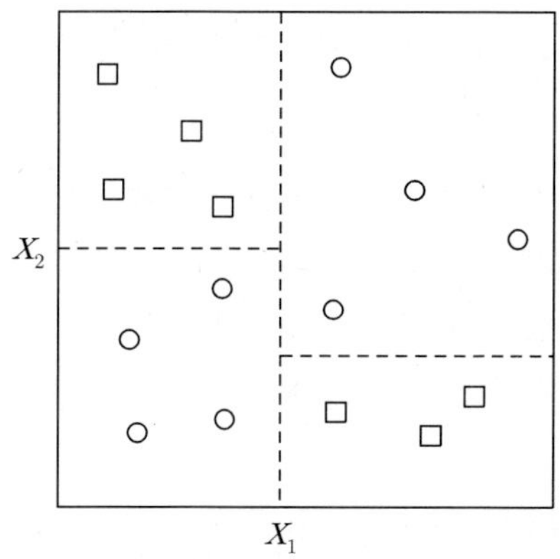

그림 5-11 의사결정나무 모형에서 변수 각각에 의한 의사결정공간의 분할

하지만 〈그림 5-12〉와 같은 데이터 집합은 축에 평행한 직선으로는 분류하기

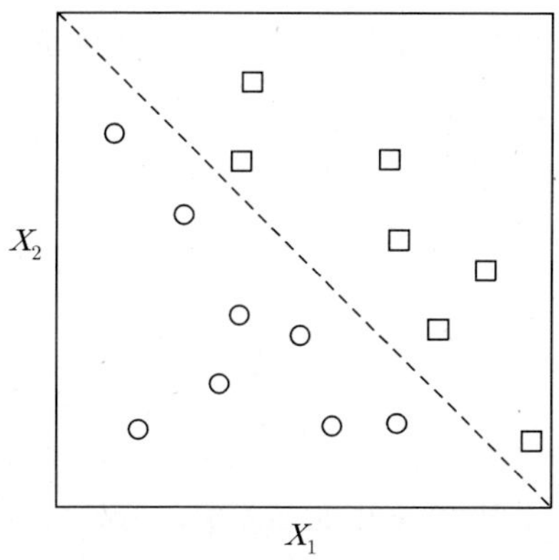

그림 5-12 의사결정나무 모형에서의 공간의 분할이 쉽지 않은 예

가 쉽지 않다. 이 문제를 해결하기 위해서는 노드에서의 시험조건을 한 개 이상의 변수에 대한 것으로 변형할 수 있다. 예를 들면, 두 개의 변수에 대한 시험조건으로 〈그림 5-12〉와 같은 사선 형태를 생각할 수 있다. 두 개 이상의 변수에 대한 시험조건을 만들면 좋지만 계산이 복잡하고 '어떻게 최적의 시험조건을 만드느냐?' 하는 또 다른 문제가 발생한다.

10) 엔트로피나 지니계수와 같은 불확실성 측도의 선택은 의사결정나무의 성능에 큰 영향을 주지는 않는다. 그 이유는 측도들이 서로 유사한 특성을 가지고 있기

때문이다. 의사결정나무의 성능에 영향을 미치는 것은 측도의 선택보다 가지치기(tree prunning) 방법의 선택이다.

5.5 분류모형의 평가

분류모형의 평가는 일반적으로 **훈련용 데이터**(training data)에 의해 만들어진 모형함수를 **시험용 데이터**(testing data)에 적용하였을 때 나타나는 분류의 정확도(또는 오류율)를 이용한다. 5.5.1절에서는 모형의 평가에 사용되는 여러 가지 측도에 대해서 알아보고, 5.5.2절에서는 분류모형의 통계적 비교방법에 대해서 알아본다.

5.5.1 분류모형 평가를 위한 기타 측도

두 개의 집단 G_1, G_2가 있고 n개의 소속집단을 아는 데이터가 있다면 각 데이터를 분류한 후 실제 집단과 모형에 의해 분류된 집단을 비교하여 그 결과를 [표 5.26]과 같이 요약한다.

[표 5.26] 시험용 데이터의 실제집단과 분류된 집단의 결과 요약표

		분류된 집단	
		G_1	G_2
실제 집단	G_1	f_{11}	f_{12}
	G_2	f_{21}	f_{22}

5.1.3절에서 정의된 분류모형의 **정확도**(accuracy)는 전체 데이터의 수 중 올바르게 분류된 수의 비율이고, **오류율**(error rate)은 오분류된 수의 비율이다.

$$\text{정확도 } (accuracy) = \frac{f_{11} + f_{22}}{n} \tag{5.67}$$

$$\text{오류율 } (error\ rate) = \frac{f_{12} + f_{21}}{n} \tag{5.68}$$

정확도와 오류율은 집단 G_1과 G_2의 오분류(f_{12}, f_{21})에 대한 위험성(risk)이 동일하다는 가정에서 합리적인 측도라 볼 수 있다. 하지만 현실 문제에서는 오분류에 대한 집단별 위험성이 다를 수 있다. 예를 들면, 한 의사가 암환자인 사람을 정상인으로 분류하는 오분류와 정상인 사람을 암환자로 분류하는 오분류가 있을 수 있다.

전자의 경우는 생명을 단축시킬 위험이 있어 후자보다 오분류의 위험성이 크다고 볼 수 있다. 오분류의 위험성이 서로 다른 경우 **민감도**(sensitivity), **특이도**(specificity) 및 **정밀도**(precision)라는 측도를 이용한다.

$$민감도\ (sensitivity) = \frac{f_{11}}{f_{11}+f_{12}} \tag{5.69}$$

$$특이도\ (specificity) = \frac{f_{22}}{f_{21}+f_{22}} \tag{5.70}$$

$$정밀도\ (precision) = \frac{f_{11}}{f_{11}+f_{21}} \tag{5.71}$$

위의 예에서 민감도는 실제 암환자를 암환자로 분류하는 비율이고, 특이도는 정상인을 정상인으로 분류하는 비율, 정밀도는 암환자로 분류된 사람 중에서 실제 암환자의 비율을 의미한다. 정확도(accuracy)는 민감도와 특이도의 가중합으로 표시할 수 있다.

$$정확도(accuracy) = \frac{f_{11}+f_{12}}{n}(sensitivity) + \frac{f_{21}+f_{22}}{n}(specificity) \tag{5.72}$$

리프트차트(lift chart)와 ROC곡선은 민감도와 특이도를 이용하여 분류모형을 평가하는 그래프이다.

가. 리프트차트(Lift Chart)

베이즈분류 모형이나 로지스틱회귀 모형의 사후확률 같이 분류모형의 결과가 연속형 값으로 표현되고, 사후확률이 크면 집단 1로 분류될 가능성이 크다고 가정하자. 사후확률의 내림차순으로 전체 데이터를 정리한 후 정리된 데이터의 상위 10%를 관찰하면, 분류모형이 좋을 경우 실제 집단 1을 집단 1로 분류하는 비율이 매우 높을 것이다. 전체 데이터 중에서 집단 1의 비율을 **기준선 반응률**(base line % response)이라 하고, 상위 10% 데이터에 대해 실제 집단 1을 집단 1로 분류하는 민감도를 **상위 10%의 반응률**(upper 10% response)이라 한다. 기준선 반응률에 대비한 상위 10% 데이터의 반응률을 상위 10%의 **리프트**(lift) 또는 **향상도**라 부른다.

$$상위\ 10\%의\ 리프트 = \frac{상위10\%\ 반응률}{기준선\ 반응률} \tag{5.73}$$

4장의 연관규칙의 평가측도로서 연구한 리프트와 식 (5.73)의 리프트의 정의는 유사한 개념이다. 연관규칙 $A \rightarrow B$의 리프트는 전체 데이터에서 항목 B를 포함하고 있는 데이터의 비율과 항목 A를 포함한 데이터 내에서의 항목 B의 비율을 비교하여 얼마나 향상되었는지 평가하는 것이다. 분류모형의 측도로서 리프트는 전체 데이터에서 집단 1의 비율과 상위 10%의 데이터에서의 집단 1의 비율을 비교하여 얼마나 향상되었는지 평가하는 것이다.

데이터의 사후확률의 상위 백분위수를 x축으로 하고, 이 백분위수만큼의 데이터를 집단 1로 간주하였을 때 실제로 집단 1인 데이터의 반응률을 y축으로 한 그림을 **리프트차트**(lift chart)라 한다. 〈그림 5-13〉은 두 분류모형에 대한 리프트차트를 그려본 예이다. 모형 M_1이 모형 M_2보다 각 백분위 수의 데이터에서 집단 1에 대해 더 정확한 분류를 하므로 모형 M_1이 M_2보다 더 좋다고 할 수 있다.

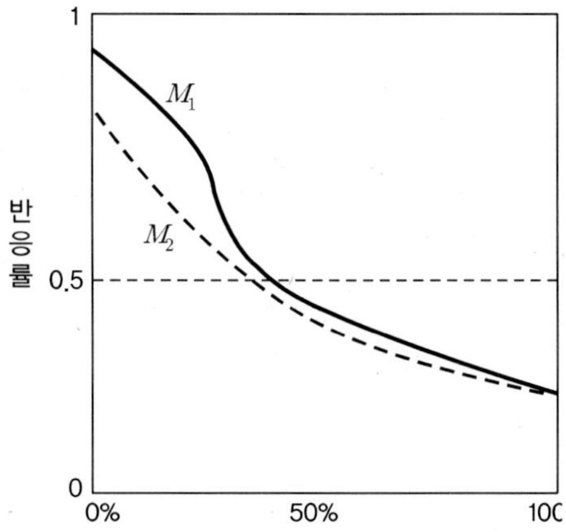

그림 5-13 두 분류모형의 비교를 위한 리프트차트의 예

하지만 〈그림 5-13〉과 같이 각각의 백분위 수에 대해 반응률을 모두 조사하기는 쉽지 않다. SAS와 같은 패키지에서는 전체 데이터를 사후확률의 내림차순으로 정렬하여 비슷한 데이터 수를 갖는 군(group)으로 여러 개 나눈 후 각 데이터 군의 반응률, 리프트 등을 보여 주는 **리프트테이블**(lift table)이 많이 이용된다.

[표 5.27]은 1000개의 데이터가 있을 때 사후확률 등의 내림차순으로 정리하여 10개의 데이터 군(각 군이 10%인 100개의 데이터)으로 정리한 리프트테이블의 예이다. 전체 1000개의 데이터 중에서 집단 1은 200개, 집단 2는 800개가 있다고 가정하자. 즉, 이 데이터의 기준선 반응률은 20%이다. [표 5.27]에서 마지막 열의 **포함률**(% captured)은 전체 집단 1의 200개 데이터 중에서 각 군에 포함된 집단 1의 비율을 의미한다.

$$\text{상위 10\%의 포함률} = \frac{\text{상위 10\% 중에서 집단 1의 데이터 수}}{\text{전체 집단 1의 데이터 수}} = \frac{85}{200} \qquad (5.74)$$

[표 5.27] 시험용 데이터의 실제집단과 분류된 집단의 리프트테이블

번호	데이터 군	데이터 수	집단 1 수	집단 2 수	%반응률	리프트	%포함률
1	상위 10%	100	85	15	85.0%	4.25	42.5%
2	20%	100	62	38	62.0%	3.10	31.0%
3	30%	100	20	80	20.0%	1.00	10.0%
4	40%	100	10	90	10.0%	0.50	5.0%
5	50%	100	7	93	7.0%	0.35	3.5%
6	60%	100	5	95	5.0%	0.25	2.5%
7	70%	100	3	97	3.0%	0.15	1.5%
8	80%	100	4	96	4.0%	0.20	2.0%
9	90%	100	3	97	3.0%	0.15	1.5%
10	100%	100	1	99	1.0%	0.05	0.5%
합계		1000	200	800	20.0%	=기준선 반응률	

[표 5.27]의 리프트테이블을 **리프트차트**(lift chart)로 그리면 〈그림 5-14〉와 같다. 상위 30%군까지의 리프트가 1보다 큰 것을 알 수 있다. 이와 같은 관찰은 베이즈분류 모형 등에서 사후확률의 어느 값을 집단의 경계로 할 것인지 결정할 때 사용되기도 한다. 관찰을 용이하게 하기 위해 반응률의 **누적리프트테이블**(cumulative lift table)과 **누적리프트차트**(cumulative lift chart)가 이용되기도 한다.

훈련용과 시험용 데이터 모두에 대하여 리프트차트를 그리기도 하는데, 이를 **교차리프트차트**(cross lift chart)라고 한다. 안정성 있는 분류모형이라면 훈련용과 시험용 데이터의 리프트차트가 크게 다르지 않아야 된다.

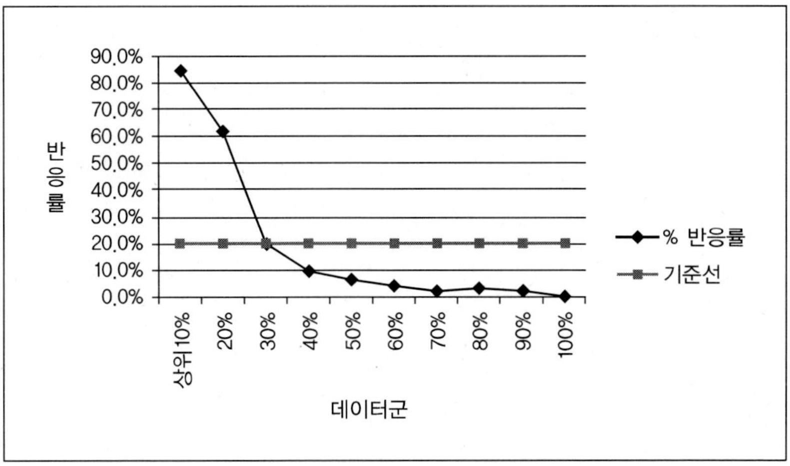

그림 5-14 [표 5.27]의 리프트테이블에 대한 리프트차트

나. 정오분류표(Confusion Matrix)

리프트테이블(lift table)은 전체 데이터를 사후확률의 내림차순으로 정렬하여 비슷한 데이터 수의 군(group)으로 여러 개 나눈 후, 각 데이터 군의 반응률, 리프트 등을 보여주었다. **정오분류표**(confusion matrix)는 사후확률의 값을 여러 **기준값**(cut-off value)으로 나눈 후, 각 기준값에 대해 전체 데이터의 정분류, 오분류, 정확도, 민감도 및 특이도를 표시하여 준다. 정오분류표는 집단을 결정하기 위한 사후확률의 기준값을 결정할 때 많이 사용된다. 일반적으로 집단을 결정하기 위한 기준값은 정확도를 주로 사용하지만, 민감도나 특이도도 잘 살펴보아야 한다.

[표 5.27]과 같이 1000개의 데이터가 집단 1은 200개, 집단 2는 800개 있다고 가정하자. [표 5.28]은 사후확률의 값을 0.05 단위로 기준값을 나누어 정오분류표를 작성한 예이다. 각 기준값에 대해 이 값보다 작은 데이터는 집단 2로 분류하고, 큰 데이터는 집단 1로 전체 데이터를 분류한다. 모든 기준값에 대해 전체 데이터의 정분류, 오분류, 정확도, 민감도, 특이도를 표시한 것이 정오분류표이다.

[표 5.28] 정오분류표의 예

번호	사후확률 기준값	데이터 수	정분류		오분류		정확도	민감도	특이도
			f_{11}	f_{22}	f_{12}	f_{21}			
1	0.00	1000	200	0	0	800	0.200	1.000	0.000
2	0.05	1000	184	120	16	680	0.304	0.920	0.150
3	0.10	1000	164	320	36	480	0.484	0.820	0.400
4	0.15	1000	139	427	61	373	0.566	0.695	0.534
5	0.20	1000	120	510	80	290	0.630	0.600	0.638
6	0.25	1000	105	620	95	180	0.725	0.525	0.775
7	0.30	1000	95	690	105	110	0.785	0.475	0.863
8	0.35	1000	82	720	118	80	0.802	0.410	0.900
9	0.40	1000	75	733	125	67	0.808	0.375	0.916
10	0.45	1000	67	746	133	54	0.813	0.335	0.933
11	0.50	1000	62	769	138	31	0.831	0.310	0.961
12	0.55	1000	55	772	145	28	0.827	0.275	0.965
13	0.60	1000	50	778	150	22	0.828	0.250	0.973
14	0.65	1000	44	784	156	16	0.828	0.220	0.980
15	0.70	1000	39	788	161	12	0.827	0.195	0.985
16	0.75	1000	32	790	168	10	0.822	0.160	0.988
17	0.80	1000	26	792	174	8	0.818	0.130	0.990
18	0.85	1000	24	795	176	5	0.819	0.120	0.994
19	0.90	1000	20	799	180	1	0.819	0.100	0.999
20	0.95	1000	10	800	190	0	0.810	0.050	1.000
21	1.00	1000	0	800	200	0	0.800	0.000	1.000

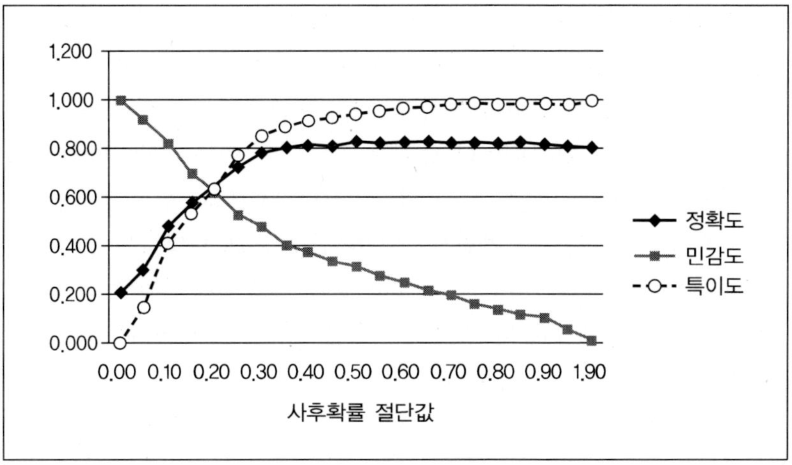

그림 5-15 [표 5.28]의 정확도, 민감도, 특이도 그래프

다. 기대이익(Expected Profit) 차트

각 데이터를 분류하였을 때 정확히 분류된 경우와 잘못 분류된 경우에 이익(profit)이 발생할 수 있다. 집단 1(G_1)과 집단 2(G_2)가 있을 때 각 경우의 이익을 다음과 같이 표로 정리한 것을 **이익행렬**(profit matrix)이라 한다.

[표 5.29] 이익행렬

		분류된 집단	
		G_1	G_2
실제 집단	G_1	c_{11}	c_{12}
	G_2	c_{21}	c_{22}

이익행렬을 알면 [표 5.27]의 리프트테이블에서 각 데이터 군의 **기대이익**(expected profit)을 계산할 수 있다. 예를 들어, 상위 10%의 데이터 군에서 집단 1의 데이터를 집단 1로 분류한 반응률은 85%이므로 기대이익은 다음과 같다.

$$(\text{상위 10\%의 집단 1 기대이익}) = 0.85 \times c_{11} + 0.15 \times c_{12} \tag{5.75}$$

각 데이터 군의 기대이익을 유사하게 구한 후 〈그림 5-14〉에서 y축을 기대이익으로 하는 리프트차트를 그리기도 한다. 만일 **손실행렬**(loss matrix)을 알 수 있다면 유사한 방법으로 **기대손실**(expected loss)에 대한 리프트차트를 그릴 수 있다.

라. ROC(Receiver Operating Characteristic) 그래프와 c-통계량

ROC 그래프(receiver operating characteristic graph) 분류모형의 결과가 베이

즈분류 모형이나 로지스틱 모형의 사후확률처럼 연속형 값으로 표현될 수 있을 때 그릴 수 있다. ROC 그래프는 한 분류모형의 (1 - 특이도)를 x축으로 하고 민감도를 y축으로 한 그림이다. 민감도를 TPR(true positive rate)이라 하고 (1 - 특이도)를, 즉 집단 2의 데이터 중에서 집단 1로 오분류하는 비율을 FPR (false positive rate)라 하자. ROC 그래프의 한 점은 한 분류모형의 결과를 의미하는데 모형에서 기준값을 변화시켜 가면서 각 기준값에 의해 나타나는 분류결과를 〈그림 5-16〉처럼 나타낸다. 즉, ROC 그래프는 한 분류모형의 최종 결과인 사후확률 등의 기준값이 변화할 때 FPR과 TPR의 변화를 살펴보는 것이다.

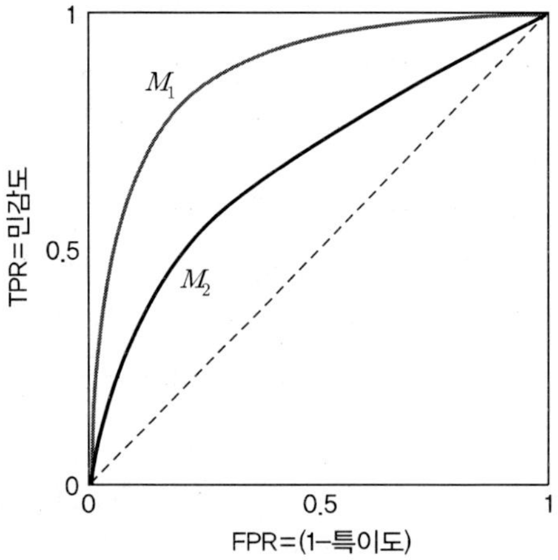

그림 5-16 두 분류모형의 ROC 그래프

〈그림 5-16〉에서 점 (FPR=0, TPR=0)은 분류모형이 모든 점을 집단 2로 분류한 경우, 점 (FPR=1, TPR=1)은 모든 데이터를 집단 1로 분류한 경우, 점 (FPR=0, TPR=1)은 집단 2의 데이터를 집단 1로 오분류한 경우가 없고 모든 집단 1의 데이터를 정확히 분류한 이상적인 모형을 의미한다. 따라서 좋은 분류모형은 좌측 상단에 분류결과가 위치하여야 한다. 그림에서 대각선은 TPR과 FPR비율이 모두 같은 예외적인 모형을 보여 주는데, 이것은 데이터를 단지 고정된 확률로 집단 1과 집단 2로 임의(random) 분류하는 특수한 경우를 의미한다. 이 경우는 집단 1의 데이터를 확률 p로서 집단 1로 분류하고 (TPR = p), 집단 2의 데이터도 확률 p로서 집단 1로 분류한다 (FPR = p).

ROC 그래프는 여러 분류모형의 성능을 비교하는데 도움이 된다. 〈그림 5-16〉에서 분류모형 M_1은 분류모형 M_2보다 ROC 그래프가 좌측 상단으로 더 위에 위치하고 있다. 이는 집단 1로의 오분류율 FPR에 대비해서 정분류율 TPR이 항상 좋음을 뜻하므로, 모형 M_1이 모형 M_2보다 더 좋다고 할 수 있다. 이 경우는 한 분류모형이 다른 분류모형에 대해 항상 좋은 경우이고, 두 모형의 ROC 그래프가 교차하여 어느 모형이 항상 좋다고 할 수 없는 경우도 있다.

ROC 그래프 아래의 면적을 **c-통계량**(c-statistic)이라고도 하는데, 이를 이용하여 모형의 성능이 평균적으로 얼마나 좋은지 비교할 수도 있다. 이상적인 모형인 경우 (FPR=0, TPR=1)이므로 이때의 면적은 1이고, 모형의 분류결과가 대각선에 위치하는 임의 분류인 경우 면적은 1/2이 된다. 한 모형의 ROC 그래프 아래의 면적이 다른 모형의 면적보다 크면 평균적으로 더 우수한 모형이라 할 수 있다.

ROC 그래프를 그리기 위해서는 먼저 사후확률 등과 같은 분류모형의 결과값을 오름차순으로 정렬한다. 그리고 각각의 결과값을 두 집단을 분류하는 **기준값**(cut-off value)으로 하여 전체 데이터를 분류하고 민감도와 특이도를 계산한 후, 각각의 민감도를 y축, (1 - 특이도)를 x축으로 하여 연결선을 그린다. 이와 같은 방식으로 ROC 그래프를 그리면 곡선 아래의 면적 c-통계량은 사다리꼴 공식을 이용하여 쉽게 구할 수 있다. 어떻게 ROC 그래프를 그리는지 다음의 예제를 가지고 살펴보자.

예제 5.5.1 베이즈분류 모형을 만든 후 시험용 데이터 10개에 대하여 사후확률을 구하여 오름차순으로 정렬한 결과가 [표 5.30]과 같다. 표에서 첫 행은 데이터 번호, 둘째 행은 각 데이터의 실제 집단을 + 또는 −로 표시한 것이고, 셋째 행은 각 데이터의 사후확률이다. 이 분류모형의 ROC 그래프를 그려라.

[표 5.30] 시험용 데이터의 실제집단과 분류된 집단의 결과 요약표

데이터 번호	1	2	3	4	5	6	7	8	9	10
실제집단	+	−	+	−	−	−	+	−	+	+
사후확률	0.15	0.38	0.46	0.56	0.65	0.75	0.85	0.87	0.93	0.95

풀이 ROC 그래프를 그리는 첫 단계는 모든 데이터를 위의 표와 같이 최종 분류모형의 결과값(여기서는 사후확률)으로 정렬하는 것이다. 우선 모든 데이터를 + 집단으로 분류하여 보면 + 집단의 데이터를 + 집단으로 분류한 수 f_{++} = 5이고 − 집단을 + 집단으로 분류한 수 f_{-+} = 5가 된다(표의 두 번째 열). 그 다음으로 첫째 데이터는 − 집단으로, 두 번째 데이터 이상은 + 집단으로 분류하면 f_{++} = 4, f_{-+} = 5, f_{+-} = 1이 된다. 다음에는 첫째와 둘째 데이터는 − 집단으로, 셋째 데이터 이상은 + 집단으로 분류하면 f_{++} = 4, f_{-+} = 4, f_{--} =1, f_{+-} = 1이 된다. 유사한 방법으로 분류를 진행하고 TPR 과 FPR을 구하면 [표 5.31]과 같다. 표에서 제일 우측 열은 모든 데이터를 − 집단으로 분류한 경우이다. 이 표의 TPR과 FPR를 이용하여 ROC 그래프를 그리면 〈그림 5-17〉과 같다.

[표 5.31] ROC 그래프를 위한 TPR과 FPR의 계산

데이터 번호		1	2	3	4	5	6	7	8	9	10
집단		+	−	+	−	−	−	+	−	+	+
사후확률		0.15	0.38	0.46	0.56	0.65	0.75	0.85	0.87	0.93	0.95
f_{++}	5	4	4	3	3	3	3	2	2	1	0
f_{-+}	5	5	4	4	3	2	1	1	0	0	0
f_{--}	0	0	1	1	2	3	4	4	5	5	5
f_{+-}	0	1	1	2	2	2	2	3	3	4	5
TPR	1	0.8	0.8	0.6	0.6	0.6	0.6	0.4	0.4	0.2	0
FPR	1	1	0.8	0.8	0.6	0.4	0.2	0.2	0	0	0

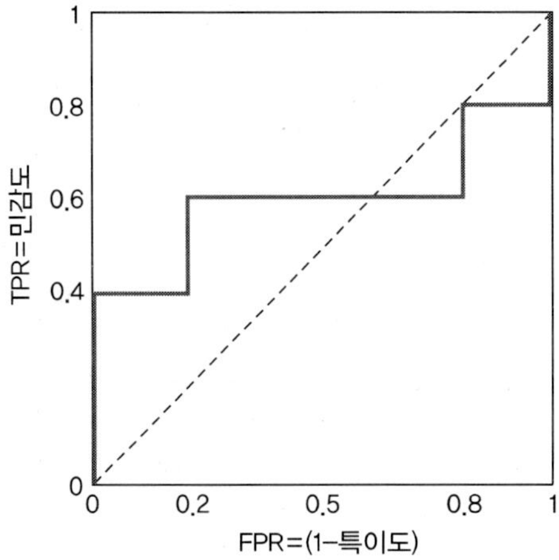

그림 5-17 [예제 5.5.1] 데이터를 이용한 분류모형의 ROC 그래프

5.5.2 분류모형의 비교

데이터의 분류를 위해서는 한 가지 분류모형을 적용하기보다는 여러 가지 모형을 시도한 후 그중에서 주어진 데이터에 제일 적합한 모형을 선택하게 된다. 모형의 비교는 정확도의 비교를 이용하는데 두 모형간의 정확도 차이는 통계적으로 유의한 것이 아닐 수 있다. 이 절에서는 한 분류모형의 정확도에 대한 신뢰구간 추정과, 두 모형의 정확도를 비교하기 위한 통계적 방법을 알아보자.

두 분류모형의 비교는 정확도 이외에 알고리즘을 컴퓨터로 처리하는 속도(speed), 잡음 데이터나 결측값에 대한 영향을 평가하는 견고성(robustness), 대량 데이터가 주어져도 모형을 효율적 구축할 수 있는 확장 적용성(scalability), 모형의 결과물에 대한 해석력(interpretability) 등도 고려하여야 한다.

가. 정확도의 신뢰구간 추정

p를 모형의 실제 정확도라 하고 n개의 데이터로 구성된 시험용 데이터 집합에서 확률변수 X를 분류모형에 의해 올바로 분류된 데이터의 수라 하자. 즉, X는 모수 n, p를 갖는 이항 확률변수이다. 이 경우 분류실험의 정확도 $accuracy = X/n$는 평균이 p이고 분산이 $p(1-p)/n$이다. n이 충분히 크면 이항분포의 확률은 정규분포에 의해 근사적으로 구할 수 있으므로, 실제 정확도 p에 대한 신뢰도 $100(1-\alpha)$%의 신뢰구간 확률은 다음과 같이 구한다.

$$P\left(-Z_{\alpha/2} \leq \frac{accuracy-p}{\sqrt{(p(1-p)/n}} \leq Z_{\alpha/2}\right) = 1-\alpha \tag{5.76}$$

여기서 $Z_{\alpha/2}$는 표준정규분포의 우측 $(\alpha/2)$*100% 분위수를 의미하는 것으로 신뢰도 95%일 때 $Z_{\alpha/2}$ = 1.96이다. 이 식을 정리하면 정확도 p에 대한 신뢰구간은 다음과 같다.

$$\frac{2n\times accuracy + Z_{\alpha/2}^2 \pm Z_{\alpha/2}\sqrt{Z_{\alpha/2}^2 + 4n\times accuracy - 4n\times accuracy^2}}{2n+2Z_{\alpha/2}^2} \tag{5.77}$$

예제 5.5.2 분류모형 M_1을 100개의 시험용 데이터에 적용하여 보니 80%의 정확도를 가졌다. 실제 정확도를 95% 신뢰도로 구간추정하라.

풀이 신뢰도 95%일 때 α = 0.05이므로 $Z_{0.05/2} = 1.96$ 이다. 실험의 정확도 $accuracy = 0.8$, 데이터의 수 $N = 100$이므로 이를 식 (5.77)에 대입하면 다음과 같다.

$$\frac{2\times 100\times 0.8+1.96^2 \pm 1.96\sqrt{1.96^2+4\times 100\times 0.8-4\times 100\times 0.8^2}}{2\times 100+2\times 1.96^2} \tag{5.78}$$

즉, 실제 정확도의 95% 신뢰구간은 (71.1%, 86.7%)이다.

나. 두 모형의 정확도 비교

두 분류모형 M_1과 M_2를 두 개의 서로 독립인 시험용 데이터 집합 D_1과 D_2에 각각 적용하여 정확도 a_1과 a_2를 측정하였다고 하자. 각 데이터 수가 n_1과 n_2일 때 정확도 a_1과 a_2가 통계적으로 유의한지 검정하는 방법을 알아보자. n_1과 n_2가 충분히 크다면 정확도 a_1과 a_2는 근사적으로 정규분포를 따르게 되고, 정확도의 차

$d = a_1 - a_2$도 역시 근사적으로 정규분포를 따른다. 이 경우 정확도의 차 d의 분산에 대한 추정과 신뢰도 $(1-\alpha)$%의 구간추정은 다음과 같다.

$$\hat{\sigma}_d^2 = \frac{a_1(1-a_1)}{n_1} + \frac{a_2(1-a_2)}{n_2} \tag{5.79}$$

$$d \pm Z_{\alpha/2}\,\hat{\sigma}_d \tag{5.80}$$

이 신뢰구간이 0을 포함하고 있다면 두 모형의 정확도가 통계적으로 유사하다고 결론내릴 수 있다.

예제 5.5.3 분류모형 M_1은 50개의 시험용 데이터에서 85%의 정확도를 가지고 분류모형 M_2는 500개의 시험용 데이터에서 75%의 정확도를 보인다면, 과연 분류모형 M_1가 M_2보다 더 좋은 모형이라 결론지을 수 있을까?

풀이 모형 M_1을 적용한 데이터의 수는 $n_1 = 50$이고 정확도는 $a_1 = 0.85$, 모형 M_2에 적용한 데이터의 수는 $n_2 = 500$이고, 정확도는 $a_2 = 0.75$이므로 관찰된 정확도의 차는 $d = a_1 - a_2 = 0.85 - 0.75 = 0.10$이다. 정확도의 차 d의 분산에 대한 추정은 다음과 같다.

$$\hat{\sigma}_d^2 = \frac{0.85(1-0.85)}{50} + \frac{0.75(1-0.75)}{500} = 0.0029 \tag{5.81}$$

따라서 표준편차는 $\hat{\sigma}_d = 0.0541$이다. 95% 신뢰구간은 $0.10 \pm 1.96 \times 0.0541$, 즉 $(-0.2060, 0.0060)$이다. 이 신뢰구간은 0을 포함하고 있으므로 관찰된 정확도의 차는 통계적으로 유의하지 않다. 즉, 모형 M_1과 모형 M_2의 정확도는 통계적으로 유의하다고 볼 수 없으므로 두 분류모형은 어느 것이 더 좋다고 말할 수 없다.

다. 모형의 과잉적합을 고려한 일반화오차(Generalized Error)

좋은 분류모형이란 실제 데이터에 모형을 적용하였을 때 정말로 분류를 잘 하는 모형일 것이다. 하지만 시험용 데이터에서 만족할 만한 정확도를 보이는 모형이 실제 데이터에 적용하면 분류 정확도가 떨어지는 경우가 있다. 이러한 경우를 모형의 **과잉적합**(overfitting)이라 하는데 의사결정나무나 신경망 모형에서 자주 발생한다.

과잉적합이 발생하는 원인은 여러 가지가 있지만 데이터에 잡음 데이터가 있는 경우나, 의사결정나무 모형에서 노드 수가 너무 많이 설정되도록 하는 경우가 있다. 또는 전체 데이터 집합의 일부분인 훈련용 데이터가 전체집합을 충분히 나타내지 못했을 경우에도 발생한다.

과잉적합을 방지하기 위하여 모형의 실험오차와 모형의 복잡도에 대한 벌칙 항(penalty term)을 합한 **일반화오차**(generalized error)를 이용하여 여러 모형을 비교 선택하기도 한다. 예를 들어, k개의 잎을 가진 의사결정나무 T가 노드 t_i에 있는 $n(t_i)$개의 데이터를 분류하였을 때 $e(t_i)$의 오류율을 갖는다고 하자. 이 의사결정나무 T의 일반화오차 $e_g(T)$는 다음과 같이 정의될 수 있다.

$$e_g(T) = \frac{\sum_{i=1}^{k}[e(t_i) + \Omega(t_i)]}{\sum_{i=1}^{k} n(t_i)} = \frac{e(T) + \Omega(T)}{\sum_{i=1}^{k} n(t_i)} \tag{5.82}$$

여기서 $\Omega(t_i)$는 각 노드 t_i에서의 벌칙항, $e(T)$는 전체 오류율 그리고 $\Omega(T)$는 전체 벌칙항이다. 예를 들어, 각 노드의 벌칙항을 $\Omega(t_i) = 0.2$로 하면 $\Omega(T)$는 (노드의 수)×0.2가 되어 노드의 수가 많을수록 일반화오차는 더 커지게 된다. 따라서 비슷한 오류율을 가지고 있는 두 개의 의사결정나무 모형이 있다면 적은 노드의 수를 갖는 모형의 일반화오차가 더 적게 된다.

5.6 R 및 SAS 실습

이 절에서 연구한 분류분석의 R 실습과 SAS 실습을 살펴보자.

5.6.1 R 실습

가. 베이즈분류 모형

베이즈분류를 위해서는 MASS라는 패키지를 먼저 설치하여야 한다. 패키지의 설치는 R의 주메뉴에서 '패키지' => '패키지 불러오기'를 선택하면 'Select one' 이라는 창의 부메뉴가 나타날 때 'MASS'를 선택하고 'OK'를 클릭한다. 패키지의 설치에 대한 자세한 설명은 부록 A.1.2 절의 '사. 패키지의 이용'을 참조하기 바란다.

1) [예제 5.2.3]의 데이터가 텍스트 파일로 C:₩Rwork₩Ex523.txt 파일에 다음과 같이 저장되어 있다고 하자.

```
age  income  purchase
25   150     구매
34   220     비구매
27   210     비구매
...
```

2) 선형 방정식을 이용한 베이즈분류의 실습을 위해 R의 기본 작업폴더를

C:₩Rwork로 변경한 후 파일 Ex523.txt를 불러온다.

```
> bayesdata <- read.table('Ex523.txt',header=T)
> bayesdata
   age income purchase
1   25    150     구매
2   34    220   비구매
3   27    210   비구매
4   28    250     구매
5   21    100   비구매
...
```

3) 파일 Ex523.txt에 있는 20개의 데이터를 훈련용으로 하여 베이즈 선형모형을 만들면 다음과 같다. 선형모형의 계수는 표준화된 것이어서 [예제 5.3.4]의 결과와는 다르다.

```
> attach(bayesdata)
> train = bayesdata[1:20,]
> test  = bayesdata[1:20,]
> group = purchase[1:20]
> train.lda = lda(purchase ~ age+income, data=train)
> train.lda
Call: lda(purchase ~ age + income, data = train)
Prior probabilities of groups:
  구매 비구매
   0.4    0.6
Group means:
          age income
구매   33.125 291.25
```

```
비구매 27.250 200.00
Coefficients of linear discriminants:
                LD1
age    -0.173328870
income -0.001994526
```

4) 위의 모형을 이용해 전체 20개의 데이터를 다시 시험용으로 하여 구매/비구매집단을 분류하는 R 명령어는 다음과 같다. 구매집단은 4/8의 정분류율을 보이고, 비구매집단은 10/12의 정분류율을 보여 준다.

```
> ldapred = predict(train.lda, test)$class
> y=table(ldapred,group)
y
         group
ldapred  구매 비구매
```

```
구매      4    2
비구매    4    10
```

5) 이차형식의 베이즈 모형으로 유사하게 구매/비구매집단을 분류하는 R 명령어는 다음과 같다. 구매집단은 4/8의 정분류율을 보이고, 비구매집단은 11/12의 정분류율을 보여 준다.

```
> train.qda = qda(purchase ~ age+income, data=train);
> qdapred = predict(train.qda, test)$class
> qy=table(qdapred,group)
> qy
          group
qdapred  구매 비구매
  구매      4     1
  비구매    4    11
```

나. 로지스틱회귀 모형

로지스틱회귀 모형을 위해서는 class라는 패키지를 먼저 설치하여야 한다. 패키지의 설치는 R의 주메뉴에서 '패키지' => '패키지 불러오기'를 선택하면 'Select one' 이라는 창이 나타날 때 'class'를 선택하고 'OK'를 클릭한다. 패키지의 설치에 대한 자세한 설명은 부록 A.1.2 절의 '사. 패키지의 이용'을 참조하기 바란다.

1) [예제 5.2.4]의 데이터가 텍스트 파일로 C:₩Rwork₩Ex524.txt 파일에 아래와 같이 저장되어 있다고 하자.

```
age  income   credit   purchase
25   150      양호     구매
34   220      우수     비구매
27   210      양호     비구매
...
```

2) 로지스틱회귀 모형을 이용한 분류의 실습을 위해 R의 기본 작업폴더를 C:₩Rwork로 변경한 후 파일 Ex524.txt를 불러온다.

```
> logitdata <- read.table('Ex524.txt',header=T)
> logitdata
   age  income  credit purchase
1   25    150   양호      구매
2   34    220   우수    비구매
3   27    210   양호    비구매
...
```

3) 파일 Ex524.txt에 있는 20개의 데이터를 훈련용으로 하여 로지스틱회귀 모형을 만들면 다음과 같다. 모형의 계수는 표준화된 것이어서 [예제 5.3.1]의 SAS 결과와는 다르다.

```
> attach(logitdata)
> train = logitdata[1:20,]
> test  = logitdata[1:20,]
> group = purchase[1:20]
>       train.logit     =     glm(purchase     ~     age+income+credit,
family=binomial(link=logit), data=train)
> train.logit
Call:   glm(formula = purchase ~ age + income + credit, family =
binomial(link = logit), data = train)

Coefficients:
(Intercept)            age         income      credit양호        credit우수
  23.012049      -0.135638      -0.005947    -17.340076      -17.089128
...
```

4) 위의 모형을 이용해 전체 20개의 데이터를 다시 시험용으로 하여 구매/비구매집단을 분류하는 R 명령어는 다음과 같다. 구매집단은 5/8의 정분류율을 보이고, 비구매집단은 10/12의 정분류율을 보여 준다.

```
> logitpred = (predict(train.logit, test, type="response") >= 0.5)
> y=table(logitpred,group)
y
```

```
          group
logitpred 구매 비구매
  FALSE      5      2
  TRUE       3     10
```

다. 의사결정나무 모형

R을 이용한 의사결정나무 분석을 하려면 rpart라는 패키지를 설치하여야 한다. R의 주메뉴에서 '패키지' => '패키지 인스톨'을 선택하면 'CRAN mirror'라는 창이 나타난다. 여기서 'Korea'를 선택하고 'OK'를 클릭한다. 이어서 'Packages'라는 창이 나타나면 'rpart'를 선택하고 'OK'를 클릭한다. 패키지가 설치되면 메뉴에서 '패키지' => '패키지 불러오기'를 선택하여 'Select one' 창이 나타나면 'rpart'를 선택한다. 패키지의 설치에 대한 자세한 설명은 부록 A.1.2 절의 '사. 패키지의 이용'을 참조하기 바란다.

1) [예제 5.4.5]의 데이터가 텍스트 파일로 C:₩Rwork₩Ex545.txt 파일에 저장되어 있다고 하자.

```
sex  age  income        credit  purchase
남자 20대 200만원미만    양호    구매
여자 30대 200만원이상    우수    비구매
여자 20대 200만원이상    양호    비구매
여자 20대 200만원이상    양호    구매
여자 20대 200만원미만    나쁨    비구매
여자 30대 200만원이상    양호    비구매
여자 30대 200만원이상    우수    구매
남자 20대 200만원미만    양호    비구매
여자 20대 200만원이상    우수    비구매
남자 30대 200만원이상    양호    구매
여자 30대 200만원이상    우수    구매
여자 20대 200만원미만    양호    비구매
남자 30대 200만원이상    양호    비구매
남자 30대 200만원미만    양호    구매
여자 30대 200만원이상    우수    구매
여자 30대 200만원이상    양호    비구매
여자 20대 200만원이상    나쁨    비구매
남자 20대 200만원이상    나쁨    비구매
남자 30대 200만원이상    우수    구매
남자 20대 200만원미만    양호    비구매
```

2) 의사결정나무의 실습을 위해 R의 기본 작업폴더를 C:₩Rwork로 변경한 후 파일 Ex545.txt를 불러온다.

```
> treedata <- read.table('Ex545.txt',header=T)
> treedata
   id  sex  Age        income credit purchase
1   1 남자 20대 200만원미만   양호     구매
2   2 여자 30대 200만원이상   우수   비구매
3   3 여자 20대 200만원이상   양호   비구매
...
```

3) treedata의 종속변수를 purchase로 하고 다른 변수들을 독립변수로 하여 의사결정나무를 R로 실습한 결과가 다음과 같다. [예제 5.4.5]에서는 신용상태의 정보이득이 제일 많아 이 변수로 가지치기하였으나, 신용상태 각 변수 값에 속하는 사람 수가 적어('우수'=6, '나쁨'=3) R에서는 다음 정보이득이 큰 나이를 가지치기하였다.

```
> attach(treedata)
> data1.tree1 = rpart(purchase~.,data=treedata)
> data1.tree1
n= 20
node), split, n, loss, yval, (yprob)
      * denotes terminal node

1) root 20 8 비구매 (0.4000000 0.6000000)
  2) age=30대 10 4 구매 (0.6000000 0.4000000) *
  3) age=20대 10 2 비구매 (0.2000000 0.8000000) *
```

4) 하지만 분석결과가 간단하게 나오는데 그 이유는 rpart함수의 최소가지치기 데이터의 수가 기본적으로 20명 이상이기 때문이다. 이 기본설정을 바꾸어 가지치기 하여 보자.

```
> data1.tree2=rpart(purchase~.,data=treedata,
control=rpart.control(minsplit=1))
> data1.tree2
n= 20
node), split, n, loss, yval, (yprob)
      * denotes terminal node

 1) root 20 8 비구매 (0.4000000 0.6000000)
   2) age=30대 10 4 구매 (0.6000000 0.4000000)
     4) credit=우수 5 1 구매 (0.8000000 0.2000000) *
     5) credit=양호 5 2 비구매 (0.4000000 0.6000000)
      10) sex=남자 3 1 구매 (0.6666667 0.3333333) *
      11) sex=여자 2 0 비구매 (0.0000000 1.0000000) *
   3) age=20대 10 2 비구매 (0.2000000 0.8000000) *
```

5) 의사결정나무를 그래프로 그리려면 아래와 같은 plot과 text 명령어를 사용한다. plot은 나무그림을 그리는데 선택사항의 compress가 T면 세로 폭을, uniform이 T면 가로폭을 좁혀 준다. margin은 여백을 설정해 준다. 여백이 0이면 라벨이 잘릴 수 있기 때문에 조금씩 설정하도록 한다. text는 나무에 라벨을 적는데 use.n은 0/4와 같은 표시를 하여 준다. 위의 명령어로 그린 의사결정나무가 아래와 같다.

```
> plot(data1.tree2,compress=T,uniform=T,margin=0.1)
> text(data1.tree2,use.n=T,col='blue')
```

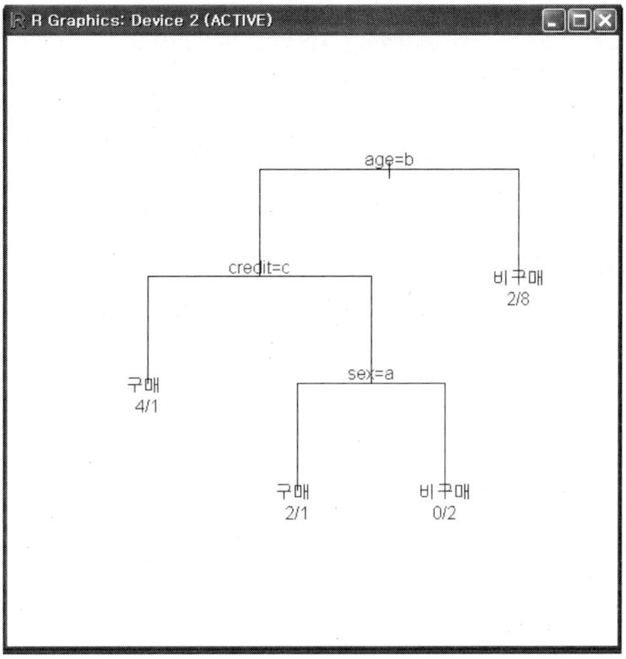

위의 의사결정나무 그림에서 age=b는 좌측 가지의 조건이며 b는 두 번째 변수값 '30대'를 의미하고, credit=c도 좌측 가지의 조건이며 c는 '우수'를 의미하고 (이 경우 '나쁨'이 없어 합쳐진듯 함), sex=a도 좌측 가지의 조건이며 a는 '남자'를 의미한다. 자세한 내용은 도움말을 참조하기 바란다.

5.6.2 SAS 실습

의사결정나무는 E-Miner를 이용하고 베이즈분류 모형은 PROC DISCR를 이용한다. 로지스틱회귀 모형은 E-Miner나 PROC LOGISTIC 두 가지 중 하나를 이용하면 된다.

가. 베이즈분류 모형

베이즈분류를 위해서는 판별분석 모듈인 DISCRIM 프로시져를 이용한다. METHOD는 정규분포를 의미하는 NORMAL을 지정하고, CLASS는 Purchase 변수를 지정한다. PRIORS문으로 사전확률을 지정하고 age와 income 변수를 사용한다.

```
PROC DISCRIM DATA=My.Ex523 METHOD=NORMAL ;
    CLASS Purchase;
    PRIORS PROPORTIONAL
       VAR Age Income ;
RUN;
```

나. 로지스틱회귀 모형

로지스틱회귀 모형을 위해서는 LOGISTIC 프로시져를 이용한다. E-Miner를 이용해도 되는데 부록 A2.2.3절을 참조하기 바란다.

```
* logistic model : ln(p(구매)/p(1-비구매)=나이;
PROC LOGISTIC data=purchase_s1 descending ;
    model y = x1;
RUN;
```

다. 의사결정나무 모형

E-Miner를 이용하여 [예제 5.4.5]의 의사결정나무를 실습하자.

1) [표 5.16]의 데이터를 My 라이브러리의 EX545라는 데이터 세트로 저장하자. 텍스트 또는 엑셀 파일을 만들어 SAS로 불러오는 방법은 부록 A2.2.2절의 '마. SAS에서 엑셀파일 불러오기'를 참조하기 바란다.

2) SAS의 주메뉴에서 '솔루션(S)' => '분석(S)' => 'Enterprise Miner(E)'를 선택하면 주메뉴가 바뀌고 E-Miner의 작업영역이 나타난다. 바뀐 주메뉴에서 '파일(F)' => '새로 만들기(N)' => '프로젝트(J)'를 선택하여 아래와 같은 'Create new project' 화면이 나타나면, 프로젝트 'Name:'으로 Chapter545, 'Location:'으로 C:₩SASwork ₩Chap545 폴더를 선택한 후(이 폴더를 미리 만들어 놓아야 함) 'Create' 버튼을 클릭한다.

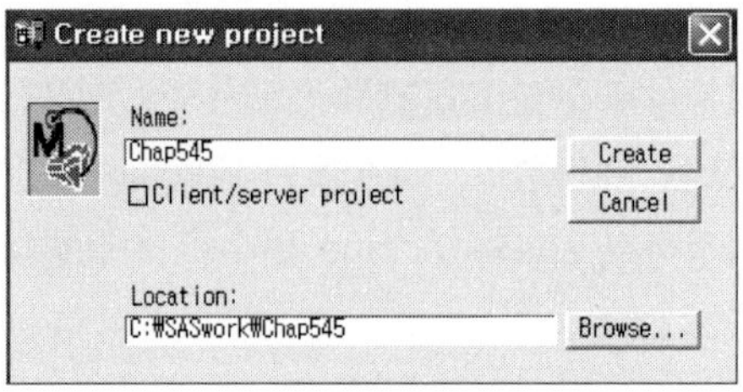

3) 프로젝트 탐색기에서 분석흐름도 이름 'Untitled'를 마우스 우측 버튼 메뉴의 'Rename'을 이용하여 'Ex545'로 변경한다. 툴바에서 'Input Data Source', 'Tree'

와 ‘Assessment’ 노드를 작업영역으로 끌어온 후 아래와 같은 분석흐름도를 작성한다.

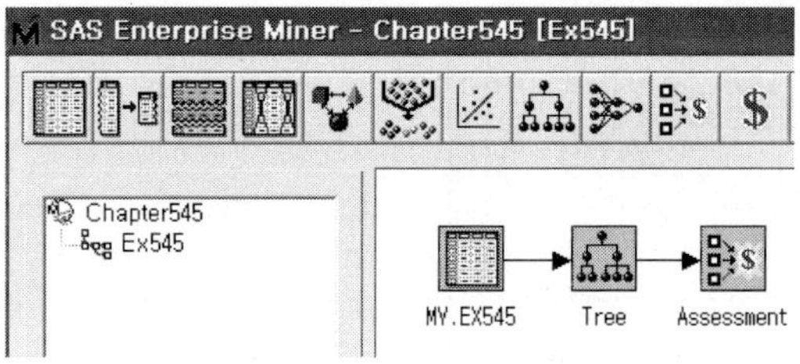

4) ‘Input Data Source’ 노드를 더블클릭하여 ‘Data’ 탭에서 MY라이브러리의 EX545 데이터 세트로 지정한다. ‘Variables’ 탭에서 PURCHASE 변수를 마우스 우측 버튼을 클릭하여 나타나는 팝업 메뉴에서 ‘Set Model Role’을 ‘target’으로 선택한다. 이 창을 닫으면서 내용을 저장하고 나온다.

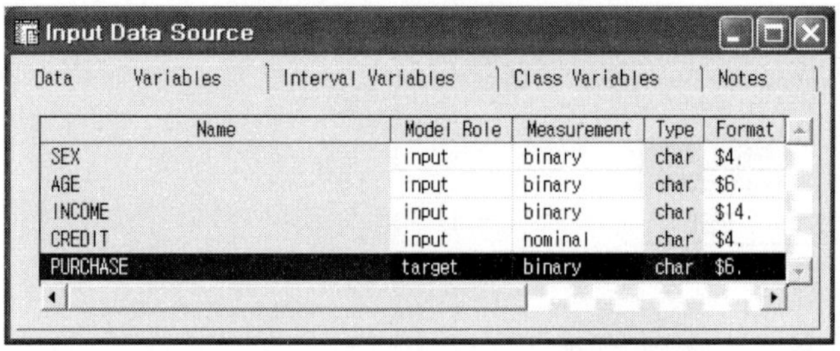

5) ‘Tree’ 노드를 더블클릭하여 ‘Basic’ 탭의 ‘Splitting criterion’을 ‘Entropy reduction’으로 선택한다. ‘Minimum number of observation’을 1로, ‘Observations required for a split search’를 5로, ‘Maximum number of branches from a node’를 3으로 입력한다. 이 창을 닫으면서 내용을 저장하고 이어서 나타나는 창에서 모형이름을 저장하고 작업영역으로 나온다.

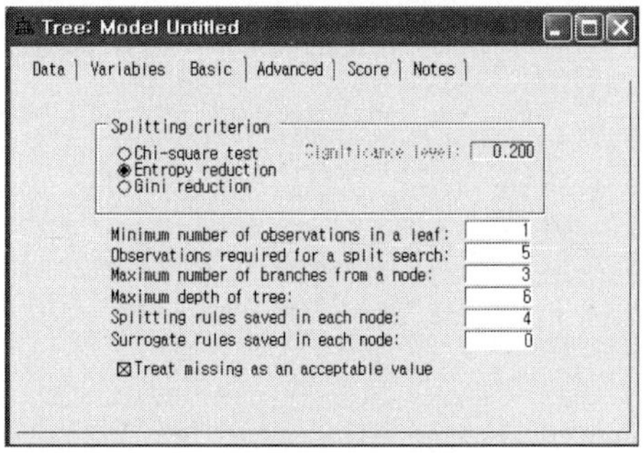

6) ‘Tree’ 노드에 마우스 우측 버튼을 클릭하여 나타나는 팝업 메뉴에서 ‘run’을 실행

한 후 다시 'Results'를 선택하면 다음과 같은 결과 화면이 나타난다.

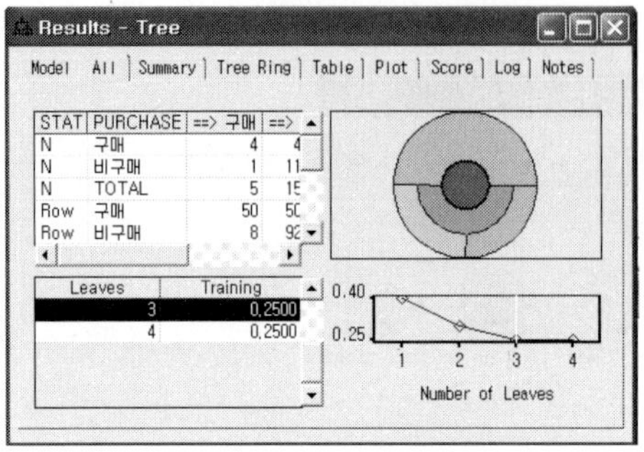

7) 위의 결과화면이 있는 상태에서 주메뉴의 '보기' => '트리'를 선택하면 아래와 같은 의사결정나무를 볼 수 있다. [예제 5.4.5]와는 다른 결과인데 이는 가지치기를 위한 최소 데이터 수가 적을 경우, 인접 가지와 합쳐서 가지치기 변수를 선택하기 때문이다.

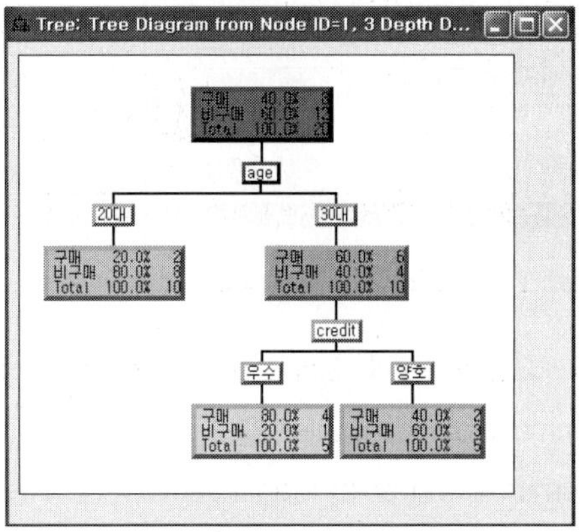

8) 'Assessment' 노드에 마우스 우측 버튼을 클릭하여 나타나는 팝업 메뉴에서 'run'을 실행하여도 같은 결과를 볼 수 있다.

연습문제

1 두 개의 이항 변수(A와 B)에 대한 10명 데이터의 집단(+집단 또는 −집단)이 다음과 같다.

A	B	집단
T	F	+
T	T	+
T	T	+
T	F	−
T	T	+
F	F	−
F	F	+
F	F	−
T	T	+
T	F	−

1) 10명 전체 데이터의 집단에 대한 지니계수를 구하라.
2) 변수 A에 대한 지니계수와 정보이득을 구하라.
3) 변수 B에 대한 지니계수와 정보이득을 구하라.
4) 2)와 3)의 결과를 이용하면 의사결정나무에서 어떠한 변수의 가지분할이 더 좋은가?
5) 2)와 3)을 엔트로피계수를 이용하여 정보이득을 구하라.
6) 엔트로피계수를 이용하면 의사결정나무에서 어떠한 변수의 가지분할이 더 좋은가?
7) 지니계수를 이용할 경우와 엔트로피계수를 이용할 경우에 변수의 가지분할이 다를 수 있는가?

2 문제 1에서 + 집단의 사전확률을 0.6, − 집단의 사전확률을 0.4라 하자.
1) 한 시험용 데이터의 변수 A의 값이 T일 때, 변수 A만을 이용한 베이즈분류 모형으로 데이터의 사후확률을 구하여 분류하라.
2) 한 시험용 데이터의 변수 A와 B의 값이 각각 T와 F일 때, 변수 A, B를 이용한 단순 베이즈분류 모형으로 데이터의 사후확률을 구하여 분류하라.

3 한 백화점의 어느 상품매장을 방문하는 20명을 조사해 보니 구매하는 사람(G_1)이 10명이고 구매하지 않는 사람(G_2)이 10명이었다. 이들 20명의 성별, 차 보유여부, 집 보유여부, 구매여부를 분석하여 보니 아래와 같다.

고객번호	성별	차보유	집보유	구매여부
1	남자	중형	아님	구매
2	여자	중형	아님	비구매
3	여자	대형	보유	구매
4	여자	대형	보유	구매
5	여자	중형	아님	비구매
6	여자	중형	보유	구매
7	여자	대형	보유	구매
8	남자	중형	아님	비구매
9	여자	대형	보유	비구매
10	남자	대형	아님	구매
11	여자	중형	보유	구매
12	여자	중형	보유	비구매
13	남자	중형	아님	비구매
14	남자	대형	보유	구매
15	여자	중형	아님	구매
16	여자	중형	보유	비구매
17	여자	중형	아님	비구매
18	남자	대형	보유	비구매
19	남자	대형	보유	구매
20	남자	중형	보유	비구매

1) 20명 전체 데이터의 구매여부에 대한 엔트로피계수를 구하라.
2) 고객번호에 대한 엔트로피계수와 정보이득을 구하라. 고객번호를 의사결정나무의 변수로 이용할 수 있는가?
3) 성별에 대한 엔트로피계수와 정보이득을 구하라.
4) 차 보유여부에 대한 엔트로피계수와 정보이득을 구하라.
5) 집 보유여부에 대한 엔트로피계수와 정보이득을 구하라.
6) 의사결정나무에서 어떠한 변수의 가지분할이 더 좋은가?

4 문제 3의 데이터를 이용하여 의사결정나무 모형을 세워라. 변수 선택은 엔트로피계수를 이용하고, 각 잎에서 데이터 수가 5개 이하이면 더 이상 분할하지 않는다. 만일 각 잎의 데이터가 한 집단으로 분류되면 역시 분할하지 않는다.

5 문제 4의 의사결정나무 모형을 이용하여 이 상품매장을 방문한 여자고객이 중형차를 보유하고, 또 집을 보유하였다면 상품을 구매할 사람인지 아닌지 분류하라.

6 문제 5의 고객을 단순베이즈분류 모형을 이용하여 상품을 구매할 사람인지 아닌지 분류하라.

7 어느 대학 합격자 10명과 불합격자 10명의 고등학교 내신성적(100점 만점)과 논술성적

(100점 만점) 데이터가 아래와 같다(R 또는 SAS 이용).

합격자			불합격자		
번호	내신성적 X_1	논술성적 X_2	번호	내신성적 X_1	논술성적 X_2
1	96	95	11	76	70
2	86	83	12	82	70
3	76	88	13	80	80
4	73	89	14	70	85
5	85	80	15	65	75
6	83	81	16	71	72
7	92	80	17	72	80
8	93	95	18	70	65
9	87	90	19	64	70
10	92	90	20	73	80

1) 두 집단의 표본평균을 구하라. 두 집단의 공분산이 같다고 가정하고 표본공분산행렬을 구하라.
2) 두 집단의 분포가 공분산이 같은 다변량정규분포라 가정하고 베이즈분류 모형을 구하라. 각 집단의 사전확률은 0.5로 가정하자.
3) 내신성적이 80점이고 논술성적이 80점인 한 학생이 합격할 것인지 분류하라.

8 문제 6의 데이터를 이용하여 로지스틱회귀 모형을 구하라. 내신성적이 80점이고 논술성적이 80점인 한 학생이 합격할 것인지 분류하라(R 또는 SAS 이용).

9 한 백화점의 어느 상품매장을 방문하는 사람 10명에 대해 상품 구매여부와 나이를 조사해 보니 아래와 같다. 구매하는 사람을 Y집단 구매하지 않는 사람을 N집단이라 하고, 나이의 오름차순으로 정렬하였다. 의사결정나무 모형을 적용하기 위해 나이를 두 개의 집단으로 나누고자 한다. 어떠한 경계값으로 나누어야 좋은가?

구매여부	N	N	N	Y	N	Y	N	Y	Y	Y
나이	25	27	31	33	35	41	43	49	51	55

10 2000개의 시험용 데이터가 있을 때 집단 1은 300개, 집단 2는 1700개가 있다고 가정하자. 베이즈분류의 사후확률 내림차순으로 10개의 데이터 군(각 군이 10%인 200개의 데이터)으로 정리하여 집단 1과 집단 2의 데이터 수를 조사한 테이블이 다음과 같다.

번호	데이터 군	데이터 수	집단 1 수	집단 2 수
1	상위 10%	200	170	30
2	20%	200	90	110
3	30%	200	30	170
4	40%	200	7	193
5	50%	200	2	198
6	60%	200	0	200
7	70%	200	1	199
8	80%	200	0	200
9	90%	200	0	200
10	100%	200	0	200
합계		2000	300	1700

1) 이 데이터의 기준선 반응률을 구하라.
2) 각 군의 % 반응률, 리프트, % 포함률(% captured)을 계산하라.
3) 위 테이블의 리프트차트를 그려라.

11 베이즈분류 모형을 만든 후 시험용 데이터 10개에 대하여 사후확률을 구하여 오름차순으로 정렬한 결과가 아래 표와 같다. 첫 행은 데이터 번호, 둘째 행은 각 데이터의 실제 집단을 + 또는 − 로 표시한 것이고, 셋째 행은 각 데이터의 사후확률이다. 이 분류모형의 ROC 그래프를 그려라.

데이터 번호	1	2	3	4	5	6	7	8	9	10
실제집단	−	−	−	−	+	−	+	−	+	+
사후확률	0.25	0.42	0.51	0.64	0.75	0.77	0.83	0.87	0.93	0.95

참고문헌

강근석, 김충락. 회귀분석. 교우사, 1999.

강현철외. 고객관계관리(CRM)를 위한 데이터마이닝 방법론. 자유아카데미, 2006.

이태림, 구자용, 박헌진, 이긍희, 최대우. 데이터마이닝. 한국방송대학교 출판부, 2004.

전성해, 김승환, 전홍석. 데이터마이닝과 CRM. 자유아카데미, 2008.

최종후 외 4인. SAS Enterprise Miner를 이용한 데이터마이닝. 자유아카데미, 2000.

L. Breiman, J. H. Friedman, R. Olshen, and C. J. Stone. Classification and Regression Trees. Chapman & Hall, New York, 1984.

W. Buntine. Learning classification trees. In Artificial Intelligence Frontiers in Statistics, pages 182-201. Chapman & Hall, London, 1993.

V. Cherkassky and F. Mulier. Learning from Data: Concepts, Theory, and Methods. 2nd edtion, Wiley Interscience, 2007.

P. Domingos. and M. Pazzani. On the Optimality of the Simple Bayesian Classifier under Zero-One Loss. Machine Learning, 29(2-3): 103-130, 1997.

R. O. Duda, P. E. Hart, and D. G. Stock. Pattern Classification. John Wiley & Sons, Inc., New York, 2nd edition, 2001.

F. Esposito, D. Malerba, and G. Semeraro. A Comparative Analysis of Methods for Pruning Decision Trees. IEEE Trans. Pattern Analysis and Machine Intelligence, 19(5):476-491, May 1997.

M. Famoni and P. Senastiani. Robust Bayes Classfiers. Artificial Intelligence, 125: 209-226, 2001.

T. Hastie, R. Tibshirani, and J. H. Friedman. The Elements of Statistical Learning: Data Mining, Inference, Prediction. Springer, New York, 2001.

R. A. Johnson and Dean W. Wichern. Applied Multivariate Statistical Analysis. Prentice Hall. 2002.

B. Kim and D. Landgrebe. Hierarchical decision classifiers in high-dimensional and large class data. IEEE Trans. on Geoscience and Remote Sensing, 29(4):518-528, 1991.

B. M. E. Moret. Decision Trees and Diagrams. ACM Computing Surveys, 14(4): 593-623, 1982.

S. K. Murthy. Automatic Construction of Decision Trees from Data: A Multi-Disciplinary Survey. Data Mining and Knowledge Discovery, 2(4): 345-389, 1998.

S. K. Murthy, S. Kasif, and S. Salzberg. A. system for induction of oblique decision trees. J of Artificial Intelligence Research, 2:1-32,1994.

J. R. Quinla and R. L. Rivest. Inferring Decision Trees Using the Minimum Description Length Principle. Information and Computation, 80(3): 227-248, 1989.

M. L. Rizzo. Statistical Computing with R. Chapman and Hall/CRC, 2007.

P. N. Tan, M. Steinbach, and V. Kumar. Introduction to Data Mining. Addison-Wesley, 2002.

Q. R. Wang and C. Y. Suen. Large tree classifier with heuristic search and global training. IEEE Trans. on Pattern Analysis and Machine Intelligence, 9(1):91–102, 1987.

6장

분류분석 II

Classification Analysis II

분류분석(classification analysis)은 소속집단을 알고 있는 데이터를 이용하여 모형을 만들어 소속집단을 모르는 한 데이터의 집단을 결정하는 기법이다.

이 장에서는

- 수학에 기반을 둔 분류모형을 연구한다.
- 규칙기반(rule based), 인접이웃(nearest neighbor), 신경망(neural network), 지지벡터기계(support vector machine) 모형을 연구한다.
- 여러 분류모형의 결과를 종합하는 앙상블(ensemble) 모형을 연구한다.
- 분류하고자 하는 집단의 수가 두 개 이상인 경우의 분류방법에 대하여 연구한다.

6.1 규칙기반분류(Rule Based Classification) 모형

규칙기반분류(rule based classification) 모형이란 "만일 ...이면, 집단 ...로 분류"와 같은 규칙의 조합으로 소속집단을 모르는 데이터의 집단을 결정하는 기법이다. 예를 들어, [표 6.1]은 한 고객이 상품을 구매할 것인지 아닌지를 분류하는 규칙들의 집합이다. 여기서 기호 ∧는 논리적 연산자 and를 의미한다.

[표 6.1] 한 고객이 상품을 구매할 것인지 아닌지를 분류하는 규칙들의 집합

r_1 : (신용도 = 우수) ∧ (나이 30대) → 구매
r_2 : (신용도 = 나쁨) → 비구매
r_3 : (신용도 = 양호) ∧ (성별 = 남자) ∧ (나이 30대) → 구매
r_4 : (신용도 = 양호) ∧ (성별 = 여자) → 비구매

일반적으로 분류규칙 r은 다음과 같이 표시한다.

$$r: (\text{조건문}) \rightarrow (\text{집단명}) \text{ 또는 간단히 } r: A \rightarrow y \tag{6.1}$$

(조건문) A는 여러 변수에 대한 검사조건의 결합이다.

$$(\text{조건문}) = (A_1 \ op \ a_1) \wedge (A_2 \ op \ a_2) \wedge \ldots (A_m \ op \ a_m) \tag{6.2}$$

여기서 m은 조건문을 형성하는 변수의 수이고, $(A_j \ op \ a_j)$, $j = 1,2,\ldots,m$,는 (변수 op 값)을 의미하고 op는 논리적 연산자(logical operator)로서 집합 $\{=, \neq, <, >, \leq, \geq\}$ 중의 하나이다. 분류를 위한 규칙이 $r_1, r_2, \ldots, r_h$개 있을 때 모든 규칙들의 집합을 $R = \{r_1, r_2, \ldots, r_h\}$로 표시하자. 규칙기반분류 모형은 이 집합 R의 규칙을 이용하여 소속집단을 모르는 데이터를 한 집단으로 분류하는 방법이다.

규칙을 찾아내는 방법은 4장의 연관분석이나 5장의 의사결정나무 모형 그리고 6.3절에서 연구하는 신경망 모형 등을 간접적으로 이용할 수 있다. 이와는 달리 6.1.3절에서는 데이터에서 직접 분류규칙을 찾는 방법을 소개한다.

6.1.1 분류규칙의 평가

한 분류규칙의 평가는 연관규칙의 평가측도인 지지도 및 신뢰도와 유사하다. n개의 데이터 집합이 있을 때 분류규칙 $r: A \rightarrow y$의 **적용도**(coverage)는 전체 데이터 중에서 규칙 r을 적용받을 수 있는 데이터의 비율을 의미하고, **정확도**(accuracy)는 규

칙 r을 적용받을 수 있는 데이터에서 집단 y로 정확히 분류되는 데이터의 비율을 의미한다.

$$\text{적용도 (coverage)} = \frac{|A|}{n} \tag{6.3}$$

$$\text{정확도 (accuracy)} = \frac{|A \cap y|}{|A|} \tag{6.4}$$

여기서 $|A|$는 분류규칙의 조건문을 만족하는 데이터의 수, $|A \cap y|$는 분류규칙의 조건문과 집단명이 일치하는 데이터의 수를 의미한다.

두 개의 규칙을 비교하기 위해 적용도와 정확도를 따로 비교하기는 쉽지 않은데, 이 경우 **가능도비율**(likelihood ratio) 통계량을 이용하기도 한다. K개의 집단 $G_1, G_2, \ldots, G_K$가 있고 전체 n개의 데이터에서 각 집단의 데이터 수가 $n_1, n_2, \ldots, n_K$개 있다고 하자. 규칙 r이 적용되는 $|A|$개의 데이터 중에서 각 집단의 관찰도수(observed frequency)를 $f_1, f_2, \ldots, f_K$ 그리고 기대도수(expected frequency)를 $e_1, e_2, \ldots, e_K$라 하면 가능도비율은 다음과 같이 정의된다.

$$\text{가능도비율 (likelihood ratio)} = 2\sum_{i=1}^{K} f_i \log\left(\frac{f_i}{e_i}\right) \tag{6.5}$$

기대도수 e_i는 규칙 r이 적용되는 $|A|$개의 데이터 중에서 집단 i에 대한 기대도수로서 다음과 같이 계산된다.

$$e_1 = |A| \times \frac{n_1}{n},\ e_2 = |A| \times \frac{n_2}{n}, \ldots,\ e_K = |A| \times \frac{n_K}{n} \tag{6.6}$$

일반적으로 적용도가 크고 정확도가 커지면 가능도비율이 커지게 된다. 따라서 여러 개의 규칙이 있을 때 가능도비율이 높은 규칙이 더 좋다고 할 수 있다.

예제 6.1.1 [예제 5.4.5]의 한 백화점 상품매장 고객의 성별, 나이, 월수입, 신용상태, 구매여부를 조사한 데이터에서 분류규칙 'r_1 : (신용도 = 우수) ∧ (나이 = 30대) → 구매'와 'r_2 : (신용도 = 나쁨) → 비구매'의 적용도, 정확도 그리고 가능도비율을 구하라.

풀이 [표 5.16]의 20명 고객 데이터에서 (신용도 = 우수)이며 (나이 30대)인 고객은 5명($|A_1|=5$)이고, 이 중에서 4명이 구매를 했으므로($|A_1 \cap y|=4$), 분류규칙 r_1의 적용도와 정확도는 다음과 같다.

$$적용도(r_1) = \frac{|A_1|}{n} = \frac{5}{20} = 0.25 \quad (6.7)$$

$$정확도(r_1) = \frac{|A_1 \cap y|}{|A_1|} = \frac{4}{5} = 0.8 \quad (6.8)$$

전체 고객 20명 중에서 구매집단은 8명(40%), 비구매집단은 12명(60%)이므로 규칙 r_1의 조건을 만족하는 5명의 기대 구매집단은 2명(5×0.4), 기대 비구매집단은 3명(5×0.6)이 된다. 따라서 규칙 r_1의 가능도비율은 다음과 같다.

$$가능도비율 = 2\sum_{i=1}^{K} f_i \log(\frac{f_i}{e_i}) = 2 \times \left\{4 \times \log(\frac{4}{2}) + 1 \times \log(\frac{1}{3})\right\} = 3.3480 \quad (6.9)$$

(신용도 = 나쁨)인 고객은 3명($|A_2|$=3)이고 이들 모두 구매를 하지 않았으므로($|A_2 \cap y|$=3) 분류규칙 r_2의 적용도와 정확도는 다음과 같다.

$$적용도(r_2) = \frac{|A_2|}{n} = \frac{3}{20} = 0.15 \quad (6.10)$$

$$정확도(r_2) = \frac{|A_2 \cap y|}{|A|} = \frac{3}{3} = 1.0 \quad (6.11)$$

규칙 r_2의 조건을 만족하는 3명 중 기대 구매집단은 1.2명(3×0.4), 기대 비구매집단은 1.8명(3×0.6)이 된다. 따라서 규칙 r_2의 가능도비율은 다음과 같다.

$$가능도비율 = 2\sum_{i=1}^{K} f_i \log(\frac{f_i}{e_i}) = 2 \times \left\{0 \times \log(\frac{0}{1.2}) + 3 \times \log(\frac{3}{1.8})\right\} = 3.0650 \quad (6.12)$$

따라서 규칙 r_1이 규칙 r_2보다 더 우수하다고 볼 수 있다.

6.1.2 여러 분류규칙의 적용

여러 개의 분류규칙이 있을 때 이 규칙들이 **서로 다른 데이터에 적용되고**(mutually exclusive rule) **모든 가능한 데이터를 분류**(exhaustive rule)할 수 있다면 이상적이다. 하지만 각각의 규칙이 100%의 적용도를 갖는 것은 거의 불가능하고, 하나의 규칙은 대개 데이터의 일부분에만 적용이 가능하다. 따라서 집합 내의 모든 규칙을 적용하더라도 어떤 데이터는 분류하지 못할 수 있는데, 이러한 데이터를 어느 집단으로 분류해 주는 규칙이 필요하다. 이를 **가상의 규칙**(dummy rule)이라 하는데, 예를 들면 데이터 수가 많은 집단으로 분류하는 규칙을 생각할 수 있다.

분류규칙들은 서로 공통된 데이터를 포함할 수도 있는데, 이 경우 각 규칙은 한 데이터를 서로 다른 집단으로 분류할 수 있다. 이러한 문제점을 해결하기 위해 다음과 같은 두 가지 방법이 많이 이용된다.

가. 규칙의 우선순위를 두는 방법

이 방법은 각 규칙의 적용도, 정확도 등을 이용하여 규칙의 중요도에 대한 우선순위를 정한다. 한 데이터를 분류하고자 할 때는 이 데이터에 적용되는 분류규칙 중에서 중요도가 제일 높은 규칙에 의해 분류되는데, 이를 **규칙우선순위 선정법**(rule ordering scheme)이라 한다. 따라서 한 데이터가 몇 가지 규칙에 의해 서로 다르게 분류되는 모순을 방지할 수 있다. 하지만 이 방법은 규칙의 우선순위를 결정하는 방법에 따라 결과가 민감하게 달라질 수 있다.

약간의 변형 형태로 모든 규칙을 분류되는 집단으로 나누고 한 데이터가 어느 규칙 집단의 하나의 규칙이라도 만족하면 그 집단으로 분류하는 방법이 있다. 만일 한 데이터가 여러 집단의 규칙을 만족하는 경우 집단의 우선순위를 정하는데, 이를 **집단우선순위 선정법**(class ordering scheme)이라 한다. 각 집단의 분포가 많이 다를 때 이용되는데 상업적인 프로그램에서 이 방법이 많이 활용되고 있다.

나. 각 규칙의 분류 결과를 다수결로 결정하는 방법

이 방법은 하나의 데이터를 분류하고자 할 때 이 데이터를 포함하는 분류규칙을 모두 적용한 후 가장 많이 분류되는 집단으로 결정한다. 다수결로 결정할 때 각 규칙의 정확도 등을 가중계수로 하는 변형형태도 이용된다. 이 방법은 규칙의 우선순위를 두는 방법에 비해 여러 규칙을 이용하기 때문에 일반적으로 분류오류가 적을 수 있다. 하지만 각 데이터를 분류할 때마다 규칙집합의 모든 규칙을 적용하여야 하기 때문에 시간이 많이 걸릴 수 있다.

6.1.3 분류규칙의 생성

분류규칙을 찾아내는 방법은 5장에서 연구한 의사결정나무나 6.3절에서 연구하는 신경망 모형 등을 이용하는 간접적인 방법과 데이터에서 직접 분류규칙을 찾는 방법이 있다.

가. 간접적인 방법

의사결정나무의 뿌리노드(root node)에서 각각의 잎노드(leaf node)까지 가는 길은 하나의 분류규칙이 될 수 있다. 즉, 뿌리노드에서 잎노드까지 가는데 나타나는 노드들의 조건은 분류규칙의 (조건문)이 되고, 마지막 잎노드에 표시된 집단이 (집단명)이 된다. 다음의 예를 살펴보자.

예제 6.1.2 [예제 5.4.5]의 백화점 고객 데이터에 대한 의사결정나무를 이용하여 분류규칙을 생성하라. 생성된 규칙을 가능도비율이 큰 순으로 정렬하라.

어느 날 이 상품매장을 방문한 남자가 33세이고 월수입은 190만원, 신용상태가 양호하다면 이 사람이 상품을 구매할 사람인지 아닌지 규칙우선순위에 의해 분류하라.

풀이 〈그림 6-1〉은 [예제 5.4.5]의 데이터에 대한 최종 의사결정나무 〈그림 5-10〉을 다시 그린 것이다. 이 의사결정나무의 뿌리노드에서 각각의 잎노드까지를 조건문으로 하고, 마지막 잎노드에 표시된 집단을 집단명으로 하는 규칙을 생성하면 [표 6.2]와 같다.

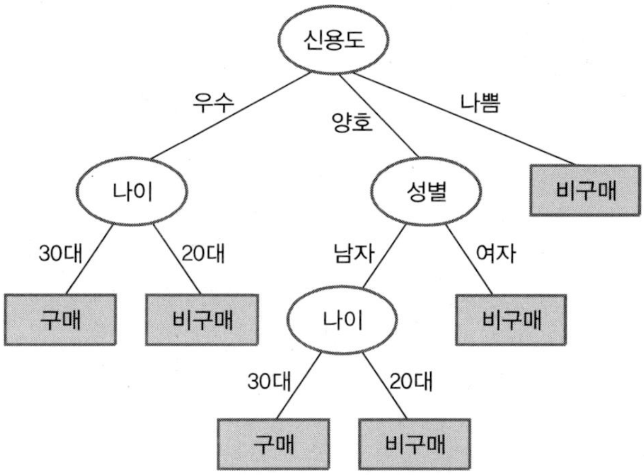

그림 6-1 한 고객의 상품 구매여부를 분류하는 의사결정나무

[표 6.2] 〈그림 6-1〉에서 생성한 분류규칙들의 집합

r_1 : (신용도 = 우수) ∧ (나이 30대) → 구매
r_2 : (신용도 = 우수) ∧ (나이 20대) → 비구매
r_3 : (신용도 = 양호) ∧ (성별 = 남자) ∧ (나이 30대) → 구매
r_4 : (신용도 = 양호) ∧ (성별 = 남자) ∧ (나이 20대) → 비구매
r_5 : (신용도 = 양호) ∧ (성별 = 여자) → 비구매
r_6 : (신용도 = 나쁨) → 비구매

각 규칙의 관찰도수와 기대도수 그리고 가능도비율은 [표 6.3]과 같이 계산된다. 가능도비율을 큰 순으로 규칙을 정렬하면 r_1, r_6, r_2, r_5, r_3, r_4이다([표 6.4]).

신용이 양호하고, 30대 남자인 사람은 규칙 r_1, r_6, r_2, r_5는 해당되지 않는다. 정렬된 분류규칙에서 r_3가 이 고객에 처음 적용되는 규칙이므로 구매집단으로 분류한다.

[표 6.3] 각 분류규칙의 가능도비율 계산

규칙	관찰도수		기대도수		가능도비율
	구매	비구매	구매	비구매	
r_1	4	1	2	3	$2\times[4\times\log(\frac{4}{2})+1\times\log(\frac{1}{3})]$ = 3.3480
r_2	0	1	0.4	0.6	$2\times[0\times\log(\frac{0}{0.4})+1\times\log(\frac{1}{0.6})]$ = 1.0217
r_3	2	1	1.2	1.8	$2\times[2\times\log(\frac{2}{1.2})+1\times\log(\frac{1}{1.8})]$ = 0.8677
r_4	1	2	1.2	1.8	$2\times[1\times\log(\frac{1}{1.2})+2\times\log(\frac{2}{1.8})]$ = 0.0568
r_5	1	4	2	3	$2\times[1\times\log(\frac{1}{2})+4\times\log(\frac{4}{3})]$ = 0.9152
r_6	0	3	1.2	1.8	$2\times[0\times\log(\frac{0}{1.2})+3\times\log(\frac{3}{1.8})]$ = 3.0650

[표 6.4] 가능도비율의 내림차순으로 정렬한 분류규칙

r_1 : (신용도 = 우수) ∧ (나이 30대) → 구매
r_6 : (신용도 = 나쁨) → 비구매
r_2 : (신용도 = 우수) ∧ (나이 20대) → 비구매
r_5 : (신용도 = 양호) ∧ (성별 = 여자) → 비구매
r_3 : (신용도 = 양호) ∧ (성별 = 남자) ∧ (나이 30대) → 구매
r_4 : (신용도 = 양호) ∧ (성별 = 남자) ∧ (나이 20대) → 비구매

나. 직접적인 방법

직접적인 규칙의 생성방법은 변수들의 전체 데이터 공간을 여러 개의 부분공간으로 분할하여 모든 데이터를 분류하는 **순차적분할 알고리즘**(sequential covering algorithm) [알고리즘 6.1]이 많이 이용된다. K개의 집단 $G_1, G_2, \ldots, G_K$가 있고 D를 훈련용 데이터의 집합, A를 모든 변수와 각 변수의 가능한 변수 값의 집합 그리고 R을 규칙들의 순서가 고려되는 규칙집합이라 하자.

순차적분할 알고리즘은 규칙의 결정에 필요한 데이터 수 등 멈춤조건(stopping condition)을 먼저 정하고, 규칙순서집합 R을 공집합으로 하여 출발한다(단계 1). Learn-One-Rule() 함수는 현재의 데이터에서 집단 G_i에 대한 최적의 규칙을 찾아낸다(단계 4). 최적의 규칙이란 현재 데이터에서 많은 데이터를 포함하면서, 이 데이터가 대부분 한 집단으로 분류될 수 있는 규칙을 의미한다. 하지만 최적의 규칙을

알고리즘 6.1 순차적분할 알고리즘(Sequential Covering Algorithm)

단계 1: $R = \varnothing$ {초기 규칙순서집합은 공집합}
2: for $G_1, G_2, \cdots, G_K$ do
3:     while 정지규칙이 만족될 때 까지 do
4:         $r \leftarrow$ Learn-One-Rule(D, A, G_i)
5:         규칙 r을 규칙순서집합 R의 하위순서에 추가
6:         규칙 r이 적용되는 데이터를 D에서 삭제
7:     end while
8: end for
9: 규칙순서집합 R 밑에 가상규칙 추가

찾는 방법은 경우의 수가 많아 계산이 복잡할 수 있다. 최적의 규칙을 찾으면 이 규칙을 규칙순서집합 R의 하위순서에 위치하게 하고(단계 5), 이 규칙이 적용되는 데이터들은 삭제한다(단계 6). 같은 방법으로 나머지 데이터를 이용하여 최적의 규칙을 찾고 이를 규칙순서집합의 하위순서에 위치하게 한다. 그리고 다른 집단에 대해서도 유사한 방법으로 최적의 규칙을 찾는다. 모든 집단에 대해 발견된 규칙으로 분류할 수 없는 나머지 데이터에 대해서는 어느 집단으로 분류할 것인지 가상규칙을 만들어 추가한다(단계 9).

〈그림 6-2〉는 +와 −의 두 집단으로 구분되어 있는 2차원 연속형 데이터에 대해 순차적분할 알고리즘을 적용한 예이다. 알고리즘은 규칙집합 R을 공집합으로 하여 출발한다. 그리고 데이터에서 + 집단을 많이 포함하고 있는 규칙을 찾아낸다(〈그림 6-2〉의 (1)). 이 규칙을 r_1이라 하고 규칙집합을 $R = \{r_1\}$으로 한 후, 이 규칙에 해당되는 데이터를 삭제한다(〈그림 6-2〉의 (2)). 나머지 데이터 중에서 + 집단을 많이 포함하고 있는 규칙을 찾아낸다(〈그림 6-2〉의 (3)). 이 규칙을 r_2라 하고 규칙순서집합을 $R = \{r_1, r_2\}$로 한 후, 이 규칙에 해당되는 데이터를 삭제한다(〈그림 6-2〉의 (4)). 알고리즘의 멈춤조건(stopping condition)이 만족될 때까지 반복한다. 그리고 같은 방법으로 −집단의 규칙을 찾는다. 마지막으로 규칙순서집합 R로서 분류될 수 없는 데이터를 어느 집단으로 분류할 것인지 가상규칙을 정하여 R에 추가한다.

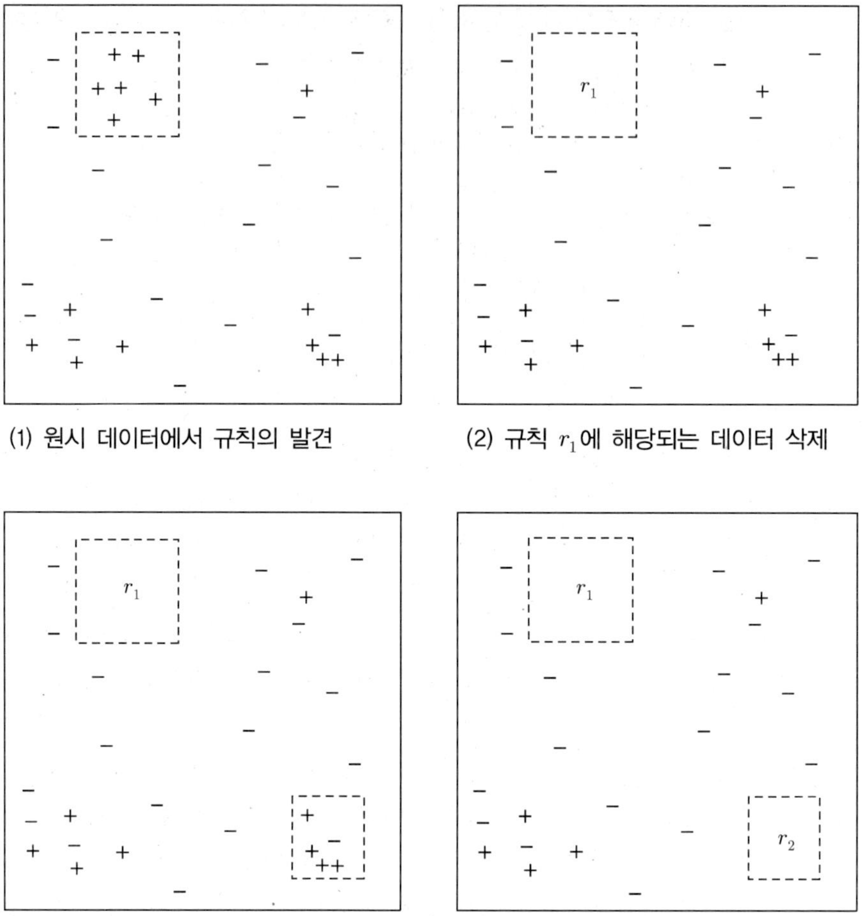

(1) 원시 데이터에서 규칙의 발견 (2) 규칙 r_1에 해당되는 데이터 삭제

(3) 나머지 데이터에서 규칙의 발견 (4) 규칙 r_2에 해당되는 데이터 삭제

그림 6-2 순차적분할 알고리즘의 예

6.1.4 규칙기반분류 모형의 특성

규칙기반분류 모형의 특성을 요약하면 다음과 같다.

1) 규칙기반분류 모형은 의사결정나무 모형과 같이 쉽게 이해되는 장점이 있다.
2) 규칙기반분류 모형은 분포함수를 가정하지 않는 비모수적 방법이다.
3) 규칙기반분류 모형은 의사결정나무에서 얻어지는 데이터 공간이 서로 겹치지 않는(mutually exclusive) 규칙들을 모두 이용할 수 있다. 하지만 규칙기반분류모형은 데이터 공간이 서로 겹치는 규칙들을 이용하여 좀 더 복잡한 의사결정 모형을 구현할 수도 있다.

6.2 인접이웃분류(Nearest Neighbor Classification) 모형

베이즈분류, 의사결정나무 그리고 규칙기반분류 모형 등은 먼저 수집된 데이터로부터 적절한 모형을 수립한 후 이를 분류하고자 하는 데이터에 적용하는 형태였다. 이를 **부지런한 학습법**(eager learner)이라 한다. 하지만 **인접이웃분류**(nearest neighbor classification) 모형은 분류하고자 하는 데이터가 있을 때 모형을 수립하는 방법으로서 **게으른 학습법**(lazy learner)이라 한다. 즉, 인접이웃분류 모형은 먼저 모든 훈련용 데이터를 컴퓨터에 저장한다. 만일 분류하고자 하는 데이터가 발생하면 이 데이터의 변수 값과 가장 유사한 데이터 집합을 찾아서 그 집합의 데이터들이 속하는 다수결의 집단으로 분류한다. 이때 분류하고자 하는 데이터와 유사한 1개의 데이터를 이용할 수도 있지만, 일반적으로 k개의 유사한 데이터를 이용하여 분류를 하는데, 이를 ***k*-인접이웃분류**(k-nearest neighbor classification) 모형이라 한다. 분류하고자 하는 데이터와 훈련용 데이터의 유사성은 2장에서 연구한 여러 가지 수학적 또는 통계적 유사성 측도(proximity measure)를 이용한다.

〈그림 6-3〉은 + 집단과 - 집단으로 구분된 이차원 연속형 데이터를 보여 주고 있다. 분류하고자 하는 시험용 데이터(x 표시)에 대하여 이차원 유크리드 거리를 이용한 1-인접이웃(제일 안쪽 원), 2-인접이웃(가운데 원), 7-인접이웃(바깥 원) 데이터 점들을 보여 주고 있다.

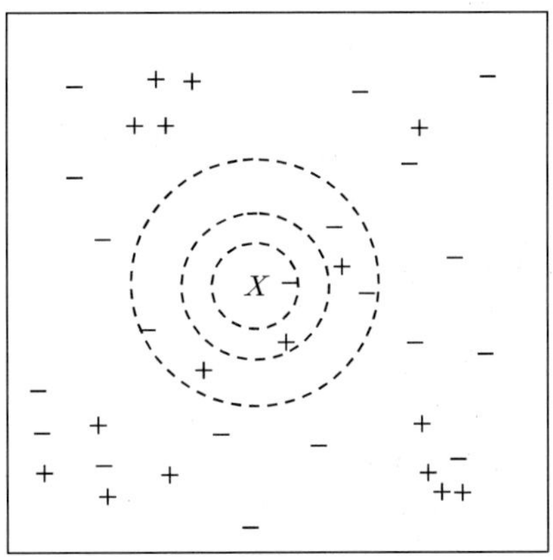

그림 6-3 주어진 데이터(x 표시)에 대한 1-인접이웃, 2-인접이웃, 7-인접이웃 데이터

1-인접이웃만을 이용하여 분류하면 훈련용 데이터가 - 집단이므로 시험용 데이터는 - 집단으로 분류된다. 2-인접이웃을 이용하면 + 집단과 - 집단 데이터가 각각 하나씩이므로 이 경우에는 시험용 데이터 x를 분류하기가 곤란한데 어느 집단으로 분류하여도 좋다. 7-인접이웃일 경우에는 + 집단이 세 개, - 집단이 네 개이므

로 다수결의 원칙을 이용하여 - 집단으로 분류한다.

〈그림 6-3〉에서 보듯이 적절한 k의 선택은 분류 결과에 많은 영향을 준다. k가 너무 적으면 인접이웃분류 모형은 훈련용 데이터의 잡음 때문에 과적합 될 가능성이 있고 반대로 k가 너무 크면 분류하고자 하는 데이터에 가까운 집단으로 분류되지 않을 가능성이 있다.

6.2.1 k-인접이웃분류 알고리즘

[알고리즘 6.2]는 k-인접이웃분류를 위한 개략적인 형태의 알고리즘이다. m개의 변수 $\boldsymbol{x}_i$와 소속집단 y_i를 갖는 n개의 훈련용 데이터를 $D=\{(\boldsymbol{x}_1,y_1),(\boldsymbol{x}_2,y_2),...,(\boldsymbol{x}_n,y_n)\}$로 표시하자. 알고리즘은 먼저 분류하고자 하는 시험용 데이터 $\boldsymbol{x}$와 모든 훈련용 데이터와의 유사성 거리를 계산한다. 훈련용 데이터가 많을 경우 유사성 거리의 계산에는 많은 시간이 요구될 수 있다. 계산된 거리를 이용하여 k개의 인접이웃 $D_{\boldsymbol{x}}$을 알아낸 후에는 이 인접이웃들의 다수 집단으로 시험용 데이터 $\boldsymbol{x}$를 분류하는데 이를 식으로 표시하면 다음과 같다.

$$y = \underset{v}{\operatorname{argmax}} \sum_{(\boldsymbol{x}_i, y_i) \in D_{\boldsymbol{x}}} I(v = y_i) \tag{6.13}$$

여기서 v는 집단명이고 $I(v=y_i)$는 지시함수(indicator function)로서 $v=y_i$이면 1, 아니면 0을 갖는다.

알고리즘 6.2 **k-인접이웃분류 알고리즘**

단계 1: $\boldsymbol{x}$를 시험용 데이터, $D=\{(\boldsymbol{x}_1,y_1),(\boldsymbol{x}_2,y_2),...,(\boldsymbol{x}_n,y_n)\}$를 훈련용 데이터라 하자.
2: for 시험용 데이터 $\boldsymbol{x}$ do
3:     for $i=1$ to n do
4:         $\boldsymbol{x}$와 $\boldsymbol{x}_i$의 거리 $d(\boldsymbol{x},\boldsymbol{x}_i)$ 계산
5:     end for
6:     $\boldsymbol{x}$의 k 인접이웃 훈련용 데이터 집합 $D_{\boldsymbol{x}}$를 찾음
7:     $\boldsymbol{x}$를 집단 $y = \underset{v}{\operatorname{argmax}} \sum_{(\boldsymbol{x}_i, y_i) \in D_{\boldsymbol{x}}} I(v = y_i)$ 로 분류   {다수집단으로 분류}
8: end for

인접이웃 데이터의 다수 집단으로 시험용 데이터 $\boldsymbol{x}$를 분류하는 것은 데이터 $\boldsymbol{x}$와 인접이웃간의 거리 $d(\boldsymbol{x},\boldsymbol{x}_i)$를 고려하지 않았다. 이와 같은 단점을 보완하기 위해 거리에 반비례하는 가중계수 $w_i = 1/d(\boldsymbol{x},\boldsymbol{x}_i)^2$을 갖도록 하는 **거리가중분류방법**

(distance weighted classification)이 있다.

$$y = \underset{v}{\text{argmax}} \sum_{(\boldsymbol{x}_i, y_i) \in D_{\boldsymbol{x}}} w_i \times I(v = y_i) \tag{6.14}$$

예제 6.2.1 어느 날 백화점 상품매장을 방문한 사람의 나이가 33세이고 월수입은 190만원이다. [예제 5.2.4]의 백화점 고객 데이터에서 나이와 월수입 변수만을 이용하여 5-인접이웃 방법으로 이 사람이 상품을 구매할 사람인지 아닌지 분류하라. 거리는 유크리드 제곱거리를 이용하라.

풀이 나이와 월수입은 측정단위가 다르므로 같은 단위로 변환하여야 한다. 여기서는 나이의 평균 29.6, 표준편차 5.481과 월수입의 평균 236.5, 표준편차 93.128을 이용하여 표준화 변환을 사용하였다. 고객의 데이터 (33, 190)의 표준화한 값은 (0.620, −0.499)이고 [표 6.5]는 이 데이터와 모든 데이터와의 유크리드 제곱거리를 구한 것이다.

[표 6.5] 각 고객의 표준화 나이, 월수입에 대한 유크리드 제곱거리와 5-인접이웃

번호	나이(x_1)	나이 표준화	월수입(x_2)	월수입 표준화	상품 구매여부(y)	유크리드 제곱거리
1	25	−0.839	150	−0.929	구매	2.315
2	34	0.803	220	−0.177	비구매	0.137
3	27	−0.474	210	−0.285	비구매	1.245
4	28	−0.292	250	0.145	구매	1.247
5	21	−1.569	100	−1.466	비구매	5.728
6	31	0.255	220	−0.177	비구매	0.237
7	36	1.168	300	0.682	구매	1.695
8	20	−1.752	100	−1.466	비구매	6.560
9	29	−0.109	220	−0.177	비구매	0.636
10	32	0.438	250	0.145	구매	0.448
11	37	1.350	400	1.756	구매	5.618
12	24	−1.022	120	−1.251	비구매	3.261
13	33	0.620	350	1.219	비구매	2.952
14	30	0.073	180	−0.607	구매	0.311
15	38	1.533	350	1.219	구매	3.784
16	32	0.438	250	0.145	비구매	0.448
17	28	−0.292	240	0.038	비구매	1.120
18	22	−1.387	220	−0.177	비구매	4.132
19	39	1.715	450	2.293	구매	8.993
20	26	−0.657	150	−0.929	비구매	1.816

방문 고객과 가장 가까운 5개의 인접 데이터와 상품의 구매 여부는 다음과 같다.

고객번호 2	거리 = 0.137	구매여부 = 비구매
고객번호 6	거리 = 0.237	구매여부 = 비구매
고객번호 14	거리 = 0.311	구매여부 = 구매
고객번호 10	거리 = 0.448	구매여부 = 구매
고객번호 16	거리 = 0.448	구매여부 = 비구매

따라서 5-인접이웃분류 방법을 이용하면 방문고객은 비구매집단으로 분류된다.

6.2.2 인접이웃분류 모형의 특성

인접이웃분류 모형의 특성을 요약하면 다음과 같다.

1) 인접이웃분류 방법은 분류하고자 하는 데이터에 근거한 방법으로서 특별한 모형이 필요 없고, 이 데이터와 훈련용 데이터간의 유사성에 대한 측정만을 필요로 한다. 하지만 훈련용 데이터가 많아지면 유사성에 대한 계산에 많은 시간과 노력이 필요하다. 그리고 적절한 유사성 척도를 사용하지 않으면 분류가 정확하지 않을 수 있다.
2) 인접이웃분류 방법은 분류하고자 하는 데이터와 인접한 이웃들만의 지역적인 정보만을 이용하여 분류하므로 k가 적고 데이터에 잡음이 많을 경우 분류가 정확하지 않을 수 있다.
3) 인접이웃분류 방법에 의해 결정되는 분류경계선(decision boundary)은 함수 형태가 아니기 때문에, 의사결정나무나 기타 모형의 직선 또는 사각형 분류경계선에 비해 유연성을 가지고 있다. 하지만 훈련용 데이터에 너무 좌우되는 경계선은 분류의 안정성에 도움이 되지 않을 수 있다. 이를 방지하기 위해서는 인접이웃의 수를 늘이거나 거리가중분류방법을 고려하여야 한다.

6.3 신경망(Neural Network) 모형

신경망(neural network) 모형은 사람의 두뇌가 의사결정하는 형태를 모방하여 분류를 하는 모형이다. 인간의 두뇌는 10^{11}개나 되는 수많은 뉴런(neuron)이라는 신경세포들이 서로 연결되어 있는 신경망으로 구성되어 있다고 한다. 한 뉴런이 자극을 받으면 이 자극이 다른 뉴런들에게 전파되고 여러 개의 뉴런들이 가지고 있는 정보를 종합하여 의사결정을 하게 된다. 신경망 모형은 사람의 두뇌와 유사하게 여러 개의 노드를 네트워크로 연결하여 데이터를 분류하는 의사결정을 한다(〈그림 6-4〉).

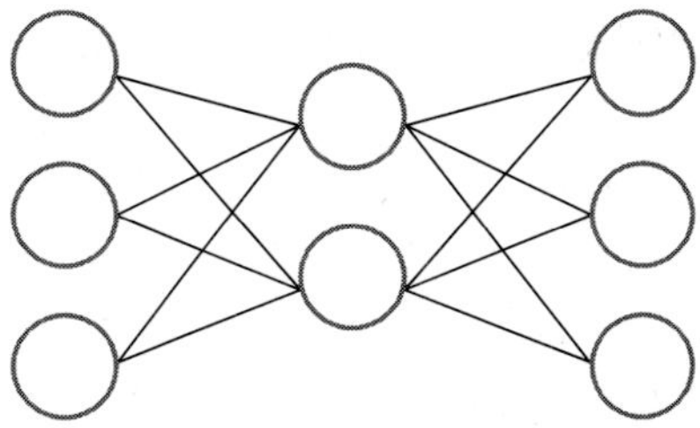

그림 6-4 신경망 네트워크

신경망 모형은 일반화된 비선형함수를 분류함수로 이용하는 모형이다. 이러한 모형을 연구하게 된 동기는 〈그림 6-5〉와 같은 간단한 두 집단(o, x로 표시) 이차원 데이터이다. 이 데이터는 하나의 직선으로는 두 집단 o, x를 분리할 수 없고(not linearly separable), 두 개의 직선이나 비선형함수로만 분리가 가능하다.

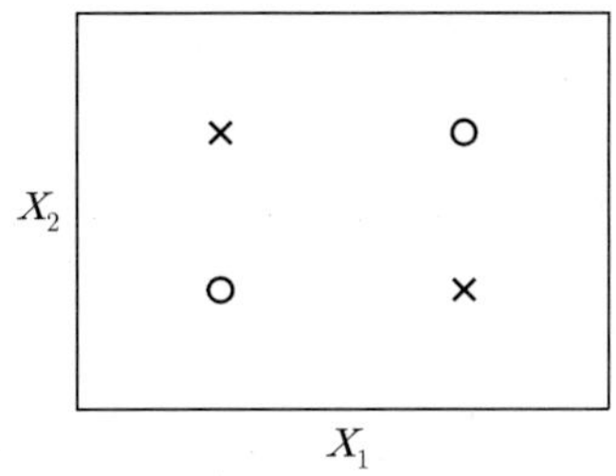

그림 6-5 직선 하나로 두 집단의 분류가 불가능한 이차원 데이터

하지만 분류를 위한 비선형함수의 종류는 대단히 많아 일반화된 비선형함수를 이용하는 분류모형에 대해서 여러 연구가 시도되었다.

1957년 미국 코넬항공연구소의 Rosenbalatt는 퍼셉트론(perceptron)이라는 **단층신경망**(single-layer neural network) 모형을 문자인식에 사용하였다. 하지만 이 퍼셉트론은 선형문제만을 풀 수 있어 그리 큰 주목을 받지는 못하였다. 1969년 MIT 대학의 Minsky와 Papert는 퍼셉트론 신경망에 **은닉층**(hidden layer)을 도입하는 **다층신경망**(multi-layer neural network) 모형을 발전시켜 일반화된 비선형함수로 분류가 가능함을 보였다. 1982년 Hopefield는 다층신경망의 가중계수를 효과적으로 추정할 수 있는 **역전파**(back-propagation) 알고리즘을 개발하였다. 그 이후 컴퓨터의 성능이 좋아져서 역전파 알고리즘에 의한 가중계수 추정이 용이하게 됨으로써 신경망 모형이 현실 문제에 많이 이용되게 되었다.

6.3.1절에서는 신경망 모형의 이해를 돕기 위해 단층신경망 모형을 소개하고, 6.3.2절에서는 다층신경망 모형을 설명한다.

6.3.1 단층신경망(Single-layer Neural Network)

신경망 모형의 이해를 돕기 위해 다음의 단층신경망 예제를 살펴보자.

예제 6.3.1 **단층신경망**

세 이항변수 x_1, x_2, x_3가 2개 이상이 1 값을 가지면 집단(y) '+1'로 분류하고, 1개 이하의 1값을 가지면 집단 '-1'에 분류한다 하자([표 6.6]). 이와 같은 분류를 할 수 있는 단층신경망 모형을 만들어 이 데이터를 분류하라.

[표 6.6] 세 이항변수에 대한 데이터

x_1	x_2	x_3	y
0	0	0	−1
0	0	1	−1
0	1	0	−1
0	1	1	+1
1	0	0	−1
1	0	1	+1
1	1	0	+1
1	1	1	+1

풀이 집단의 예측값을 $\hat{y}$이라 하면 위의 데이터는 다음과 같은 선형모형으로 분류가 가능하다.

$$\hat{y} = \begin{cases} +1 & \text{if} \quad 0.3x_1 + 0.3x_2 + 0.3x_3 - 0.4 > 0 \\ -1 & \text{if} \quad 0.3x_1 + 0.3x_2 + 0.3x_3 - 0.4 < 0 \end{cases} \tag{6.15}$$

예를 들어, $x_1 = 1, x_2 = 1, x_3 = 0$이라면 $0.3x_1 + 0.3x_2 + 0.3x_3 - 0.4 = 0.2$이므로 $\hat{y}$ = +1이 되고, $x_1 = 0, x_2 = 1, x_3 = 0$이라면 $0.3x_1 + 0.3x_2 + 0.3x_3 - 0.4 = -0.1$이 되어 $\hat{y}$ = −1이 된다. 이러한 선형분류모형을 만드는 방법의 논의는 잠시 미루고 위의 모형을 알기 쉽게 신경망 네트워크로 표시하면 〈그림 6-6〉과 같다. 이를 **단층신경망**(single-layer neural network) 또는 **퍼셉트론**(perceptron)이라 부른다.

그림을 보면 세 개의 변수를 표시하기 위한 **입력노드**(input node)가 있고 모형의 출력(집단

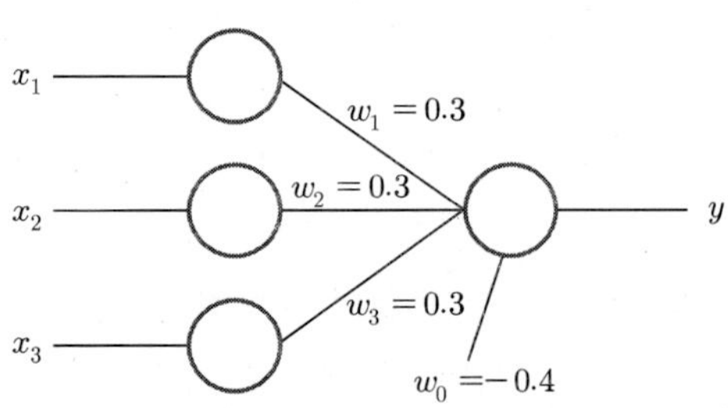

그림 6-6 선형분류모형인 단층신경망의 네트워크 그림

의 값)을 표시하기 위한 **출력노드**(output node)가 있다. 인간의 두뇌를 생각해서 노드는 신경망 네트워크에서 **뉴런**(neuron)이라 부르기도 한다. 각각의 입력노드는 출력노드와 가중계수로 연결되어 있는데, 두뇌의 뉴런들이 서로 연결되어 있는 것을 묘사하고 있다. 두뇌의 뉴런들이 학습을 하여 의사결정을 내릴 수 있는 것과 같이 신경망 네트워크에서는 데이터를 이용하여 입력노드와 출력노드의 관계를 연결시켜 주는 최적의 가중계수(그림에서 $w_1=0.3$, $w_2=0.3$, $w_3=0.3$)를 훈련시키게 된다. 신경망의 출력노드는 집단의 값 $\hat{y}$을 계산하는데 각 입력노드의 가중계수를 이용한 선형결합에 상수 $w_0=-0.4$를 더하여 $w_0+w_1x_1+w_2x_2+w_3x_3$값을 계산하는데, 이를 **선형합성함수**(linear combination function)라 부른다. 상수 w_0는 **편향**(bias factor)이라 부른다. 그리고 계산된 선형합성함수 값의 부호를 조사하는데 이때 사용되는 부호함수 $sign(x)$를 **활성함수**(activation function)라 한다.

일반적으로 m개의 변수 $x_1, x_2, \cdots, x_m$이 있고 각 변수에 대한 가중계수가 $w_1, w_2, \cdots, w_m$이고, 상수항(편향)이 w_0일 때 [예제 6.3.1]과 같은 단층신경망 모형의 출력, 즉 분류함수는 다음과 같이 비선형함수로 표시할 수 있다.

$$\hat{y} = sign(w_0 + w_1x_1 + w_2x_2 + \cdots + w_mx_m) \tag{6.16}$$

여기서 각 변수 값의 선형결합 또는 가중합 $w_0 + w_1x_1 + w_2x_2 + \cdots + w_mx_m$를 **합성함수**(combination function)라 한다. 부호함수 $sign(x)$는 x가 양수일 때 +1 값을 갖고 음수일 때 -1 값을 갖는 함수로서 이를 **활성함수**(activation function)라 부른다. 활성함수는 입력되는 합성함수 값을 다시 일정한 범위의 값으로 변환해 주는 함수이다. 식 (6.16)의 단층신경망 분류함수는 선형합성함수로서 데이터를 구분한 후 부호함수로 집단을 구분한다.

위의 예에서는 합성함수로서 가중합을 사용하였는데 그 밖의 합성함수에는 입력정보의 단순합, 최대값, 최소값 또는 논리적 AND와 OR 등이 있는데 가중합이 가장 많이 이용된다. 그리고 부호함수 $sign(x)$ 이외에 많이 사용되는 활성함수의 예는 [표 6.7]과 같고, 〈그림 6-7〉은 활성함수에 대한 그림이다.

[표 6.7] 활성함수의 예

활성함수 이름	활성함수	범위
부호(sign)함수	$y = sign(x)$	$-1,+1$
시그모이드(sigmoid) 함수	$y = \dfrac{1}{1+e^{-x}}$	$(0,1)$
tanh 함수	$y = \dfrac{e^x - e^{-x}}{e^x + e^{-x}}$	$(-1,1)$
가우스(Gauss) 함수	$y = e^{-\frac{x^2}{2}}$	$(0,1)$

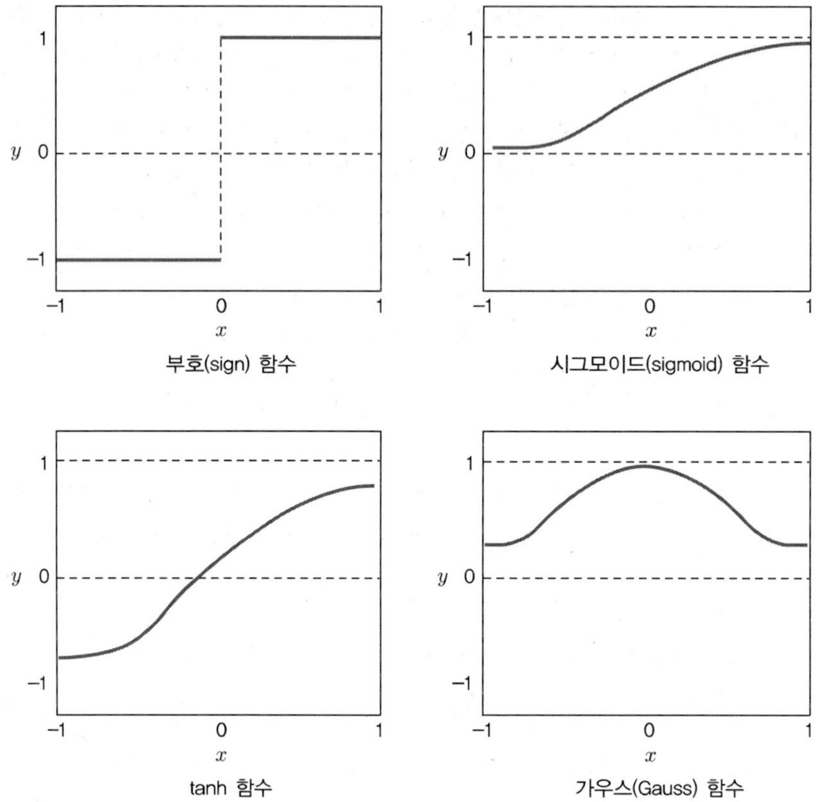

그림 6-7 여러 가지 활성함수의 그림

활성함수로 많이 이용되는 시그모이드(sigmoid) 함수는 입력값을 (0,1) 사이의 값으로 변환하여 준다. 이 함수는 x의 값이 아주 크거나 아주 작을 때 y의 값에 거의 영향을 주지 않는다. 시그모이드 함수 $f(x)=1/(1+e^{-x})$는 미분하면 다음과 같은 성질을 갖는다.

$$f'(x)=\frac{e^{-x}}{(1+e^{-x})^2}=\frac{1}{1+e^{-x}}(1-\frac{1}{1+e^{-x}})=f(x)(1-f(x)) \tag{6.17}$$

식 (6.17)과 같은 시그모이드 함수는 최적화 문제에서 사용할 때 변화율을 쉽게 구할 수 있는 장점이 있어 많이 이용된다.

가. 단층신경망의 학습 알고리즘

단층신경망 모형의 출력함수 식 (6.16)에서 가중계수 $w_1,w_2,\cdots,w_m$과 상수항 w_0를 추정하는 것을 신경망의 학습(learning)이라 한다. n개의 훈련용 데이터를 $D=\{(x_{i1},x_{i2},\ldots,x_{im},y_i),\ i=1,2,\ldots,n\}$로 표시하고, $w_1^{(i)},w_2^{(i)},\ldots,w_m^{(i)}$를 가중계수의 i번째 반복 추정한 값이라 하자. 단층신경망의 가중계수는 다음과 같은 반복적인 탐색 알고리즘을 이용하여 추정한다.

알고리즘 6.3 단층신경망의 학습 알고리즘

단계 1: 훈련용 데이터를 $D=\{(x_{i1},x_{i2},...,x_{im},y_i)\mid i=1,2,...,n\}$라 하자.
2: $w_1^{(0)},w_2^{(0)},\dots,w_m^{(0)}$를 $w_1,w_2,\cdots,w_m$의 초기 추정치, λ를 주어진 학습률이라 하자.
3: for i=1 to n do
4: for j=1 to m do
5: $w_1^{(i-1)},w_2^{(i-1)},\dots,w_m^{(i-1)}$를 이용하여 $y_i^{(i)}$를 추정.
6: $w_j^{(i)}= w_j^{(i-1)}+ \lambda(y_i-y_i^{(i)})x_{ij}$ **(6.18)**
7: end for
8: end for

알고리즘의 단계 2에서 가중계수의 초기값 $w_1^{(0)},w_2^{(0)},\dots,w_m^{(0)}$은 대개 0과 1 사이의 난수를 이용한다. λ는 **학습률**(learning rate)이라 하는데 0에서 1 사이의 값을 갖는다. 학습률이 1에 가까우면 추정값이 많이 변하게 되고, 0에 가까우면 추정값이 서서히 변하게 된다. 단계 5에서 $y_i^{(i)}$는 집단값 y_i를 i번 반복 추정하였을 때의 추정값이다. 이 알고리즘을 데이터의 수만큼 반복하면($i=1,2,...,n$) '신경망이 학습되었다'라고 말한다.

단계 6에서 식 (6.18)과 같은 가중계수의 탐색 알고리즘은 직관적으로 쉽게 이해할 수 있다. x_j의 가중계수에 대한 i번째 추정 $w_j^{(i)}$은 직전의 추정 가중계수 $w_j^{(i-1)}$에 현재의 예측오차 $(y_i-y_i^{(i)})$에 비례하는 값을 더하여 구한다. 만일 예측이 정확하다면 $(y_i-y_i^{(i)})$ = 0이 되어 가중계수는 변하지 않는다. 예측이 정확하지 않은 경우, 예를 들어 $y_i=+1$, $y_i^{(i)}=-1$이라면 예측오차 $(y_i-y_i^{(i)})$ = 2가 되므로 추정값을 증가시키기 위해 양의 값을 갖는 입력노드의 가중계수는 증가시키고, 음의 값을 갖는 입력노드의 가중계수는 감소시킨다. 반대로 $y_i=-1$, $y_i^{(i)}=+1$이라면 예측오차 $(y_i-y_i^{(i)})$ = −2가 되므로 추정값을 감소시키기 위해 음의 값을 갖는 입력노드의 가중계수는 증가시키고, 양의 값을 갖는 입력노드의 가중계수는 감소시킨다.

위의 탐색방법은 선형합성함수 $w_0+w_1x_1+w_2x_2+\cdots+w_mx_m$와 시그모이드 활성함수를 이용하여 각 데이터의 집단에 대한 추정값 $\hat{y}_i$을 구했을 때 오차제곱합을 최소로 하는 가중계수를 구하는 알고리즘이다. 즉, $m+1$개의 가중계수 $\boldsymbol{w}=(w_0,w_1,w_2,\cdots,w_m)$를 갖는 단층신경망에서 오차제곱합은 다음과 같다.

$$E(\boldsymbol{w})=\sum_{i=1}^{n}(y_i-\hat{y}_i)^2 \quad \textbf{(6.18)}$$

오차제곱합이 최소가 되는 $\boldsymbol{w}=(w_0,w_1,w_2,\cdots,w_m)$를 찾기 위하여 $E(\boldsymbol{w})$를 각 w_j에 관하여 편미분하면 다음과 같다.

$$\frac{\partial E(\boldsymbol{w})}{\partial w_j} = -2\sum_{i=1}^{n}(y_i-\hat{y}_i)\frac{\partial \hat{y}_i}{\partial w_j} \tag{6.20}$$

따라서 오차제곱합이 최소가 되는 가중계수 w_j를 탐색하는 한 가지 방법은 편미분 방향으로 움직이는 것이다.

$$w_j \leftarrow w_j - \lambda\frac{\partial E(\boldsymbol{w})}{\partial w_j} \tag{6.21}$$

선형결합함수와 시그모이드 활성함수의 경우 가중계수를 탐색하는 알고리즘을 다음과 같이 만들 수 있다.

$$w_j \leftarrow w_j - \lambda(y_i-\hat{y}_i)x_{ij} \tag{6.22}$$

알고리즘에 대한 자세한 내용은 관련 문헌을 참고하기 바라고, 다음 예제를 이용하여 단층신경망의 학습을 살펴보자.

예제6.3.2 [예제 6.3.1]의 단층신경망에 대하여 가중계수에 대한 초기값을 $w_1=0.2$, $w_2=0.1$, $w_3=0.1$ 학습률 $\lambda=0.1$로 하여 신경망을 학습하라. 편향은 $w_0=-0.4$라 하자.

풀이 초기 가중계수 $w_1^{(0)}=0.2$, $w_2^{(0)}=0.1$, $w_3^{(0)}=0.1$와 학습률 $\lambda=0.1$을 이용하여 데이터 (x_{i1},x_{i2},x_{i3}) 각각에 대해 가중합 $W^{(i)}=w_0+w_1^{(i-1)}x_1+w_2^{(i-1)}x_2+w_3^{(i-1)}x_3$와 집단의 추정값 $\hat{y}_i=sign(W^{(i)})$을 구하면 [표 6.8]과 같다.

[표 6.8] 단층신경망의 학습 알고리즘 결과

반복 i	x_{i1}	x_{i2}	x_{i3}	y_i	$W^{(i)}=w_0+w_1^{(i-1)}x_1+w_2^{(i-1)}x_2+w_3^{(i-1)}x_3$	$\hat{y}_i=sign(W^{(i)})$	수정된 가중계수		
							$w_1^{(i)}$	$w_2^{(i)}$	$w_3^{(i)}$
1	0	0	0	−1	−0.4	−1	0.2	0.1	0.1
2	0	0	1	−1	−0.3	−1	0.2	0.1	0.1
3	0	1	0	−1	−0.3	−1	0.2	0.1	0.1
4	0	1	1	+1	−0.2	−1	0.2	0.3	0.3
5	1	0	0	−1	−0.2	−1	0.2	0.3	0.3
6	1	0	1	+1	0.1	+1	0.2	0.3	0.3
7	1	1	0	+1	0.1	+1	0.2	0.3	0.3
8	1	1	1	+1	0.4	+1	0.2	0.3	0.3

표를 보면 실제 집단값 y_i와 추정값 $\hat{y}_i$가 같으면 가중계수에 변화가 없다(반복 1,2,3). 반복 4에서는 오차가 $(y_4 - \hat{y}_4)$ = 2이므로 x_2=1, x_3=1인 변수의 가중계수를 $\lambda \times (y_4 - \hat{y}_4) \times x_{4j}$ = 0.2만큼 증가시켰다. 다른 데이터는 집단값과 예측값이 일치하므로 가중계수의 변화가 없어 추정된 최종 가중계수는 $w_1 = 0.2$, $w_2 = 0.3$, $w_3 = 0.3$이다. 즉, 최종 신경망 모형은 $\hat{y} = sign(-0.4 + 0.2x_1 + 0.3x_2 + 0.3x_3)$이다. 이 추정식을 모든 데이터에 적용하여 보면 집단을 정확히 분류한다.

단층신경망의 가중계수에 대한 추정 알고리즘은 초기값과 학습률에 따라 해가 달라질 수 있음을 유의하여야 한다. 예를 들어, 초기값을 그대로 하고 학습률을 $\lambda = 0.05$로 하면 최종 가중계수는 $w_1 = 0.2$, $w_2 = 0.25$, $w_3 = 0.25$가 되고, 이 해도 모든 데이터를 정확히 분류한다.

6.3.2 다층신경망(Multilayer Neural Network)

[예제 6.3.1]의 단층신경망 모형은 선형분류함수로서 두 집단 간의 데이터를 분류한다. 하지만 데이터가 〈그림 6-5〉처럼 선형함수로 분류하기가 불가능한 경우는 적합하지 않은데, 이런 경우는 비선형함수로 분류하는 **다층신경망**(multilayer neural network) 모형이 유용하다. 〈그림 6-8〉은 [예제 6.3.1]을 다층신경망 네트워크로 표시한 예이다. 다층신경망 네트워크는 그림과 같이 입력노드로서 이루어진 **입력층**(input layer)과 입력층의 노드들을 합성하는 중간노드들의 집합인 **은닉층**(hidden layer) 그리고 은닉층의 노드들을 합성하는 **출력층**(output layer)으로 이루어져 있다. 〈그림 6-8〉과 같은 신경망은 은닉층이 1개만 있지만 여러 개의 은닉층을 만들 수 있고, 각 층은 여러 개의 노드를 가질 수 있어 다양한 형태의 네트워크가 나타날 수 있다.

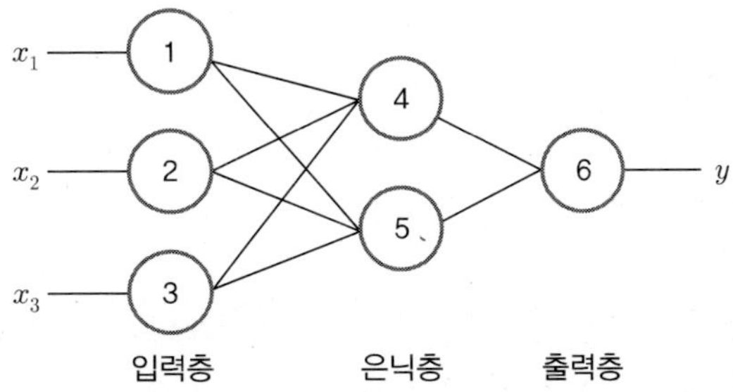

그림 6-8 비선형분류모형을 위한 다층신경망 네트워크

〈그림 6-8〉의 신경망을 수식으로 표현하면 다음과 같다. 입력노드 ①에서 은닉노드 ④, ⑤의 가중계수를 w_{14}, w_{15}로, 입력노드 ②에서 은닉노드 ④, ⑤의 가중계수를 w_{24}, w_{25}로, 입력노드 ③에서 은닉노드 ④, ⑤의 가중계수를 w_{34}, w_{35}로 표시하자. 같은 방법으로 은닉노드 ④에서 출력노드 ⑥의 가중계수를 w_{46}로, 은닉노

드 ⑤에서 출력노드 ⑥의 가중계수를 w_{56}이라 하자. 그리고 노드 ④, ⑤, ⑥의 편향 상수를 w_{04}, w_{05}, w_{06}, 활성함수를 f_4, f_5, f_6라 하면 은닉노드 ④와 ⑤에서 계산되는 출력값 O_4, O_5는 다음과 같다.

$$O_4 = f_4(w_{04} + w_{14}x_1 + w_{24}x_2 + w_{34}x_3) \tag{6.23}$$

$$O_5 = f_5(w_{05} + w_{15}x_1 + w_{25}x_2 + w_{35}x_3) \tag{6.24}$$

출력노드 ⑥의 값, 즉 y의 추정값은 O_4, O_5의 선형결합에 대한 활성함수 값이다.

$$\hat{y} = f_6(w_{06} + w_{46}O_4 + w_{56}O_5) \tag{6.25}$$

식 (6.23), (6.24), (6.25)를 모두 결합하면 y의 추정값은 다음과 같은 복잡한 비선형함수가 된다.

$$\begin{aligned}\hat{y} = \; & f_6(w_{46}f_4(w_{14}x_1 + w_{24}x_2 + w_{34}x_3 + w_{04}) \\ & + w_{56}f_5(w_{15}x_1 + w_{25}x_2 + w_{35}x_3 + w_{05}) + w_{06})\end{aligned} \tag{6.26}$$

이 예제에서 은닉층이 여러 개이고 은닉노드가 더 많아지면서 출력노드도 여러 개이면 최종 출력을 표시하는 비선형함수는 더욱 복잡하게 된다. 따라서 다층신경망의 설계에는 다음과 같은 사항을 항상 고려하여야 한다.

- 얼마나 많은 은닉층이 있어야 하나?
- 각 은닉층에는 얼마나 많은 노드가 있어야 되나?
- 이러한 은닉층과 은닉노드로 표시되는 비선형함수는 존재하는가?

변수 $\boldsymbol{x} = (x_1, x_2, \cdots, x_m)$가 있을 때 모든 변수를 [0,1] 사이의 값으로 변환할 수 있다고 가정하자. 다층신경망으로 표시되는 비선형함수의 존재성에 대해서는 다음과 같은 이론이 정립되어 있다.

정리 6.1 함수의 근사(Kolmogorov)

연속형 함수 $f(\boldsymbol{x})$가 $[0,1]^m$에 정의되어 있을 때 이 함수는 다음과 같이 표시될 수 있다. 여기서 Ξ_k, ψ_{jk}는 적절히 선택된 함수들이다.

$$f(\boldsymbol{x}) = \sum_{k=1}^{2m+1} \Xi_k \left[\sum_{j=1}^{m} \psi_{jk}(x_j) \right] \tag{6.27}$$

이 정리를 신경망으로 해석하면 다음과 같다. m개의 변수 x_j의 입력노드에 대한 비선형함수 ψ_{jk}의 합을 $(2m+1)$개의 은닉노드가 받는다. 이 값을 받는 각 은닉노드는 비선형함수 Ξ_k로 출력하고 최종 출력노드는 이들의 합을 구한다. 즉, 비선형함수 $y=f(x)$가 있다고 가정할 때 이 함수는 식 (6.26)과 같은 합성함수와 활성함수들의 결합으로 근사할 수 있다는 것이다. 이 복잡한 근사 함수로서 이루어진 신경망 모형을 흔히 블랙박스라 부르기도 한다. 몇 개의 은닉노드가 함수 $y=f(x)$을 잘 근사시킬 수 있는지는 정확히 알 수 없다. 신경망 모형의 일반적인 설계방법에 대해 알아보자.

가. 다층신경망 모형의 설계

신경망 모형은 은닉층의 수와 노드의 수에 대한 여러 가지 조합을 시행과 오류(trial and error)로서 실험을 하는데, 일반적인 설계방법은 다음과 같다.

1) 자료의 준비

연속형 변수인 경우 서로 단위가 다를 수 있어 대개 변수값이 0과 1 사이에 있도록 변환한다. 간단한 변환방법은 실제 데이터값에서 최소값을 뺀 후 그 변수의 가능한 범위(최대값 - 최소값)로 나누는 것이다. 순서식 변수는 작은 순서값을 0, 큰 순서값을 1로 하고 그 사이의 순서값은 비례하여 변환한다. 범주형 변수의 경우는 대개 각 범주값을 하나의 변수로 하는데, 범주값의 유무에 따라 0 또는 1의 이항변수로 한다. 각 범주값에 대해 일정한 수 이상의 데이터가 있는 것이 바람직한데, 데이터 수가 적으면 인접 범주값과 합치기도 한다.

결측값은 제거하든지 아니면 해당 데이터에 적합한 값을 추정하여 대체한다.

2) 입력노드의 수

변수가 이항 데이터나 연속형 데이터인 경우는 각 변수당 하나의 입력노드를 할당한다. 변수가 범주형이라면 각각의 범주형 값에 입력노드 하나를 할당한다.

3) 출력노드의 수

집단이 두 개인 경우는 하나의 출력노드로서 충분하다. K개의 집단이 있는 경우에는 K개의 출력노드를 할당한다.

4) 은닉층의 수와 은닉노드의 수

은닉층의 수와 은닉노드의 수 결정은 신경망 모형의 비선형함수를 결정하는 문제이다. 은닉층과 은닉노드의 수가 많아지면 모형이 과적합될 가능성이 있어 가능하면 적은 수의 은닉층과 적은 수의 은닉노드로서 만족할만한 분류를 할 수 있는 모형이면 좋다. 하지만 최적의 은닉층과 은닉노드의 수를 찾는 정확한 방법은 없다. 대개 은닉층의 수와 은닉노드의 수를 충분히 많이 정한 후 하나씩 줄여가면서, 분류의 정확도는 높으면서 은닉층과 은닉노드의 수가 적은 모형을 선택한다. 이때 회귀모형에서 사용하는 AIC(Akaike information criteria) 등의 모형선택 기준이 이용된다.

가능하면 은닉층의 수를 1개로 하여 분류함수를 구할 수 있으면 좋다. 그러나 1개의 은닉층에 너무 많은 노드가 생성되면 은닉층의 수를 두 개로 하고, 각 층의 노드의 수를 줄이기도 한다. 각 층의 노드의 수는 입력층 노드 수의 두 배를 넘지 않도록 하는 것이 보통이다. 은닉층의 수와 노드의 수를 결정하는 실험은 신경망 모형에서 가장 시간이 많이 걸린다.

5) 활성함수의 선택

[표 6.7]의 활성함수 중에서는 가중계수의 추정 알고리즘에 유용한 시그모이드 함수가 많이 이용된다. 활성함수는 신경망의 훈련과정에서 알고리즘 속도에 영향을 미치나 결과에는 큰 영향이 없는 것으로 알려져 있다.

6) 초기값 문제

다층신경망 모형의 가중계수를 추정하는 알고리즘은 초기값을 필요로 하는데, 대개는 −1과 1 사이의 값을 랜덤하게 생성하여 이용한다. 주어진 초기값이 지역해를 찾을 가능성이 있기 때문에, 여러 가지의 초기값을 시도하여 같은 가중계수를 찾는지 여러 번 실험을 하여야 한다.

7) 출력변수의 해석

집단이 두 개이고 출력노드가 1개이면 출력값이 연속형 값이기 때문에 적당한 경계값을 기준으로 분류하면 된다. 집단이 여러 개이면 출력노드의 수를 대개 집단의 수와 같이 하는데, 출력노드의 값이 큰(또는 작은) 것으로 집단을 분류한다.

8) 민감도 분석

훈련용 데이터를 이용하여 신경망의 해를 구한 다음에는 민감도 분석을 하여 입력변수의 상대적인 중요성을 파악하는 것이 좋다. 입력변수의 값을 최소값에서 최대값으로 변화시키면서 출력값의 변화를 살펴본다.

나. 다층신경망의 학습

다층신경망 모형의 가중계수를 추정하는 과정을 신경망의 학습(learning)이라 한다. 다층신경망은 복잡한 비선형함수 모형이어서 가중계수의 추정이 쉽지 않다. 단층신경망에 대한 학습 알고리즘은 많은 가중계수가 있는 비선형함수의 다층신경망에는 적합치 않다. 다층신경망에서 가중계수의 추정은 **기울기하강법**(gradient descent method)을 이용한다.

m개의 입력변수가 있는 다층신경망의 입력노드 값을 $\boldsymbol{x}=(x_1, x_2, \ldots, x_m)$라 하

자. 신경망 네트워크의 노드 j에서 노드 k를 연결하는 가중계수를 w_{jk}, 이때의 상수계수를 w_{0k}라 하고 이 신경망에 나타나는 모든 가중계수를 $\boldsymbol{w}$라 하자. 신경망의 출력은 $\hat{y}= f(\boldsymbol{x}: \boldsymbol{w})$로 표시할 수 있는데, 여기서 함수 f는 식 (6.26)과 같이 여러 개의 합성함수와 활성함수의 결합함수이다. 다층신경망의 가중계수 $\boldsymbol{w}$를 찾기 위해서는 모든 데이터의 관측된 집단값 y_i와 신경망의 추정값 $\hat{y}_i$의 거리 $d(y_i, \hat{y}_i)$를 최소화하는 것이 합리적이다. 만일 유크리드 제곱거리를 사용하면 오차제곱합(error sum of squares) $E(\boldsymbol{w})$를 최소로 하는 가중계수를 찾는 것이 된다.

$$E(\boldsymbol{w}) = \sum_{i=1}^{n}(y_i - \hat{y}_i)^2 \tag{6.28}$$

오차제곱합이 최소가 되는 $\boldsymbol{w}$를 찾기 위하여 $E(\boldsymbol{w})$를 각 w_{jk}에 관하여 편미분하면 다음과 같다.

$$\frac{\partial E(\boldsymbol{w})}{\partial w_{jk}} = -2\sum_{i=1}^{n}(y_i - \hat{y}_i)\frac{\partial \hat{y}_i}{\partial w_{jk}} \tag{6.29}$$

만일 시그모이드 활성함수를 이용하여 $\hat{y}_i$를 추정하였다면 시그모이드 함수에 대한 미분의 특성상 추정값의 변화율 $\partial\hat{y}_i/\partial w_{jk}$은 $\hat{y}_i(1-\hat{y}_i)$에 비례하게 된다. 식 (6.29)를 이용하면 가중계수를 탐색하는 알고리즘을 다음과 같이 만들 수 있다.

$$w_{jk} \leftarrow w_{jk} - \lambda\frac{\partial E(\boldsymbol{w})}{\partial w_{jk}} \tag{6.30}$$

여기서 λ는 학습률(learning rate)로서 0에서 1 사이의 값을 갖는다. $\partial E(w)/$ $/\partial w_{jk}$는 기울기하강률을 의미하며 가중계수의 추정이 전체 제곱합이 감소되는 방향으로 조정되어야 한다는 것을 의미한다. 입력노드 j의 출력값을 O_j, 출력노드 k에서의 오차를 E_k라 하면 식 (6.30)의 가중계수의 갱신은 다음과 같다.

$$w_{jk} \leftarrow w_{jk} - \lambda E_k O_j \tag{6.31}$$

여기서 $\lambda E_k O_j$는 가중계수의 변화량으로서 단층신경망의 가중계수 추정과 같은 개념이다. 즉, 노드 k의 오차 E_k를 고려해서 노드 j로부터의 입력 O_j에 비례하는 학습률 λ로서 가중계수를 갱신한다. 유사한 방법으로 편향 상수 w_{0k}는 다음과 같이 갱신한다.

$$w_{0k} \;\leftarrow\; w_{0k} - \lambda E_k \tag{6.32}$$

식 (6.31)과 (6.32)의 알고리즘에서 E_k와 O_j의 추정은 다층신경망 모형에서 은닉노드에 적용할 때는 쉽지 않아 Hopefield가 개발한 **역전파**(back-propagation) 알고리즘을 이용된다. 역전파 알고리즘은 초기 가중계수와 목적함수를 최적화하는 기준을 정하고, 이를 **전방향단계**(forward phase)와 **후방향단계**(backward phase)로 나누어 반복적으로 가중계수를 갱신한다. 전방향단계에서는 추정된 가중계수를 이용하여 모든 노드의 출력값을 계산하는데, 층(layer) l에 있는 노드의 출력값은 층 $l+1$에 있는 노드의 출력값을 계산하는데 이용된다. 후방향단계에서는 계산된 층 $l+1$의 노드에 대한 출력값과 오차값을 이용하여 층 l의 노드에 대한 오차값을 추정하고 가중계수를 갱신한다. 이와 같은 방법을 반복적으로 적용하여 가중계수가 거의 변하지 않거나, 목적함수 값이 최적화되면 알고리즘을 멈춘다.

〈그림 6-8〉의 다층신경망에 시그모이드 활성함수를 이용하였을 때 역전파 알고리즘을 적용하여 가중계수를 추정하자. 먼저 초기 가중계수를 이용하여 각 노드의 출력값 $O_1, O_2, \ldots, O_6$을 구한다. 여기서 O_1, O_2, O_3는 입력변수 x_1, x_2, x_3의 값이다. 각 노드의 오차 E_k를 어떻게 구하는지가 관건인데 역전파 알고리즘에서는 노드 k와 연결된 모든 노드들 오차의 가중합을 고려하여 추정한다. 시그모이드 함수일 경우 변화율 $\partial\hat{y}_i/\partial w_{jk}$은 $\hat{y}_i(1-\hat{y}_i)$에 비례하므로 출력노드 ⑥의 오차 E_6는 다음과 같이 추정한다.

$$E_6 = O_6(1-O_6)(y_i - O_6) \tag{6.33}$$

여기서 $O_6(1-O_6)$는 변화율 $\hat{y}_i(1-\hat{y}_i)$를 의미하고 $(y_i - O_6)$항은 추정오차 $(y_i - \hat{y}_i)$을 의미한다. 즉, 오차 E_6의 의미는 식 추정오차 $(y_i - O_6)$에 오차변화율 $O_6(1-O_6)$를 곱한 것이 된다. 은닉노드 ⑤의 오차 E_5의 계산은 오차변화율 $O_5(1-O_5)$에 노드 ⑤와 연결된 모든 노드들의 오차 가중합의 곱으로 구하는데 이를 오차의 역전파라 한다. 즉

$$E_5 = O_5(1-O_5)\sum_k w_{5k}E_k \tag{6.34}$$

유사한 방법으로 은닉노드 ④의 오차 E_4를 구한 후 식 (6.31)과 (6.32)를 이용하여 가중계수를 갱신한다. 다음 예제를 통하여 다층신경망의 가중계수 추정을 위한 역전파 알고리즘을 살펴보자.

예제6.3.3 〈그림 6-8〉의 다층신경망 모형에 대하여 입력 데이터가 집단 1이며 변수 값은 $(x_1,\ x_2,\ x_3)$ = (1, 0, 1)이라 하자. 모형 식 (6.26)의 가중계수와 편향을 기울기하강 방식의 역전파 알고리즘으로 구해 보자. 활성함수는 시그모이드 함수를 이용하고 가중계수와 편향의 초기값은 (-1,1) 사이의 난수를 이용하여 다음과 같이 정하였다. 학습률은 $\lambda = 0.1$ 로 하자.

[표 6.9] 〈그림 6-8〉 다층신경망의 가중계수와 편향에 대한 초기값

w_{14}	w_{15}	w_{24}	w_{25}	w_{34}	w_{35}	w_{46}	w_{56}	w_{04}	w_{05}	w_{06}
-0.51	-0.99	0.35	-0.45	0.39	0.19	0.27	0.71	-0.75	-0.09	0.18

풀이 역전파 알고리즘의 전방향단계는 주어진 초기값을 활용하여 모든 노드의 출력값을 계산한다. 〈그림 6-8〉의 신경망에서 노드 ①, ②, ③의 출력값 O_1, O_2, O_3은 입력 변수의 값 $x_1,\ x_2,\ x_3$이고, 노드 ④, ⑤, ⑥의 출력값은 주어진 초기 가중계수를 이용하면 다음과 같다.

$$\begin{aligned} O_4 &= f(w_{14}x_1 + w_{24}x_2 + w_{34}x_3 + w_{04}) = f(-0.51\times 1 + 0.35\times 0 + 0.39\times 1 - 0.75) \quad \textbf{(6.35)} \\ &= f(-0.87) = 0.2953 \\ O_5 &= f(w_{15}x_1 + w_{25}x_2 + w_{35}x_3 + w_{05}) = f(-0.99\times 1 - 0.45\times 0 + 0.19\times 1 - 0.09) \\ &= f(-0.89) = 0.2911 \\ O_6 &= f(w_{46}O_4 + w_{56}O_5 + w_{06}) = f(0.27\times 0.2953 + 0.71\times 0.2911 + 0.18) \\ &= f(0.4664) = 0.6145 \end{aligned}$$

역전파 알고리즘의 후방향단계는 먼저 노드 ⑥의 오차 E_6를 추정한 후, 노드 ④, ⑤의 오차를 추정한다. 노드 ⑥의 오차 E_6의 추정은 식 (6.33)을 이용하면 다음과 같다.

$$E_6 = O_6(1-O_6)(y-O_6) = 0.6145\times(1-0.6145)\times(1-0.6145) = 0.0913 \qquad \textbf{(6.36)}$$

여기서 $O_6(1-O_6)$항은 시그모이드 함수의 미분에서 나오는 변화율이고 y는 실제 집단값이다. 오차 E_6의 의미는 식 추정오차 $(y-O_6)$에 오차변화율 $O_6(1-O_6)$를 곱한 것이 된다. 은닉노드 ⑤의 오차 E_5의 계산은 오차변화율 $O_5(1-O_5)$에 노드 ⑤와 연결된 모든 노드들의 오차 가중합의 곱으로 구하는데 이를 오차의 역전파라 한다. 즉

$$E_5 = O_5(1-O_5)\sum_k w_{5k}E_k \qquad \textbf{(6.37)}$$

이 문제에서는 노드 ⑤와 연결된 노드가 ⑥만 있으므로 E_5는 다음과 같다. 노드 ④의 오차 E_4도 같은 방법으로 계산한다.

$$\begin{aligned} E_5 &= O_5(1-O_5)w_{56}E_6 = 0.2911\times(1-0.2911)\times 0.71\times 0.0913 = 0.0134 \qquad \textbf{(6.38)} \\ E_4 &= O_4(1-O_4)w_{46}E_6 = 0.2953\times(1-0.2953)\times 0.27\times 0.0913 = 0.0051 \end{aligned}$$

따라서 가중계수와 편향의 갱신은 식 (6.31)과 (6.32)를 이용하여 다음과 같다.

$$
\begin{aligned}
w_{46} &= w_{46} + \lambda E_6 O_4 = 0.27 + 0.1 \times 0.0913 \times 0.2953 = 0.2727 \\
w_{56} &= w_{56} + \lambda E_6 O_5 = 0.71 + 0.1 \times 0.0913 \times 0.2911 = 0.7127 \\
w_{14} &= w_{14} + \lambda E_4 x_1 = -0.51 + 0.1 \times 0.0051 \times 1 = -0.5095 \\
w_{15} &= w_{15} + \lambda E_5 x_1 = -0.99 + 0.1 \times 0.0134 \times 1 = -0.9887 \\
w_{24} &= w_{24} + \lambda E_4 x_2 = 0.35 + 0.1 \times 0.0051 \times 0 = 0.3500 \\
w_{25} &= w_{25} + \lambda E_5 x_2 = -0.45 + 0.1 \times 0.0134 \times 0 = -0.4500 \\
w_{34} &= w_{34} + \lambda E_4 x_3 = 0.39 + 0.1 \times 0.0051 \times 1 = 0.3905 \\
w_{35} &= w_{35} + \lambda E_5 x_3 = 0.19 + 0.1 \times 0.0134 \times 1 = 0.1913 \\
w_{04} &= w_{04} + \lambda E_4 = -0.75 + 0.1 \times 0.0051 = -0.7495 \\
w_{05} &= w_{05} + \lambda E_5 = -0.09 + 0.1 \times 0.0134 = -0.0887 \\
w_{06} &= w_{06} + \lambda E_6 = 0.18 + 0.10 \times 0.0913 = 0.1891
\end{aligned} \tag{6.39}
$$

역전파 알고리즘에서 가중계수의 추정은 초기값과 학습률에 따라 해가 달라질 수 있음을 유의하여야 한다. 학습률 λ를 높이면 가중계수가 빠르게 변하고 학습률이 낮으면 가중계수가 천천히 변하게 된다. 처음에는 학습률을 높게 하여 실험을 해 보고, 점차로 낮은 학습률로 실험을 해 보는 것이 좋다. 대개 학습률은 0.05에서 0.7 사이의 값이 많이 이용된다.

역전파 알고리즘을 데이터의 수만큼 반복하면 '신경망이 학습되었다'라고 하는데, 신경망이 복잡하면 목적함수의 **전체최적값**(global optimal solution)을 구하지 못하고 **국지적최적값**(local optimal solution)을 구할 수 있어 주의하여야 한다. 비선형 함수를 다루는 알고리즘에서는 초기값(initial value)에 따라 최종 해가 국지적최적값 또는 전체최적값이 될 수 있으므로 시행과 오류(trial and error)를 반복하여 실험을 하여야 한다. 대개 초기값으로는 일정 영역의 균일분포(uniform distribution)에서 난수를 추출하여 실험을 한 후 가장 좋은 결과를 보이는 초기값을 선택한다.

6.3.3 신경망 모형의 특성

신경망 모형의 특성을 요약하면 다음과 같다.

1) 분류를 위한 실제 데이터에서 신경망 모형은 다른 모형보다 어느 정도 우수한 결과를 보이는 것으로 평가받고 있다. 특히 변수의 수가 많고 입력변수와 출력변수가 복잡한 비선형함수 형태를 가질 때 더 유용하다.
2) 신경망 모형은 분류 결과에 대해 왜 그렇게 분류하게 되었는지 설명하기가 쉽지 않아 이 모형을 블랙박스로 부르기도 한다. 모형의 해석이 어렵다는 것은 모형의 수정이 어려울 수 있어 신경망의 단점이라고 할 수 있다.

3) 다층신경망은 비선형분류함수를 추정하는 것으로서 적어도 하나 이상의 은닉층이 필요하다. 적절한 은닉층의 수와 은닉노드 수의 결정이 모형의 과적합을 피하기 위해 매우 중요하다. 신경망 모형은 훈련용 데이터에서는 만족스러운 결과를 보이나, 실제 적용에서는 분류가 정확하지 않는 경우가 있는데 이는 모형의 과적합이 주요 원인이다.
4) 신경망은 훈련용 데이터에 잡음(noise)이 있더라도 민감한 반응을 보이지 않는다. 따라서 입력정보의 오류를 파악하기가 쉽지 않다.
5) 신경망의 가중계수 추정에 사용되는 기울기하강방법은 지역해를 찾을 수 있다. 따라서 초기값의 변경이나 데이터의 민감도 분석 등 여러 가지 방법으로 지역해인지 아닌지를 조사하여야 한다.
6) 신경망의 훈련과정은 은닉층과 노드의 수가 많으면 매우 시간이 걸리는 작업이다. 하지만 훈련이 끝난 후에 시험용 데이터에 대해서는 신속하게 분류할 수 있다.

6.4 지지벡터기계(Support Vector Machine) 모형

분류모형 중에서 최근에 주목받는 기법이 **지지벡터기계**(support vector machine: SVM) 모형으로서 많은 분야에 응용되고 있다. SVM은 훈련용 데이터를 이용하여 지지벡터라 불리는 분류함수를 결정하는데, 선형함수를 이용하는 **선형 SVM**과 비선형함수를 이용하는 **비선형 SVM**으로 나눈다.

6.4.1 선형 SVM

<그림 6-9>와 같은 두 집단('+'와 '−'로 표시)에 대한 2차원 훈련용 데이터를 생각해 보자. 이 데이터의 경우에는 한 직선을 이용하여 두 집단을 오분류없이 잘 분류할 수 있는 경우인데, 정확한 분류가 가능한 직선이 너무 많다. 따라서 어떠한 직선이 시험용 데이터에 오분류가 적게 될 수 있는지를 생각하여야 한다. 그림에서 두 직선 L_1과 L_2를 비교해 보자. L_1은 x축에서 '+' 집단의 제일 우측에 있는 점과 '−' 집단의 제일 좌측에 있는 점을 양분하는 직선으로서 두 점을 지나는 직선간의 거리가 d_1이 된다. L_2는 '+' 집단의 제일 우측 상단에 있는 점과 '−' 집단의 제일 좌측 하단에 있는 점을 양분하는 직선으로서 두 점을 지나는 직선간의 거리가 d_2가 된다. 만일 이 두 직선을 이용하여 시험용 데이터를 분류하면 L_1의 거리차(margin) d_1이 L_2의 거리차 d_2보다 커서 오분류가 일어날 가능성이 적다고 볼 수 있다. 선형 SVM은 d_1과 같은 거리차가 최대(maximize margin)가 되도록 선형분류함수를 결정하는 방법이다.

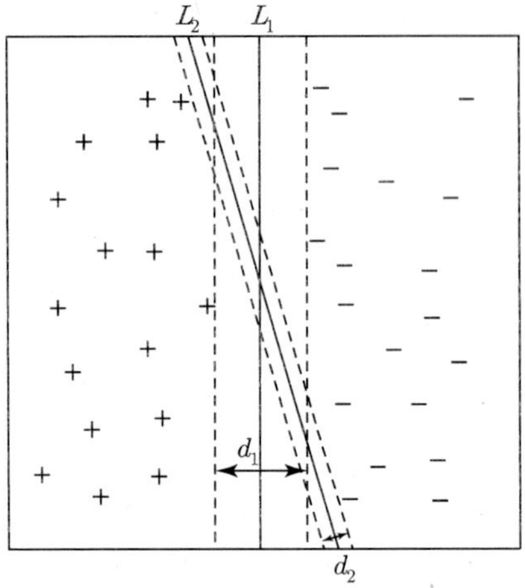

그림 6-9 두 집단의 분류를 위한 두 종류의 직선 L_1과 L_2의 비교
L_1의 거리차(margin d_1)가 L_2의 거리차 d_2보다 커서 실제분류에서 오분류가 적을 수 있다

선형 SVM은 〈그림 6-9〉와 같이 두 집단의 데이터를 선형분류함수를 이용하여 완전히 분리할 수 있는 경우(linearly separable)와 그렇지 않은 경우(linearly nonseparable)로 나누어 설명할 수 있다.

가. 선형분리가 가능한 경우

두 개의 집단을 가정하고 편의상 '+1'과 '−1' 집단이라 하자. m개의 변수를 $\boldsymbol{x}=(x_1, x_2, \dots, x_m)$, 집단변수를 y로 표시하고, 이 변수들에 대해 관찰한 n개의 훈련용 데이터를 $D=\{(x_{i1}, x_{i2}, \dots, x_{im}, y_i),\ i=1,2,\dots,n\}$로 표시하자. 벡터 기호를 이용하면 훈련용 데이터는 $D=\{(\boldsymbol{x}_i, y_i),\ i=1,2,\dots,n\}$로 표시할 수 있다. 여기서 $\boldsymbol{x}_i=(x_{i1}, x_{i2}, \dots, x_{im})$이고, y_i는 +1 또는 −1의 값을 가질 수 있다. m개의 변수에 대한 선형분류식은 다음과 같이 표시된다.

$$w_0 + w_1 x_1 + w_2 x_2 + \cdots + w_m x_m = 0 \tag{6.40}$$

여기서 $w_0, w_1, w_2, \dots, w_m$은 추정해야 할 모수로서 식 (6.40)은 m차원 공간의 초평면(hyper plane)에 대한 일반적인 방정식이다. 벡터기호 $\boldsymbol{w}=(w_1, w_2, \dots, w_m)$와 벡터의 내적기호 ・을 이용하여 위 식을 표현하면 다음과 같다.

$$\boldsymbol{w} \cdot \boldsymbol{x} + w_0 = 0 \tag{6.41}$$

만일 데이터 $\boldsymbol{x}_i$가 이 초평면상에 있다면 $\boldsymbol{w} \cdot \boldsymbol{x}_i + w_0 = 0$이 된다. 만일 데이터 $\boldsymbol{x}_i$가 초평면보다 위에 있다면 $\boldsymbol{w} \cdot \boldsymbol{x}_i + w_0 > 0$이고, 초평면보다 아래 있다면

$\boldsymbol{w}\cdot\boldsymbol{x}_i+w_0<0$이 된다.

w_0의 값을 적당히 조절해 준다면 두 집단을 구분하는 분류식은 다음과 같이 적을 수 있다.

$$\text{if } \boldsymbol{w}\cdot\boldsymbol{x}+w_0\ge 1,\ \text{then } y=1 \qquad (6.42)$$

$$\text{if } \boldsymbol{w}\cdot\boldsymbol{x}+w_0\le -1,\ \text{then } y=-1 \qquad (6.43)$$

여기서 $\boldsymbol{w}\cdot\boldsymbol{x}+w_0=1$는 $y=1$인 집단의 경계에 있는 점을 통과하는 초평면이고, $\boldsymbol{w}\cdot\boldsymbol{x}+w_0=-1$는 $y=-1$인 집단의 경계에 있는 점을 통과하는 초평면이다. 이 두 초평면을 **지지벡터**(support vector)라 하는데, 두 집단의 거리차 d는 이 두 초평면 사이의 거리가 된다. 위 분류식은 간단히 다음과 같이 표현할 수도 있다.

$$y(\boldsymbol{w}\cdot\boldsymbol{x}+w_0)\ge 1 \quad i=1,2,\ldots,n \qquad (6.44)$$

〈그림 6-10〉과 같이 선형분류가 가능한 데이터에서 두 집단을 분류할 수 있는 초평면은 여러 개가 있을 수 있는데, 초평면에서 두 집단 경계에 있는 데이터 사이의 거리차(margin)가 최대인 것이 오분류를 최소화할 수 있다.

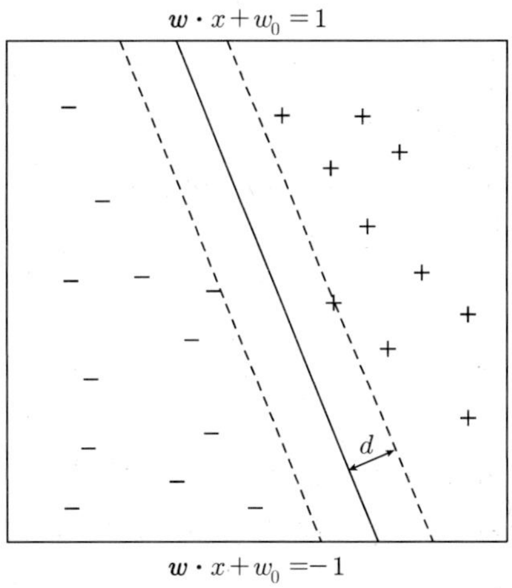

그림 6-10 선형분류가 가능한 데이터에서 두 집단을 분류할 수 있는 초평면
거리차(margin d)가 최대가 되는 최평면이 실제분류에서 오분류가 적을 가능성이 높다

만일 $\boldsymbol{x}_1$이 초평면 $\boldsymbol{w}\cdot\boldsymbol{x}+w_0=1$ 위의 한 점(즉, $\boldsymbol{w}\cdot\boldsymbol{x}_1+w_0=1$)이고, $\boldsymbol{x}_2$가 초평면 $\boldsymbol{w}\cdot\boldsymbol{x}+w_0=-1$의 한 점(즉, $\boldsymbol{w}\cdot\boldsymbol{x}_2+w_0=1$)이라고 하면

$$\boldsymbol{w}\cdot(\boldsymbol{x}_1-\boldsymbol{x}_2)=2 \qquad (6.45)$$

이 된다. 벡터 $\boldsymbol{w}$와 $(\boldsymbol{x}_1 - \boldsymbol{x}_2)$의 길이를 각각 $\|\boldsymbol{w}\|$, $\|\boldsymbol{x}_1 - \boldsymbol{x}_2\|$라 하고, 두 벡터 사이의 각을 θ라 할 때 두 벡터의 내적은 정의에 의해 다음과 같다.

$$\boldsymbol{w} \cdot (\boldsymbol{x}_1 - \boldsymbol{x}_2) = \|w\| \, \|\boldsymbol{x}_1 - \boldsymbol{x}_2\| \cos\theta \tag{6.46}$$

두 초평면 사이의 최단 거리차 d는 두 벡터가 직교할 경우($\cos\theta = 0$)이므로 식 (6.45)는 다음과 같이 된다.

$$\|\boldsymbol{w}\| \times d = 2, \quad \text{즉 } d = \frac{2}{\|\boldsymbol{w}\|} \tag{6.47}$$

최단 거리차 d를 최대화한다는 것은 $d^2 = 2^2/\|\boldsymbol{w}\|^2$을 최대화하는 것과 같고, 이는 $\|\boldsymbol{w}\|^2/2^2$를 최소화하는 것과 같다. 따라서 두 집단의 데이터를 초평면을 이용하여 완전히 분리할 수 있는 경우의 지지벡터를 찾는 문제는 다음과 같은 비선형 최적화 문제의 해를 구하는 것과 같다.

$$\begin{aligned} &\text{Find } \boldsymbol{w} \text{ and } w_0 \text{ which} \\ &\text{Minimize } \frac{\|\boldsymbol{w}\|^2}{2^2} \\ &\text{Subject to } y_i(\boldsymbol{w} \cdot \boldsymbol{x}_i + w_0) \geq 1, \quad i = 1, 2, \cdots, n \end{aligned} \tag{6.48}$$

이 최적화 문제는 목적함수가 이차함수(quadratic function)이고 제약식이 선형함수인 이차형식 최적화(quadratic optimization) 문제이다. 이 최적화 문제는 라그란지 승수법(standard Lagrangian multiplier method)으로 하여 풀 수 있는데 목적함수는 다음과 같다.

$$f(w_0, w_1, \ldots, w_m) = \frac{1}{2^2}\|\boldsymbol{w}\|^2 - \sum_{i=1}^{n} \lambda_i \left[y_i(\boldsymbol{w} \cdot \boldsymbol{x}_i + w_0) - 1 \right] \tag{6.49}$$

여기서 λ_i는 라그란지 승수라 하는데, 목적함수를 최소로 하는 값을 찾기 위해서는 각각의 미지 모수에 대해 편미분을 하에 0으로 놓은 후 연립방정식을 풀어야 한다.

$$\frac{\partial f}{\partial \boldsymbol{w}} = 0 \;\Rightarrow\; 2\boldsymbol{w} = \sum_{i=1}^{n} \lambda_i y_i \boldsymbol{x}_i \tag{6.50}$$

$$\frac{\partial f}{\partial w_0} = 0 \;\Rightarrow\; \sum_{i=1}^{n} \lambda_i y_i = 0 \tag{6.51}$$

이 비선형 연립방정식의 자세한 해법은 이 책의 수준을 넘으므로 이차형식 계획법(quadratic programming) 서적을 참조하기 바란다. 최적해 $\boldsymbol{w}$와 w_0를 구하였을 때 선형 지지벡터를 이용한 분류식은 다음과 같다.

$$\text{만일 } \boldsymbol{w} \cdot \boldsymbol{x} + w_0 \geq 0 \text{이면 '+1' 집단, 아니면 '-1' 집단으로 분류} \quad (6.52)$$

선형 지지벡터에 대한 다음의 예를 살펴보자.

예제 6.4.1 [표 6.10]과 같은 두 개의 변수 x_1(나이), x_2(월수입)와 집단변수 y(+1:구매, −1:비구매)에 대한 8개의 데이터가 있을 때 선형 지지벡터 모형으로 분류식을 구하라.

[표 6.10] 두 개의 변수 데이터

x_1	x_2	y
25	150	−1
34	220	+1
26	210	−1
28	250	+1
21	100	−1
31	220	+1
36	300	+1
20	100	−1

풀이 [표 6.10]의 데이터에 대해 산점도를 그리면 〈그림 6-11〉과 같이 선형으로 분리가 가능한 경우이다. 그림에서 o는 +집단, r은 −집단을 의미하는데 두 집단을 분류할 수 있는 직선은 많이 있음을 알 수 있다.

식 (6.48)의 이차형식 계획의 해를 구하면 $0.333x_1 + 0.033x_2 - 16.667 = 0$으로, 즉 $x_2 = -10x_1 + 500$ 으로 〈그림 6-11〉의 직선이다. 데이터 (z_1, z_2)의 분류식은 다음과 같다.

$$0.333z_1 + 0.033z_2 - 16.667 \geq 0 \text{이면 +집단, 아니면 − 집단으로 분류} \quad (6.53)$$

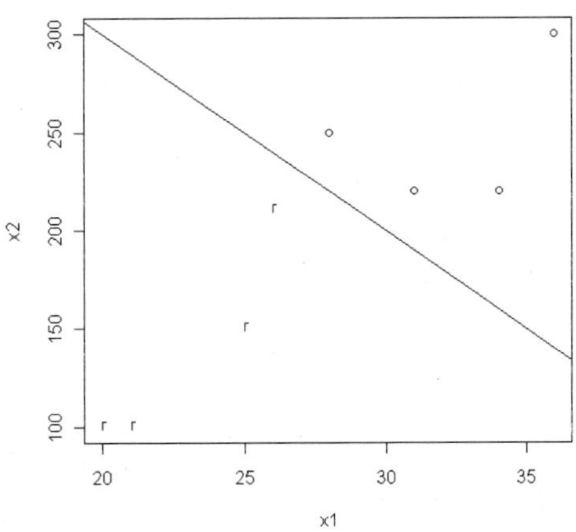

그림 6-11 [표 6.10]의 산점도: 선형분류가 가능한 데이터

나. 선형분리가 불가능한 경우(linearly not separable case)

<그림 6-12>는 두 집단을 직선으로 분리하기가 불가능한 경우를 보여 주고 있다. 이러한 경우 선형분리가 가능한 경우의 분류식에 **여유변수**(slack variable)를 도입하여 유사한 최적화 문제를 만들 수 있다. 즉, 식 (6.42)의 부등식 우측에 여유변수 $\xi > 0$를 빼주고, 식 (6.43)의 부등식 우측에 여유변수 $\xi > 0$를 더해준 후, 여유변수를 최소로 하는 초평면을 찾으면 오분류를 최소로 하는 분류식을 구할 수 있다.

$$\text{if } \boldsymbol{w}\cdot\boldsymbol{x}+w_0 \geq 1-\xi, \quad \text{then } y=1 \tag{6.54}$$

$$\text{if } \boldsymbol{w}\cdot\boldsymbol{x}+w_0 \leq -1+\xi, \quad \text{then } y=-1 \tag{6.55}$$

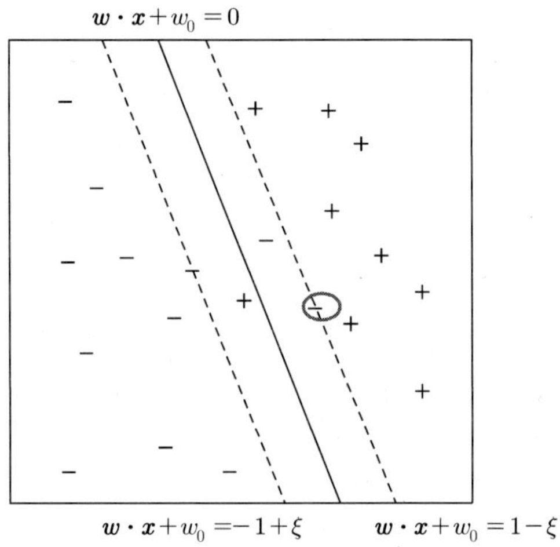

그림 6-12 두 집단의 선형분류가 불가능한 경우 여유변수 ξ 의 도입

<그림 6-12>에서 여유변수 ξ는 선형분류가 가능한 초평면($\boldsymbol{w}\cdot\boldsymbol{x}+b=-1$)에서 원으로 표시된 - 집단의 데이터를 포함할 수 있는 초평면 $\boldsymbol{w}\cdot\boldsymbol{x}+w_0=-1+\xi$ 까지 평행 이동한 것을 의미한다. 이 두 초평면 사이의 거리는 ξ / $\|w\|$ 임을 보일 수 있는데, 선형분류가 불가능한 경우 오분류를 최소로 하기 위한 비선형 최적화 문제는 다음과 같다.

$$\text{Minimize} \quad \frac{\|\boldsymbol{w}\|^2}{2^2}+C\left(\sum_{i=1}^{n}\xi_i\right)^k \tag{6.56}$$

$$\text{Subject to} \quad y_i(\boldsymbol{w}\cdot\boldsymbol{x}_i+w_0) \geq 1-\xi_i, \quad i=1,2,\cdots,n$$

여기서 함수 $C(x)$는 각 데이터가 오류를 의미하는 여유변수를 최소로 하기 위한 **페날티함수**(penalty function)를 의미하고, $C(x)$와 k는 사용자가 임의로 선택할 수 있는 모수이다. 이러한 비선형 최적화 문제도 라그란지 승수법(Lagrangian multiplier method)으로 풀 수 있는데, 자세한 것은 이 책의 수준을 넘으므로 생략하기로 한다.

이 절에서는 두 집단인 경우의 SVM 모형을 소개하였는데 여러 집단의 경우로 확장할 수 있다.

6.4.2 비선형 SVM

앞 절에서는 선형함수로서 두 집단을 분리하는 방법을 연구하였는데, 이 개념을 확장하면 비선형함수(nonlinear function)를 이용하는 SVM 모형을 쉽게 이해할 수 있다. 기본적인 아이디어는 데이터 $\boldsymbol{x}$의 좌표공간을 새로운 공간 $\Phi(\boldsymbol{x})$으로 비선형 변환하는 것이다. 이때 분류함수는 원, 타원, 곡선 등 다양한 형태가 될 수 있다. 비선형 SVM의 일반적인 최적화모형은 다음과 같다.

$$\text{Minimize} \quad \frac{\|\boldsymbol{w}\|^2}{2^2} \tag{6.57}$$

$$\text{Subject to} \quad y_i(\boldsymbol{w} \cdot \Phi(\boldsymbol{x}_i) + w_0) \geq 1 \quad i = 1, 2, \cdots, n$$

이 비선형 최적화 문제도 **라그란지승수법**(Lagrangian multiplier method)으로 풀 수 있는데, 자세한 것은 이 책의 수준을 넘으므로 생략하기로 한다.

6.4.3 지지벡터기계 모형의 특성

SVM 모형은 최근 많이 사용되는 모형으로 다음과 같은 특성을 가지고 있다.

1) 선형 SVM 모형을 풀기 위한 최적화 문제는 볼록함수(convex function)의 최소화 문제로서 전체 최소점(global minimum)을 찾기 위한 알고리즘이 잘 발전되어 있다. 반면에 신경망 모형 등은 전체 최적값을 찾기 위한 알고리즘이 잘 정의되어 있지 못하여 지역 최적값을 찾을 수 있다.
2) 선형 분리가 불가능한 경우 SVM 모형에서는 페날티 함수 $C(x)$를 사용자가 결정하여야 하는 단점이 있을 수 있다.

6.5 앙상블(Ensemble) 모형

지금까지 연구해 온 분류모형들은 한 가지 분류기법을 이용해 소속집단을 모르는 데이터의 집단을 예측하는 것이었다. 이 절에서는 여러 개의 분류모형에 의한 결과를 종합하여 분류의 정확도를 높이는 **앙상블**(ensemble) 모형을 소개한다. 훈련용 데이터를 이용하여 수립된 한 분류모형을 분류기(classifier)라 하자. 앙상블 모형은 훈련용 데이터에서 여러 개의 분류기를 만든 후, 소속집단을 모르는 데이터를 분류할 때 각 분류기를 적용하여 집단을 분류한 후 결과집단의 다수결로서 최종 집단을 결정하는 방법이다.

앙상블 모형은 각각의 분류기보다 더 좋은 분류결과를 얻을 수 있다. 예를 들어, 두 집단을 분류하는 분류기가 5개 있고, 각각의 오분류율이 5%라고 하자. 만일 각 분류기가 모두 동일한 모형이라면 앙상블 모형도 5%의 오분류율을 갖게 된다. 하지만 각 분류기가 서로 다른 독립적인 모형이라면 각 분류기의 반 이상이 오분류할 경우에 앙상블 모형도 오분류를 하게 된다. 즉, 앙상블 모형의 오분류율 $e_{ensemble}$은 다음과 같다.

$$e_{ensemble} = \sum_{i=3}^{5} \binom{5}{i} (0.05)^i (1-0.05)^{5-i} = 0.0001 \tag{6.58}$$

따라서 기본 분류기의 오분류율보다 앙상블 모형의 오분류가 작다. 앙상블 모형이 각각의 분류기보다 분류 결과가 좋게 되기 위해서는 각각의 분류기가 서로 독립이어야 하고, 오분류율이 적어도 50%보다는 적어야 한다. 실제적으로 각각의 분류기가 서로 완전히 독립이라고 하기는 힘든 경우가 많지만, 이러한 경우에도 분류 결과가 좋은 것으로 알려져 있다.

앙상블 모형에 사용되는 각각의 분류기는 어떠한 분류모형이라도 사용될 수 있다. 하지만 한 가지 모형을 적용하면서도 데이터를 조절한다든지, 변수의 수를 조절한다든지, 집단명을 조절하면서 여러 개의 분류기를 만들어 앙상블할 수도 있다.

가. 데이터를 조절하는 방법

이 방법은 적절한 표본추출법으로 데이터에서 여러 개의 훈련용 데이터 집합을 만들어 각각의 데이터 집합에서 하나의 분류기를 만들어 앙상블하는 방법이다. 6.5.1절에서 설명하는 **배깅**(bagging)과 6.5.2절에서 설명하는 **부스팅**(boosting) 방법이 데이터를 조절하여 앙상블하는 대표적인 방법이다.

나. 변수의 수를 조절하는 방법

이 방법은 전체 변수집합에서 부분 변수집합을 선택하여 훈련용 데이터를 만든다. 부분 변수집합은 랜덤하게 추출할 수도 있고 전문가의 선택이 될 수도 있다. 불필요한 변수들이 많이 있을 때 효과적이라고 알려져 있는데, **랜덤포리스트**(random forest)라는 앙상블 분류방법을 6.5.3절에서 소개한다.

다. 집단명을 조절하는 방법

집단의 종류가 많은 경우 소수의 집단으로 묶어서 분류를 하거나, 각 집단에 속하는지의 여부만 분류하는 분류기를 만들어 앙상블 모형을 적용할 수 있다.

라. 분류모형 가정을 조절하는 방법

한 분류모형은 모수(parameter)에 대한 가정이나 알고리즘에 대한 가정에 의해 여러 개의 서로 다른 분류모형이 만들어질 수 있는데, 이를 앙상블 모형으로 종합할 수 있다. 예를 들어, 신경망 모형에서서는 네트워크 형태에 대한 가정이나 초기 가중계수에 대한 가정을 변화시킴으로써 서로 다른 분류기가 생성될 수 있다. 또한 의사결정나무에서는 가지분할 변수를 선택하는 기준이나 나무확장 기준을 변화시킴으로써 서로 다른 분류기가 생성될 수 있다.

6.5.1 배깅(Bagging)

배깅(bagging)은 bootstrap aggregating의 준말로서 훈련용 데이터 집합으로부터 크기가 같은 표본을 여러 번 단순확률 반복추출(with replacement)하여 각 표본에 맞는 분류기를 생성한 후 결과를 앙상블하는 방법이다. 반복추출 방법을 사용하기 때문에 같은 데이터가 한 표본에 여러 번 추출될 수도 있고, 어떤 데이터는 추출되지 않을 수도 있다. n개의 데이터가 있을 때 n개의 표본을 단순확률 반복추출할 경우 각 데이터가 다시 뽑힐 확률은 $1-(1-1/n)^n$이다. n이 충분히 크다면 이 확률은 $1-1/e$에 수렴하게 되는데 대략 0.632가 된다. 일반적인 배깅 알고리즘은 다음과 같다.

알고리즘 6.4 배깅(Bagging) 알고리즘

단계 1: R = 붓스트랩 표본의 수, n = 표본의 크기
2: for k = 1 to R do
3: 크기가 n인 붓스트랩 표본 D_k를 생성
4: 붓스트랩 표본 D_k를 이용하여 분류기 C_k를 만듬
5: end for
6: $C^*(\boldsymbol{x}) = \underset{y}{\text{argmax}} \sum_{k=1}^{R} I(C_k(\boldsymbol{x}) = y)$ {$\boldsymbol{x}$를 각 분류기가 다수 분류한 집단으로 분류}

예제 6.5.1 배깅

한 백화점의 어느 상품매장을 방문하는 사람 10명의 월수입을 x라 하고, 구매여부를 집단변수 y(구매자는 1, 비구매자는 −1 값을 가진다고 가정)로 하여 조사한 데이터가 [표 6.11]과 같다. 단순한 의사결정나무 분류방식인 '만일 $x \le c$이면 집단 1로 결정, 아니면 집단 −1로 결정'을 분류기로 이용하고자 한다. 이를 **의사결정 스텀프**(decision stump)라 하는데 여기서 c는 엔트로피가 최소가 되도록 결정한다(5.4.4절 참조). 이 데이터를 배깅 방법으로 분류하라.

[표 6.11] 배깅을 위한 데이터

x	100	120	160	180	186	190	210	250	270	300
y	1	1	1	−1	−1	−1	−1	1	1	1

풀이 위 데이터에서 엔트로피가 최소가 되는 가지분할은 c = 170 또는 200이다(5.4.4절 참조). 두 경우 모두 분류기의 정확도는 70%이다. 배깅 방법을 적용하기 위하여 10개의 붓스트랩 표본을 추출한 결과와 엔트로피가 최소가 되는 각각의 분류기가 [표 6.12]와 같다.

[표 6.12] 배깅을 위한 10개의 붓스트랩 표본과 각각의 분류기

표본번호	붓스트랩 표본											분류기
표본 1	x	100	120	120	160	180	180	186	190	270	270	if $x \le 170$ *then* $y=1$ *else* $y=-1$
	y	1	1	1	1	−1	−1	−1	−1	1	1	
표본 2	x	100	120	160	180	186	250	270	300	300	300	if $x \le 300$ *then* $y=1$ *else* $y=-1$
	y	1	1	1	−1	−1	1	1	1	1	1	
표본 3	x	100	120	160	180	180	186	210	210	250	270	if $x \le 170$ *then* $y=1$ *else* $y=-1$
	y	1	1	1	−1	−1	−1	−1	−1	1	1	
표본 4	x	100	100	120	180	180	186	186	210	250	270	if $x \le 150$ *then* $y=1$ *else* $y=-1$
	y	1	1	1	−1	−1	−1	−1	−1	1	1	
표본 5	x	100	100	120	186	190	190	190	300	300	300	if $x \le 153$ *then* $y=1$ *else* $y=-1$
	y	1	1	1	−1	−1	−1	−1	1	1	1	
표본 6	x	120	180	186	190	210	210	210	250	270	300	if $x \le 230$ *then* $y=-1$ *else* $y=1$
	y	1	−1	−1	−1	−1	−1	−1	1	1	1	
표본 7	x	100	180	180	190	210	250	270	270	270	300	if $x \le 230$ *then* $y=-1$ *else* $y=1$
	y	1	−1	−1	−1	−1	1	1	1	1	1	
표본 8	x	100	120	186	186	186	210	210	250	270	300	if $x \le 230$ *then* $y=-1$ *else* $y=1$
	y	1	1	−1	−1	−1	−1	−1	1	1	1	
표본 9	x	100	160	180	180	190	210	210	250	300	300	if $x \le 230$ *then* $y=-1$ *else* $y=1$
	y	1	1	−1	−1	−1	−1	−1	1	1	1	
표본 10	x	100	100	100	100	160	160	250	250	270	270	if $x \le 50$ *then* $y=-1$ *else* $y=1$
	y	1	1	1	1	1	1	1	1	1	1	

[표 6.13]은 원래의 10개 데이터를 각각의 표본에서 구한 분류기에 의해 분류하고 다수결에 의한 최종 분류결과를 보여 주고 있다. 집단명을 1 또는 −1 로 명명하였기 때문에 다수결에 의한 최종 분류결과는 각 분류기의 분류결과를 합한 후 그 부호를 조사하면 된다. 배깅에 의한 앙상블 분류결과는 모든 데이터를 정확히 분류한다.

[표 6.13] 배깅을 이용한 10개의 분류기의 결합

각 표본의 분류기 \ x	100	120	160	180	186	190	210	250	270	300
분류기 1	1	1	1	−1	−1	−1	−1	−1	−1	−1
분류기 2	1	1	1	1	1	1	1	1	1	1
분류기 3	1	1	1	−1	−1	−1	−1	−1	−1	−1
분류기 4	1	1	1	−1	−1	−1	−1	−1	−1	−1
분류기 5	1	1	1	−1	−1	−1	−1	−1	−1	−1
분류기 6	−1	−1	−1	−1	−1	−1	−1	1	1	1
분류기 7	−1	−1	−1	−1	−1	−1	−1	1	1	1
분류기 8	−1	−1	−1	−1	−1	−1	−1	1	1	1
분류기 9	−1	−1	−1	−1	−1	−1	−1	1	1	1
분류기 10	1	1	1	1	1	1	1	1	1	1
합계	2	2	2	−6	−6	−6	−6	2	2	2
합계의 부호	1	1	1	−1	−1	−1	−1	1	1	1
실제 집단	1	1	1	−1	−1	−1	−1	1	1	1

배깅에 의한 분류기의 앙상블 방법은 각각의 분류기의 분산을 감소시킴으로써 오분류를 개선시킨다. 배깅의 성과는 각 분류기의 안정성에 달려있다. 각 분류기가 안정되지 않으면 배깅은 단지 훈련용 데이터에 있는 랜덤 변동성과 관련된 오류를 줄이는 정도가 된다. 배깅 앙상블 방법은 각각의 데이터가 추출될 확률이 같으므로 극단값 등 이상 데이터의 분류에 초점을 두지는 않는다. 따라서 잡음 데이터가 있는 경우에도 모형 과적합 등의 문제는 발생하지 않는다.

6.5.2 부스팅(Boosting)

배깅에서는 데이터를 복원추출(with replacement)할 때 동일한 확률로 반복 추출하였다. **부스팅**(boosting)은 데이터를 동일한 확률로 복원추출하지 않고 분류가 잘못된 데이터에 가중을 주어 표본으로 선택될 확률이 높도록 한 후 추출하는 방법이다. 부스팅에서는 붓스트랩 표본을 추출하여 분류기로 만든 후, 그 분류결과를 이용하여 다음 붓스트랩 표본을 추출할 때 각 데이터가 추출될 확률을 수정하게 된다.

n개의 훈련용 데이터가 있을 때 부스팅 방법은 처음에는 배깅과 마찬가지로 각각의 데이터가 추출될 확률을 동등하게 $1/n$로 부여한 후, 복원추출로 n개의 붓스트랩 데이터를 추출한다. 이 붓스트랩 데이터를 이용하여 분류기를 만든 후, 원래의 훈련용 각 데이터를 이 분류기로 분류하여 오분류 여부를 조사한다. 만일 데이터가 오분류되었다면 이 데이터가 다음에 추출될 가능성이 높도록 추출될 확률을 증가시키고, 데이터가 올바로 분류되었다면 다음에 추출될 확률을 감소시킨다. 추출되지

않았던 데이터도 오분류될 가능성이 높기 때문에 추출될 확률을 증가시킨다. 이 방법을 반복적으로 사용하면 지속적으로 오분류되는 데이터가 더 초점을 받게 된다.

최근 부스팅 알고리즘에 대한 연구가 발전되었는데 (1) '각 부스팅 라운드에서 어떻게 각 데이터가 추출될 확률을 수정하느냐?' (2) '각 부스팅 라운드에서 결정된 분류기를 어떻게 종합하여 최종 분류를 하느냐?'에 따라 알고리즘이 다르다. 많이 이용되는 **아다부스팅**(AdaBoosting: adaptive boosting) 알고리즘을 소개한다.

가. 아다부스팅(AdaBoosting) 알고리즘

$D=\{(\boldsymbol{x}_1,y_1),(\boldsymbol{x}_2,y_2),\ldots,(\boldsymbol{x}_n,y_n)\}$를 훈련용 데이터의 집합이라 하고, 각 데이터가 추출될 확률을 $p_1,p_2,\cdots,p_n$이라 하자. 처음 붓스트랩 표본을 추출할 때 각 데이터가 추출될 확률은 동일하게 한다. 즉, $p_i=1/n,\ i=1,2,\ldots,n$. 붓스트랩 표본을 R번 추출하고 각각의 붓스트랩 표본에서 구한 분류기를 $C_1,C_2,\ldots,C_R$이라 하자. 아다부스팅 알고리즘은 각 분류기 C_k의 오분류율 ϵ_k를 다음과 같이 계산한다.

$$\epsilon_k=\frac{1}{n}\left[\sum_{i=1}^{n}p_i I(C_k(\boldsymbol{x}_i)\neq y_i)\right],\ k=1,2,\ldots,R \tag{6.59}$$

여기서 $C_k(\boldsymbol{x}_i)$는 분류기 C_k가 데이터 $\boldsymbol{x}_i$의 집단을 추정한 결과이고, $I(C_k(\boldsymbol{x}_i)\neq y_i)$는 분류기 C_k가 데이터 $\boldsymbol{x}_i$를 원래 집단 y_i로 분류하지 못하였을 때 1의 값을 갖게 되고, 아니면 0의 값을 갖는다. 즉 ϵ_k는 분류기 C_k의 각 데이터의 오분류에 대하여 데이터가 추출될 확률을 가중값으로 하는 오류율이다. 분류기 C_k의 중요도 α_k는 다음과 같이 결정한다.

$$\alpha_k=\frac{1}{2}ln\frac{1-\epsilon_k}{\epsilon_k},\ k=1,2,\ldots,R \tag{6.60}$$

만일 오분류율 ϵ_k가 0에 가까우면 중요도 α_k값은 커지게 되고, 반대로 ϵ_k가 1에 가까우면 α_k 값은 작아지게 된다. 분류기 C_k의 중요도 α_k는 데이터가 추출될 확률을 조정할 때 이용된다. $p_i^{(k)},\ i=1,2,\ldots,n$, 을 k번째 붓스트랩 표본의 추출 확률이라고 할 때, $(k+1)$번째 붓스트랩 표본추출을 위한 확률의 조정은 다음과 같다.

$$p_i^{(k+1)}=\frac{p_i^{(k)}}{Z_k}\times\begin{cases}e^{-\alpha_k} & \text{if}\quad C_k(\boldsymbol{x}_i)=y_i\\ e^{\alpha_k} & \text{if}\quad C_k(\boldsymbol{x}_i)\neq y_i\end{cases},\ i=1,2,\ldots,n \tag{6.61}$$

이 식의 의미는 데이터 $\boldsymbol{x}_i$가 잘못 분류되었다면 이 데이터가 다음 붓스트랩 표본을 추출할 때 추출될 가능성이 높도록 추출될 확률을 증가시키고, 만일 데이터가 올바로 분류되었다면 다음 붓스트랩 표본에서 추출될 확률을 감소시킨다는 것이다. 여기서 Z_k는 $p_1^{(k+1)}, p_2^{(k+1)}, \dots, p_n^{(k+1)}$의 합이 1이 되도록 만들기 위한 상수이다. 즉,

$$\sum_{i=1}^{n} p_i^{(k+1)} = 1 \tag{6.62}$$

부스팅 라운드를 진행하는 도중 오분류율이 50%를 넘는 경우는 처음 각 데이터가 추출될 확률 $p_i = 1/n$으로 돌아가서 복원추출을 하게 된다.

집단을 모르는 데이터 $\boldsymbol{x}$에 대해 생성된 R개의 분류기의 분류 결과를 종합하는 방법은 다수결이 아니라 각 분류 결과에 중요도 α_k만큼 가중한 결과를 이용한다.

$$C^*(\boldsymbol{x}) = \underset{v}{\text{argmax}} \sum_{k=1}^{R} \alpha_k \, I[C_k(\boldsymbol{x}) = v] \tag{6.63}$$

이상의 설명을 종합한 아다부스팅 알고리즘은 다음과 같다.

알고리즘 6.5 아다부스팅(AdaBoosting) 알고리즘

단계 1: 훈련용 데이터를 $D = \{(\boldsymbol{x}_1, y_1), (\boldsymbol{x}_2, y_2), \dots, (\boldsymbol{x}_n, y_n)\}$라 하자
2: $p_i^{(1)} = 1/n, \quad i = 1,2,\dots,n$ {n개의 데이터가 추출될 확률의 초기값 설정}
3: R = 붓스트랩 표본의 수
4: for $k=1$ to R do
5: $p_i^{(k)}, i = 1,2,\dots,n$, 를 이용한 반복추출로 훈련용 데이터 D_k 생성.
6: D_k를 이용하여 분류기 C_k를 만듬.
7: C_k를 D에 적용하여 각 데이터의 오분류 여부를 판별
8: $\epsilon_k = \frac{1}{n}\left[\sum_{i=1}^{n} p_i^{(k)} I(C_k(\boldsymbol{x}_i) \neq y_i)\right]$ {C_k의 가중 오류를 계산}
9: if $\epsilon_k > 0.5$ then
10: $p_i^{(k+1)} = 1/n, \quad i = 1,2,\dots,n$ {추출확률을 다시 초기값으로 설정}
11: go back to step 4
12: end if
13: $\alpha_k = \frac{1}{2} ln \frac{1-\epsilon_k}{\epsilon_k}$
14: $p_i^{(k+1)} = \frac{p_i^{(k)}}{Z} \times \begin{cases} e^{-\alpha_k} & \text{if } C_k(\boldsymbol{x}_i) = y_i \\ e^{\alpha_k} & \text{if } C_k(\boldsymbol{x}_i) \neq y_i \end{cases}, \; i = 1,2,\dots,n$
{Z는 가중계수가 합이 1이 되도록 만들기 위한 상수}
15: end for
16: $C^*(\boldsymbol{x}) = \underset{v}{\text{argmax}} \sum_{k=1}^{R} \alpha_k I[C_k(\boldsymbol{x}) = v]$ {가중 다수결로 분류}

예제6.5.2 AdaBoosting

아래의 [예제 6.5.1]의 데이터를 이용하여 아다부스팅 앙상블 방법으로 분류하라. 아다부스팅 각 라운드의 분류기는 최소엔트로피 **의사결정 스텀프**(decision stump)를 이용한다.

[표 6.14] [예제 6.5.1]의 데이터

x_i	100	120	160	180	186	190	210	250	270	300
y_i	1	1	1	−1	−1	−1	−1	1	1	1

풀이 데이터의 수가 n=10이므로 처음에는 배깅과 마찬가지로 각각의 데이터가 추출될 확률을 동등하게 $1/n$ = 0.1로 부여한 후, 복원추출로 10개의 새로운 붓스트랩 데이터를 추출한다. 이 방법으로 추출된 데이터가 다음과 같다고 가정할 때 최소엔트로피 분류기 C_1은 [표 6.15]와 같다.

[표 6.15] 아다부스팅을 위한 붓스트랩 표본 1의 분류기

붓스트랩 표본 1	x	100	180	186	190	190	210	210	210	250	300
	y	1	−1	−1	−1	−1	−1	−1	−1	1	1
분류기 C_1	if $x \le 230$ *then* $y=-1$ *else* $y=1$										

분류기 C_1을 이용한 원 데이터의 분류결과 그리고 새로운 가중계수를 구하는 과정이 [표 6.16]과 같다.

[표 6.16] 분류기 C_1을 이용한 아다부스팅 추출확률의 수정

추출확률 $p_i^{(1)}$	0.1	0.1	0.1	0.1	0.1	0.1	0.1	0.1	0.1	0.1
x_i	100	120	160	180	186	190	210	250	270	300
y_i	1	1	1	−1	−1	−1	−1	1	1	1
$C_1(x_i)$ 분류결과	−1	−1	−1	−1	−1	−1	−1	1	1	1
$I(C_1(x_i) \ne y_i)$	1	1	1	0	0	0	0	0	0	0
$p_i^{(1)} I(C_1(x_i) \ne y_i)$	0.1	0.1	0.1	0	0	0	0	0	0	0
	$\epsilon_1 = 0.03 \quad \alpha_1 = \frac{1}{2} ln(\frac{1-\epsilon_1}{\epsilon_1}) = 1.738$									
$\begin{cases} e^{-\alpha_1} & \text{if} C_1(x_i) = y_i \\ e^{\alpha_1} & \text{if} C_1(x_i) \ne y_i \end{cases}$	5.686	5.686	5.686	0.176	0.176	0.176	0.176	0.176	0.176	0.176
$p_i^{(1)} \times$(윗줄의 항)	0.569	0.569	0.569	0.018	0.018	0.018	0.018	0.018	0.018	0.018
	$Z_1 = 1.829$									
새 추출확률 $p_i^{(2)}$	0.311	0.311	0.311	0.010	0.010	0.010	0.010	0.010	0.010	0.010

새로운 추출확률을 이용하여 복원추출로 추출된 10개의 새로운 훈련용 데이터와 이때의 최소엔트로피 분류기 C_2는 [표 6.17]과 같다.

[표 6.17] 아다부스팅을 위한 붓스트랩 표본 2와 분류기

붓스트랩 표본 2	x	100	120	120	120	120	120	160	160	160	160
	y	1	1	1	1	1	1	1	1	1	1
분류기 C_2	$\text{if } x \le 50 \ \ then \ \ y=-1 \ \ else \ \ y=1$										

분류기 C_2를 이용한 원 데이터의 분류결과 그리고 새로운 추출확률을 구하는 과정이 [표 6.18]과 같다.

[표 6.18] 분류기 C_2를 이용한 아다부스팅 추출확률의 수정

추출확률 $p_i^{(2)}$	0.311	0.311	0.311	0.010	0.010	0.010	0.010	0.010	0.010	0.010
x_i	100	120	160	180	186	190	210	250	270	300
y_i	1	1	1	−1	−1	−1	−1	1	1	1
$C_2(x_i)$ 분류결과	1	1	1	1	1	1	1	1	1	1
$I(C_2(x_i) \neq y_i)$	0	0	0	1	1	1	1	0	0	0
$p_i^{(2)} I(C_2(x_i) \neq y_i)$	0	0	0	0.010	0.010	0.010	0.010	0	0	0
	$\epsilon_2 = 0.004 \qquad \alpha_2 = \frac{1}{2} ln(\frac{1-\epsilon_2}{\epsilon_2}) = 2.758$									
$\begin{cases} e^{-\alpha_2} & \text{if } C_2(x_i) = y_i \\ e^{\alpha_2} & \text{if } C_2(x_i) \neq y_i \end{cases}$	0.063	0.063	0.063	15.78	15.78	15.78	15.78	0.063	0.063	0.063
$p_i^{(2)} \times$(윗줄의 항)	0.02	0.02	0.02	0.158	0.158	0.158	0.158	.0006	.0006	.0006
	$Z_2 = 0.6922$									
새 추출확률 $p_i^{(3)}$	0.028	0.028	0.028	0.228	0.228	0.228	0.228	0.001	0.001	0.001

새로운 추출확률을 이용하여 복원추출로 추출된 10개의 새로운 붓스트랩 데이터와 이때의 분류기 C_3는 [표 6.19]와 같다.

[표 6.19] 아다부스팅을 위한 붓스트랩 표본 3과 분류기

붓스트랩 표본 3	x	120	120	180	180	180	180	186	190	190	210
	y	1	1	−1	−1	−1	−1	−1	−1	−1	−1
분류기 C_3	$\text{if } x \le 150 \ \ then \ \ y=1 \ \ else \ \ y=-1$										

분류기 C_3를 이용한 데이터의 분류결과 그리고 새로운 추출확률을 구하는 과정이 [표 6.20]과 같다.

[표 6.20] 분류기 C_3을 이용한 아다부스팅 추출확률의 수정

추출확률 $p_i^{(3)}$	0.028	0.028	0.028	0.228	0.228	0.228	0.228	0.001	0.001	0.001
x_i	100	120	160	180	186	190	210	250	270	300
y_i	1	1	1	−1	−1	−1	−1	1	1	1
$C_3(x_i)$ 분류결과	1	1	1	−1	−1	−1	−1	−1	−1	−1
$I(C_3(x_i) \neq y_i)$	0	0	0	0	0	0	0	1	1	1
$p_i^{(3)} I(C_3(x_i) \neq y_i)$	0	0	0	0	0	0	0	0.001	0.001	0.001
	$\epsilon_3 = 0.0003 \quad \alpha_3 = \frac{1}{2} ln(\frac{1-\epsilon_3}{\epsilon_3}) = 4.0557$									
$\begin{cases} e^{-\alpha_3} & \text{if } C_3(x_i) = y_i \\ e^{\alpha_3} & \text{if } C_3(x_i) \neq y_i \end{cases}$	0.017	0.017	0.017	0.017	0.017	0.017	0.017	57.73	57.73	57.73
$p_i^{(3)} \times$ (윗줄의 항)	.0005	.0005	.0005	0.004	0.004	0.004	0.004	0.058	0.058	0.058
	$Z_3 = 0.1904$									
새 추출확률 $p_i^{(4)}$	0.003	0.003	0.003	0.021	0.021	0.021	0.021	0.303	0.303	0.303

각각의 분류기 분류결과에 대해 분류기 중요도 α_k를 이용하여 가중합을 구한 후 그 부호를 조사해서 최종 분류를 하면 [표 6.21]과 같다. 각각의 분류기는 잘해야 70% 정도의 정확도를 가졌으나, 부스팅으로 인해 모든 데이터가 정확히 분류되었음을 알 수 있다.

[표 6.21] 아다부스팅을 이용한 최종분류

x_i	100	120	160	180	186	190	210	250	270	300	분류기 중요도
$C_1(x_i)$ 분류결과	−1	−1	−1	−1	−1	−1	−1	1	1	1	$\alpha_1 = 1.738$
$C_2(x_i)$ 분류결과	1	1	1	1	1	1	1	1	1	1	$\alpha_2 = 2.758$
$C_3(x_i)$ 분류결과	1	1	1	−1	−1	−1	−1	−1	−1	−1	$\alpha_3 = 4.055$
분류결과의 가중합	5.08	5.08	5.08	−3.04	−3.04	−3.04	−3.04	0.44	0.44	0.44	
최종분류(부호)	1	1	1	−1	−1	−1	−1	1	1	1	

6.5.3 랜덤포리스트(Random Forest)

랜덤포리스트(random forest)는 여러 의사결정나무 모형의 분류결과를 결합하기 위해 고안된 앙상블 방법이다. 하지만 많은 변수가 있을 때도 이용된다. 각각의 의사결정나무는 전체 변수 중에서 독립적으로 선택된 변수들의 부분집합을 이용하여 만든 후 이를 종합한다. 변수들의 부분집합의 생성은 랜덤 또는 확률분포를 이용할 수 있다. 의사결정나무를 이용한 배깅방법은 랜덤포리스트의 특수한 경우로 생각할 수 있다. 일반적인 랜덤포리스트 알고리즘은 다음과 같다.

알고리즘 6.6 랜덤포리스트(random forest) 알고리즘

단계 1: m=변수의 수, $D=\{(\boldsymbol{x}_1,y_1),(\boldsymbol{x}_2,y_2),\ldots,(\boldsymbol{x}_n,y_n)\}$를 훈련용 데이터라 하자.
2: R = 랜덤포리스트 표본의 수
3: for k = 1 to R do
4: 변수의 부분집합인 랜덤벡터 $\boldsymbol{x}_k$를 생성하고 해당되는 표본 D_k를 생성
5: 표본 D_k에 해당되는 의사결정나무 분류기를 만듬
6: end for
7: 각 의사결정나무 분류기를 다수결로 분류

랜덤포리스트를 이용한 앙상블 방법은 각각의 의사결정나무 분류기가 서로 관련되어 있다면 효율이 좋지 않을 수 있다. 즉, 좋은 변수집합을 선택하는 것이 효율이 좋은 랜덤포리스트 앙상블을 만드는 관건이 된다. 변수집합의 선택과 이를 이용한 의사결정나무를 확대시키는 방법에 대해서 많은 연구가 되어 있는데, 관련 참고문헌을 참조하기 바란다.

여러 가지 앙상블 방법에 대한 비교 연구가 많이 되고 있다. 실제 데이터를 이용한 실험결과 아다부스팅 방법과 랜덤포리스트 방법의 효율이 상대적으로 좋다는 것이 알려져 있다.

6.6 여러 집단의 분류

지지벡터기계나 아다부스팅 분류모형은 두 집단의 분류방법으로 고안되었다. 하지만 현실에서는 여러 집단의 분류문제가 자주 발생하여 두 집단의 분류모형을 여러 집단의 분류문제에 적용하는 방법이 연구되었다.

K개의 분류집단이 있을 때 이를 $G_1, G_2, \ldots, G_K$로 표시하자. 두 집단의 분류방법을 여러 집단의 분류에 적용하는 한 가지 방법은 각각의 집단 G_i에 대하여 나머지 집단을 하나의 집단으로 보고, $\{G_i$, 기타집단$\}$의 두 분류집단 문제로 보는 것인데 이를 $(1 : K-1)$ 방법이라 한다.

두 번째 방법은 K 개의 집단을 두 개의 집단 $\{G_i, G_j\}$씩 분류하는 것으로 $K(K-1)/2$ 번의 분류기 생성이 필요한데 이를 $(1 : 1)$ 방법이라 한다. 분류기를 만들 때 $\{G_i, G_j\}$ 에 속하지 않는 데이터는 무시한다. 소속집단을 모르는 데이터를 분류할 때는 여러 개의 분류기를 적용해 다수결로서 한 집단으로 분류하는 방식이 많이 이용된다. 다수결로 했을 때 동등한 표를 얻을 가능성이 있는데, 이를 방지하기 위하여 두 집단 분류의 결과를 각 집단에 속할 확률로 표시한 후 이를 종합하여

확률이 높은 쪽으로 분류하는 방법도 있다.

예제 6.6.1 4개의 분류집단 $\{G_1, G_2, G_3, G_4\}$ 문제에 대해 (1 : 3) 방법을 적용하였더니 소속집단을 모르는 한 데이터가 (+,−,−,−) 집단으로 분류되었다. 즉, G_1을 + 집단, 나머지를 − 집단으로 하여 분류한 결과가 + 집단이고 y_2, y_3, y_4를 각각 + 집단으로 하였을 때는 − 집단으로 분류되었다. 이는 다음과 같은 분류결과를 의미한다.

[표 6.22] (1 : 3) 방법에 다수결 법칙을 적용하였을 때 분류

집단구분	+: G_1 −: G_2, G_3, G_4	+: G_2 −: G_1, G_3, G_4	+: G_3 −: G_1, G_2, G_4	+: G_4 −: G_1, G_2, G_3
분류결과	+	−	−	−

이 데이터는 어느 집단으로 분류되는가?

같은 데이터에 대해 (1 : 1) 방법으로 분류한 결과가 [표 6.23]과 같을 때 이 데이터는 어느 집단으로 분류되는가?

[표 6.23] 여러 집단의 분류를 위한 데이터

집단구분	+: G_1 −: G_2	+: G_1 −: G_3	+: G_1 −: G_4	+: G_2 −: G_3	+: G_2 −: G_4	+: G_3 −: G_4
분류결과	+	+	−	+	−	+

풀이 (1 : 3) 방법에 다수결 법칙을 적용하였을 때 (+,−,−,−) 집단으로 분류되었다는 것은 G_1 집단으로는 4표, 기타 집단은 2표를 받아 G_1 집단으로 분류하게 된다.

(1 : 1) 방법을 적용하면 G_1과 G_4집단이 2표, G_2와 G_3집단이 1표를 받아 G_1 또는 G_4집단으로 분류된다.

6.7 R 및 SAS 실습

이 장에서 연구한 분류분석 중에서 R과 SAS에서 실습이 가능한 모듈을 살펴보자.

6.7.1 R 실습

가. 인접이웃분류 모형

인접이웃분류 모형을 이용한 분류를 위해서는 class라는 패키지를 먼저 설치하여야 한다. 패키지의 설치는 R의 주메뉴에서 '패키지' => '패키지 불러오기'를 선택하여

'Select one' 이라는 창이 나타날 때 'class'를 선택하고 'OK'를 클릭한다. 자세한 패키지의 설치방법은 부록 A.1.2 절의 '사. 패키지의 이용'을 참조하기 바란다.

1) [예제 6.2.1]의 성별과 월수입을 표준화된 데이터가 텍스트 파일로 C:₩Rwork₩Ex621.txt 파일에 저장되어 있다고 하자.

```
age       income    purchase
-0.839    -0.929    구매
 0.803    -0.177    비구매
-0.474    -0.285    비구매
-0.292     0.145    구매
-1.569    -1.466    비구매
 0.255    -0.177    비구매
 1.168     0.682    구매
-1.752    -1.466    비구매
-0.109    -0.177    비구매
 0.438     0.145    구매
 1.350     1.756    구매
```

```
-1.022    -1.251    비구매
 0.620     1.219    비구매
 0.073    -0.607    구매
 1.533     1.219    구매
 0.438     0.145    비구매
-0.292     0.038    비구매
-1.387    -0.177    비구매
 1.715     2.293    구매
-0.657    -0.929    비구매
```

2) 인접이웃분류 모형을 이용한 분류의 실습을 위해 R의 기본 작업폴더를 C:₩Rwork로 변경한 후 파일 Ex621.txt를 불러온다.

```
> knndata <- read.table('Ex621.txt',header=T)
> knndata
     age income purchase
1 -0.839 -0.929     구매
2  0.803 -0.177   비구매
3 -0.474 -0.285   비구매
4 -0.292  0.145     구매
5 -1.569 -1.466   비구매
...
```

3) 파일 Ex621.txt에 있는 20개의 데이터를 훈련용으로 하여 3-인접이웃분류 모형을 만들면 다음과 같다.

```
> attach(knndata)
> train = knndata[1:20, c(1,2)]
> test  = knndata[1:20, c(1,2)]
> group = purchase[1:20]
> knnpred = knn(train, test, group, k=3, prob=TRUE);
>  knnpred
 [1] 비구매 비구매 비구매 비구매 비구매 비구매 구매   비구매 비구매 비
구매
[11] 구매    비구매 구매    비구매 구매    비구매 비구매 비구매 구매
비구매
attr(,"prob")
 [1] 0.6666667 0.6666667 1.0000000 0.6666667 1.0000000 0.7500000
0.6666667
 [8] 1.0000000 1.0000000 0.6666667 1.0000000 0.6666667 0.6666667
0.6666667
[15] 1.0000000 0.6666667 0.6666667 0.6666667 1.0000000 0.6666667
Levels: 구매 비구매
```

4) 위의 모형을 이용해 전체 20개의 데이터를 다시 시험용으로 하여 구매/비구매집단을 분류하는 R 명령어는 다음과 같다. 구매집단은 5/8의 정분류를 보이고, 비구매집단은 10/12의 정분류를 보여 준다.

```
> y=table(knnpred,group)
> y
        group
knnpred  구매 비구매
  구매      4      1
  비구매    4     11
```

나. 신경망 모형

신경망 모형을 이용한 분류를 위해서는 nnet라는 패키지를 먼저 설치하여야 한다. 패키지의 설치는 R의 주메뉴에서 '패키지' => '패키지 불러오기'를 선택하여 'Select one'이라는 창이 나타날 때 'nnet'을 선택하고 'OK'를 클릭한다. 자세한 패키지의 설치방법은 부록 A.1.2절의 '사. 패키지의 이용'을 참조하기 바란다.

1) [예제 6.3.1]의 신경망 데이터가 텍스트 파일로 C:₩Rwork₩Ex631.txt 파일에 저장되어 있다고 하자.

```
x1 x2 x3 y
0  0  0  -1
0  0  1  -1
0  1  0  -1
0  1  1  +1
```

```
1  0  0  -1
1  0  1  +1
1  1  0  +1
1  1  1  +1
```

2) R의 기본 작업폴더를 C:₩Rwork로 변경한 후 파일 Ex631.txt를 불러온다.

```
> nnetdata <- read.table('Ex631.txt',header=T)
> nnetdata
  x1 x2 x3  y
1  0  0  0 -1
2  0  0  1 -1
3  0  1  0 -1
4  0  1  1  1
5  1  0  0 -1
6  1  0  1  1
7  1  1  0  1
8  1  1  1  1
```

3) 파일 Ex631.txt에 있는 8개의 데이터를 훈련용으로 하여 신경망분류 모형을 만들면 다음과 같다.

```
> attach(nnetdata)
> train = nnetdata[1:8,]
> test  = nnetdata[1:8,]
> train.nnet = nnet(y~x1+x2+x3,data=train, size=2, rang=0.1, decay=5e-4,
maxit=100)
# weights:  11
initial  value 10.144875
iter  10 value 7.516471
iter  20 value 4.431707
iter  30 value 4.133790
iter  40 value 4.129671
iter  50 value 4.129602
iter  60 value 4.129594
final  value 4.129594   converged
```

4) 위의 모형을 이용해 전체 8개의 데이터를 다시 시험용으로 하여 집단을 분류하는 R 명령어는 다음과 같다. 먼저 predict라는 명령어를 이용하여 test 데이터를 분류하여 보면 결과는 숫자로 나온다. 이를 관찰하여 0.1을 기준값으로 하여 데이터를 분류하면 모든 데이터가 정확히 분류된다.

```
> predict(train.nnet,test)
          [,1]
1 6.231281e-05
```

```
2 2.077418e-03
3 2.077184e-03
4 9.451270e-01
5 2.079165e-03
6 9.451546e-01
7 9.451513e-01
8 9.891678e-01

> nnetpred = (predict(train.nnet,test) >= 0.01)
> z = table(nnetpred,y)
> z
         y
nnetpred -1 1
   FALSE  4 0
   TRUE   0 4
```

다. 지지벡터기계 모형

지지벡터기계 모형을 이용한 분류를 위해서는 e1071이라는 패키지를 먼저 설치하여야 한다. R의 주메뉴에서 '패키지' => '패키지 인스톨'을 선택하면 'CLAN mirror'라는 창이 나타날 때 'Korea'를 선택하고 'OK'를 클릭한다. 이어서 'Packages'라는 창이 나타나면 'e1071'를 선택하고 'OK'를 클릭한다. 패키지가 설치되면 주메뉴에서 '패키지' => '패키지 불러오기'를 선택하여 'Select one' 창이 나타날 때 'e1071'를 선택한다. 자세한 패키지의 설치방법은 부록 A.1.2절의 '사. 패키지의 이용'을 참조하기 바란다.

1) [예제 6.4.1]의 데이터가 텍스트 파일로 C:₩Rwork₩Ex641.txt 파일에 저장되어 있다고 하자.

```
x1  x2    y
25  150  -1
34  220  +1
26  210  -1
28  250  +1
21  100  -1
31  220  +1
36  300  +1
20  100  -1
```

2) R의 기본 작업폴더를 C:₩Rwork로 변경한 후 파일 Ex641.txt를 불러온다.

```
> svmdata <- read.table('Ex641.txt',header=T)
> svmdata
  x1  x2  y
1 25 150 -1
2 34 220  1
3 26 210 -1
4 28 250  1
5 21 100 -1
6 31 220  1
7 36 300  1
8 20 100 -1
> attach(svmdata)
```

3) 파일 Ex641.txt에 있는 8개의 데이터를 훈련용으로 하여 지지벡터기계 모형을 만들면 다음과 같다.

```
> train = svmdata[1:8,]
> test  = svmdata[1:8,]
> train.svm = svm(y~x1+x2,type="C-classification", data=train)
> train.svm
Call: svm(formula = y ~ x1 + x2, data = train, type = "C-classification")
Parameters:
   SVM-Type:  C-classification
 SVM-Kernel:  radial
       cost:  1
      gamma:  0.5
Number of Support Vectors:  6
```

4) 위의 모형을 이용해 전체 8개의 데이터를 다시 시험용으로 하여 집단을 분류하는 R 명령어는 다음과 같다. 시험용 데이터를 분류하면 모든 데이터가 정확히 분류됨을 보여 준다.

```
> svmpred = predict(train.svm,test)
> svmpred
 1  2  3  4  5  6  7  8
-1  1 -1  1 -1  1  1 -1
Levels: -1 1
> z = table(svmpred,y)
> z
        y
svmpred -1 1
     -1  4 0
     1   0 4
```

5) y의 값으로 표시된 x1, x2의 산점도와, 이 산점도 위에 분류직선 500 - 10 x1 을 그리는 R 명령어는 다음과 같다.

```
> plot(x1,x2,pch=y)
> abline(500,-10)
```

라. 아다부스팅 앙상블 모형

아다부스팅 앙상블 모형을 이용한 분류를 위해서는 ada라는 패키지를 먼저 설치하여야 한다. R의 주메뉴에서 '패키지' => '패키지 인스톨'을 선택하여 'CRAN mirror' 라는 창이 나타날 때 'Korea'를 선택하고 'OK'를 클릭한다. 이어서 'Packages'라는 창이 나타날 때 'ada'를 선택하고 'OK'를 클릭한다. 패키지가 설치되면 주메뉴에서 '패키지' => '패키지 불러오기'를 선택하여 'Select one' 창이 나타날 때 'ada'를 선택한다. 자세한 패키지의 설치방법은 부록 A.1.2절의 '사. 패키지의 이용'을 참조하기 바란다.

1) R에서 제공하는 붓꽃 데이터 iris를 이용하여 아다부스팅 앙상블 모형을 실습하자. 이 데이터는 세 종류의 붓꽃(setosa, versicolor, virginca)에 대하여 네 가지 변수(Sepal.Length Sepal.Width Petal.Length Petal.Width)가 있으며, 각 종류마다 50개의 데이터가 있다. 이 데이터를 R시스템으로 불러오고, 두 집단에 대한 분류실험을 하기 위하여 setosa 붓꽃 50개의 데이터를 제거하는 명령어는 다음과 같다. 남은 데이터는 versicolor 50개와 virginica 50개의 총 100개이다.

```
> data(iris)
> iris
   Sepal.Length Sepal.Width Petal.Length Petal.Width   Species
1           5.1         3.5          1.4         0.2    setosa
2           4.9         3.0          1.4         0.2    setosa
3           4.7         3.2          1.3         0.2    setosa
4           4.6         3.1          1.5         0.2    setosa
```

```
5           5.0         3.6          1.4         0.2    setosa
...
150         5.9         3.0          5.1         1.8 virginica

> iris[iris$Species!="setosa",]->iris
```

2) 100개의 데이터 중에서 60%를 훈련용, 나머지 40%를 시험용으로 한다.

```
> n<-dim(iris)[1]
> n
[1] 100

> trind<-sample(1:n,floor(.6*n),FALSE)     # sample number of training
data
> trind
 [1] 32 21 84 20 39  99 98  3 80 54 97 27 74 25 61 73 72 40
[19] 96 87 60  9 76  56 59 69 46 34  8 10 16 70 67 58 50 29
[37] 78 79 64 71 30 100 47 24 37 57 36 86 14 92 33 95 42 53
[55] 66  7 31 51 93 90

> teind<-setdiff(1:n,trind)              # sample number of testing data
> teind
 [1] 1 2 4 5 6 11 12 13 15 17 18 19 22 23 26 28 35 38 41 43 44 45 48 49
[25] 52 55 62 63 65 68 75 77 81 82 83 85 88 89 91 94

> iris[,5]<- as.factor((levels(iris[,5])[2:3])[as.numeric(iris[,5])-1])
```

3) 60개의 훈련용 데이터 trind를 이용하여 아다부스팅 앙상블 모형을 만들고, 이를 시험용 데이터 teind에 적용하는 명령어는 다음과 같다.

```
> gdis<-ada(Species~.,data=iris[trind,],iter=20,nu=1,type="discrete")
> gdis
Call:
ada(Species ~ ., data = iris[trind, ], iter = 20, nu = 1, type =
"discrete")
Loss: exponential Method: discrete   Iteration: 20

Final Confusion Matrix for Data:
            Final Prediction
True value   versicolor virginica
  versicolor         26         0
  virginica           0        34
...
```

4) 생성된 객체를 이용하여 분류 오류에 대한 그림, 변수의 중요성 그림, 중요변수에 대한 산점도를 그릴 수 있다.

```
> gdis=addtest(gdis,iris[teind,-5],iris[teind,5])
> plot(gdis,TRUE,TRUE)                  # 분류 오류에 대한 그림
> varplot(gdis)                         # 변수의 중요성 그림
> pairs(gdis,iris[trind,-5],maxvar=2)   # 중요변수에 대한 산점도
```

6.7.2 SAS 실습

SAS에서는 E-Miner를 이용하여 신경망 모형을 실습할 수 있다.

가. 신경망 모형

[예제 6.3.1]의 데이터를 이용해 다층신경망 모형을 실습하자.

1) [표 6.4]의 데이터를 My 라이브러리의 EX631라는 데이터 세트로 저장하자. 텍스트 또는 엑셀 파일을 만들어 SAS로 불러오는 방법은 부록 A2.2.2절의 '마. SAS에서 엑셀파일 불러오기'를 참조하기 바란다.

2) SAS의 주메뉴에서 '솔루션(S)' => '분석(S)' => 'Enterprise Miner(E)'를 선택하면 주메뉴가 바뀌고 E-Miner의 작업영역이 나타난다. 바뀐 주메뉴에서 '파일(F)' => '새로 만들기(N)' => '프로젝트(J)'를 선택하여 아래와 같은 'Create new project' 화면이 나타나면, 프로젝트 Name으로 Chapter631, Location으로 C:₩SASwork₩Chap631 폴더를 선택한 후(이 폴더를 미리 만들어 놓아야 함) 'Create' 버튼을 클릭한다.

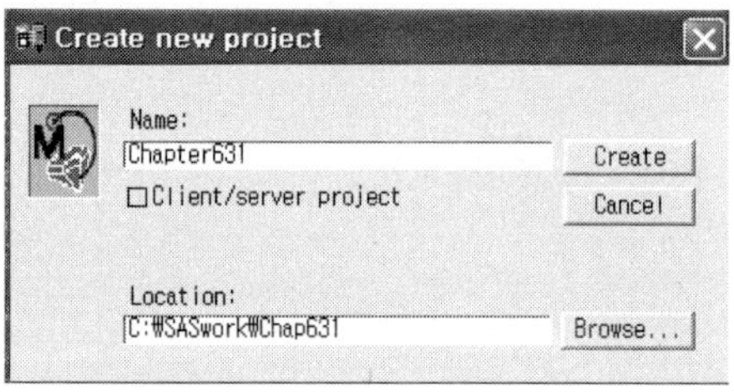

3) 프로젝트 탐색기에서 분석흐름도 이름 'Untitled'를 마우스 우측 버튼 메뉴의 'Rename'을 이용하여 'Ex631'로 변경한다. 툴바에서 'Input Data Source'와 'Neural Network' 노드를 작업영역으로 끌어온 후 다음과 같은 분석흐름도를 작성한다.

4) 'Input Data Source' 노드를 더블클릭하여 'Data' 탭에서 MY라이브러리의 EX631 데이터 세트로 지정한다. 'Variables' 탭에서 GROUP 변수를 마우스 우측 버튼을 클릭하여 나타나는 팝업 메뉴에서 'Set Model Role'을 'target'으로 선택한다. 이 창을 닫으면서 내용을 저장하고 나온다.

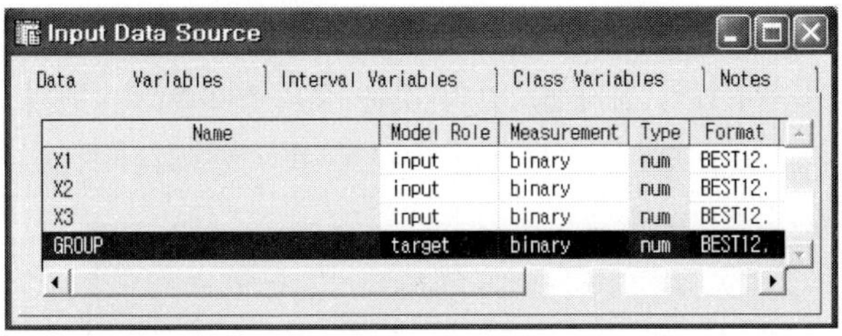

5) 'Neural Network' 노드를 더블클릭하여 'Basic' 탭을 누르면 아래와 같은 모형선택 화면이 나타난다. 'Network architecture'(신경망의 종류 선택)는 기본인 'Multilayer Perceptron'을 선택한다. 'Preliminary runs'은 좋은 초기값을 찾기 위한 사전분석을 하는 것이며, 'Training technique'은 반복기법을 선택하고, 'Runtime limit'는 실행시간을 선택하는데 기본적인 선택사항을 이용하자. 'General' 탭에서 'Advanced user interface'를 체크하면 'Basic' 탭 대신 'Advanced' 탭이 활성화되며 사용자가 원하는 대로 은닉층을 만들 수 있다. 'Neural Network' 노드는 기본적으로 예측값을 계산하지 않지만 'Output' 탭에서 'Process or Score'를 선택하면 예측값을 계산하여 준다. 여기서는 데이터의 개수가 작으므로 생략한다. 이 창을 닫으면서 내용을 저장하고 이어서 나타나는 창에서 모형이름을 저장한다.

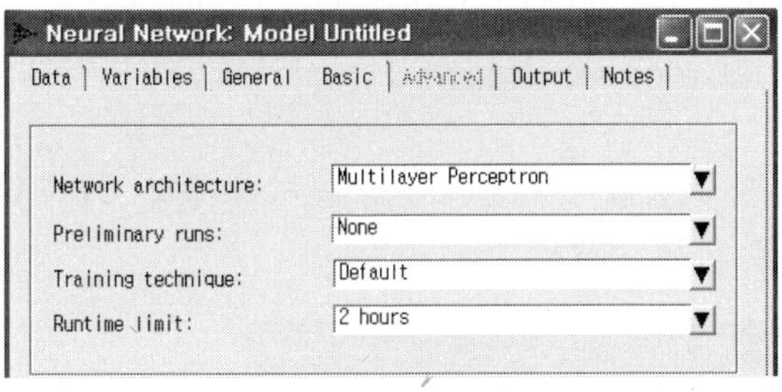

6) 'Neural Network' 노드에 마우스 우측 버튼을 클릭하여 나타나는 팝업 메뉴에서 'run'을 실행한 후, 다시 'Results'를 선택하면 다음과 같은 여러 가지 통계량 결과 화면이 나타난다.

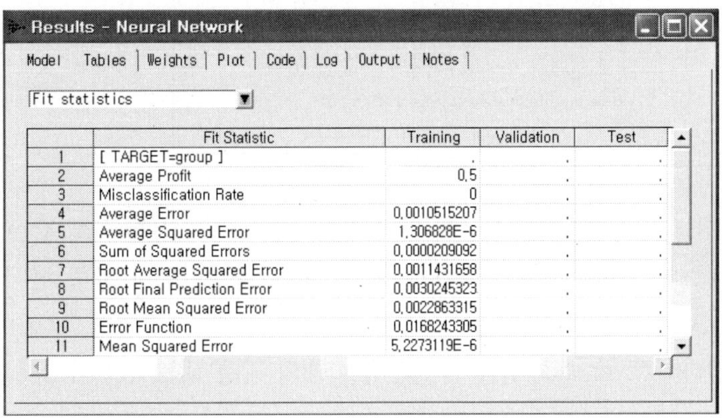

	Fit Statistic	Training	Validation	Test
1	[TARGET=group]	.	.	.
2	Average Profit	0.5	.	.
3	Misclassification Rate	0	.	.
4	Average Error	0.0010515207	.	.
5	Average Squared Error	1.306828E-6	.	.
6	Sum of Squared Errors	0.0000209092	.	.
7	Root Average Squared Error	0.0011431658	.	.
8	Root Final Prediction Error	0.0030245323	.	.
9	Root Mean Squared Error	0.0022863315	.	.
10	Error Function	0.0168243305	.	.
11	Mean Squared Error	5.2273119E-6	.	.

7) 'Results - Neural Network' 창에서 'Weights' 탭을 클릭하면 각 노드의 가중값을 볼 수 있다. 여기서 H의 첨자 중 앞의 것은 층의 번호이고, 뒤의 것은 노드의 번호이다.

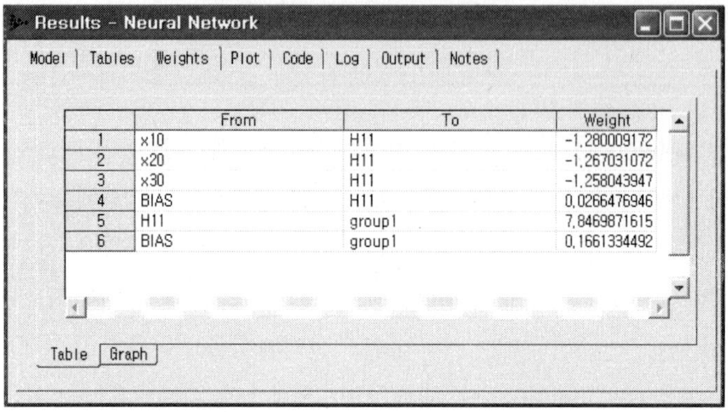

이 결과를 보면 입력층이 3개의 노드이고 은닉층이 없는 단순 신경망 모형에 대해서 계수들이 추정되었음을 알 수 있다. 구체적인 집단 1에 대한 확률 예측식은 다음과 같다. 여기서 $f(x)$는 tanh 함수이고, $g(x)$는 시그모이드 함수이다.

$$H_{11} = f(0.0266 - 1.2800X_1 - 1.2670X_2 - 1.2580X_3)$$

$$\hat{P}(Y=1) = g(0.1661 + 7.8469H_{11})$$

8) 'Output' 탭은 이러한 가중값이 계산된 과정을 보여 주고 'Plot' 탭에서는 반복의 횟수에 따른 오차를 볼 수 있다.

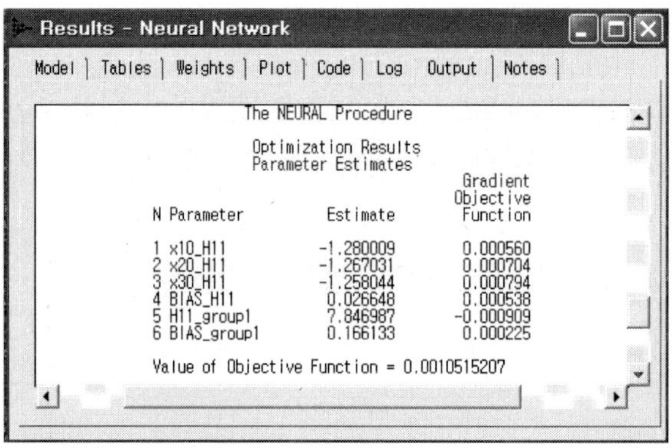

9) [예제 6.3.3]과 같이 사용자가 원하는 노드 수의 은닉층을 갖는 신경망 모형을 수행하여 보자. 'Neural Network' 노드를 더블클릭하여 모형 선택 화면이 나타날 때 'General' 탭에서 'Advanced user interface'를 체크하면 'Advanced' 탭이 활성화된다. 'Advanced' 탭을 클릭하면 아래와 같은 네트워크 다이어그램이 나타나는

데, 은닉층의 노드 수를 의미하는 가운데 사각형에 마우스 우측 버튼을 클릭한 후 나타나는 팝업 메뉴에서 'Properties'를 선택한다.

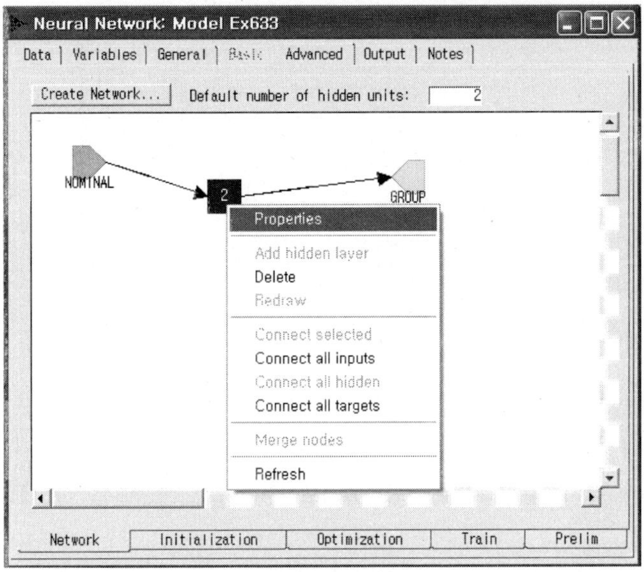

네트워크 다이어그램의 임의의 부분에 마우스 우측 버튼을 클릭한 후 나타나는 팝업 메뉴에서 'Add hidden layer'를 선택하면 은닉층의 수를 여러 개로 할 수도 있다.

10) 'Node properties - H1' 창에서 'Number of neurons:'(노드의 수)을 2로 한다. 이 창에서 'Activation function'(활성함수)과 'Combination function'(합성함수)을 선택할 수 있고, 'Bias'(상수항 또는 편향)가 있거나 없는 모형을 선택할 수 있다. 이 창을 닫으면서 내용을 저장하고 이어서 나타나는 창에서 모형이름을 저장한다.

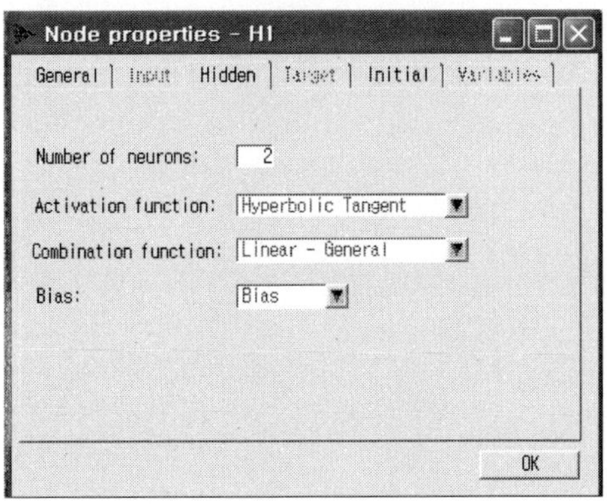

11) 'Neural Network' 노드에 마우스 우측 버튼을 클릭하여 나타나는 팝업 메뉴에서 'run'을 실행한 후 'Results - Neural Network' 창에서 'Weights' 탭을 클릭하면 각

노드의 가중값을 볼 수 있다.

Results - Neural Network

Model | Tables | Weights | Plot | Code | Log | Output | Notes

	From	To	Weight
1	x10	H11	-1.831807215
2	x20	H11	2.7688517757
3	x30	H11	-0.33940157
4	x10	H12	2.665314414
5	x20	H12	2.8368508562
6	x30	H12	1.8910044401
7	BIAS	H11	-1.134460209
8	BIAS	H12	-0.243338027
9	H11	group1	0.0312587842
10	H12	group1	-9.396093005
11	BIAS	group1	1.3176110714

이 결과는 [예제 6.3.3]의 입력층의 노드가 3개이고 한 개의 은닉층이 두 개의 노드를 가진 모형의 가중계수의 추정이다. 구체적인 집단 1에 대한 확률 예측식은 다음과 같다. 여기서 $f(x)$는 tanh 함수이고, $g(x)$는 시그모이드 함수이다.

$$H_{11} = f(-1.1344 - 1.8318X_1 + 2.7688X_2 - 0.3394X_3)$$
$$H_{12} = f(-0.2433 + 2.6653X_1 + 2.8368X_2 + 1.8910X_3)$$
$$\hat{P}(Y=1) = g(1.3176 + 0.0312H_{11} - 9.3960H_{12})$$

연습문제

1 같은 연도에 출고된 유사한 모델의 중고차를 '싼 차'과 '비싼 차'로 분류하는 기준으로 네 가지 변수가 이용되고, 그 변수의 값이 다음과 같다고 가정하자.

- 주행거리 = {많음, 보통, 적음}
- 엔진상태 = {좋음, 나쁨}
- 외부상태 = {좋음, 나쁨}
- 선택사항 = {많음, 적음}

분류를 위한 규칙들의 집합은 다음과 같다.

r_1 : (주행거리 = 많음) → 싼 차
r_2 : (주행거리 = 적음) → 비싼 차
r_3 : (선택사항 = 많음) ∧ (엔진상태 = 좋음) → 비싼 차
r_4 : (선택사항 = 적음) ∧ (엔진상태 = 나쁨) → 싼 차
r_5 : (션택사항 = 적음) → 싼 차

1) 이 규칙들이 서로 다른 데이터에 적용되는가? (mutually exclusive rule)
2) 이 규칙들이 모든 가능한 데이터를 분류하는가? (exhaustive rule)
3) 규칙의 우선순위가 필요한가?
4) 가상의 규칙(dummy rule)이 필요한가?

2 5장의 3번 문제 데이터와 4번 문제의 결과를 이용하여 다음에 답하라.
1) 5장의 3번 문제 데이터에 대하여 분류규칙 'r_1 : (성별 = 여자) ∧ (차보유 = 대형) → 구매'와 'r_2 : (성별 = 남자) → 비구매' 의 적용도, 정확도 그리고 가능도비율을 구하라.
2) 5장의 4번 의사결정나무 모형에서 분류를 위한 규칙을 모두 찾고 이 규칙들의 가능도 비율을 구하라.
3) 2)번에서 구한 규칙들을 가능도비율에 따른 우선순위에 의해 각각의 데이터를 다시 분류하고 규칙기반분류 모형의 정확도를 구하라.

3 한 백화점의 어느 상품매장을 방문하는 사람 10명에 대해 상품 구매여부와 나이를 조사해 보니 아래와 같다. 구매하는 사람을 Y 집단 구매하지 않는 사람을 N 집단이라 하고 나이의 오름차순으로 정렬하였다.

구매여부	N	N	N	Y	N	Y	N	Y	Y	Y
나이	25	27	31	33	35	41	43	49	51	55

1) 나이가 37세인 사람이 이 매장을 방문하였을 때 3-인접이웃, 5-인접이웃, 7-인접이웃 방법으로 구매할 사람인지 아닌지를 분류하라. 유크리드 거리를 이용하고 다수결로 집단을 결정한다.
2) 1)번 문제를 거리가중분류방법을 이용하여 분류하라.

4 5장의 6번 문제 데이터를 이용하여 내신성적이 80점이고 논술성적이 80점인 한 학생을 3-인접이웃 방법으로 이 대학에 합격할 것인지 아닌지 분류하라. 거리는 유크리드 제곱거리를 이용하고 다수결로 집단을 결정한다.

5 두 이항변수 x_1, x_2가 아래 표와 같이 1개 이상이 1 값을 가지면 집단(y) '+1'에 속하고 아니면 집단 '−1'에 속한다 하자. 단층신경망 모형으로 이 데이터를 분류하라.

x_1	x_2	y
0	0	−
0	1	+
1	0	+
1	1	+

6 5장의 6번 문제 데이터를 이용하여 내신성적이 80점이고 논술성적이 80점인 한 학생을 다층신경망 모형으로 이 대학에 합격할 것인지 아닌지를 분류하라(R 및 SAS 이용).

7 5장의 6번 문제 데이터를 이용하여 내신성적이 80점이고 논술성적이 80점인 한 학생을 지지벡터기계 모형으로 이 대학에 합격할 것인지 아닌지를 분류하라(R 이용).

8 문제 3의 백화점 고객 데이터를 이용하자.
1) 이 데이터를 배깅 방법으로 분류하라.
2) 이 데이터를 아다부스팅 방법으로 분류하라.

참고문헌

강현철 외. 고객관계관리(CRM)를 위한 데이터마이닝 방법론. 자유아카데미, 2006.

이태림, 구자용, 박헌진, 이긍희, 최대우. 데이터마이닝. 한국방송대학교 출판부, 2004.

전성해, 김승환, 전홍석. 데이터마이닝과 CRM. 자유아카데미, 2008.

최종후 외 4인. SAS Enterprise Miner를 이용한 데이터마이닝. 자유아카데미, 2000.

E. L. Allwein, R. E. Schapire, and Y. Singer. Reducing Multiclass to Binary: A Unifying Approach to Margin Classifiers. Journal of Machine Learning Research, 1:113-141, 2001.

C. M. Bishop. Neural Networks for Pattern Recognition. Oxford University Press, Oxford, U. K., 1995.

A. P. Bradley. The use of the area under the ROC curve in the Evaluation of Machine Learning Algorithms. Pattern Recognition, 30(7):1145-1149, 1997.

W. J. Braun and D. J. Murdoch. A First Course in Statistical Programming with R. Cambridge University Press, 2008.

L. Breiman. Bagging Predictors. Machine Learning, 24(2):123-140, 1996.

L. Breiman. Random Forests. Machine Learning, 45(1):5-32, 2001.

C. J. C. Burges. A. Tutorial on Support Vector Machine for Pattern Recognition. Data Mining and Knowledge Discovery, 2(2):121-167, 1998.

V. Cherkassky and F. Mulier. Learning from Data: Concepts, Theory, and Methods. Wiley Interscience, 2nd edition, 2007.

S. Cost and S. Salzberg. A Weighted Nearest Neighbor Algorithm for Learning with Symbolic Features. Machine Learning, 10:57-78,1993.

T. M. Cover and P. E. Hart. Nearest Neighbor Pattern Classification. Knowledge Based Systems, 8(6):373-389,1995.

M. J. Crawley. Statistics - An Introduction Using R. John Wiley & Sons, 2005.

N. Cristianini and J. Shawe-Taylor. An Introduction to Support Vector Machines and Other Kernel-based Learning Methods. Cambridge University Press, 2000.

T. G. Dietterich. and G. Bakiri. Solving Multiclass Learning Problems via Error-Correcting Output Codes. Journal of Artificial Intelligence Research, 2:263-286, 1995.

R. O. Duda, P. E. Hart, and D. G. Stork. Pattern Classification. John Wiley & Sons, Inc., New York. 2nd edition, 2000.

M. H. Dunham. Data Mining: Introductory and Advanced Topics. Prentice Hall, 2002.

Y. Freund and F. E. Schapire. A decision-theoretic generalization of on-line learning and an application to boosting. Journal of Computer and System Sciences, 55(1):119-139, 1997.

K. Fukunaga. Introduction to Statistical Pattern Recognition. Academic Press, New York, 1990.

J. Han and M. Kamber. Data Mining: Concepts and Techniques. Morgan Kaufmann Publishers, San Francisco, 2001.

D. J. Hand, H. Mannila, and P. Smyth. Principles of Data Mining. MIT Press, 2001.

T. Hastie and R. Tibshirani. Classification by pairwise coupling. Annals of Statistics, 26(2):451–471, 1998.

T. Hastie, R. Tibshirani, and J. H. Friedman. The Elements of Statistical Learning: Data Mining, Inference, Prediction. Springer, New York, 2nd edition, 2009.

M. Hearst et al. Trends & Controversies: Support Vector Machines. IEEE Intelligent Systems, 13(4):18–28,1998.

R. C. Holte. Very Simple Classification Rules Perform Well on Most Commonly Used Data sets. Machine Learning, 11:63–91,1993.

M. L. Rizzo. Statistical Computing with R. Chapman and Hall/CRC, 2007.

B. Scholkopf and A. J. Smola. Learning with Kernels: Support Vector Machines, Regularization, Optimization, and Beyoud. MIT Press, 2002.

P. Smyth and R. M. Goodman. An Information Theoretic Approach to Rule Induction from Databases. IEEE Trans. on Knowledge and Data Engineering, 4(4):301–316,1992.

P. N. Tan, M. Steinbach, and V. Kumar. Introduction to Data Mining. Addison–Wesley, 2002.

V. Vapnik. The Nature of Statistical Learning Theory. Springer Verlag, New York, 2nd edition, 2000.

V. Vapnik. Statistical Learning Theory. John Wiley & Sons, New York, 1998.

A. R. Webb. Statistical Pattern Recognition. John Wiley & Sons, 2nd edition, 2002.

7장

군집분석

Clustering Analysis

군집분석(clustering analysis)은 여러 집단의 데이터들이 섞여 있고 각 데이터의 소속집단을 모르는 경우 유사한 속성을 갖는 데이터의 군집을 찾는 기법이다.

이 장에서는

- 군집분석의 기본개념과 군집모형의 평가방법을 소개한다.
- 먼저 오랜 역사를 가진 계층적군집(hierarchical clustering) 모형을 연구한다.
- 서로 관련이 있는 K-중심군집(K-centroid clustering), 퍼지군집(fuzzy clustering), 혼합분포군집(mixture distribution clustering) 모형을 연구한다.
- 밀도에 기반을 둔 중심밀도군집(center density clustering), 격자기반군집(grid-based clustering), 커넬기반군집(kernel based clustering) 모형을 연구한다.
- 신경망 모형을 이용하는 코호넨군집(Kohonen clustering) 모형을 연구한다.

7.1 군집분석의 기본개념

5장과 6장에서 연구한 분류분석 또는 **관리된 학습**(supervised learning)은 소속집단을 아는 데이터를 이용하여 분류함수를 구한 후, 소속집단을 모르는 데이터를 분류함수로 어떤 집단에 분류될 것인가를 결정하였다. 하지만 현실 데이터를 분석하다 보면 소속집단을 모르는 데이터들을 서로 동질적인 집단으로 분류할 필요성이 있는데, 이와 같은 분석방법을 **군집분석**(clustering analysis) 또는 **비관리된 학습**(unsupervised learning)이라 한다. 군집분석은 데이터의 내용을 잘 모르는 상황에서 데이터의 구조에 대한 이해(clustering for understanding)를 도울 수 있거나, 형성된 군집의 특성과 군집들 간의 관계를 파악하여 다른 분석을 하기 위한 유용한 출발점(clustering for utility)이 될 수 있다. 군집분석은 심리학, 생물학, 경영학, 정보과학 등 다양한 분야에 이용되고 있다.

군집분석은 각 데이터들 사이의 유사성(similarity) 또는 관련성(relation)에 근거하여 한 군집 안에 있는 데이터들은 유사하고, 다른 군집에 있는 데이터와는 서로 다르게 군집을 형성하는 것이다. 이때 군집 내의 유사성은 높으면 높을수록 좋고, 군집간의 차이는 가능한 최대로 다르게 군집을 형성하는 것이 좋다. 하지만 일반적으로 군집에 대한 정의가 쉽지 않고, 몇 개의 군집으로 나눌 것인지 명확하지 않아 어려움이 있다. 많은 종류의 군집분석 모형이 여러 형태의 데이터에 응용하기 위하여 개발되어 왔지만, 한 군집분석 모형이 모든 종류의 응용에 만족할 만한 것은 거의 없다. 각 군집분석 모형은 데이터의 차원이 저차원일 때와 고차원일 때, 데이터 크기가 작거나 클 때, 데이터의 밀집도가 작거나 높을 때, 이상점이나 극단점이 작거나 많을 때, 데이터의 속성이 이산형인 경우와 연속형인 경우 등에 서로 다른 성과를 보일 수 있다. 일반적으로 여러 가지 군집분석 모형을 적용한 후 분석자의 판단으로 적절한 모형을 선택한다.

이 장에서는 먼저 오래전부터 이용되어온 계층적군집(hierarchical clustering) 모형을 소개한다. 그리고 개념이 서로 연관이 있는 K-중심군집(K-centroid clustering), 퍼지군집(fuzzy clustering), 혼합분포군집(mixture distribution clustering) 모형을 소개한다. 이 밖에 데이터의 밀도에 기반한 군집(density based clustering) 모형과 신경망 모형을 이용하는 코호넨군집(Kohonen clustering) 모형을 소개한다.

7.1.1 군집분석 모형의 구분

군집분석 모형은 크게 **계층적**(hierarchical) 군집분석과 **분할적**(partitional) 군집분석으로 구분한다. 계층적 군집분석은 한 군집 안에 부분군집을 허용하는 것으로 전체 데이터를 한 군집으로 하고 이를 부분군집으로 분할한 후, 각각의 부분군집을 다시 또 분할하는 계층형식 군집방법으로 전체 군집의 종류를 나무형태로 표시할 수 있다. 7.2절에서는 군집간의 거리를 이용한 계층적군집 모형을 소개한다. 분할적 군집분석은 전체 데이터를 서로 겹치지 않게 분할하는 방법으로 7.3절에서 K-중심군집 모형을 소개한다.

군집분석 모형들은 한 데이터가 반드시 한 군집에 속하여야 하는 **배타적**(exclusive) 군집분석과, 한 데이터가 여러 군집에 속할 수 있게 하는 **포함적**(inclusive) 군집분석으로도 나눌 수 있다. K-중심군집 모형은 배타적 군집분석이고, 7.4절의 퍼지군집 모형과 7.5절의 혼합분포군집 모형은 포함적 군집분석이다. 퍼지군집과 혼합분포군집 모형은 각각의 데이터가 각 군집에 속할 가중값 또는 가능성을 0과 1 사이의 숫자로 표시하여 준다. 하지만 포함적 군집분석 모형은 일반적으로 한 데이터를 가능성이 더 높은 집단으로 분류하기 때문에 최종 데이터의 군집은 배타적 군집분석 형태가 될 수 있다.

이 밖에도 군집분석 모형들은 **프로토타입기반**(prototype based) 모형, **밀도기반**(density based) 모형, **그래프기반**(graph based) 모형 등으로 구분하기도 한다. 프로토타입기반 모형은 미리 정해놓은 각 군집의 프로토타입에 데이터가 얼마나 가까운가로 군집의 형태를 결정한다. K-중심군집 모형이 프로토타입기반 모형으로, 연속형 데이터인 경우 대개 군집의 평균을 프로토타입으로 정하고, 이산형인 경우는 군집의 최빈값(mode) 등을 프로토타입으로 한다. 밀도기반(density based) 모형(7.6절)은 데이터가 분포되어 있는 한 지역의 밀도가 매우 높을 때 이 지역을 한 군집으로 간주하는 방법이다. 그래프기반(graph based) 모형은 각각의 데이터를 노드(node)로 하고 정해진 거리를 기준으로 노드를 서로 연결(connected)한 후 연결된 노드에 해당되는 데이터들을 한 군집으로 결정하는 방법이다. 코호넨군집 모형(7.7절)이 여기에 속한다.

7.1.2 군집분석 모형의 평가

분류분석 모형은 훈련용 데이터로써 모형을 만든 후 시험용 데이터로써 그 모형의 정확도를 평가하여 볼 수 있었다. 하지만 군집분석 모형은 어떠한 모형이 좋은지 평가하기가 쉽지 않은데 다음과 같은 요소들이 고려된다.

- 특정한 데이터 집합에 대한 군집화 경향
- 정확한 군집의 수
- 형성된 군집들의 특성 비교

이와 같은 요소들의 평가를 위해 다양한 측도를 생각할 수 있는데 한 군집내의 응

집도(cohesion)와 군집간의 **분리도**(separation)가 많이 이용된다. 데이터 사이의 거리 또는 유사성을 이용하는 군집모형의 경우에 한 군집 G_i의 응집도와 두 군집 G_i, G_j 사이의 분리도는 다음과 같이 정의된다. 여기서 $d(\boldsymbol{x},\boldsymbol{y})$는 데이터 $\boldsymbol{x}$와 데이터 $\boldsymbol{y}$의 거리이다.

$$\text{응집도}(G_i) = \sum_{\boldsymbol{x},\boldsymbol{y} \in G_i} d(\boldsymbol{x},\boldsymbol{y}) \tag{7.1}$$

$$\text{분리도}(G_i, G_j) = \sum_{\boldsymbol{x} \in G_i} \sum_{\boldsymbol{y} \in G_j} d(\boldsymbol{x},\boldsymbol{y}) \tag{7.2}$$

프로토타입(prototype)에 근거한 군집모형은 군집 G_i와 군집 G_j의 중심(centroid)을 각각 $\boldsymbol{c}_i$와 $\boldsymbol{c}_j$라 했을 때 응집도와 분리도가 다음과 같이 정의된다.

$$\text{응집도}(G_i) = \sum_{\boldsymbol{x} \in G_i} d(\boldsymbol{x},\boldsymbol{c}_i) \tag{7.3}$$

$$\text{분리도}(G_i, G_j) = d(\boldsymbol{c}_i,\boldsymbol{c}_j) \tag{7.4}$$

응집도의 경우에 군집 G_i의 데이터 $\boldsymbol{x}$와 중심 $\boldsymbol{c}_i$간의 거리 $d(\boldsymbol{x},\boldsymbol{c}_i)$를 유크리드 제곱거리로 정의하면 군집 G_i의 응집도는 오차제곱합(sum of squared error: SSE)이 된다.

K개의 군집이 있고 군집 G_i의 데이터 수가 n_i일 때 전체 군집모형의 응집도는 각 군집 응집도의 가중합으로 계산하는데, 이때 가중값 w_i는 상황에 따라 n_i, $1/n_i$, 기타 여러 가지 값이 이용된다.

$$\text{전체 군집모형의 응집도} = \sum_{i=1}^{K} w_i \times (\text{군집 } G_i\text{의 응집도}) \tag{7.5}$$

7.2 계층적군집(Hierarchical Clustering) 모형

계층적군집(hierarchical clustering) 모형은 오랜 역사를 가지고 있는 많이 이용되는 방법으로, 군집을 형성하는 접근방법은 크게 두 가지 형태가 있다. 하나는 **응집형**(agglomerative) 방법으로 한 데이터에서 출발해 가장 가까운 군집을 차례대로 묶는 방법이다. 군집간의 거리를 어떻게 정의하느냐에 따라 여러 가지 변형형태가 있다. 두 번째는 **분리형**(divisive) 방법으로 모든 데이터를 하나의 군집으로 간주한 후 차례로 분리해서 최종 군집이 하나의 데이터가 되도록 하는 방법이다. 어떤 군집을 먼저 분리하고 어떻게 분리하느냐에 따라 여러 가지 변형형태가 있다. 이 절에서는 응집형 계층적군집 모형만을 소개하도록 한다.

계층적군집의 결과는 〈그림 7-1〉의 좌측과 같이 나무형태와 비슷한 **덴드로그램**(dendrogram)으로 많이 표시하는데 군집과 부군집 사이의 관계를 보여 주고, 군집이 형성되는 순서를 보여 준다. **부분집합그림**은 〈그림 7-1〉의 우측과 같이 전체 데이터를 한 집합으로 표시하고, 각 계층적군집을 이 집합 안에 부분집합 그림으로 표시한다.

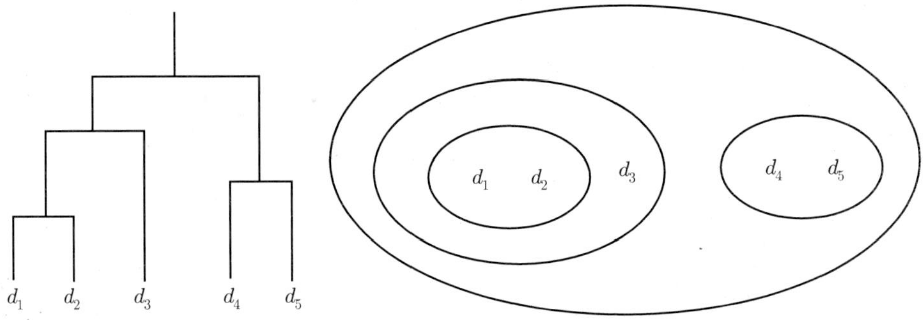

그림 7-1 계층적군집 결과를 보여 주는 덴드로그램과 부분집합그림

m개의 변수를 $\boldsymbol{x}=(x_1,x_2,\cdots,x_m)$라 하고, 이 변수들을 관찰한 n개의 데이터를 $\boldsymbol{x}_1,\boldsymbol{x}_2,\cdots,\boldsymbol{x}_n$으로 표시하자. 응집형 계층적군집 알고리즘은 모든 데이터 간의 $(n\times n)$ 거리행렬 또는 유사성행렬 $D=\{d_{ij}\}$를 먼저 구한다. 여기서 d_{ij}는 데이터 $\boldsymbol{x}_i$와 $\boldsymbol{x}_j$의 거리를 의미한다.

$$D=\begin{pmatrix} d_{11}\ d_{12}\ \ldots\ d_{1n} \\ d_{21}\ d_{22}\ \ldots\ d_{2n} \\ \ldots \\ d_{n1}\ d_{n2}\ \ldots\ d_{nn} \end{pmatrix}. \tag{7.6}$$

그리고 각각의 데이터를 하나의 군집으로 간주한 후, 제일 가까운 두 개의 군집을 하나의 군집으로 묶고, 이 군집과 나머지 군집간의 유사성 행렬을 수정한다. 이때 군집과 군집간의 유사성을 정의하여야 한다. 같은 방법을 군집의 수가 하나가 될 때까지 반복하는데 정리하면 다음과 같다.

알고리즘 7.1 **응집형 계층적군집(Agglomerative Hierarchical Clustering) 알고리즘**

단계 1: 전체 데이터의 유사성 행렬을 구한다.
각 데이터를 하나의 군집으로 간주한다.
2: repeat
3: 가장 가까운 두 군집을 묶어 한 군집으로 한다.
4: 새롭게 형성된 군집을 포함한 전체 군집간의 유사성 행렬을 구한다.
5: until (군집의 수가 하나가 될 때까지)

7.2.1 군집간의 연결법

계층적군집 [알고리즘 7.1]은 군집과 군집 사이의 거리를 어떻게 정의하느냐에 따라 여러 가지 변형형태가 있다. 한 군집과 다른 군집들 사이의 거리를 정의하는 방법에는 최단연결법(single linkage), 최장연결법(complete linkage), 평균연결법(average linkage), 중앙값연결법(median linkage), 중심연결법(centroid linkage), 와드연결법(Ward method)이 있다.

가. 최단연결법(Single Linkage)

최단연결법(single linkage)은 $n \times n$ 거리행렬 $D = \{d_{ij}\}$에서 거리가 가장 가까운 데이터가 U와 V라면 우선 두 데이터를 묶어서 군집 (UV)를 형성한다. 다음 단계는 군집(UV)와 나머지 $(n-2)$개의 다른 데이터 또는 군집과의 거리를 계산한다. 군집(UV)와 군집 W와의 최단연결 거리는 다음과 같이 계산한다.

$$d_{(UV)W} = \min(d_{UW}, d_{VW}) \tag{7.7}$$

수정된 거리행렬에서 거리가 가장 가까운 두 데이터 또는 군집을 새로운 군집으로 한다. 이러한 과정을 반복하면 모든 데이터를 포함하는 하나의 군집을 형성하게 된다.

예제 7.2.1 두 변수 x_1과 x_2에 대하여 관찰된 5개의 데이터와 이 데이터들 사이의 유크리드 제곱거리 행렬이 다음과 같다. 최단연결법을 이용하여 계층적군집을 만들어라.

[표 7.1] 5개의 두 변수 데이터와 이들 사이의 유크리드 제곱거리

데이터	(x_1, x_2)
A	(1, 5)
B	(2, 4)
C	(4, 6)
D	(4, 3)
E	(5, 3)

유크리드제곱거리	A	B	C	D	E
A	0				
B	2	0			
C	10	8	0		
D	13	5	9	0	
E	20	10	10	1	0

풀이 데이터 D와 E의 거리가 1로서 최소이므로 (DE)를 첫 군집으로 하고, 군집 (DE)와 나머지 데이터를 최단연결법을 이용하여 거리를 계산하고 거리행렬을 수정하면 다음과 같다.

$$d((\mathrm{DE}),\mathrm{A}) = \min(d(\mathrm{D},\mathrm{A}),d(\mathrm{E},\mathrm{A})) = \min(13,20) = 13 \quad (7.8)$$

$$d((\mathrm{DE}),\mathrm{B}) = \min(d(\mathrm{D},\mathrm{B}),d(\mathrm{E},\mathrm{B})) = \min(5,10) = 5 \quad (7.9)$$

$$d((\mathrm{DE}),\mathrm{C}) = \min(d(\mathrm{D},\mathrm{C}),d(\mathrm{E},\mathrm{C})) = \min(9,10) = 9 \quad (7.10)$$

[표 7.2] 군집 (DE)와 최단연결법으로 수정된 거리행렬

거리행렬	A	B	C	(DE)
A	0			
B	2	0		
C	10	8	0	
(DE)	13	5	9	0

여기서 최소거리는 $d(\mathrm{A},\mathrm{B}) = 2$로서 (AB)가 다음 군집이 된다. 군집 (AB)와 C, (DE)를 최단연결법을 이용하여 거리를 계산하고 거리행렬을 수정하면 다음과 같다.

$$d((\mathrm{AB}),\mathrm{C}) = \min(d(\mathrm{A},\mathrm{C}),d(\mathrm{B},\mathrm{C})) = \min(10,8) = 8 \quad (7.11)$$

$$d((\mathrm{AB}),(\mathrm{DE})) = \min(d(\mathrm{A},(\mathrm{DE})),d(\mathrm{B},(\mathrm{DE}))) = \min(13,5) = 5 \quad (7.12)$$

[표 7.3] 군집 (AB)와 최단연결법으로 수정된 거리행렬

거리행렬	(AB)	C	(DE)
(AB)	0		
C	8	0	
(DE)	5	9	0

여기서 최소거리는 $d((\mathrm{AB}),(\mathrm{DE})) = 5$이므로 (AB)(DE)가 다음 군집이 된다. 군집 (AB)(DE)와 C와의 최단연결법을 이용한 거리를 계산하면 다음과 같다.

$$d(((\mathrm{AB})(\mathrm{DE}),\mathrm{C}) = \min(d((\mathrm{AB}),\mathrm{C}),d((\mathrm{DE}),\mathrm{C}) = \min(8,9) = 8 \quad (7.13)$$

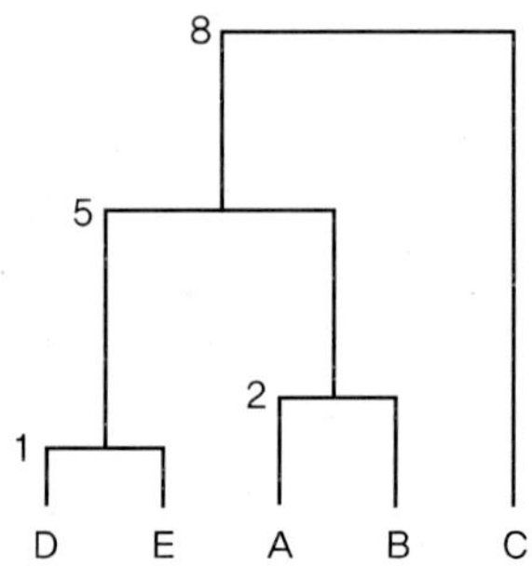

그림 7-2 최단연결법을 이용한 계층적군집 덴드로그램

이상의 최단연결법을 덴드로그램으로 표시하면 〈그림 7-2〉와 같다.

나. 최장연결법(Complete Linkage)

최장연결법(complete linkage)은 $n \times n$ 거리행렬 $D=\{d_{ij}\}$에서 거리가 가장 가까운 데이터가 U와 V라면 우선 두 데이터를 묶어서 군집 (UV)를 형성한다. 다음 단계는 군집 (UV)와 나머지 $(n-2)$개의 다른 데이터 또는 군집과의 거리를 계산한다. 군집 (UV)와 군집 W와의 최장연결 거리는 다음과 같이 계산한다.

$$d_{(UV)W} = \max(d_{UW}, d_{VW}) \tag{7.14}$$

수정된 거리행렬에서 거리가 가장 가까운 두 데이터 또는 군집을 새로운 군집으로 한다. 이러한 과정을 반복하면 모든 데이터를 포함하는 하나의 군집을 형성하게 된다.

예제 7.2.2 [예제 7.2.1]의 데이터를 최장연결법을 이용하여 계층적군집을 만들어라.

풀이 데이터 D와 E의 거리가 1로서 최소이므로 (DE)를 첫 군집으로 하고, 군집 (DE)와 나머지 데이터를 최장연결법을 이용하여 거리를 계산하고 거리행렬을 수정하면 다음과 같다.

$$d((\mathrm{DE}),\mathrm{A}) = \max(d(\mathrm{D},\mathrm{A}), d(\mathrm{E},\mathrm{A})) = \max(13,20) = 20 \tag{7.15}$$
$$d((\mathrm{DE}),\mathrm{B}) = \max(d(\mathrm{D},\mathrm{B}), d(\mathrm{E},\mathrm{B})) = \max(5,10) = 10 \tag{7.16}$$
$$d((\mathrm{DE}),\mathrm{C}) = \max(d(\mathrm{D},\mathrm{C}), d(\mathrm{E},\mathrm{C})) = \max(9,10) = 10 \tag{7.17}$$

[표 7.4] 군집 (DE)와 최장연결법으로 수정된 거리행렬

거리행렬	A	B	C	(DE)
A	0			
B	2	0		
C	10	8	0	
(DE)	20	10	10	0

여기서 최소거리는 $d(\mathrm{A},\mathrm{B})=2$로서 (AB)가 다음 군집이 된다. 군집 (AB)와 C, (DE)를 최장연결법을 이용하여 거리를 계산하고 거리행렬을 수정하면 다음과 같다.

$$d((\mathrm{AB}),\mathrm{C}) = \max(d(\mathrm{A},\mathrm{C}), d(\mathrm{B},\mathrm{C})) = \max(10,8) = 10 \tag{7.18}$$
$$d((\mathrm{AB}),(\mathrm{DE})) = \max(d(\mathrm{A},(\mathrm{DE})), d(\mathrm{B},(\mathrm{DE}))) = \max(20,10) = 20 \tag{7.19}$$

[표 7.5] 군집 (AB)와 최장연결법으로 수정된 거리행렬

거리행렬	(AB)	C	(DE)
(AB)	0		
C	10	0	
(DE)	20	10	0

여기서 최소거리는 $d((\mathrm{AB}),\mathrm{C}) = d(\mathrm{C},(\mathrm{DE})) = 10$이므로 (AB)C 또는 C(DE)가 다음 군집이 된다. C(DE)를 새로운 군집으로 하고 (AB)와의 최장연결법을 이용한 거리를 계산하면 다음과 같다.

$$d((\mathrm{AB}),\mathrm{C}(\mathrm{DE})) = \max(d((\mathrm{AB}),\mathrm{C}), d((\mathrm{AB}),(\mathrm{DE})) = \max(10,20) = 20 \tag{7.20}$$

이상의 최장연결법을 덴드로그램으로 표시하면 〈그림 7-3〉과 같다.

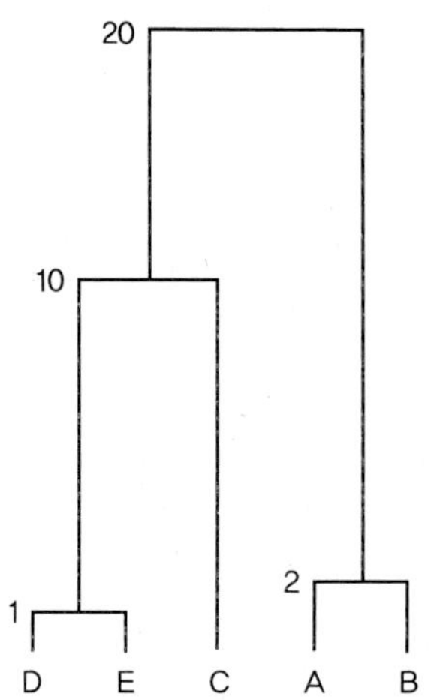

그림 7-3 최장연결법을 이용한 계층적군집 덴드로그램

다. 평균연결법(Average Linkage)

평균연결법(average linkage)은 $n \times n$ 거리행렬 $D = \{d_{ij}\}$에서 거리가 가장 가까운 데이터가 U와 V라면 두 데이터를 묶어서 군집 (UV)를 형성한다. 다음 단계는 군집 (UV)와 나머지 $(n-2)$개의 다른 데이터나 군집과의 거리를 계산한다. 군집 (UV)와 군집 W와의 평균 거리를 다음과 같이 계산한 후 거리행렬 중 가장 가까운 데이터와 다시 군집을 형성한다.

$$d_{(UV)W} = \frac{\sum_{\boldsymbol{x}_i \in (UV)} \sum_{\boldsymbol{x}_j \in W} d(\boldsymbol{x}_i, \boldsymbol{x}_j)}{n_{(UV)} n_W} \tag{7.21}$$

여기서 $d(\boldsymbol{x}_i, \boldsymbol{x}_j)$는 군집 (UV)에 포함되어 있는 데이터 $\boldsymbol{x}_i$와 군집 W에 있는 데

이터 $\boldsymbol{x}_j$와의 거리를 의미하며, $n_{(UV)}$와 n_W는 군집 (UV)와 군집 W에 포함된 데이터의 수이다. 이러한 과정을 반복하면 모든 데이터를 포함하는 하나의 군집을 형성하게 된다.

예제 7.2.3 [예제 7.2.1]의 데이터를 평균연결법을 이용하여 계층적군집을 만들어라.

풀이 데이터 D와 E의 거리가 1로서 최소이므로 (DE)를 첫 군집으로 하고, 군집 (DE)와 나머지 데이터를 평균연결법을 이용하여 거리를 계산하고, 거리행렬을 수정하면 다음과 같다.

$$d((\mathrm{DE}),\mathrm{A}) = (\mathrm{d}(\mathrm{D},\mathrm{A}) + d(\mathrm{E},\mathrm{A}))/(2\times 1) = (13+20)/2 = 16.5 \tag{7.22}$$
$$d((\mathrm{DE}),\mathrm{B}) = (\mathrm{d}(\mathrm{D},\mathrm{B}) + d(\mathrm{E},\mathrm{B}))/(2\times 1) = (5+10) = 7.5 \tag{7.23}$$
$$d((\mathrm{DE}),\mathrm{C}) = (\mathrm{d}(\mathrm{D},\mathrm{C}) + d(\mathrm{E},\mathrm{C}))/(2\times 1) = (9+10)/2 = 9.5 \tag{7.24}$$

[표 7.6] 군집 (DE)와 평균연결법으로 수정된 거리행렬

거리행렬	A	B	C	(DE)
A	0			
B	2	0		
C	10	8	0	
(DE)	16.5	7.5	9.5	0

여기서 최소거리는 $d(\mathrm{A},\mathrm{B}) = 2$로서 (AB)가 다음 군집이 된다. 군집 (AB)와 C, (DE)를 평균연결법을 이용하여 거리를 계산하고, 거리행렬을 수정하면 다음과 같다.

$$d((\mathrm{AB}),\mathrm{C}) = (\mathrm{d}(\mathrm{A},\mathrm{C}) + d(\mathrm{B},\mathrm{C}))/(2\times 1) = (10+8)/2 = 9 \tag{7.25}$$
$$\begin{aligned} d((\mathrm{AB}),(\mathrm{DE})) &= (d(\mathrm{A},\mathrm{D}) + d(\mathrm{A},\mathrm{E}) + d(\mathrm{B},\mathrm{D}) + d(\mathrm{D},\mathrm{E}))/(2\times 2) \\ &= (13+20+5+10)/4 = 12 \end{aligned} \tag{7.26}$$

[표 7.7] 군집 (AB)와 평균연결법으로 수정된 거리행렬

거리행렬	(AB)	C	(DE)
(AB)	0		
C	9	0	
(DE)	12	9.5	0

여기서 최소거리는 $d((\mathrm{AB}),\mathrm{C}) = 9$이므로 (AB)C가 다음 군집이 된다. (ABC)와 (DE)를 평균연결법을 이용한 거리를 계산하면 다음과 같다. 이상의 평균연결법을 덴드로그램으로 표시하면 최단연결법과 유사한 형태가 된다.

$$\begin{aligned} d((\mathrm{ABC}),(\mathrm{DE})) &= (d((\mathrm{A},\mathrm{D}) + d(\mathrm{A},\mathrm{E}) + d(\mathrm{B},\mathrm{D}) + d(\mathrm{B},\mathrm{E}) + d(\mathrm{C},\mathrm{D}) + d(\mathrm{C},\mathrm{E}))/(3\times 2) \\ &= (13+20+5+10+9+10)/6 = 67/6 = 11.1 \end{aligned} \tag{7.27}$$

라. 중심연결법(Centroid Linkage)

중심연결법(centroid linkage)의 경우 두 군집 사이의 거리는 두 군집의 중심간 거리로 계산된다. 군집 G_1에 속하는 데이터의 수가 n_1이고, 군집의 중심을 $\overline{x}_1$, 군집 G_2에 속하는 데이터의 수가 n_2이고 군집의 중심을 $\overline{x}_2$라고 하면, 두 군집 G_1과 G_2 사이의 거리, $d(G_1, G_2)$는 두 중심의 유크리드 제곱거리로 정의한다.

$$d(G_1, G_2) = \|\overline{x}_1 - \overline{x}_2\|^2 \tag{7.28}$$

만약 두 군집이 결합되면 새로운 군집의 중심은 가중평균을 이용하여 다음과 같이 구한다.

$$\overline{x} = \frac{n_1\overline{x}_1 + n_2\overline{x}_2}{n_1 + n_2} \tag{7.29}$$

각 군집 사이의 거리를 구한 후 중심거리가 가장 가까운 데이터와 다시 새로운 군집을 형성한다. 이러한 과정을 반복하면 모든 데이터를 포함하는 하나의 군집을 형성하게 된다.

예제 7.2.4 [예제 7.2.1]의 데이터를 중심연결법을 이용하여 계층적군집을 만들어라.

풀이 데이터 D와 E의 거리가 1로서 최소이므로 (DE)를 첫 군집으로 한다. 군집 (DE)의 중심은 ((4,3) + (5,3)) / 2 = (4.5,3)이므로, 나머지 데이터를 중심연결법을 이용하여 거리를 계산하고 거리행렬을 수정하면 다음과 같다.

$$d((DE),A) = (4.5-1)^2 + (3-5)^2 = 16.25 \tag{7.30}$$

$$d((DE),B) = (4.5-2)^2 + (3-4)^2 = 7.25 \tag{7.31}$$

$$d((DE),C) = (4.5-4)^2 + (3-6)^2 = 9.25 \tag{7.32}$$

여기서 최소거리는 $d(A,B) = 2$로서 (AB)가 다음 군집이 되고 군집의 중심은 ((1,5) + (2,4)) / 2 = (1.5,4.5)가 된다. 군집 (AB)와 C, (DE)를 중심연결법을 이용하여 거리를 계산하고 거리행렬을 수정하면 다음과 같다.

[표 7.8] 군집 (DE)와 중심연결법으로 수정된 거리행렬

거리행렬	A	B	C	(DE)
A	0			
B	2	0		
C	10	8	0	
(DE)	16.25	7.25	9.25	0

$$d((\mathrm{AB}),\mathrm{C}) = (1.5-4)^2 + (4.5-6)^2 = 8.5 \tag{7.33}$$

$$d((\mathrm{AB}),(\mathrm{DE})) = (1.5-4.5)^2 + (4.5-3)^2 = 11.25 \tag{7.34}$$

[표 7.9] 군집 (AB)와 중심연결법으로 수정된 거리행렬

거리행렬	(AB)	C	(DE)
(AB)	0		
C	8.5	0	
(DE)	11.25	9.5	0

여기서 최소거리는 $d((\mathrm{AB}),\mathrm{C}) = 8.5$이므로 (AB)C가 다음 군집이 되고 군집의 중심은 다음과 같다.

$$\frac{2\times(1.5,4.5)+1\times(4,6)}{2+1} = (2.3,5) \tag{7.35}$$

(ABC)와 (DE)를 평균연결법을 이용한 거리를 계산하면 다음과 같다.

$$d((\mathrm{ABC}),(\mathrm{DE})) = (2.3-4.5)^2 + (5-3)^2 = 8.84 \tag{7.36}$$

이상의 중심연결법을 덴드로그램으로 표시하면 평균연결법과 유사한 형태가 된다.

마. 와드연결법(Ward Linkage)

와드연결법(Ward linkage)은 군집간의 거리에 따라 데이터들을 연결하기보다는 군집내 편차들의 제곱합(within group sum of squares)에 근거를 두고 군집들을 병합시키는 방법이다. 와드연결법은 군집분석의 각 단계에서 데이터들을 하나의 군집으로 묶음으로써 생기는 정보의 손실을 군집의 평균과 데이터들 사이의 오차제곱합(error sum of squares: ESS)으로 아래와 같이 측정한다. 변수의 수가 m인 데이터에서 현 단계에 K개의 군집이 있고, 각 군집에 n_i개의 데이터가 있다면 각 군집의 오차제곱합 ESS_i와 전체 군집의 ESS는 다음과 같다. 여기서 x_{ijk}는 군집 G_i의 j번째 데이터의 k번째 변수에 대한 측정값이고, $\overline{x}_{ik} = \sum_{j=1}^{n_i} x_{ijk}/n_i$는 군집 G_i에서 변수 k의 평균값을 의미한다.

$$ESS_i = \sum_{j=1}^{n_i}\sum_{k=1}^{m}(x_{ijk} - \overline{x}_{ik})^2 \tag{7.37}$$

$$ESS = \sum_{i=1}^{K} ESS_i = \sum_{i=1}^{K}\sum_{j=1}^{n_i}\sum_{k=1}^{m}(x_{ijk} - \overline{x}_{ik})^2 \tag{7.38}$$

먼저 각각의 데이터들은 그 자체가 각각 하나의 군집을 형성하고, 모든 i에 대해

$ESS_i=0$이므로 $ESS=0$이 된다. 이때 군집을 만들어 가는 각 단계마다 군집의 모든 가능한 쌍들의 병합이 고려되는데, 각 단계에서 두 군집의 병합으로 인한 ESS의 증분(정보의 손실)이 최소가 되도록 군집들을 병합시켜 새로운 군집을 만든다. 즉, 크기가 각각 n_1과 n_2인 두 군집 G_1과 G_2를 묶을 때 생기는 ESS의 증분 $d(G_1, G_2)$는 아래와 같으며, 와드연결법은 이 증분을 두 군집 G_1과 G_2 사이의 거리로 정의한다.

$$d(G_1, G_2)=\frac{\|\bar{\boldsymbol{x}}_1-\bar{\boldsymbol{x}}_2\|^2}{\dfrac{1}{n_1}+\dfrac{1}{n_2}} \tag{7.39}$$

여기서 $\bar{\boldsymbol{x}}_1$, $\bar{\boldsymbol{x}}_2$는 각각 두 군집 G_1과 G_2의 평균이다. 이 결과는 군집간의 거리를 계산할 때 군집 평균간의 거리에 가중값을 부여한다는 점에서 중심연결법과 구분된다. 와드연결법은 비슷한 크기의 군집끼리 병합하는 경향이 있다.

예제 7.2.5 [예제 7.2.1]의 데이터를 와드연결법을 이용하여 계층적군집을 만들어라.

풀이 각 데이터를 군집으로 하였을 때 ESS의 증분은 유크리드 제곱거리이다. 데이터 D와 E의 거리가 1로서 최소이므로 (DE)를 첫 군집으로 한다. 군집 (DE)의 중심은 ((4,3) + (5,3)) / 2 = (4.5,3)이므로 나머지 데이터를 와드연결법을 이용하여 거리를 계산하고 거리행렬을 수정하면 다음과 같다.

$$d((\mathrm{DE}),\mathrm{A})=\{(4.5-1)^2+(3-5)^2\}/(\frac{1}{2}+\frac{1}{1})=11.17 \tag{7.40}$$

$$d((\mathrm{DE}),\mathrm{B})=\{(4.5-2)^2+(3-4)^2\}/(\frac{1}{2}+\frac{1}{1})=4.83 \tag{7.41}$$

$$d((\mathrm{DE}),\mathrm{C})=(4.5-4)^2+(3-6)^2\}/(\frac{1}{2}+\frac{1}{1})=6.17 \tag{7.42}$$

[표 7.10] 군집 (DE)와 와드연결법으로 수정된 거리행렬

거리행렬	A	B	C	(DE)
A	0			
B	2	0		
C	10	8	0	
(DE)	11.17	4.83	6.17	0

여기서 최소거리는 $d(\mathrm{A,B})=2$로서 (AB)가 다음 군집이 되고 군집의 중심은 ((1,5) + (2,4)) / 2 = (1.5,4.5)가 된다. 군집 (AB)와 C, (DE)를 와드연결법을 이용하여 거리를 계산

하고 거리행렬을 수정하면 다음과 같다.

$$d((\mathrm{AB}),\mathrm{C}) = \{(1.5-4)^2 + (4.5-6)^2\}/(\frac{1}{2}+\frac{1}{1}) = 5.67 \quad (7.43)$$

$$d((\mathrm{AB}),(\mathrm{DE})) = \{(1.5-4.5)^2 + (4.5-3)^2\}/(\frac{1}{2}+\frac{1}{2}) = 11.25 \quad (7.44)$$

[표 7.11] 군집 (AB)와 와드연결법으로 수정된 거리행렬

거리행렬	(AB)	C	(DE)
(AB)	0		
C	5.67	0	
(DE)	11.25	6.17	0

여기서 최소거리는 $d((\mathrm{AB}),\mathrm{C}) = 5.67$이므로 (AB)C가 다음 군집이 되고 군집의 중심은 다음과 같다.

$$\frac{2\times(1.5,4.5)+1\times(4,6)}{2+1} = (2.3,5) \quad (7.45)$$

(ABC)와 (DE)를 와드연결법을 이용한 거리를 계산하면 다음과 같다.

$$d((\mathrm{ABC}),(\mathrm{DE})) = \{(2.3-4.5)^2 + (5-3)^2\}/(\frac{1}{3}+\frac{1}{2}) = 10.61 \quad (7.46)$$

이상의 와드연결법을 덴드로그램으로 표시하면 평균연결법과 유사한 형태가 된다.

7.2.2 계층적군집 모형의 특성

계층적군집 모형의 특성은 다음과 같다.

1) 계층적군집 모형은 각 단계에서 지역적으로 최적인 군집을 찾는 방법으로 전체 목적함수를 최적화하는 일반적인 방법으로 볼 수는 없다.
2) 계층적군집 모형은 한 번 군집을 만든 후에는 다음 단계에서는 만들어진 군집의 해체는 전혀 고려하지 않는다. 계층적군집 모형의 결과를 다음 절의 K-중심군집 모형의 초기 군집으로 하여 결과의 안정성 등을 실험하기도 한다.
3) 평균연결법, 중심연결법, 와드연결법 등에서 군집과 군집을 병합할 때 각 군집의 크기에 가중을 주어, 가능하면 군집의 크기가 큰 군집끼리 병합을 유도할 수 있다.

7.3 K-중심군집(K-Centroid Clustering) 모형

K-중심군집(K-centroid clustering) 모형은 프로토타입(prototype)에 근거한 모형으로 데이터의 중심측도를 결정하는 방법에 의하여 **K-평균군집**(K-means clustering), **K-중앙값군집**(K-median clustering) 그리고 **K-메도이드**(K-medoid clustering) 군집모형으로 나눌 수 있다. K-평균군집과 K-중앙값군집 모형은 연속형 데이터에 적용할 수 있는데, 군집의 중심으로 데이터의 평균과 중앙값을 각각 이용한다. K-메도이드 방법은 이산형 또는 연속형 데이터 모두에 적용할 수 있는데 한 군집을 제일 잘 표현할 수 있는 측도를 **메도이드**(medoid)라 한다.

K-중심군집 모형은 한 데이터와 군집간의 적절한 거리측도가 요구된다. K-중심군집 모형은 사용자가 먼저 군집의 수 K를 결정하고, 각 군집의 초기 중심을 선택한다. 그리고 각 데이터를 거리가 가장 가까운 군집중심이 있는 군집으로 분류하고 각 군집의 중심을 다시 계산한다. 이때 사용되는 거리는 2장에서 연구한 여러 거리 측도를 사용할 수 있는데, 연속형인 경우 일반적으로 유크리드 거리가 많이 이용된다. 이와 같은 방법을 군집중심의 변화가 없을 때까지 반복하는 것으로 K-중심군집 모형의 기본적 절차를 요약하면 다음과 같다.

알고리즘 7.2 K-중심군집 알고리즘(K-Centroid Clustering Algorithm)

단계 1: 원하는 군집의 수 K를 정한다.
2: 각 군집의 초기 중심을 선택한다.
3: repeat
4: 각 데이터를 거리가 가장 가까운 군집중심이 있는 군집으로 분류한다.
5: 각 군집의 중심을 다시 계산한다.
6: until (군집중심의 변화가 거의 없을 때까지)

일반적으로 K-중심군집 모형에서 군집의 수를 정하는 것은 쉬운 일이 아니다. 만약 K의 선택이 분명하지 않다면 다양한 K값에 대하여 분석을 한 후 그 결과를 비교하는 것이 유용하다.

예제 7.3.1 두 변수 x_1과 x_2에 대하여 다음과 같이 4개의 데이터가 관찰되었다. 데이터간의 거리는 유크리드 제곱거리를 이용하고, 중심 측도로 평균을 이용한 2-평균군집 모형으로 군집을 만들어라.

[표 7.12] 2-평균군집 모형을 위한 데이터

데이터	(x_1, x_2)
A	(3, 4)
B	(-1, 2)
C	(-2, -3)
D	(1, -2)

풀이 임의로 군집 1의 중심을 데이터 A=(3,4)로 하고, 군집 2의 중심을 데이터 C=(-2,-3)로 하자. 각각의 데이터에서 두 군집 중심까지의 거리는 다음과 같다.

[표 7.13] 데이터에서 각 군집 중심까지의 거리

데이터	군집 1 중심 (3,4)까지의 거리	군집 2 중심 (-2,-3)까지의 거리
A	0	74
B	20	26
C	74	0
D	40	10

따라서 각 데이터를 가까운 군집중심으로 분류하면 데이터 A와 B는 군집 1로 데이터 C와 D는 군집 2로 분류되고, 평균에 의한 새로운 군집 1의 중심은 (1,3), 군집 2의 중심은 (-0.5,-2.5)가 된다. 각각의 데이터에서 새로운 두 군집 중심까지의 거리는 다음과 같다.

[표 7.14] 데이터에서 수정된 각 군집 중심까지의 거리

데이터	군집 1 중심 (1,3)까지의 거리	군집 2 중심 (-0.5,-2.5)까지의 거리
A	5	54.5
B	5	20.5
C	45	2.5
D	25	2.5

각 데이터를 가까운 군집중심으로 분류하면 다시 데이터 A와 B는 군집 1로, 데이터 C와 D는 군집 2로 분류되어 각 군집의 중심은 변하지 않으므로 알고리즘을 중단한다. 최종적으로 데이터 A와 B는 군집 1로, 데이터 C와 D는 군집 2로 분류되게 된다.

7.2절의 계층적군집 모형에서는 한 데이터가 특정한 군집에 할당되면 다른 군집에 다시 할당될 수 없는 단점을 가지고 있다. K-중심군집 모형은 이와 달리 한 데이터를 다음 군집 단계에서 다른 집단으로 할당할 수 있는 장점이 있다. K-중심군집 모형의 이론적 배경에 대해 살펴보자.

7.3.1 K-중심군집 모형의 이론적 배경

m개의 변수를 $\boldsymbol{x}=(x_1, x_2, \ldots, x_m)$라 하고, 이 변수들을 관찰한 n개의 데이터가 있다고 가정하자. K개의 군집을 $G_1, G_2, \ldots, G_K$라 하고, 각 군집의 데이터 수를 $n_1, n_2, \ldots, n_K$, 중심 측도를 $\boldsymbol{c}_1, \boldsymbol{c}_2, \ldots, \boldsymbol{c}_K$라 하자. 군집 G_i의 중심 측도가 평균인 경우 $\boldsymbol{c}_i$는 다음과 같다.

$$\boldsymbol{c}_i = \frac{1}{n_i}\sum_{\boldsymbol{x}\in C_i}\boldsymbol{x},\ \ i=1,2,\ldots,K \tag{7.47}$$

$d(\boldsymbol{c}_i, \boldsymbol{x})$를 군집 G_i의 중심 $\boldsymbol{c}_i$와 데이터 $\boldsymbol{x}$의 거리라 할 때, 군집의 성과에 대한 측도는 모든 데이터에서 각 중심까지의 거리합(sum of distance)으로 정의할 수 있다.

$$(\text{군집의 성과측도}) = \sum_{i=1}^{K}\sum_{\boldsymbol{x}\in G_i} d(\boldsymbol{c}_i, \boldsymbol{x}) \tag{7.48}$$

거리측도로 유크리드 제곱거리를 이용할 때 이 거리합을 최소로 하는 센트로이드 $\boldsymbol{c}_i$는 군집의 평균임을 보일 수 있다. 여기서는 데이터가 1차원일 경우에 $\boldsymbol{c}_i$가 군집의 평균임을 증명하자. 식 (7.48)의 군집의 성과측도는 유크리드 제곱거리인 경우 다음과 같은 오차제곱합(sum of squared error: SSE)이 된다.

$$\text{SSE} = \sum_{i=1}^{K}\sum_{x\in G_i}(c_i - x)^2 \tag{7.49}$$

이 SSE를 최소로 하는 $c_1, c_2, \ldots, c_K$ 를 구하기 위해 각 c_k, $k=1,2,\ldots,K$,에 대하여 편미분을 하여 0으로 놓고 방정식을 풀면 다음과 같다.

$$\frac{\partial}{\partial c_k}\text{SSE} = \sum_{x\in G_k} 2(c_k - x) \tag{7.50}$$

$$\sum_{x\in C_k} 2(c_k - x) = 0 \iff n_k c_k = \sum_{x\in C_k} x \tag{7.51}$$

$$\iff c_k = \frac{1}{n_k}\sum_{x\in C_k} x \tag{7.52}$$

즉, SSE를 최소로 하는 c_k, $k=1,2,\ldots,K$,는 군집 G_k의 평균이다.

만일 데이터가 1차원이고 거리측도로 절대거리(Manhattan distance)를 사용하면 식 (7.48)의 거리합은 절대오차합(sum of absolute error: SAE)이 된다.

$$\text{SAE} = \sum_{i=1}^{K} \sum_{x \in G_i} |c_i - x| \tag{7.53}$$

SAE를 최소로 하는 c_k를 구하기 위해 c_k에 대하여 편미분을 하여 0으로 놓고 방정식을 푸는 과정이 다음과 같다.

$$\frac{\partial}{\partial c_k}\text{SAE} = \sum_{x \in G_k} \frac{\partial}{\partial c_k}|c_k - x| \tag{7.54}$$

$$\sum_{x \in C_k} \frac{\partial}{\partial c_k}|c_k - x| = 0 \;\Leftrightarrow\; \sum_{x \in C_k} sign(c_k - x) = 0 \tag{7.55}$$

즉, SAE를 최소로 하는 c_k, $k = 1, 2, \ldots, K$,는 군집 G_k의 중앙값이다. 일반적으로 중앙값은 극단점 또는 이상점에 덜 민감한 것으로 알려져 있다.

7.3.2 K-중심군집 모형의 특성

K-중심군집 모형의 특성 및 주의하여야 할 사항을 알아보자.

1) 군집의 수를 정하는 것은 일반적으로 쉽지 않은데 데이터에 대한 탐색적 분석으로, 여러 개의 K값에 대하여 시도를 한 후 비교하는 것이 필요하다. 7.2절의 계층적군집 모형으로 먼저 데이터의 군집결과를 살펴본 후 군집의 수 K를 결정할 수도 있다.
2) K-평균군집 알고리즘은 오차제곱합 SSE를 최소로 하는 해를 구하는 것이다. 하지만 이 알고리즘은 전체 최소값(global minimum)이 아닌 지역 최소값(local minimum)을 찾을 수도 있다. 이를 방지하기 위해서는 각 군집의 초기 중심을 여러 개의 데이터로서 시행하여 SSE가 더 작은 군집을 선택하는 것이 바람직하다.
3) 일반적으로 K-중심군집 모형은 유크리드 거리(평균이 중심값)나 절대거리(중앙값이 중심값)의 합을 최소로 하는 방법을 많이 이용하지만, 데이터에 따라서는 2장에서 연구한 여러 가지 거리측도를 이용할 수 있다.
4) K-평균군집 알고리즘을 반복할 때 한 군집에 할당되는 데이터가 전혀 없을 경우가 있다. 이런 경우에는 중심을 바꾸어 주는 전략이 필요하다. 한 방법은 현재의 중심에서 제일 거리가 먼 데이터나 오차제곱합이 큰 군집의 한 데이터를 새로운 중심으로 하는 방법이 있다.
5) 극단점이나 이상점은 K-평균군집 모형에 심각한 영향을 줄 수 있다. 즉, 극단점이 있을 경우 그 군집의 평균은 군집의 중심 측도로 적합하지 않다. 이를 방지하기 위해서는 탐색적 자료분석을 통해 극단점이나 이상점을 제거하거나 또는 K-중앙값군집 모형을 대안으로 생각할 수 있다.

7.4 퍼지군집(Fuzzy Clustering) 모형

퍼지군집(fuzzy clustering) 모형은 K-평균군집 모형을 퍼지집합이론(fuzzy set theory)에 기반을 두고 확장한 것이다. 퍼지군집 모형은 한 데이터가 모든 군집에 속할 가능성이 있도록 가정하고, 각 군집에 속할 가능성을 가중값으로 표현한다. 이 개념을 확장하여 각 군집에 속할 확률을 구하는 방법이 7.5절의 혼합분포군집 모형이다. K-평균군집, 퍼지군집, 혼합분포군집의 세 모형은 서로 연관이 있다.

m개의 변수를 $\boldsymbol{x} = (x_1, x_2, \dots, x_m)$라 하고, 이 변수들을 관찰한 n개의 데이터를 $\boldsymbol{x}_1, \boldsymbol{x}_2, \dots, \boldsymbol{x}_n$, 각각의 m차원 데이터는 $\boldsymbol{x}_i = (x_{i1}, x_{i2}, \dots, x_{im})$, $i = 1, 2, \dots, n$, 로 표시하자. 이 데이터들을 K개의 군집 $G_1, G_2, \dots, G_K$으로 나누고자 할 때, 데이터 $\boldsymbol{x}_i$가 군집 G_k로 분류될 가능성을 가중값 w_{ik}로 표시하고, 가중값은 $0 \le w_{ik} \le 1$으로서 다음과 같은 퍼지분할 조건을 만족한다고 하자.

1) 데이터 $\boldsymbol{x}_i$가 각 군집 $G_1, G_2, \dots, G_K$에 분류될 가중값의 합은 1이다.

$$\sum_{k=1}^{K} w_{ik} = 1 \tag{7.56}$$

2) 각각의 군집 G_k는 적어도 하나 이상의 데이터가 0이 아닌 가중값을 갖는다. 그러나 그 군집의 모든 가중값이 1이 될 수는 없다.

$$0 < \sum_{i=1}^{n} w_{ik} < n \tag{7.57}$$

퍼지군집 모형의 알고리즘은 여러 가지가 있으나 여기서는 K-평균군집 모형과 유사한 퍼지군집 알고리즘을 소개한다.

알고리즘 7.3 퍼지군집 알고리즘(Fuzzy Clustering Algorithm)

단계 1: 원하는 군집의 수 K를 정한다.
2: 퍼지분할을 위한 가중값 w_{ik}의 초기값을 선택한다.
3: repeat
4: 각 군집의 평균을 계산한다.
5: 퍼지분할을 위한 가중값 w_{ik}를 다시 계산한다.
6: until (군집평균의 변화가 거의 없을 때까지)

퍼지군집 모형의 이론적 배경은 K-평균군집 모형과 같이 퍼지군집 내의 오차제곱합(sum of the squared error: SSE)을 최소화하는 것으로 생각할 수 있다. 퍼지군집의 평균을 $\boldsymbol{c}_1, \boldsymbol{c}_2, \ldots, \boldsymbol{c}_K$라 할 때 전체 군집의 제곱오차 SSE는 다음과 같이 정의된다.

$$\mathrm{SSE} = \sum_{k=1}^{K}\sum_{i=1}^{n} w_{ik}^{p}\, d(\boldsymbol{x}_i, \boldsymbol{c}_k)^2 \tag{7.58}$$

여기서 $d(\boldsymbol{x}_i, \boldsymbol{c}_k)$는 데이터 $\boldsymbol{x}_i$와 군집 G_k의 중심 $\boldsymbol{c}_k$와의 거리이고, p는 1보다 큰 상수로 만일 p가 1이면 퍼지군집 모형의 결과가 기존의 K-평균군집 모형의 결과와 유사하다. p의 값이 커지면 커질수록 각 군집의 평균이 전체 평균에 가까워져서 한 군집으로 데이터를 분류하는 것이 점점 더 모호(fuzzier)해진다. 일반적으로 가중값의 재계산식 (7.60)을 간편히 하기 위해 p=2가 많이 사용된다.

퍼지군집 모형의 SSE는 기존의 K-평균군집 모형 SSE에 가중값 w_{ik}^{p}를 갖는 형태이므로 K-평균군집 모형은 퍼지군집 모형의 특수한 경우라 볼 수 있다. 가중값 w_{ik}의 초기값은 각 데이터의 모든 군집에 대한 가중값 합이 1이 되어야 하는 조건식 (7.56)에서 랜덤하게 결정한다. 하지만 K-평균군집 모형과 마찬가지로 SSE의 최소값을 찾고자 하는 알고리즘이 지역적인 최소값을 찾을 가능성이 있어 여러 가지 초기값을 시도해 보아야 한다.

퍼지군집 알고리즘의 단계 4에서 각 평균의 계산은 퍼지 SSE를 최소로 하는 해를 찾으면 된다. 식 (7.58)을 각 평균 $\boldsymbol{c}_k$에 대하여 편미분한 후 0으로 놓고 연립방정식을 풀면 다음과 같다.

$$\boldsymbol{c}_k = \frac{\sum_{i=1}^{n} w_{ik}^{p}\boldsymbol{x}_i}{\sum_{i=1}^{n} w_{ik}^{p}}, \quad k = 1, 2, \ldots, K \tag{7.59}$$

즉, 퍼지평균은 기존의 K-평균의 평균과 유사하나 각 군집의 데이터만 평균 계산에 이용하는 것이 아니라 전체 데이터를 이용하여 평균을 구하는 것이 다르다. 퍼지군집 알고리즘의 단계 5에서 가중값 w_{ik}의 재계산도 식 (7.58)의 SSE를 최소로 하는 해를 구하면 되는데 그 결과는 다음과 같다.

$$w_{ik} = \frac{\left\{\dfrac{1}{d(\boldsymbol{x}_i, \boldsymbol{c}_k)^2}\right\}^{\frac{1}{p-1}}}{\sum_{j=1}^{K}\left\{\dfrac{1}{d(\boldsymbol{x}_i, \boldsymbol{c}_j)^2}\right\}^{\frac{1}{p-1}}} \tag{7.60}$$

만일 p=2라면 위 식은 다음과 같이 단순화된다.

$$w_{ik}=\frac{\left\{\dfrac{1}{d(\boldsymbol{x}_i,\boldsymbol{c}_k)^2}\right\}}{\sum_{j=1}^{K}\left\{\dfrac{1}{d(\boldsymbol{x}_i,\boldsymbol{c}_j)^2}\right\}} \tag{7.61}$$

위의 식에서 분모는 각 데이터의 여러 군집에 속하는 가중값의 합이 1이 되도록 하기 위한 표준화 상수이다. 가중값 w_{ik}는 데이터 $\boldsymbol{x}_i$가 군집 G_k에 속할 가능성으로 $\boldsymbol{x}_i$가 군집의 평균 $\boldsymbol{c}_k$에 가까우면, 즉 $d(\boldsymbol{x}_i,\boldsymbol{c}_k)$가 작으면 w_{ik}가 커지고, 멀어지면, 즉 $d(\boldsymbol{x}_i,\boldsymbol{c}_k)$가 커지면 w_{ik}는 작게 된다.

퍼지군집 모형의 특성은 기존의 K-평균군집 모형의 특성과 유사하다.

예제 7.4.1 두 변수 x_1과 x_2에 대하여 다음과 같이 4개의 데이터가 관찰되었을 때, 이 데이터를 퍼지군집 모형으로 분류하라. 단, 거리는 유크리드 제곱거리를 이용하라.

[표 7.15] 퍼지2-평균군집을 위한 데이터

데이터	$(x_1,\ x_2)$
A	(3, 4)
B	(−1, 2)
C	(−2, −3)
D	(1, −2)

풀이 임의로 데이터 A와 D의 군집 1 가중값을 0.7, 군집 2 가중값을 0.3으로 하고, 데이터 B와 C의 군집 1 가중값을 0.3, 군집 2 가중값을 0.7로 하자. 각 데이터의 가중합 $w_{i1}^2\boldsymbol{x}_i$과 $w_{i2}^2\boldsymbol{x}_i$ 그리고 이를 이용한 각 군집의 새 평균, 또 각 데이터에서 새 평균까지의 유크리드 제곱거리 $d(\boldsymbol{x}_i,\boldsymbol{c}_k)$의 역수는 [표 7.16]과 같다.

[표 7.16] 퍼지군집 알고리즘의 반복 1

반복 1	군집 1			군집 2		
데이터	가중값 w_{i1}	$w_{i1}^2\boldsymbol{x}_i$	1/(새 평균까지의 거리)	가중값 w_{i2}	$w_{i2}^2\boldsymbol{x}_i$	1/(새 평균까지의 거리)
A	0.7	(1.470, 1.960)	0.078	0.3	(0.270, 0.360)	0.030
B	0.3	(−0.090, 0.180)	0.132	0.7	(−0.490, 0.980)	0.194
C	0.3	(−0.180,−0.270)	0.038	0.7	(−0.980,−1.470)	0.117
D	0.7	(0.490,−0.980)	0.127	0.3	(0.090,−0.180)	0.146
새 평균		(1.457, 0.767)			(−0.960,−0.270)	

여기서 군집 1의 새 평균의 계산은 식 (7.58)에 의해 다음과 같다. 군집 2의 새 평균도 유

사하게 계산된다.

$$\frac{(1.470,1.960)+(-0.090,0.180)+(-0.180,-0.270)+(0.490,-0.980)}{0.7^2+0.3^2+0.3^2+0.7^2} \tag{7.62}$$
$$=(1.457,0.767)$$

각 데이터에서 새 평균까지의 유크리드 제곱거리의 역수 $1/d(\boldsymbol{x}_i,\boldsymbol{c}_k)$를 구한 후 데이터별로 표준화하면 새로운 가중값이 된다. 즉, 데이터 A에 대한 새로운 가중값은 식 (7.60)에 의해 다음과 같다.

$$w_{11}=\frac{0.078}{0.078+0.030}=0.725 \tag{7.63}$$

$$w_{12}=\frac{0.030}{0.078+0.030}=0.275 \tag{7.64}$$

같은 방법으로 데이터 B,C,D에 대하여 가중값을 계산한 후 알고리즘 계산을 반복하면 [표 7.17]에서 [표 7.20]과 같다.

반복 5의 새 평균이 반복 4의 평균과 큰 차이가 없으므로 알고리즘을 종료한다. 결과적으로 데이터 A와 B는 군집 1에 가깝고 C와 D는 군집 2에 가깝다.

[표 7.17] 퍼지군집 알고리즘의 반복 2

반복 2	군집 1			군집 2		
데이터	가중값 w_{i1}	$w_{i1}^2\boldsymbol{x}_i$	1/(새 평균까지의 거리)	가중값 w_{i2}	$w_{i2}^2\boldsymbol{x}_i$	1/(새 평균까지의 거리)
A	0.725	(1.578, 2.104)	0.152	0.275	(0.227, 0.302)	0.026
B	0.405	(−0.160, 0.328)	0.152	0.595	(−0.350, 0.708)	0.111
C	0.247	(−0.120,−0.180)	0.027	0.753	(−1.140,−1.700)	0.179
D	0.465	(0.216,−0.430)	0.065	0.535	(0.286,−0.570)	0.242
새 평균		(1.560, 1.880)			(−0.760,−0.990)	

[표 7.18] 퍼지군집 알고리즘의 반복 3

반복 3	군집 1			군집 2		
데이터	가중값 w_{i1}	$w_{i1}^2\boldsymbol{x}_i$	1/(새 평균까지의 거리)	가중값 w_{i2}	$w_{i2}^2\boldsymbol{x}_i$	1/(새 평균까지의 거리)
A	0.856	(2.197, 2.930)	0.374	0.144	(0.062, 0.083)	0.021
B	0.577	(−0.330, 0.667)	0.122	0.423	(−0.180, 0.357)	0.064
C	0.133	(−0.040,−0.050)	0.020	0.867	(−1.500,−2.260)	0.336
D	0.212	(0.045,−0.090)	0.038	0.788	(0.621,−1.240)	0.374
새 평균		(1.661, 3.061)			(−0.640,−1.940)	

[표 7.19] 퍼지군집 알고리즘의 반복 4

반복 4	군집 1			군집 2		
데이터	가중값 w_{i1}	$w_{i1}^2 \boldsymbol{x}_i$	1/(새 평균까지의 거리)	가중값 w_{i2}	$w_{i2}^2 \boldsymbol{x}_i$	1/(새 평균까지의 거리)
A	0.948	(2.695, 3.593)	0.453	0.052	(0.008, 0.011)	0.019
B	0.657	(−0.430, 0.862)	0.112	0.343	(−0.120, 0.236)	0.056
C	0.056	(−0.010,−0.010)	0.019	0.944	(−1.780,−2.670)	0.382
D	0.093	(0.009,−0.020)	0.035	0.907	(0.822,−1.640)	0.391
새 평균		(1.689, 3.302)			(−0.580,−2.220)	

[표 7.20] 퍼지군집 알고리즘의 반복 5

반복 5	군집 1			군집 2		
데이터	가중값 w_{i1}	$w_{i1}^2 \boldsymbol{x}_i$	1/(새 평균까지의 거리)	가중값 w_{i2}	$w_{i2}^2 \boldsymbol{x}_i$	1/(새 평균까지의 거리)
A	0.959	(2.759, 3.678)	0.453	0.041	(0.005, 0.007)	0.019
B	0.668	(−0.450, 0.893)	0.112	0.332	(−0.110, 0.220)	0.055
C	0.047	(−0.000,−0.010)	0.019	0.953	(−1.820,−2.730)	0.387
D	0.082	(0.007,−0.010)	0.035	0.918	(0.843,−1.690)	0.391
새 평균		(1.683, 3.310)			(−0.580,−2.250)	

7.5 혼합분포군집(Mixture Distribution Clustering) 모형

혼합분포(mixture distribution)를 이용한 군집모형은 한 데이터가 퍼지군집 모형과 같이 모든 군집에 속할 가능성이 있도록 가정한다. 하지만 퍼지군집 모형은 각 군집에 속할 가능성을 가중값으로 표현하였는데, 혼합분포군집 모형은 이 가능성을 확률로 표현하는 모형으로서 K-평균군집 모형의 일반화된 모형이다. 혼합분포군집 모형에서 각각의 확률분포는 하나의 군집을 의미하고, 각 확률분포의 평균 같은 모수(parameter)는 그 군집을 묘사할 수 있는 대표값이 된다. 어느 분포함수라도 혼합분포 모형의 대상이 될 수는 있으나, 다변량정규분포(multivariate normal distribution)가 많이 이용된다. 다변량정규분포를 이용하면 다차원 타원형 형태의 군집을 잘 모형화할 수 있다.

7.5.1 혼합분포(Mixture Distribution) 모형

m개의 확률변수를 $\boldsymbol{X}=(X_1, X_2, \ldots, X_m)$라 하고, 이 확률변수들을 관찰한 n개

의 데이터를 $\boldsymbol{x}_1, \boldsymbol{x}_2, \ldots, \boldsymbol{x}_n$으로 표시하자. 이 데이터들이 K개의 서로 다른 확률분포에서 생성되었다고 가정하자. 확률분포가 완전히 서로 다른 형태를 가정할 수도 있으나, 일반적으로는 같은 모수(θ)를 갖는 동일한 형태의 확률분포로 가정하고, 단지 모수 $\theta_1, \theta_2, \cdots, \theta_K$만 서로 다르다고 가정한다. 각각의 분포함수를 $f_1(\boldsymbol{x}|\theta_1)$, $f_2(\boldsymbol{x}|\theta_2)$, $\cdots, f_K(\boldsymbol{x}|\theta_K)$이라고 할 때, 혼합분포 모형은 각 확률분포의 가중합으로 표시된다.

$$f(\boldsymbol{x}|\theta_1, \cdots, \theta_K) = w_1 f_1(\boldsymbol{x}|\theta_1) + w_2 f_2(\boldsymbol{x}|\theta_2) + \cdots + w_K f_K(\boldsymbol{x}|\theta_K) \tag{7.65}$$

여기서 $w_1, w_2, \cdots, w_K$는 각 확률분포함수의 가중값으로서 $w_i \geq 0, i = 1, 2, \ldots, K$이며 $w_1 + w_2 + \cdots + w_K = 1$이다.

혼합분포 모형에서 각각의 확률분포는 한 데이터 군집을 나타내게 된다. 데이터를 이용하여 확률분포의 모수를 추정하면, 한 데이터가 어느 군집에 속할 확률을 알 수 있다. 혼합분포 모형은 이 확률을 이용하여 한 데이터가 속할 가능성이 높은 군집으로 분류한다. 다음과 같은 1변수 혼합정규분포 모형을 살펴보자.

예제 7.5.1 혼합정규분포 모형

두개의 정규분포 $N(0,2^2)$과 $N(8,2^2)$에서 각각 50개씩 데이터를 생성한 결과가 [표 7.21]과 같고, 데이터의 히스토그램이 〈그림 7-4〉와 같다. 이 데이터에 대해 혼합정규분포 모형을 수립하라. 각 정규분포의 표준편차는 2라고 가정하자.

[표 7.21] 두 정규분포 $N(0,2^2)$과 $N(8,2^2)$에서 각각 생성된 데이터

$N(0,2^2)$에서 생성된 50개의 데이터					$N(8,2^2)$에서 생성된 50개의 데이터				
0.845	2.054	0.123	0.918	2.271	5.550	7.653	6.034	5.993	4.934
1.085	0.061	3.325	0.747	0.652	8.718	8.508	10.742	7.254	8.397
−1.387	0.522	−4.005	−0.265	1.856	7.653	8.209	7.383	8.898	8.923
−1.195	3.797	2.143	1.933	−1.527	5.796	8.124	6.281	8.045	7.357
3.082	−5.230	2.750	−0.305	−0.640	6.324	8.884	10.340	7.428	7.629
4.832	1.053	2.649	−3.237	0.542	6.695	8.996	9.147	9.534	10.458
−1.561	−1.352	3.460	0.780	0.594	8.323	8.318	7.888	9.230	6.120
−0.050	−3.142	−1.249	1.526	0.381	7.816	9.316	8.759	8.423	10.274
0.205	2.302	−1.790	0.608	−1.003	7.544	7.349	7.426	11.715	8.057
−0.222	1.354	−5.103	0.015	−1.520	9.644	12.050	8.848	7.022	9.024

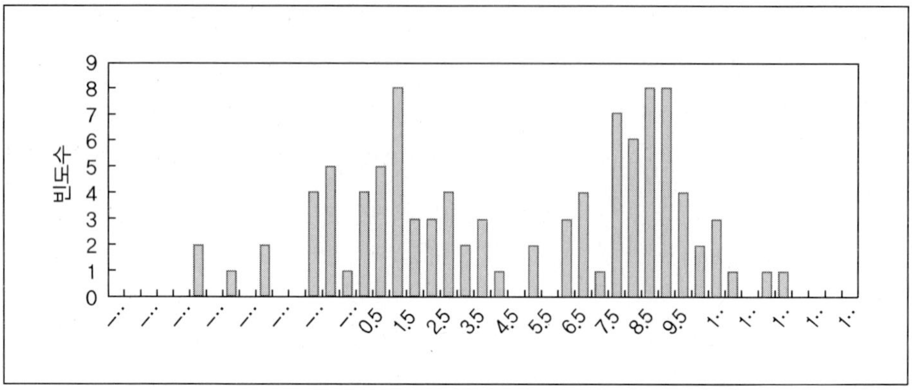

그림 7-4 두 정규분포에서 생성된 혼합데이터의 히스토그램

풀이 표준편차가 2라고 가정했으므로 두 정규분포는 평균이 다른 $N(\theta_1, 2^2)$과 $N(\theta_2, 2^2)$라 할 수 있다. 각 분포함수의 가중값을 각각 $w_1 = 0.5$, $w_2 = 0.5$로 하는 혼합분포 모형은 다음과 같다.

$$f(x|\theta_1, \theta_2) = 0.5 \times \frac{1}{2\sqrt{2\pi}} e^{-\frac{(x-\theta_1)^2}{8}} + 0.5 \times \frac{1}{2\sqrt{2\pi}} e^{-\frac{(x-\theta_2)^2}{8}} \quad (7.66)$$

이 모형의 모수 θ_1, θ_2는 데이터에서 추정하여야 하는데 7.5.2절에서 살펴보자.

7.5.2 혼합분포 모형의 모수 추정

모수 θ를 갖는 한 확률변수 X의 분포 $f(x|\theta)$에서 독립적으로 랜덤하게 추출된 표본을 $x_1, x_2, \cdots, x_n$라 하자. 모형의 모수 θ를 추정하는 가장 일반적인 방법은 **최대가능도추정법**(maximum likelihood estimation)으로 다음과 같은 결합확률분포(joint probability distribution)를 최대로 하는 θ를 구하는 것이다.

$$f(x_1, x_2, \cdots, x_n|\theta) = f(x_1|\theta) f(x_2|\theta) \cdots f(x_n|\theta) \quad (7.67)$$

이 결합확률분포를 **가능도함수**(likelihood function)라고 하고 추정된 θ를 **최대가능도추정량**(maximum likelihood estimator: MLE)이라고 한다. 식 (7.67)을 최대로 하는 θ를 구하기 위해 가능도함수를 미분한 후 또는 로그를 취한 가능도함수를 미분한 후 0으로 놓고 방정식의 해를 구한다. 로그를 취하는 이유는 로그함수가 단조증가함수(monotone increasing function)이기 때문에 구하는 최대값이 변하지 않기 때문이다. 가능도함수에 로그를 취하면 미분하기가 쉬운 경우가 많다.

만일 모수가 하나가 아니라 여러 개가 있다면 가능도함수를 각 모수에 대하여 편미분한 후 이들 모두를 0으로 놓고 연립방정식의 해를 구하여야 한다. 예를 들어, 정규분포 $N(\mu,\sigma^2)$와 같이 모수가 둘이라면 최대가능도함수를 모수 μ와 σ^2 각각에 대하여 편미분한 후 이들 두 식을 0으로 놓고 연립방정식의 해를 구한다. 이 경우 μ와 σ^2의 최대가능도 추정량 $\hat{\mu}$와 $\hat{\sigma}^2$은 다음과 같음을 보일 수 있다.

$$\hat{\mu}=\overline{x}=\sum_{i=1}^{n}x_i,\quad \hat{\sigma}^2=s^2=\frac{1}{n}\sum_{i=1}^{n}(x_i-\overline{x})^2 \tag{7.68}$$

혼합분포 모형인 경우 변수의 수가 많고 분포함수가 많아지면 최대가능도 추정법으로 모수를 추정하기가 쉽지 않아 **EM 알고리즘**(Expectation-Maximization algorithm)을 이용한다. EM 알고리즘은 혼합분포모형의 모수를 먼저 추정한 후 각 데이터가 각각의 확률분포에 속할 확률을 계산한다. 이 확률을 이용하여 최대가능도 추정법으로 모수의 추정을 다시 한다. 같은 방법을 추정된 모수의 값이 거의 변하지 않을 때까지 반복한다. K개의 확률분포가 각각 하나씩 모수 $\theta_1,\theta_2,\cdots,\theta_K$를 가지고 있을 때 EM 알고리즘은 다음과 같다.

알고리즘 7.4 EM 알고리즘(Expectation Maximization Algorithm)

단계 1: 모수의 초기값 $(\hat{\theta}_1,\hat{\theta}_2,\cdots,\hat{\theta}_K)$를 추정한다. {랜덤 또는 다양한 방법으로 추정}
2: repeat
3: (Expectation) 추정된 모수 $\hat{\theta}_1,\hat{\theta}_2,\cdots,\hat{\theta}_K$를 이용하여 데이터가 각 확률분포에 속할 확률을 계산한다.
4: (Maximization) 위에서 계산된 확률을 이용하여 최대가능도 추정법으로 모수에 대한 추정을 다시 한다.
5: until (모수의 변화가 없을 때까지)

K-평균군집 알고리즘은 혼합분포군집 모형에서 각 확률분포를 분산이 모두 같고 평균이 서로 다른 정규분포로 가정했을 경우에 EM 알고리즘의 특수한 경우이다. EM 알고리즘에서 (Expectation) 단계는 각 데이터가 어느 군집에 속할 것인지 확률을 계산하는데, K-평균 알고리즘에서는 각 데이터를 평균이 가까운 군집으로 분류하는 작업이 된다. EM 알고리즘에서 (Maximization) 단계는 모수의 추정을 다시 하는데, 정규분포일 경우 최대가능도추정법으로 모평균을 추정하면 표본평균이 된다. 이것은 K-평균 알고리즘에서 각 군집의 평균을 다시 계산해 주는 것과 유사하다. 다음은 분포함수가 1변수 정규분포이고 모수가 하나인 경우의 EM 알고리즘으로 모수를 추정하는 예이다.

예제 7.5.2 **혼합정규분포 모형의 EM 알고리즘**

[예제 7.5.1]의 혼합분포모형의 모수를 EM 알고리즘으로 추정하라. 각 정규분포의 표준편차는 2라고 가정하자.

풀이 [예제 7.5.1]의 데이터에 대해 가정된 모형은 정규분포 $N(\theta_1, 2^2)$와 $N(\theta_2, 2^2)$의 혼합모형으로 다음과 같다.

$$f(x|\theta_1,\theta_2) = 0.5 \times \frac{1}{2\sqrt{2\pi}} e^{-\frac{(x-\theta_1)^2}{8}} + 0.5 \times \frac{1}{2\sqrt{2\pi}} e^{-\frac{(x-\theta_2)^2}{8}} \tag{7.69}$$

여기서 모수 θ_1과 θ_2를 EM 알고리즘으로 추정하여 보자. EM 알고리즘의 첫 단계는 모수 θ_1과 θ_2의 초기값을 추정하는 것이다. 히스토그램을 관찰하면서 임의로 초기값을 $\hat{\theta}_1$ = −1, $\hat{\theta}_2$ = 7이라 하자. (Expectation) 단계에서는 가정된 모수를 이용하여 각 데이터 x_i가 두 정규분포에 속할 확률 $P(\text{분포}1|\ x_i, \hat{\theta_1})$와 $P(\text{분포}2|\ x_i, \hat{\theta_1})$를 구하는데 다음과 같이 베이즈 정리를 이용한다.

$$P(\text{분포}\, j|\ x_i, \hat{\theta}_j) = \frac{0.5P(x_i|\hat{\theta}_j)}{0.5P(x_i|\hat{\theta}_1) + 0.5P(x_i|\hat{\theta}_2)},\ j=1,2,\ i=1,2,\ldots,100 \tag{7.70}$$

예를 들어, 첫 데이터 x_1 = 0.845에 대하여 $P(x_1 = 0.845|\theta_1)$과 $P(x_1 = 0.845|\theta_2)$은 $N(-1, 2^2)$와 $N(7, 2^2)$에 각각 속할 확률을 의미하는데, 0.845를 기준으로 분포 1에서는 이 값보다 큰 확률 $P(X > 0.845|N(-1,4))$ = 0.1782, 분포 2에서는 이 값보다 작을 확률 $P(X < 0.845|N(7,4))$ = 0.0010을 이용한다.

$$P(\text{분포}1|\ x_1, \hat{\theta}_1) = \frac{0.5 \times 0.1782}{0.5 \times 0.1782 + 0.5 \times 0.0010} = 0.9942 \tag{7.71}$$

$$P(\text{분포}2|\ x_1, \hat{\theta}_2) = \frac{0.5 \times 0.0010}{0.5 \times 0.1782 + 0.5 \times 0.0010} = 0.0058 \tag{7.72}$$

이 두 확률의 의미는 현재의 모수에 대한 가정 $\hat{\theta}_1$ = −1, $\hat{\theta}_2$ = 7에서는 데이터 x_1 = 0.845는 $N(-1, 2^2)$에 속할 확률이 99.42%이고, $N(7, 2^2)$에 속할 확률은 0.58%가 된다는 것이다. 이와 같은 방법으로 모든 100개의 데이터에 대해 사후확률을 구한다.

(Maximization) 단계에서는 두 정규분포의 평균에 대한 모수 $\hat{\theta}_1$과 $\hat{\theta}_2$를 다시 추정하는 것이다. 평균의 추정은 각 데이터의 사후확률을 가중값으로 하는 가중평균으로 구한다.

$$\hat{\theta}_1 = \frac{\sum_{i=1}^{100} x_i \times P(\text{분포}\,1|\ x_i, \hat{\theta}_1)}{\sum_{i=1}^{100} P(\text{분포}\,1|\ x_i, \hat{\theta}_1)} = -0.0932 \tag{7.73}$$

$$\hat{\theta_2} = \frac{\sum_{i=1}^{100} x_i \times P(\text{분포}\,2|\ x_i, \hat{\theta}_2)}{\sum_{i=1}^{100} P(\text{분포}\,2|\ x_i, \hat{\theta}_2)} = 7.7262 \tag{7.74}$$

같은 방법을 $\hat{\theta}_1$과 $\hat{\theta}_2$의 값에 변화가 거의 없을 때까지 반복한다. [표 7.22]는 EM 알고리즘을 5회 반복한 결과로서 $\hat{\theta}_1$ = 0.1635, $\hat{\theta}_2$ = 8.0559이다. 원래의 모수값 $\theta_1 = 0$과 $\theta_2 = 8$에 근접한 값을 추정한 것을 알 수 있다.

[표 7.22] EM 알고리즘으로 모수를 5회 반복 추정한 결과

반복	$\hat{\theta}_1$	$\hat{\theta}_2$
0	-1.0000	7.0000
1	-0.0932	7.7262
2	0.1068	7.9930
3	0.1524	8.0460
4	0.1617	8.0559
5	0.1635	8.0578

7.5.3 혼합분포군집 모형의 특성

혼합분포군집 모형의 특성과 장단점은 다음과 같다.

1) 혼합분포군집 모형은 K-평균군집 모형에 통계적 확률분포를 도입한 일반화된 모형으로, 서로 다른 크기나 모양의 군집을 찾을 수 있다. 그리고 군집을 몇 개의 모수로서 표현할 수도 있다.
2) EM 알고리즘은 데이터의 크기가 커지면 수렴하는데 시간이 걸릴 수 있다. 그리고 한 군집의 크기가 너무 작으면 추정에 문제가 있을 수 있고, 적절한 혼합분포군집 모형을 세우는 것이 쉽지 않을 수 있다.
3) 혼합분포군집 모형은 잡음점이나 극단점에 민감한 결과를 가져올 수 있다.

7.6 밀도기반군집(Density-based Clustering) 모형

데이터들이 조밀하게 몰려있는 지역을 하나의 군집으로 하고자 하는 직관적인 접근 방법을 **밀도기반군집**(density-based clustering) 모형이라 한다. 밀도에 기반한 군집모형으로는 여러 가지 방법이 발전되어 왔는데, 이 절에서는 중심밀도군집 모형, 격자기반군집 모형 그리고 커넬기반군집 모형을 소개한다.

7.6.1 중심밀도군집(Center Density Clustering) 모형

데이터의 밀도를 정의하는 방법은 데이터의 유사성을 정의하는 것과 같이 여러 가지 방법이 있을 수 있다. **중심밀도군집**(center density clustering) 모형에서 한 데이터의 밀도란 이 데이터를 중심으로 반경이 ϵ인 원 주위에 데이터가 몇 개인지 세어보는 것이다. 이 방법은 단순하지만 데이터의 밀도가 반경 ϵ의 정의에 좌우되게 된다. 중심밀도군집 모형에서는 한 데이터를 밀도가 높은 지역의 **코어점**(core point), 코어점 사이의 **경계점**(border point) 그리고 밀도가 낮은 지역의 **잡음점**(noise point)으로 구분한다. 코어점은 한 데이터에 반경이 ϵ인 원을 그렸을 때 그 내부에 포함되는 데이터의 수가 사용자가 정의한 **최소기준수**(minimum points)보다 많은 데이터를 의미한다. 경계점은 코어점은 아니지만 코어점의 경계에 위치한 점을 의미하고, 잡음점은 코어점도 아니고 경계점도 아닌 데이터를 의미한다(〈그림 7-5〉 참조).

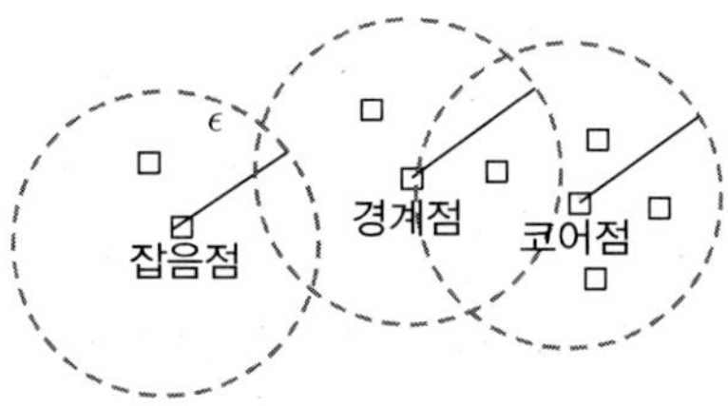

그림 7-5 반경이 ϵ 최소기준수를 5로 하였을 때 코어점, 경계점 및 잡음점의 예

중심밀도군집 알고리즘은 두 개의 코어점이 반경 ϵ인 원 안에 같이 있을 때 이 두 점을 같은 군집으로 분류한다. 만일 경계점이 한 코어점의 반경 ϵ인 원 안에 있다면 같은 군집으로 분류한다. 한 경계점이 서로 다른 군집의 코어점에서 같은 거리에 있다면 어느 한 군집으로 분류하는 기준을 만들어야 한다. 잡음점은 버린다.

중심밀도군집 모형은 반경 ϵ과 최소기준 데이터의 수를 어떻게 결정하느냐에 따라 군집의 형태가 좌우될 수 있다. 한 가지 결정 방법은 각 데이터에서 k번째 가까운 데이터까지의 거리($k-distance$)를 조사하여 보는 것이다. 한 k값에 대하여 $k-distance$를 모두 계산한 후 이를 오름차순으로 정렬하여 보면 어느 순간에 값이 매우 증가하는 것을 볼 수 있는데, 이때의 거리를 반경 ϵ로 하고 k값을 최소 데이터 수 기준으로 한다. 중심밀도군집 알고리즘을 정리하면 다음과 같다.

알고리즘 7.5 중심밀도군집 알고리즘(Center Density Clustering Algorithm)

단계 1: 전체 데이터를 코어점, 경계점 그리고 잡음점으로 구분한다.
2: 잡음점을 제거한다.
3: 반경 ϵ인 원 주위에 있는 코어점들을 서로 연결한다.
4: 연결된 코어점들을 하나의 군집으로 한다.
5: 모든 경계점들을 어느 하나의 군집으로 할당한다.

중심밀도군집 모형은 잡음점 등에 덜 민감하다. 그리고 K-평균군집 모형 등에 비해 임의의 형태의 군집에 대해 잘 적응하는 모형으로 알려져 있다. 하지만 군집의 밀도가 매우 차이가 나는 경우에는 적용에 문제가 있을 수 있다.

7.6.2 격자기반군집(Grid-based Clustering) 모형

격자기반군집(grid-based clustering) 모형은 차원이 낮은 연속형 데이터의 군집에 효과적이다. 이 모형은 각각의 변수를 여러 개의 인접한 구간으로 나누어 격자(grid)를 만든 후, 각 격자 셀(cell)의 데이터 밀도를 조사한 후 인접한 격자들을 묶어서 군집으로 한다. 기본적인 격자기반군집 알고리즘은 다음과 같다.

알고리즘 7.6 격자기반군집 알고리즘(Grid-based Clustering Algorithm)

단계 1: 격자 셀에 대한 정의를 한다.
2: 각각의 데이터를 해당되는 격자 셀에 할당하고 각 셀의 데이터 밀도를 조사한다.
3: 최소밀도기준을 만족하지 않는 셀은 제거한다.
단 이 셀이 밀도가 높은 셀에 인접한 셀이라면 제거하지 않는다.
4: 밀도가 높은 인접한 격자 셀들을 묶어서 군집을 만든다.

단계 1의 격자 셀에 대한 정의는 군집 결과에 영향을 많이 줄 수 있어 매우 중요한 문제이다. 하지만 최적의 방법이 무엇인지 정의하기가 힘들어 여러 가지 방법들이 제안되었다. 일반적으로 동등한 간격의 구간으로 격자를 나눈다. 이 경우 각 격자 셀은 동일한 넓이 또는 부피를 갖게 되고, 셀에 속하는 데이터의 수가 셀의 밀도가 된다. 이와 달리 각 격자 셀이 동등한 밀도를 갖는 구간으로 나누는 방법도 있다.

단계 2의 격자 셀의 밀도에 대한 일반적인 정의는 각 셀에 속하는 데이터의 빈도수이다. 빈도수를 셀의 넓이 또는 부피로 나누는 방법도 있다.

단계 3의 격자 셀에 대한 최소밀도기준의 정의는 데이터의 탐색적 분석을 한 후 사용자가 정의하여야 한다. 한 셀이 최소밀도기준을 만족하지 않더라도 밀도가 높은 셀에 인접한 셀이라면 제거하지 않는다.

단계 4에서는 밀도가 높은 인접한 격자 셀들을 묶어 군집을 형성하는데, 인접 셀의 정의는 차원에 따라 여러 가지 방법이 있다. 예를 들어, 2차원 격자에서는 한 셀의 상하좌우 이웃셀 4개를 인접셀로 할 수도 있고, 아니면 더 확장하여 8개를 인접셀로 할 수도 있다.

격자기반군집 모형은 이해하기가 쉽지만 최소밀도기준에 민감한 영향을 받는다. 기준이 너무 높으면 군집을 잃어버릴 염려가 있고, 반대로 너무 낮으면 나누어져야 할 군집이 하나의 군집으로 분류될 가능성이 있다. 그리고 데이터의 차원이 높아지면 격자의 수가 너무 많아져 격자기반 모형을 적용하기가 쉽지 않다.

예제 7.6.1 〈그림 7-6〉은 10×10개의 격자에 그려진 100개의 2차원 데이터의 산점도를 보여 주고 있다. 군집의 최소밀도기준이 3일 때 이 데이터에 대해 격자기반군집 모형으로 군집을 찾아라.

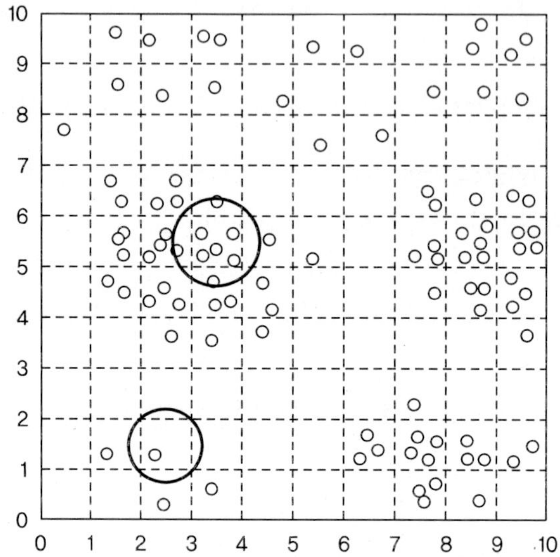

그림 7-6 2차원 데이터에 격자를 적용한 그림

풀이 〈그림 7-6〉의 2차원 데이터에 대하여 각 격자의 밀도, 즉 빈도수를 구하면 [표 7.23]과 같다.

[표 7.23] 각 격자 셀의 밀도와 제거대상 셀(회색)

	1	1	2		1	1		2	2
	1	1	1	1			1	1	1
1					1	1			
	2	3	1				2	1	2
	3	4	5	1	1		3	5	4
	2	3	3	2			1	3	3
		1	1	1					1
							1		
	1	1				3	4	3	2
		1	1				3	1	

이 표에서 인접 셀을 상하좌우 및 대각까지 포함하는 8개의 셀로 정의하고, 밀도가 3보다 작으면서 인접 셀의 밀도가 높은 셀이 아니라면 제거한 셀은 회색으로 표시하였다. 격자기반 모형으로는 세 개의 군집이 나누어진다.

7.6.3 커넬기반군집(Kernel-based Clustering) 모형

커넬기반군집(kernel-based clustering) 모형은 데이터 전체의 밀도함수(overall density function)를 **지역밀도함수**(local density function)들의 결합으로 표시하는 통계적 접근방법이다. 지역밀도함수는 지역밀도 최대값(local density maxima)을 갖는데 이 지역밀도 최대값을 이용하여 군집을 정의한다. 이 모형에서 각각의 데이터는 그 데이터와 가장 가까운 지역밀도 최대값을 찾고, 한 지역밀도 최대값과 연관된 데이터들이 하나의 군집이 된다. 지역밀도 최대값이 낮은 밀도함수의 경우는 잡음 데이터로 간주하여 제거한다. 만일 한 지역밀도함수가 다른 지역밀도함수와 데이터로 연결되어 있으면서 최소밀도기준을 넘으면 두 지역밀도함수는 하나의 군집으로 결합한다.

일반적으로 지역밀도함수는 최대값 주변으로 서서히 같은 비율로 감소하는 단봉(uni-modal)함수가 많이 이용되는데, 이를 **커넬함수**(kernel function)라 한다. 주어진 최대값 데이터를 $\boldsymbol{x}$라 할 때, 많이 이용되는 커넬함수는 다음과 같은 가우시안 함수(Gaussian function)이다.

$$K(\boldsymbol{y}) = e^{-\frac{d(\boldsymbol{x},\boldsymbol{y})^2}{2\sigma^2}} \tag{7.75}$$

여기서 $d(\boldsymbol{x},\boldsymbol{y})$는 데이터 $\boldsymbol{x}$와 $\boldsymbol{y}$ 사이의 거리이고, σ는 정규분포의 표준편차와 유사한 모수로서 $\boldsymbol{x}$에서 $\boldsymbol{y}$까지의 거리가 멀어질수록 영향력을 얼마나 빨리 감소시키는지를 결정한다. 〈그림 7-7〉은 가우시안 커넬함수의 모양이다.

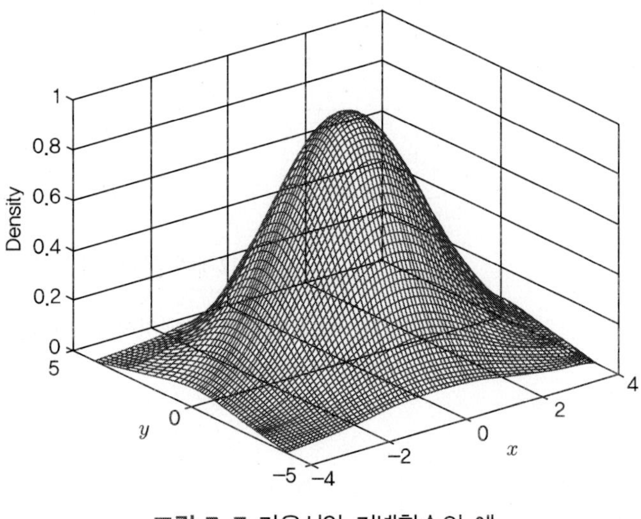

그림 7-7 가우시안 커넬함수의 예

커넬함수의 추정은 복잡한 통계적 방법에 의해 이루어지는데 이 책의 수준을 벗어나므로 참고문헌을 참조하기 바란다. 커넬기반군집 모형은 확실한 이론적 근거를 둔 방법이지만 계산이 복잡한 모형이어서 다차원 데이터에는 적용이 쉽지 않다.

커넬기반군집을 위한 알고리즘을 요약하면 다음과 같다.

알고리즘 7.7 커넬기반군집 알고리즘(Kernel-based Clustering Algorithm)

단계 1: 데이터들이 모여 있는 공간에 대한 지역밀도함수를 찾는다.
2: 지역밀도 최대값, 즉 밀도유인기(density attractor)를 찾는다.
3: 각 데이터를 지역밀도함수의 값이 증가하는 방향으로 유인기와 연관을 맺는다.
4: 특정한 밀도유인기와 관련되어진 데이터 군집을 형성한다.
5: 최소밀도기준을 만족하지 않는 데이터 군집은 제거한다.
6: 데이터가 서로 연결되는 군집은 결합한다.

예제 7.6.2 다음과 같은 11개의 2차원 데이터에 대하여 가우시안 커넬함수를 이용하여 군집을 구하라.

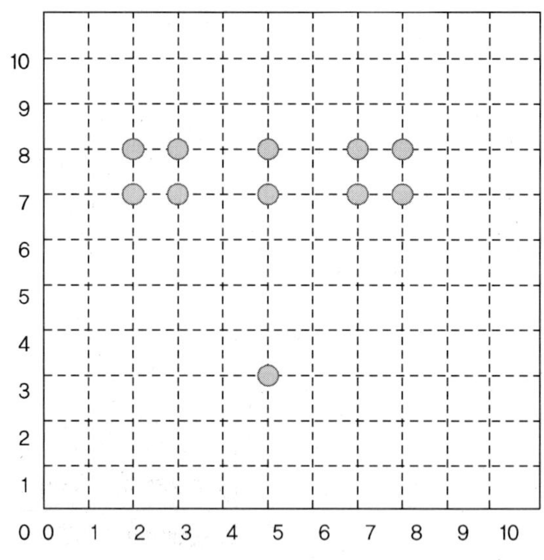

그림 7-8 12개의 2차원 데이터

풀이 〈그림 7-8〉의 2차원 데이터에 대하여 커넬 지역밀도함수를 구하면 〈그림 7-9〉와 같다.

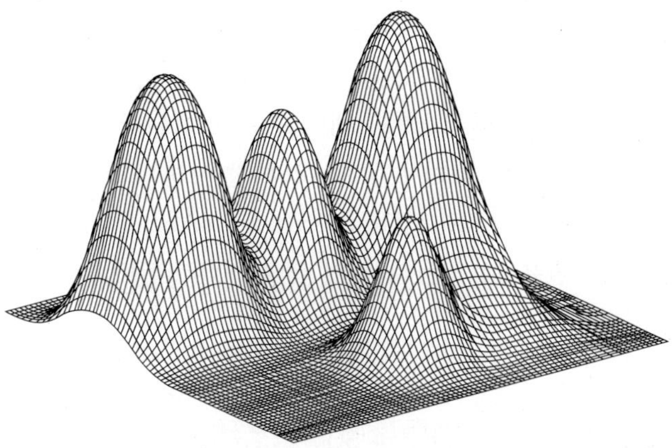

그림 7-9 가우시안 커넬함수의 예

7.7 코호넨군집(Kohonen Clustering) 모형

코호넨군집(Kohonen clustering) 모형은 신경망에 근거한 **자기조직화지도**(self-organizing maps: SOM)로서 군집 및 데이터 시각화(data visualization) 기법이다. SOM은 K-중심군집 모형과 같이 적절한 방법으로 군집의 중심을 찾고, 각각의 데이터를 그 데이터와 가장 근사한 중심이 있는 군집으로 분류한다. SOM에서는 군집의 중심들에 대해 정밀하게 순서를 부여해 공간적 배열(topographic spatial ordering)을 하면서 이를 수정한다. 하지만 K-중심군집 모형과 달리 각각의 데이터가 어떤 군집에 속하는 것인지를 추적하지는 않는다. SOM의 최종 결과는 여러 중심점들의 집합으로 각각의 중심은 묵시적으로 군집을 나타내며, 각 군집은 중심과 가장 근접한 데이터들로 이루어진다.

여러 종류의 신경망 기반 SOM이 있는데 이 책에서는 2차원인 경우만 설명한다. 2차원 데이터인 경우 SOM은 중심들을 〈그림 7-10〉과 같이 노드(node)들로 이루어

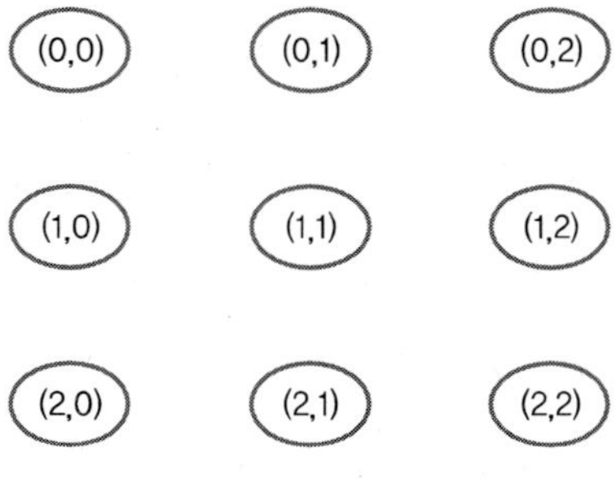

그림 7-10 2차원 격자 형태의 신경망기반 SOM의 예

진 격자형태의 공간적 구성으로 보여 준다. 여기서 노드는 각각의 m-차원 데이터를 신경망을 이용하여 가장 가까운 2차원 중심으로 표현한 형태로 해석할 수 있다.

SOM 알고리즘은 각각의 데이터를 그 데이터와 가장 가까운 중심 및 인접한 중심들을 수정하는데 이용한다. 이와 같은 방법으로 SOM은 주어진 데이터에 대한 **순서가 있는 중심들의 집합**(ordered set of centroids)을 만드는데, 가까운 곳에 위치한 중심들은 더 많은 관련이 있음을 의미한다. 기본적인 SOM 알고리즘은 다음과 같다.

알고리즘 7.8 코호넨 SOM 알고리즘(Kohonen SOM Algorithm)

```
단계 1: 군집들의 중심을 초기화한다.
     2: repeat
     3:     다음 데이터를 선택한다.
     4:     각 데이터에서 가장 가까운 군집중심을 결정한다.
     5:     위의 군집중심 및 이 중심과 가까운 다른 군집중심을 수정한다.
     6: until (군집중심의 변화가 거의 없을 때까지)
     7: 각각의 데이터를 가장 가까운 군집중심으로 할당한다.
```

이차원인 경우 군집중심을 (x, y)로 표시하자. 단계 1의 초기화는 대개 K-평균 군집 알고리즘과 마찬가지로 임의로 중심들의 초기값을 선택한다. 또는 데이터를 조사하여 중심의 x와 y의 좌표들의 범위를 대략 예측한 후, 임의로 결정하는 방법이 있다.

단계 3의 다음 데이터 선택은 자명한 것이지만 SOM에서는 각 데이터가 여러 번 선택될 수도 있고, 전체 데이터가 큰 경우에는 모든 데이터가 다 선택되지 않을 수 있다.

단계 4에서 가장 가까운 군집중심을 결정하는 문제는 거리에 대한 측도를 무엇으로 할 것인지 결정하는 문제이다. 유클리드 거리나 코사인 거리측도가 많이 이용되지만, 이를 이용하기 위해서는 먼저 각각의 변수들의 값을 표준화한다.

단계 5의 군집중심 및 이 중심과 가까운 다른 군집중심의 수정은 복잡한 과정을 거쳐야 한다. n개의 m차원 데이터를 $\boldsymbol{x}_1, \boldsymbol{x}_2, \ldots, \boldsymbol{x}_n$이라 하고, 이 데이터들의 K개 군집중심을 $\boldsymbol{c}_1, \boldsymbol{c}_2, \ldots, \boldsymbol{c}_K$로 표시하자. 〈그림 7-10〉과 같은 격자형태의 SOM에서는 K는 격자의 (행의 수)×(열의 수) 이다. SOM 알고리즘의 t번째 반복에서 선택된 데이터를 $\boldsymbol{x}^{(t)}$라 하고, 이 데이터와 가장 가까운 중심을 $\boldsymbol{c}_k^{(t)}$라 하면 이 중심은 다음과 같은 방정식에 의해 수정된다.

$$\boldsymbol{c}_k^{(t+1)} = \boldsymbol{c}_k^{(t)} + h_k(t)(\boldsymbol{x}^{(t)} - \boldsymbol{c}_k^{(t)}) \tag{7.76}$$

여기서 $h_k(t)$는 데이터와 중심 사이의 차이, $(\boldsymbol{x}^{(t)}-\boldsymbol{c}_k^{(t)})$를 반영하는 효과를 주기 위한 함수이다. 식 (7.76)의 의미는 중심 $\boldsymbol{c}_k^{(t)}$의 수정을 데이터와 중심 사이의 차이에 비례하는 항 $h_k(t)(\boldsymbol{x}^{(t)}-\boldsymbol{c}_k^{(t)})$을 더해서 수정한다는 것이다. 함수 $h_k(t)$는 중심 $\boldsymbol{c}_k^{(t)}$ 및 이 중심과 가까운 곳에 있는 중심 $\boldsymbol{c}_j^{(t)}$에 더 많은 효과를 주는 함수를 선택하는데 다음과 같은 함수가 많이 이용된다.

$$\text{가우스(Gauss)함수: } h_k(t)=\lambda(t)\exp\left\{\frac{-d(\boldsymbol{c}_k^{(t)},\boldsymbol{c}_j^{(t)})^2}{2\sigma^2(t)}\right\} \tag{7.77}$$

$$\text{스텝(step)함수: } h_k(t)=\begin{cases}\lambda(t) & \text{if} \quad d(\boldsymbol{c}_k^{(t)},\boldsymbol{c}_j^{(t)})\le \text{기준값}\\ 0 & else\end{cases} \tag{7.78}$$

격자형 SOM에서 $\boldsymbol{c}_k^{(t)}$와 $\boldsymbol{c}_j^{(t)}$는 중심에 대한 격자 좌표 (x_k, y_k)와 (x_j, y_j)를 의미하며, $d(\boldsymbol{c}_k^{(t)},\boldsymbol{c}_j^{(t)})$는 유크리드 거리인 경우에 $\sqrt{(x_k-x_j)^2+(y_k-y_j)^2}$가 된다. $\lambda(t)$는 신경망 모형에서 사용하였던 학습률(learning rate)로서 0과 1 사이의 값을 가지며, 단계 t의 값이 증가하면 학습률은 감소하게 되도록 하여 알고리즘의 수렴성을 조절한다. 결과적으로 중심 $\boldsymbol{c}_k^{(t)}$에 대하여 격자 좌표가 먼 위치에 있는 데이터 $\boldsymbol{x}^{(t)}$는 중심의 수정에 영향이 적거나 혹은 없게 된다. σ는 가우스 함수의 분산으로서 한 중심에 영향을 주는 주변의 범위를 조절하는데, 분산이 클수록 넓은 범위에 대한 영향을 주고, 작을수록 좁은 범위에 영향을 주게 된다. 마찬가지로 스텝함수의 기준값도 한 중심에 영향을 주는 주변의 범위를 조절한다.

알고리즘의 수렴성은 데이터와 학습률 그리고 거리에 대한 기준값이나 분산의 정의에 의해 많이 좌우된다. 일반적으로 SOM 알고리즘은 수렴성이 보장되지는 않고 수렴이 천천히 이루어지는 것으로 알려졌다.

7.7.1 코호넨군집 모형의 특성

코호넨군집 모형의 특성은 다음과 같다.

1) 코호넨군집 모형은 군집 중심 이웃간의 관계를 강조하는 기법으로 가까운 이웃 군집이 강한 관련성을 가지고 있다. 따라서 군집의 의미에 대한 해석이나 시각화 표현에 유리한 장점이 있다.
2) SOM 알고리즘은 사용자가 학습률이나 군집 중심의 이웃에 대한 정의 등 여러 모수에 대한 선택을 하여야 한다.
3) 코호넨군집 모형은 최적화하고자 하는 목적함수가 없다. 따라서 수렴성이 보장

되지는 않고 주어진 데이터를 잘 적합시키는 중심을 찾으려는 모형으로 볼 수 있다.

7.8 R 및 SAS 실습

군집은 모형에 따라 서로 다른 결과가 나타날 수 있기 때문에 가능하면 여러 가지 모형을 시도해 비교해 보는 것이 좋다. 이 장에서 연구한 분류분석 중에서 R과 SAS에서 실습이 가능한 모듈을 살펴보자.

7.8.1 R 실습

가. 계층적군집 모형

계층적군집 모형을 이용하기 위해서는 기본적으로 설치되어 있는 패키지를 이용하면 된다.

1) [예제 7.2.1]의 데이터가 텍스트 파일로 C:₩Rwork₩Ex721.txt 파일에 저장되어 있다고 하자.

```
x1  x2
 1   5
 2   4
 4   6
 4   3
 5   3
```

2) R의 기본 작업폴더를 C:₩Rwork로 변경한 후 파일 Ex721.txt를 불러온다.

```
> hcldata <- read.table('Ex721.txt',header=T)
> hcldata
  x1 x2
1  1  5
2  2  4
3  4  6
4  4  3
5  5  3
> attach(hcldata)        # hcldata의 변수명을 이용하기 위한 명령어
```

3) 최단연결법(single linkage)으로 유크리드 제곱거리(dist(hcldata)^2)를 사용하여 계층적군집을 만드는 명령어는 아래와 같다.

```
> hcl <-- hclust(dist(hcldata)^2,method="single")
> hcl
Call:
hclust(d = dist(hcldata)^2, method = "single")

Cluster method   : single
Distance         : euclidean
Number of objects: 5
```

선택옵션에서 method = "single" 대신에 최장연결법은 "complete", 평균연결법은 "average", 중심연결법은 "centroid", 와드연결법은 "ward"를 사용한다.

4) 계층적 군집에 대한 덴드로그램을 그리기 위한 R 명령어와 결과 그림은 아래와 같다.

```
> plot(hcl)                # dendrogram
> plot(hcl, hang = -1)     # hang = -1은 y축 선을 밑에까지 내려오게 함
```

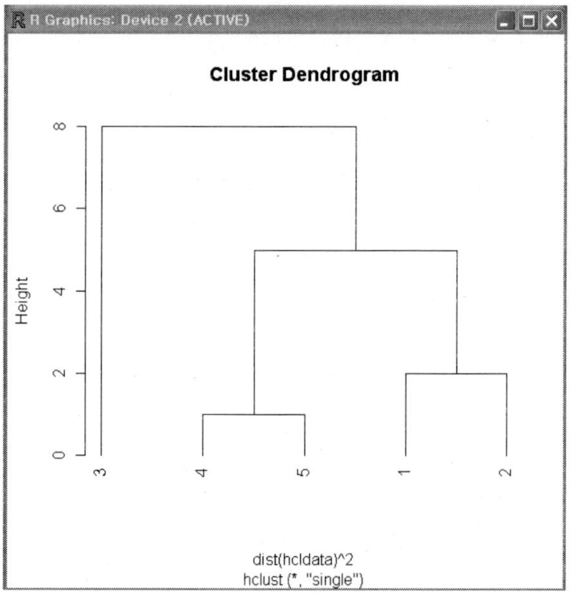

나. K-평균군집 모형

K-평균군집 모형을 이용하기 위해서는 graphics 패키지를 먼저 설치하여야 한다. 패키지의 설치는 R의 주메뉴에서 '패키지' => '패키지 불러오기'를 선택하여 'Select one'이라는 창이 나타날 때 'graphics'를 선택하고 'OK'를 클릭한다. 자세한 패키지의 설치방법은 부록 A.1.2절의 '사. 패키지의 이용'을 참조하기 바란다.

1) [예제 7.3.1]의 데이터가 텍스트 파일로 C:₩Rwork₩Ex731.txt 파일에 저장되어 있다고 하자.

```
x1    x2
 3     4
-1     2
-2    -3
 1    -2
```

2) R의 기본 작업폴더를 C:₩Rwork로 변경한 후 파일 Ex731.txt를 불러온다.

```
> kmeandata <- read.table('Ex731.txt',header=T)
> kmeandata
  x1 x2
1  3  4
2 -1  2
3 -2 -3
4  1 -2
> attach(kmeandata)      # kmeandata의 변수명을 이용하기 위한 명령어
```

3) K-평균군집 모형으로 2개의 군집을 만드는 명령어는 다음과 같다.

```
> kcl <- kmeans(kmeandata,2)
> kcl
K-means clustering with 2 clusters of sizes 2, 2
Cluster means:
    x1   x2
1 -0.5 -2.5
2  1.0  3.0

Clustering vector:
[1] 2 2 1 1

Within cluster sum of squares by cluster:
[1]  5 10
 (between_SS / total_SS =  68.4 %)

Available components:
[1] "cluster"      "centers"      "totss"        "withinss"
[5] "tot.withinss" "betweenss"    "size"
```

4) 2개의 군집으로 형성된 데이터를 그리기 위한 R 명령어와 결과 그림은 아래와 같다. 여기서 cl$cluster는 위의 출력의 군집번호(Clustering vector)를 의미하는 것으로 위의 출력을 보면 1 또는 2임을 알 수 있다.

```
> plot(kmeandata, col = kcl$cluster)
```

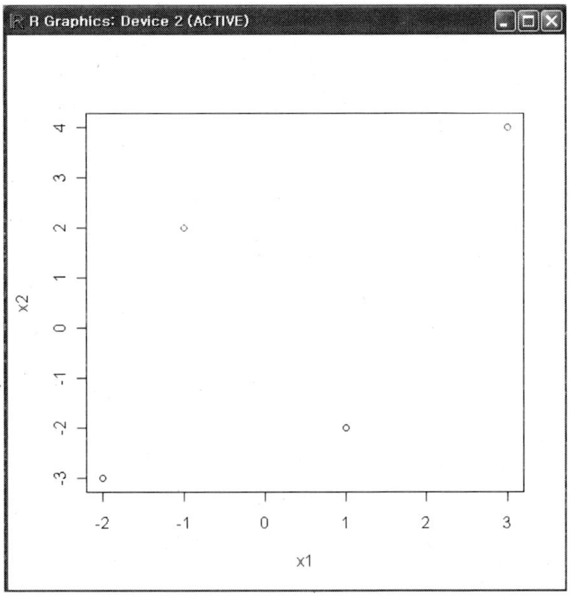

다. 퍼지군집 모형

퍼지군집 모형을 이용하기 위해서는 cluster 패키지를 먼저 설치하여야 한다. 패키지의 설치는 R의 주메뉴에서 '패키지' => '패키지 불러오기'를 선택하여 'Select one'이라는 창이 나타날 때 'cluster'를 선택하고 'OK'를 클릭한다. 자세한 패키지의 설치 방법은 부록 A.1.2 절의 '사. 패키지의 이용'을 참조하기 바란다.

1) 데이터 수가 n일 때, 퍼지군집 모형에서 군집의 수 K는 $0 < K < n/2$을 만족하여야 한다. 퍼지군집 모형의 실습을 위해 다음과 같은 8개의 두 변수 데이터가 텍스트 파일로 C:₩Rwork₩Ex741.txt 파일에 저장되어 있다고 하자.

```
x1  x2
 1   5
 2   4
 4   6
 4   3
 5   3
 2   3
 3   3
 3   4
```

2) R의 기본 작업폴더를 C:₩Rwork로 변경한 후 파일 Ex741.txt를 불러온다.

```
> fuzzydata <- read.table('Ex741.txt',header=T)
  x1 x2
1  1  5
```

```
2  2  4
3  4  6
4  4  3
5  5  3
...
> attach(fuzzydata)          # fuzzydata의 변수명을 이용하기 위한 명령어
```

3) 퍼지군집 모형으로 2개의 군집을 만드는 명령어는 다음과 같다.

```
> fcl <- fanny(fuzzydata,2)
> summary(fcl)
Fuzzy Clustering object of class 'fanny' :
m.ship.expon.          2
objective       3.786843
tolerance          1e-15
iterations            40
converged              1
maxit                500
n                      8
```

```
Membership coefficients (in %, rounded):
     [,1] [,2]
[1,]   73   27
[2,]   83   17
[3,]   50   50
[4,]   16   84
[5,]   22   78
[6,]   67   33
[7,]   41   59
[8,]   58   42
```

```
Fuzzyness coefficients: dunn_coeff normalized
 0.6003531  0.2007062

Closest hard clustering:
[1] 1 1 2 2 2 1 2 1

Silhouette plot information:
  cluster neighbor   sil_width
2       1        2  0.52781960
1       1        2  0.44212061
6       1        2  0.35450083
8       1        2  0.09961361
5       2        1  0.36161128
4       2        1  0.27973346
3       2        1 -0.04829317
7       2        1 -0.24021916
```

```
Average silhouette width per cluster:
[1] 0.3560137 0.0882081
Average silhouette width of total data set:
[1] 0.2221109
28 dissimilarities, summarized :
   Min. 1st Qu.  Median    Mean 3rd Qu.    Max.
 1.0000  1.4142  2.2361  2.2438  3.0406  4.4721
Metric :  euclidean
Number of objects : 8
```

```
Fuzzyness coefficients: dunn_coeff normalized
 0.6003531  0.2007062

Closest hard clustering:
[1] 1 1 2 2 2 1 2 1

Silhouette plot information:
  cluster neighbor    sil_width
2       1        2  0.52781960
1       1        2  0.44212061
6       1        2  0.35450083
8       1        2  0.09961361
5       2        1  0.36161128
4       2        1  0.27973346
3       2        1 -0.04829317
7       2        1 -0.24021916
Average silhouette width per cluster:
[1] 0.3560137 0.0882081
Average silhouette width of total data set:
[1] 0.2221109
28 dissimilarities, summarized :
   Min. 1st Qu.  Median    Mean 3rd Qu.    Max.
 1.0000  1.4142  2.2361  2.2438  3.0406  4.4721
Metric :  euclidean
Number of objects : 8
```

4) 2개의 군집으로 형성된 데이터를 그리기 위한 R 명령어와 결과 그림은 다음과 같다.

```
> plot(fcl)
```

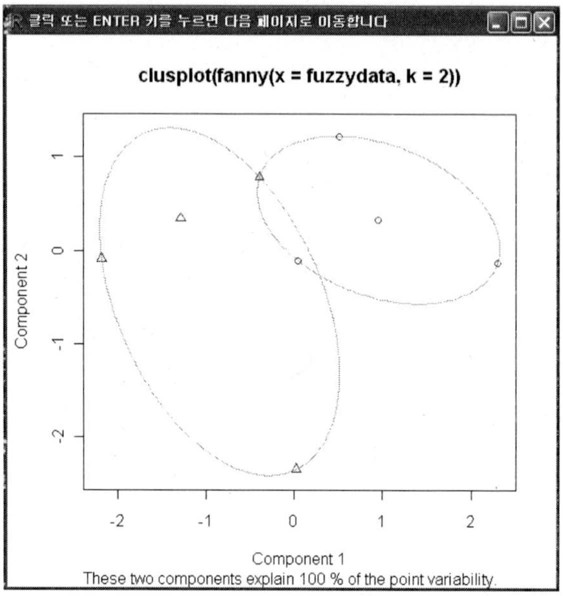

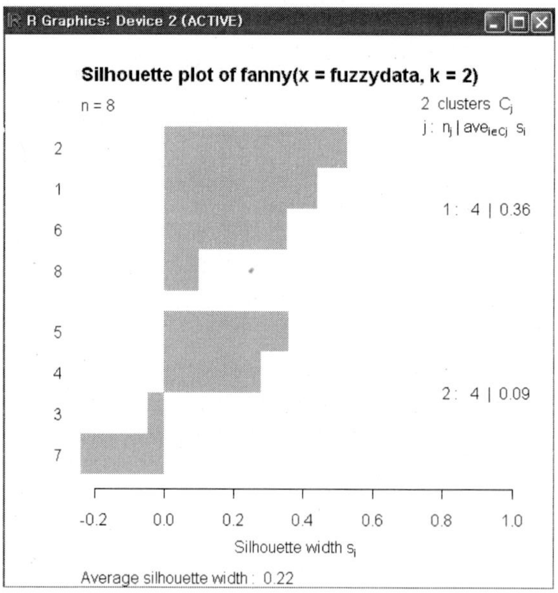

라. 혼합분포군집 모형

1) [예제 7.5.1]과 같이 두 개의 정규분포 $N(0,2^2)$과 $N(8,2^2)$에서 각각 50개씩 데이터를 생성하는 R 명령어와 생성된 데이터에 대한 히스토그램은 다음과 같다.

```
> n <- 50            # 표본의 수
```

```
> mu1 <- 0              # 모평균 1
> sigma1 <- 2           # 모표준편차 1
> mu2 <- 8              # 모평균 2
> sigma2 <- 2           # 모표준편차 2

> rnorm1 <-rnorm(n,mu1,sigma1)        # N(0,2^2)에서 50개 표본 생성
> rnorm2 <-rnorm(n,mu2,sigma2)        # N(8,2^2)에서 50개 표본 생성
> mix_rnorm <- c(rnorm1,rnorm2)       # 혼합 표본
> hist(mix_rnorm,breaks = 20,main = paste("Histogram of Mixture
Distribution"))
```

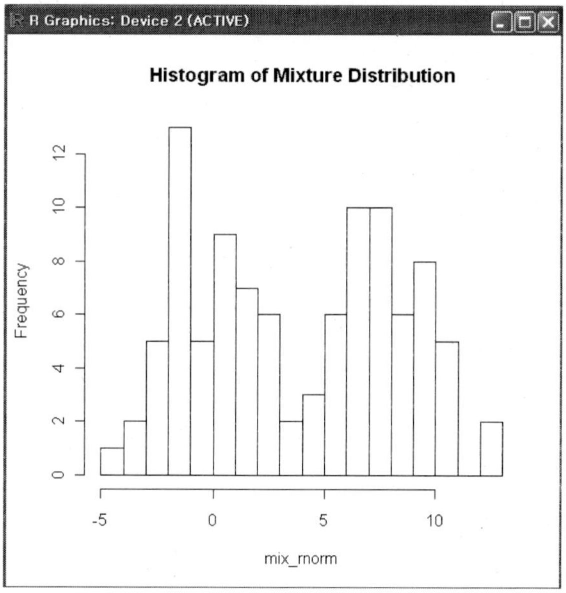

2) EM 알고리즘으로 두 모평균을 추정하는 실험을 R을 이용하여 실습하자. 두 모평균의 초기 추정값은 −1과 7로 가정하고 모표준편차는 2로 가정한다. 알고리즘은 10회 반복한다. R 명령어가 많아지면 텍스트 파일로 저장한 후 R에서 실행하는 것이 좋다.

```
ntot <- 100       # 전체 표본의 수
sigma1 <- 2       # 모표준편차 1
sigma2 <- 2       # 모표준편차 2
iter <- 10        # 알고리즘 반복횟수
theta1 <- -1      # 모평균 1의 초기값
theta2 <- 7       # 모평균 2의 초기값
theta1hat <- 0  # 모평균 1의 추정값 저장을 위한 벡터
theta2hat <- 0  # 모평균 2의 추정값 저장을 위한 벡터
```

```
for( j in 1:iter) {
  p1 <- 0
  p2 <- 0
  bayes1 <- 0
  bayes2 <- 0
  thetaiter1 <-0
  thetaiter2 <-0

  for ( i in 1:ntot) {
     p1[i] <- (1-pnorm(mix_rnorm[i],theta1,sigma1))
     p2[i] <- (pnorm(mix_rnorm[i],theta2,sigma2))
     bayes1[i] <- 0.5*p1[i]/(0.5*p1[i]+0.5*p2[i])
     bayes2[i] <- 0.5*p2[i]/(0.5*p1[i]+0.5*p2[i])
     thetaiter1[i] <- mix_rnorm[i]*bayes1[i]
     thetaiter2[i] <- mix_rnorm[i]*bayes2[i]
  }

  theta1hat[j] <- sum(thetaiter1) / sum(bayes1)
  theta2hat[j] <- sum(thetaiter2) / sum(bayes2)
  theta1 <- theta1hat[j]
  theta2 <- theta2hat[j]
}
result <- cbind(theta1hat,theta2hat)
```

3) EM 알고리즘으로 반복 추정된 두 모평균은 다음과 같다.

```
result
        theta1hat theta2hat
 [1,] -0.3915618  7.994649
 [2,] -0.2498964  8.183257
 [3,] -0.2161837  8.219971
 [4,] -0.2088059  8.227689
 [5,] -0.2072150  8.229339
 [6,] -0.2068731  8.229693
 [7,] -0.2067997  8.229769
 [8,] -0.2067839  8.229785
 [9,] -0.2067805  8.229788
[10,] -0.2067798  8.229789
```

마. 코호넨군집 모형

코호넨군집 모형을 이용하기 위해서는 class 패키지를 먼저 설치하여야 한다. 패키지의 설치는 R의 주메뉴에서 '패키지' => '패키지 불러오기'를 선택하여 'Select one' 이라는 창이 나타날 때 'class'를 선택하고 'OK'를 클릭한다. 자세한 패키지의 설치방법은 부록 A.1.2절의 '사. 패키지의 이용'을 참조하기 바란다.

1) 코호넨군집을 위한 SOM( ) 함수의 예제 프로그램과 결과는 다음과 같다.

```
> data(crabs, package = "MASS")
> crabs
    sp sex index  FL   RW   CL   CW   BD
1    B   M     1  8.1  6.7 16.1 19.0  7.0
2    B   M     2  8.8  7.7 18.1 20.8  7.4
3    B   M     3  9.2  7.8 19.0 22.4  7.7
4    B   M     4  9.6  7.9 20.1 23.1  8.2
5    B   M     5  9.8  8.0 20.3 23.0  8.2
...
> lcrabs <- log(crabs[, 4:8])
> crabs.grp <- factor(c("B", "b", "O", "o")[rep(1:4, rep(50,4))])
> gr <- somgrid(topo = "hexagonal")
> crabs.som <- SOM(lcrabs, gr)
> plot(crabs.som)
## 2-phase training
> crabs.som2 <- SOM(lcrabs, gr,
  alpha = list(seq(0.05, 0, len = 1e4), seq(0.02, 0, len = 1e5)),
  radii = list(seq(8, 1, len = 1e4), seq(4, 1, len = 1e5)))
> plot(crabs.som2)
```

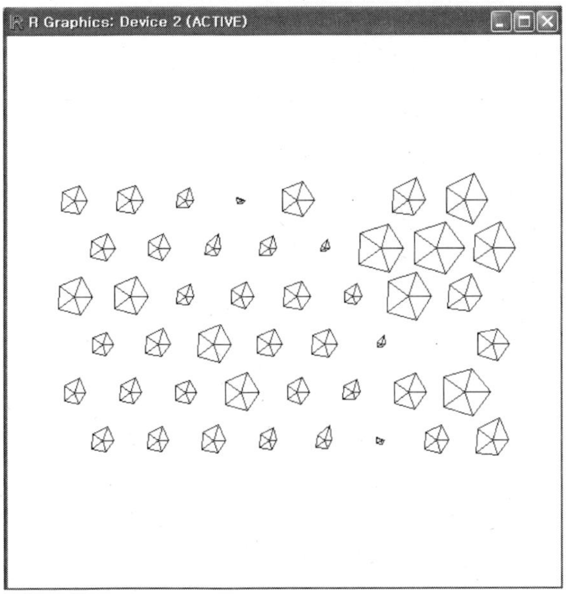

7.8.2 SAS 실습

E-Miner를 이용하여 K-평균군집 모형과 코호넨군집 모형을 실습하자.

가. K-평균군집 모형

[예제 7.3.1]의 데이터로 K-평균군집 모형을 실습하자.

1) [예제 7.3.1]의 데이터를 My 라이브러리의 EX731라는 데이터 세트로 저장하자.

텍스트 또는 엑셀 파일을 만들어 SAS로 불러오는 방법은 부록 A2.2.2절의 '마. SAS에서 엑셀파일 불러오기'를 참조하기 바란다.

2) SAS의 주메뉴에서 '솔루션(S)' => '분석(S)' => 'Enterprise Miner(E)'를 선택하면 주메뉴가 바뀌고 E-Miner의 작업영역이 나타난다. 바뀐 주메뉴에서 '파일(F)' => '새로 만들기(N)' => '프로젝트(J)'를 선택하여 아래와 같은 'Create new project' 화면이 나타나면, 프로젝트 Name으로 Chapter731, Location으로 C:₩SASwork₩Chap731 폴더를 선택한 후(이 폴더를 미리 만들어 놓아야 함) 'Create' 버튼을 클릭한다.

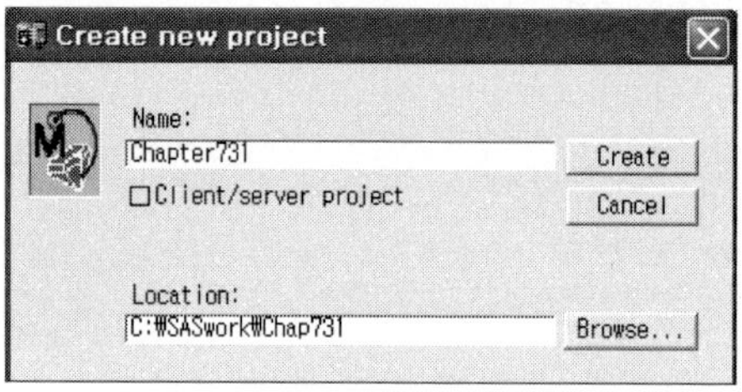

3) 프로젝트 탐색기에서 분석흐름도 이름 'Untitled'를 마우스 우측 버튼 메뉴의 'Rename'을 이용하여 'Ex731'로 변경한다. 툴바에서 'Input Data Source'와 'Clustering' 노드를 작업영역으로 끌어온 후 아래와 같은 분석흐름도를 작성한다.

4) 'Input Data Source' 노드를 더블클릭하여 'Data' 탭에서 MY라이브러리의 EX731 데이터 세트로 지정한다. 'Variables' 탭에서 각 변수의 'Model Role'이 기본인 'input'으로 되어 있는 것을 확인한다. 이 창을 닫으면서 내용을 저장하고 나온다.

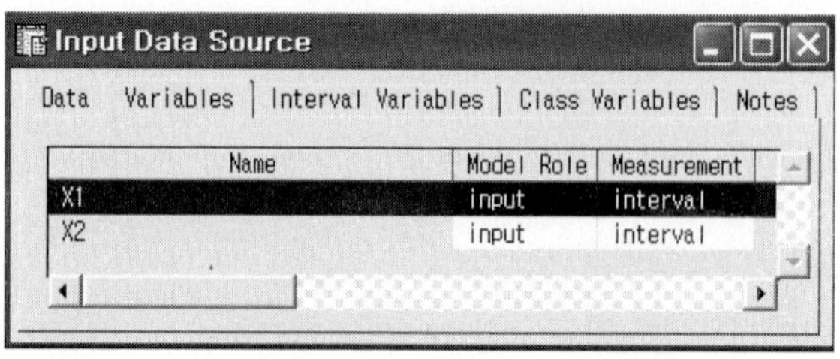

5) 'Clustering' 노드를 더블클릭하면 아래와 같은 'Data Variables' 탭 화면이 나타난

다. 선택사항 'Standardization'은 데이터 변환을 의미하는데, 'Range'는 최대값과 최소값을 이용한 0-1변환이고, 'Std Dev.'은 통계적인 표준화 변환이다. 현재는 'None'을 선택한다.

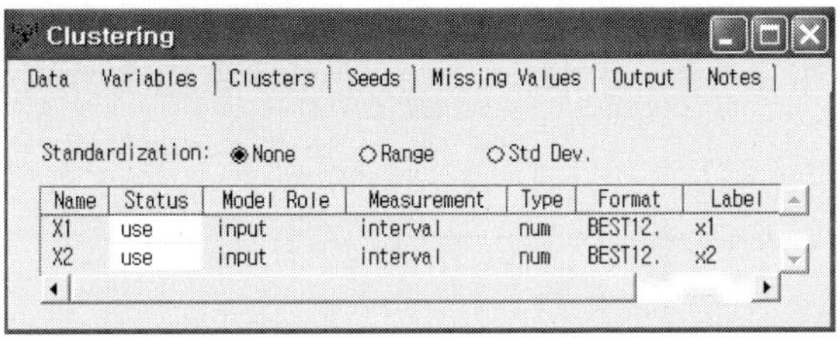

6) 위의 대화상자에서 'Clusters' 탭을 클릭한 후 'Number of Clusters:'를 'User Specify'로 선택하고 군집의 수를 2로 입력한다. 이 창을 닫으면서 내용을 저장하고 나온다.

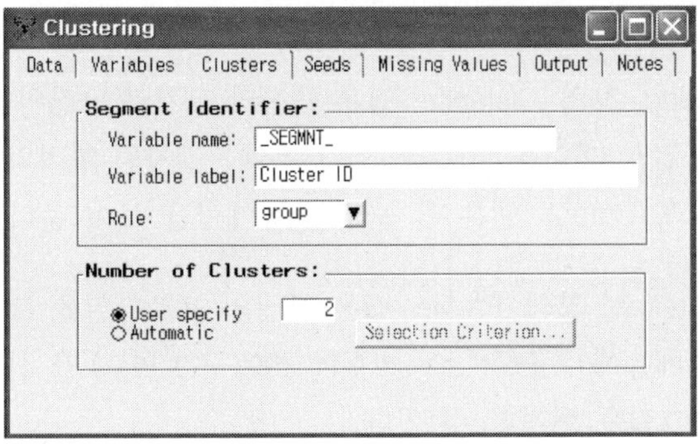

7) 'Clustering' 노드에 마우스 우측 버튼을 클릭하여 나타나는 팝업 메뉴에서 'run'을 실행하면 아래 좌측과 같은 군집 결과('Results - Clustering')의 'Partition' 화면이 나타난다. 군집의 특성을 파이차트를 이용하여 보여주는데, 파이조각의 크기('Slice')는 군집의 변이도('Std. deviation')를, 파이조각의 높이('Height')는 각 군집의 데이터 수('Frequency')를, 파이조각의 색('Color')은 군집의 중심과 데이터 사이의 거리 중 최대 반경('Radius')을 나타낸다. 이 세 가지 기준은 서로 바꾸어 선택할 수 있다.

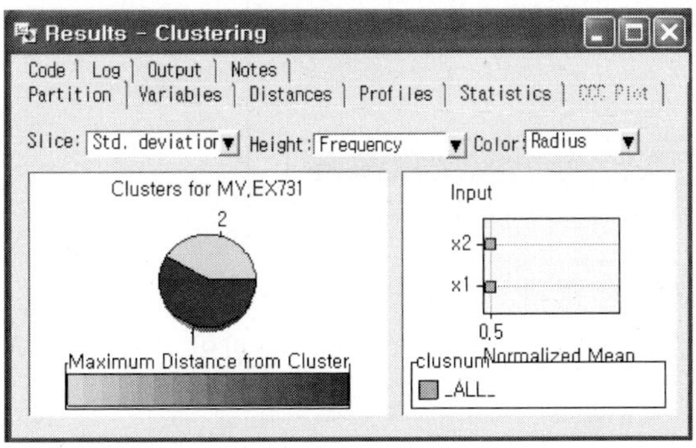

8) 파이차트 위에 마우스 우측 버튼을 클릭하면 아래 우측과 같이 팝업 메뉴가 나타난다. 여기서 'Select clusters to view...'(군집의 개수가 많을 경우 일부의 군집만을 선택하여 파이차트 그림), 'Summary statistics...'(군집의 평균, 표준편차 등의 기초 통계량 테이블), 'Cluster profile Tree'(군집을 목표변수로 한 의사결정나무), 'View data...'(입력변수와 군집중심까지의 거리 등을 보여줌) 등을 선택할 수 있다.

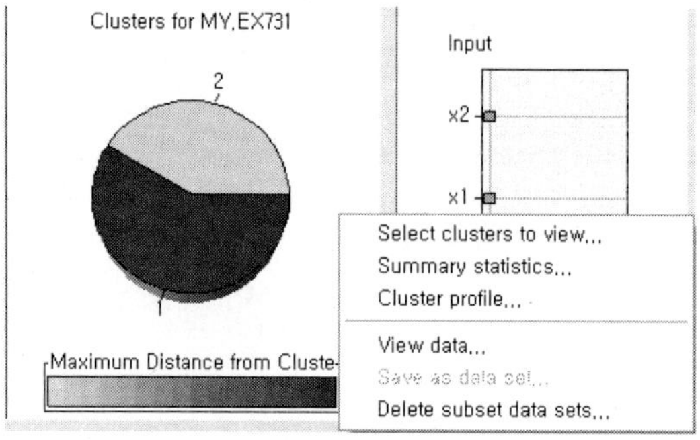

9) 'Results - Clustering' 창의 'Distance' 탭은 군집의 크기와 군집의 중심 간의 거리를 보여 준다. 군집의 개수가 4개 이상인 경우에는 2차원 형식의 그림으로 출력한다. 'Statistics'과 'Output' 탭은 각 군집의 통계량을 보여 준다.

10) 'Results - Clustering' 창의 'Profile' 탭은 군집의 프로파일을 그림을 이용해 살펴볼 수 있다. 주메뉴에서 '보기' => '범주형 변수(구간 변수)'를 선택하여 각 변수의 속성에 따라 그림을 변경할 수 있다.

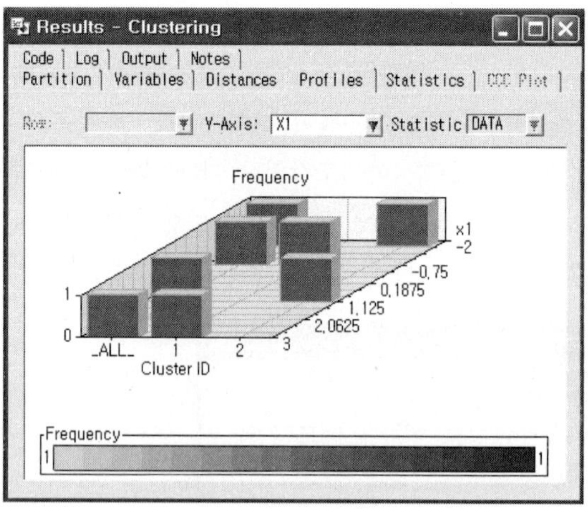

11)'Results - Clustering' 창의 'CCC Plot' 탭은 6)에서 군집의 수('Number of clusters')를 'Automatic'으로 선택한 경우에 군집의 수를 결정하기 위해 사용되

는 CCC(Cubic Clustering Criterion)를 그림으로 출력한다. 자세한 내용은 참고문헌을 참조하기 바란다.

나. 코호넨군집 모형

K-평균군집 모형에 사용된 [예제 7.4.1]의 데이터로 코호넨군집 모형을 실습하자.

1) [예제 7.4.1]의 데이터를 My 라이브러리의 EX741이라는 데이터 세트로 저장하자. 텍스트 또는 엑셀 파일을 만들어 SAS로 불러오는 방법은 부록 A2.2.2절의 '마. SAS에서 엑셀파일 불러오기'를 참조하기 바란다.

2) SAS의 주메뉴에서 '솔루션(S)' => '분석(S)' => 'Enterprise Miner(E)'를 선택하면 주메뉴가 바뀌고 E-Miner의 작업영역이 나타난다. 바뀐 주메뉴에서 '파일(F)' => '새로 만들기(N)' => '프로젝트(J)'를 선택하여 아래와 같은 'Create new project' 화면이 나타나면, 프로젝트 Name으로 Chapter741, Location으로 C:₩SASwork₩Chap741 폴더를 선택한 후(이 폴더를 미리 만들어 놓아야 함) 'Create' 버튼을 클릭한다.

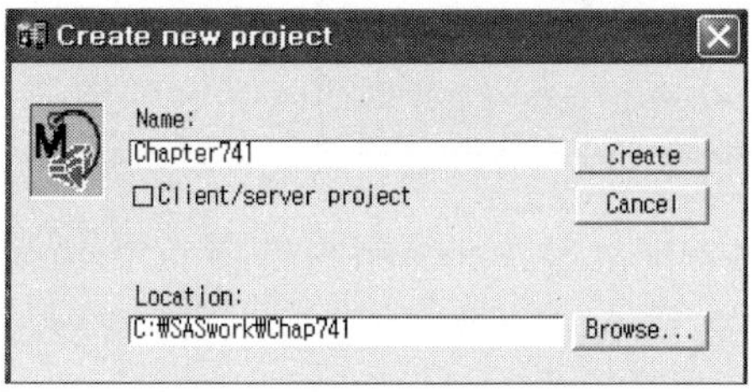

3) 프로젝트 탐색기에서 분석흐름도 이름 'Untitled'를 마우스 우측 버튼 메뉴의 'Rename'을 이용하여 'Ex741'로 변경한다. E-Miner 탐색기의 'Tools' 탭에서 'Input Data Source'와 'SOM/Kohonen' 노드를 작업영역으로 끌어온 후 아래와 같은 분석흐름도를 작성한다.

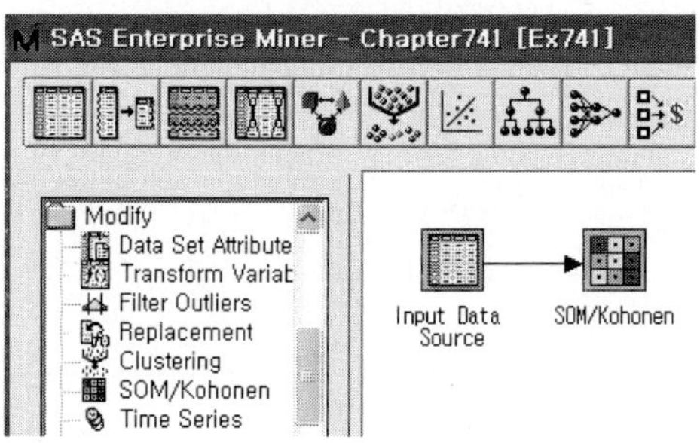

4) 'Input Data Source' 노드를 더블클릭하여 'Data' 탭에서 MY라이브러리의 EX731

데이터 세트로 지정한다. 'Variables' 탭에서 각 변수의 'Model Role'이 기본인 'input'으로 되어 있는 것을 확인한다. 이 창을 닫으면서 내용을 저장하고 나온다.

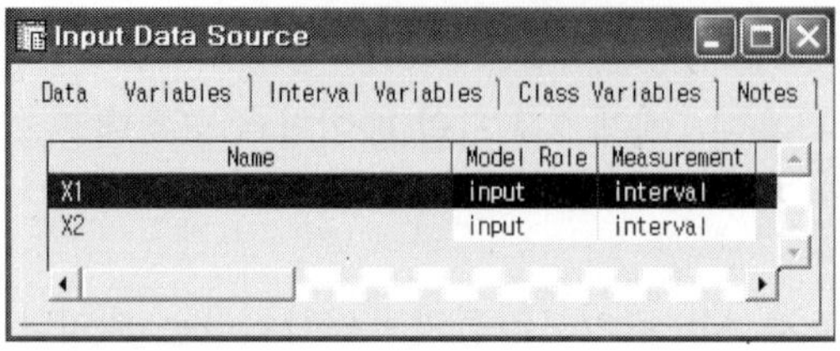

5) 'SOM/Kohonen' 노드를 더블클릭하면 아래와 같은 'Data Variables' 탭 화면이 나타난다. 선택사항 'Standardization'은 데이터 변환을 의미하는데, 'Range'는 최대값과 최소값을 이용한 0-1변환이고, 'Std Dev.'은 통계적인 표준화 변환이다. 현재는 'None'을 선택한다.

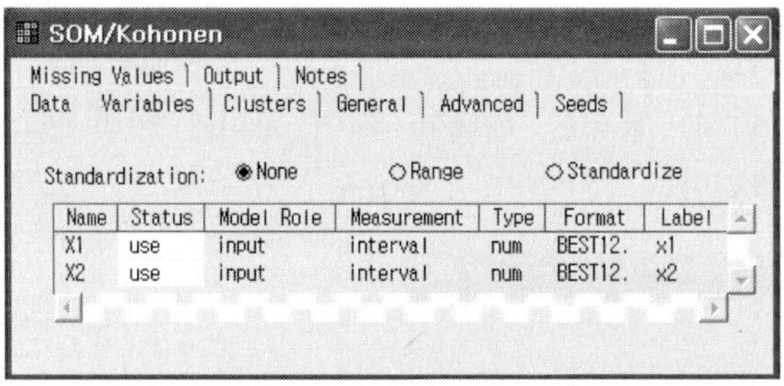

6) 'General' 탭을 클릭한 후 'Method:'를 'Kohonen Self-Organizing Map'으로 선택하고 'Map'에서 'Rows:'를 2로 'Columns:'을 2로 선택한다. 생성되는 군집의 수는 (Rows:) × (Columns:) 이 되는데, 이 예제의 경우 2×2= 4개의 군집이 된다. 이 창을 닫으면서 내용을 저장하고 나온다.

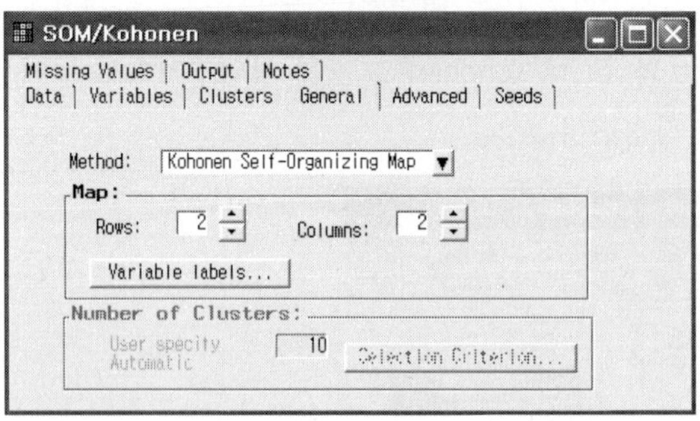

7) 'SOM/Kohonen' 노드에 마우스 우측 버튼을 클릭하여 나타나는 팝업 메뉴에서 'run'을 실행하면 아래와 같은 군집 결과('Results - SOM/Kohonen') 화면이 나타난다. 결과의 해석은 K-평균군집 모형과 유사하다.

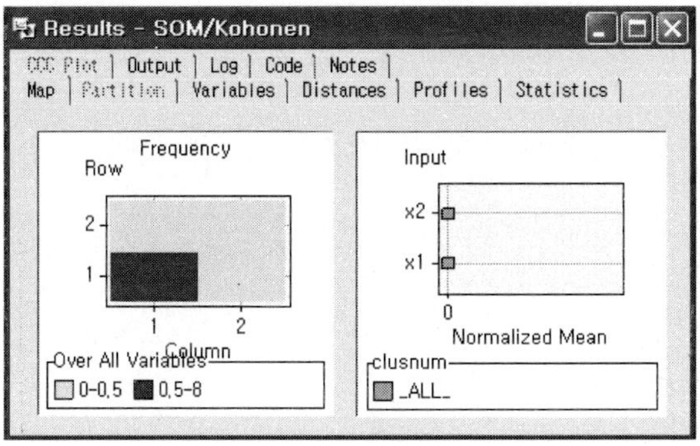
Results - SOM/Kohonen
CCC Plot | Output | Log | Code | Notes
Map | Partition | Variables | Distances | Profiles | Statistics
Frequency
Row
2
1
1 2
Column
Over All Variables
0-0.5 0.5-8
Input
x2
x1
0
Normalized Mean
clusnum
ALL

연습문제

1 5개의 데이터(A, B, C, D, E)에 대한 거리행렬이 다음과 같다.

거리	A	B	C	D	E
A	0				
B	10	0			
C	41	64	0		
D	55	47	44	0	
E	35	98	85	76	0

1) 최단연결법을 이용하여 계층적군집을 만들어라.
2) 최장연결법을 이용하여 계층적군집을 만들어라.
3) 평균연결법을 이용하여 계층적군집을 만들어라.
4) 중심연결법을 이용하여 계층적군집을 만들어라.

2 두 변수 x_1과 x_2에 대하여 다음과 같이 5개의 데이터가 관찰되었다. 데이터간의 거리는 유크리드 제곱거리를 이용하라.

데이터	(x_1, x_2)
A	(3, 4)
B	(−1, 2)
C	(−2, −3)
D	(1, −2)
E	(1, 3)
F	(−1, −2)

1) 최단연결법을 이용하여 계층적군집을 만들어라.
2) 최장연결법을 이용하여 계층적군집을 만들어라.
3) 평균연결법을 이용하여 계층적군집을 만들어라.
4) 중심연결법을 이용하여 계층적군집을 만들어라.
5) 와드연결법을 이용하여 계층적군집을 만들어라.

3 문제 2의 데이터에서 중심 측도로 평균을 이용한 2-평균군집 모형으로 군집을 만들어라.

4 문제 2의 데이터에서 중심 측도로 평균을 이용한 퍼지 2-평균군집 모형으로 군집을 만들어라.

5 두 개의 서로 다른 정규분포에서 각각 생성된 20개씩의 데이터가 아래와 같다.

정규분포 1에서 생성된 20개의 데이터					정규분포 2에서 생성된 20개의 데이터				
0.845	2.054	0.123	0.918	2.271	5.550	7.653	6.034	5.993	4.934
1.085	0.061	3.325	0.747	0.652	8.718	8.508	10.742	7.254	8.397
−1.387	0.522	−4.005	−0.265	1.856	7.653	8.209	7.383	8.898	8.923
−1.195	3.797	2.143	1.933	−1.527	5.796	8.124	6.281	8.045	7.357

1) 전체 40개의 데이터에 대한 히스토그램을 그려라.

2) 이 데이터에 대해 혼합정규분포 모형을 수립하라. 각 정규분포의 표준편차는 2라고 가정하자.

3) 2)에서 수립한 혼합분포모형의 모수를 EM 알고리즘으로 추정하라.

6 문제 2의 데이터를 이용하여 코호넨군집 모형으로 군집을 만들어라.

참고문헌

강현철 외. 고객관계관리(CRM)를 위한 데이터마이닝 방법론. 자유아카데미, 2006.

이태림, 구자용, 박헌진, 이긍희, 최대우. 데이터마이닝. 한국방송대학교 출판부, 2004.

전성해, 김승환, 전홍석. 데이터마이닝과 CRM. 자유아카데미, 2008.

최종후 외 4인. SAS Enterprise Miner를 이용한 데이터마이닝. 자유아카데미, 2000.

D. Boley. Pricipal Direction Divisive Partitioning. Data Mining and Knowledge Discovery, 2(4):325-344, 1998.

R. O. Duda, P. E. Hart, and D. G. Stork. Pattern Classification. John Wiley & Sons, Inc., New York, second edition, 2001.

B. S. Eberitt, S. Landau, and M. Leese. Cluster Analysis. Arnold Publishers, London, fourth edition, May 2001.

D. Fisher. Iterative Optimization and Simplification of Hierarchical Clusterings. Journal of Artificial Intelligence Research, 4:147-179, 1996.

T. Hastie, R. Tibshirani, and J. H. Friedman. The Elements of Statistical Learning: Data Mining, Inference, Prediction. Springer, New York, 2001.

L. Kaufman and P. J. Rousseeuw. Finding Groups in Data: An Introduction to Cluster Analysis. Wiley Series in Probability and Statistics. John Wiley and Sons, New York, November 1990.

T. Mitchell. Machine Learning. McGraw-Hill, Boston, MA, 1997.

C. Fraley and A. E. Raftery. How Many Clusters? Which Clustering Method? Answers Via Model-Based Cluster Analysis. The Computer Journal, 41(8):578-588, 1998.

D. Gibson, J. M. Kleinberg, and P. Raghavan. Clustering Categorical Data: An Approach Based on Dynamical Systems. VLDB Journal, 8(3-4):222-236, 2000.

S. Guha, A. Meyerson, N. Mishra, R.M otwani, and L. O'Callaghan. Clustering Data Streams: Theory and Practice. IEEE Transactions on Knowledge and Data Engineering, 15(3):515-528, May/June 2003.

E. H. Han, G. Karypis, V. Kumar, and B. Mobasher. Hypergraph Based Clustering in High-Dimensional Data Sets: A Summary of Results. IEEE Data Eng. Bulletin, 21(1):15-22, 1998.

F. Hoppner, F. Klawonn, R. Kruse, and T. Runkler. Fuzzy Cluster Analysis: Methods for Classification, Data Analysis and Image Recognition, John Wiley and Sons, New York, 1999.

I. Jonyer, D. J. Cook, and L. B. Holder. Graph-based hierarchical conceptual clustering. Journal of Machine Learning Research, 2:19-43, 2002.

T. Kohonen, T. S. Huang, and M. R. Schroeder. Self-Organizing Maps. Springer-Verlag, December 2000.

N. Mishra, D. Ron, and R. Swaminathan. A New Conceptual Clustering Framework. Machine Learning Journal, 56(1-3):115-151, 2004.

T. Mitchell. Machine Learning. McGraw-Hill. Boston, MA, 1997.

P. N. Tan, M. Steinbach, and V. Kumar. Introduction to Data Mining. Addison-Wesley, 2002.

8장

특이데이터 탐색

Anomaly Data Detection

특이데이터(anomaly data)의 탐색이란 전체 데이터 중에서 대부분의 데이터와는 속성이 많이 다른 데이터를 찾는 것을 의미한다.

이 장에서는

- 특이데이터의 탐색을 위한 통계적 방법, 유사성기반 방법, 밀도기반 방법, 군집기반 방법을 연구한다.

8.1 특이데이터(Anomaly Data)란?

특이데이터(anomaly data) 또는 **이상점**(outlier)의 탐색이란 전체 데이터 중에서 대부분의 데이터와는 속성이 많이 다른 데이터를 찾는 것을 의미하는데, 이를 **예외점마이닝**(exception mining)이라 부르기도 한다. 특이데이터를 '**비정상**' 데이터라는 용어로 사용하기도 하는데, 정상이 아니라는 부정적인 의미를 가질 수 있어 사용에 주의하여야 한다. 특이데이터라도 잘못된 데이터가 아니라 지극히 정상적이지만 다른 대부분의 데이터보다는 특별한 값을 갖는다는 의미이다. 예를 들어, 1월 중 일별 최저온도가 일반적으로 영하 10도에서 0도 사이이다. 어느 날 최저온도가 영하 20도라면 이것은 정상적인 데이터이지만 예외적인 날이다. 특이데이터는 한 데이터에 다른 집단에 속한 데이터가 포함되었을 경우나, 측정오차에 기인한 경우 등 여러 가지 원인이 있을 수 있다.

특이데이터의 탐색문제는 통계학이나 기계학습 등 여러 분야에서 연구되어 왔고, 최근에는 데이터마이닝에서도 많이 연구되고 있다. 예를 들면, 신용카드 회사에서는 **사기탐지**(fraud detection)에 이용되고 있다. 어느 고객의 평소 사용빈도나 액수보다 사용액이 갑자기 많아졌다면 이를 도난 신용카드인지 조사해 볼 수 있다. 요사이 컴퓨터 시스템은 해커들이 만든 바이러스 등으로부터 끊임없이 공격을 받고 있는데, 어느 컴퓨터 시스템이 **공격받는지를 탐지**(intrusion detection)하는데도 이용된다. 국세청에서는 어느 납세자의 세금 탈루 여부를 조사하는데 이용할 수도 있다.

특이데이터의 탐색은 여러 가지 방법이 있는데 어떠한 방법이라도 다음과 같은 중요한 문제들을 포함하고 있다.

- 특이데이터를 정의하기 위하여 몇 개의 변수를 이용할 것인가?
- 특이데이터 정의를 내릴 때 필요한 기준값을 어떻게 정할 것인가?
- 전체적인 데이터 관점에서의 특이데이터를 정의할 것인가 아니면 일부 데이터 그룹에서 정의할 것인가?
- 특이데이터를 찾는 알고리즘이 여럿 있다면 어떻게 이들을 비교 평가할 것인가?

이 장에서는 특이데이터의 탐색방법으로 통계적 방법(8.2절), 유사성기반(proximity-based) 방법(8.3절), 밀도기반(density-based) 방법(8.4절) 그리고 군집기반(cluster-based) 방법(8.5절) 등을 연구한다.

8.2 통계적 탐색방법

특이데이터 탐색에 적용되는 통계적 방법은 데이터에 대한 확률분포 모형을 가정하고, 각 데이터가 이 확률분포에서 발생할 가능성을 찾는다. 만일 어느 데이터가 가정된 확률분포에서 발생할 가능성이 매우 낮다면 이 데이터는 특이데이터로 정의된다. 하지만 이러한 통계적 방법은 데이터에 가장 적합한 확률분포가 무엇인지 결정하여야 하는 문제가 있다. 그리고 몇 개의 변수를 특이데이터 정의에 이용할 것인지 결정하여야 한다. 주어진 데이터가 특정한 확률분포에서 추출된 것인지 조사하는 방법에는 Q-Q 그림, 카이제곱 적합성검정 또는 **콜모고로프-스미르노프(Kolmogorov-Smirnov) 검정** 등을 이용할 수 있다. 이 검정에 대한 자세한 내용은 일반 통계서적을 참조하기 바란다.

확률분포가 가정되었다면 이 확률분포에서 특이데이터의 기준값을 무엇으로 정하는가 하는 문제가 있다. 다음의 예를 살펴보자.

예제 8.2.1 어느 고등학교의 3학년 학생 중에서 표본을 10명 추출하여 신장을 조사하니 다음과 같다. 이들 학생 중에 특이데이터가 있는지 조사하라.

176, 172, 164, 185, 176, 172, 170, 168, 170, 167 (단위 cm)

풀이 3학년 학생들의 신장을 정규분포로 가정하자. 위의 10명에 대한 표본평균은 172이고 표준편차는 5.9이므로 가정된 정규분포는 $N(172, 5.9^2)$로 추정할 수 있다. 특이데이터의 기준을 이 정규분포의 평균으로부터 떨어져 있는 거리가 2×(표준편차) 이상이라고 정하자. 만일 정규확률변수 X가 평균이 μ, 표준편차가 σ인 정규분포라면 $\mu \pm 2\sigma$ 이내의 확률은 다음과 같다.

$$P(\mu - 2\sigma < X < \mu + 2\sigma) = 0.9545 \tag{8.1}$$

따라서 $\mu \pm 2\sigma$ 밖으로 정한 특이데이터의 기준은 정규분포 데이터 중에서 확률적으로 4.55%보다 작은 경우이다. 따라서 특이데이터의 하한선은 $172 - 2 \times 5.9 = 160.2$이고 상한선은 $172 + 2 \times 5.9 = 183.8$이다. 위의 학생 중 키가 185인 학생은 다른 학생들보다 월등히 큰 특이데이터가 된다.

이 예제에서는 특이데이터의 기준값으로 $\mu \pm 2\sigma$를 사용하여 확률적으로 4.55%보다 작은 경우를 선택하였는데, 이 기준은 분석자가 다르게 선택할 수 있다.

한 변수일 경우 확률분포 모형에 의한 특이데이터의 탐색은 위의 예제와 유사하게 기준점(cutoff point) c를 정한 후 구간 $|X| < c$를 벗어나는 데이터를 찾는다.

이와 같은 방법은 2차원 이상의 데이터에도 확장될 수 있다. 예를 들어, 데이터가 m-차원 다변량정규분포 $N(\mu, \Sigma)$라면 다음과 같은 확률식에 의해 특이데이터의 영역을 결정한다.

$$P\{(\boldsymbol{x}-\mu)'\Sigma^{-1}(\boldsymbol{x}-\mu) < c\} = 1-\alpha \tag{8.2}$$

여기서 α는 다변량정규분포에서 정의될 특이데이터의 확률인데 이 확률을 정하면 c가 결정된다. 이때 모수 μ와 Σ는 표본 데이터에서 추정한다.

혼합분포군집 모형(7.5절)을 특이데이터 탐색에 사용할 수도 있다. 전체 데이터 중에서 대부분의 데이터가 확률분포 $f_a(\boldsymbol{x})$을 따르고, 일부의 특이데이터들은 확률분포 $f_b(\boldsymbol{x})$를 따른다면 전체 데이터의 확률분포 $f(\boldsymbol{x})$는 다음과 같은 혼합분포로 표시될 수 있다.

$$f(\boldsymbol{x}) = (1-\lambda)f_a(\boldsymbol{x}) + \lambda f_b(\boldsymbol{x}) \tag{8.3}$$

여기서 λ는 특이데이터의 비율을 의미하며 0과 1 사이의 수이다. 일반적으로 $f_a(\boldsymbol{x})$는 특정한 확률분포를 가정하고, 특이데이터들의 확률분포 $f_b(\boldsymbol{x})$는 균등분포(uniform distribution)를 가정한다. 혼합분포 모형에서 주어진 표본 데이터 $\boldsymbol{x}_1, \boldsymbol{x}_2, \ldots, \boldsymbol{x}_n$에 대한 가능도함수는 다음과 같다.

$$f(\boldsymbol{x}_1, \boldsymbol{x}_2, \ldots, \boldsymbol{x}_n) = f(\boldsymbol{x}_1)f(\boldsymbol{x}_2)\cdots f(\boldsymbol{x}_n) = \prod_{i=1}^{n}\{(1-\lambda)f_a(\boldsymbol{x}_i) + \lambda f_b(\boldsymbol{x}_i)\} \tag{8.4}$$

이 가능도함수를 최대로 하는 **최대가능도추정법**(maximum likelihood estimation)으로 모수를 추정하면 되는데 7.5절의 EM 알고리즘을 이용할 수 있다. 하지만 특이데이터 탐색의 경우 한 데이터가 정상적인 데이터이면서 동시에 특이데이터가 될 가능성이 0 이라고 가정하면 위의 가능도함수는 다음과 같이 표시될 수 있다. 확률분포 $f_a(\boldsymbol{x})$와 $f_b(\boldsymbol{x})$를 따르는 데이터 집합을 각각 A와 B로 표시하고 이 집합에 속하는 데이터 수를 각각 n_a, n_b라 하자.

$$f(\boldsymbol{x}_1, \boldsymbol{x}_2, \ldots, \boldsymbol{x}_n) = \left\{(1-\lambda)^{n_a}\prod_{\boldsymbol{x}_i \in A} f_a(\boldsymbol{x}_i)\right\}\left\{\lambda^{n_b}\prod_{\boldsymbol{x}_i \in B} f_b(\boldsymbol{x}_i)\right\} \tag{8.5}$$

이 가능도함수가 최대인 모수의 값을 구하기 위해 로그가능도함수를 구하면 다음과 같다.

$$\ln f(\boldsymbol{x}_1, \boldsymbol{x}_2, \ldots, \boldsymbol{x}_n) = n_a \ln(1-\lambda) + \sum_{\boldsymbol{x}_i \in A} \ln f_a(\boldsymbol{x}_i) + n_b \ln\lambda + \sum_{\boldsymbol{x}_i \in B} \ln f_b(\boldsymbol{x}_i) \tag{8.6}$$

전체 데이터를 정상적 데이터로 하였을 때의 식 (8.6)의 값과, 각 데이터를 특이데이터로 간주하고 계산한 값을 비교하면 특이 데이터를 구별할 수 있다. 또는 다음과 같은 특이데이터 탐색 알고리즘을 생각할 수 있다.

알고리즘 8.1 가능도확률을 이용한 특이데이터 탐색

단계 1: 정상적 데이터의 확률분포 $f_a(\boldsymbol{x})$와 특이데이터의 확률분포 $f_b(\boldsymbol{x})$를 가정.
2: 모든 데이터 $\boldsymbol{x}_1, \boldsymbol{x}_2, \ldots, \boldsymbol{x}_n$를 정상적인 데이터 집합 A, 특이데이터 집합 B는 공집합으로 가정하고 로그가능도함수값 L_0를 구한다.
3: for i=1 to n do
4: $\boldsymbol{x}_i$를 특이데이터 집합 B로 옮기고 로그가능도함수값 L_i를 계산
5: 로그가능도함수값의 차 $\Delta = L_{i-1} - L_i$를 계산
6: if $\Delta > c$이면 $\boldsymbol{x}_i$를 특이데이터로 간주 {c는 기준값}
{정상적 데이터이면 데이터를 집합 A에 포함하고, 특이데이터이면 B에 남김}
7: end if
8: end for

예제8.2.2 [예제 8.2.1]의 데이터로 혼합정규분포 모형을 이용하여 특이데이터가 있는지 조사하라.

풀이 3학년 학생들의 신장을 정규분포로 가정하자. 10명에 대한 표본평균은 172이고, 표준편차는 5.9이다. 정상적 데이터는 정규분포 $N(172, 5.9^2)$를 가정하고 특이데이터는 $N(180, 5.9^2)$를 가정하자. 정규분포의 경우 $P(\boldsymbol{x} = \boldsymbol{x}_i) = 0$ 이므로 두 정규분포의 가능도확률을 비교하기 위하여 $P(X > x | N(172, 5.9^2))$와 $P(X < x | N(180, 5.9^2))$로 로그가능도를 계산하자.

모든 데이터를 정상 데이터로 간주하였을 때의 로그가능도는 $L_0 = -4.7860$이다. 각 데이터를 특이데이터로 가정할 때 식 (8.6)을 계산하면 다음과 같다.

[표 8.1] 각 데이터를 특이데이터로 가정할 때의 로그가능도

번호	데이터 x	$P(X > x \| N(172, 5.9^2))$	$P(X < x \| N(180, 5.9^2))$	x를 특이데이터로 가정할 때의 로그가능도
1	176	0.2489	0.2489	−5.7402
2	172	0.5000	0.0876	−6.4969
3	164	0.9124	0.0033	−8.1760
4	185	0.0138	0.8016	−3.9756
5	176	0.2489	0.2489	−5.7402
6	172	0.5000	0.0876	−6.4969
7	170	0.6327	0.0450	−6.8878
8	168	0.7511	0.0210	−7.2941
9	170	0.6327	0.0450	−6.8878
10	167	0.8016	0.0138	−7.5048

위의 표에서 보면 4번째 데이터 185cm의 경우 이를 특이데이터로 가정하였을 때 로그가능도가 가장 큰 변화를 보임을 알 수 있다. 따라서 이 데이터는 특이데이터로 분류된다.

8.3 유사성기반(Proximity-based) 탐색방법

유사성기반(proximity-based)의 특이데이터 탐색은 대부분의 데이터보다 거리가 멀리 떨어져 있는 데이터를 탐색하는 방법이다. 이 방법은 데이터에 적합한 유사성 측도만을 정의하면 되기 때문에 통계분포함수를 가정하는 방법보다 많이 이용된다.

한 데이터에 대해 유사성에 근거한 **특이점수**(outlier score)의 정의는 여러 가지 방법이 있으나 **k-인접이웃거리**(k-nearest neighbor distance)가 많이 이용된다. 즉, 모든 데이터에 대해 k-번째 인접한 데이터까지의 거리를 계산하여, 이 거리가 현저히 높은 데이터는 특이데이터로 간주한다. 이 방법에서는 k를 몇 번째로 하느냐에 따라 결과가 민감하게 달라질 수 있다. k가 너무 작으면 특이데이터를 찾지 못할 가능성이 있고, k가 너무 크면 많은 수의 데이터가 특이데이터로 분류될 위험이 있다. 이러한 문제점을 방지하기 위하여 k-인접이웃까지의 평균 거리를 사용하기도 한다. 이 방법은 간편하지만 여러 개의 군집이 있을 경우에 특이데이터 탐색이 힘들 수 있다.

예제 8.3.1 어느 고등학교의 3학년 학생 중에서 10명의 표본을 추출하여 신장과 체중을 조사하니 다음과 같다. 유크리드 제곱거리를 이용하여 이들 학생 중에 특이데이터가 있는지 조사하라.

[표 8.2] 10명의 학생에 대한 신장과 체중 데이터

번호	신장(cm)	체중(kg)
1	176	55
2	172	63
3	164	60
4	185	82
5	176	65
6	172	70
7	170	60
8	168	56
9	170	65
10	187	79

풀이 10명 학생의 신장과 체중에 대한 산점도를 그리면 다음과 같다. 그림으로는 오른쪽 상단에 나타난 2명의 학생이 특이데이터로 판단된다.

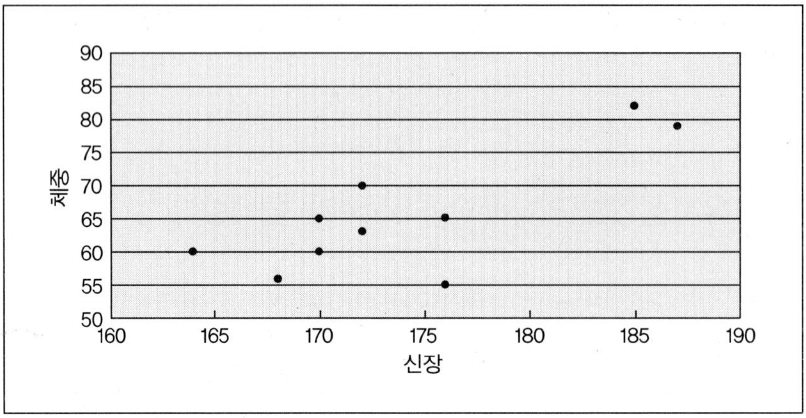

그림 8-1 10명 학생의 신장과 체중에 대한 산점도

k-인접이웃거리를 이용한 특이데이터 탐색을 위하여 10명의 데이터에 대한 유크리드 제곱거리를 구하고, 1-인접이웃거리, 2-인접이웃거리, 3-인접이웃거리를 구하면 다음과 같다.

[표 8.3] 데이터에 대한 유크리드 제곱거리 행렬과 k-인접이웃거리

번호	1	2	3	4	5	6	7	8	9	10	인접이웃거리		
											k=1	k=2	k=3
1	0	80	169	810	100	241	61	65	136	697	61	65	80
2	80	0	73	530	20	49	13	65	8	481	8	13	20
3	169	73	0	925	169	164	36	32	61	890	32	36	61
4	810	530	925	0	370	313	709	965	514	13	13	313	370
5	100	20	169	370	0	41	61	145	36	317	20	36	41
6	241	49	164	313	41	0	104	212	29	306	29	41	49
7	61	13	36	709	61	104	0	20	25	650	13	20	25
8	65	65	32	965	145	212	20	0	85	890	20	32	65
9	136	8	61	514	36	29	25	85	0	485	8	25	29
10	697	481	890	13	317	306	650	890	485	0	13	306	317

이 예제의 경우 1-인접이웃거리를 이용하면 뚜렷한 특이데이터를 탐색할 수 없음을 알 수 있다. 그러나 2-인접이웃 또는 3-인접이웃거리를 이용하면 4번과 10번 학생이 특이데이터임을 알 수 있다.

8.4 밀도기반(Density-based) 탐색방법

밀도기반(density-based)의 특이데이터 탐색은 한 지역의 데이터 밀도가 낮을 때 특이데이터로 간주한다. 데이터의 밀도는 대개 유사성 거리에 근거하기 때문에 앞절의 유사성기반 탐색방법과 밀접한 연관이 있다.

밀도의 정의로는 k-인접이웃거리(k-nearest neighbor distance) 평균에 대한 역수가 많이 이용된다. 즉, k-인접이웃들의 거리평균이 작다면 밀도는 높게 된다. 이러한 밀도의 정의는 역시 k를 어떻게 정의하느냐에 따라 결과가 민감하게 달라질 수 있다. 주어진 m차원 데이터 $\boldsymbol{x}$에 대하여 k-인접이웃이 $\boldsymbol{y}_1, \boldsymbol{y}_2, \cdots, \boldsymbol{y}_k$라면 $\boldsymbol{x}$의 밀도(density)는 다음과 같이 정의된다.

$$density(\boldsymbol{x}) = \left(\frac{\sum_{i=1}^{k} d(\boldsymbol{x}, \boldsymbol{y}_i)}{k} \right)^{-1} \tag{8.7}$$

이러한 밀도의 변형으로 다음과 같은 **상대밀도**(relative density)를 이용할 수도 있다.

$$density(\boldsymbol{x}) = \frac{d(\boldsymbol{x}, \boldsymbol{y}_k)}{\frac{1}{k} \sum_{i=1}^{k} d(\boldsymbol{x}, \boldsymbol{y}_i)} \tag{8.8}$$

이 밖에도 한 데이터에 반경이 ϵ인 원을 그렸을 때 그 내부에 포함되는 데이터의 수를 밀도의 정의로 이용하기도 한다. 이 경우 ϵ을 너무 작게 정하면 정상데이터가 특이데이터로 분류될 위험이 있고, 반대로 너무 크면 특이데이터를 정상점으로 분류할 가능성이 있다.

예제 8.4.1 [예제 8.3.1]의 데이터에 대하여 3-인접이웃거리를 이용한 밀도를 이용하여 특이데이터를 분류하라.

풀이 10명의 데이터에 대한 유크리드 제곱거리를 구하고 1-인접이웃거리, 2-인접이웃거리, 3-인접이웃거리 그리고 밀도를 구하면 [표 8.4]와 같다. 예를 들어, 첫째 데이터 $\boldsymbol{x}_1$=(176, 55)에 대한 밀도는 다음과 같이 계산된다.

$$density(\boldsymbol{x}_1) = \left(\frac{\sum_{i=1}^{3} d(\boldsymbol{x}_1, \boldsymbol{y}_i)}{3} \right)^{-1} = \left(\frac{61+65+80}{3} \right)^{-1} = 0.0146 \tag{8.9}$$

[표 8.4] 데이터에 대한 k-인접이웃거리와 밀도

번호	신장	체중	인접이웃거리			밀도
			k=1	k=2	k=3	
1	176	55	61	65	80	0.0146
2	172	63	8	13	20	0.0732
3	164	60	32	36	61	0.0233
4	185	82	13	313	370	0.0043
5	176	65	20	36	41	0.0309
6	172	70	29	41	49	0.0252
7	170	60	13	20	25	0.0517
8	168	56	20	32	65	0.0256
9	170	65	8	25	29	0.0484
10	187	79	13	306	317	0.0047

이 예제의 경우 4번과 10번 학생의 밀도가 매우 낮아 특이데이터로 분류됨을 알 수 있다.

8.5 군집기반(Cluster-based) 탐색방법

7장에서 연구한 군집분석은 서로 연관이 많은 데이터들의 군집을 찾는 방법이었다. 이 장에서 연구하는 특이데이터 탐색은 군집분석과는 반대로 군집과 연관이 적은 데이터를 탐색하는 방법이다. 따라서 기존의 군집분석 방법을 역으로 특이데이터 탐색에 이용할 수 있다.

군집분석의 몇 가지 모형은 군집의 크기가 기준값보다 작은 경우 해당 군집을 버렸는데, 이렇게 버리는 군집에 적당한 **특이점수**(outlier score) 기준을 도입하면 특이데이터를 찾을 수 있다. 프로토타입 형태의 군집방법에서는 한 데이터에서 군집의 중심까지 거리를 특이점수로 이용할 수 있다. 목적함수를 최대 또는 최소로 하는 군집방법에서는 목적함수 값을 특이점수로 이용할 수 있다. 예를 들면, K-평균군집 모형에서 한 데이터를 제거하였을 때 오차제곱(SSE) 목적함수 값이 많이 개선된다면 이 데이터를 특이데이터로 분류할 수 있다.

군집분석과 특이데이터의 탐색은 서로 독립적으로 이루어지는 것이 아니라 일반적으로 동시에 이루어지게 된다. 어떠한 군집분석이라도 단 한 번의 시도로서 원하는 군집을 모두 찾아내기는 쉽지 않다. 이러한 경우 먼저 군집분석을 적용한 후 특이데이터를 제거하고 다시 군집분석을 적용한다. 비슷한 절차를 여러 번에 걸쳐서 하는데 최종적인 결과는 원하는 군집의 형성과 아울러 특이데이터의 집합을 얻게

된다. 하지만 이와 같은 군집분석과 특이데이터의 동시 탐색은 K-평균군집 분석의 경우 군집의 수 K를 어떻게 정하느냐에 따라 결과가 달라질 수 있다. 그러므로 군집분석에 근거한 특이데이터 탐색은 여러 경우에 대해 실험을 해야지만 만족스러운 결과를 얻을 수 있다.

연습문제

1 어느 중학교의 3학년 남학생 중에서 표본을 10명 추출하여 체중을 조사한 결과가 다음과 같다(단위 kg).

56, 72, 64, 85, 66, 62, 60, 68, 70, 57

1) 이 데이터를 하나의 정규분포로 가정하고 학생 중에 특이 데이터가 있는지 조사하라.
2) 혼합정규분포 모형을 이용하여 특이데이터가 있는지 조사하라.
3) 유크리드 제곱거리를 이용하여 특이데이터가 있는지 조사하라.
4) 3-인접이웃거리를 이용한 밀도를 이용하여 특이데이터가 있는지 조사하라.

2 다음의 자료는 어느 도시의 8월 하루 중 최고온도를 기록한 것이다(단위: ˚C).

29, 29, 34, 35, 35, 31, 32, 34, 38, 34, 33, 31, 31, 30, 34, 35,
34, 32, 32, 29, 28, 30, 29, 31, 29, 28, 30, 29, 29, 27, 28

1) 이 데이터를 하나의 정규분포로 가정하고 특이 데이터가 있는지 조사하라.
2) 혼합정규분포 모형을 이용하여 특이데이터가 있는지 조사하라.
3) 유크리드 제곱거리를 이용하여 특이데이터가 있는지 조사하라.
4) 3-인접이웃거리를 이용한 밀도를 이용하여 특이데이터가 있는지 조사하라.

3 한 대학교 남학생 중에서 표본을 7명 추출하여 신장과 체중을 조사한 결과가 다음과 같다.

	1	2	3	4	5	6	7	8	9	10
신장(cm)	175	168	185	180	170	172	177	178	169	178
체중(kg)	70	65	85	72	68	65	70	68	60	68

1) 유크리드 제곱거리를 이용하여 특이데이터가 있는지 조사하라.
2) 3-인접이웃거리를 이용한 밀도를 이용하여 특이데이터가 있는지 조사하라.

참고문헌

V. Barnett and T. Lewis. Outliers in Statistical Data. Wiley Series in Probability and Statistics. John Wiley&Sons, 3rd edition, April 1994.

D. Barbara, J. Couto, S. Jajodia, and N. Wu. ADAM:A Testbed for Exploring the Use of Data Mining in Intrusion Detection. SIGMOD Record, 30(4): 15–24, 2001.

L. Davies and U. Gather. The Identification of Multiple Outliers. Jounal of the American Statistical Association, 88(423):782–792, September 1993.

J. Dunagan and S. Vempala. Optimal outlier removal in high-dimensional spaces. Journal of Computer and System Sciences, Special Issue on STOC 2001, 68(2):335–373, March 2004.

E. Eskin, A. Arnold, M. Prerau, L. Portnoy, and S. J. Stolfo. A geometric framework for unsupervised anomaly detection. In Applications of Data Mining in Computer Security, pages 78–100. Kluwer Academics, 2002.

J. Hardin and D. M. Rocke. Outlier Detection in the Multiple Cluster Setting using the Minimum Covariance Determinant Estimator. Computational Statistics and Data Analysis, 44:625–638, 2004.

D. M. Hawkins. Identification of Outliers. Monographs on Applied Probability and Statistics. Chapman & Hall, May 1980.

V. J. Hodge and J. Austin. A Survey of Outlier Detection Methodologies. Artificial Intelligence Review, 22:85–126, 2004.

E. M. Knorr, R. T. Ng, and V. Tucakov. Distance-based outliers: algorithms and applications. The VLDB Journal, 8(3–4):237–253, 2000.

W. Lee, S. J. Stolfo, and K. W. Mok. Adaptive Intrusion Detection: A Data Mining Approach. Artificial Intelligence Review, 14(6):533–567, 2000.

M. Markou and S. Singh. Novelty detection: A review-part 1: Statistical approaches. Signal Processing, 83(12)2481–2497, 2003.

M. Markou and S. Singh. Novelty detection: A review-part 2: Neural network based approaches. Signal Processing, 83(12) 2499–2521, 2003.

D. M. Rocke and D. L. Woodruff. Identification of Outliers in Multivariate Data. Journal of the American Statistical Association, 91(435):1047–1061, September 1996.

P. J. Rousseeuw and A. M. Leroy. Robust Regression and Outlier Detection. Wiley Series in Probability and Statistics. John Wiley & Sons, September 2003.

D. W. Scott. Partial Mixture Estimation and Outlier Detection in Data Regression. In M. Hubert, G. Pison, A. Struyf, and S. V. Aelst, editors, Theory and Applications of Recent Robust Methods, Statisticals for Industry and Technology. Birkhauser, 2003.

S. Shekhar, C. T. Lu, and P. Zhang. A Unified Approach to Detecting Spatial Outliers. GeoInformatica, 7(2):139–166. June 2003.

P. N. Tan, M. Steinbach, and V. Kumar. Introduction to Data Mining. Addison-Wesley, 2002.

9장

데이터마이닝의 응용

이 장에서는

- 데이터마이닝의 중요한 응용으로서 텍스트 데이터마이닝, 웹 데이터마이닝, 멀티미디어 데이터마이닝, 시계열 데이터마이닝, 공간 데이터마이닝을 소개한다.

9.1 텍스트 데이터마이닝(Text Data Mining)

컴퓨터 기술의 발전과 더불어 많은 양의 유용한 정보들이 축적되고 있는데, 이 중에 상당수는 텍스트 데이터이다. 예를 들어, 디지털 도서관의 책이나 연구 논문에 대한 정보, 언론 기관의 뉴스 정보, 이메일 메시지, 웹페이지 등 다양한 소스로부터 수집된 유용한 정보들이 계속 텍스트 데이터베이스(text database)에 빠르게 저장되고 있다. 이와 같은 텍스트 데이터베이스에서 좀 더 효율적인 방법으로 유용한 정보를 탐색하는 방법을 **텍스트 데이터마이닝**(text data mining), 간단히 **텍스트마이닝**(text mining)이라 한다. 텍스트 데이터베이스는 기존의 데이터베이스와는 달리 문서의 형태나 크기가 일정치 않아 기존의 데이터마이닝 방법과는 다른 분석방법이 요구되는 특징이 있다.

텍스트 데이터베이스에서 유용한 정보를 탐색하는 전통적인 방법은 도서관에서 주로 이용하는 **키워드**(key word) **정보검색**(information retrieval) 방법이다. 즉, 도서관은 책이나 참고자료를 주제나 저자 등으로 분류하여 데이터베이스 시스템을 만들고, 사용자는 찾고자 하는 정보의 주요 단어를 이용하여 질의하면 컴퓨터 시스템은 이 단어를 가지고 있는 문서나 책을 검색해 준다. 최근에는 네이버나 구글과 같은 포털 사이트에서 웹문서를 검색할 때 역시 키워드 검색방법을 사용하고 있다. 하지만 키워드 정보검색 방법은 디지털 문서의 양이 많아지면서 주어진 질의에 대해 검색된 웹문서가 수천 개에 이르러, 사용자가 어느 문서가 유용한지 혼동될 경우가 있다. 그래서 검색되는 문서의 중요성이나 관련성에 대한 측도를 만들어 검색된 정보의 우선순위를 정할 필요성이 생겼는데, 이와 같은 연구가 텍스트 데이터마이닝의 예이다.

텍스트 데이터마이닝을 위한 여러 문제에 대하여 알아보자.

가. 텍스트마이닝을 위한 데이터의 전처리

텍스트마이닝을 위해서는 데이터에 대한 **전처리**(pre-processing) 작업이 필요하다. 우선 각각의 문서 데이터에서 텍스트마이닝에 직접 필요하지 않은 **불용어**(stop word)를 제거한다. 예를 들면, 관사나 전치사, 동사의 경우 시제에 따라 변형되는 어미를 제거한다든지, 명사의 경우 접두사나 접미사를 제거하고 **어근**(stem)만 추출을 한다. 이와 같은 어근 및 명사로서 이루어진 **용어**(term)들의 집합으로 한 문서를 표현한다.

나. 정보검색의 적절성 측도

주어진 질의에 대해 텍스트 데이터베이스에 존재하는 적합한 문서 집합을 R, 한 시스템이 검색한 문서 집합을 T라 하자. 그리고 $n(R)$을 적합한 문서의 수, $n(T)$

를 시스템이 검색한 문서의 수 그리고 $n(R \cap T)$를 검색된 문서에서 적합한 문서의 수라 하자(〈그림 9-1〉 참조).

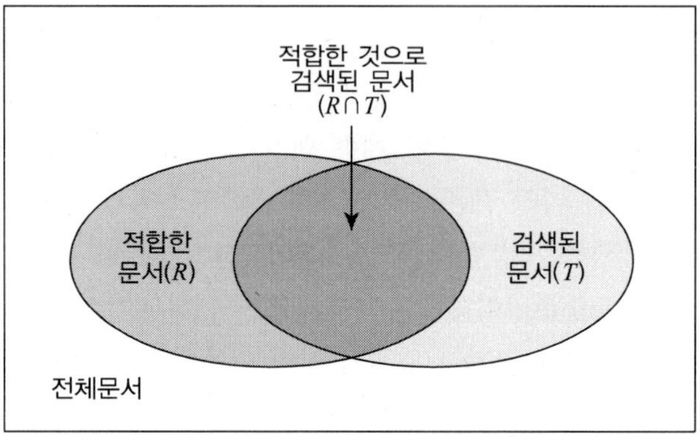

그림 9-1 정보검색된 문서의 정밀도(precision)와 응답도(recall)

주어진 질의에 대해 한 정보검색 시스템이 적합한(relevant) 것으로 검색한(retrieved) 문서를 평가하는 측도에는 **정밀도**(precision)와 **응답도**(recall)가 있다.

$$정밀도(precision) = \frac{n(R \cap T)}{n(T)} \tag{9.1}$$

$$응답도(recall) = \frac{n(R \cap T)}{n(R)} \tag{9.2}$$

정밀도는 검색한 문서 집합에 포함되어 있는 적합한 문서의 비율이고, 응답도는 적합한 문서 중에서 검색된 문서들의 비율이다. 두 가지 측도가 모두 높을수록 좋은 검색 시스템이라 할 수 있다.

다. 정보검색 방법

정보검색 방법은 크게 **키워드기반**(keyword-based)과 **유사도기반**(similarity-based) 검색으로 나눌 수 있다. 키워드기반 검색은 각각의 문서를 키워드의 집합으로 표시하고, 사용자가 여러 개의 키워드로서 질의하면 시스템이 질의된 키워드들을 이용하여 적합한 문서들을 찾아 준다. 이 방법의 어려운 문제점은 키워드의 동의어나 다중 의미를 갖는 문서를 어떻게 찾아줄 수 있느냐 하는 것이다.

유사도기반 검색은 키워드들의 빈도수 및 근접성 등을 이용하여 유사한 문서들을 찾는다. 문서들의 유사성을 측정하기 위해서는 다음과 같은 코사인(cosine) 거리측도가 많이 이용된다. 한 문서를 불용어를 제외한 나머지 용어(term)들의 집합으로 표시하자. 전체 문서 집합에 나타나는 용어를 $x_1, x_2, \cdots, x_m$이라 하면 각각의 문서는 이 용어들이 출현하였는지('1') 아닌지('0')를 나타내는 이항 데이터 벡터

$\boldsymbol{x}=(x_1, x_2, \dots, x_m)$로 표시할 수 있다. 예를 들면, 한 문서는 각 용어의 출현여부로 $\boldsymbol{x}_1=(1,0,\dots,1,0,0,\dots,1)$로 표시할 수 있다. 두 문서벡터 $\boldsymbol{x}_1$과 $\boldsymbol{x}_2$ 사이의 코사인 거리는 다음과 같다.

$$d(\boldsymbol{x}_1, \boldsymbol{x}_2)=\frac{\boldsymbol{x}_1 \cdot \boldsymbol{x}_2}{\|\boldsymbol{x}_1\|\,\|\boldsymbol{x}_2\|} \tag{9.3}$$

여기서 $\boldsymbol{x}_1 \cdot \boldsymbol{x}_2$는 벡터의 내적으로서 두 문서가 같이 포함하고 있는 용어들의 개수를 의미하고, $\|\boldsymbol{x}_1\|$은 $\sqrt{\boldsymbol{x}_1 \cdot \boldsymbol{x}_1}$으로서 문서 $\boldsymbol{x}_1$에 있는 용어의 수를 의미한다. 즉, 코사인 거리는 각 문서의 평균 용어 수에 대비한 공통적으로 포함된 용어들의 비율을 의미한다.

한 문서를 **용어 출현여부**를 나타내는 이항 벡터로 표시할 수도 있지만, 단어가 얼마나 많이 출현하였는지를 나타내는 **용어 빈도수**(term frequency) 벡터로 나타낼 수 있다. 또는 전체 용어의 발생 빈도수에 대한 상대비율(relative frequency)로 나타내어 유사성을 분석하기도 하는데 자세한 내용은 참고문헌을 참조하기 바란다.

라. 연관분석 및 분류분석

키워드기반 검색을 위한 문서들의 이항 벡터 데이터를 이용하면, 4장에서 소개한 연관분석(association analysis)으로 용어들의 관련성을 연구할 수 있다. 각각의 문서에서 서로 빈발하게 발생하는 용어들은 서로가 복합적으로 연관되어 있는 구(phrase)를 형성할 가능성이 있는데, 연관분석을 통하여 흥미 있는 용어들의 연관규칙을 찾을 수 있다.

최근에는 새롭게 생성되는 문서의 양이 많아짐에 따라 이 문서들을 적절한 문서집합으로 분류하는 문제가 주목받고 있다. 이를 위해서는 미리 분류된 문서들의 집합을 훈련용 데이터로 하고, 새로운 문서를 5장과 6장에서 연구한 분류분석(classification analysis) 방법을 이용하여 분류한다.

9.2 웹 데이터마이닝(Web Data Mining)

네트워크 기술의 발전은 한 개인이나, 기업, 기관 등이 가지고 있는 지식이나 정보를 웹페이지(web page) 형태로 구축하여 이러한 정보를 서로 실시간에 공유할 수 있도록 이끌었다. 일상생활에 유용한 정보와 편리함을 주고 있는 웹은 동시에 해결하여야 할 많은 과제를 주고 있다.

- 웹을 통하여 정보를 제공하는 개인과 조직들이 끊임없이 증가하고 있고, 이들이 제공하는 정보는 빈번하게 업데이트되는데 이들을 효율적으로 관리하는 문제.
- 웹은 거대한 디지털 도서관으로 생각할 수 있는데 각각의 웹은 구조가 정형화되어 있지 않고, 다양한 창조적인 형태를 가지고 있다. 이렇게 거대하고 다양한 디지털 도서관에서 사용자가 원하는 정보는 0.1% 미만의 매우 일부분인데, 효율적으로 원하는 정보를 검색하는 문제.
- 웹 사용자는 서로 다른 배경, 흥미, 목적들을 가지고 있는 다양한 사람들이다. 하지만 대부분의 사용자는 네트워크나 검색의 상세한 기술을 가지고 있지 못하여 웹에서 길을 잃을 수 있어 이들을 쉽게 안내하는 문제.

이와 같은 문제를 해결하기 위해 연구된 모든 방법을 **웹 데이터마이닝**(web data mining)이라 한다. 최근에 사용자 대신 웹페이지들을 잘 정리하여 필요한 웹 페이지를 검색하여 주는 네이버나 구글 같은 포털(portal) 사이트가 등장하여 각자의 검색엔진(search engine)을 가지고 사용자에게 서비스 경쟁을 하고 있다. 사용되는 검색방법은 주로 텍스트마이닝에서 사용되는 키워드기반 검색방법이다. 웹이 거대해지면서 평범한 키워드를 주면 수천 개의 낮은 연관성을 가진 웹 콘텐츠가 검색되거나, 키워드의 동의어에 대한 웹 콘텐츠는 검색되지 않는 문제점이 있다. 텍스트 데이터베이스보다 구조가 복잡한 웹 데이터베이스에서 사용자가 원하는 좋은 정보를 가지고 있는 웹사이트를 검색하는 **웹콘텐츠 마이닝**(web contents mining)은 중요한 연구 분야이다. 이 밖에 **웹문서의 분류**(web classification), **웹로그 마이닝**(web log mining) 등 여러 연구분야가 있다.

가. 웹콘텐츠 마이닝(Web Contents Mining)

웹 데이터베이스에서 검색된 웹페이지가 유용한지에 대한 연구는 9.1절의 텍스트마이닝과 유사한 개념으로 볼 수 있다. 하지만 웹은 단지 페이지들뿐 아니라, 한 페이지 내에 다른 페이지를 연결하는 **하이퍼링크**(hyperlink)를 포함하고 있는 추가적인 정보를 가지고 있다. 텍스트 문서의 경우에도 참고문헌이 있을 수 있으나 웹링크는 더 신뢰할만한 정보를 가지고 있다. 특히 한 가지 주제에 대해 신뢰할만한 웹페이지들의 링크를 모아 놓은 **허브**(hub)라고 불리는 웹페이지는 스스로 돌출하지 않고 공통된 주제에 대해 유용한 정보를 제공한다.

믿을 만한 웹콘텐츠를 검색하기 위하여 하이퍼링크나 허브페이지를 이용한 연구가 많이 개발되었는데, HITS(Hyperlink Induced Topic Search)라는 유용한 검색방법을 소개한다.

1) 주어진 질의에 대해 웹페이지를 검색하여 뿌리 집합(root set)을 구성하고, 이 뿌

리집합의 웹페이지들과 링크된 모든 페이지를 포함하여 기준집합(base set)을 구성한다. 기준집합에 있는 페이지를 {1,2, … ,n}으로 표시하고 각 페이지와 연결된 페이지를 $n \times n$ 행렬 $A = \{a_{ij}\}$로 표시한다. 행렬의 원소 a_{ij}는 페이지 i와 페이지 j가 연결되어 있으면 1이고, 아니면 0으로 표시된다.

2) 기준집합에 있는 각 페이지에 초기가중값 $w = (w_1, w_2, \ldots, w_n)$와 허브가중값 $h = (h_1, h_2, \ldots, h_n)$을 부여한다. 이때 가중값의 제곱합이 1이 되도록 하고 두 가중값의 관계는 다음과 같이 정의한다. A'는 A의 전치행렬을 의미한다.

$$h = A \cdot w \tag{9.4}$$

$$w = A' \cdot h \tag{9.5}$$

식 (9.4)는 한 페이지가 여러 개의 신뢰있는 페이지를 가리킨다면 그것의 허브가중값은 증가해야 한다는 것을 의미한다. 식 (9.5)는 한 페이지가 여러 개의 허브페이지에 의해 추천된다면 가중값을 증가시킨다는 의미이다.

3) 식 (9.4)와 식 (9.5)를 반복적으로 t번 적용하는데 수학적으로 다음과 같이 표현될 수 있다.

$$h = A \cdot w = (AA') \cdot h = (AA')^2 \cdot h = \cdots = (AA')^t \cdot h \tag{9.6}$$

$$w = A' \cdot w = (A'A) \cdot w = (A'A)^2 \cdot w = \cdots = (A'A)^t \cdot w \tag{9.7}$$

즉, 각 가중값은 $(AA')^t$와 $(A'A)^t$의 고유벡터이다.

4) 각 페이지의 가중값과 허브가중값이 큰 페이지들을 우선적으로 검색한다.

HITS 검색방법은 링크에만 의존하는 단점이 있지만 웹페이지 검색에 유용하다. 구글의 검색엔진에서 사용되고 있는데 다른 검색엔진보다 더 좋은 검색 결과를 얻는다고 보고되어 있다.

나. 웹페이지의 분류(Web Page Classification)

텍스트마이닝에서 문서의 분류분석이 주요 연구 과제임을 보았다. 웹페이지에서도 이미 특정한 주제로 분류된 페이지들로 이루어진 훈련용 페이지를 이용하여 새로운 페이지를 분류하는 문제가 많이 연구되고 있다. 예를 들면, 네이버나 야후 등과 같은 포털 사이트들은 사용자의 이용 편의를 위해 '영화', '증권', '책', '요리' 등 많이 이용되는 주제로 웹페이지들을 분류하여 놓고, 새로운 웹문서가 나타나면 기존의 분류 주제 중의 하나로 분류한다. 텍스트마이닝에서 사용하는 용어 기반 분류방법은 웹문서의 분류에도 좋은 결과를 보인다. 이와 더불어 웹문서가 포함하고 있는 하이퍼링크 개념은 분류에서도 유용하게 사용될 수 있다.

다. 웹로그 마이닝(Web Log Mining)

전자상거래를 위한 웹페이지 서버에는 사용자가 웹페이지에 접근하여 정보를 찾을 때, 각 사용자의 IP 주소, 요청되어진 URL, 요청한 시간 등 여러 기본 정보를 저장하는데 이를 **웹로그 데이터**(web log data)라 한다. 기록되는 데이터의 양은 쉽게 수백 테라바이트(terabyte: 10^{12}byte)에 이를 정도로 많은데, 이 데이터를 분석하는 것을 **웹로그 마이닝**(web log mining)이라 한다. 웹페이지에 대한 사용자 접근 패턴을 연구하면 웹페이지의 효율적인 설계를 할 수 있고, 전자상거래를 위한 잠재고객을 식별하거나, 고객들의 구매성향을 고려한 마케팅전략 등을 개발하고, 사용자에게 특화된 정보를 전달할 수 있다.

웹로그 데이터의 분석을 위해서는 3장에서 연구한 데이터의 정제, 간략화, 변환 등 전처리 과정이 필요하다. 그리고 IP 주소나 URL, 시간 그리고 웹페이지 내용정보를 다차원분석을 하거나 OLAP분석 등을 하여 잠재적인 고객을 찾는다. 연관규칙이나 순차패턴, 웹 접근 경향 등을 연구하여 사용자의 반응과 동기를 이해할 수 있고, 이러한 분석 결과를 이용하여 페이지의 설계 등 시스템을 개선할 수 있다. 사용자 개인별 주문형 웹서비스 구축을 도울 수 있고 웹페이지의 등급화를 시도할 수 있다.

9.3 멀티미디어 데이터마이닝(Multimedia Data Mining)

오디오 및 비디오 장비, CD-ROM 그리고 인터넷의 대중적인 보급은 텍스트 이외에 음성, 이미지, 비디오 등을 포함하는 멀티미디어 데이터베이스를 출현하게 하였다. 예를 들면, 미항공우주국(NASA)의 지구관측시스템(earth observation system), 인간 염색체 데이터베이스, 방송국의 오디오-비디오 데이터베이스 등이 있다. **멀티미디어 데이터마이닝**(multimedia data mining)은 이러한 멀티미디어 데이터베이스 내에 있는 흥미가 있는 패턴을 탐색하는 것이다. 텍스트 데이터마이닝 및 웹데이터마이닝과 유사한 점도 있으나, 이미지 데이터의 독특한 분석을 포함한다고 볼 수 있다. 여기서는 이미지 데이터의 유사성 탐색, 분류, 연관 마이닝 등에 대해서 알아본다.

가. 이미지 데이터의 유사성 탐색

이미지 데이터의 유사성 탐색은 **설명기반**(description-based) 탐색과 **내용기반**(content-based) 탐색으로 나눌 수 있다. 설명기반 탐색은 이미지의 키워드, 크기, 생성시간과 같은 이미지 설명에 근거하여 유사한 이미지를 탐색하는 것으로 텍스트 마이닝과 유사하다. 하지만 이미지의 설명에만 근거하는 탐색은 일반적으로 막연하고 임의적일 수 있어 결과는 좋지 못하다.

내용기반 탐색은 이미지의 색, 질감, 모양 등의 시각적 특성에 근거하여 이미지를 탐색하는 것으로, 의학에서의 진단, 일기예보, 전자상거래 등에 많이 응용된다. 내용기반 탐색은 이미지 표본으로 데이터베이스에서 유사한 이미지 데이터를 찾는 방법과 이미지의 특징을 자세히 나타내어 데이터베이스에서 유사한 특징을 갖는 데이터를 찾는 방법이 있는데 후자가 많이 이용된다. 이미지의 특징을 나타내는 방법에 대해서는 다음과 같은 방법들이 있다.

1) 색히스토그램 기반(color histogram based) 특징 - 이미지가 가지고 있는 모든 색에 대한 히스토그램을 그리는 방법으로 전체적인 흐름을 이해할 수는 있으나, 이미지의 모양, 장소 또는 질감에 대한 정보를 포함하지 않아 의미 없는 특징이 될 수도 있다.
2) 다특성 합성(multifeature composed) 특징 - 이미지의 색히스토그램, 모양, 위치, 질감의 조합을 포함한다. 각 특징에 대하여 거리함수를 도입하기도 한다.
3) 웨이블렛 기반(wavelet-based) 특징 - 이미지의 웨이블릿 변환을 이용하여 모양, 질감, 위치정보를 표현한다. 그러나 이 방법은 전체 이미지에 대해서 하나의 웨이블렛 변환을 이용하기 때문에 지역적인 이미지의 탐색에 실패할 수 있다. 그래서 한 이미지를 여러 개의 지역적인 웨이블렛 변환을 이용하여 표현하기도 한다.

나. 이미지 데이터의 분류

이미지 데이터의 분류는 천문학 및 지질학과 같은 과학 연구에 많이 이용된다. 예를 들면, 천문학에서는 별들에 대한 크기, 밀도, 운동 방향 같은 성질을 이용하여 행성을 인식하는 모형을 구축한다. 이미지 데이터는 대개 대용량이기 때문에, 분류를 위해서는 특징을 추출하기 위한 데이터의 변환, 의사결정나무 모형 또는 복잡한 통계적 분류모형이 도입되기도 한다.

다. 이미지 데이터의 연관분석

이미지 데이터는 색, 모양, 질감, 텍스트, 공간적 위치 같은 많은 특징을 가지고 있기 때문에 여러 가지 연관분석이 가능한데, 크게 다음의 세 가지 종류로 나눌 수 있다.

1) 이미지의 내용을 특징지을 수 있는 단어의 연관분석
예를 들면, '한 그림의 상위 30% 이상이 파랑색이라면 → 하늘'이라는 연관규칙을 들 수 있다.
2) 이미지의 한 공간의 내용으로 관련 있는 다른 이미지의 연관분석

예를 들면, '들판에 푸른 곡식 있다면 → 주변에 숲도 있을 것 같다'라는 연관규칙과 같이 공간 관계에 대한 이미지의 연관을 들 수 있다.

3) 공간관계와 관련 없는 이미지의 한 내용으로 다른 이미지의 연관분석
예를 들면, '두 개의 원이 있다면 → 사각형이 있을 것 같다'라는 연관규칙을 들 수 있다.

이미지 연관분석에서는 **해상도**(resolution)도 중요시 될 수 있다. 즉, 어느 정도 해상도까지는 특징이 같아 보이지만 세밀한 해상도에서는 달라지는 경우가 있다. 이 경우 먼저 낮은 해상도로서 연관분석을 실시한 후 최소지지도 기준을 만족하는 패턴에 대해 점진적으로 해상도를 높여가면서 연관분석을 실시한다.

9.4 시계열 데이터마이닝(Time Series Data Mining)

시계열 데이터(time series data)란 우리 주변의 상황을 시간의 변화에 따라 기록한 데이터를 의미한다. 예를 들면, 주식시장의 일별 주식가의 변동 데이터, 회사의 일별 매출액 데이터, 공장의 일별 제품 생산량 데이터, 환자의 일별 치료 상황 데이터 등 많은 응용이 있다. 시계열 데이터에서 유용한 정보를 찾는 분석을 **시계열 데이터마이닝**(time series data mining)이라 한다. 크게 추세분석, 유사성분석, 주기성분석, 순차패턴분석 등이 있다.

가. 시계열 데이터의 탐색

시계열 데이터의 기본적인 탐색은 크게 추세, 계절, 순환 및 기타 불규칙요인 등의 네 가지 변동요인을 살펴보는 것이다(〈그림 9-2〉 참조). **추세**(trend)요인은 시간이 경과함에 따라 관측값이 어떤 경향을 갖는 경우로, 직선형태, 이차곡선의 형태 또는 S자 형태 등 다양한 추세유형이 있다. 추세요인은 장기간에 걸쳐서 시계열에 나타나는 소비행태의 변동, 인구변동, 인플레이션 등의 경향을 파악하기 위한 변동요인이라고 할 수 있다. **계절**(seasonal)요인은 분기별, 월별, 또는 주별로 존재하는 단기적이면서 규칙적인 변동요인을 말하며, 월별 강우량, 월평균 기온, 월별 아이스크림 판매량 등에서 많이 관찰된다. 계절요인은 일반적으로 주기가 짧은 것이 보통인데, 계절에 의한 것이 아닌 주기가 장기간에 걸쳐서 나타날 때의 변동을 **순환**(cycle)요인이라고 한다. 순환요인의 관찰을 통하여 주기적인 경기의 활황 또는 불황 등을 예측할 수 있다. 추세, 계절 그리고 순환요인으로 설명될 수 없는 기타의 요인을 **불규칙**(irregular)요인이라 한다.

시계열의 변동요인들을 살펴보면서 시계열 데이터를 다음과 같은 몇 가지 유형으

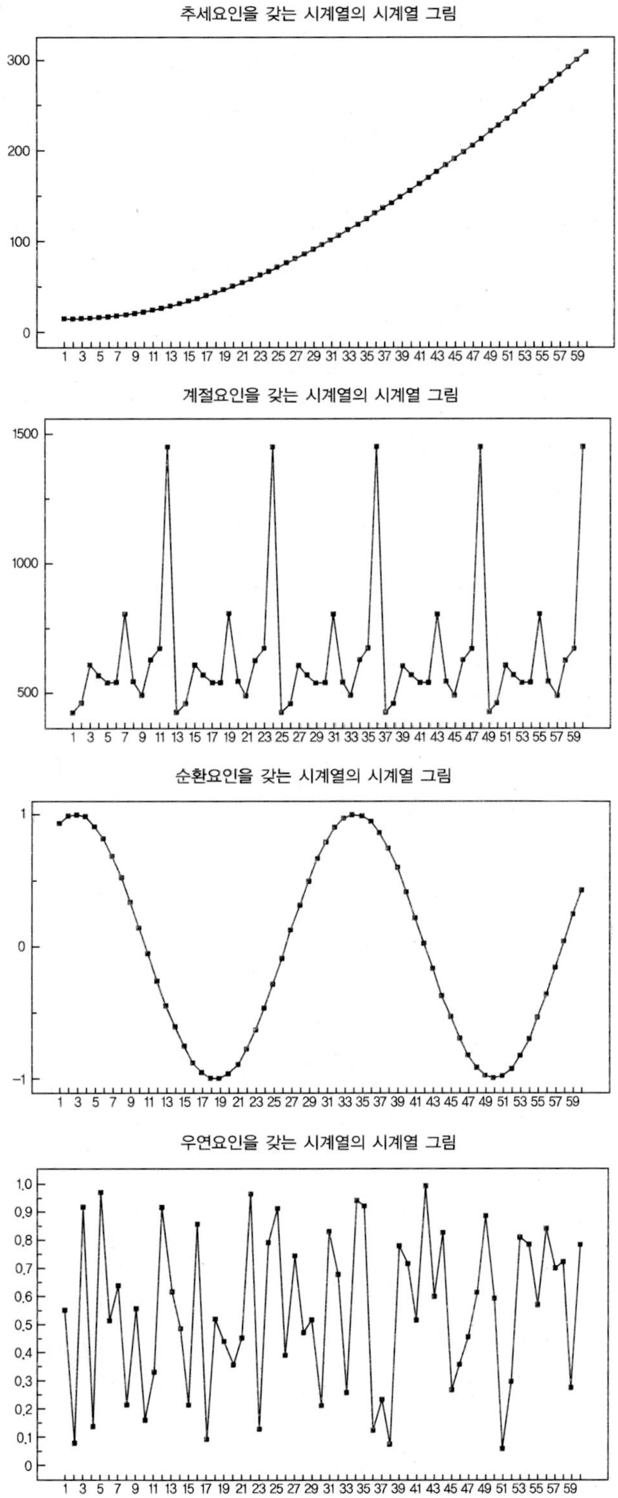

그림 9-2 시계열 데이터의 네 가지 변동 요인

로 분류하면 적절한 모형수립에 도움이 된다. 하지만 시계열은 상황에 따라 변화무쌍한 것이 보통이어서 어느 한 가지 형태로 전체 시계열을 설명하는 것은 바람직하지 못할 수 있다. 시계열을 관찰할 때 어느 시점에 유형의 변화가 일어나는지를 관찰하는 것이 매우 중요하다.

1) **정상(stationary)형**: 어떤 일정한 값 (μ)을 중심으로 위 아래로 랜덤하게 변동하는 시계열이 만일 모든 시점에 대하여 평균, 분산 등 통계적 성질이 일정하면 이를 정상형 시계열(stationary time series)이라고 한다(〈그림 9-3〉 (a)).
2) **추세(trend)형**: 시간에 따라 증가 또는 감소하는 시계열이다. 직선 형태로 증감하는 경우도 있고, 곡선 형태로 증감하는 경우도 있다(〈그림 9-3〉 (b)).
3) **계절(seasonal)형**: 1년을 기준으로 할 때 월별 또는 계절별로 같은 패턴이 매년 반복되는 형태로서, 정상형과 결합된 계절형 또는 추세와 결합된 계절형 등이 있다.
4) **주기(cyclic)형**: 장기간에 걸친 시계열을 관찰할 경우 몇 십년을 주기로 같은 패턴이 반복되는 형태이다. 경제 시계열을 관찰할 때 많이 나타나는 것으로 전 세계적으로 불황이 주기적으로 나타나는 사실 등을 설명할 수 있다(〈그림 9-3〉 (c)).

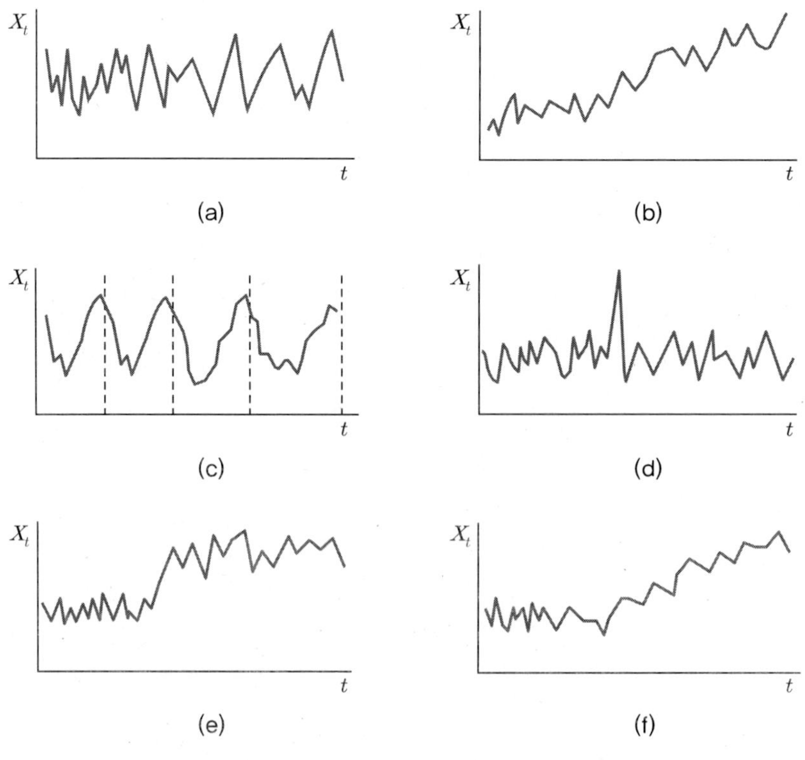

그림 9-3 시계열 데이터의 여러 가지 형태

위의 네 가지 유형 이외에 시계열이 시간이 변함에 따라 근본적인 흐름이 변해서 나타나는 충격형(impulse)형(〈그림 9-3〉 (d)), 계단(step)형(〈그림 9-3〉 (e)), 램프(ramp)형(〈그림 9-3〉 (f)) 등의 형태가 있다.

이와 같은 시계열의 유형은 **단일시계열**(univariate time series)에 대한 분류이다. 이 밖에도 여러 개의 **다중시계열**(multiple time series)을 동시에 관찰하게 되면 한 시계열의 결과가 다른 시계열에 영향을 주는 경우도 발견할 수 있다. 이러한 경우는 어느 한 시계열이 다른 시계열에 언제 얼마만큼의 영향을 주는지 관찰을 하여야 한다.

나. 추세분석과 시계열 모형

시계열 데이터가 너무 많으면 전반적인 추세를 파악하기 힘든 경우가 많다. 이 경우 데이터를 **평활**(smoothing)하여 관찰하는 방법이 많이 이용된다. 평활 방법은 크게 **이동평균법**(moving average)과 **지수평활법**(exponential smoothing)이 있다.

n개의 시점에 관찰된 시계열 데이터를 $x_1, x_2, \dots, x_n$으로 표시하자. 시점 t의 N점-이동평균(N point moving average) M_t는 최근 N개의 관측값에만 가중값 $1/N$을 주고 나머지 관측값에는 가중값을 0으로 하는 평활법이다.

$$M_t = \frac{1}{N}(x_{t-N+1} + x_{t-N+2} + \cdots + x_t) \tag{9.8}$$

이동평균은 N의 크기에 따라 그 값이 달라지는데 N의 값이 크면 원 시계열의 변동에 둔감하게 되므로 서서히 변하고, N의 값이 작으면 변동에 민감하게 된다. 따라서 원 시계열의 변동이 작은 경우에는 N의 값을 크게 잡고 변동이 큰 경우에는 N의 값을 작게 잡는 것이 보통이다.

이동평균은 최근 N개의 관측값에 대하여만 동일한 가중값 $1/N$을 부여하고, 그 이전의 관측값들은 가중값을 0으로 하여 완전히 무시하였다. 지수평활은 과거의 관측값으로 미래의 값을 예측할 때 모든 관측값에 가중값을 부여하되, 최근의 자료에 더 많은 가중값을 주어 평활하는 방법으로 이동평균의 단점을 보완한 방법이다. α를 0과 1 사이의 실수라 할 때 시점 t에서의 지수평활 S_t는 다음과 같이 정의된다.

$$S_t = \alpha\, x_t + (1-\alpha)S_{t-1},\ t = 1, 2, \dots, n \tag{9.9}$$

여기서 S_0는 초기값으로 x_1이나 평균 등을 이용한다. α는 평활상수(smoothing constant)라고 하는데, 지수평활 S_t는 가장 최근 관찰값 x_t에 α의 가중값를 주고, 시점 $t-1$의 지수평활 S_{t-1}에 $(1-\alpha)$의 가중값를 주어 평균한 값이다.

원래의 시계열이나 평활된 시계열에 추세가 관찰되면 시계열 모형(time series

model)을 수립하여 여러 시계열을 비교 분석한다. 시계열 모형은 관찰된 시계열 데이터를 통계적 모형을 이용하여 설명하고 미래를 예측한다. 현실에서 관찰되는 시계열이 다양한 형태를 지니고 있기 때문에 시계열 모형도 매우 다양하다. 일반적으로 추세를 이용하는 시계열 모형은 시계열을 시간에 관련된 함수의 형태로 나타내어 데이터를 설명하거나 미래를 예측한다. 즉, 관측된 시계열 데이터 $x_1, x_2, \cdots, x_n$를 확률변수 $X_1, X_2, \cdots, X_n$의 관측값이라 가정하고 다음과 같은 모형을 수립한다.

$$X_t = f(t) + \epsilon_t, \quad t = 1, 2, \ldots, n \tag{9.10}$$

여기서 ϵ_t는 함수 $f(t)$로 설명할 수 없는 시계열의 오차를 의미한다. 식 (9.10)을 직선 또는 이차곡선을 사용하여 나타내면 다음과 같은 회귀모형이 된다.

$$X_t = a + bt + \epsilon_t \tag{9.11}$$

$$X_t = a + bt + ct^2 + \epsilon_t \tag{9.12}$$

시계열 데이터들이 회귀모형으로 표시될 수 있다면 회귀계수를 이용하여 시계열 데이터를 분류할 수 있다.

이 밖에 시계열 모형은 박스(Box)와 젠킨스(Jenkins)의 ARIMA 모형, 두 개 이상의 시계열이 서로 관련이 있으며 변화할 때 사용하는 전이함수 모형(transfer function model), 개입 모형(intervention model), 구조방정식 모형(structural equation model) 등 많은 모형이 있는데, 시계열 모형의 자세한 내용은 관련 참고문헌을 참조하기 바란다.

다. 유사성분석

시계열 데이터의 유사성분석은 주식시장의 분석, 의학 데이터 분석, 공학 데이터 분석 등에 많이 이용된다. 유사성분석은 여러 시계열 데이터 전체의 유사성을 분석할 수도 있지만, 부분 시계열만의 유사성만을 분석하는 경우도 있다.

시계열의 유사성분석에는 유크리드 거리가 많이 이용된다. 데이터가 많은 경우 푸리에 변환(Fourier transform)이나 웨이블릿 변환(wavelet transform)을 한 후 의미 있는 계수를 이용하여 유사성을 분석하기도 한다. 부분 시계열의 유사성은 먼저 시계열을 일정한 길이를 갖는 부분 시계열로 분해한 후, 각 부분 시계열의 특성을 조사한다. 이 경우 시간 축에 완전히 일치하는 유사성을 조사할 것인지 아니면 시간 축에 관계없이 모양이 일치하는 유사성을 조사할 것인지 결정하여야 한다. 부분 시계열의 유사성은 시계열의 너비, 일치 비율, 최대 간격 등과 같은 인자를 고려하여야 한다.

라. 주기성분석

주기성분석(cyclic analysis)은 시계열 데이터에서 주기적으로 발생하는 패턴들에 대한 탐색을 의미한다. 예를 들어, 시간별 전력 소비, 시간별 교통량 등은 주기적 패턴을 보인다. 주기성분석은 완전주기성과 부분주기성 그리고 주기성 연관규칙의 탐색으로 나눌 수 있다.

완전주기성의 분석은 통계학에서 연구되어온 시간 영역 또는 빈도 영역에서의 분석을 의미한다. 부분주기성의 분석은 전체 시간 중 일부의 시간에서만 주기성을 보이는 것을 연구한다. 예를 들면, 우리가 매일 아침 7시에서 8시 사이에 신문을 보고 아침 식사를 한 후 그 이후의 생활은 규칙성을 가지고 있지 않다면, 아침 7시에서 8시 사이의 행동은 부분 주기성이라 볼 수 있다. 주기성 연관규칙은 '한 커피숍에서 매일 오후 1시에서 3시 사이에 커피가 제일 많이 팔린다' 와 같은 연관규칙을 의미한다.

마. 순차패턴분석

순차패턴분석(sequential pattern analysis)은 'PC를 구입한 사람이 한 달 후에 주변기기를 구입할 가능성은 얼마인가?'라는 질문에 답하는 정보를 찾고자 하는 것이다. 시간에 따라 축적되고 있는 기업 데이터베이스, 통신 레코드 등 순차패턴분석이 적용될 수 있는 환경이 점차 증가하고 있다. 대개 순차패턴분석은 한 시계열에 적용되기보다는 여러 변수와 관련된 시계열 데이터에 대해 적용된다. 순차패턴분석을 위해서는 지속기간(duration), 사건의 시간간격(inteval), 순차패턴의 길이 등과 같은 인자를 고려하여야 한다.

9.5 공간 데이터마이닝(Spatial Data Mining)

공간 데이터마이닝(spatial data mining)은 공간 정보를 가지고 있는 데이터베이스에서 흥미 있는 패턴을 찾는 것으로, 공간 데이터의 이해, 공간 관계의 발견, 공간 또는 비공간 데이터 사이의 관계 등을 발견할 수 있다. 이와 같은 공간 데이터마이닝은 의학, 교통, 환경, 다국적 기업의 경영, 지리정보 시스템 등에 많이 이용된다.

공간 데이터는 대개 다양한 데이터 양식으로 서로 다른 지역에 데이터베이스 형태로 존재하는 경우가 많다. 이러한 경우 분석을 위해서는 주제별, 시간별 또는 기타 분류별로 데이터 웨어하우스를 구성한 후 3장에서 소개한 공간 데이터 큐브를 만드는 것이 좋다. 다차원 공간 데이터 분석을 용이하게 하기 위해서는 OLAP을 이용할 수 있다.

공간 데이터마이닝은 공간 데이터의 서술, 연관, 분류, 군집, 공간 추세분석, 특이데이터 분석을 할 수 있다. 공간 연관분석이란 예를 들어 '월 평균소득이 300만원 이상이고 아파트 밀집 지역이면 스포츠센터가 많다'라는 연관규칙을 구하는 것이다. 공간 군집분석은 토지 용도에 따라 상업, 주거, 공업, 농경 지역과 같이 군집영역으로 세밀화된 지리적 점들을 일반화하는 것이다. 공간 분류분석은 가구당 평균 수입에 따라 고소득, 저소득 등으로 지역을 분류하는 예제를 들 수 있다. 이와 같은 공간 분류분석은 행정구역, 강, 고속도로 등 공간 객체와 연관되어 분류하는 것이 일반적이다. 공간 추세분석은 공간 데이터에 시간이라는 변수가 있을 경우 시간에 따라 변하는 공간 데이터의 변화를 연구하는 것으로, 경제발전에 따른 인구밀도 등을 살펴볼 수 있다.

참고문헌

김원경. MINITAB을 이용한 시계열 분석의 이해. 교우사, 1999.

조신섭, 신영수. SAS/ETS를 이용한 시계열분석. 율곡출판사, 2009.

최승배 외. WiseLog를 이용한 웹로그데이터 분석. 자유아카데미. 2008.

D. Barbara, J. Couto, S. Jajodia, and N. Wu. ADAM:A Test bed for Exploring the Use of Data Mining in Intrusion Detection. SIGMOD Record, 30(4): 15-24, 2001.

P. Dokas, L. Ertoz, V. Kumar, A. Lazarevic, J. Srivastava, and P. N. Tan. Data Mining for network Intrusion Detecion. In Proc. NSF Workshop on Next Generation Data Mining, Baltimore, MD, 2002.

W. Lee, S. J. Stolfo, and K. W. Mok. Adaptive Intrusion Detection: A Data Mining Approach. Artificial Intelligence Review, 14(6):533-567, 2000.

Z. Markov and D. T. Larose. Data Mining the Web. Wiley, 2007.

부록

부록에서는

- R의 설치 및 기본운용 방법을 연구한다.
- SAS의 설치 및 기본운용 방법을 연구한다. SAS Enterprise Miner의 기본운용 방법을 연구한다.
- MS-SQL의 설치 및 기본운용 방법을 연구한다.

A.1 R의 설치 및 기본운용

통계패키지는 많은 통계분석 및 그림분석 프로그램을 포함하는 소프트웨어로서 대부분이 고가의 상업용이다. 하지만 R은 세계 여러 기관에서 후원을 받고 있는 R Foundation에서 개발 및 유지 보수를 하면서 개인에게 무료로 제공하는 소프트웨어이다. R은 1976년 벨(Bell) 연구소의 Chambers와 그 외 여러 사람이 개발하였던 S를 기반으로 한 소프트웨어로서, 뉴질랜드 오클랜드 대학(University of Auckland)의 Robert Gentleman과 Ross Ihaka가 1995년에 소스를 공개하였다. 현재 전 세계의 많은 사람들이 R 소프트웨어의 발전에 공헌하고 있다.

이 책에서는 각 장의 마지막 절에서 실습에 필요한 R 명령어를 소개한다. 기타 자세한 R 명령어에 대해서는 http://www.r-project.org 좌측 'Documentation'의 'Manuals'에서 여러 가지 매뉴얼을 다운로드하여 참조하기 바란다. 초보자에게는 'An Introduction to R' 매뉴얼이 유용하다.

A.1.1 R의 설치

R의 최신 버전(2.12.1 for Windows) 다운로드 및 설치방법은 다음과 같다.

1) 인터넷 주소창에 http://cran.r-project.org/bin/windows/base/ 입력하면 다음과 같은 화면이 나타난다.

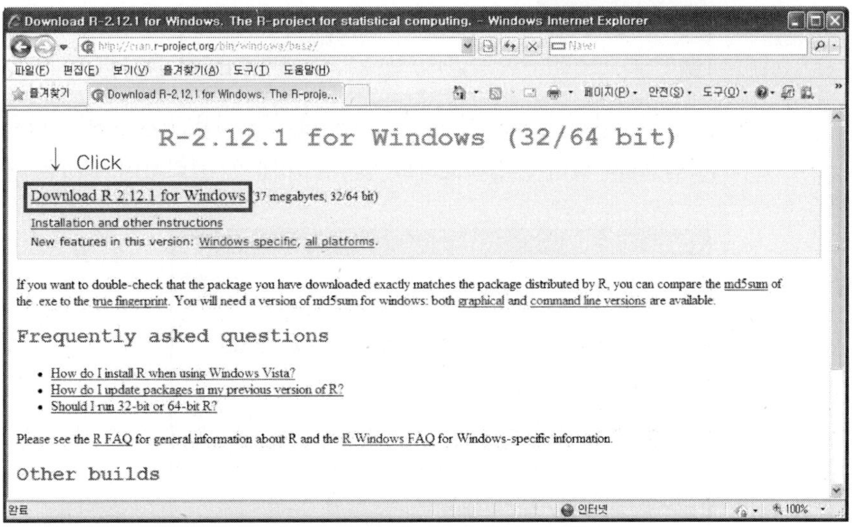

2) 'Download R2.12.1 for Windows'를 클릭하여 R-2.12.1-win.exe 파일을 다운로드 받은 후 실행시킨다. 경로에 생성된 아이콘을 실행해도 된다.

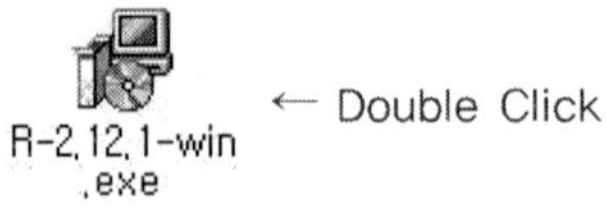

3) 설치 언어로 '한국어'를 선택 후 '확인' 버튼을 클릭한다.

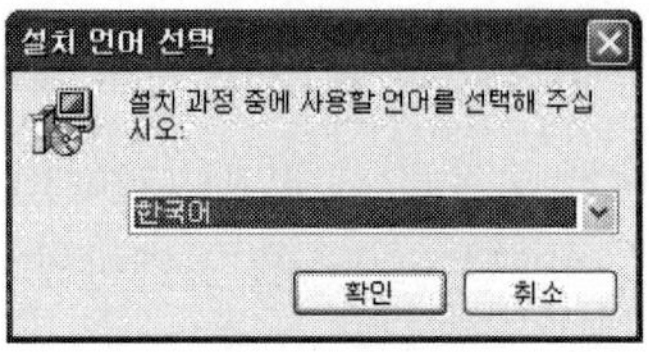

4) '다음(N)' 버튼을 클릭하여 설치를 시작한다. 설치 정보가 나타나면 다시 '다음(N)' 버튼을 클릭한다.

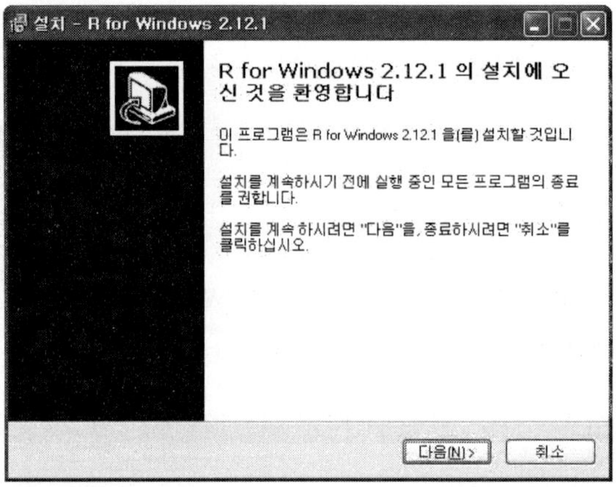

5) R을 설치할 위치를 기본으로 설정된 폴더를 이용할 경우에는 '다음(N)'을 클릭한다. 만일 다른 폴더를 선택하려면 '찾아보기(R)'를 클릭하여 원하는 폴더를 설정한다.

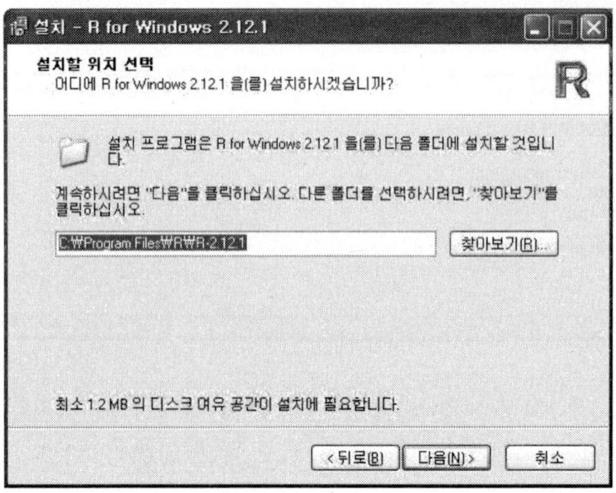

6) 구성 요소 설치를 물으면 기본적인 설치를 선택하는 '다음(N)' 버튼을 클릭한다.

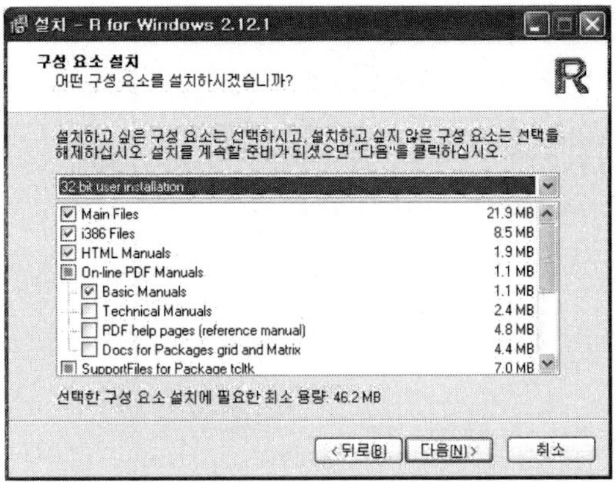

7) Startup options은 'No(accept defaults)'를 선택하고 '다음(N)' 버튼을 클릭한다.

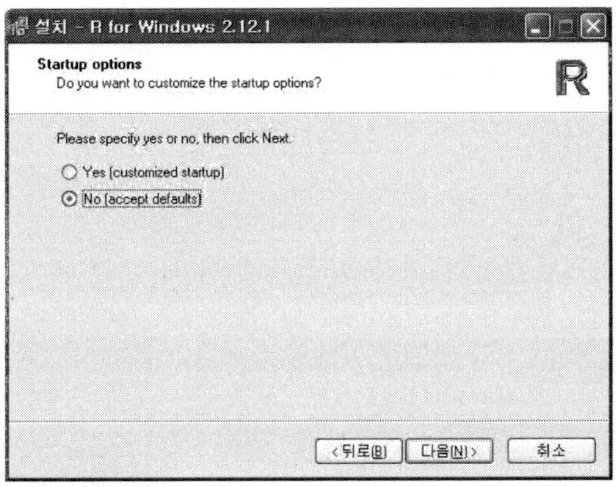

8) 시작 메뉴 폴더 선택과 추가 사항 적용에서도 '다음(N)' 버튼을 클릭하면 다음과 같은 설치 중 화면이 나타난다.

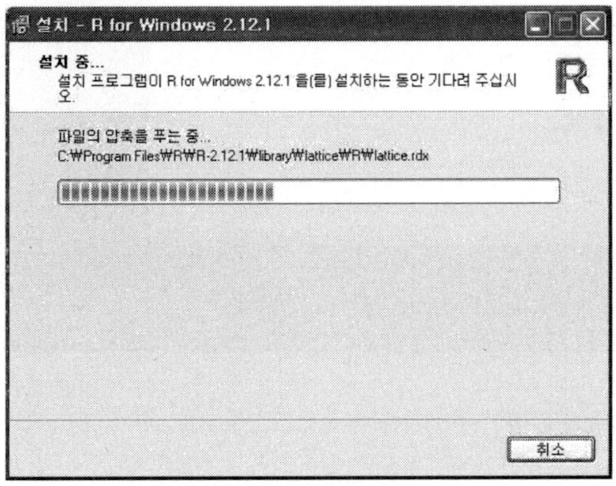

9) 설치 완료 화면이 나타나면 '완료(F)' 버튼을 클릭한다.

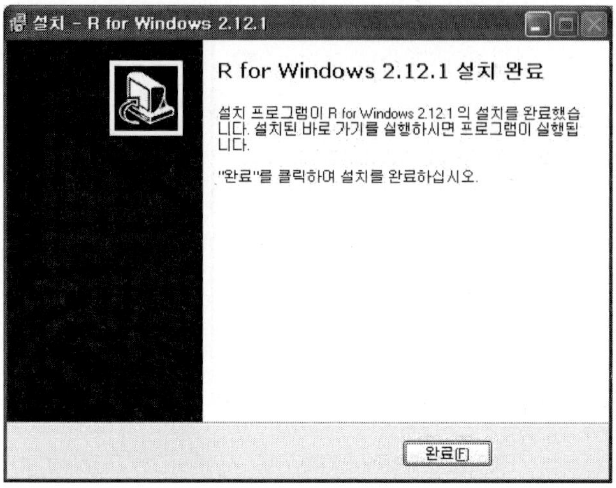

10) 바탕화면에 생성된 다음과 같은 바로가기 아이콘을 더블 클릭한다.

11) 올바로 설치된 R 소프트웨어의 시작 화면은 다음과 같다.

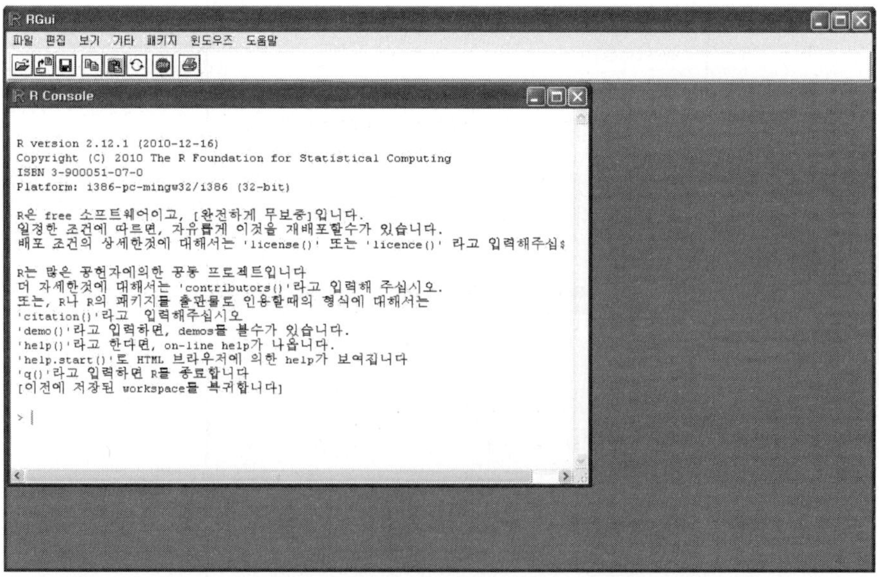

A.1.2 R의 기본운용

R은 기본적으로 사용자가 명령어를 입력하면 시스템이 이를 해독하여 원하는 통계분석을 수행하는 방식(command based)의 소프트웨어이다. 최근 윈도우용 응용 소프트웨어는 사용자가 편리한 메뉴 방식(menu based)의 시스템을 많이 사용하고 있는데, MINITAB이나 SPSS와 같은 통계 소프트웨어도 이 방식을 채용하고 있다. 하지만 범용 통계분석이 아닌 독창적인 분석을 위해서는 명령어 방식이 더 유리한 장점이 있다. R은 사용자가 스스로 개발한 새로운 분석방법을 직접 쉽게 설치할 수 있도록 하기 위해 기본적으로 명령어 방식을 채용하고 있다. 하지만 R에서도 추가 패키지를 설치하면 윈도우 메뉴 방식으로 이용할 수도 있다.

명령어 방식의 R을 배운다는 것은 R이 제공하고 있는 명령어와 관련 문법을 배우는 것이다. 사용자가 이미 C나 기타 프로그래밍 언어에 대한 지식이 있는 경우 R은 쉽게 배울 수 있다. 전혀 프로그래밍 언어에 대한 지식이 없더라도 프로그래밍 언어를 배우는 것보다는 쉽다.

가. R의 시작과 종료

R의 시작은 윈도우 바탕화면의 R아이콘을 더블 클릭하면 된다. 초기 화면의 기호 '>'는 **프롬프트**(prompt)라고 부르며, 바로 다음 열(column)부터 명령어를 입력한다. 적절한 R 명령어를 입력하고 Enter↵ 키를 클릭하면 시스템이 이를 수행한다. 예를 들어, 다음과 같은 명령어를 주고 Enter↵ 키를 클릭하면 두 수의 합 11이라는 결과가 다음 줄에 대괄호 [1]과 함께 나타난다.

```
> 3 + 8
[1] 11
```

[1]은 명령어에 대한 첫 번째 결과라는 뜻으로, 어떤 명령어는 여러 줄의 결과를 보여 주기도 한다.

R을 종료(quit)하기 위해서는 아래와 같이 입력하고 Enter↵ 키를 누른다.

```
> q( )
```

소괄호 ( )는 함수를 뜻하는 것으로 반드시 필요한데 이것이 없으면 오류가 발생한다. 그러면 '작업공간 이미지를 저장하겠습니까?'라는 메시지가 나타나는데 필요에 따라 '예', '아니오' 또는 '취소'를 선택하면 된다. 대개 작업공간 이미지는 저장하지 않는데 꼭 필요한 경우에만 저장한다.

나. 산술 연산

R은 산술 연산을 하는 간단한 계산기로도 사용할 수 있다. 덧셈, 뺄셈, 곱셈, 나눗셈, 거듭제곱은 다음 예와 같이 +, − , *, /, ^ 등의 산술연산자를 이용하면 된다. 여러 개의 산술 연산자가 같이 있을 경우의 연산 우선순위는 수학에서와 같이 ^ 가 최우선이고, 다음이 * 와 /, 그리고 +와 − 순이다. R의 명령어와 명령어 사이의 공란은 무시되며, #는 주석의 시작을 나타낸다.

```
> 3 - 5
  [1] -2
> 8 + 3 * 5      # 3 * 5가 먼저 계산됨
  [1] 23
> 1 + 6 / 3      # 6 / 3이 먼저 계산됨
  [1] 3
> 3 ^ 2 + 2
  [1] 11
```

이 밖에 나머지를 계산하는 modular 연산자 %%가 있다. 예를 들어, 24를 7로 나눈 나머지 3의 계산, 즉 24 (mod 7)은 다음과 같다.

```
> 24 %% 7
[1] 3
```

다. 변수를 이용한 숫자의 저장

R에서 숫자나 계산된 값은 일정한 저장장소에 저장하였다가 필요할 때 사용하면 편리하다. 예를 들어, 3과 5를 더하면 8이 되는 연산을 다음과 같이 할 수 있다.

```
> a = 3
> b = 5
> c = a + b
```

위와 같은 연산식의 의미는 a라는 이름을 갖는 저장장소에 3을 저장하고, b라는 이름의 저장장소에는 5를 저장하고, a와 b에 저장되어 있는 두 수를 합하여 c라는 저장장소에 저장하라는 것이다. R 시스템은 연산만 수행하고 아무런 답을 주지는 않는데, c에 저장된 값을 보기 위해서는 프롬프트 다음에 c를 입력하고 [Enter↵] 키를 클릭하면 된다.

```
> c
[1] 8
```

a = 3이라는 식에서 연산자 = 는 <- 로 대체할 수 있다. 이 연산자는 저장장소에

숫자를 할당한다는 의미로 많은 사람들이 선호하는데, 이 책에서도 연산자 <- 를 사용한다.

```
> a <- 3
```

a, b, c 와 같은 저장장소 이름을 **변수명**(variable name)이라 하는데 대문자와 소문자를 구분하고 문자와 숫자의 조합으로 명명할 수 있다.

사용자가 R 시스템에 생성한 변수들을 **객체**(object)라 하는데, objects( )이나 list( ) 함수를 이용하여 현재 작업하고 있는 workspace의 모든 객체를 볼 수 있다.

```
> objects( )
[1] "a", "b", "sum"
```

하나의 수를 저장하는 변수뿐만 아니라 다음에 배울 벡터나 행렬도 하나의 객체이다.

라. 벡터(Vector)

R에서는 숫자나 문자들의 집합인 수학의 벡터를 c( ) 함수를 이용하여 정의하고 연산을 할 수 있다. 벡터도 R에서는 하나의 객체이다.

```
> x <- c(1, 3, 5)          # 숫자 1,3,5로 이루어진 3원소 벡터의 정의
> x                        # 정의된 벡터의 확인
[1] 1 3 5
> s <- c("a", "b", "c")    # 문자 a,b,c로 이루어진 3원소 벡터의 정의
> s                        # 정의된 벡터의 확인
[1] "a" "b" "c"
```

위와 같이 정의된 벡터들은 열벡터(column vector)로 인식된다. 벡터의 원소를 규칙적으로 증가(감소)하는 수로서 초기 값을 주는 경우는 : 를 이용하면 편리하다.

```
> y <- 5:10        # 5에서 10까지의 1씩 증가하는 숫자로서 6원소 벡터 정의
> y
[1]  5  6  7  8  9  10
```

두 벡터의 원소들을 결합하여(join 또는 concatenate) 새로운 벡터를 만들 수도 있다.

```
> z <- c(x, y)      # 위에서 정의된 x와 y를 결합하여 새로운 벡터 z를 생성
> z
[1]  1  3  5  5  6  7  8  9  10
```

한 벡터의 일부 원소만을 추출할 수도 있다.

```
> y[2]                  # y벡터의 두 번째 원소를 나타냄
[1] 2
> y[c(2,4)]             # y벡터의 두 번째와 네 번째 원소를 추출
[1]  2  8
```

벡터의 연산을 다음과 같이 실행할 수도 있다.

```
> x * 3                 # x벡터의 각 원소에 3을 곱함
[1]  3  9  15
> w <- x - 3            # x벡터의 각 원소에서 3을 뺀 후 w벡터에 저장
[1]  -2  0  2
> x^2                   # x벡터의 각 원소를 제곱함
[1]  1  9  25
```

마. 행렬(Matrix)과 배열(Array)

R에서는 행과 열로 이루어진 숫자의 행렬을 이용할 수 있다. 행렬도 R에서는 하나의 객체이다.

```
> m <- matrix(1:6, nrow=2, ncol=3)  # 1에서 6까지의 숫자로 2행3열의 행
렬 정의
> m
       [,1]  [,2]  [,3]
  [1,]    1     3     5
  [2,]    2     4     6
```

행렬의 원소나 행과 열의 표시는 다음과 같다.

```
> m[1,2]                # 1행 2열의 원소
[1]  3
> m[1,]                 # 1행 전체
[1]  1  3  5
> m[,1]                 # 1열 전체
[1]  1  2
```

R에서는 3차원 배열도 array를 이용하여 정의가 가능하다.

```
> a <- array(1:24, c(3,4,2))       # 1에서 24까지의 숫자로 2개의 3행4열의
                                   # 행렬 두 개로 이루어진 3차원배열 정의
> a
  , , 1
       [,1]  [,2]  [,3]  [,4]
  [1,]    1     4     7    10
```

```
[2,]    2     5     8     11
[3,]    3     6     9     12
, , 2
      [,1]  [,2]  [,3]  [,4]
[1,]   13    16    19    22
[2,]   14    17    20    23
[3,]   15    18    21    24
```

바. 데이터프레임(Data Frame)과 기초분석

행과 열로 이루어진 다음과 같은 테이블 형태의 데이터가 c:₩Rwork라는 폴더에 sample.txt 파일에 저장되어 있다고 하자. 열과 열 사이는 '공란'으로 구분되어 있고 첫 행은 각 열의 이름이 적혀 있다. R로 불러오는 텍스트 파일은 어떠한 데이터 없는 마지막 줄이 반드시 한 줄 있어야 한다.

```
name  age  income
kim    28    200
lee    33    300
park   41    400
```

열과 열 사이는 콤마(,)로도 구분이 가능한데, 이를 csv 형식의 파일이라 한다. 열과 열 사이를 구별하는 공간이나 콤마 또는 탭(tab)을 열 **구분자**(delimeter)라고 한다.

R에서는 **data.frame( )** 이라는 함수를 이용하여 이 데이터를 시스템에 불러와 저장할 수 있다. C:₩Rwork 폴더에 저장되어 있는 데이터를 읽기 위해서는 R의 주메뉴에서 '파일' => '디렉토리변경' => '내 컴퓨터' => '로컬 디스크(C:)' => 'Rwork' 폴더를 선택한 후 '확인' 버튼을 클릭한다. sample.txt 파일을 읽어서 test 라는 **데이터프레임**(data frame)을 만드는 R 명령어는 다음과 같다. 관련된 **names( )**는 변수명을 볼 때, **attach( )**는 변수명을 다른 명령어에 이용할 경우에 유용한 명령어이다.

```
> test <- read.table("sample.txt", header=T)
> test
     name   age  income
1    kim    28    200
2    lee    33    300
3    park   41    400
> names(test)          # test 데이터프레임의 변수명을 인쇄
[1] "name"   "age"   "income"
> attach(test)         # test의 변수명을 다른 명령어에 이용할 경우에 유용
```

데이터프레임 함수는 matrix와 유사하나 첫 행에 각 열의 이름이 있는 것이 다르다. R에서 생성된 test라는 데이터프레임은 변수나 벡터, 행렬과 같이 하나의 객체가 된다.

데이터프레임을 만들면 간단한 기초분석을 할 수 있다. test라는 object에 있는 모든 변수의 평균을 구하는 R 명령어는 다음과 같다.

```
> mean(test)
  name    age income
    NA     34    300
```

name은 문자 데이터여서 NA를 출력하고 평균을 구할 수 없다는 경고를 준다. age의 평균은 34이고 income의 평균은 300임을 알 수 있다.

plot( ) 함수를 이용하면 여러 그림을 그릴 수 있는데 age와 income의 산점도를 그리는 R 명령어와 결과는 다음과 같다. age와 income의 산점도는 새로운 창에 나타난다. plot은 다양한 선택사항을 가지고 있는데 자세한 내용은 '? plot' 을 입력하여 나타나는 웹페이지를 참고하면 된다. 다른 R 명령어도 자세한 선택사항을 보려면 '? 명령어'를 입력하면 된다.

```
> plot(age, income)
```

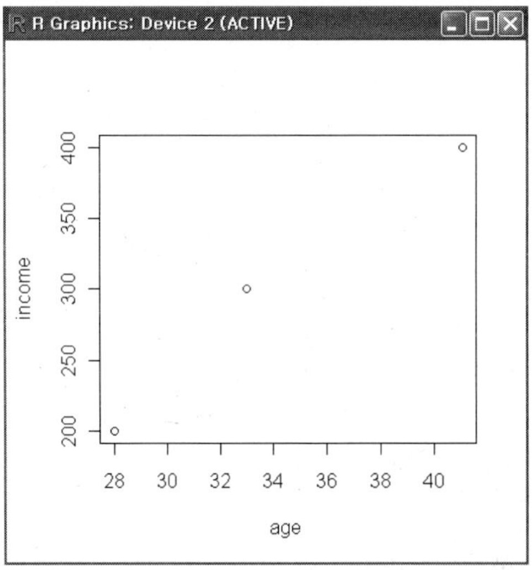

사. 패키지의 이용

R에서 사용할 수 있는 통계분석 응용 소프트웨어를 패키지라고 한다. 기본적으로 제공하는 패키지는 주메뉴에서 선택하여 설치한 후 사용할 수 있다. 예를 들어, 2장에서 설명하는 평행좌표그림을 그리기 위해서는 MASS라는 패키지를 먼저 설치하여야 한다. 패키지의 설치는 아래 좌측과 같은 R의 주메뉴에서 '패키지' => '패키지 불러오기'를 선택하면 아래 우측과 같은 'Select one'이라는 창이 나타날 때 'MASS'를 선택하고 'OK'를 클릭한다.

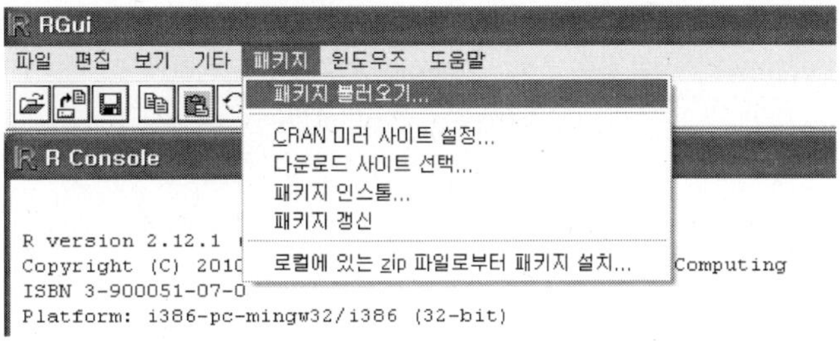

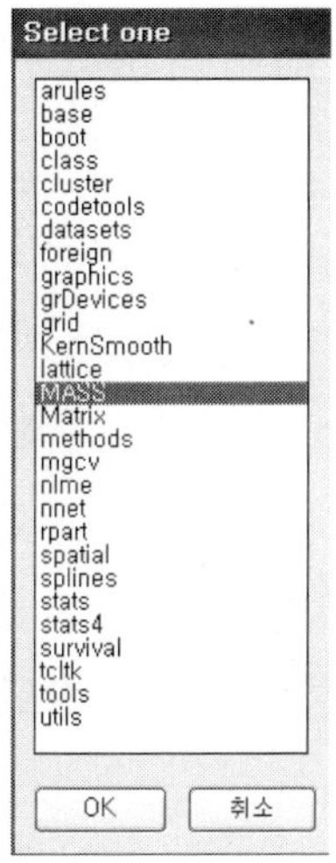

이용을 원하는 패키지가 'Select one' 창에 나타나지 않을 경우 이를 설치하여야 한다. 예를 들어, 체르노프 안형그림을 그리기 위해서는 **aplpack**라는 패키지를 먼저 설치하여야 한다. 패키지의 설치는 R의 주메뉴에서 '패키지' => '패키지 인스톨'을 선택하면 아래 그림의 좌측과 같은 'CRAN mirror'라는 창이 나타난다. 여기서 'Korea'를 선택하고 'OK'를 클릭한다. 이어서 아래 우측과 같은 'Packages'라는 창이 나타나면 'aplpack'를 선택하고 'OK'를 클릭한다. 패키지 설치가 완료되면 주메뉴에서 '패키지' => '패키지 불러오기'를 선택하여 'Select one'창에서 'aplpack'를 선택하면 R에서 이용할 수 있다.

설치가 완료되면 R에 다음과 같은 문구가 나타난다.

```
> utils:::menuInstallPkgs()
이 세션으로 사용에 CRAN mirror를 선택해 주십시오
URL  'http://statlab.korea.ac.kr/R/bin/windows/contrib/2.12/aplpack.zip'  을
시도하고 있습니다
...
패키지 'aplpack'는 성공적으로 unpack 하였고 MD5 합계가 체크되었습니다
```

A.2 SAS의 설치 및 기본운용

이 절에서는 SAS 9.1 버전의 설치(1절), 기본운용(2절), E-Miner 운용방법(3절)을 소개한다. 최근에 9.2 버전도 시장에 나와 있으나 설치방법은 유사하다.

A.2.1 SAS의 설치

SAS의 설치 CD와 file은 총 9개로 구성되어 있다.

1. Setup Disk
2. Software Disk 1
3. Software Disk 2
4. Software Disk 3
5. Software Disk 4
6. SAS Shared Components
7. Service Pack 4 for SAS Foundation
8. National Language
9. sas##-######.txt (license file)

SAS의 설치방법은 다음과 같다.

1) Setup Disk CD를 넣고 setup.exe 아이콘을 더블클릭하면 다음과 같은 창이 나타난다. 설치 언어를 '한국어'로 선택하고 '확인' 버튼을 클릭한다.

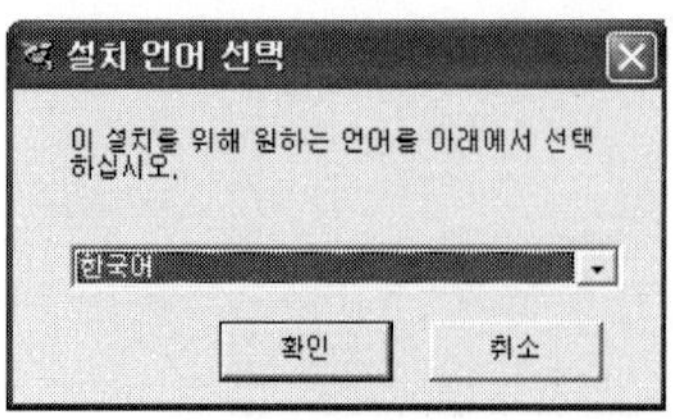

2) 다음의 화면에서 사용자용 메뉴의 'SAS 소프트웨어 설치하기'를 선택한다.

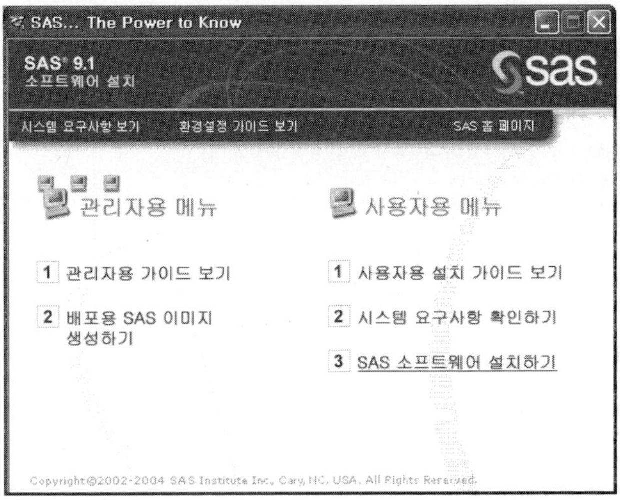

3) 아래의 창이 나타나면 메시지를 읽고 '다음(N) >' 버튼을 클릭한다.

4) 아래의 창에서 '파일'을 선택하고 '다음(N) >' 버튼을 클릭한다.

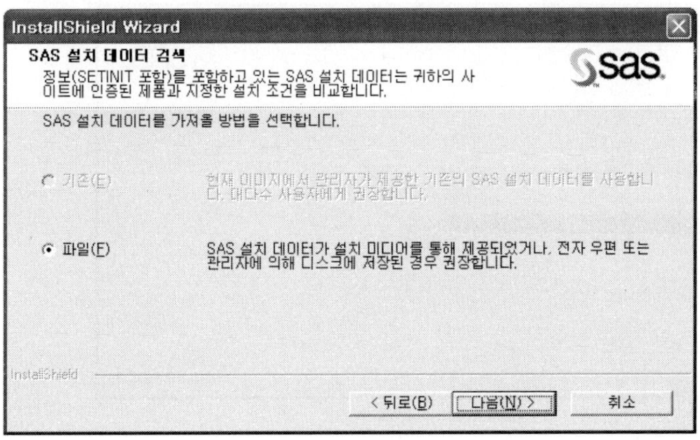

5) 'SAS 설치 데이터' 창은 SAS license를 지정하는 창이다. '찾아보기(R)' 버튼을 클릭하여 license file을 선택한 후 '다음(N) >' 버튼을 클릭한다.

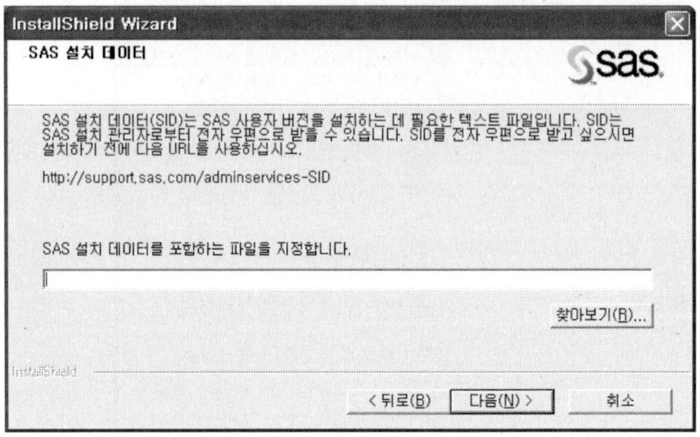

6) 아래의 창은 선택한 license file의 유효기간과 설치할 수 있는 프로그램을 보여준다. 인증 내역을 확인을 하고 '다음(N) >' 버튼을 클릭한다.

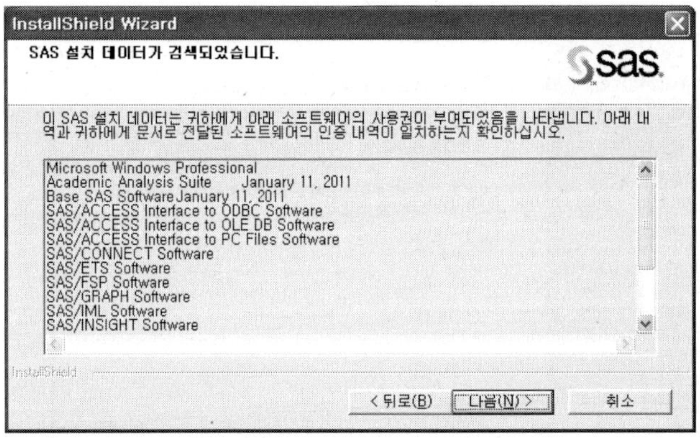

7) License 확인이 끝난 후 설치가 진행된다.

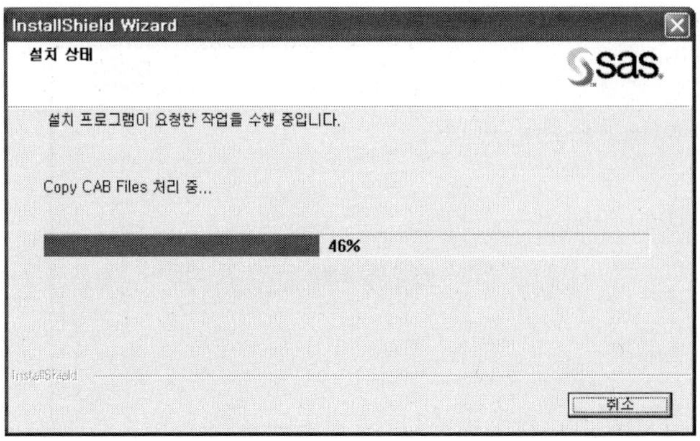

8) '언어 선택' 창이 나타나면 'Korean'을 선택한 후 '다음(N) >' 버튼을 클릭한다. 영어 버전과 같이 설치할 수도 있다.

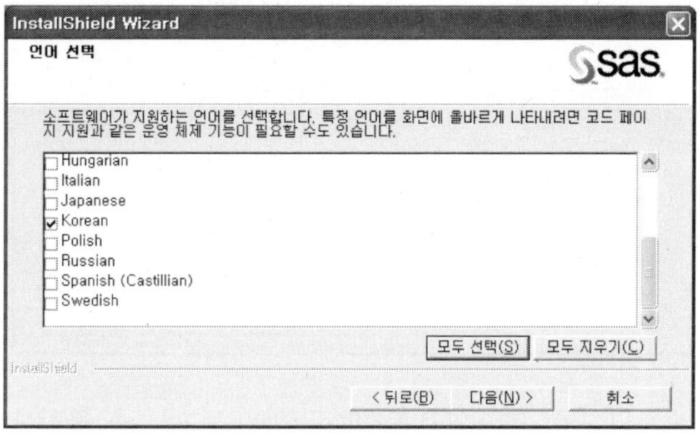

9) '대상 폴더 선택' 창이 나타나면 '찾아보기(R)' 버튼을 클릭하여 SAS를 설치할 곳을 선택한 뒤 '다음(N) >' 버튼을 클릭한다. 기본으로 설정된 폴더를 이용할 경우에는 '다음(N) >' 버튼만 클릭하면 된다.

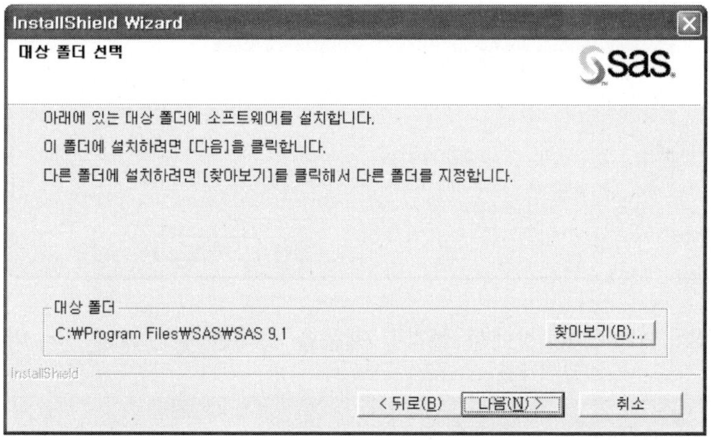

10) '데이터 파일 폴더 지정' 창이 나타나면 기본으로 선택된 저장 위치를 이용할 경우 '다음(N) >' 버튼을 클릭한다. 본인이 원하는 저장위치를 지정할 경우 '찾아보기(R)' 버튼을 클릭하여 데이터 파일을 저장할 위치를 지정한 뒤 '다음(N) >' 버튼을 클릭한다.

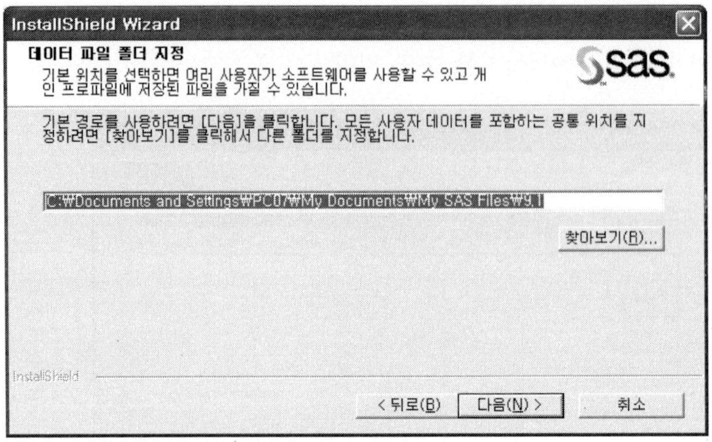

11) '임시 파일 폴더 지정' 창이 나타나면 '다음(N) >' 버튼을 클릭한다.

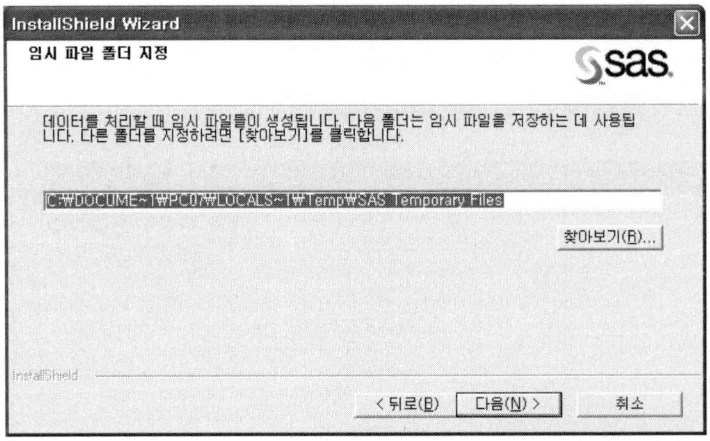

12) '컴포넌트 선택' 창에서 설치할 제품을 선택한 뒤 '다음(N) >' 버튼을 클릭한다.

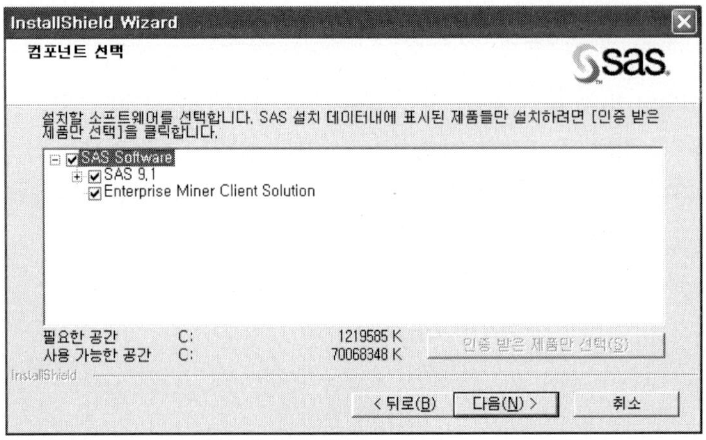

13) 다음과 같은 메시지 창이 나타나면 Software Disk1 CD를 넣고 '찾아보기(R)' 버튼을 클릭하여 경로를 지정한 뒤 '확인' 버튼을 클릭한다.

14) 다음과 같은 메시지 창이 나타나면 Software Disk2 CD를 넣고 찾아보기 버튼을 클릭하여 경로를 지정한 뒤 '확인' 버튼을 클릭한다.

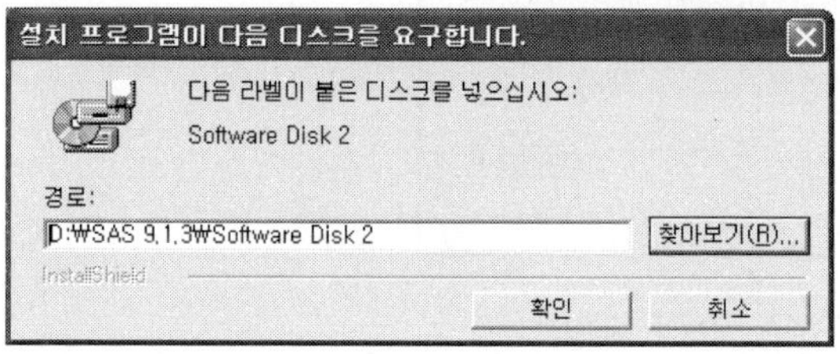

15) 다음과 같은 메시지 창이 나타나면 Software Disk4 CD를 넣고 찾아보기 버튼을 클릭하여 경로를 지정한 뒤 '확인' 버튼을 클릭한다.

16) 다음과 같은 메시지 창이 나타나면 SAS National Language Support CD를 넣고 '찾아보기(R)' 버튼을 클릭하여 경로를 지정한 뒤 '확인' 버튼을 클릭한다.

17) 다음과 같은 메시지 창이 나타나면 Service Pack for SAS Foundation CD를

넣고 '찾아보기(R)' 버튼을 클릭하여 경로를 지정한 뒤 '확인' 버튼을 클릭한다.

18) 다음과 같은 메시지 창이 나타나면 SAS Shared components CD를 넣고 '찾아보기(R)' 버튼을 클릭하여 경로를 지정한 뒤 '확인' 버튼을 클릭한다.

19) 아래의 화면은 설치 후반의 과정인데 약 2~5분이 소요될 수 있다.

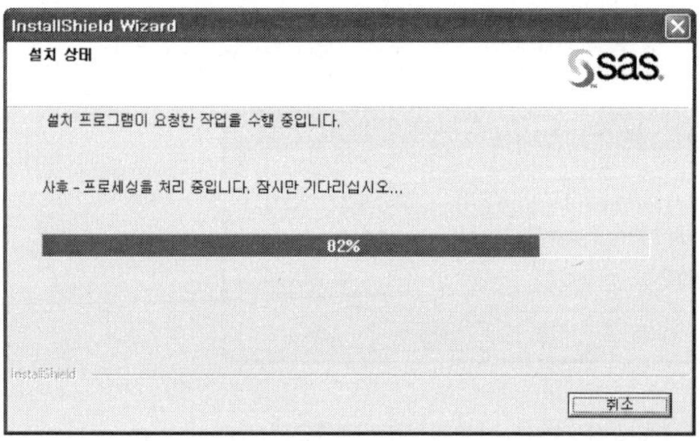

20) 다음과 같은 메시지 창이 나타나면 SAS Setup Disk CD를 넣고 '찾아보기(R)' 버튼을 클릭하여 경로를 지정한 뒤 '확인' 버튼을 클릭한다.

21) 아래의 화면은 SAS가 정상적으로 설치를 끝냈을 경우 나타나는 메시지 창이다. '마침'을 클릭하여 설치를 종료한다.

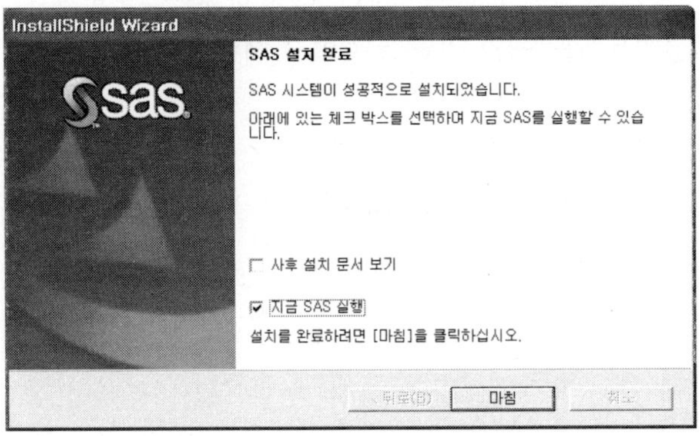

22) 아래의 화면은 SAS 아이콘을 더블클릭하여 SAS를 처음 시작했을 때의 초기화면이다. 화면 좌측에는 SAS 작업도중 생성되는 파일을 관리하기 위한 '탐색기' 창이 있고, 우측 상단에는 SAS 명령어의 실행 상태를 보여 주는 '로그' 창이 있으며, 우측 하단에는 SAS 명령어를 편집할 수 있는 '확장 편집기' 창이 위치하여 있다.

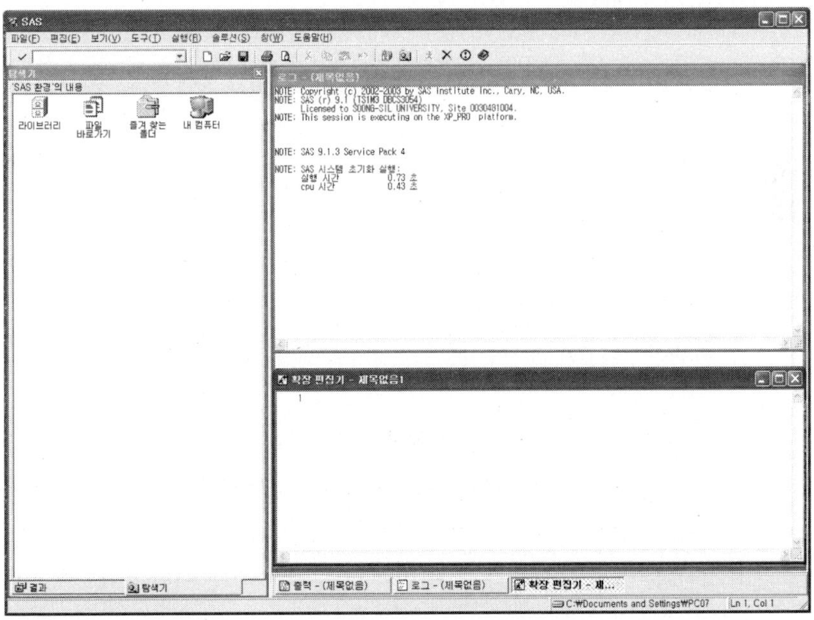

A.2.2 SAS의 기본운용

SAS도 기본적으로 R과 같이 사용자가 명령어를 입력하고 시스템이 이를 해독하여 원하는 통계분석을 수행하는 방식(command-based)의 소프트웨어이다. 하지만 최근 버전에는 사용자의 편리성을 고려해 윈도우 시스템용 메뉴 방식도 있고, SAS/Enterprise Miner(A.2.3절 참조)와 같이 그래픽 인터페이스 가능한 모듈도 있다. 그러나 메뉴 방식도 데이터 조작에는 한계가 있고, 메뉴에서 선택된 통계분석 기법이 SAS 명령어로 변환되어 이를 수행하기 때문에 SAS가 제공하고 있는 명령어와 관련 문법을 배우는 것이 좋다.

SAS 명령어는 크게 데이터와 파일을 관리하는 DATA step 명령어와 그림분석 및 통계분석을 수행하는 PROC(procedure) step 명령어로 나눌 수 있다.

가. SAS의 시작과 데이터 입력

윈도우 바탕화면에서 SAS 아이콘을 더블클릭하면 초기화면이 나타난다. 초기화면의 우측 하단에 있는 '확장 편집기'는 SAS 명령어를 입력하는 창인데 여기에 적절한 명령어를 입력하고 실행하면 시스템이 이를 수행한다. '확장 편집기'에서 다음과 같은 이름, 나이, 월수입으로 이루어진 3명의 데이터 입력을 하고 간단한 SAS 실행 방법을 알아보자.

```
Kim     28   200
Lee     33   300
Park    41   400
```

이 데이터를 SAS 시스템으로 불러오기 위한 DATA 명령문은 다음과 같다.

```
DATA EX;
      INPUT NAME $ AGE INCOME @@;
      CARDS;
      Kim    28    200
      Lee    33    300
      Park   41    400
;
RUN;
```

DATA, INPUT, CARDS, RUN과 같이 굵은 글씨로 쓰인 단어는 SAS가 가지고 있는 고유 명령어를 의미한다. 첫 번째 문장 'DATA EX;'는 EX라는 SAS의 데이터 세트(set)을 생성하기 위한 명령문으로, 모든 SAS 명령어의 마지막은 세미콜론(;)으로 표시한다. EX는 사용자가 정하는 데이터 세트 이름이다. 두 번째 문장 'INPUT NAME $ AGE INCOME @@;'은 데이터 세트의 변수 이름을 입력하기 위한 것으로, 이 데이터 세트에는 세 개의 변수가 있고 각각의 변수명은 NAME, AGE, INCOME이다. 변수명 NAME 뒤에는 $ 표시가 있는데 이는 문자형 변수를 의미하는 것이고, 마지막의 '@@'는 데이터를 한 줄씩 읽어오도록 하는 선택사항이다. 세 번째 문장 'CARDS;' 다음에 데이터를 한 줄씩 입력하는데 공란은 무시되므로 보기 좋게 정렬하면 좋다. 마지막의 'RUN;'은 앞의 SAS 명령어를 실행하라는 명령어이다.

위의 명령문을 SAS 초기화면의 '확장 편집기'에 입력한 후 실행하는 방법은 다음과 같다.

1) 마우스로 실행 할 명령문의 블록을 잡는다.

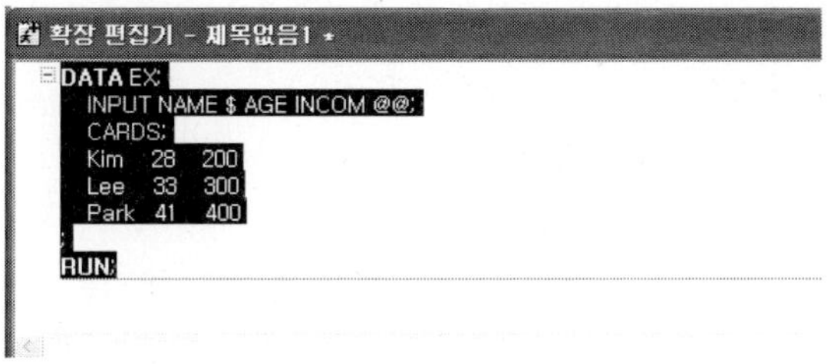

2) 주메뉴 밑의 아래와 같은 메뉴바에서 실행 아이콘 버튼을 클릭한다.

3) 정상적으로 실행된 경우 로그창의 화면이다.

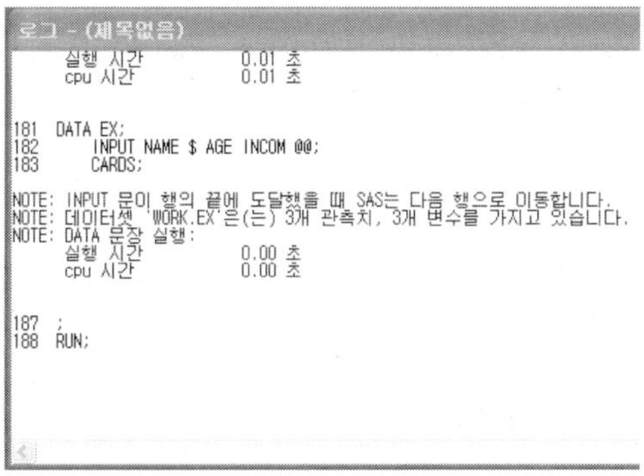

4) 데이터가 정상적으로 입력되었는지 확인해 보려면 프로그램 좌측의 탐색기에서 '라이브러리' -> 'Work' -> 'Ex' 순서로 더블클릭을 한다. 다음과 같은 VIEWTABLE 화면이 나타나면 데이터가 시스템으로 잘 입력된 것이다. 데이터 파일이 Work.Ex로 표시되었는데 이는 Work 폴더의 Ex라는 파일을 의미한다. SAS에서 만들어진 데이터 파일은 **데이터 세트**(data set)라 부르며 MY 라이브러리의 멤버라 부른다.

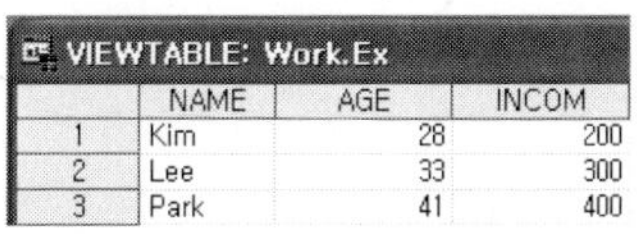

VIEWTABLE: Work.Ex

	NAME	AGE	INCOM
1	Kim	28	200
2	Lee	33	300
3	Park	41	400

SAS에서 '**라이브러리**(library)'는 작업을 위한 폴더(folder)를 의미한다. 이 라이브러리 안에는 기본적으로 Sasuser, Sashelp, Work라는 하위 라이브러리를 포함하고 있다. 이 중에서 Work 라이브러리는 위의 예와 같이 데이터를 불러왔을 때 임시로 저장하였다가 SAS가 종료될 때 삭제된다. 그러므로 다시 SAS를 실행하였을 때 이전에 사용했던 데이터 파일을 다시 사용하려면 라이브러리 안에 특정 하위 라이브러리를 만들어 저장하여야 한다. 자세한 내용은 '라. SAS의 라이브러리 생성'에서 알아보자.

나. SAS의 프로시져를 이용한 통계분석

SAS에서 각각의 통계분석은 하나의 프로시져를 통해 수행되는데 PROC이라는 명령문을 사용한다. 입력한 데이터에서 나이와 월수입의 평균을 계산하는 간단한 프로시져의 예는 다음과 같다.

```
PROC MEANS DATA=Ex MEAN STD MEDIAN RANGE MAX MIN;
     VAR AGE INCOME;
RUN;
```

위의 문장을 실행하면 다음과 같은 결과가 '출력' 창에 출력된다. '출력' 창이 나타나지 않으면 SAS 탐색기 옆의 '결과' 탭을 클릭한 후 'Summary statistics'을 클릭해도 된다.

MEANS 프로시저

변수	평균값	표준편차	중위수	범위	최대값	최소값
AGE	34.0000000	6.5574385	33.0000000	13.0000000	41.0000000	28.0000000
INCOME	300.0000000	100.0000000	300.0000000	200.0000000	400.0000000	200.0000000

데이터에서 나이와 월수입의 선그림을 그리는 프로시져는 다음과 같다.

```
PROC GPLOT DATA=Ex;
     PLOT Age*Income;
RUN;
```

앞의 문장을 실행하면 다음과 같은 선그림 결과가 출력된다.

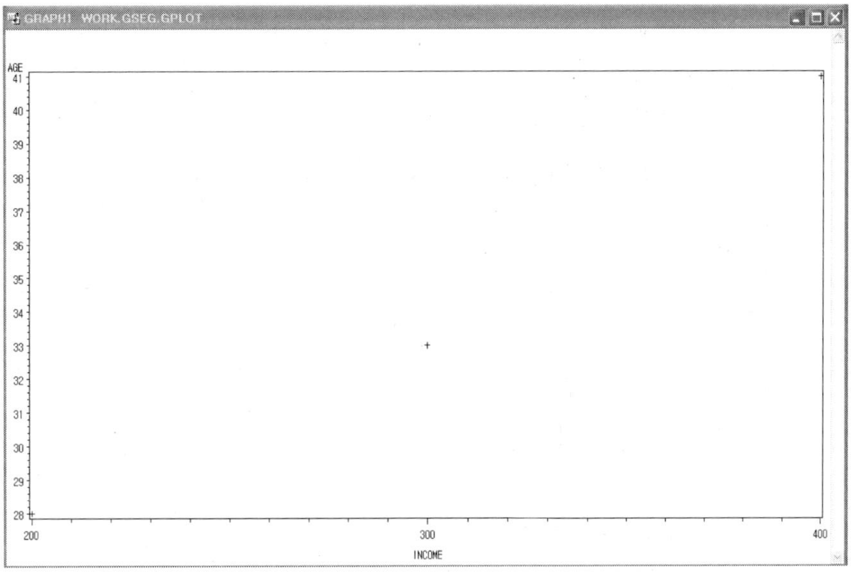

다. SAS에서 메뉴를 이용한 통계분석

1) 주 메뉴에서 '솔루션(S)' => '분석(S)' => '데이터 분석(S)'을 선택하면 분석할 데이터 세트를 보여 주는 화면이 나타난다(SAS로 저장되어진 데이터 세트도 주 메뉴를 이용하여 통계분석을 할 경우 아래에 보이는 화면으로 데이터를 다시 불러와야 한다).

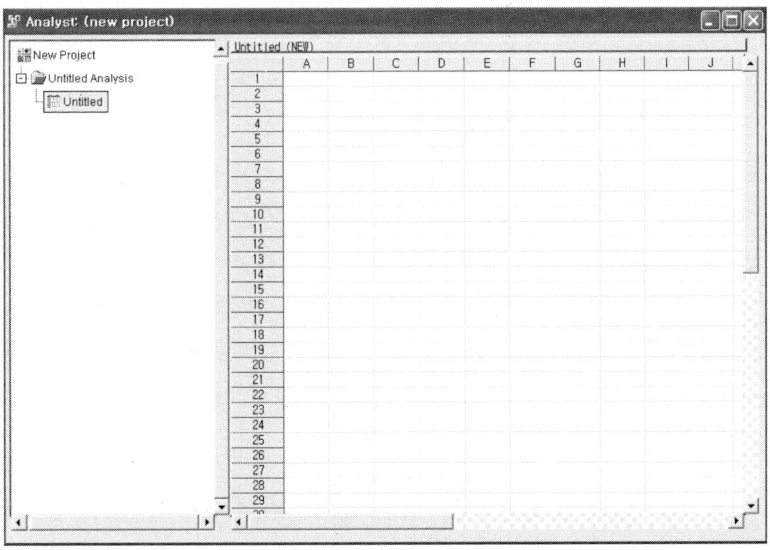

2) 이 창을 클릭하면 주 메뉴가 다음과 같이 달라진 것을 볼 수 있다.

3) SAS 내에 이미 저장되어 있는 데이터를 불러오기 위해서는 '파일(F)' => 'SAS 이름으로 열기(M)'를 클릭하면 아래 화면과 같이 라이브러리 이름이 나타난다. 원하는 라이브러리를 클릭하면 멤버 선택 화면이 나타나는데 여기서 원하는 데이터 세트를 선택한다.

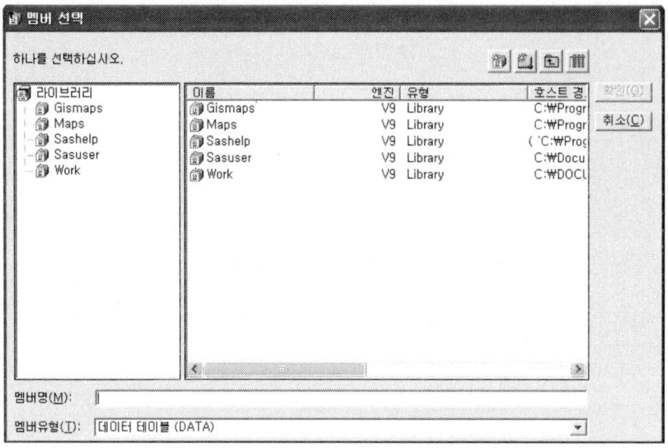

4) 데이터 세트를 불러온 후 메뉴에서 '통계량(S)'을 선택하면 아래와 같은 부메뉴가 나타나는데, 여기서 원하는 통계분석을 선택한다.

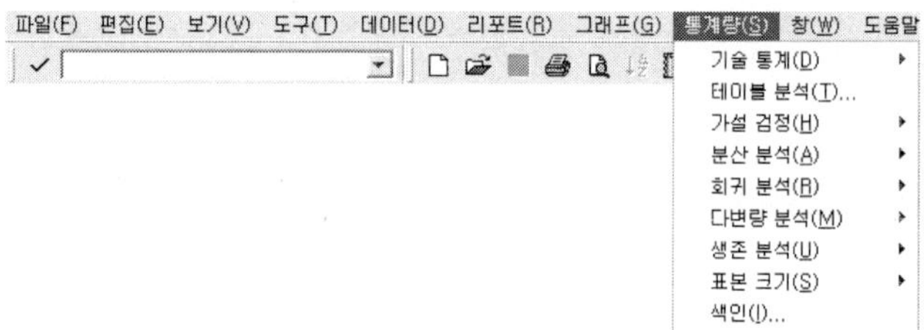

라. SAS의 라이브러리 생성

SAS에서 라이브러리(library)는 작업을 위한 폴더(folder)를 의미하는데, 이 폴더 안에는 기본적으로 Sasuser, Sashelp, Work라는 하위 라이브러리를 포함하고 있다. 이 중에서 Work 라이브러리는 데이터를 불러왔을 때 임시로 저장하였다가 SAS가 종료될 때 삭제된다. 그러므로 다시 SAS를 실행시켰을 때 이전에 사용했던 데이터 세트를 사용하려면 라이브러리 안에 특정 하위 라이브러리를 만들어 저장하여야 하는데 생성방법은 다음과 같다.

1) SAS를 실행한 후 메뉴 밑의 아래와 같은 '새로운 라이브러리' 생성 아이콘을 클릭한다.

2) '새로운 라이브러리' 창에서 라이브러리 이름 'MY'를 입력하고, '찾아보기(R)' 버튼을 클릭하여 이 폴더의 데이터 세트가 저장될 경로를 지정한 후 '확인' 버튼을 클릭한다. '시작할 때 자동 할당' 체크 박스 옵션은 사용자의 필요에 따라 선택할 수 있다.

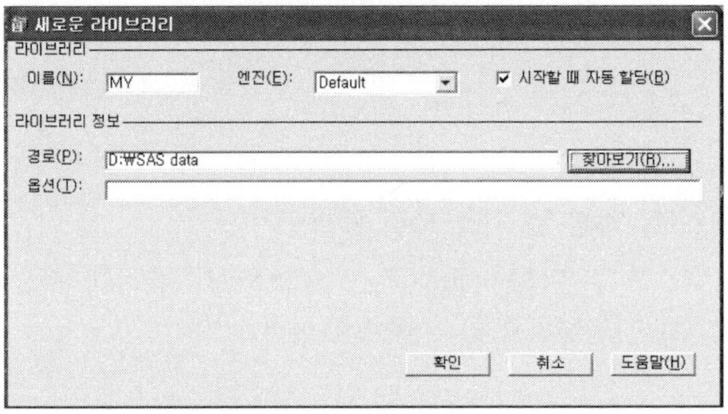

3) 화면 왼쪽에 위치한 탐색기에 있는 '라이브러리' 아이콘을 클릭한다.

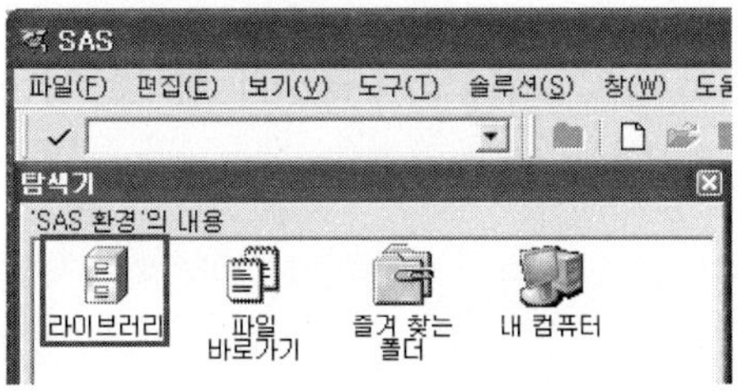

4) 다음과 같이 활성 라이브러리에 'MY'라는 새로운 라이브러리가 생성됨을 볼 수 있다. 즉, '라이브러리' 폴더 안에 하위 폴더 'MY'가 생성되었다.

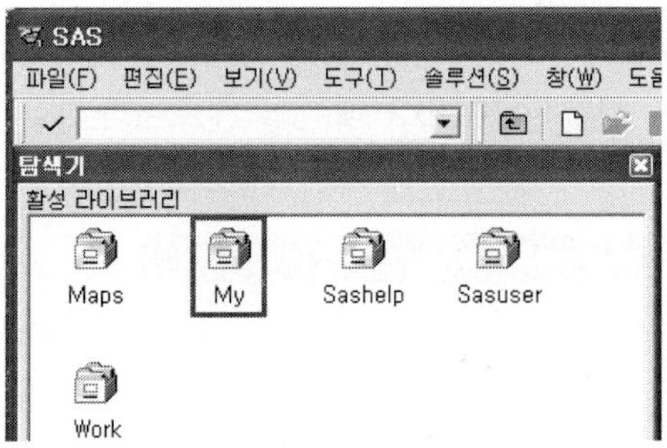

5) 생성된 'MY' 폴더 안에 EX라는 데이터 세트를 만들기 위한 DATA 명령문은 다음과 같다. 이 명령어를 실행한 후 'MY' 폴더를 더블클릭하면 EX라는 데이터 세트가 생성되었음을 확인할 수 있다.

```
DATA MY.EX;
      INPUT NAME $ AGE INCOME @@;
      CARDS;
      Kim      28     200
      Lee      33     300
      Park     41     400
;
RUN;
```

마. SAS에서 텍스트, 엑셀 및 기타 파일 불러오기

아래와 같은 텍스트 파일 sample.txt가 C:₩SASwork 폴더에 저장되어 있다고 하자. 변수와 변수 사이는 공란으로 구분되어 있다.

```
Kim      28     200
Lee      33     300
Park     41     400
```

이 파일을 SAS의 라이브러리 MY 폴더에 EX3 데이터 세트로 불러오는 명령어는 INFILE과 INPUT을 사용한다.

```
DATA MY.EX3;
      * 변수와 변수 사이는 공란으로 구분;
      INFILE 'C:₩SASwork₩sample.txt' ;
      * 문자형 변수 뒤에 $표시를 한다 ;
      INPUT Name$ Age Income @@;
RUN;
```

아래 화면의 좌측은 My 라이브러리에 Ex3라는 데이터 세트가 만들어진 것을 보여 주고 있다. 오른쪽 화면은 생성된 My.Ex3 데이터 세트이다.

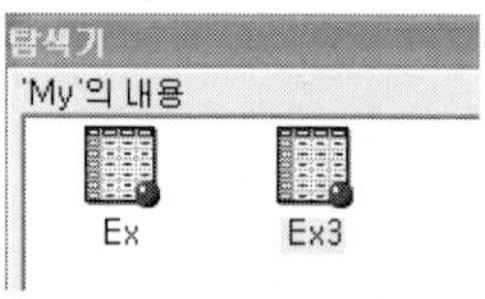

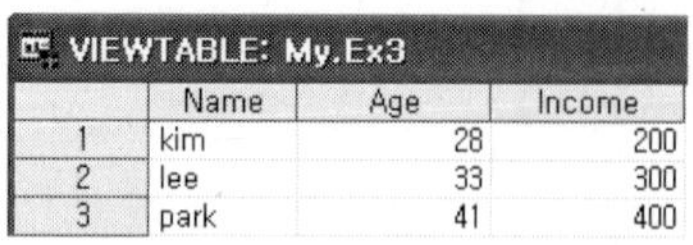
VIEWTABLE: My.Ex3

	Name	Age	Income
1	kim	28	200
2	lee	33	300
3	park	41	400

데이터의 양이 많을 경우 엑셀을 이용하면 데이터의 입력이 편리할 수 있다. 엑셀 97-2003 문서형태로 만든 파일은 SAS에서 불러올 수 있다. 이 밖에도 Microsoft Access 파일, 텍스트 파일도 유사한 방법으로 SAS에 불러올 수 있다. 다음과 같은 엑셀 파일 EX2.xls가 C:₩SASwork 폴더에 저장되어 있다고 하자. 이 파일을 SAS로 불러오는 방법은 다음과 같다.

	A	B	C	D
1	NAME	AGE	INCOME	
2	Kim	28	200	
3	Lee	33	300	
4	Park	41	400	
5				

1) 주메뉴에서 '파일(F)'의 '데이터 가져오기(I)'를 선택하면 'Import Wizard'라는 아래와 같은 화면이 나타난다. 'Standard data source'에서 기본으로 엑셀('Microsoft Excel 97, 2000 or 2002 Workbook')이 선택되어 있기 때문에 'Next >' 버튼을 클릭한다. 만약 텍스트 파일이면 변수 구분자에 따른 'Comma Separated Value(*.csv)' 또는 'Tab Delimited File(*.txt)' 등을 선택한 후 'Next >' 버튼을 클릭한다.

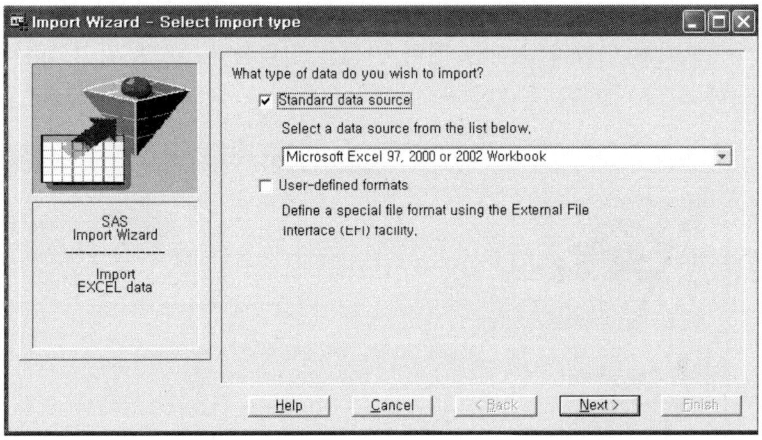

2) 'Connect to MS Excel' 화면이 나타나면 'Browse' 버튼을 클릭하여 C:₩SASwork ₩EX2.xls 파일을 선택하고 'OK'를 클릭한다(SAS 영문판에서는 폴더명 및 파일명이 한글이 들어갈 경우 불러올 수 없음).

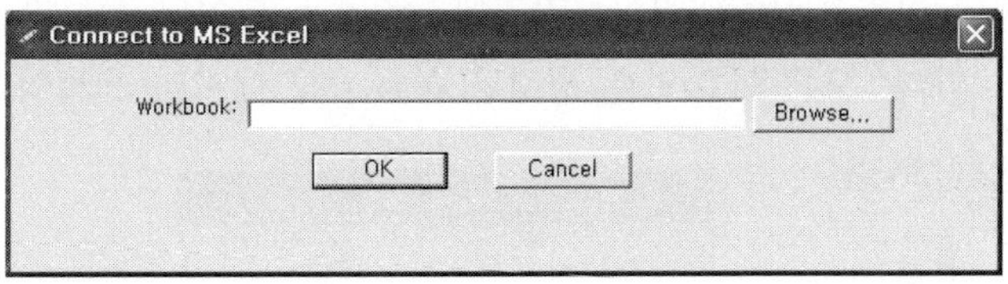

3) 'Import Wizard - Select Table' 화면이 나타나면 엑셀 파일의 여러 개의 Sheet 중에서 불러올 Sheet를 선택한다. 'Option'을 클릭하면 'Use data in the first row as SAS variable names'가 기본으로 체크되어 있는데, 데이터 파일의 첫 행을 SAS의 변수 명으로 선택할 것인지 묻는 것이다. EX2.xls 파일에서는 첫 행이 변수명이므로 'OK'를 누른 후 'Next >' 버튼을 클릭한다.

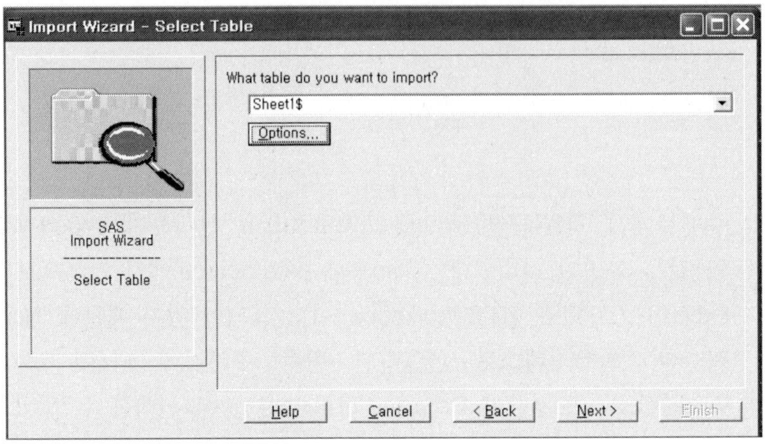

4) 'Import Wizard - Select library and member' 화면이 나타나면 파일을 저장할 라이브러리 이름과 원하는 멤버 이름을 입력한다. Work 라이브러리에 Ex2를 선택한 후 'Finish'를 클릭한다.

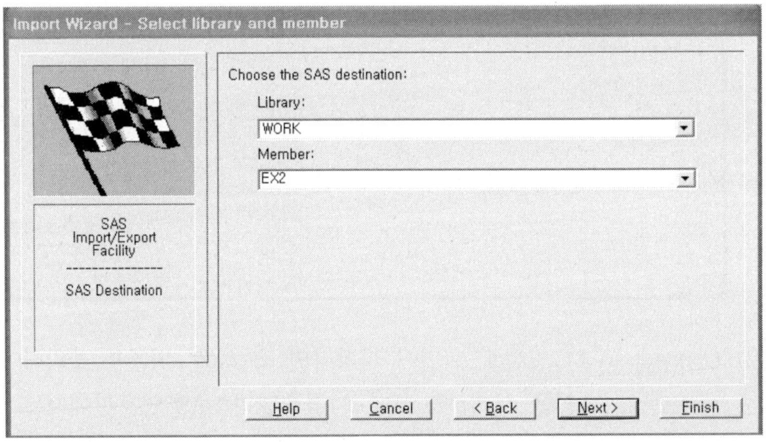

5) 아래 화면의 좌측은 Work 라이브러리에 Ex2라는 데이터 세트가 만들어진 것을 보여 주고 있다. 오른쪽 화면은 생성된 Work.Ex2 데이터 세트이다.

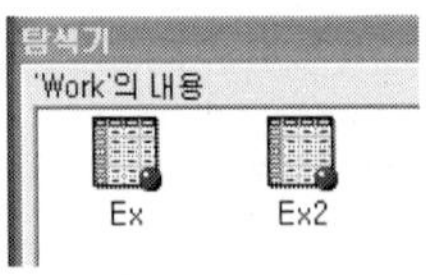

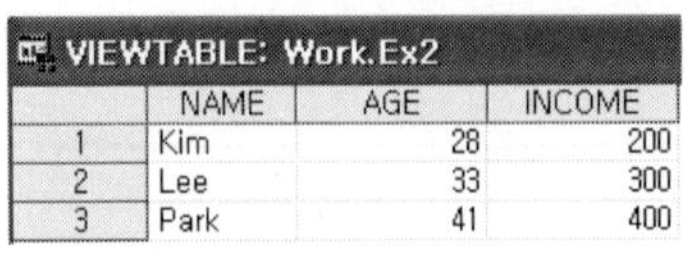

바. SAS에서 엑셀 또는 텍스트 파일로 내보내기

SAS의 데이터 세트를 엑셀로 저장하면 데이터를 확인하거나 변환 등을 쉽게 할 수 있는데 다음과 같이 진행하면 된다.

1) 주 메뉴에서 '파일(F)'의 '데이터 내보내기(R)'를 선택하면 아래와 같은 'Export Wizard' 화면이 나타난다. 여기서 엑셀 파일로 내보내고 싶은 데이터 세트가 저장되어 있는 라이브러리와 데이터 세트를 선택한 후 'Next >'버튼을 클릭한다. 라이브러리에 저장되어 있는 모든 데이터 세트는 '▼'를 통해 확인할 수 있다.

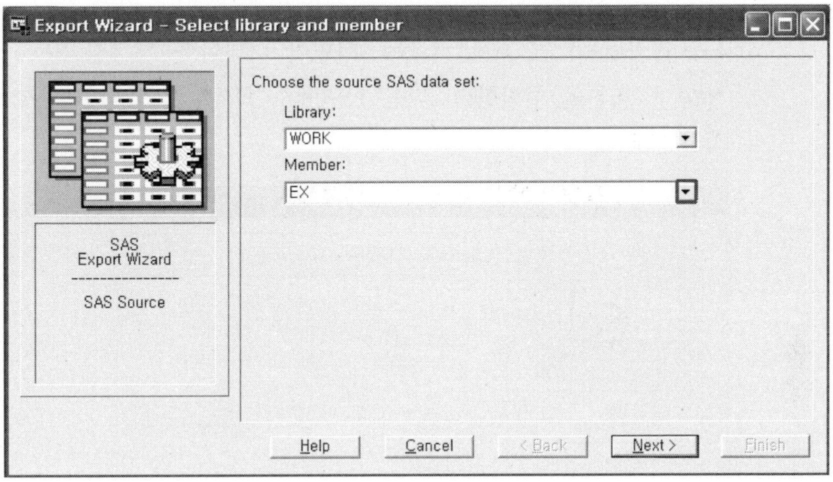

2) 'Export Wizard - Select export type' 화면이 나타나면 기본으로 엑셀이 선택되어 있기 때문에 'Next >' 버튼을 클릭한다. 만약 텍스트파일이면 *.txt를 선택한다.

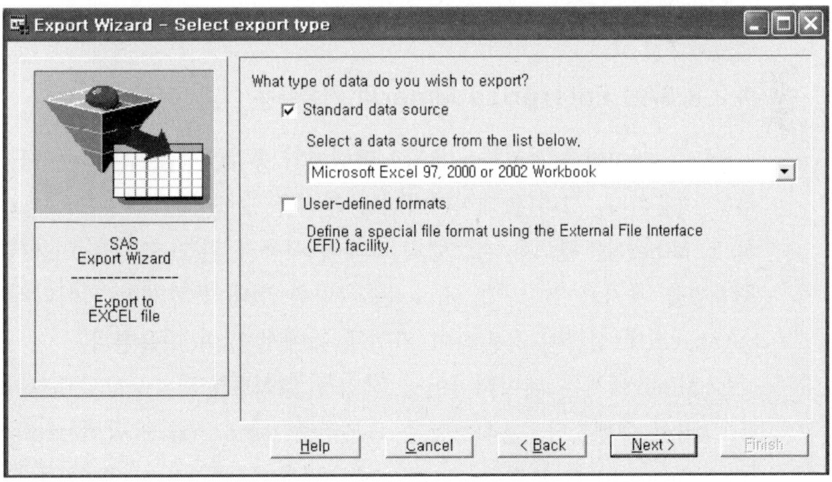

3) 아래 화면이 나타나면 'Browse' 버튼을 클릭하여 저장할 폴더와 엑셀파일 명을 입력한 후 'OK'를 클릭한다.

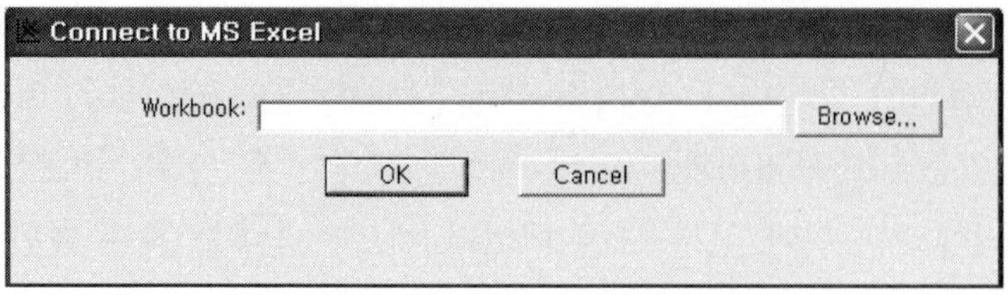

4) 'Export Wizard - Select Table' 화면이 나타나면 저장할 Sheet명을 입력하고 'Next >' 버튼을 클릭한다. 다음 화면에서 'Finish'를 클릭하면 자동으로 Sheet에 저장된다.

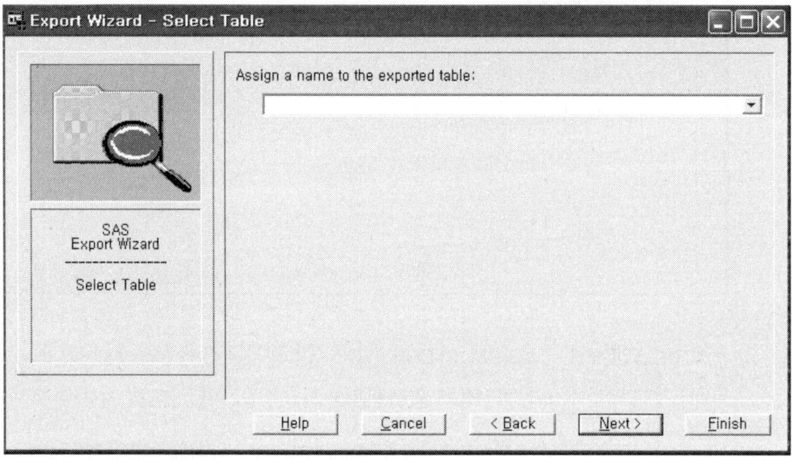

A.2.3 SAS Enterprise Miner의 기본운용

SAS는 데이터를 관리하는 DATA 명령어와 통계분석을 수행하는 PROC 명령어를 대부분 이용한다. 그러나 데이터마이닝 분석을 수행하는 SAS Enterprise Miner(간단히 E-Miner)는 윈도우 시스템의 그래픽 사용자 환경(GUI)을 이용하는 독창적인 운용방법을 가지고 있다. E-Miner는 다양한 형태의 관계형 데이터베이스(relational database)에 접근이 용이하여 기업체 등에서 많이 이용한다.

E-Miner에서는 데이터마이닝 작업을 **분석흐름도**(process flow diagram, PFD)를 그려서 수행한다. 분석흐름은 표본추출(sampling) - 탐색(exploration) - 변환(modification) - 모형(modelling) - 평가(assessment)의 다섯 단계의 과정으로 첫 글자를 따서 SEMMA라고 부른다. E-Miner에서는 이와 같은 일련의 작업을 **프로젝트**(project)라고 부른다

- **표본추출(sampling)** - 전체 데이터의 일부를 적절하게 추출하여 훈련용과 시험용 데이터로 분할하여 모형화할 때 필요한 작업이다. 단순확률추출법을 포함한 여러 가지 표본추출 방법을 제공한다.

- **탐색**(exploration) – 데이터의 전반적인 탐색을 위하여 그림을 그리거나 통계량 등을 계산하는 작업이다. 결측값이나 극단값이 있는지 살펴본다.
- **변환**(modification) – 탐색 단계에서의 관찰을 근거로 모형화를 위한 데이터 변환, 그룹화 등의 작업을 한다.
- **모형**(modelling) – 분석목적에 맞는 데이터 모형을 찾는 작업이다.
- **평가**(assessment) – 모형의 신뢰성 및 타당성을 평가하는 작업이다.

가. E-Miner의 시작과 프로젝트의 생성

1) SAS의 주메뉴에서 아래와 같이 '솔루션(S)' => '분석(S)' => 'Enterprise Miner(E)'를 선택한다.

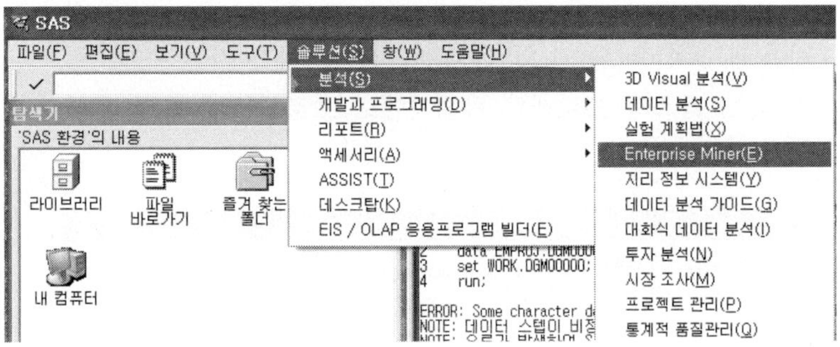

2) SAS의 주메뉴가 바뀌면서 'SAS Enterprise Miner' 라는 초기 화면이 다음과 같이 나타난다. 이 창의 윗부분은 E-Miner의 **툴바**(tools bar)로서 자주 사용되는 노드(node)들이 있다. 좌측은 **프로젝트 탐색기**로서 'Diagrams', 'Tools', 'Reports' 탭으로 이루어져 있으며, 프로젝트와 분석흐름도를 관리한다. 우측의 빈 공간은 프로젝트의 분석흐름도를 그리는 **작업영역**이다. 창의 아래 부분은 **상황판**으로 진행 상태나 오류를 알려 준다.

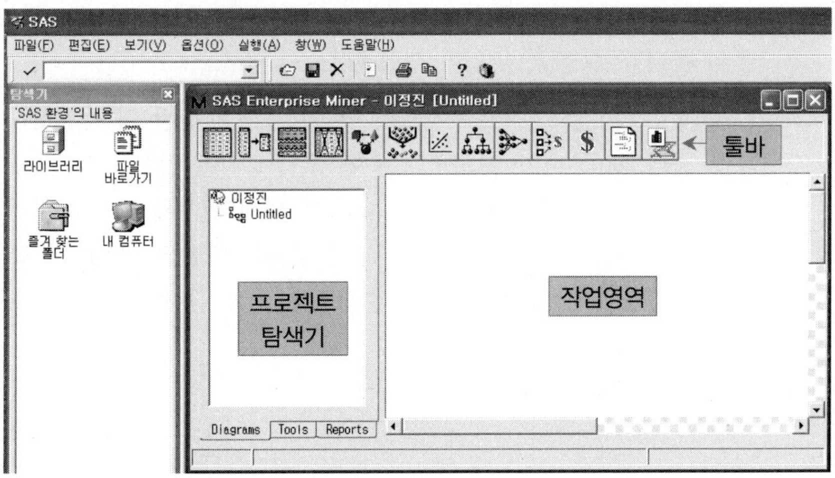

3) 주메뉴에서 '파일(F)' => '새로 만들기(N)' => '프로젝트(J)'를 선택하면 다음과 같은 'Create new project' 화면이 나타난다. 프로젝트 Name으로 Project1을 입력하고, 'Browse' 버튼을 클릭하여 저장할 Location으로 C:₩SASwork 폴더를 선택한 후 'Create' 버튼을 클릭한다.

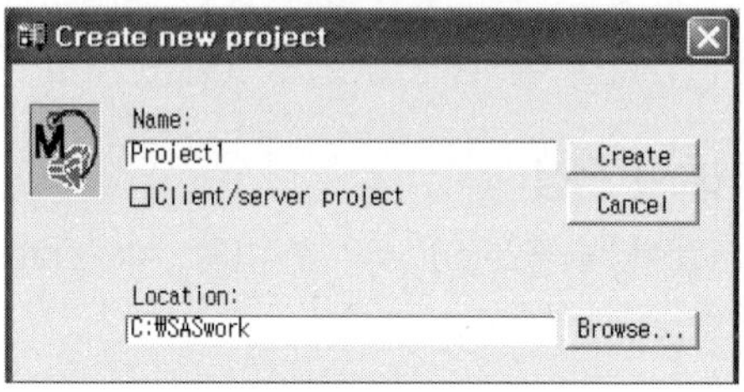

4) 다음과 같이 'Project1'의 'Untitled'라는 이름을 가진 분석흐름도의 작업영역이 생성되고, 좌측의 프로젝트 탐색기에도 프로젝트 이름과 분석흐름도 이름이 나타난다.

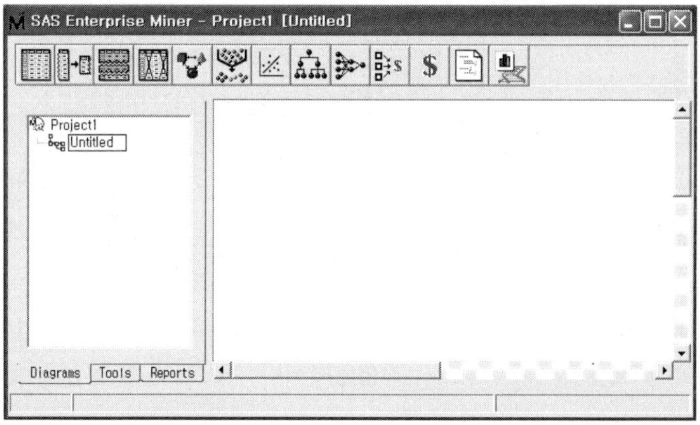

이때 프로젝트의 저장 Location으로 지정된 C:₩SASwork에는 다음과 같은 세 개의 폴더와 두 개의 파일이 생성된다.

① 폴더 [emdata] - 프로젝트와 분석흐름도 관련된 정보 저장
② 폴더 [emproj] - 프로젝트 수행 중 생성되는 임시 파일 저장
③ 폴더 [reports] - Reporters 노드에 의해 생성된 보고서 파일 저장
④ 파일 Project1.dmp - 프로젝트의 구성과 관련된 내용의 저장
⑤ 파일 Untitled.dmd - 분석흐름도의 구성과 관련된 내용의 저장

나. 분석흐름도의 작성

분석흐름도는 툴바나 프로젝트 탐색기에서 마우스로 노드를 끌어서 놓은(drag

and drop) 후, 이들을 연결하여 작성한다. 다음의 예를 가지고 분석흐름도를 작성해 보자.

1) 프로젝트 탐색기에서 분석흐름도 이름 'Untitled'에 마우스 우측 버튼을 클릭하면 다음과 같은 팝업(pop-up) 메뉴가 나타난다. 'Rename'을 선택한 후 분석흐름도 이름을 'sample'로 변경한다. 새로운 분석흐름도를 작성하려면 주메뉴에서 '파일(F)' => '새로 만들기(N)' => '다이어그램(D)'을 선택하면 된다.

2) 툴바의 제일 좌측에 있는 'Input Data Source' 노드를 마우스 좌측 버튼을 누른 상태에서 작업영역의 적당한 위치로 끌어다 놓는다.

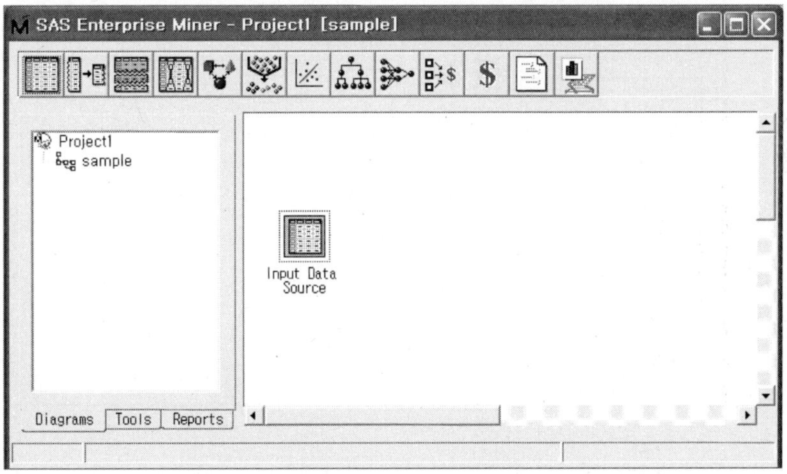

3) 프로젝트 탐색기에서 'Tools' 탭을 클릭하면 화면 좌측에 아래와 같은 메뉴가 나타나는데, 'Data Partition' 노드를 마우스로 작업영역의 적당한 위치로 끌어다 놓는다. 툴바에서 노드를 끌어올 수도 있다.

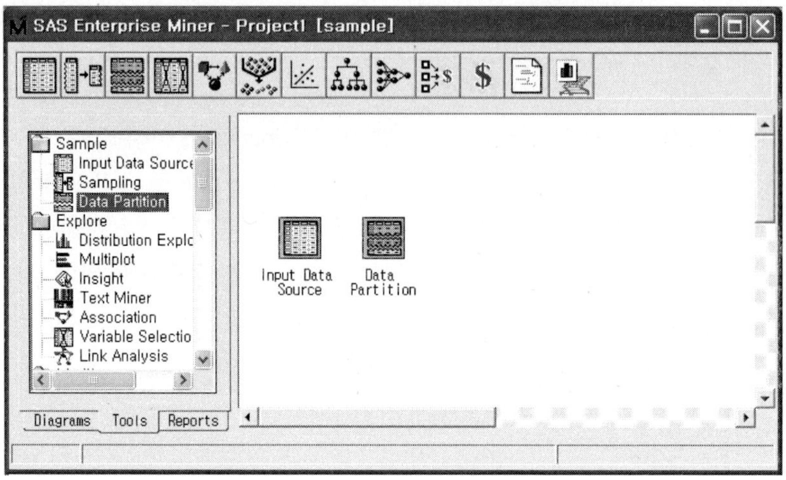

4) 마우스로 작업영역의 'Input Data Source' 노드의 우측 끝으로 커서를 이동하면 손 모양의 커서가 + 모양의 커서로 바뀐다. 이때 마우스를 클릭한 상태로 'Data Partition' 노드의 좌측 끝으로 이동한 후 마우스를 놓으면 다음과 같이 화살표로 두 노드가 연결된다.

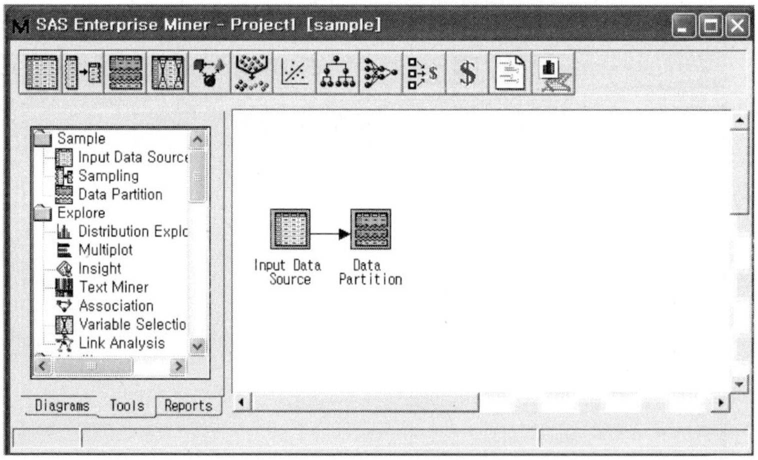

5) 예를 들어, 데이터를 회귀분석과 의사결정나무 모형으로 분석한 후 평가를 하고자 한다. 4)번과 유사한 방법으로 툴바에서 'Regression', 'Tree', 'Assessment' 노드를 마우스로 끌은 후 화살표로 연결하면 다음과 같다.

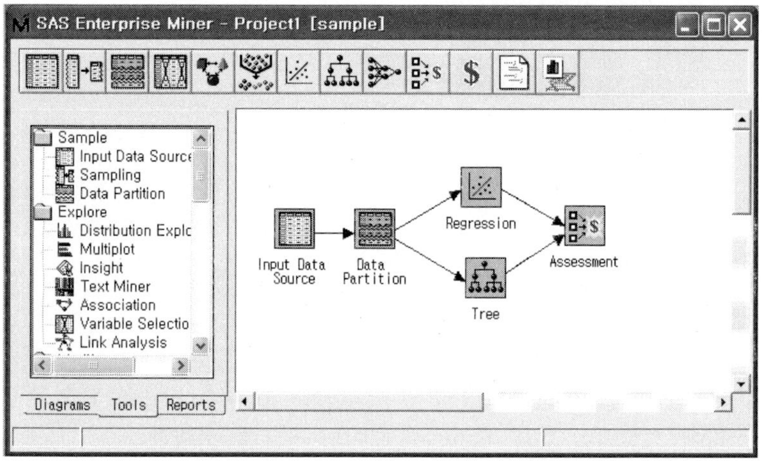

다. 데이터와 변수의 설정

분석에 사용되는 데이터 세트의 지정, 입력변수와 목표변수 및 측도의 지정을 살펴보자. 아래와 같은 20명의 id, age, income, 구매여부에 대한 텍스트 파일 Ex534sas.txt가 C:₩SASwork 폴더에 저장되어 있다고 하자. 변수와 변수 사이는 공란으로 구분되어 있다.

```
1  25  150  구매
2  34  220  비구매
3  27  210  비구매
...
```

이 파일을 SAS의 라이브러리 MY 폴더에 Sample 데이터 세트로 아래와 같이 INFILE과 INPUT을 사용하여 불러오자.

```
DATA My.Sample;
      * 변수와 변수 사이는 공란으로 구분;
      INFILE 'C:₩SASwork₩Ex534sas.txt';
      * 문자형 변수 뒤에 $표시를 한다;
      INPUT Id Age Income Purchase $ @@;
RUN;
```

My.Sample 데이터 세트를 이용하여 변수의 설정을 알아보자.

1) 분석흐름도에서 'Input Data Source' 노드에 마우스 우측 버튼을 클릭하고 팝업 메뉴에서 'Open'을 선택한다.

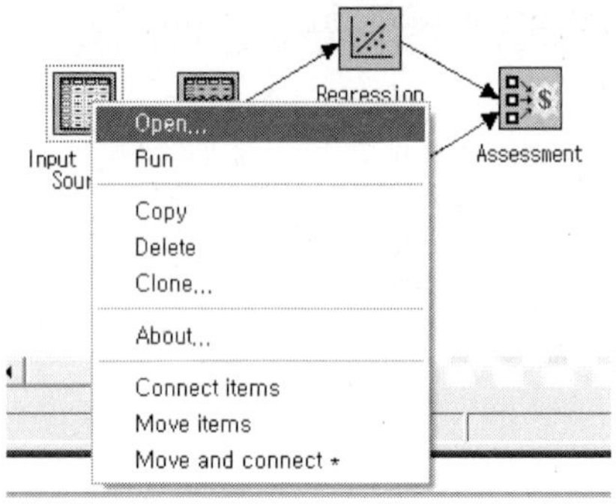

2) 아래와 같은 'Data' 탭의 창이 나타나면 'Select' 버튼을 클릭하여 'My' 라이브러리에 저장되어 있는 'Sample' 데이터 세트를 선택한다.

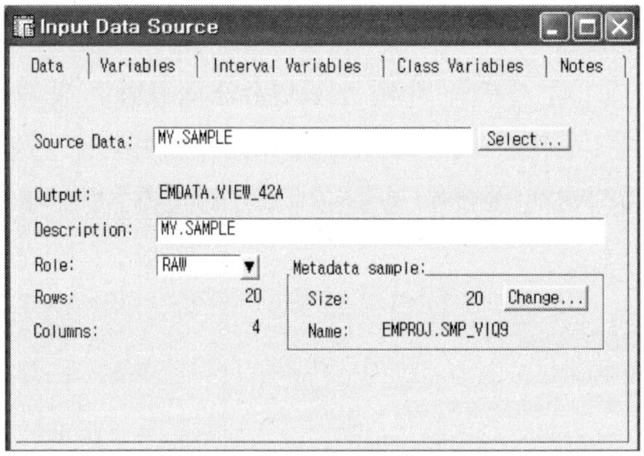

3) 'Input Data Source'의 창에서 'Variable' 탭을 클릭하면 E-Miner가 스스로 검사한 각 변수의 초기 속성이 아래와 같이 나타난다. 변수의 초기 속성은 분석의 목적과 반드시 일치하는 것은 아니므로, 분석자가 각 변수의 속성을 적절히 변경해 주어야 한다.

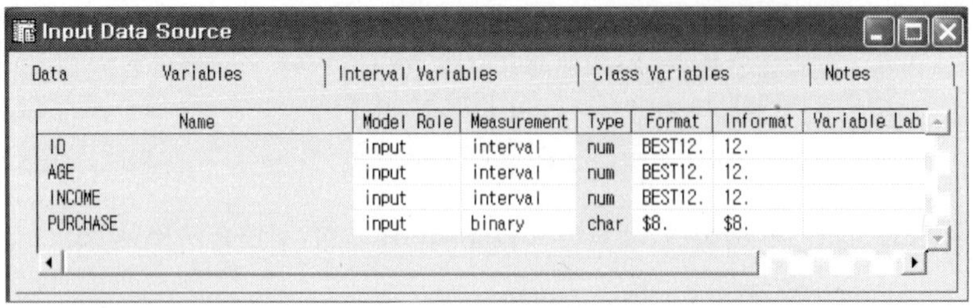

4) 변수 'PURCHASE' 행의 'Model Role' 열에 마우스 우측 버튼을 클릭하여 아래와 같은 팝업 메뉴가 나타나면 'Set Model Role'을 선택한다.

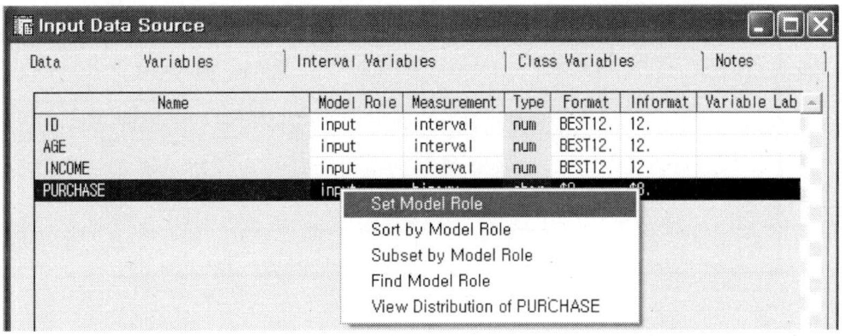

이어서 아래와 같은 변수역할 선택 메뉴가 나타나면 목표변수를 의미하는 'target'을 선택한다.

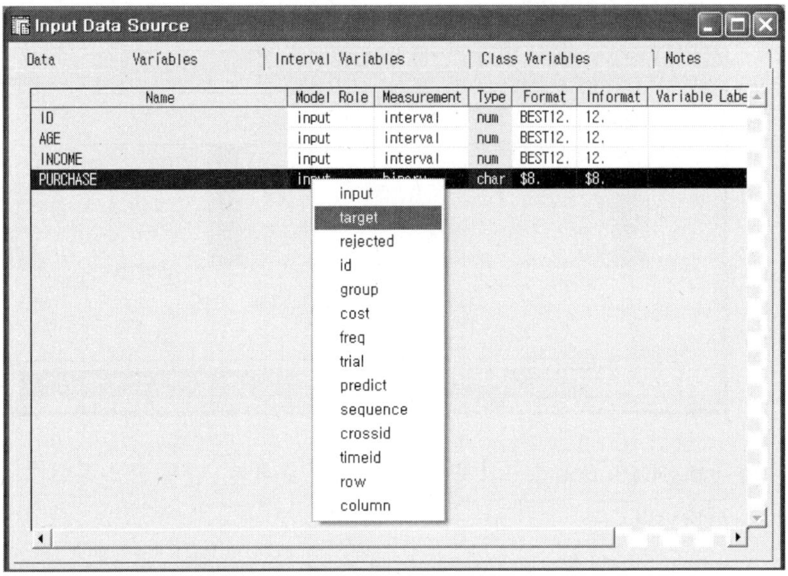

5) 변수 'ID'는 위와 같은 방법으로 'Set Model Role'에서 분석에 사용하지 않는 변수를 의미하는 'Rejected'를 선택한다.

6) 필요한 경우 각 변수의 'Measurement'를 마우스 우측 버튼을 클릭하여 'Set Measurement' 팝업 메뉴에서 'binary', 'interval', 'nominal', 'ordinal'을 선택할 수 있다.

7) 'Input Data Source'의 창에서 'Interval Variable' 탭을 클릭하면 다음과 같이 각 변수들의 기초 통계량을 볼 수 있다.

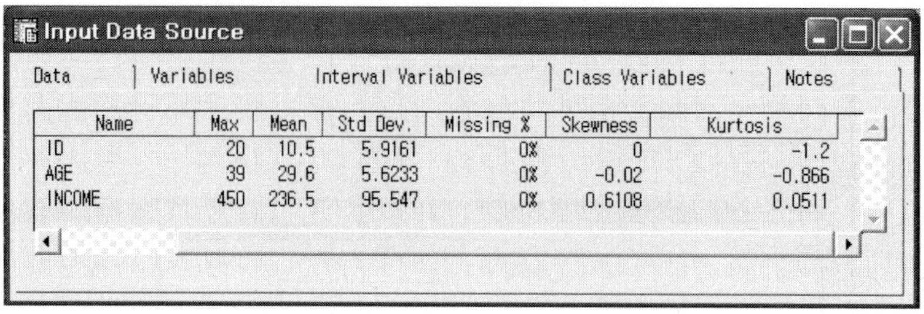

Name	Max	Mean	Std Dev.	Missing %	Skewness	Kurtosis
ID	20	10.5	5.9161	0%	0	-1.2
AGE	39	29.6	5.6233	0%	-0.02	-0.866
INCOME	450	236.5	95.547	0%	0.6108	0.0511

위 창에서 변수 'AGE'에 마우스 우측 버튼을 클릭한 후 'View Distribution of AGE'를 선택하면 'AGE' 변수의 막대그림을 아래와 같이 관찰할 수 있다. 막대 위의 마우스 우측 버튼을 클릭한 후 '보기' => '빈도 테이블'을 선택하면 각 막대의 빈도수도 알 수 있다.

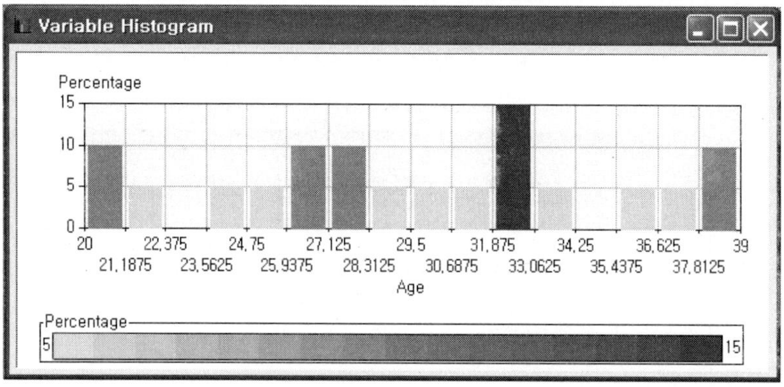

8) 'Input Data Source'의 창에서 'Class Variable' 탭을 클릭하면 다음과 같은 창이 나타난다.

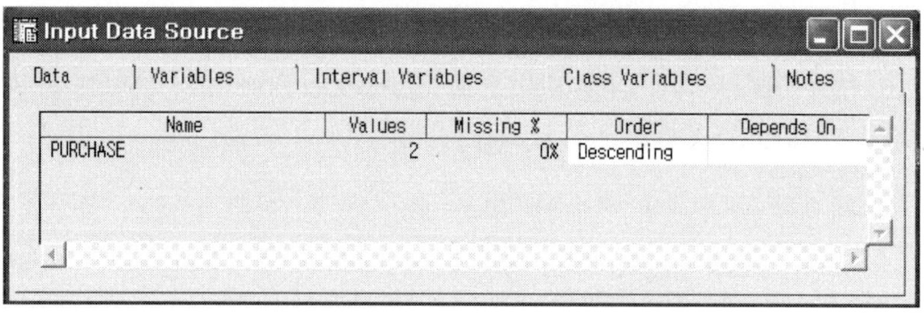

Name	Values	Missing %	Order	Depends On
PURCHASE	2	0%	Descending	

이 창에서 변수 'PURCHASE'에 마우스 우측 버튼을 클릭한 후 'View Distribution of PURCHASE'를 선택하면 'PURCHASE' 변수의 막대그림을 아래와 같이 관찰할 수 있다.

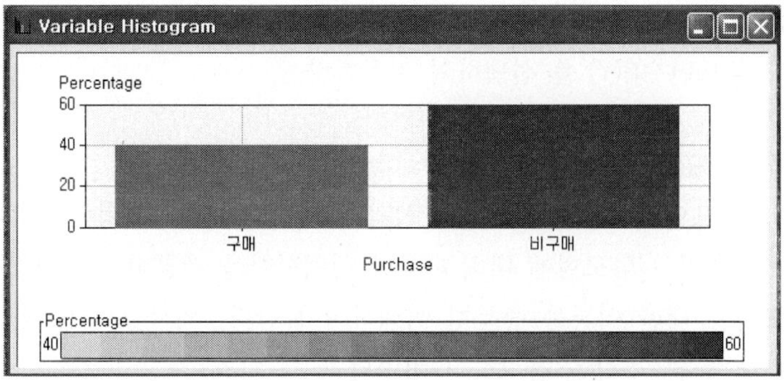

9) 'Input Data Source'의 창을 화면 우측 상단의 ☒ 버튼을 클릭하여 닫는다. 이때 저장여부를 물으면 '예(Y)'를 선택하여 저장한다.

라. 데이터의 분할

데이터마이닝 모형의 타당성을 평가하기 위해 많이 사용되는 방법은 데이터를 훈련용(training), 검증용(validation), 시험용(testing)으로 분할한 후, 훈련용 데이터의 모형을 수립하고, 검증용 또는 시험용 데이터를 이용하여 평가하는 것이다. 데이터를 분할하는 자세한 방법은 5.1.4절을 참고하기 바란다. My.Sample 데이터 세트를 이용하여 데이터의 분할방법을 알아보자.

1) 분석흐름도에서 'Data Partition' 노드를 더블클릭하면 다음과 같은 창이 나타난다. 데이터의 분할비율('Percentages')은 기본으로 'Train: 40%, Validation: 30%; Test: 30%'로 설정되어 있는데, 사용자가 원하는 대로 수정할 수 있다. 이 예제에서는 'Train: 50%, Validation: 0%; Test: 50%'로 설정하자. 표본추출방법('Method')은 단순확률추출('Simple Random'), 층화추출('Stratified') 또는 사용자지정('User Defined')을 할 수 있다. 표본추출을 위한 난수발생기의 초기치('Random Seed')를 같은 값으로 하면 다음번 실험에서도 동일하게 분할된 데이터를 이용할 수 있다. 메뉴의 'Data', 'Variable' 탭은 각각 데이터와 변수에 관한 정보를 제공한다.

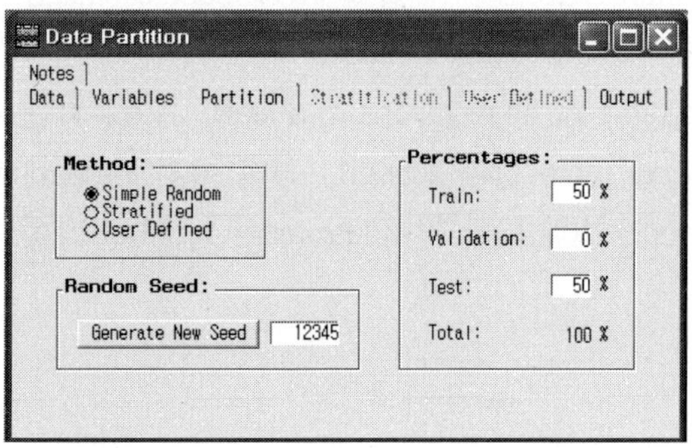

2) 'Data Partition' 창을 화면 우측 상단의 ☒ 버튼을 클릭하여 닫는다. 이때 저장여부를 물으면 '예(Y)'를 선택하여 저장한다.

마. 모형의 설정

분석흐름도에서 선택한 회귀분석과 의사결정나무 모형의 설정을 하여보자. E-Miner는 각각의 모형에 대해 다양한 선택사항을 제공하는데 적절한 선택을 위해서는 모형에 대한 이론을 충분히 이해하여야 한다. 의사결정나무와 로지스틱 회귀모형에 대해서는 5장을 참고하기 바란다.

1) 분석흐름도에서 'Regression' 노드를 더블클릭하면 회귀분석을 수행하기 위한 창이 나타나는데, 'Model Option' 탭을 선택하면 아래와 같은 창이 표시된다. 목표변수가 이진형(binary)인 이 예제에 대해 기본으로 로지스틱('Logistic') 회귀모형이 선택되었음을 보여 주고 있다. 목표변수가 구간형(interval)인 경우는 선형회귀모형('Linear')을 선택할 수 있다.

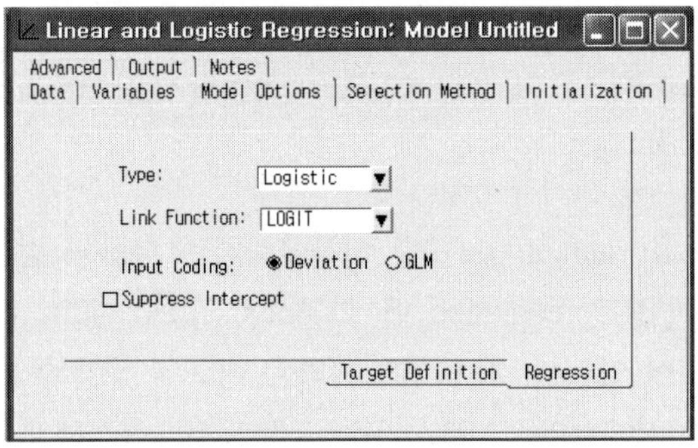

2) 모든 선택사항을 결정한 후에는 우측 상단의 ☒ 버튼을 클릭하여 닫는다. 이때 저장여부를 물으면 '예(Y)'를 선택하여 저장한다.

3) 분석흐름도에서 'Tree' 노드를 더블클릭하면 의사결정나무를 수행하기 위한 창이 나타나는데, 'Basic' 탭을 선택하면 다음과 같은 창이 나타난다. 가지치기를 위한 기준(Splitting criterion)으로 카이제곱검정(Chi-square test), 엔트로피계수(Entropy Reduction), 지니계수(Gini Reduction)를 이용할 수 있다. 잎의 최소 데이터 수(Minimum number of observations in a leaf), 가지분할을 위한 데이터 수(Observations required for a split search), 최대 가지 수(Maximum number of branches from a node), 최대 나무 깊이(Maximum depth of tree) 등을 지정할 수 있다.

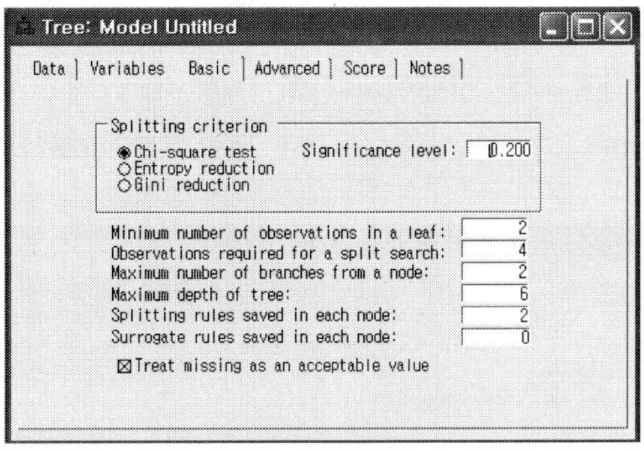

4) 모든 선택사항을 결정한 후에는 우측 상단의 ⊠ 버튼을 클릭하여 닫는다. 이때 저장여부를 물으면 '예(Y)'를 선택하여 저장한다.

바. 모형의 실행 및 평가

1) 분석흐름도의 'Assessment' 노드에 마우스 우측 버튼을 클릭하면 다음과 같은 팝업 메뉴가 나타나는데, 'Run'을 선택하면 분석흐름도 순서에 따라 각 노드들이 실행되는 것을 볼 수 있다.

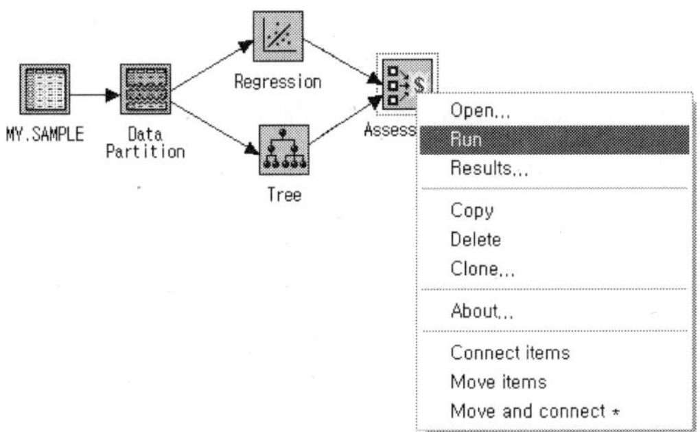

2) 분석이 성공적으로 완료되면 아래 좌측과 같은 메시지 창이 나타나는데, '예(Y)'를 선택하면 아래 우측과 같은 'Assessment Tool' 창이 나타난다.

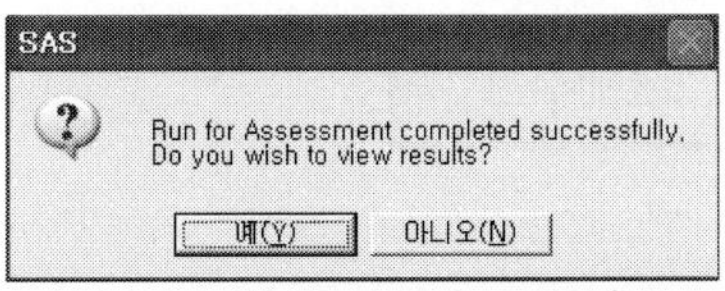

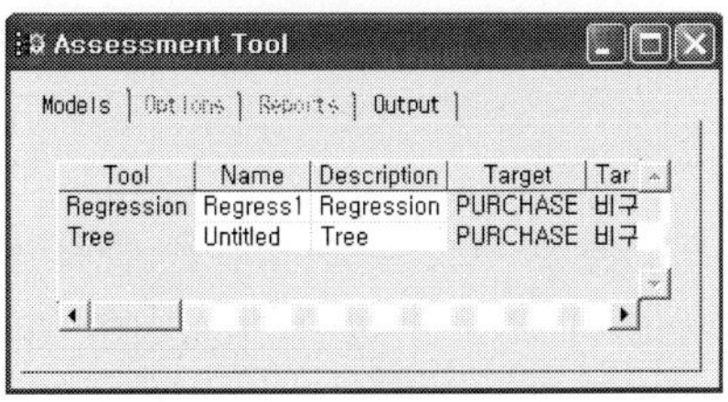

3) ‘Assessment Tool’ 창을 이용하면 여러 가지 평가용 그래프를 그릴 수 있고 모형을 비교할 수 있다. Shift 키를 누른 상태에서 창의 ‘Regression’과 ‘Tree’를 아래 그림과 같이 선택한 후, 주메뉴의 ‘도구’ => ‘리프트 그래프’를 선택한다.

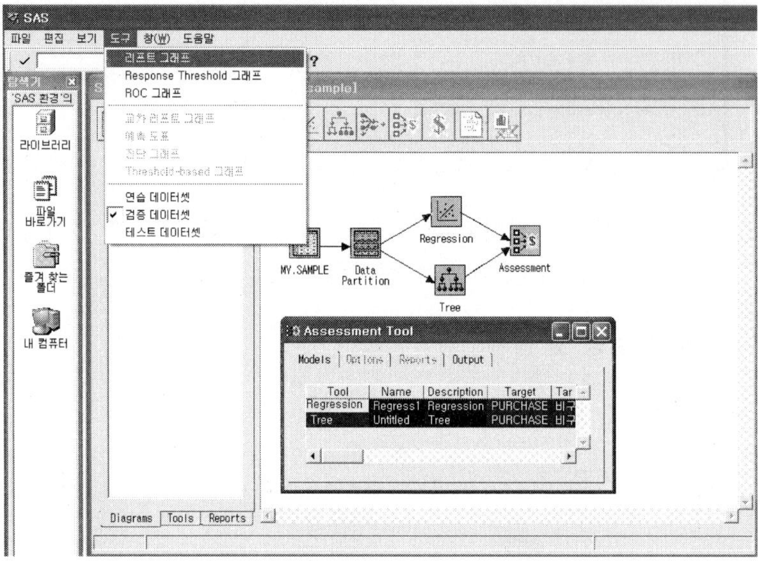

4) 아래의 Lift Chart는 시험용 데이터에 대한 그래프이다. 같은 방법으로 ‘Response Threshold 그래프’나 ‘ROC 그래프’도 그릴 수 있다.

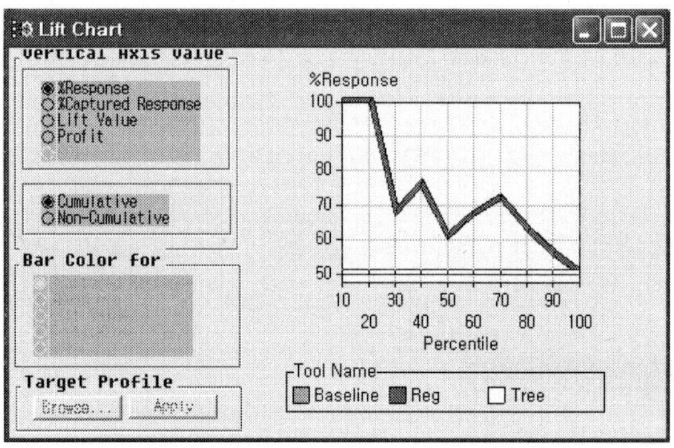

사. 모형의 결과 분석

모형의 결과를 분석하려면 ‘Assessment Tool’ 창이나 그래프 창을 닫고 분석흐름도로 돌아간다.

1) 회귀분석 결과는 ‘Regression’ 노드에 마우스 우측 버튼을 클릭한 후, 팝업 메뉴가 나타날 때 ‘Results...’를 선택하면 아래와 같은 ‘Results- Regression’ 창의 ‘Estimates’ 결과가 나타난다. 이 그림은 각 변수의 상대적 중요성을 T-scores를

가지고 표현한 것인데, 양의 계수는 빨강색으로 음의 계수는 노랑색으로 표시한다.

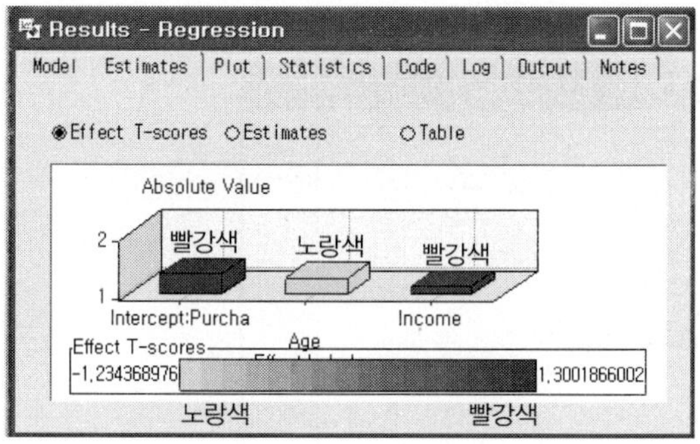

2) 위의 창에서 'Output' 탭을 클릭하면 각 변수의 추정값 및 통계량을 보여 준다.

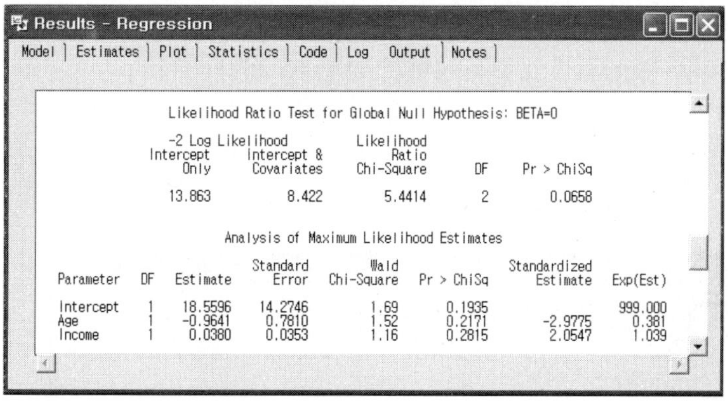

3) 의사결정나무의 결과는 'Tree' 노드에 마우스 우측 버튼을 클릭한 후, 팝업 메뉴가 나타날 때 'Results...'를 선택하면 아래와 같은 'Results-Tree' 창이 나타난다.

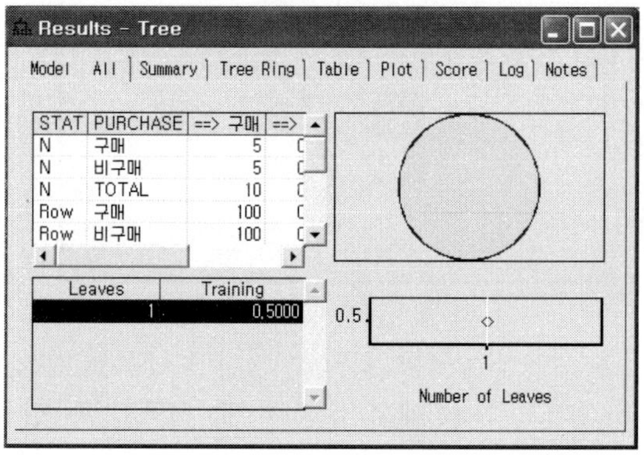

4) 의사결정나무 형태를 보기 위해 주메뉴의 '보기' => '트리(T)'를 선택하면 아래와 같은 창이 나타난다. 이 예제의 경우 데이터가 충분하지 않아 가지가 분할되지 않았다.

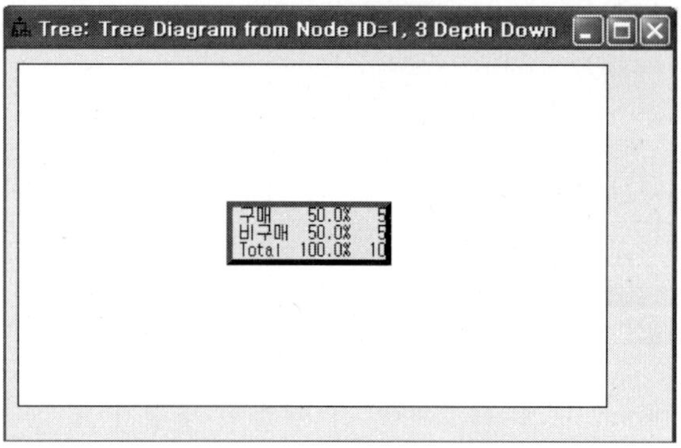

아. Score 노드

여러 모형을 평가한 후 적절한 모형이 결정되면, 이 모형으로 새로운 데이터에 대한 점수를 'Score' 노드를 이용해서 구할 수 있다.

1) 아래와 같이 분석흐름도에 'Input Data Source', 'Score', 'Insight' 노드를 추가한다.

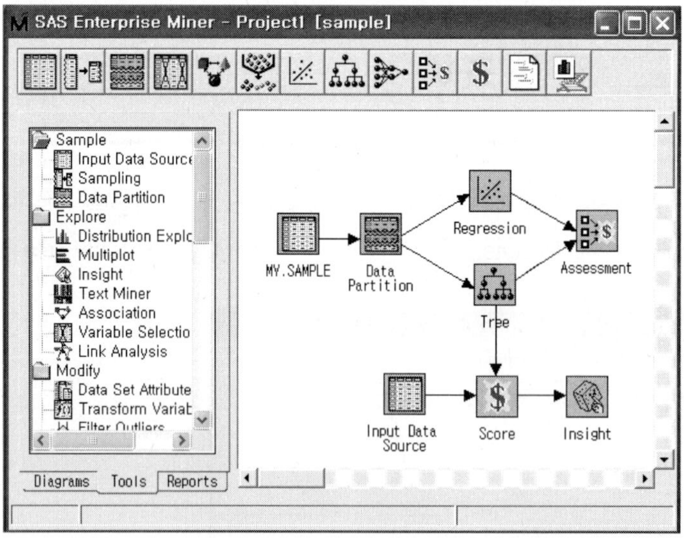

2) 'Input Data Source' 노드에 점수화를 원하는 데이터 세트를 지정한다. 여기서는 My.Sample을 다시 지정하고 'Role'에서 'SCORE'를 선택한 후 창을 닫는다. 이때 저장여부를 물으면 '예(Y)'를 선택한다.

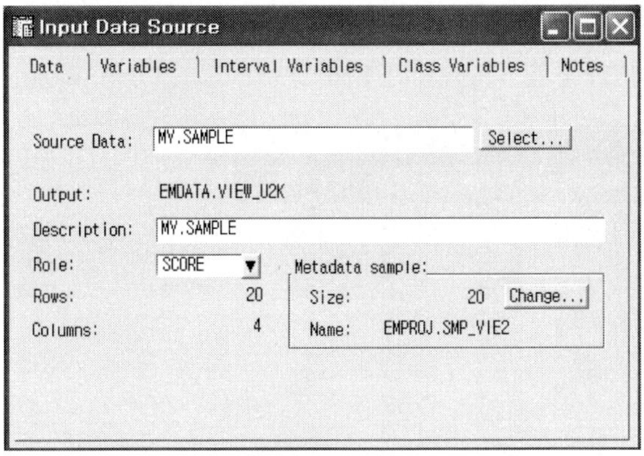

3) 'Score' 노드를 열고 'Settings' 탭을 클릭한 후 'Apply training data score code to score data set'을 아래와 같이 선택한다.

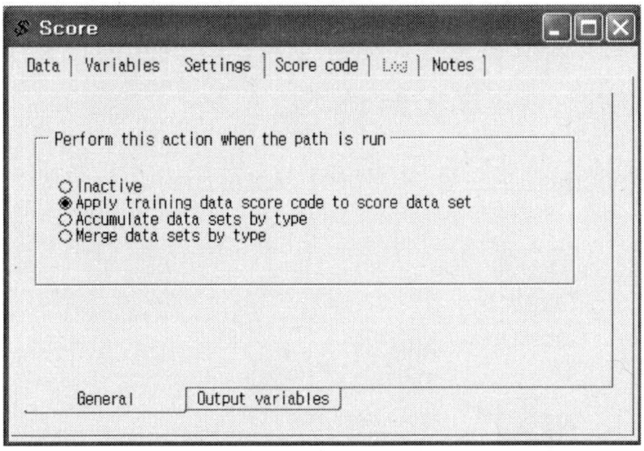

4) 'Insight' 노드를 열고 'Data' 탭에서 'Select...' 버튼을 클릭하여 'Import Map' 창이 나타나면 'Score[apply]' => 'SAS_DATA_SETS'을 클릭한다. 그림과 같이 Role이 SCORE인 데이터 세트(SD로 시작함)를 선택한 후 'OK'를 클릭하고 'Insight' 노드를 닫는다.

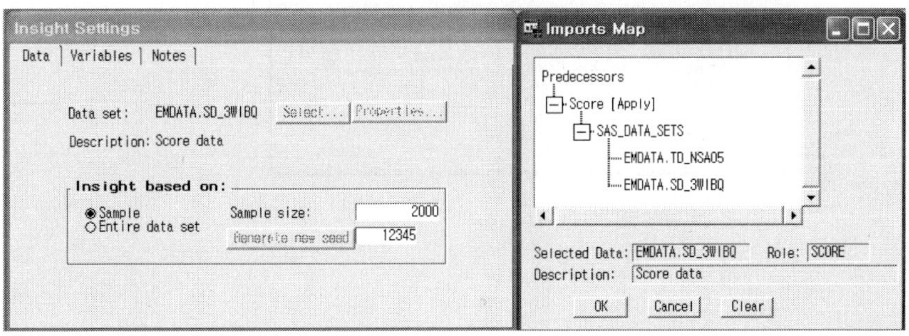

5) 분석흐름도에서 'Insight' 노드를 마우스 우측 버튼으로 클릭한 후 팝업 메뉴에서 'Run'을 선택하면 다음과 같은 창이 나타난다.

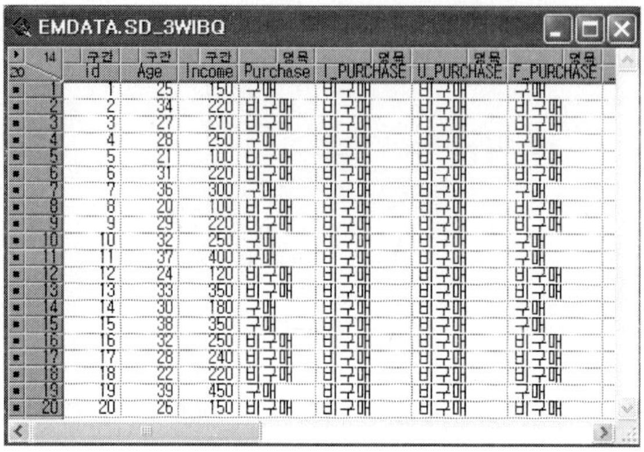

EMDATA.SD_3WIBQ

	id (구간)	Age (구간)	Income (구간)	Purchase (명목)	I_PURCHASE (명목)	U_PURCHASE (명목)	F_PURCHASE (명목)
1	1	25	150	구매	비구매	비구매	구매
2	2	34	220	비구매	비구매	비구매	비구매
3	3	27	210	비구매	비구매	비구매	비구매
4	4	28	250	구매	비구매	비구매	구매
5	5	21	100	비구매	비구매	비구매	비구매
6	6	31	220	비구매	비구매	비구매	비구매
7	7	36	300	구매	비구매	비구매	구매
8	8	20	100	비구매	비구매	비구매	비구매
9	9	29	220	비구매	비구매	비구매	비구매
10	10	32	250	구매	비구매	비구매	구매
11	11	37	400	구매	비구매	비구매	구매
12	12	24	120	비구매	비구매	비구매	비구매
13	13	33	350	비구매	비구매	비구매	비구매
14	14	30	180	구매	비구매	비구매	구매
15	15	38	350	구매	비구매	비구매	구매
16	16	32	250	비구매	비구매	비구매	비구매
17	17	28	240	비구매	비구매	비구매	비구매
18	18	22	220	비구매	비구매	비구매	비구매
19	19	39	450	구매	비구매	비구매	구매
20	20	26	150	비구매	비구매	비구매	비구매

자. Reporter 노드

데이터마이닝 프로젝트를 수행한 후에는 결과를 정리하고 보고서를 작성하는 작업이 필요한데 'Reporter' 노드를 이용해서 할 수 있다.

1) 분석흐름도에 'Reporter' 노드를 추가하여 'Assessment' 노드와 연결한다.

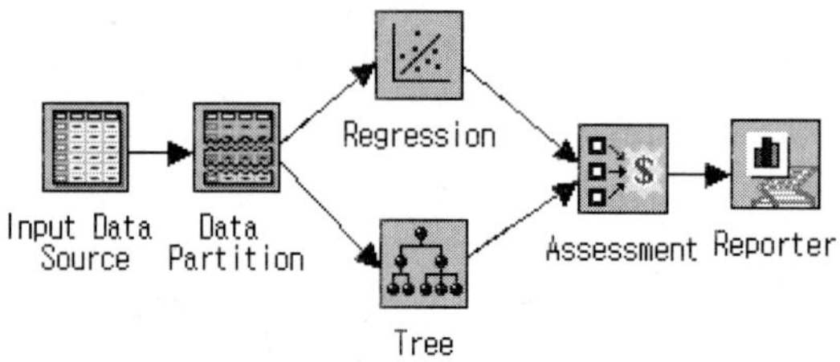

2) 'Reporter' 노드를 마우스 우측 버튼을 클릭하여 나타나는 메뉴에서 'Run'을 선택하여 실행한다. 실행이 끝난 후 다음과 같은 'Message' 창이 나타나면 'Open...'을 클릭하면 HTML 보고서가 나타난다.

A.3 MS-SQL 설치 및 기본운용

MS-SQL은 마이크로소프트(Microsoft)사에서 개발한 데이터베이스 관리시스템으로 기업이나 기관 등에서 많이 사용되고 있다. 이 책의 3장에서 간단한 SQL문을 소개하였는데 이 절에서는 SQL문의 실습을 위한 MS-SQL의 설치 및 기본운용을 소개한다.

A.3.1 MS-SQL의 설치

MS-SQL은 무료로 평가판을 이용할 수 있는데, 다운로드를 위해서는 MSN의 login id를 필요로 하는데, 없을 경우 먼저 만들어야 한다.

1) http://www.microsoft.com/express/Database/InstallOptions.aspx 사이트를 통하여 접속한다. 'Database with Management Tools' 아래의 '32-bit'를 다운로드 받는다. 'Database'만 받으면 'Management Tools'을 다시 다운로드 받아야 되고, 'Management Tools'만 받으면 'Database'를 추가로 받아 설치해야 하므로, 두 가지를 동시에 다운로드 할 수 있는 'Database with Management Tools'의 '32-bit' 버튼을 클릭한다.

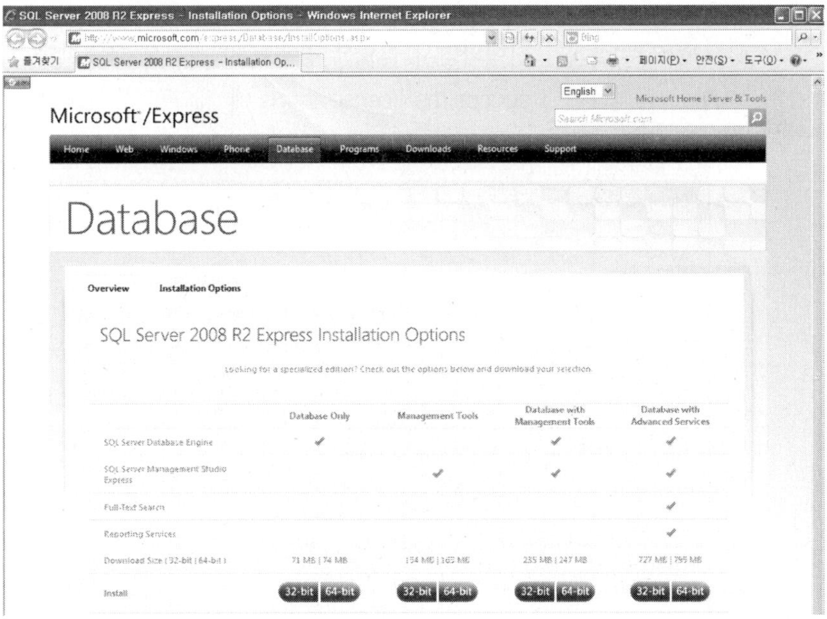

2) 언어(language) 선택화면이 나타나면 'English'를 선택한다. 그 다음 화면에서 'SQL Server 2008 R2 Express'의 평가판을 다운로드 한다(파일명 SQLEXPRWT_X86_ENU).

다운로드 때 먼저 설치를 위한 다른 파일들을 필요로 할 수 있는데, 나타나는 화면의 안내를 따른다.

3) 바탕화면에 다운로드하였다면 'SQLEXPRWT_X86_ENU'라는 아이콘이 생성이 되었을 것인데, 더블클릭하면 아래와 같은 설치를 위해 파일을 추출하는 화면이 나타난다.

4) 아래와 같은 설치 창이 나타나면 Installation 메뉴에서 'New installation or add features to an existing installation'을 클릭한다.

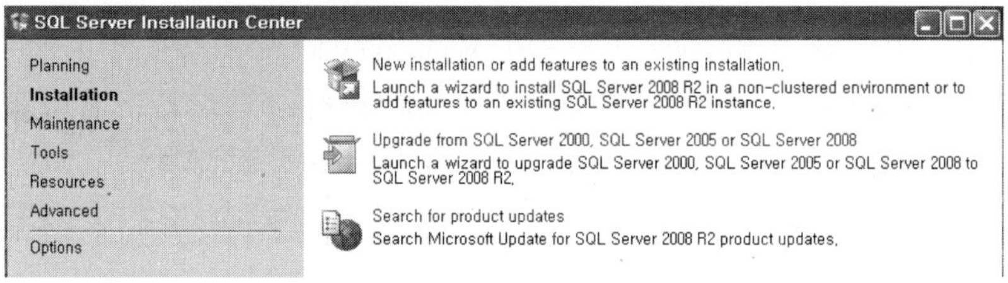

5) 자동으로 설치가 진행되면서 필요한 경우 'OK' 버튼을 클릭한다. License Terms 화면이 나타나면 'I accept the license terms'에 체크하고 'Next >' 버튼을 클릭한다.

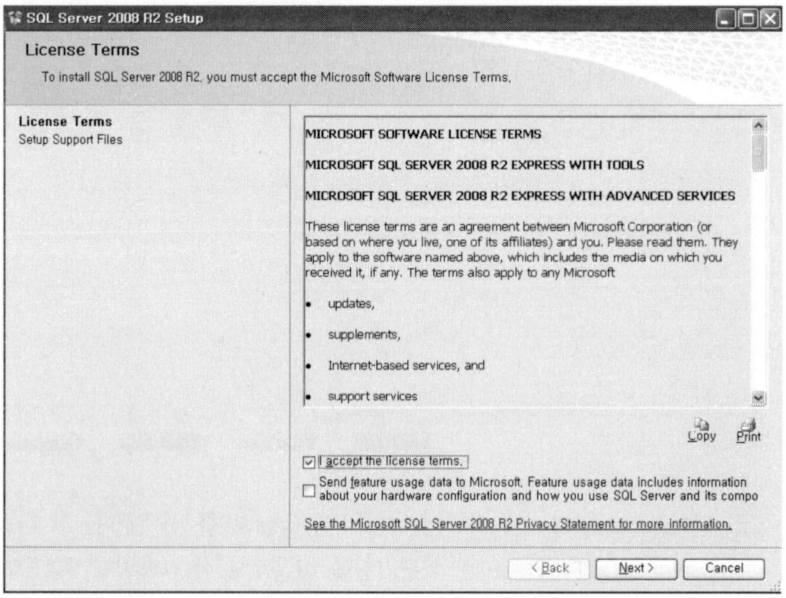

6) 이후 기본적인 설치를 계속하는 'Next >' 버튼을 클릭한다. 만일 MS-SQL 설치에 필요한 부속 소프트웨어가 있으면 다운로드하여 설치하면서 진행한다.

7) Feature Selection 화면이 나타나면, 모두 선택된 상태에서 'Next >'를 클릭한다.

8) Instance Configuration 화면이 나타나면 'Default instance' 버튼을 체크하고 'Next >'를 클릭한다.

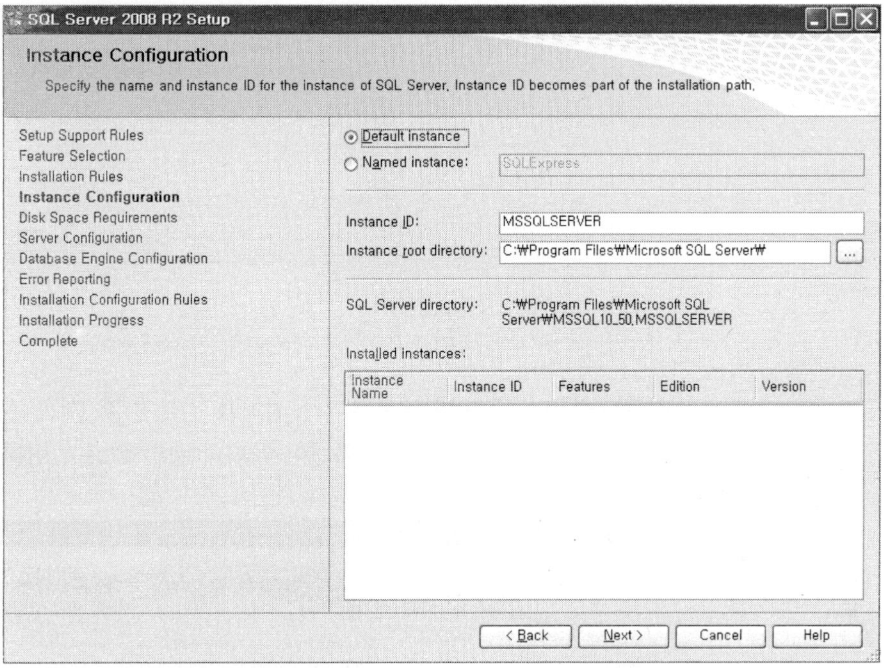

9) Server Configuration 화면에서는 'Use the same account for all SQL Server Service' 버튼을 클릭한 후 Account Name:에 'NT Authority₩System'을 선택한다. 그리고 'Next >'를 클릭한다.

10) Database Engine Configuration 화면에서는 'SQL Server administrators have unrestricted access...'가 자동으로 설정되어 있음을 확인하고, 'Next >'를 클릭한다. 만약 설정이 안 되었다면, 'Add Current User'를 클릭하여 설정한다.

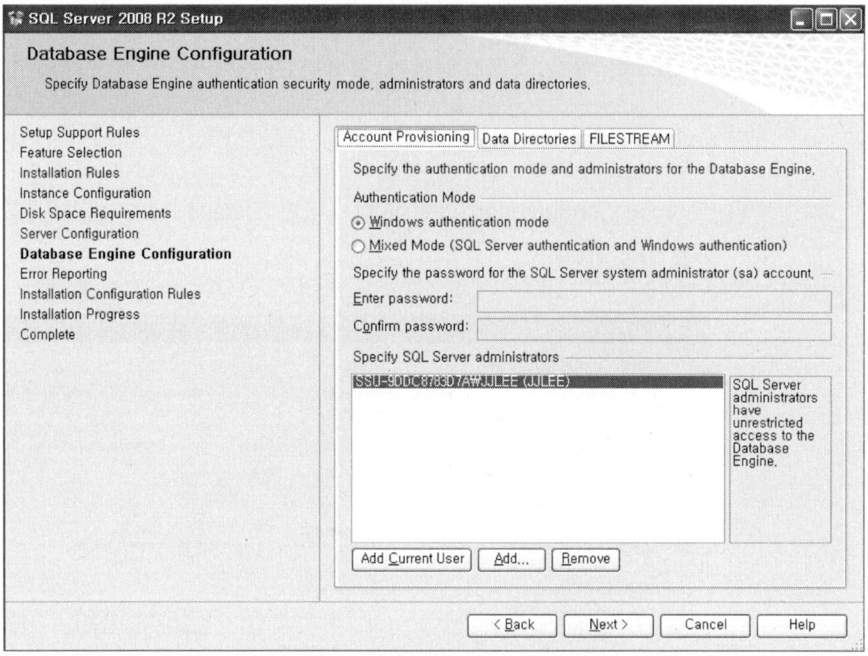

11) Error Reporting 이후 화면에서는 자동설치를 기다린 후 계속 'Next >'를 클릭한다. 성공적으로 설치되면 다음 화면이 나타나는데 'Close' 버튼을 클릭한다.

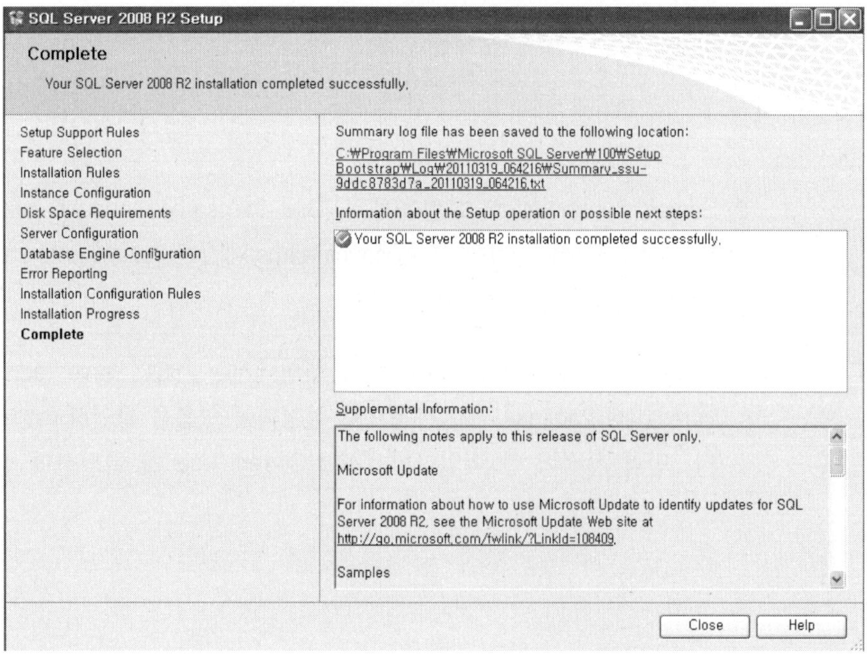

12) 윈도우스 시스템에서 '시작' -> '모든프로그램(P)' -> 'Microsoft SQL Server 2008

R2' -> 'SQL Server Management Studio'를 선택하면 다음과 같은 초기화면을 확인할 수 있다.

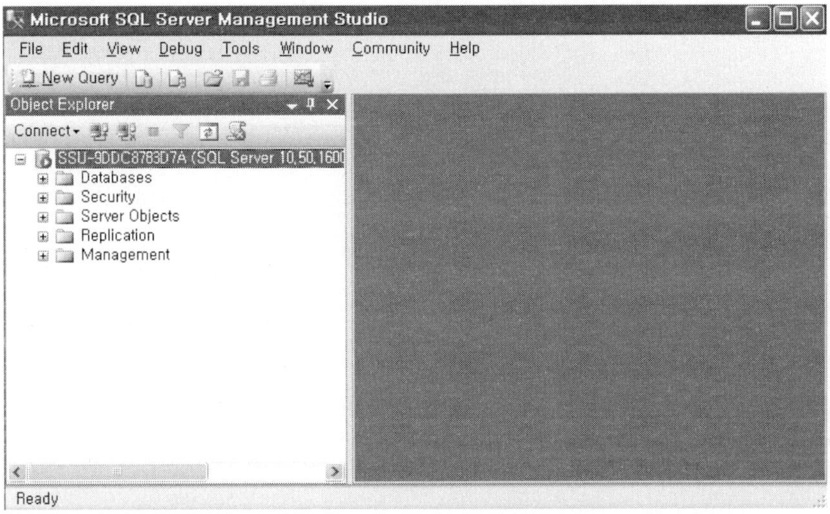

A.3.2 MS-SQL의 기본운용

가. 데이터베이스의 생성 및 삭제

1) MS-SQL 화면 좌측에 있는 객체탐색기('Object Explorer')의 'Database'에 마우스 우측 버튼을 클릭하여 아래와 같은 팝업 메뉴가 나타나면 'New Database'를 선택한다.

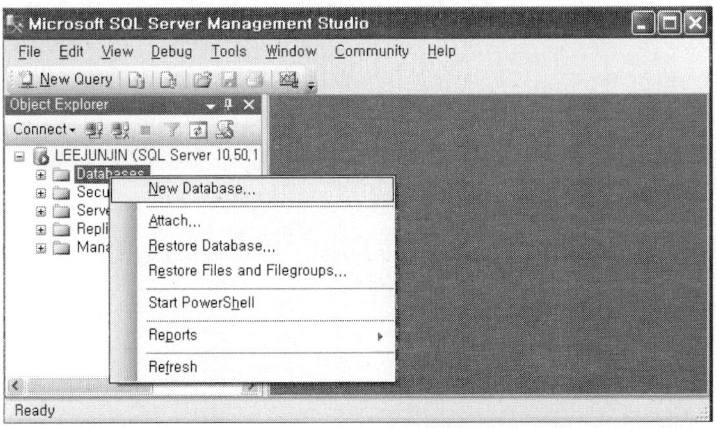

2) 'New Database' 창이 나타나면 'Database Name:'으로 Department를 입력하고 'OK'를 클릭한다. 객체탐색기의 'Databases'를 확인하면 'Department'라는 데이터베이스가 나타난 것을 확인할 수 있다.

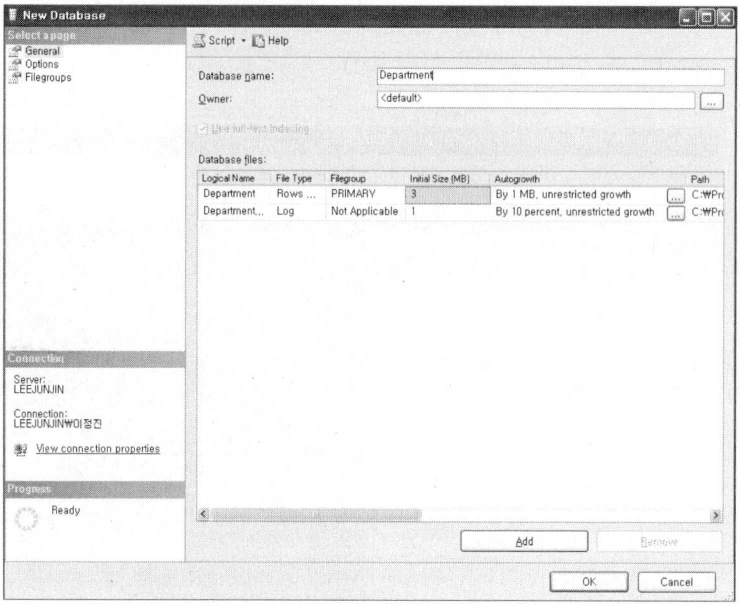

3) 데이터베이스를 생성하는 다른 방법은 주메뉴에서 'File => New => Query with Current Connection'을 선택하든가, 툴바에서 'New Query'를 더블클릭하면 SQL Query 입력창이 나타난다. 우측의 'Properties' 화면은 닫아도 좋다. Query 입력창에 다음의 명령을 입력한다.

```
CREATE DATABASE Department
```

이어서 주메뉴에서 'Query => Execute'를 선택하든가, 단축키 F5 또는 툴바의 'Execute' 버튼을 클릭하면 'Command(s) completed successfully.'라는 메시지가 나타난다.

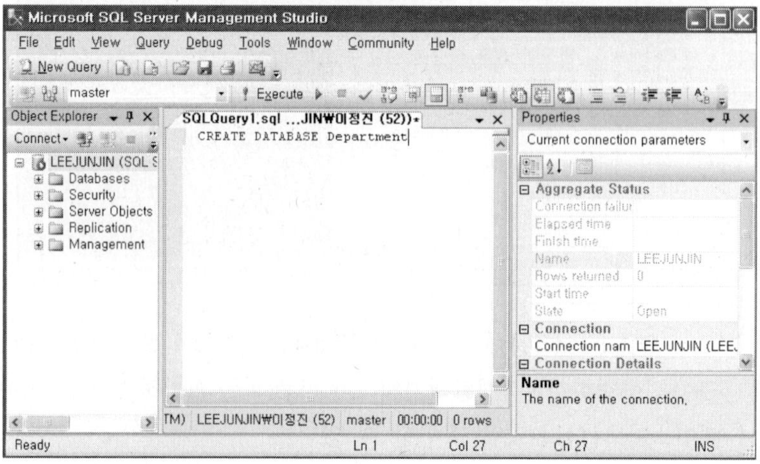

4) 객체탐색기의 'Databases'의 'Department' 위의 마우스 우측 버튼을 클릭한 후 나타나는 팝업 메뉴에서 'Properties'를 선택하면 아래와 같은 속성을 관찰할 수 있다. 좌측의 'Select a page' 메뉴에서 파일형식, 파일그룹, 처음크기, 자동증가사용의 유무 및 단위, 경로를 설정할 수 있다.

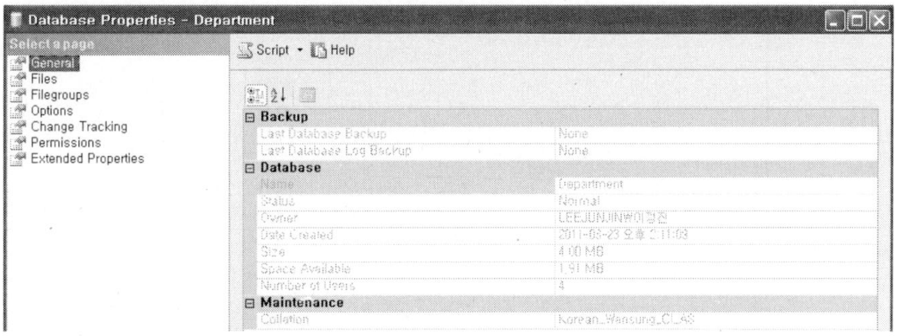

5) 데이터베이스를 삭제하려면 객체탐색기에서 삭제하려는 데이터베이스 위에 마우스 우측 버튼을 클릭하여 나타나는 팝업 메뉴에서 'Delete'를 선택한다.

나. 테이블의 생성 및 데이터 입력

1) 테이블을 생성하려면 데이터베이스('Department')를 더블클릭한 후 'Tables'을 선택하고, 마우스 우측 버튼을 클릭하여 나타나는 팝업 메뉴에서 'New Table...'을 선택한다.

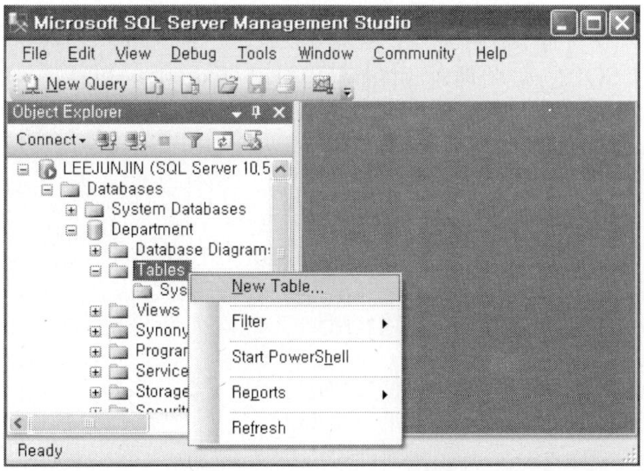

2) 아래와 같은 창이 나타나면 [예제 3.3.1]의 Customer 테이블과 같이 각 속성의 이름('Column Name')과 형태('Data Type')를 지정한다.

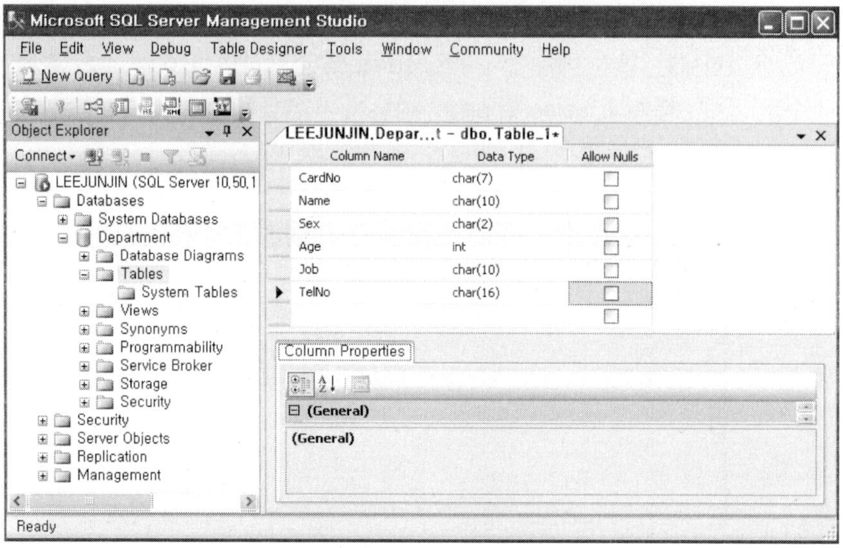

3) 메뉴의 'File => Save Table 1'을 선택(툴바에서 저장버튼을 클릭하여도 됨)하여 나타나는 창에 테이블 이름 'Customer'를 입력하고, 'OK'를 클릭하여 저장한다.

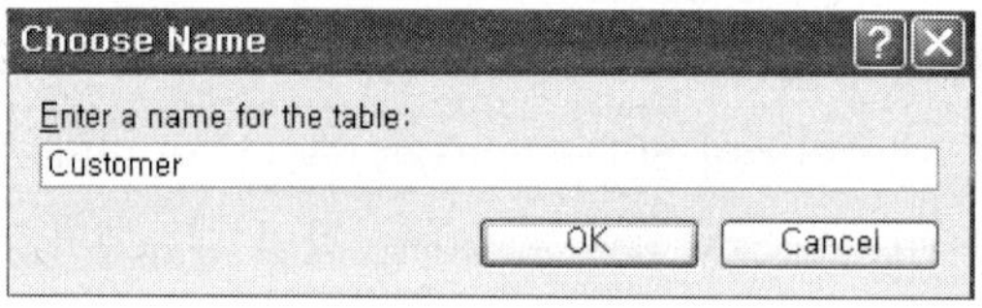

4) 테이블을 생성하는 다른 방법은 USE 문으로 데이터베이스를 불러온 후 CREATE TABLE 문을 사용한다. 툴바에서 'New Query'를 클릭하여 나타나는 입력창에 [예제 3.3.1]의 SQL문을 아래와 같이 입력하고 'Execute' 버튼을 클릭한다.

```
USE Department
CREATE TABLE Customer
(
    CardNo    char(7)     PRIMARY KEY,
    Name      char(10)    NOT NULL,
    Sex       char(2)     NOT NULL,
    Age       int,
    Job       char(10)    NOT NULL,
    TelNo     char(16)    NOT NULL
)
```

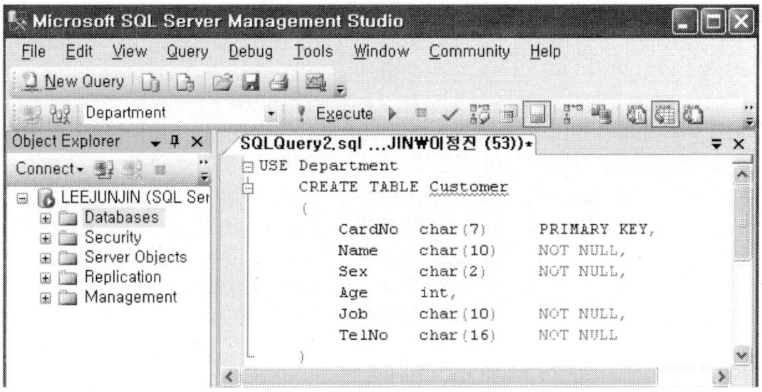

5) 객체탐색기에서 데이터베이스 'Department'의 하위 폴더를 열어서 'Tables' 안의 'dbo.Customer(Customer table)'을 선택한 후 마우스 우측 버튼을 클릭하여 나타나는 팝업 메뉴에서 'Edit top 200Rows'를 선택한다. 아래와 같은 테이블이 나타나면 여기에 레코드를 하나씩 입력한다.

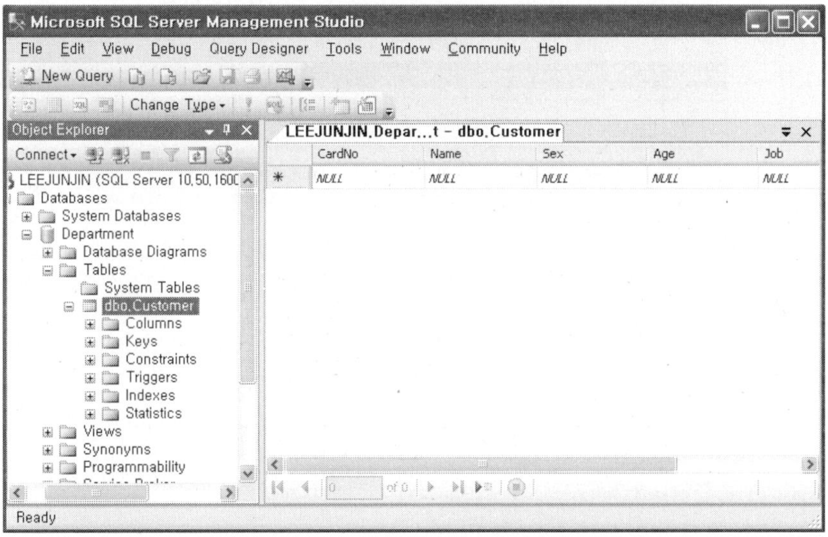

6) 레코드를 입력하는 다른 방법은 'New Query'를 클릭하여 Query 입력창이 나타나면 Customer 테이블에 [표 3.4]의 레코드를 아래와 같이 입력하고 'Execute' 버튼을 클릭한다. 실행이 완료되면 'File => Save All'을 선택하여 저장한다.

```
USE Department
GO
INSERT INTO Customer (CardNo, Name, Sex, Age, Job, TelNo)
VALUES
```

```
('2132001','김하나','여',25,'회사원',' 821-0102'),
('2132002','이우리','남',32,'공무원',' 427-3687'),
('2132003','정민국','남',41,'자영업',' 534-2671'),
('2132004','박대한','남',57,'회사원',' 820-0102'),
('2132005','이나리','여',23,'학생   ','2640-1132'),
('2132006','김영한','남',45,'공무원',' 633-3167'),
('2132007','김용태','남',36,'회사원',' 330-7890'),
('2132008','이용화','여',33,'주부   ','2130-1334'),
('2132009','이영옥','여',42,'주부   ',' 574-3179'),
('2132010','김창섭','남',42,'회사원',' 368-5678')
```

7) 입력된 데이터를 관찰하려면 객체탐색기에서 데이터베이스 Department 하위 폴더를 열어서 Tables 안의 dbo.Customer(Customer table)을 선택한다. 마우스 우측 버튼을 클릭하여 나타나는 팝업 메뉴에서 'Edit top 200Rows'를 실행하면 아래와 같이 데이터를 관찰할 수 있고, 테이블에 입력된 레코드 값을 확인 또는 변경도 가능하다. 아무것도 입력되어 있지 않은 셀(Null 표시)에는 추가로 데이터를 입력할 수 있다.

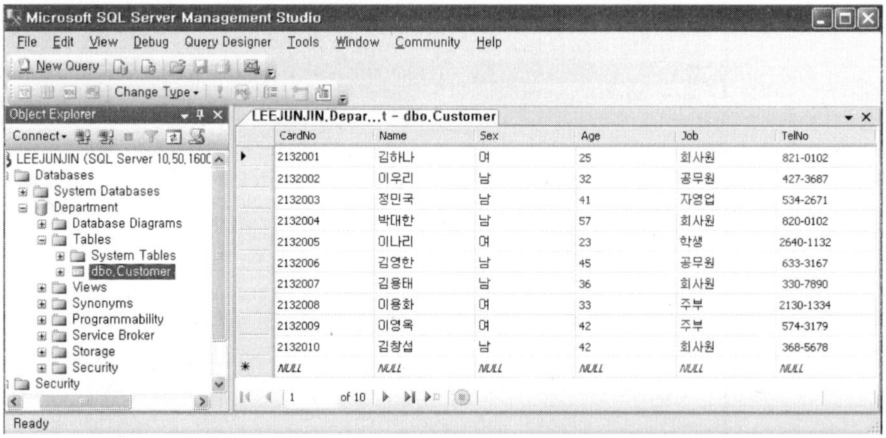

8) 테이블을 삭제하려면 객체탐색기에서 데이터베이스 Department 하위 폴더를 열어 삭제를 원하는 Tables을 선택한다. 마우스 우측 버튼을 클릭하여 나타나는 팝업 메뉴에서 'Delete'를 실행한다.

다. 엑셀파일을 데이터베이스로 불러오기와 내보내기

1) 엑셀파일을 저장할 데이터베이스를 마우스 우측 버튼으로 클릭하여 'Tasks' => 'Import Data...'를 선택한다. 'SQL Server Import and Export Wizard' 창이 나타나면 'Next >'를 클릭한다.

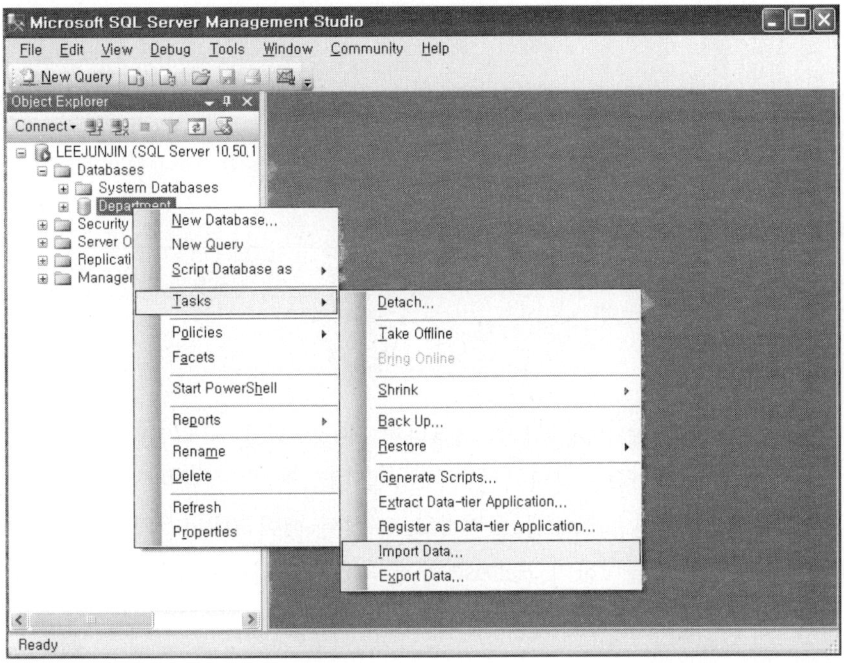

2) 'Choose a Data Source' 창에서 'Data source:'를 'Microsoft Excel'로 선택하고, 'Excel file path:'에서 불러올 엑셀 파일을 선택한 후 'Next >'를 클릭한다. 이때 엑셀 파일의 첫 행이 변수의 이름을 포함하였는지를 선택하여야 한다.

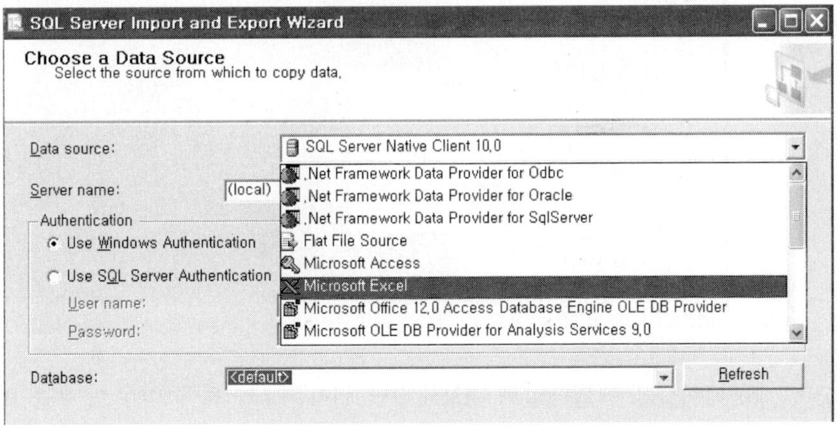

3) 'Choose a Destination' 창이 나타나면 'Next >'를 클릭한다. 'Specify Table Copy or Query' 창이 나타나면 'Next >'를 클릭한다.

4) 'Select Source Tables and Views' 창에서는 데이터베이스로 가져갈 엑셀파일의 Sheet를 지정하고, 이 파일을 어느 테이블로 불러올 것인지('Destination') 지정한

후 'Next >'를 클릭한다.

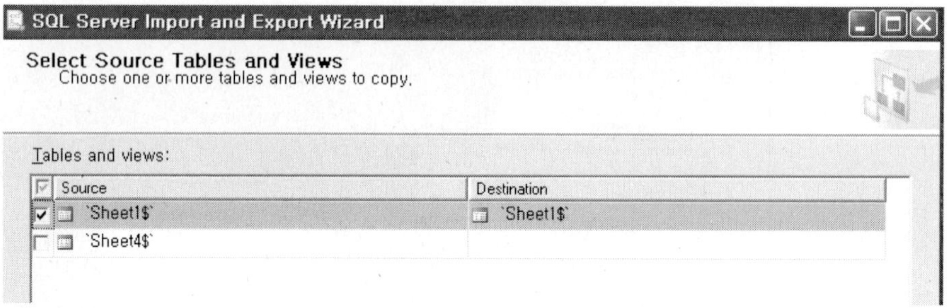

5) 'Run Package' 창이 나타나면 'Next >'를 클릭한다. 이어서 'Complete the Wizard' 창이 나타나면 'Finish'를 클릭한다. 실행이 성공했음을 나타내는 창이 나타나면 'Close'를 클릭하고, 저장된 데이터베이스의 테이블을 마우스 우측 버튼으로 클릭하여 'Refresh'를 클릭하면 데이터베이스로 저장된 엑셀 파일을 확인할 수 있다.

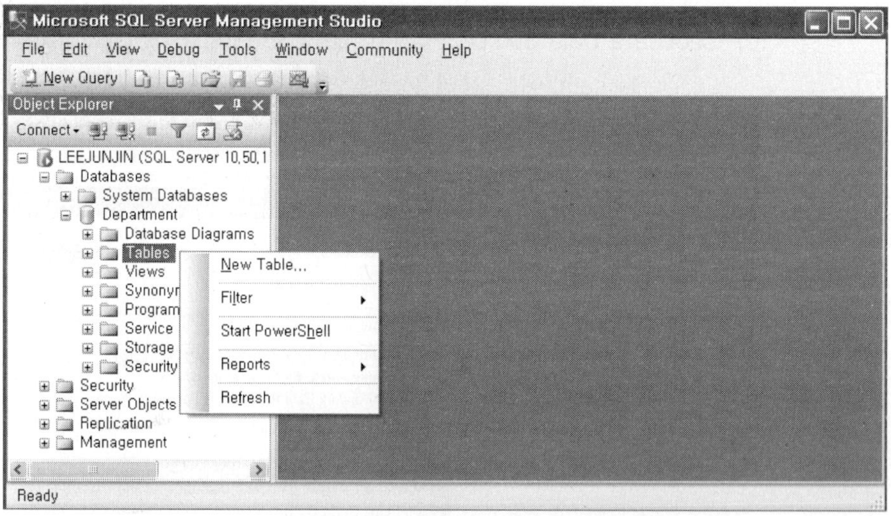

6) 테이블을 엑셀파일로 내보내려면 원하는 테이블에 마우스 우측 버튼으로 클릭하여 'Tasks' => 'Export Data...'를 선택한다.

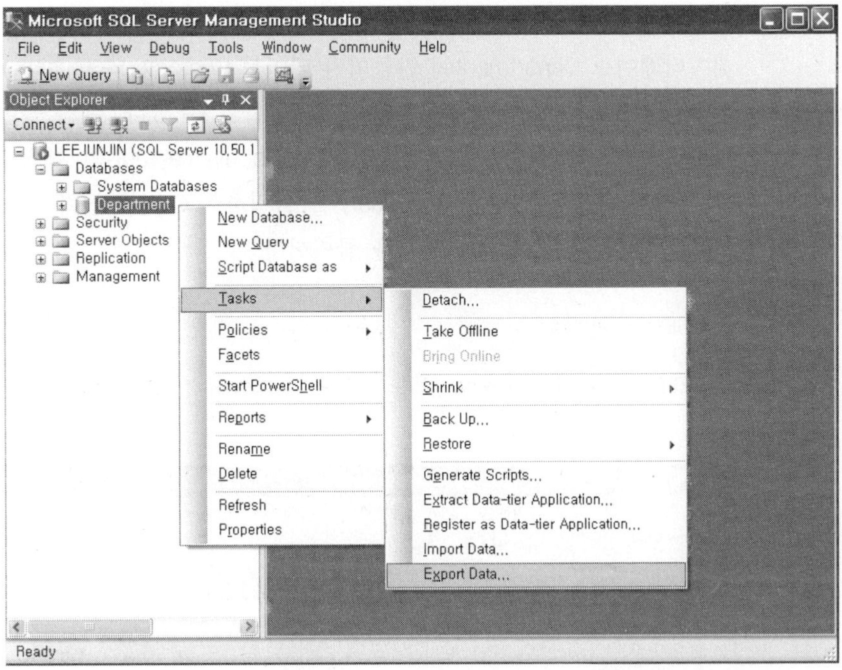

7) 'Choose a Data Source' 창이 나타나면 테이블을 확인하고 'Next >'를 클릭한다. 이어서 'Choose a Destination' 창이 나타나면 'Microsoft Excel'을 선택하고, 'Browse'를 클릭하여 엑셀파일을 저장할 위치와 엑셀 파일명을 입력하고 'Next >'를 클릭한다.

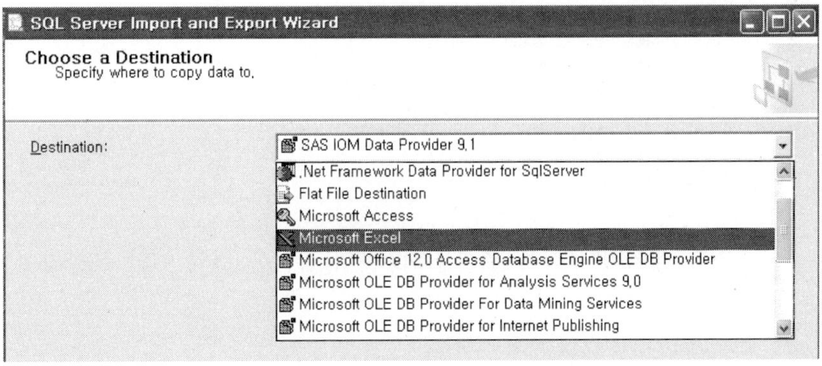

8) 'Specify Table Copy or Query' 창이 나타나면 'Next >'를 클릭하고, 이어서 나타나는 창에서도 'Next >'를 클릭한다. 'Complete the Wizard' 창이 나타나면 'Finish'를 클릭한다. 실행이 성공했음을 나타내는 창이 나타나면 'Close'를 클릭한다.

라. 데이터 조작문

데이터베이스 Department에 만들어진 테이블 Customer와 EmailAddress를 이용하면 3.3절의 데이터 조작을 위한 SQL 문을 실습할 수 있다. 예를 들어, [예제 3.3.3]에서 Customer 테이블의 일부 필드인 CardNo, Name, Job의 검색을 위한 SELECT 문의 실습은 다음과 같다. 'New Query'를 클릭하여 Query 입력창이 나타나면 아래와 같이 입력하고 'Execute' 버튼을 클릭한다.

```
USE Department;
GO
SELECT CardNo, Name, Job FROM Customer
```

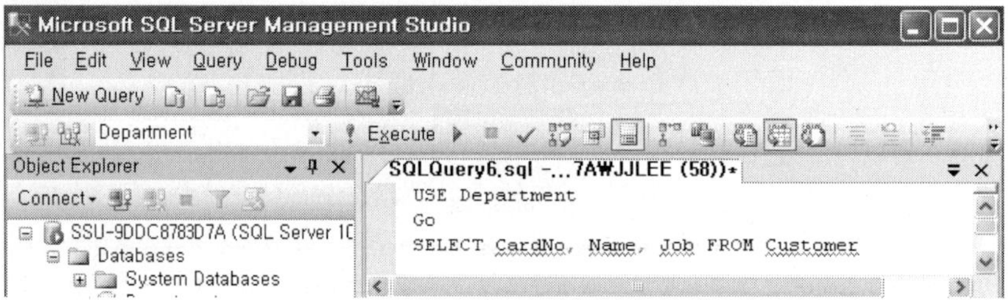

검색된 결과는 다음과 같다.

Results | Messages

	CardNo	Names	Job
1	2132001	김하나	회사원
2	2132002	이우리	공무원
3	2132003	정민국	자영업
4	2132004	박대한	회사원
5	2132005	이나리	학생
6	2132006	김영한	공무원
7	2132007	김용태	회사원
8	2132008	이용화	주부
9	2132009	이영옥	주부
10	2132010	김창섭	회사원

기타 데이터 조작을 위한 SQL 문의 실습은 위의 예와 유사하여 생략한다.

찾아보기

이정진(李廷鎭)

- (현) 숭실대학교 정보통계·보험수리학과 교수
- 서울대학교 계산통계학과 (이학사, 이학석사)
- 미국 Case Western Reserve University (경영과학박사)
- 육군사관학교 수학과 교수 / 미국 Tantalus Inc. 선임연구원
- 미국 Toledo University 객원교수 / 미국 Mississippi State University 교수
- 미국 IBM Watson 연구소 객원연구원 / 일본 통계수리연구소 객원연구원
- 미국 Rutgers university 객원교수 / 독일 Augsburg University 객원교수
- 미국 Towson University 객원교수

저서

「PC통계학」, 「정보통계학」, 「통계학개론」, 「사회조사방법론」
「데이터정보처리 입문」, 「비모수통계학」 등 다수

통계패키지

- CATS, 정보통계(ISP), 품질박사(DRQC), S-Link 개발

학회 및 학술지

- 한국통계학회, 통계계산연구회장, 총무이사 역임
- 한국공공정책학회, 연구이사, 총무이사, 부회장 역임
- International Association of Statistical Computing 이사, 부회장
- International Statistical Institute 이사
- Computational Statistics and Data Analysis, Associate Editor

R, SAS, MS-SQL을 활용한

데이터마이닝

|저　　자 이정진
|발 행 인 주정희
|발 행 처 자유아카데미
|주　　소 경기도 파주시 회동길 37-42
파주출판도시
|전　　화 031-955-1321
|팩　　스 031-955-1322
|홈페이지 www.freeaca.com
|전자우편 main@freeaca.com(대표)
editor@freeaca.com(편집)
crm@freeaca.com(영업)
|등　　록 제406-2003-017호, 1980. 7. 12
|제1판1쇄 2011년 8월 31일 발행
|제1판2쇄 2017년 7월 30일 발행
|정　　가 30,000원

ISBN 978-89-7338-902-5 93310